中卫年鉴

2019

中卫市地方志编审委员会办公室 编

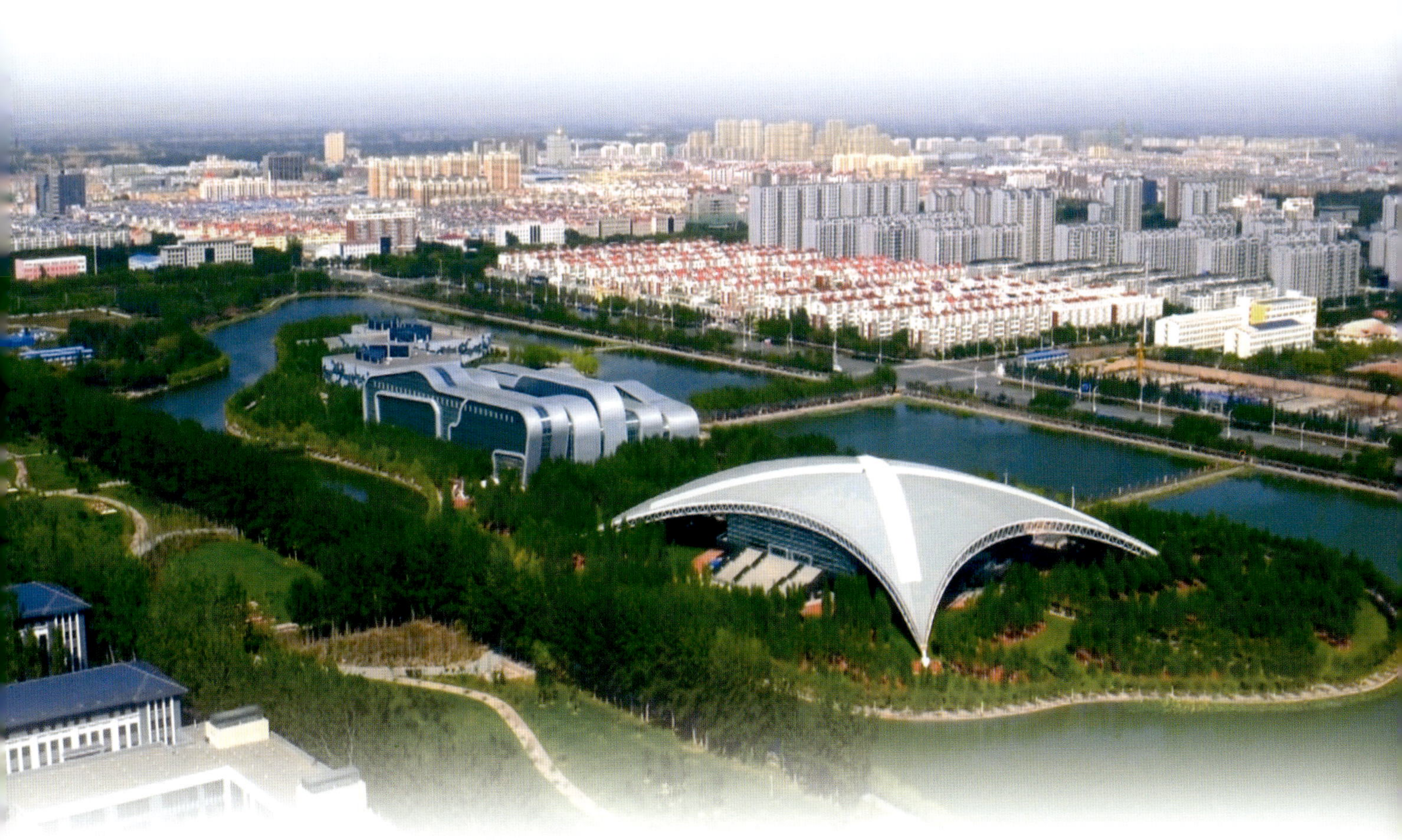

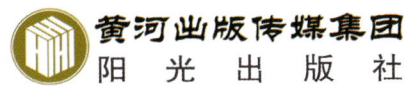

图书在版编目（CIP）数据

中卫年鉴 . 2019 / 中卫市地方志编审委员会办公室编 . -- 银川：阳光出版社，2019.11
　　ISBN 978-7-5525-5094-8

Ⅰ . ①中… Ⅱ . ①中… Ⅲ . ①中卫市 - 2019 - 年鉴
Ⅳ . ① Z524.34

中国版本图书馆 CIP 数据核字（2019）第 259954 号

中卫年鉴 2019　　中卫市地方志编审委员会办公室　编

责任编辑　杨　皎
封面设计　邵士雷
责任印制　岳建宁

黄河出版传媒集团
阳光出版社　出版发行

出 版 人	薛文斌
地　　址	宁夏银川市北京东路 139 号出版大厦（750001）
网　　址	http://www.ygchbs.com
网上书店	http://shop129132959.taobao.com
电子信箱	yangguangchubanshe@163.com
邮购电话	0951-5014139
经　　销	全国新华书店
印刷装订	宁夏精捷彩色印务有限公司
印刷委托书号	（宁）0015619
地图审图号	宁 S（2011）19 号

开　　本	880mm×1230mm　1/16
印　　张	24.25
字　　数	720 千字
版　　次	2019 年 11 月第 1 版
印　　次	2019 年 11 月第 1 次印刷
书　　号	ISBN 978-7-5525-5094-8
定　　价	218.00 元

版权所有　翻印必究

《中卫年鉴》（2019）编审委员会

主　　　任	李晓波					
常务副主任	崔　昆					
副　主　任	杨照明	韩秉文	戎尽寒	潘　莉		
委　　　员	黄玉华	郭爱迪	何建勃	许正清	张振红	张　鹏	冯忠铁
	陈自强	严玉忠	肖军军	杨智龙	李　斌	杨树春	孙尚金
	汪万文	赵凤山	杨　和	冯建军	刘宏阳	景兆珍	陈贵贞
	袁每清	田风才	孙志刚	马建才	魏列忠	陈桂凤	刘辛彧
	张冠华	王占仁	马宏全	徐光惠	赵吉文	李伏荣	冯　旭
	张建国	李崇新	张　龙	严　静	俞　斌	魏旭东	李福祥
	张　熙	杨　畅	孙振夏	魏　荣	张照辉	杨爱云	郭　威
	张　鹏						

《中卫年鉴》（2019）编辑人员

主　　编	李福祥			
编　　辑	李福祥	马　娟	杨莉丽	
编　　务	黄妮娜			

编辑说明

一、《中卫年鉴》是中卫市地方志编审委员会办公室编辑出版的大型综合性资料文献。主要记载2018年度中卫市政治、经济、文化、社会概貌和发展情况,旨在为各级党政机关、社会各界了解、研究中卫提供较全面、系统的信息资料。

二、《中卫年鉴》(2019)以马列主义、毛泽东思想、邓小平理论、"三个代表"重要思想、科学发展观和习近平新时代中国特色社会主义思想为指导,坚持辩证唯物主义和历史唯物主义的科学观点和方法,遵循地方志、年鉴编纂的有关规定,广征博采,深度挖掘,存真求实,服务现实,垂鉴后世。

三、《中卫年鉴》(2019)是地级中卫市设立以来的第14部综合年鉴。所刊载的资料由各县(区),市直各部门(单位)、中央、自治区驻中卫的单位及企业、集团公司等提供,并经本部门(单位)领导审核。部分资料来源于《中卫日报》等媒体。宏观数据以《中卫统计年鉴》为准,行业数据以各有关部门(单位)提供的数据为依据。

四、《中卫年鉴》(2019)采取分类编辑法,以类目、分目、条目组成框架结构的主体部分,个别分目中增设子分目层次。全书条目标题统一用黑体字加【】表示。

五、《中卫年鉴》(2019)设专文、大事记、组织机构和领导人、中卫综览、党派群团、政权政协、法治、军事、经济管理、工业与园区建设、农业和农村经济、住房和城乡建设、交通能源邮电、环境保护、商贸流通、旅游、财政税务、金融保险、教育、科学技术、文化体育、卫生和计划生育、社会民生、人物、先进名录、文献共26个部类。全书共列分目144个,子分目32个,条目1231个,彩插24页。

六、《中卫年鉴》(2019)条目撰稿人附于条目后,条目下未署名者为年鉴编辑部根据有关资料编写。

七、《中卫年鉴》(2019)收录人物为辖区时限范围内新任副厅级以上行政职务的市领导、年度新闻人物。先进名录所收录的先进集体和先进个人名单依据市委、市政府表彰决定录入,获市级以上表彰奖励者的名单由各部门(单位)提供,部分来自《宁夏日报》等公开媒体。

八、《中卫年鉴》(2019)除专文、文献内容保留原文表述方式外,其他篇目采用第三人称记述。

九、《中卫年鉴》(2019)所入编的文字资料、图片资料,截至时间为2018年12月31日,个别内容为反映其发生、发展的全过程作适当的上溯或下延。

《中卫年鉴》编委会
2019年9月

美丽中卫 2019中卫年鉴

俯瞰中卫（市委宣传部提供）

美丽中卫 2019中卫年鉴

走进中卫（曾国福/摄）

田园风光（曾国福／摄）

中卫年鉴 2019 美丽中卫

中卫老城区（市委宣传部提供）

空中中卫（曾国福/摄）

美丽中卫 2019中卫年鉴

古城夜色（李旭竹/摄）

黄河宫（曾国福/摄）

防洪物体（曾国福/摄）

海原梯田（曾国福/摄）

生态金沙岛（曾国福／摄）

百合盛开金沙岛（曾国福／摄）

大漠花园金沙岛组照一（曾国福/摄）

大漠花园金沙岛组照二（曾国福/摄）

大漠花园金沙岛组照三（曾国福／摄）

大漠花园金沙岛组照四（市委宣传部提供）

南长滩梨花(曾国福/摄)

南长滩民俗文化村(市委宣传部提供)

中国历史文化名村——南长滩(市委宣传部提供)

关桥梨花节
(曾国福/摄)

梨花节带动乡村旅游
(曾国福/摄)

关桥梨花(曾国福/摄)

魅力余丁一 　　　　　　　　　　魅力余丁二

金沙村油菜花（曾国福／摄）

金沙晨韵（曾国福/摄）

余丁新村（曾国福/摄）

瓜娃子（市委宣传部提供）

硒砂瓜上市了（曾　斌／摄）

瓜漫香山（曾　斌/摄）　　　　　　硒砂瓜腹膜保墒（曾国福/摄）

硒砂瓜基地（曾国福/摄）

高架桥施工现场
(陈学仁/摄)

铺　轨
(陈学仁/摄)

高铁建设者
(陈学仁/摄)

城际铁路 2019中卫年鉴

建设中的高铁中卫南站
（曾　斌/摄）

吴忠至中卫城际铁路
（曾　斌/摄）

架设轨道
（市委宣传部提供）

沙坡头盛典剧照（市委宣传部提供）

回族剪纸（曾国福/摄）

小康新村歌舞乐（石宇清/摄）

目 录

专 文

2019年1月8日在市委四届六次全体会议上的报告
………………………… 市委书记 何 健(1)

中卫市人大常委会工作报告
——2019年1月16日在中卫市第四届人民代表大会第三次会议上
………… 市人大常委会副主任 邹玉忠(8)

政府工作报告
——2019年1月15日在中卫市第四届人民代表大会第三次会议上 …… 代市长 李晓波(14)

中国人民政治协商会议中卫市第四届委员会常务委员会工作报告
——2019年1月14日在中卫市政协四届三次会议上
………… 市政协党组书记、主席 罗成虎(23)

中卫市2018年国民经济和社会发展统计公报
………………………… 中卫市统计局(30)

大事记

1月 ………………………………………… (38)
2月 ………………………………………… (38)
3月 ………………………………………… (39)
4月 ………………………………………… (39)
5月 ………………………………………… (40)
6月 ………………………………………… (40)
7月 ………………………………………… (41)
8月 ………………………………………… (41)
9月 ………………………………………… (42)
10月 ………………………………………… (42)
11月 ………………………………………… (43)
12月 ………………………………………… (43)

组织机构和领导人

中国共产党中卫市委员会 ………………… (45)
中卫市人民代表大会常务委员会 ………… (45)
中卫市人民政府 …………………………… (46)
中国人民政治协商会议中卫市委员会 …… (46)
中国共产党中卫市纪律检查委员会 ……… (46)
中卫市监察委员会 ………………………… (47)
中卫市法检两院 …………………………… (47)
中卫市委工作部门 ………………………… (47)
中卫市委及部门直属事业单位 …………… (48)
中卫市政府工作部门 ……………………… (48)
中卫市政府及其部门直属事业单位 ……… (50)
中卫市属国有企业 ………………………… (51)
中卫市群团组织 …………………………… (51)
沙坡头区四套班子及法检两院 …………… (52)
中宁县四套班子及法检两院 ……………… (52)
海原县四套班子及法检两院 ……………… (53)
市委、市政府管理、派出机构 …………… (53)
中央、自治区驻卫单位 …………………… (53)

中卫综览

综 述 ……………………………………… (57)

概　况	(57)	重点改革	(63)
人口发展与变化	(57)	枸杞产业	(63)
工业转型升级	(57)	城乡建设	(63)
特色农业提质增效	(57)	脱贫攻坚	(63)
旅游产业	(58)	环境保护	(63)
云计算产业	(58)	财政税务	(64)
交通物流业	(58)	社会事业	(64)
财政金融	(58)	教育卫计	(64)
科学技术和教育	(58)	科技文化	(64)
文化体育和卫生健康	(58)	依法治理	(64)
城乡山川协调发展	(59)	**海原县**	(65)
生态环境建设	(59)	概　况	(65)
人民生活和社会保障	(59)	精准扶贫	(65)
城市基础设施	(59)	产业结构优化	(65)
沙坡头区	(60)	生态建设	(65)
概　况	(60)	城乡建设	(65)
人口发展与变化	(60)	体制改革	(66)
招商引资	(60)	民生服务	(66)
项目建设	(60)	其他建设	(66)
资金争取	(60)	政府自身建设	(66)
工业经济	(60)	**海兴开发区**	(66)
现代农业	(60)	概　况	(66)
三产服务业	(60)	招商引资	(66)
城市建设	(60)	项目管理	(67)
美丽乡村建设	(61)	审计统计	(67)
城乡环境整治	(61)	安全生产	(67)
生态环保	(61)	财政保障	(67)
民生保障	(61)	城市规划	(67)
社会事业	(61)	项目建设	(67)
脱贫攻坚	(61)	环境保护	(67)
平安建设	(61)	城市管理	(68)
信访维稳	(61)	住房保障	(68)
民族宗教工作	(61)	信访维稳	(68)
政府自身建设	(62)	民族发展	(68)
中宁县	(62)	社区服务管理	(68)
概　况	(62)	教育卫生文化扶贫事业	(68)
人口变动	(62)	工业和园区建设	(68)
工业经济	(62)	农业和农村经济	(68)
现代农业	(62)	党的建设	(69)
商贸流通	(62)		

党派群团

中国共产党中卫市委员会 …………… (70)
- 综述 · ……………………………………… (70)
  概　况 …………………………………… (70)
  思想理论学习 …………………………… (70)
  工业转型升级 …………………………… (71)
  特色农业 ………………………………… (71)
  经济发展新动能 ………………………… (71)
  城乡山川发展 …………………………… (71)
  深化改革政治责任 ……………………… (72)
  重点领域改革 …………………………… (72)
  发展环境优化 …………………………… (72)
  环保突出问题整改 ……………………… (72)
  绿色低碳循环发展 ……………………… (72)
  生态建设和环境保护 …………………… (72)
  脱贫攻坚 ………………………………… (72)
  社会事业发展 …………………………… (73)
  意识形态工作 …………………………… (73)
  社会主义核心价值观建设 ……………… (73)
  文化事业发展 …………………………… (73)
  民主政治建设 …………………………… (74)
  民族宗教工作 …………………………… (74)
  社会治理 ………………………………… (74)
  党的政治建设 …………………………… (74)
  基层组织建设 …………………………… (74)
  干部队伍建设 …………………………… (75)
  党风廉政建设和反腐败斗争 …………… (75)
  市委发文 ………………………………… (75)
- 重要会议 · ……………………………… (75)
  党（工）委书记抓基层党建工作述职评议考核会
  ……………………………………………… (75)
  2018年总河长第一次会议 ……………… (75)
  市直机关领导干部大会 ………………… (75)
  市纪委四届三次会议 …………………… (75)
  2018年春节团拜会 ……………………… (75)
  全市民族宗教工作现场会 ……………… (75)
  2018年全市农村暨脱贫攻坚工作会议 … (76)
  全市民营企业家座谈会 ………………… (76)
  全市机关党的建设工作会议 …………… (76)
  创建全国文明城市动员大会暨国家卫生城市攻坚大会
  ……………………………………………… (76)
  全市领导干部大会 ……………………… (76)
  中卫市解决突出问题推进会 …………… (76)
  2018年全市第一季度经济形势分析会 … (76)
  纪念中共中央"五一口号"发布70周年座谈会
  ……………………………………………… (76)
  全市农村基层组织建设工作推进会 …… (76)
  市委四届五次全体会议 ………………… (76)
  2018年"古尔邦节"茶话会 ……………… (76)
  全市庆祝第34个教师节大会 ………… (76)
  全市组织工作会议 ……………………… (76)
  全市宣传思想工作会议 ………………… (76)
  市委第1次常委（扩大）会议 …………… (77)
  市委第2次常委（扩大）会议 …………… (77)
  市委第3次常委（扩大）会议 …………… (77)
  市委第4次常委（扩大）会议 …………… (77)
  市委第5次常委（扩大）会议 …………… (77)
  市委第6次常委（扩大）会议 …………… (77)
  市委第7次常委（扩大）会议 …………… (77)
  市委第8次常委（扩大）会议 …………… (78)
  市委第9次常委（扩大）会议 …………… (78)
  市委第10次常委（扩大）会议 ………… (78)
  市委第11次常委（扩大）会议 ………… (78)
  市委第12次常委（扩大）会议 ………… (78)
  市委第13次常委（扩大）会议 ………… (78)
  市委第14次常委（扩大）会议 ………… (79)
  市委第15次常委（扩大）会议 ………… (79)
  市委第16次常委（扩大）会议 ………… (79)
  市委第17次常委（扩大）会议 ………… (79)
  市委第18次常委（扩大）会议 ………… (79)
  市委第19次常委（扩大）会议 ………… (80)
  市委第20次常委（扩大）会议 ………… (80)
  市委第21次常委（扩大）会议 ………… (80)
  市委第22次常委（扩大）会议 ………… (80)
  市委第23次常委（扩大）会议 ………… (81)
  市委第24次常委（扩大）会议 ………… (81)
  市委第25次常委（扩大）会议 ………… (81)
  市委第26次常委（扩大）会议 ………… (81)

市委第 27 次常委(扩大)会议 …………… (81)	网络治理 …………………………………… (88)
市委第 28 次常委(扩大)会议 …………… (81)	网络安全 …………………………………… (88)
市委第 29 次常委(扩大)会议 …………… (82)	网络宣传 …………………………………… (88)
市委第 30 次常委(扩大)会议 …………… (82)	网络舆情 …………………………………… (88)
市委第 31 次常委(扩大)会议 …………… (82)	网络扶贫 …………………………………… (88)
市委第 32 次常委(扩大)会议 …………… (82)	**·统战工作·** (89)
市委第 33 次常委(扩大)会议 …………… (82)	概　况 ……………………………………… (89)
市委第 34 次常委(扩大)会议 …………… (82)	多党合作和政治协商制度 ………………… (89)
市委第 35 次常委(扩大)会议 …………… (83)	民族工作 …………………………………… (89)
市委第 36 次常委(扩大)会议 …………… (83)	宗教工作 …………………………………… (90)
市委第 37 次常委(扩大)会议 …………… (83)	非公经济工作 ……………………………… (90)
市委第 39 次常委(扩大)会议 …………… (83)	扶贫攻坚 …………………………………… (90)
市委第 40 次常委(扩大)会议 …………… (83)	机关自身建设 ……………………………… (90)
市委第 41 次常委(扩大)会议 …………… (83)	**·政策研究·** (91)
市委第 42 次常委(扩大)会议 …………… (84)	概　况 ……………………………………… (91)
市委第 43 次常委(扩大)会议 …………… (84)	政研工作 …………………………………… (91)
市委第 44 次常委(扩大)会议 …………… (84)	改革工作 …………………………………… (91)
市委第 45 次常委(扩大)会议 …………… (84)	农办工作 …………………………………… (91)
市委第 46 次常委(扩大)会议 …………… (84)	**·机构编制·** (92)
·组织工作· (85)	机构编制情况 ……………………………… (92)
干部教育工作 ……………………………… (85)	行政审批制度改革 ………………………… (92)
干部队伍建设 ……………………………… (85)	重点领域体制改革 ………………………… (92)
基层组织建设 ……………………………… (85)	机构编制管理 ……………………………… (92)
人才队伍建设 ……………………………… (85)	事业单位登记管理 ………………………… (93)
·宣传工作· (86)	**·机关工委·** (93)
意识形态 …………………………………… (86)	概　况 ……………………………………… (93)
理论武装 …………………………………… (86)	思想建设 …………………………………… (93)
舆论引导 …………………………………… (86)	组织建设 …………………………………… (93)
对外宣传 …………………………………… (86)	纪律建设 …………………………………… (94)
社会主义核心价值观阵地建设 …………… (86)	作风建设 …………………………………… (94)
文明创建 …………………………………… (87)	自身建设 …………………………………… (94)
移风易俗 …………………………………… (87)	**·老干部工作·** (95)
文化基础设施建设 ………………………… (87)	概　况 ……………………………………… (95)
群众文化体育活动 ………………………… (87)	离退休干部党建基础夯实 ………………… (95)
精品文艺创作 ……………………………… (87)	"助力三大战略"行动 ……………………… (95)
非物质文化遗产传承保护 ………………… (88)	老干部服务管理 …………………………… (95)
网络管理 …………………………………… (88)	关心下一代工作 …………………………… (96)
队伍建设 …………………………………… (88)	自身建设 …………………………………… (97)
·网信工作· (88)	**·纪委监委·** (97)
概　况 ……………………………………… (88)	概　况 ……………………………………… (97)

严明政治纪律 ……………………… (98)	理论宣传 ……………………………… (105)
监督检查 …………………………… (98)	·农工党中卫市总支委员会· ………… (105)
巡视反馈问题整改 ………………… (98)	参政议政 ……………………………… (105)
监察体制改革 ……………………… (98)	组织建设 ……………………………… (106)
作风建设 …………………………… (98)	社会服务 ……………………………… (106)
压实"两个责任" …………………… (98)	·九三学社中卫市总支社· …………… (106)
巡察监督 …………………………… (98)	概　况 ………………………………… (106)
派驻监督 …………………………… (98)	自身建设 ……………………………… (106)
"四种形态"运用 …………………… (99)	参政议政 ……………………………… (107)
澄清正名机制 ……………………… (99)	组织建设 ……………………………… (107)
纪律教育 …………………………… (99)	社会服务 ……………………………… (107)
执纪审查 …………………………… (99)	·中卫市工商联合会· ………………… (107)
"廉情诊所" ………………………… (99)	概　况 ………………………………… (107)
"村廉通"机制 ……………………… (99)	培训教育 ……………………………… (107)
涉黑涉恶惩治 ……………………… (99)	精准脱贫 ……………………………… (107)
干部队伍锻造 ……………………… (99)	招商引资 ……………………………… (108)
民主党派和工商联 ……………… (100)	送政策进企业活动 …………………… (108)
·民革中卫市委会· ………………… (100)	参政议政 ……………………………… (108)
概　况 ……………………………… (100)	党的建设 ……………………………… (108)
思想建设 …………………………… (100)	**群众团体** ………………………… (108)
组织建设 …………………………… (100)	·中卫市总工会· ……………………… (108)
参政议政 …………………………… (100)	概　况 ………………………………… (108)
社会服务 …………………………… (101)	建功立业活动 ………………………… (108)
·民进中卫市委会· ………………… (101)	劳模关爱行动 ………………………… (109)
思想建设 …………………………… (101)	劳动关系协调 ………………………… (109)
组织建设 …………………………… (102)	助力脱贫攻坚 ………………………… (109)
参政议政 …………………………… (102)	职工文化建设 ………………………… (109)
社会服务 …………………………… (103)	依法建会 ……………………………… (109)
·民盟中卫市委会· ………………… (103)	女工工作 ……………………………… (109)
概　况 ……………………………… (103)	经审财务工作 ………………………… (109)
思想教育 …………………………… (103)	干部队伍建设 ………………………… (109)
组织建设 …………………………… (104)	党的建设 ……………………………… (109)
参政议政 …………………………… (104)	·中卫市妇女联合会· ………………… (110)
社会服务 …………………………… (104)	概　况 ………………………………… (110)
·民建中卫市总支委员会· ………… (104)	妇女思想引领 ………………………… (110)
概　况 ……………………………… (104)	妇女创业发展 ………………………… (110)
参政议政 …………………………… (104)	家庭文明建设 ………………………… (110)
思想建设 …………………………… (105)	关爱妇女儿童 ………………………… (110)
组织建设 …………………………… (105)	妇女维权 ……………………………… (111)
社会服务 …………………………… (105)	基层组织建设 ………………………… (111)

·共青团中卫市委员会· ……………………… (111)	市政府第15次常务会议 ……………………… (117)
机构编制 ……………………………………… (111)	市政府第16次常务会议 ……………………… (118)
青年大学习 …………………………………… (111)	市政府第17次常务会议 ……………………… (118)
网上共青团建设 ……………………………… (111)	市政府第18次常务会议 ……………………… (118)
青年志愿服务 ………………………………… (111)	市政府第19次常务会议 ……………………… (119)
脱贫攻坚 ……………………………………… (111)	市政府第20次常务会议 ……………………… (119)
基层团组织建设 ……………………………… (112)	市政府第21次常务会议 ……………………… (119)
青年联系服务 ………………………………… (112)	市政府第22次常务会议 ……………………… (120)
禁毒志愿服务 ………………………………… (112)	市政府第23次常务会议 ……………………… (120)
共青团改革 …………………………………… (112)	市政府第24次常务会议 ……………………… (120)
·中卫市红十字会· ……………………………… (112)	市政府第25次常务会议 ……………………… (121)
人道救助 ……………………………………… (112)	市政府第26次常务会议 ……………………… (121)
应急救护培训 ………………………………… (112)	市政府第27次常务会议 ……………………… (121)
无偿捐献 ……………………………………… (112)	市政府第28次常务会议 ……………………… (121)
活动宣传 ……………………………………… (113)	市政府第29次常务会议 ……………………… (122)
	市政府第30次常务会议 ……………………… (122)

政权政协

	市政府第32次常务会议 ……………………… (122)
	市政府第33次常务会议 ……………………… (123)
中卫市人大常委会 ……………………………… (114)	市政府第34次常务会议 ……………………… (123)
·综述· …………………………………………… (114)	市政府第35次常务会议 ……………………… (123)
概　况 ………………………………………… (114)	·政府法制· ……………………………………… (124)
立法工作 ……………………………………… (114)	法治政府建设 ………………………………… (124)
重大事项决定 ………………………………… (114)	规范性文件"三统一"和有效期制度 ………… (124)
监督工作 ……………………………………… (114)	行政复议改革试点工作 ……………………… (124)
人事任免 ……………………………………… (115)	行政应诉工作程序完善 ……………………… (124)
代表工作 ……………………………………… (115)	合法性审查 …………………………………… (125)
视察检查调查 ………………………………… (115)	法律顾问 ……………………………………… (125)
·重要会议· ……………………………………… (115)	行政执法公示制度 …………………………… (125)
市四届人民代表大会第三次会议 …………… (115)	行政执法全过程纪录 ………………………… (125)
市四届人大常委会第6次会议 ……………… (116)	行政执法合法性保障 ………………………… (126)
市四届人大常委会第7次会议 ……………… (116)	证明事项清理 ………………………………… (126)
市四届人大常委会第8次会议 ……………… (116)	行政执法能力建设 …………………………… (126)
市四届人大常委会第9次会议 ……………… (116)	·政府信息公开· ………………………………… (126)
市四届人大常委会第10次会议 ……………… (116)	概　况 ………………………………………… (126)
市四届人大常委会第11次会议 ……………… (116)	组织领导机制健全 …………………………… (126)
市四届人大常委会第12次会议 ……………… (117)	机构队伍建设 ………………………………… (126)
市四届人大常委会第13次会议 ……………… (117)	宣传培训教育 ………………………………… (126)
市四届人大常委会第14次会议 ……………… (117)	公开目录编制 ………………………………… (126)
中卫市人民政府 ………………………………… (117)	监督考核 ……………………………………… (126)
·重要会议· ……………………………………… (117)	政府信息公开 ………………………………… (127)

预决算和审计信息公开 …………………… (127)
重大建设项目批准和实施领域政府信息公开
　………………………………………… (127)
公共资源配置领域政府信息公开 ………… (127)
社会公益事业建设领域政府信息公开 …… (127)
其他重点领域信息公开 …………………… (127)
"互联网+政务服务"工作 ………………… (127)
人大代表建议及政协提案办理结果公开 …… (128)
政策解读 …………………………………… (128)
社会关切回应 ……………………………… (128)
政府信息依申请公开 ……………………… (128)
公开平台载体建设 ………………………… (128)
公开制度机制建设 ………………………… (129)
·政务服务· …………………………… (129)
概　况 ……………………………………… (129)
审批服务模式优化 ………………………… (129)
服务功能完善 ……………………………… (130)
服务领域拓展 ……………………………… (130)
服务效能提升 ……………………………… (130)
·信访· ………………………………… (130)
概　况 ……………………………………… (130)
市、县(区)领导信访大厅值班、领导接访和信访案件
　包案化解机制 …………………………… (130)
源头预防治理 ……………………………… (131)
网上信访 …………………………………… (131)
突出问题化解 ……………………………… (131)
重大活动期间信访维稳 …………………… (131)
宣传引导 …………………………………… (131)
信访法治化建设 …………………………… (131)
政协中卫市委员会 …………………… (131)
·重要会议· …………………………… (131)
四届二次会议 ……………………………… (131)
四届十一次常委会议 ……………………… (131)
四届十二次常委会议 ……………………… (132)
四届十三次常委会议 ……………………… (132)
四届十四次常委会议 ……………………… (132)
四届十五次常委会议 ……………………… (132)
·视察调研· …………………………… (132)
精准扶贫精准脱贫调研 …………………… (132)
中卫市云应用项目建设及运行情况 ……… (132)

中卫市委"6+8"重点工作 ………………… (132)
高铁商圈项目 ……………………………… (133)
农业重点项目 ……………………………… (133)
打造丝绸之路经济带交通物流枢纽节点城市情况
　………………………………………… (133)
中卫市环境保护和污染整治情况 ………… (133)
中小微企业发展情况 ……………………… (134)
军民融合产业发展情况 …………………… (134)
中卫市公共文化服务体系建设 …………… (134)
保障性住房建设和使用情况 ……………… (134)
宗教场所联系调研 ………………………… (134)
宣和镇敬农生态移民区农贸市场情况 …… (134)
"创城"工作 ………………………………… (134)
·其他活动· …………………………… (134)
政协委员基层联系点活动 ………………… (134)
慰问困难党员 ……………………………… (134)
专题调研 …………………………………… (134)
民主评议 …………………………………… (134)
观摩活动 …………………………………… (134)
社会活动 …………………………………… (134)
政协对外接待 ……………………………… (134)
政治学习 …………………………………… (135)
招商引资 …………………………………… (135)
参加上级会议 ……………………………… (135)
文化生活 …………………………………… (135)

法　治

综　述 ……………………………………… (136)
概　况 ……………………………………… (136)
扫黑除恶专项斗争 ………………………… (136)
涉众型经济犯罪预防 ……………………… (136)
对敌专项斗争 ……………………………… (136)
重点人员管控 ……………………………… (137)
网上意识形态专项斗争 …………………… (137)
突出问题专项整治 ………………………… (137)
社会治理模式创新 ………………………… (137)
"雪亮工程" ………………………………… (137)
司法责任制改革 …………………………… (137)
"遏制诉讼案件增量"工作理念 …………… (137)

| 公益诉讼制度 …………………………… (137)
| 公安体制改革 …………………………… (138)
| 司法行政改革 …………………………… (138)
| 政法机关改革 …………………………… (138)
审　判 ……………………………………… (138)
　概　述 ……………………………………… (138)
　刑事案件审理 ……………………………… (138)
　民商事纠纷 ………………………………… (138)
　依法行政 …………………………………… (138)
　执行工作 …………………………………… (138)
　扫黑除恶专项斗争 ………………………… (139)
　精准扶贫 …………………………………… (139)
　涉诉信访案件办理 ………………………… (139)
　保障涉军全面停止有偿服务 ……………… (139)
　便民惠民司法 ……………………………… (139)
　司法公开 …………………………………… (139)
　接受监督 …………………………………… (140)
　司法改革 …………………………………… (140)
　队伍建设 …………………………………… (140)
　思想政治建设 ……………………………… (140)
　司法能力建设 ……………………………… (140)
检　察 ……………………………………… (140)
　概　况 ……………………………………… (140)
　服务保障 …………………………………… (141)
　平安中卫建设 ……………………………… (141)
　履行法律监督 ……………………………… (141)
　深化检察改革 ……………………………… (141)
　打造过硬队伍 ……………………………… (141)
司法行政 …………………………………… (142)
　概　况 ……………………………………… (142)
　队伍建设 …………………………………… (142)
　司法改革 …………………………………… (142)
　法治宣传 …………………………………… (143)
　人民调解 …………………………………… (143)
　法律援助 …………………………………… (144)
　特殊人群监管 ……………………………… (144)
　社会组织监管 ……………………………… (145)
　精准扶贫 …………………………………… (145)
　合格律师事务所及称职等次律师 ………… (145)
　法律援助机构及称职等次律师 …………… (146)
　公职律师单位及公职律师 ………………… (146)
公　安 ……………………………………… (146)
　概　况 ……………………………………… (146)
　维护社会稳定 ……………………………… (146)
　严厉打击犯罪 ……………………………… (147)
　深化"放管服"改革 ………………………… (147)
　智慧警务建设 ……………………………… (147)
　禁毒示范市创建 …………………………… (147)
　公共安全管理 ……………………………… (147)
　执法规范化建设 …………………………… (147)
　队伍作风建设 ……………………………… (147)
公安消防 …………………………………… (147)
　概　况 ……………………………………… (147)
　工作责任 …………………………………… (148)
　安全管理 …………………………………… (148)
　宣传培训 …………………………………… (148)
　灭火救援准备工作 ………………………… (148)
　指挥体系建设 ……………………………… (148)
　党组织建设 ………………………………… (148)

军　事

综　述 ……………………………………… (149)
　联合专项训练 ……………………………… (149)
　开展"八一"军事日 ………………………… (149)
　学生军训工作 ……………………………… (149)
　落实党管武装制度 ………………………… (149)
　组织专武干部参加集训 …………………… (149)
　兵役工作 …………………………………… (149)
　推进军民融合 ……………………………… (150)
　开展"传承红色基因、担当强军重任"主题教育
　　…………………………………………… (150)
　精准扶贫 …………………………………… (150)
　"三群体"工作 ……………………………… (150)
　经费管理 …………………………………… (150)
人民防空 …………………………………… (150)
　人防工程建设 ……………………………… (150)
　人防欠费追缴 ……………………………… (151)
　人防信息化建设 …………………………… (151)
　应急避难场所设施和人口疏散地域建设 … (151)

人防队伍建设 …………………………… (151)
经济目标单位普查 ……………………… (151)
人防宣传教育 …………………………… (151)
组织建设 ………………………………… (151)

经济管理

发展和改革 …………………………… (152)
概　况 …………………………………… (152)
经济综情 ………………………………… (152)
产业创新驱动与升级 …………………… (152)
重点项目进展 …………………………… (153)
绿色发展新成效 ………………………… (153)
改革开放新突破 ………………………… (153)
民生与脱贫 ……………………………… (153)
统计管理 ……………………………… (153)
统计基层基础 …………………………… (153)
统计调查 ………………………………… (154)
统计服务 ………………………………… (154)
统计法制 ………………………………… (154)
第四次全国经济普查 …………………… (154)
统计改革 ………………………………… (155)
统计培训 ………………………………… (155)
国土资源管理 ………………………… (155)
概　况 …………………………………… (155)
耕地保护 ………………………………… (155)
土地供应 ………………………………… (155)
土地节约集约利用 ……………………… (155)
土地开发整理 …………………………… (155)
土地征收 ………………………………… (155)
不动产登记 ……………………………… (155)
矿产资源管理 …………………………… (155)
测绘管理 ………………………………… (156)
执法监察 ………………………………… (156)
党的建设 ………………………………… (156)
市场监督管理 ………………………… (156)
概　况 …………………………………… (156)
注册登记工作 …………………………… (156)
食品安全监管 …………………………… (156)
药品与医疗器械监管 …………………… (156)

特种设备安全监察 ……………………… (157)
质量与商标广告监管 …………………… (157)
标准与计量管理 ………………………… (157)
市场秩序规范 …………………………… (157)
行政执法 ………………………………… (157)
环境整治 ………………………………… (157)
队伍和制度建设 ………………………… (157)
审计监督 ……………………………… (157)
概　况 …………………………………… (157)
从严治党 ………………………………… (158)
党风廉政建设 …………………………… (158)
意识形态建设 …………………………… (158)
审计工作 ………………………………… (158)
精准扶贫 ………………………………… (158)
精细化管理 ……………………………… (159)
安全生产监督管理 …………………… (159)
全市安全生产概况 ……………………… (159)
安全生产领域改革 ……………………… (159)
重点工作任务 …………………………… (159)
重大安全风险治理 ……………………… (160)
应急救援体系建设 ……………………… (160)
大排查大整治 …………………………… (161)
公共资源交易中心 …………………… (161)
交易数据 ………………………………… (161)
重点工作 ………………………………… (162)
投诉质疑 ………………………………… (162)
严格评标人员及机构 …………………… (162)
诚信体系建设 …………………………… (162)
队伍和效能建设 ………………………… (162)

工业与园区建设

综　述 ………………………………… (163)
概　况 …………………………………… (163)
规模以上工业 …………………………… (163)
项目建设 ………………………………… (163)
惠企服务 ………………………………… (163)
节能降耗 ………………………………… (163)
信息化工作 ……………………………… (163)
促进中小微企业发展 …………………… (164)

中卫工业园区 ……………………（164）	渔业安全生产 …………………………（172）
概　况 …………………………………（164）	渔业行政执法 …………………………（172）
主要经济指标 …………………………（164）	**农业产业化** ……………………………（172）
基础设施 ………………………………（164）	概　况 …………………………………（172）
产业结构 ………………………………（164）	农产品加工业 …………………………（172）
重点项目建设及招商引资 ……………（164）	新型农业经营主体培育 ………………（173）
园区服务管理 …………………………（164）	**农业机械化** ……………………………（173）
环境保护 ………………………………（165）	概　况 …………………………………（173）
安全生产 ………………………………（165）	农机购置补贴 …………………………（173）
	农机社会化服务体系建设 ……………（173）

农业和农村经济

	农机安全监理 …………………………（173）
	农机市场监管 …………………………（173）
综　述 …………………………………（166）	农机化技术培训 ………………………（173）
概　况 …………………………………（166）	**农业行政执法与安全监管** ……………（173）
富硒产业发展 …………………………（166）	概　况 …………………………………（173）
产业融合 ………………………………（167）	农产品质量安全监管 …………………（174）
农村改革 ………………………………（167）	执法行为规范 …………………………（174）
种植业 …………………………………（168）	农产品质量安全监管责任落实 ………（174）
概　况 …………………………………（168）	特色农产品品牌保护和品牌认证 ……（174）
畜牧业 …………………………………（168）	农产品抽样检测工作 …………………（174）
概　况 …………………………………（168）	**林业和生态建设** ………………………（175）
标准化养殖场建设 ……………………（168）	概　况 …………………………………（175）
畜牧品种改良 …………………………（168）	生态经济林建设 ………………………（175）
惠农政策及养殖业保险 ………………（168）	生态防护林建设 ………………………（175）
草畜产业 ………………………………（169）	城市园林建设 …………………………（175）
畜禽养殖污染治理 ……………………（169）	森林资源管理 …………………………（175）
饲料监管 ………………………………（169）	林业行业扶贫 …………………………（176）
草原建设 ………………………………（169）	**水利水保** ………………………………（176）
禁牧封育 ………………………………（170）	河湖长制 ………………………………（176）
重大动物疫病防控 ……………………（170）	水污染防治 ……………………………（176）
动物疫病防治 …………………………（170）	水环境治理 ……………………………（177）
动物疫情预测预报 ……………………（170）	水生态修复 ……………………………（177）
动物检疫监督 …………………………（170）	水利项目实施 …………………………（177）
兽药市场监管 …………………………（171）	重点水利工程建设 ……………………（177）
动物产品质量安全监测 ………………（171）	农业灌溉 ………………………………（178）
动物检疫及监督体系建设 ……………（171）	节水型社会建设 ………………………（178）
水产业 …………………………………（171）	防汛抗旱 ………………………………（178）
概　况 …………………………………（171）	水土保持 ………………………………（178）
养殖品种结构调整 ……………………（171）	农田水利基本建设 ……………………（178）
渔业技术推广 …………………………（172）	水利改革 ………………………………（179）

依法治水 …………………………………… (179)	简化流程 …………………………………… (185)
安全生产与工程质量监督 ………………… (179)	党的建设 …………………………………… (185)
	党风廉政 …………………………………… (186)

住房和城乡建设

综　述 ………………………………………… (180)	服务效能 …………………………………… (186)
概　况 ……………………………………… (180)	

交通能源邮电

机构改革 …………………………………… (180)	
城市建设融资 ……………………………… (180)	**交　通** ………………………………………… (187)
重点工程建设 ………………………………… (180)	概　况 ……………………………………… (187)
棚户区改造项目 …………………………… (180)	机构职责 …………………………………… (187)
市政设施建设项目 ………………………… (180)	交通运输重点项目建设 …………………… (188)
道路建设及改造工程 ……………………… (181)	现代物流发展 ……………………………… (188)
保障性住房工程 …………………………… (181)	水上运输监管 ……………………………… (188)
老旧小区改造提升工程 …………………… (181)	交通运输安全监管 ………………………… (188)
行业管理 ……………………………………… (181)	作风效能建设 ……………………………… (188)
行政审批 …………………………………… (181)	**公路管理** ……………………………………… (188)
建筑市场管理 ……………………………… (181)	概　况 ……………………………………… (188)
房地产市场管理 …………………………… (182)	路域环境综合治理 ………………………… (188)
房屋产权交易管理 ………………………… (182)	路面病害处治 ……………………………… (189)
物业管理 …………………………………… (182)	桥隧养护管理 ……………………………… (189)
公共设施管理 ……………………………… (182)	美丽宁夏路创建 …………………………… (189)
人民防空 …………………………………… (183)	防汛抢险 …………………………………… (189)
规划管理 ……………………………………… (183)	路域环境治理 ……………………………… (189)
概　况 ……………………………………… (183)	应急保畅 …………………………………… (189)
规划编制 …………………………………… (183)	治超治酒 …………………………………… (189)
规划管理 …………………………………… (183)	站区环境 …………………………………… (190)
规划监察 …………………………………… (183)	"服务+旅游"品牌内涵 …………………… (190)
空间规划改革试点 ………………………… (184)	堵漏增收 …………………………………… (190)
城市重点项目建设 ………………………… (184)	安全生产 …………………………………… (190)
美丽乡村建设 ……………………………… (184)	站点建设 …………………………………… (190)
监测预报 …………………………………… (184)	**沙坡头水利枢纽** ……………………………… (190)
震害防御 …………………………………… (184)	概　况 ……………………………………… (190)
扶贫攻坚 …………………………………… (184)	项目开发 …………………………………… (191)
住房公积金管理 ……………………………… (185)	**电　力** ………………………………………… (191)
概　况 ……………………………………… (185)	概　况 ……………………………………… (191)
政策宣传 …………………………………… (185)	电力供需 …………………………………… (191)
建制扩面 …………………………………… (185)	中卫电网负荷特性 ………………………… (191)
政策落实 …………………………………… (185)	安全生产 …………………………………… (192)
资金安全 …………………………………… (185)	电网建设 …………………………………… (192)
	服务质效 …………………………………… (192)

经营管理 …………………………………（192）	体制机制优化 ……………………………（197）
创新创效 …………………………………（192）	
改革改制 …………………………………（193）	

环境保护

荣誉及成果 ………………………………（193）	
售电量居全区第一 ………………………（193）	综　述 ……………………………………（198）
停电事件应急演练 ………………………（193）	生态环境质量 ……………………………（198）
自治区六十大庆供电保障 ………………（193）	对标任务细化落实举措 …………………（198）
公司开放日活动 …………………………（194）	建设项目环境管理 ………………………（198）
签署战略合作框架协议 …………………（194）	主要污染物总量减排 ……………………（199）
配网智能开关安装 ………………………（194）	排污许可制度 ……………………………（199）
峡门水库间隔扩建工程 …………………（194）	水污染防治 ………………………………（199）
三塘水库间隔扩建工程 …………………（194）	大气污染防治 ……………………………（199）
南华——关桥 35 千伏线路工程 …………（194）	固体废物治理 ……………………………（199）
唐堡 35 千伏输变电工程 ………………（194）	噪声污染治理 ……………………………（199）
邮政管理 ………………………………（195）	城乡饮用水源地环境保护 ………………（200）
概　况 ……………………………………（195）	中央环保督察反馈问题整改 ……………（200）
快递业务 …………………………………（195）	"绿盾"自然保护区清理整治 ……………（200）
邮政普遍服务 ……………………………（195）	环境监测 …………………………………（200）
快递业务出港件品种 ……………………（195）	环境执法 …………………………………（200）
电　信 …………………………………（195）	全国第二次污染源普查 …………………（200）
概　况 ……………………………………（195）	全面从严治党 ……………………………（200）
机构调整 …………………………………（195）	干部队伍人才建设 ………………………（201）
通信扶贫 …………………………………（196）	环保宣传 …………………………………（201）
提速降费 …………………………………（196）	**沙坡头国家级自然保护区** ……………（201）
服务工作 …………………………………（196）	概　况 ……………………………………（201）
文明创建 …………………………………（196）	执法管理 …………………………………（201）
争先创优 …………………………………（196）	保护区科研 ………………………………（202）
移动通信 ………………………………（196）	科普宣传 …………………………………（202）
概　况 ……………………………………（196）	

商贸流通

网络强国 …………………………………（196）	
信息化发展 ………………………………（196）	
提速降费 …………………………………（197）	综　述 ……………………………………（203）
社会责任 …………………………………（197）	概　况 ……………………………………（203）
联合通信 ………………………………（197）	商贸流通体系建设 ………………………（203）
概　况 ……………………………………（197）	电子商务发展 ……………………………（203）
营销模式创新 ……………………………（197）	重要产品追溯体系建设 …………………（203）
创新业务 …………………………………（197）	商贸领域特种行业管理 …………………（203）
服务形象建设 ……………………………（197）	促消费活动 ………………………………（204）
网络建设 …………………………………（197）	**招商引资** ………………………………（204）
党建工作 …………………………………（197）	概　况 ……………………………………（204）

招商措施 …………………………………… (204)	
对外经济贸易 …………………………… (204)	
企业对外投资 ……………………………… (204)	
外贸企业 …………………………………… (204)	
外商投资企业 ……………………………… (205)	
供销合作 ………………………………… (205)	
概　况 ……………………………………… (205)	
供销社综合改革 …………………………… (205)	
农业社会化服务 …………………………… (205)	
"两个体系"建设 …………………………… (206)	
遗留问题化解 ……………………………… (206)	
项目争取 …………………………………… (206)	
粮　食 …………………………………… (206)	
概　况 ……………………………………… (206)	
粮食安全省长责任制 ……………………… (206)	
粮食企业改革与发展 ……………………… (206)	
粮食产业经济转型升级 …………………… (206)	
粮食信息预警监测 ………………………… (206)	
"危仓老库"维修改造 ……………………… (207)	
应急保供体系 ……………………………… (207)	
依法管监 …………………………………… (207)	
安全生产 …………………………………… (207)	
社会化服务 ………………………………… (207)	
全面严管治党责任严格落实 ……………… (207)	
烟　草 …………………………………… (207)	
概　况 ……………………………………… (207)	
经济运行 …………………………………… (207)	
专卖管理 …………………………………… (208)	
企业管理 …………………………………… (208)	
法治建设 …………………………………… (208)	
文化建设 …………………………………… (208)	
公益活动 …………………………………… (208)	
盐　业 …………………………………… (209)	
概　况 ……………………………………… (209)	
非盐业务 …………………………………… (209)	
社会责任 …………………………………… (209)	
党建工作 …………………………………… (209)	

旅游业

综　述 ……………………………………… (210)
概　况 ……………………………………… (210)
旅游规划编制 ……………………………… (210)
旅游项目建设 ……………………………… (210)
旅游招商 …………………………………… (210)
旅游宣传促销 ……………………………… (210)
产业融合发展 ……………………………… (211)
旅游环境治理 ……………………………… (211)
人才队伍建设情况 ………………………… (211)
全域旅游创建 ……………………………… (211)
旅游节事活动 ……………………………… (211)
假日旅游 ………………………………… (212)
"五一"黄金周旅游 ………………………… (212)
"十一"黄金周旅游 ………………………… (212)
景区景点 ………………………………… (212)
沙坡头景区 ………………………………… (212)
金沙岛旅游区 ……………………………… (212)
寺口风景区 ………………………………… (212)
腾格里·金沙海景区 ……………………… (212)
沙坡头水镇 ………………………………… (212)
长山头天湖 ………………………………… (212)
南华山景区 ………………………………… (213)
大漠边关景区 ……………………………… (213)
车门沟旅游区 ……………………………… (213)
高庙保安寺 ………………………………… (213)
黄河宫 ……………………………………… (213)
南长滩 ……………………………………… (213)
北长滩 ……………………………………… (213)
双龙山石窟 ………………………………… (214)
中宁枸杞博物馆 …………………………… (214)
老君台 ……………………………………… (214)
鼓　楼 ……………………………………… (214)
天都山石窟 ………………………………… (214)
黄河宿集 …………………………………… (214)
星级酒店 ………………………………… (214)
中卫红宝宾馆 ……………………………… (214)
逸兴大酒店 ………………………………… (215)

中卫隆城酒店 (215)
黄河金岸花园大酒店 (215)
新华国际饭店 (215)
中卫东方酒店 (215)
海原宾馆 (215)
中宁宾馆 (215)
恒达酒店 (216)
旅行社 (216)
宁夏美景国际旅行社 (216)
沙坡头旅行社 (216)
世纪长河旅行社 (216)
快乐西游旅行社 (216)
金色沙漠旅行社 (216)
青年假日旅行社 (216)
中卫中青旅有限公司 (216)
红宝旅行社 (216)
宁夏香山旅行社 (216)
中宁阳光旅行社 (216)
农家乐 (217)
北长滩黄河水车山庄 (217)
固沙生态园 (217)
陶然水岸 (217)
阳光怡然生态园 (217)
陌秀庄园 (217)
功夫驴农家乐休闲生态农庄 (217)
红景天休闲山庄 (217)
龙泉山庄 (217)
童家山庄 (218)
中卫香山生态农庄 (218)
沙漠人家四合院 (218)
国盛生态园 (218)
鱼悦生态休闲农庄 (218)
盛世休闲生态农庄 (218)
百果农庄 (218)

财政税务

财　政 (219)
概　况 (219)
服务发展 (219)

推进产业转型 (219)
服务民生 (219)
财政管理 (220)
精准扶贫 (220)
党建工作 (220)
税　收 (221)
概　况 (221)
组织收入 (221)
征管改革 (221)
纳税服务 (221)
队伍建设 (221)
党的建设 (221)

金融保险

人民银行中卫市中心支行 (222)
概　况 (222)
货币政策执行 (222)
金融运行 (222)
金融服务 (222)
中卫银监分局 (223)
概　况 (223)
风险防控 (223)
金融服务 (223)
改革创新 (223)
党建工作 (223)
农业发展银行中卫支行 (223)
概　况 (223)
业务经营 (223)
粮食收储 (223)
项目贷款转型 (223)
基金投后管理 (224)
收贷收息 (224)
资金计划管理 (224)
会计核算 (224)
反洗钱工作 (224)
财务收支管理 (224)
党的建设 (224)
存款营销 (224)
工商银行中卫支行 (225)

概　况	(225)
经营效益	(225)
精细化管理	(225)
零售业务	(225)
国际业务	(225)
农业银行中卫分行	(225)
概　况	(225)
普惠金融	(225)
服务"三农"	(225)
精准扶贫	(225)
助力地方经济	(225)
社会责任	(226)
中国银行中卫分行	(226)
概　况	(226)
业务发展	(226)
风险内控管理	(226)
建设银行中卫分行	(226)
概　况	(226)
对公信贷	(227)
普惠金融	(227)
金融科技	(227)
惠民服务	(227)
渠道建设	(227)
党建工作	(227)
邮储银行中卫分行	(227)
概　况	(227)
涉农金融服务	(227)
金融扶贫	(227)
妇女创业就业支持	(227)
助力民营企业发展	(228)
宁夏银行中卫分行	(228)
概　况	(228)
金融扶贫	(228)
服务民营企业	(228)
党建工作	(228)
中卫农村商业银行	(228)
概　况	(228)
党的建设	(229)
支农支小服务	(229)
普惠金融	(229)
创新产品	(229)
信贷结构调整	(229)
风险管控	(230)
合规管理	(230)
履行社会责任	(230)
中卫香山村镇银行	(230)
概　况	(230)
普惠金融	(231)
金融扶贫	(231)
石嘴山银行中卫分行	(231)
概　况	(231)
区域发展	(231)
普惠金融	(231)
回馈社会	(231)
人寿保险	(231)
概　况	(231)
政保业务	(231)
运营服务	(232)
风险防控	(232)
党建工作	(232)
服务社会	(232)
人保财险	(232)
概　况	(232)
支农惠农	(232)
精准扶贫	(232)
大病医疗保险	(233)
规范化经营	(233)
服务创新	(233)
搭建"空中救援线"	(233)
服务企业	(233)

教　育

综　述	(234)
概　况	(234)
党建工作	(234)
改善办学条件	(234)
学前教育	(235)
义务教育	(235)
普通高中教育	(235)

职业教育	(235)
队伍建设	(235)
"平安校园"建设	(235)
教育扶贫	(235)
党校教育	(236)
概况	(236)
业务拓展	(236)
干部培训	(236)
教学科研	(237)
理论成果	(237)
理论宣讲工作	(237)
干部函授学历教育	(237)
社会公益事业	(237)
机关党的建设	(237)
党风廉政建设	(237)
精神文明创建	(237)

科学技术

综述	(238)
概况	(238)
科技项目建设	(238)
科技园区建设	(238)
科技创新平台	(238)
知识产权	(238)
科技特派员	(238)
科技政策	(238)
科技扶贫	(239)
科学普及	(239)
科普服务平台	(239)
科技助力工程	(239)
科技服务	(240)
建言献策	(240)
自身建设	(240)
气象	(240)
天气概况	(240)
气温	(240)
降水	(241)
日照时数	(241)
气象服务工作	(241)
人工影响天气	(241)

文化体育

文化	(242)
文化惠民	(242)
群众文化	(242)
精品创作	(242)
公共图书	(242)
文化遗产保护与传承	(242)
文化市场监管	(242)
文化体制改革	(242)
文化产业	(242)
新闻出版物	(243)
广播电视	(243)
体育	(243)
大型赛事活动	(243)
群众体育活动	(243)
文化基础建设	(243)
公共文化阵地建设	(243)
公共文化服务体系建设	(243)
广电网络	(243)
概况	(243)
网络规划建设	(243)
业务发展	(244)
"户户通"管理	(244)
安全保障	(244)
社会公益	(244)
文学艺术	(244)
2018首届中卫文化艺术界迎新晚会	(244)
"新春走基层 欢乐进万家"文艺惠民活动	(244)
周芳作品入展首届深圳国际水彩画双年展	(244)
彭家勇散文集《石不语》入围第七届鲁迅文学奖参评名单	(244)
电影《山路不再弯》杀青进入后期制作阶段	(245)
中国文联文艺志愿服务团8月8日走进中卫慰问演出	(245)
《降服沙魔》入围2018第八届全国农民摄影大展	(245)

"双庆"书法美术摄影作品展 …………… (245)	党史资料编撰 ……………………………… (250)
中卫市首届中小学师生书法大赛 ………… (245)	党史研究 …………………………………… (250)
"友好文联"缔结 …………………………… (245)	党史宣传教育 ……………………………… (250)
文艺成果 …………………………………… (246)	**方志编纂** ……………………………… (250)
新闻传媒 ……………………………… (246)	市志编修 …………………………………… (250)
概　况 ……………………………………… (246)	年鉴出版 …………………………………… (251)
新闻宣传 …………………………………… (246)	地方志副产品 ……………………………… (251)
媒体融合 …………………………………… (247)	地方志宣传日活动 ………………………… (251)
部门建设 …………………………………… (247)	名镇名村志编修 …………………………… (251)
定点帮扶 …………………………………… (247)	方志信息化建设 …………………………… (251)
重要事项 …………………………………… (248)	
广播电视热播节目 …………………… (248)	

卫生和计划生育

直播中卫 …………………………………… (248)	
中卫新闻联播 ……………………………… (248)	**综　述** ………………………………… (252)
中卫早间新闻 ……………………………… (248)	概　况 ……………………………………… (252)
中卫午间新闻 ……………………………… (248)	卫生人员 …………………………………… (252)
法治进行时 ………………………………… (248)	病床设置及诊疗量 ………………………… (252)
健康有约 …………………………………… (248)	主要卫生健康指标 ………………………… (252)
经济生活 …………………………………… (248)	重要事项 …………………………………… (252)
田园风 ……………………………………… (248)	**疾病预防控制** ………………………… (252)
小宇来了 …………………………………… (248)	概　况 ……………………………………… (252)
嘚啵嘚啵秀 ………………………………… (248)	重大疾病预防控制 ………………………… (253)
百姓 Taxi ………………………………… (248)	**妇幼保健** ……………………………… (253)
独家记忆 …………………………………… (249)	概　况 ……………………………………… (253)
滴滴叭叭·方向盘 ………………………… (249)	妇女儿童保健质量提升计划 ……………… (253)
如果你夜听 ………………………………… (249)	妇幼保健重要成果 ………………………… (253)
一起听世界 ………………………………… (249)	**药事管理** ……………………………… (253)
中卫新闻联播 ……………………………… (249)	概　况 ……………………………………… (253)
夜空之城 …………………………………… (249)	药品药材及医疗器械管理 ………………… (254)
音乐早安秀 ………………………………… (249)	**卫生监督** ……………………………… (254)
档　案 ………………………………… (249)	概　况 ……………………………………… (254)
概　况 ……………………………………… (249)	医疗服务监督 ……………………………… (254)
基础业务 …………………………………… (249)	公共场所卫生管理 ………………………… (254)
依法治档 …………………………………… (249)	职业病防治 ………………………………… (254)
资源建设 …………………………………… (249)	**中医药发展** …………………………… (254)
利用服务 …………………………………… (249)	概　况 ……………………………………… (254)
安全管理 …………………………………… (250)	中回医药发展和科研 ……………………… (255)
宣传教育 …………………………………… (250)	名中医学术研究工作室建设 ……………… (255)
党史研究 ……………………………… (250)	中医重点项目建设 ………………………… (255)
概　况 ……………………………………… (250)	**医疗服务与监管** ……………………… (255)

概　况	(255)	社会保险区级调剂金争取	(264)
医药卫生改革发展	(255)	医保支付制度改革	(264)
医疗信息化建设	(255)	社保经办服务方式优化	(264)
基层医疗服务	(255)	**人事人才**	(264)
医疗管理	(256)	人才培养	(264)
医院管理	(256)	人才引进	(264)
卫生计生队伍建设管理	(256)	人才选拔	(264)
健康扶贫	(256)	人才服务	(264)
医院建设项目	(256)	**劳动维权**	(264)
健康中卫建设	(256)	工资支付源头治理	(264)
概　况	(256)	劳动用工执法检查	(264)
健康教育与健康促进	(257)	劳动关系矛盾预防化解	(265)
人口与计划生育	(257)	**民　政**	(265)
概　况	(257)	概　况	(265)
人口发展	(257)	低保救助	(265)
计划生育	(257)	残疾人专向救助	(265)

社会民生

经济社会调查	(259)	减灾救灾	(265)
概　况	(259)	社保兜底	(265)
整体调查工作	(259)	社会组织发展	(266)
方法制度改革创新	(259)	困境儿童保障	(266)
统计调查服务	(259)	志愿慈善事业	(266)
党的建设	(260)	文明殡葬	(266)
巡察整改	(260)	婚姻登记	(266)
城镇居民可支配收入	(261)	地名管理	(266)
农村居民可支配收入	(261)	双拥优抚	(266)
粮食面积产量	(261)	基层民主管理	(267)
主要畜禽监测	(262)	养老服务体系建设	(267)
居民消费价格	(262)	**扶贫开发**	(267)
工业生产者价格	(263)	概　况	(267)
就业创业	(263)	减贫出列	(268)
政策落实	(263)	责任落实	(268)
技能培训	(263)	干部帮扶	(268)
分类帮扶	(263)	社会帮扶	(268)
创新创业	(263)	动态调整	(268)
社会保险	(264)	扶贫培训	(268)
概　况	(264)	"五个一批"脱贫工程	(268)
养老金调整	(264)	金融扶贫	(269)
		健康扶贫	(269)
		闽宁协作	(269)
		扶贫扶志	(269)

基础设施完善 …………………………………… (269)
残疾人事业 ………………………………………… (269)
　概　况 …………………………………………… (269)
　精准脱贫 ………………………………………… (269)
　康复托养 ………………………………………… (270)
　教育培训 ………………………………………… (270)
　创业就业 ………………………………………… (270)
　无障碍设施改造 ………………………………… (270)
　宣传文化 ………………………………………… (270)

人　物

新任领导 …………………………………………… (272)
　李晓波 …………………………………………… (272)
　位　亮 …………………………………………… (272)
　曾申平 …………………………………………… (272)
　叶　峰 …………………………………………… (272)
　崔　昆 …………………………………………… (273)
　李　斌 …………………………………………… (273)
　赵建新 …………………………………………… (273)
　董立军 …………………………………………… (274)
　张建国 …………………………………………… (274)
新闻人物 …………………………………………… (274)
　2018年度全国最美家庭——穆志忠 ………… (274)
　2018年度全国最美家庭——王俊艳 ………… (274)
　2018年度全国五好文明家庭——胡凤娟 …… (274)
　2018年度全国五好文明家庭——黄元虎 …… (275)
　冯志远 …………………………………………… (275)
　刘在环 …………………………………………… (275)
　倪　岩 …………………………………………… (275)
人物名录 …………………………………………… (276)
　中卫市"中国好人" ……………………………… (276)
　2018年宁夏青年拔尖人才人员名录 ………… (276)
　中卫名师 ………………………………………… (276)
　中卫名校长 ……………………………………… (276)
　中卫名医 ………………………………………… (276)
　中卫优秀乡村医生 ……………………………… (277)
　中卫文化名家 …………………………………… (277)
　中卫市最美母亲获得者名表 …………………… (277)
　2018年"中卫名匠"获得者名表 ……………… (278)

　2018年自治区五一劳动奖状获得者名表 …… (278)
　2018年自治区五一劳动奖章获得者名表 …… (278)
　2018年自治区工人先锋号获得者名表 ……… (278)

先进名录

市级先进 …………………………………………… (279)
　2017年度全市效能目标管理考核先进单位 … (279)
　2017年度目标管理考核结果 ………………… (279)
　2017年度支持脱贫攻坚工作先进集体 ……… (281)
　2017年度社会帮扶先进集体 ………………… (281)
　2017年度脱贫攻坚工作先进集体 …………… (281)
　2017年度脱贫攻坚工作先进工作者 ………… (281)
　2017年度脱贫致富典型示范户 ……………… (281)
　2018年度支持地方经济发展先进单位 ……… (282)
　2017年度移风易俗示范乡镇 ………………… (283)
　2017年度移风易俗示范村 …………………… (283)
　2017年度移风易俗示范户 …………………… (283)
　党管武装先进单位 ……………………………… (283)
　党管武装先进个人 ……………………………… (283)
　优秀专武干部 …………………………………… (283)
　优秀专武职工 …………………………………… (283)
　2018年度记二等功人员 ……………………… (283)
　2015—2017年度记三等功人员 ……………… (283)
　嘉奖单位 ………………………………………… (284)
　教育工作先进集体 ……………………………… (284)
　教学成果突出先进集体 ………………………… (284)
　2018年度优秀教师 …………………………… (284)
　2018年度优秀班主任 ………………………… (286)
　2018年度教学工作先进个人 ………………… (286)
自治区先进集体 …………………………………… (287)
　2017年度农村工作先进集体 ………………… (287)
　2017年度脱贫攻坚先进集体 ………………… (287)

文　献

重要文存 …………………………………………… (288)
中共中卫市委员会　中卫市人民政府关于大力实施乡
　村振兴战略加快城乡一体化发展的意见(2018
　年7月27日中国共产党中卫市第四届委员会第

五次全体会议通过）…………………（288）
中共中卫市委员会 中卫市人民政府关于印发《中卫市创建全国文明城市工作方案》的通知
　　卫党发〔2018〕9号 ………………（293）
中共中卫市委员会办公室 市人民政府办公室关于印发《进一步理顺沙坡头区管理体制和运行机制》的通知
　　卫党办发〔2018〕6号 ……………（305）
中共中卫市委员会办公室 市人民政府办公室关于全市2017年度效能目标管理考核结果的通报
　　卫党办发〔2018〕11号 ……………（311）
中共中卫市委员会办公室 中卫市人民政府办公室关于印发《加强中卫市新型智库建设的实施办法（试行）》的通知
　　卫党办发〔2018〕79号 ……………（311）
中共中卫市委员会办公室 中卫市人民政府办公室关于印发《中卫市开发区（工业园区）整合优化和体制机制改革实施方案》的通知
　　卫党办发〔2018〕123号 …………（312）

规范性文件 ………………………………（320）
中卫市城市供排水节水管理暂行办法
　　卫政办规发〔2018〕1号 …………（320）
中卫市市属城市公立医院综合改革财政补偿管理办法（试行）
　　卫政办规发〔2018〕3号 …………（326）
中卫市地方储备粮管理办法
　　卫政办规发〔2018〕5号 …………（329）
中关村中卫园企业管理办法
　　卫政办规发〔2018〕7号 …………（333）
中卫市农村残疾人扶贫基地规范化管理办法
　　卫政办规发〔2018〕8号 …………（335）
中卫市城市公共户外广告位管理暂行办法
　　卫政办规发〔2018〕9号 …………（336）
市人民政府办公室关于印发中卫市公共交通运营管理考核办法（试行）的通知
　　卫政办规发〔2018〕10号 …………（338）
市人民政府办公室关于印发中卫市基本农田和耕地违法行为举报奖励办法（试行）的通知
　　卫政办规发〔2018〕11号 …………（340）
市人民政府办公室关于印发中卫市高污染燃料禁燃区燃煤污染整治工作实施方案和高污染燃料禁燃区餐饮服务单位"煤改气""煤改电"整治资金补贴方案的通知
　　卫政办规发〔2018〕12号 …………（341）
市人民政府办公室关于印发中卫市旅游市场违法违规经营行为举报奖励暂行办法的通知
　　卫政办规发〔2018〕13号 …………（345）
市人民政府办公室关于印发中卫市职工生育保险实施办法的通知
　　卫政办规发〔2018〕14号 …………（346）
市人民政府办公室关于印发中卫市城市照明管理办法的通知
　　卫政办规发〔2018〕15号 …………（349）
市人民政府办公室关于印发中卫市体育竞技人才培养办法的通知
　　卫政办规发〔2018〕16号 …………（351）
市人民政府办公室关于印发中卫市民生民情信息发布制度（暂行）的通知
　　卫政办规发〔2018〕17号 …………（353）
中卫市人民政府关于整治高污染燃料禁燃区燃煤污染的通告
　　卫政规发〔2018〕1号 ……………（354）

文献目录 …………………………………（354）
2018年中共中卫市委发文目录 ……………（354）
2018年中共中卫市委办公室发文目录 ……（355）
2018年中卫市政府发文目录 ………………（358）
2018年中卫市政府办公室发文目录 ………（360）

专 文

2019年1月8日在市委四届六次全体会议上的报告

市委书记 何 健

各位委员、同志们：

我受市委常委会委托，向全会报告工作。

过去的一年，是中卫改革发展进程中极不平凡的一年。一年来，在自治区党委、政府的坚强领导下，市委常委会团结带领全市党员干部群众，深入学习贯彻习近平新时代中国特色社会主义思想和党的十九大精神，全面贯彻落实中央和自治区各项决策部署，坚持以"转型追赶、高质量发展"为主线，坚决打好"三大攻坚战"，大力实施"三大战略"中卫方案，全面落实"五个扎实推进"重点任务，全力以赴稳增长、调结构、抓改革、惠民生、促和谐，全市经济社会发展和党的建设各项事业都取得了新的重大进展。预计全年地区生产总值增长6%；固定资产投资下降35%；地方一般公共预算收入同口径增长8.2%；社会消费品零售总额增长5.5%；城镇和农村常住居民人均可支配收入分别增长8%和8.5%。

一、旗帜鲜明讲政治，坚定不移用习近平新时代中国特色社会主义思想和党的十九大精神统一思想、统揽全局

市委常委会认为，旗帜鲜明讲政治，是我们党作为马克思主义政党的根本要求，必须坚持以习近平新时代中国特色社会主义思想为指导，坚决维护习近平总书记核心地位，坚决维护党中央权威和集中统一领导。市委常委班子带头强化理论武装，带头严守政治纪律和政治规矩，扎实推动习近平新时代中国特色社会主义思想和党的十九大精神在中卫落地生根。

我们坚持把学习贯彻习近平新时代中国特色社会主义思想和党的十九大精神作为首要政治任务，切实在学懂弄通做实上下工夫，教育引导广大党员干部进一步树牢"四个意识"，坚定"四个自信"，自觉做到"四个看齐""两个维护"。党的十九大召开后，第一时间召开全市领导干部会议传达学习，对十九大报告进行辅导解读。市委常委会坚持学在前、做在前，每次常委会前安排理论中心组学习，明确2—3名市级领导作专题交流发言，先后举办市委理论中心组学习会24次、沙坡头大讲堂7次，学习频次和强度进一步加大。扎实开展大宣讲活动，邀请中央和自治区宣讲团来中卫宣讲，安排市级领导深入基层联系点宣讲，县(区)、部门(单位)主要负责同志在本地区、本部门宣讲，组建市、县(区)和乡镇三级宣讲团，深入机关、农村、社区和企业开展宣讲1000余场次。充分发挥党校(行政学院)培训教育主阵地作用，对全市2700余名科级以上干部进行全员轮训，推动学习贯彻习近平新时代中国特色社会主义思想和党的十九大精神往实里走、往深里走。通过深入广泛的学习宣传，广大党员干部群众主动把维护习近平总书记的核心地位作为最大的政治，自觉落实到行动上、融入到工作中。

我们坚持把习近平总书记视察宁夏时的重要讲话精神作为习近平新时代中国特色社会主义思想的"宁夏篇"，组织全市党员干部反复学、经常学、深入学，领会把握精神实质，用以武装头脑、指导实践、推动工作。市委四届四次、五次全会把学习重要讲话精神作为主要任务之一。在市委党校举办8期全市科级以上领导干部专题学习班，对习近平总书记视察宁夏时的重要讲话进行辅导解读,进一步统一了思想,增强了行动自觉。按照自治区党委的统一安排,对自治区第十二次党代会以来市委、市政府及"两办"名义印发的252份文件进行了梳理,修订了与中央和自治区党委要求、提法不一致的文件3份。扎实开展习近平总书记关于宁夏、中卫重要批示指示贯彻落实情况"回头看",全面自查自纠,逐项整改落实。

我们坚持把抓好中央巡视反馈问题的整改落实,作为学习贯彻习近平新时代中国特色社会主义思想和党的十九大精神,切实做到"两个维护"的具体行动。对中央巡视反馈的问题,主动认领,照单全收,层层压紧压实责任,逐条逐项细化措施,坚决彻底整改到位。对中央第八巡视组反馈需中卫市整改的5个方面40个具体问题,我们成立了整改落实工作领导小组和8个专项小组,制订了"1+7"整改方案,明确了304条整改措施,逐项落实到具体单位和责任人,先后召开市委巡视整改工作领导小组会、专项小组会25次,开展专项督查、调研督办55次,市委常委会两次听取整改工作进展情况汇报,有力推动了整改工作落实。截至目前,已完成整改170条,正在整改或长期坚持134条。其中,反馈意见明确点到中卫的3个具体问题基本整改到位。全力解决好群众反映强烈的突出问题,中央巡视组反馈件办结率达96.1%。

二、坚定不移贯彻新发展理念,全市经济平稳健康发展

市委常委会认为,发展不足、质量不优是中卫最大的实际,必须坚持质量第一、效率优先,加快推动经济发展质量变革、效率变革、动力变革。一年来,我们狠抓第一要务不放松,大力实施创新驱动发展战略,加快产业转型升级,推动新旧动能转换,发展质量和效益不断提升。

工业转型升级加速推进。扎实推进中卫、中宁工业园区整合发展,推进新材料、新能源、冶金化工等重点产业集群化、规模化发展,江苏瑞盛锂电池正极材料一期等一批重点项目建成投产,宁夏瑞泰系列化工等项目加快推进,天津日久光敏新材料、宁夏润华熔盐等一批招商引资项目签约落地。全面落实自治区"降成本30条",为企业减税14.3亿元,全市47家企业参与电力直接交易,22家企业享受差别化电价补贴,累计节约成本8598万元。扎实开展工业园区环境综合整治,盘活批而未建、长期未建等违规违法用地1400余亩。按照"一企一特色、一厂一景观"的思路,实施工业园区生态景观提升工程,打造"生态园区、绿色工厂",园区生态环境极大改善,瑞泰科技等企业成为"绿色工厂"建设的标杆。预计规模以上工业增加值增长4%左右。

特色农业提质增效明显。紧盯粮食+枸杞、硒砂瓜、草畜、马铃薯、果蔬"1+5"优势特色产业,重点在创品牌、定标准、举龙头上下工夫,特色优势产业产值占农业总产值的比重达78.8%。按照"一中心三基地"的思路,大力发展富硒功能农业,完成了全市土壤含硒量普查,成立了硒产业发展股份公司,建成富硒示范种植基地8万亩,制定了富硒硒砂瓜、枸杞、苹果标准化生产技术规程。香山硒砂瓜荣获宁夏十大农产品区域公用品牌。中宁枸杞荣获全国首个"农产品气候品质类国家气候标志",品牌价值172.8亿元,居全国十大农业区域品牌价值第四位。乌玛枸杞在第五届世界硒都(恩施)硒产品博览交易会上获评特色硒产品。农民专业合作社、家庭农场等新型经营主体不断壮大,新增农民专业合作社64家、家庭农场103家,自治区级以上农业产业化龙头企业达56家,万齐跻身"农业产业化国家重点龙头企业",沙坡头区(南山台)列入2018年全国农村一、二、三产业融合发展先导区创建名单。成功举办富硒农产品推介发布暨富硒产业发展研讨会,中卫被授予"中国塞上硒谷"称号。

经济发展新动能不断壮大。全域旅游示范市创建步伐加快,沙漠星空大道、中卫游客咨询服务中心、沙坡头南岸半岛民宿集群建成投运,沙坡头沙漠区基础设施等项目加快推进,完成旅游投资5.5亿元。成功举办2018年环球旅游小姐世界总决赛、第九届大漠黄河国际旅游节等重大赛事活动,国内首台大型魔幻情境体验剧《沙坡头盛典》常态化公演。先后在北京、四川等重点客源地开展旅游宣传推介活动,中卫旅游影响力进一步增强。全面净化旅游市场,扎实开展打击黑车、黑导专项行动,有力维护了游客的合法权益和中卫旅游整体形象。预计全年接待游客数增长11.4%,旅游收入增长15.7%。云计算产业发展势头强劲,亚马逊云计算中卫合作一期项目上线运营,西部云基地服务器规模达10.3万台,美利云、中国移动数据中心一期建成投用,中国联通、炫我科技、天云网络等数据中心项目开工建设。成功举办首届云天大会,成立了云计算产业联盟,发布了云计算产业的中卫标准和中卫公式,中卫被评为"最适合投资数据中心的城市和地区"。"变黄沙戈壁为创新发展新热土"做法被国务院通报表扬。加快国家军民融合创新示范区创建步伐,中国西部飞艇产业基地、商业卫星天线组阵等项目顺利建设,"火冰"新型环保消防灭火器两条生产线建成投产,"宁夏一号"(钟子号)卫星项目第一颗低轨载荷卫星研制完成。云计算和军民融合产业完成投资21.3亿元,增长75.7%。交通物流业加快发展,海同高速建成通车,中卫南站黄河大桥、中卫至兰州客运专线等一批项目开工建设,吴忠至中卫城际铁路通车测试,沙坡头机场年旅客吞吐量突破24万人次,迎水桥保税物流中心、中卫工业园区公铁物流园区、李旺物流园等项目积极推进,开通中欧、中俄国际货运班列20列。预计第三产业增加值增长7.5%。城乡山川协调发展步伐加快。着力解决海兴开发区资产闲置问题,推动西北高端肉牛发展研究院、华润高端肉牛精深加工、都市牧歌纺织产业园、麦勒家电产业园等项目在海兴开发区布局。着力解决城乡发展不平衡问题,召开市委四届五次全会,研究出台大力实施乡村振兴战略、加快城乡一体化发展的《意见》,提出了"一带两廊"空间发展格局,统筹发展规划、产业布局、城镇建设、基础设施建设和城乡文明建设,为加快城乡一体化发展奠定了坚实基础。突出抓好美丽城乡建设,新建、续建城市道路37条,改造城市供排水、供热管网45公里,开工建设美丽小城镇3个、美丽村庄20个。"城市双修"试点工作稳步推进。中国城市规划学会2018城市更新主题研讨会在中卫召开。

三、扎实推进全面深化改革,改革红利持续释放

市委常委会认为,中卫发展中的体制机制障碍依然较多,必须通过全面深化改革弥补发展短板、消除发展瓶颈。我们坚持把深化改革作为破解发展难题、推动高质量发展的关键一招,坚定不移推进各项改革任务落实,呈现出全面发力、多点突破、纵深推进的良好局面。

坚决扛起深化改革的政治责任。建立市级领导包抓重点改革任务机制,先后召开3次全市深化改革领导小组会议,研究审订重大改革方案28个。健全完善改革任务落实督导机制和考核机制,出台中卫市深化改革工作的《督察方案》《考核办法》,提高了深化改革在全市效能目标管理考核体系的比重,通过"一月一自查""一季一督察"、专项督察等,有效推动了各项改革任务落实。年初确定的77项改革任务已完成70项,7项正在稳步推进。

重点领域改革成效显著。农业农村改革扎实推进,全面开展农村集体资产清产核资工作,农村集体经济股份制改革、农业水价改革、供销社改革积极推进,共办理农村产权抵押登记贷款2474户3.15亿元。国资国企改革持续深化,进一步理顺市属国有企业的管理,完善企业法人治理结构,薪酬体系和考核机制更加规范,国有企业发展活力和综合实力进一步增强。综合医改深入推进,公立医院全面取消药品加成并实行"两票制"管理,医务人员薪酬分配制度、人员备案总量管理、医疗性服务价格等改革全区领先。党政机构改革有序推进,市县(区)退役军人事务局挂牌成立。

发展环境持续优化。行政审批制度改革成效显著,积极推进权力清单标准化建设,取消没有法律依据的证照事项383项,全面推行行政审批"告知承诺制"、工业园区建设项目"区域评"改革试点、重点项目"代办制",80%以上的事项实现了"不见面、马上办","互联网+"登记注册网上办照率达70%。财政体制改革稳步推进,税收收入占公共财政预算收入比重达70%以上。制定中卫市本级政府债务化解清单,通过PPP合作、完善市场化融资担保体系等措施,严格控制增量,积极消化存量,争取新增地方政府债券5.9亿元、置换债券9.2亿元。召开金融服务民营企业推进会,引导金融机构创新金融产品和业务,促成企业以应收账款(动产)担保融资33.5亿元。充分发挥财政资金的引导和撬动作用,创新推进"宁科贷"项目,为18家企业发放风险补偿贷款4695万元,有效缓解了中小微企业融资难、融资贵问题。科技创新改革成果丰硕,全市科技经费投入增速达40%,申请专利同比增长190.5%,新增国家级高新技术企业3家,"生物土壤结皮形成机理、生态作用及在防沙治沙中的应用"等多项成果荣获自治区科学技术进步奖,宁夏首个国家级科技惠民计划项目顺利通过验收。

四、大力加强生态文明建设,生态环境不断改善

市委常委会认为,加强生态建设和环境保护,解决环境突出问题,既是自觉践行"两个维护"的具体行动,也是让全市人民享有更多绿色福利、生态福祉的必然要求。我们深入学习贯彻习近平生态文明思想,坚持从政治上、大局上看待生态环保工作,坚定不移走绿色低碳循环发展之路,从严从实抓好环保问题的整改落实,切实担负起维护西北地区生态安全和保护母亲河的历史重任。环保突出问题整改有序推进。出台了加强工业园区环保工作的《意见》,建立重点企业市级领导包抓机制,确保督察整改工作落实到位。组织市领导、有关部门和企业负责人赴宁东能源化工基地观摩学习,将蓝丰地下水修复现场确立为中卫环保警示教育基地,开展常态化警示教育,全市上下环保意识明显增强。截至目前,中央环保督察组"回头看"转办群众投诉件办结率达91.8%;指出的17家企业30个问题,已完成整改13家企业26个问题。中央环保督察组反馈"回头看"及专项督察反馈的5个方面16个问题,正在按照整改方案全力推进落实。

绿色低碳循环发展成效明显。加快传统产业改造升级,紫光蛋氨酸关键工艺、协鑫晶体一期1GW节能等技改项目顺利实施,工业技改投资增长16%。严把环保准入关口,把建设项目环境管理作为控制新污染源的重要手段,全年审批各类建设项目518个,建设项目环境影响评价执行率达100%。全力抓好节能减排,严格限制高污染、高耗水、高耗能产业发展,鼓励企业开展清洁生产,宁钢公司被自治区确定为绿色工厂建设示范单位。加快推动能源资源全面节约和循环利用,全面启动节水型社会创新试点关键技术应用与示范项目,宸宇环保无害化处置中心、杭州锦江垃圾焚烧发电等一批项目开工建设,实现了经济效益和社会效益双赢。

生态建设和环境保护持续加强。大力实施"增绿植绿"行动,完成防沙治沙、生态移民迁出区修复、退耕还林23万亩,全市森林覆盖率由2017年的12.9%提高到13.9%。大力实施蓝天行动,全面淘汰改造燃煤锅炉249台,清理整治辖区小散乱污企业25家,严格落实"六个100%"扬尘防控措施,"零容忍"查处秸秆焚烧行为。全市优良天数达标率达90.5%。大力实施碧水行动,扎实推进清河专项行动,完成清水河海原段、沙坡头区第三第四排水沟、中宁县北河子沟等沟道整治891公里,取缔非法采沙场71家,清理各类垃圾3.3万吨,黄河中卫过境段水质达到Ⅱ类。大力实施净土行动,加大工业、建筑行业固体废物问题专项治理力度,建立绿色防控示范区3个,农用残膜回收点39个,完善畜禽养殖污染防治配套设施84家。

五、坚持以人民为中心的发展思想,民生福祉持续增进

市委常委会认为,中卫山川共存,社会事业欠账多,老百姓的生活还不富裕,必须把保障和改善民生作为一切工作的出发点和落脚点。我们紧紧抓住人民群众最关心的脱贫、就业、教育、医疗、养老、住房等问题,坚持将新增财力的70%用于改善民生,民生保障水平进一步提高,人民群众获得感幸福感明显增强。

坚决打赢脱贫攻坚战。按照中央和自治区要求,全面开展政策文件、标语挂图清理和贫困人口信息"数据清洗"工作,共清理文件519件、不符合标准贫困人口6198人。采取以奖代补等办法,加大对主动脱贫、自愿脱贫、提前脱贫群众的奖励补助力度,有效解决了脱贫进度层层加码、精准扶贫不到位、脱贫内生动力不足等问题,全年预计脱贫2.8万人。因地制宜发展增收致富产业,全市域推广华润"基础母牛银行"模式,累计赊销基础母牛2.3万头。整合资金17亿元,发放扶贫小额信贷2.9万户13亿元,全市从事草畜、马铃薯、枸杞等特色种养业建档立卡户达65%以上。对3.3万名贫困群众开展脱贫技能培训,打造就业扶贫基地31个、扶贫车间19个,建档立卡贫困劳动力转移就业10554人。全面完成"十三五"2892户12016人易地搬迁任务。加强贫困地区基础设施建设,宁夏中部干旱带西部供水喊叫水片区主体工程试通水,海原县三塘片区主体工程完工,国道341、省道204线工程顺利推进,新建、改建农村公路466公里,完成危窑危房改造9813户。深化闽宁对口帮扶,先后8次到福建漳州市对接工作,建立漳浦县劳务服务就业创业基地,海原闽宁纺织工业园投产运营。扎实开展"脱贫攻坚作风建设年"活动,持续开展两轮厅处级领导干部蹲点调研,累计走访贫困村208个、贫困户1万余户,锤炼了党性修养,密切了干群关系,帮助贫困群众解决了一批突出问题。深入开展扶贫领域腐败和作风专项治理,全市排查扶贫领域违纪违法问题80件,给予党纪政务处分110人,移送司法机关两人。统筹推进社会事业发展。各级各类教育机构办学水平全面提升,实施农村薄弱学校改造、普通高中办学条件改善等项目207个,新建、改建校舍17.8万平方米。建立了从学前到大学教育全覆盖的贫困学生资助体系,为1.5万余名大学生发放助学贷款9796万元。公共卫生服务水平不断提高,市中医医院,市妇幼保健中心业务楼,中宁、海原县人民医院妇儿综合楼等项目主体完工。"互联网+医疗"成效明显,在全区率先建设智能家庭医生签约服务和医德医风电子监管系统,组建家庭医生签约服务团队372个,开展服务55万人次。"国家卫健委—联合国儿童基金会新生儿安全项目"落户海原。国家卫生城市创建工作顺利通过自治区评审。就业服务水平有效提升,出台支持鼓励创新创业优惠政策,新培育自治区级创业孵化示范园区3家,创造新岗位4203个,转移农村劳动力15.4万人,未就业高校毕业生就业率达96%,城镇登记失业率为3.6%。社会保障水平稳步提高,全面启动"同舟计划"二期,企业退休人员养老金人均提高135元,为8.3万名城乡居民月人均调增基础养老金20元,全市建档立卡户养老、医疗保险参保率分别达99.8%和100%。实施各类保障性安居工程4.4万套,有效满足了人民群众住有所居的需求。

六、着力推动宣传思想文化建设,中卫软实力不断增强

市委常委会认为,意识形态工作是党的一项极端重要的工作,必须紧紧抓在手中,积极培育和践行社会主义核心价值观,不断推进理念创新、内容创新、手段创新,为全市各项事业发展提供思想舆论保证和精神文化支撑。我们严格落实意识形态工作责任制,唱响主旋律、传播正能量,在全市上下营造了振奋精神、实干兴卫的良好氛围。

牢牢把握意识形态工作主导权。在全区率先建立了县(区)和部门(单位)党委(党组)意识形态工作《责任清单》和《测评细则(试行)》,制定中卫市意识形态工作责任制考核《实施细则》,确保了意识形态工作责任落实到位、工作方法到位、检查考核到位。在全区率先建立互联网信息工作部门协调机制,出台了群众性突发事件网络舆情《应急预案》,妥善处理了涉民族宗教、涉卫突发事件等一批敏感网络舆情,发布事实真相,回应群众关切。按照自治区统一部署,精心组织开展了自治区成立60周年系列庆祝活动,向中央代表团和全市人民展示了中卫设市以来改革发展的伟大成就,营造了全市干部群众奋发有为、干事创业的浓厚氛围。结合改革开放40周年、自治区60大庆和云天大会等,加大对外宣传力度,在中央卫视、人民日报、新华社等中央主流媒体刊播、刊发中卫稿件120余篇(条)、开展中卫专题直播30余场次,展示了中卫形象,传播了中卫声音。

社会主义核心价值观深入人心。打造社会主义核心价值观主题广场10个、主题街道3条、宣传阵地31处、宣传牌(栏)4500多个,市区独立办公场所(单位)实现宣传阵地全覆盖。全力推进全国文明城市创建工作,出台创城工作《十大行动》实施方案》,建立"1+9"工作模式,统筹推进9个工作组3大板块200项任务落实,群众文明素养、社会文明程度有效提升。以创建全国文明城市为统领,扎实开展群众性精神文明"五大创建"活动,2018年11月,中国好人榜发布仪式暨全国道德模范与身边好人现场交流活动在中卫举办。将移风易俗作为精神文明建设的重要内容,纳入基层党组织(党员)评星定级(定格),出台了加强对党和国家工作人员操办婚庆喜庆事宜监督的《暂行规定》《推进移风易俗 促进脱贫攻坚奖励扶助办法》,扎实开展移风易俗"过筛子"和"向天价彩礼宣战"等主题教育实践活动,在全社会形成了树文明、倡新风的良好风尚。

文化事业蓬勃发展。大力实施文化惠民工程,开展花儿传唱大赛等系列文化活动,举办广场文艺演出、惠民下乡演出1000余场次,圆满完成了自治区成立60周年群众文艺演出任务,中宁县、海原县全民健身中心、五馆一中心健身步道等项目建成投用,全市33个乡镇综合文化站实现"公建民营公助"模式全覆盖。大力实施文化传承保护工程,出版了《走进中卫》《一路风景》《中卫民间故事》等历史文化书籍,创排了《丝路情》《花香新时代》等优秀花儿剧,中卫市荣获全区非物质文化遗产保护先进单位。大力实施文艺精品扶助工程,60大庆献礼剧《我拿什么奉献给你》在江苏、山东、辽宁地方电视台高收视率播出。大力实施文化产业发展工程,出台文化创意和设计服务相关产业《扶持办法》,建成大麦地阳光文化产业园等文化产业示范基地3个,成功举办中卫市第三届文创旅游商品大赛,与周边地市、中东部发达地区的文化交流合作深入推进。

七、加强民主法治建设,抓好民族宗教工作,社会大局和谐稳定

市委常委会认为,巩固和发展生动活泼、安定团结的政治局面,是各项事业持续发展的根本保障,也是各级党组织的重大责任。我们坚持党的领导、人民当家作主、依法治国有机统一,大力推进民主政治建设,在扎实推进依法治市中突出抓好民族宗教工作,不断创新社会治理,保持了民族团结、宗教和顺、社会和谐的大好局面。

民主政治建设取得新进展。充分发挥市委总揽全局、协调各方的作用,建立了"6+8"重点工作、重大项目分工负责制,市四套班子一体同心、齐心协力谋发展、抓落实,形成了强大的工作合力。加强对人大工作的领导,全力支持人大及其常委会依法履职,市人大常委会对沙坡头区城市饮用水永久性水源地保护、提升城市环境卫生水平等重大问题依法作出决定,人大代表建议办结率达94%,代表"双联"工作实现全覆盖。充分发挥人民政协协商民主重要渠道和专门协商机构的作用,办理政协提案140件,促进全市枸杞产业发展升级、加强硒砂瓜品牌品质保护和核心示范区建设等一批建议纳入市委重点工作推进落实。扎实推进群团改革,工会、共青团、妇联等群团组织的职能作用进一步发挥。国防动员和后备力量建设得到有效加强。依法治市成效明显，"七五"普法全面推进，"法律八进"精准深化，公共法律服务体系全面建成，基层司法所标准化建设成为全区司法行政工作亮点，全民法治观念进一步增强。

民族宗教工作扎实推进。认真学习贯彻习近平总书记关于民族宗教工作重要论述，召开市委四届五次全会对民族宗教工作进行安排部署，要求全市各级各部门站在讲政治的高度，旗帜鲜明地抓、态度坚决地抓。在海原县召开民族宗教工作现场会，扎实开展"四进"宗教活动场所和"清真泛化""阿化""沙化"、宗教过热氛围过浓、宗教干涉世俗生活、伊斯兰教经文班、网络涉宗教舆情排查化解、共产党员信教问题专项整治"八项行动"，国旗、社会主义核心价值观进宗教场所分别比2017年年底提高了60个和25.8个百分点，清理涉及"三化"问题的党内文件15件，收回、吊销不符合清真食品范畴的《清真食品准营证》46个，清理更换不符合规定的门头牌匾、广告牌1623个，下架擅打"清真"标志商品36.6万件，教育转化信仰宗教和参与宗教活动党员1115名。深入开展马克思主义民族观宗教观政策、共产党员信仰主题学习教育，举办党员干部、宗教界人士和寺管会主任等培训班27期、培训2722人。创新开展"合坊并寺、合坊用寺、团结开寺"试点工作，得到了自治区的充分肯定。围绕全国民族团结进步示范市创建，扎实开展民族团结进步"八项特色教育"，促进了各民族交往交流交融，中华民族共同体意识深入人心。

社会治理开创新局面。深入开展扫黑除恶专项斗争，出重拳、下重手打掉"村霸"、恶势力团伙和家族恶势力9个，抓获犯罪嫌疑人94人，铲除了"马大户"等一批干涉基层政权、滋扰乡邻的恶势力团伙，社会秩序稳定良好。扎实推进"平安中卫"建设，有效整合社会治理资源，着力构建全方位公共安全防控体系，"雪亮工程"和"宁安行动""利剑行动"等十大专项行动深入实施，群众安全感大幅提升。扎实开展矛盾纠纷大调解专项行动，严格落实领导值班接访和信访包案化解制度，全年矛盾纠纷化解率达90.7%。深化安全生产领域改革与发展，严格落实安全生产"三大责任"，持续开展专项整治，全市安全生产形势总体平稳。

八、认真履行管党治党主体责任，推动全面从严治党向纵深发展

市委常委会认为，坚决打赢脱贫攻坚战，确保与全国全区同步建成全面小康社会，必须充分发挥各级党组织的战斗堡垒作用和党员的先锋模范作用。我们坚持把抓好党建作为最大政绩，严格按照新时代党的建设总要求，以党的政治建设为统领，全面推进党的政治建设、思想建设、组织建设、作风建设、纪律建设、制度建设和反腐倡廉建设，为各项事业发展提供了坚强组织保证。

坚持把党的政治建设放在首位。出台《中卫市委常委会关于坚定维护以习近平同志为核心的党中央集中统一领导的若干规定》，从带头坚决拥护和捍卫习近平总书记在党中央和全党的核心地位等10个方面作出明确要求，常委会班子带头落实党章党规、带头密切联系群众、带头加强廉洁自律，为各级班子作出了表率。坚持把政治纪律和政治规矩挺在前面，要求党员干部在政治立场、政治方向、政治原则、政治道路上同党中央保持高度一致，做到党中央提倡的坚决响应、党中央决定的坚决执行、党中央禁止的坚决不做，维护中央权威，确保政令畅通。认真落实新形势下党内政治生活若干准则，全面落实"三会一课"制度，严格执行民主集中制，深入基层调查研究，注重听取各方面意见建议，努力做到科学决策、民主决策、依法决策。围绕"不忘初心、牢记使命"主题，创新开展"学榜样、忆初心、见行动"等活动，确保党员干部说符合身份的话、做符合党纪党规的事。

基层组织建设全面加强。扎实开展基层党组织"三大三强"行动和"两个带头人"工程，集中整顿农村软弱涣散党组织223个，重点解决了村"两委"班子不健全、党支部活动不规范、基础保障不到位等问题，全市462个村"两委"班子全部健全，培育各类致富带头人2059名，新建、改扩建村级组织活动场所48个，基层党组织的凝聚力和战斗力不断加强。全面实施"三强九严"工程，扎实开展机关党建"灯下黑"问题专项整治，发现并督促整改突出问题329个，对党建工作问题突出的23名党组织负责人和责任人给予党纪处分，机关党建规范化水平明显提升。大力实施城市社区共建共治共享计划，建立组织联建、党员联管、活动联搞、资源联用、服务联做"五联共建"模式，全市32个社区全部建立联合党委。扎实推进非公组织、社会组织等领域党的建设，实现了党建工作指导员选派全覆盖，非公企业和社会组织党组织覆盖率分别达77.3%和80.1%。

干部队伍建设成效明显。认真落实好干部标准和"五个注重"要求，坚持把政治标准摆在首位，强化对干部政治忠诚、政治定力、政治担当、政治能力、政治自律的深入考察，对政治上不合格的干部"一票否决"。出台了进一步激励全市干部新时代新担当新作为的《实施方案》，建立正向激励、容错免责等机制，提拔使用基层和急难险重岗位表现优秀的干部14名，两名问责后表现优秀的干部重新受到任用，对7名受到不实举报的干部予以澄清、公开正名，旗帜鲜明为敢担当的干部撑腰鼓劲。推进干部能上能下，对履职不到位、不适宜担任现职的5名处级领导干部，给予改任非领导职务、降职或免职处理。大力发现储备年轻干部，建立300名优秀年轻干部和150名女干部、少数民族干部、党外干部重点培养对象名单，跟踪培养、动态管理。从严管理监督干部，严格落实个人有关事项报告、经济责任审计、提醒函询诫勉等制度，对个人事项报告存在漏报、瞒报问题的18名干部问责处理，对工作主动性不强、抓落实不力的43名干部进行了提醒谈话。

党风廉政建设和反腐败斗争深入推进。制定完善全面从严治党"三个清单"，严格落实"一案双查"，对落实"两个责任"不力的31名党员干部严肃问责。认真落实中央八项规定精神，深入开展党的十九大以来贯彻执行中央八项规定精神情况自查自纠，全年共查处违反中央八项规定精神问题80个，给予党纪政务处分68人，对23起典型案例公开通报。深入开展"四风"问题专项整治行动，查处"四风"问题55个，处理90人。推动全面从严治党向基层延伸，实现村一级"廉情诊所"全覆盖，打通了全面从严治党"最后一公里"，"廉情诊所"机制得到中央纪委、国家监委和自治区纪委监委充分肯定。深化监察体制改革，组建市、县(区)两级监察委员会，实现了对所有行使公权力的公职人员监察全覆盖。坚持惩前毖后、治病救人的方针，对十八大以来受处分的499名党员干部进行回访教育。坚持有案必查、有腐必惩，充分发挥巡察利剑作用，全市纪检监察机关受理信访举报643件，处置问题线索1079件，立案359件570人，给予党纪政务处分539人。

这些成绩的取得，得益于习近平新时代中国特色社会主义思想的指引，得益于中央和自治区党委、政府的坚强领导，得益于全市各级党组织和广大党员干部群众的团结奋斗、不懈努力，也得益于中央、区属驻卫各单位及社会各界人士的共同参与、鼎力支持。在此，我代表市委常委会，向各位委员、全市广大干部群众和社会各界，表示衷心的感谢和崇高的敬意！

在总结工作的同时，市委常委会深入分析了面临的挑战和存在的不足。一是新旧动能转换还处于"阵痛期"，特别是新动能还没有真正成为经济增长的主动力，支撑发展的大项目好项目不多，固定资产投资、节能降耗等一些主要指标与年初预期还有较大差距。二是民生事业发展相对滞后，脱贫攻坚任务依然艰巨，发展不平衡、不充分的一些突出问题尚未解决。三是资源环境约束持续加大，环保整治还须久久为功。四是有的基层党组织凝聚力、战斗力、创造力不强，个别干部"三不为"问题有待进一步解决，等等。对这些问题和困难，我们将高度重视，认真研究，着力加以解决。

以上报告的是一年来市委常委会的主要工作，希望同志们提出意见和建议。

中卫市人大常委会工作报告

——2019年1月16日在中卫市第四届人民代表大会第三次会议上

市人大常委会副主任 邹玉忠

各位代表：

我受中卫市第四届人民代表大会常务委员会的委托，向大会报告工作，请予审议，并请列席会议的同志提出意见。

2018年的主要工作

2018年是全面贯彻落实党的十九大精神、决胜全面建成小康社会的重要一年。在市委的坚强领导下，常委会高举中国特色社会主义伟大旗帜，以习近平新时代中国特色社会主义思想为指导，认真贯彻落实党的十九大、十九届二中、三中全会精神和区、市党代会精神，始终坚持党的领导、人民当家作主与依法治国有机统一，牢牢把握"转型追赶、高质量发展"这条主线，紧紧围绕"三大攻坚战"的推进、"三大战略"中卫方案的实施和"五个扎实推进"重点任务的落实，切实履行宪法和法律赋予的职责，充分发挥地方人大职能作用，为推动地方经济社会健康发展作出了应有的贡献。一年来，共审议通过法规性决定两件，听取和审议"一府一委两院"专项工作报告13项，组织专题询问1次，开展执法检查6次、视察调研15次。督促办理四届人大二次会议期间代表建议17件、闭会期间代表意见建议40余件，召开常委会会议9次、主任会议9次，依法任免国家机关工作人员73人次，圆满完成了各项工作任务。

一、坚持党的领导，不断提高政治站位

常委会始终把加强党的领导、贯彻党的路线方针政策落实到人大工作的全过程和各方面。

自觉做"两个维护"的践行者。始终把严守政治纪律、政治规矩摆在第一位，坚持用习近平新时代中国特色社会主义思想武装头脑、指导实践、统领和推动人大各项工作，切实强化"四个意识"，坚定"四个自信"，紧紧围绕"四个全面"战略布局和五大发展理念，认真履行宪法和法律赋予人大的工作职责，创造性地开展工作。把践行"两个维护"作为根本政治任务，坚决维护习近平总书记在党中央的核心地位，坚决维护党中央权威和集中统一领导，始终与党中央保持高度一致，确保党中央和区、市党委决策部署在中卫落地生根。

主动融入市委中心工作。常委会坚持把贯彻落实市委的重大决策部署作为确定人大工作目标、研究重大事项的行动方向和指导原则。坚持围绕中心，服务大局，把事关全市大局和群众切身利益、社会普遍关注的重大问题，列入常委会工作重点。突出立足全市中心工作和发展大局开展立法、监督、决定等各项工作。一年来，常委会全面参与了农业农村发展、环保问题整改、工业企业脱困、脱贫攻坚、扫黑除恶、文明城市和卫生城市创建、"大干一百天，经济气象新"等各项重点工作，在各项工作推进的关键节点上统筹安排人大履职行权活动，开展视察、调研、执法检查和专题询问，有力推动了市委重大决策部署和重要举措的贯彻落实。

全力完成市委交办任务。常委会在认真履行法定职责的同时，按照市委的安排部署，积极参加"6+8"重点项目推进和"9+3"招商引资工作，主动深入脱贫攻坚、环保整改、工程建设等现场，及时协调解决牵头工作中发现的困难和问题。扎实开展厅处级领导干部蹲点调研，9名常委会领导走访贫困乡村18个、贫困户200余户，协调解决群众饮水、基础设施和产业发展等方面的实际问题120多件。对香山湖、小湖、千岛湖和第一排水沟经常性地深入现场进行巡查，多次召开座谈会、推进会，协调解决了香山湖沉砂池修建、环保监测站建设、补水口清淤等方面的实际问题，狠抓了湖泊、沟道沿线养殖场清理取缔和排污口封堵工作，香山湖、第一排水沟水质全面达标，小湖、千岛湖水质明显改善。

依法行使人事任免权。坚持人事任免议案常委会上会前，主任会议讨论审议、任前法律考试、任前供职发言、常委会审议表决、向宪法宣誓等制度，依法任免了"一府一委两院"及政府组成部门负责人，保障了国家行政、司法机关工作人员的接续任用，为经济社会健康发展提供了组织保障。

二、突出地方特色，切实做到立法为民

常委会发挥立法主导作用，紧扣改革发展需要，强化组织协调，坚持民主立法、科学立法、依法立法，积极推进地方立法与改革发展相适应。

围绕群众关切立法。饮用水安全，始终是人民群众密切关注、党和政府高度重视的重大民生问题。加强城市环境卫生管理，推进生产、生活环境的持续改善，是人民群众对美好生活的向往。为了及时推动这些中央有要求、群众有呼声的重大社会民生问题有效解决，市人大常委会多次调研，反复论证，本着"民有所呼、我有所应"的原则，充分发挥人大及其常委会的立法主导作用，紧扣目前改革发展实际情况，结合中卫实际，多方征求意见，审慎研究决策，报请市委同意，将"加强城市环境卫生管理""建设永久性水源地"列为立法项目，贯彻了为民立法的精神，从立法层面推动了重大民生问题的解决。

坚持科学民主立法。常委会坚持问题导向，严格按立法程序办事，扩大社会参与范围，多次深入基层调研，组织代表视察、考察，在市、县（区）、乡（镇）和立法联系点分层次召开座谈会、听证会，就解决问题的办法和措施广泛听取各方面的意见建议。严格遵守依法立法原则，及时召开立法专家咨询会，认真论证法规草案的可行性和合法性。积极开展立法协商，在市人大常委会会议讨论审定之前，诚恳征求市政协委员意见建议。经过专门委员会专门审议，常委会会议表决，报自治区人大常委会备案审查，中卫市人大常委会《关于建立永久性水源地的决定》《关于加强城市环境卫生管理提升城市环境卫生水平的决定》及时公布出台。《城市环境卫生管理决定》明确了城市环境卫生标准、公民、法人卫生行为标准和部门管理责任，对创建卫生城市、文明城市起到了积极作用。《永久性水源地决定》明确了沙坡头区水源地地域范围和四至界限，就水源地周边生产、生活行为的监管作出了规定，对更好地保护饮用水水源地有着重大意义。

做好备案审查工作。建立了法工委初审，各工作委员会之间分工合作、主任会议决定的备案审查机制，对市政府《中卫市城市供排水节水管理暂行办法》等17件规范性文件全部进行了审查。督促政府法制办对政府出台的办法中与上位法不相符的内容进行了修改。对《中卫市竞技人才培养办法》《中卫市城市照明管理办法》《中卫市市属公立医院综合改革财政补偿管理办法》等5件规范性文件提出了具体修改意见，并与市法制办及相关部门进行了沟通。对各县（区）人大和全市乡（镇）人大专干进行了备案审查培训，推动了县乡人大备案审查工作规范化。

三、坚持依法监督，全力维护群众利益

常委会紧紧围绕市委重大决策和人民群众关注的热点难点问题，不断改进监督形式、加大监督力度、增强监督实效，推动"一府两院"依法行政和公正司法。

着力加强财经工作监督。组织起草了《中卫市委关于建立市政府向市人大常委会报告国有资产管理情况制度的实施意见》，为加强国有资产管理监督工作奠定了制度基础。听取半年国民经济和社会发展计划、财政预算执行情况和审计工作报告，审议通过了2017年市本级财政决算、2018年国民经济和社会发展计划、市本级财政预算草案，批准调整了"十三五"规划纲要部分内容。强化审计结果运用，针对审计报告指出的财务管理不规范等问题，要求市政府完善制度、加强管理、定期报告整改结果，推动了问题的整改落实。预算审查逐步向支出政策拓展，促进财政预算编制更加专业化、科学化、透明化。坚持对预算资金用途变更、政府债务限额确定等事项先评议、后批准，审议批准了市政府关于调整2018年财政预算、2017年市本级财政政府性基金预算、2016年地方政府新增债券未使用资金用途、确定2018年市本级政府债务限额的议案。督促政府加强政府性债务资金管理和使用，控制债务规模，防控财政风险。推进市人大预算联网监督中心建设，促进预算监督更加细化、深化。

着力加强经济运行监督。针对今年中卫市固定资产投资乏力等问题，积极开展经济运行情况调研，摸清投资落实情况，分领域分层次梳理出固定资产投资下降、重大项目推进缓慢等27个问题，对市发改委等9个政府组成部门进行了专题询问，督促市政府强化责任落实，推进固定资产投资和重大项目实施，切实推动经济高质量发展。听取和审议市政府关于创建国家全域旅游示范市情况的报告，督促政府按照"全域、全景、全业、全时、全民"的总体布局，坚持全域化规划、全行业融合、全时空打造，统筹推进全域旅游发展。开展《税收征管法》实施情况执法检查，督促政府进一步强化税收征管信息化和一体化建设，不断完善征管质量监控体系和综合治税体系建设,落实好相关税收优惠政策,助推全市经济向好发展。

着力加强城乡生态环境监督。常委会深入贯彻习近平总书记生态文明思想,围绕天蓝地绿水清目标,听取和审议了市政府2018年全市水污染防治、水生态环境保护和环境保护目标任务完成情况的报告,督促市政府积极落实"生态立市"战略,全力建设生态文明城市。围绕中央环保"回头看"和督察组转办问题整改落实,组织对全市冬季大气污染防控、水生态环境保护、城市水源地建设、工业企业污染整治、污水处理厂提标改造等情况开展了视察检查,促进了中卫市生态环境突出问题的解决和生态环境质量的持续改善。围绕加强生态环境保护,组织开展"环保世纪行"活动,媒体记者集中曝光一批不文明行为,增强了城乡居民的环保意识。围绕推进绿色发展、建设美丽中卫,视察全市林业生态建设情况,听取和审议市政府关于全市林业生态建设工作情况的报告,督促政府进一步加大生态建设力度,提升建设质量,巩固林业成果,推动林业生态持续向好。

着力加强民生工作监督。常委会牢固树立"以人民为中心"的发展理念,充分发挥代表机关的作用,以保障和改善民生为监督重点,听取和审议了市政府关于2018年民生实事办理情况的专项工作报告,强化民生实事的跟踪督办,督促市政府将年初承诺的民生实事落在实处。围绕学有所教,开展了全市农村幼儿园新改建、促进民族教育发展和深化民族团结进步教育工作专题调研,《中华人民共和国民办教育促进法》贯彻实施情况执法检查,建议政府全面贯彻落实党的教育方针,加大教育投入力度,大力促进教育公平,合理配置教育资源。围绕病有所医,开展了《中华人民共和国传染病防治法》和《宁夏回族自治区公共卫生服务促进条例》贯彻实施情况执法检查、深化医药卫生体制改革专题调研,建议市政府及有关部门以公众健康为中心,坚持"保基本""可持续"的改革原则,不断总结经验、增强实效,为群众提供更加优质的公共医疗服务。针对市中医院迁建项目进展缓慢的问题,连续两年跟踪督察,督促市政府加大基础设施配套力度、加快市中医院迁建进度。围绕文化惠民,开展了全市文化事业发展情况调研,督促市政府进一步规范文化市场运行秩序、丰富优质公共文化产品供给、提升中卫文化内涵和文化魅力,推动了全市文化事业繁荣发展。

着力加强司法和法律实施监督。组织开展了"宪法宣传周"系列宣传活动,进一步增强了全民学法遵法守法用法意识,营造了良好的法治环境。围绕"让人民群众在每一个司法案件中感受到公平正义"这一要求,听取和审议了市中级人民法院民商事审判和市检察院未成年人检察专项工作报告,促进审判、检察工作规范化、法治化。开展了国务院《宗教事务条例》贯彻实施情况执法检查,推进了马克思主义民族观、宗教观、习近平总书记关于民族宗教工作重要指示批示精神的宣传贯彻和宗教事务法律法规的贯彻落实,维护了全市良好的宗教格局。组织开展《人民调解法》和《宁夏回族自治区人民调解条例》贯彻实施情况执法检查,督促政府从加大对《人民调解法》的宣传力度,加强人民调解员队伍建设,保障乡(镇)、村(社区)工作经费等方面着手,不断推进全市人民调解工作,促进社会和谐稳定。

四、强化服务保障,提升代表工作水平

常委会高度重视代表工作,突出代表主体地位,畅通代表意见建议表达渠道,会聚促进民主政治建设和加快发展的强大合力。

充分保障代表依法履职。市人大常委会坚持把代表培训作为一项基础性工作来抓,采取"请进来、走出去"的方式,组织培训市人大代表及常委会组成人员230余人次,增强了代表尽责意识、提升了代表履职能力。为代表订阅《中国人大》《宁夏人大》杂志,编辑印发《中卫市人大常委会公报》,让代表及时掌握人大工作动态。一年来,共邀请50余位代表列席人大常委会会议及参加视察、专题调研、执法检查等活动,帮助代表找准履职着力点、提高履职能力和水平。

切实提高建议办理质量。常委会始终将代表满意、群众认可作为办好代表建议的第一标准,进一步改进办理方式,加大督办力度。年初,常委会及时将四届人大二次会议期间代表提出的关于对第三排水沟进行综合治理等17件意见建议转交市政府办理,并把督办代表建议与推动相关工作结合起来,采取听取汇报、视察调研、征求民意、满意度测评等形式和常委会各委室对口督办、副主任分工督办、常委会集中督办的方式持续跟踪落实。排水沟综合治理、肉牛产业发展、小区物业管理等一批群众关心关注的突出问题得到了有效解决,赢得了群众和代表的好评。

扎实开展代表"双联"活动。不断健全完善市人大常委会组成人员联系代表和代表联系群众的"双联"机制,及时核对更新代表信息,对已组建的309个代表小组进行了调整和完善。闭会期间,各代表小组倾听群众呼声，了解社情民意，提出意见建议40余件，内容涉及农田建设、沟渠整治、环境保护、卫生管理、社区服务、社会治安等各个方面，通过跟踪督办，已全部办结并答复代表。组织本辖区部分自治区人大代表分别对中卫市促进就业情况、经济社会发展及司法工作情况进行了视察，视察中提出意见建议20余条，及时向自治区人大进行了汇报。

五、夯实履职基础，全面加强自身建设

常委会不断加强自身建设和机关干部队伍建设，组成人员依法履职能力和机关服务水平有了新提升。

全面深化理论学习。坚持把政治理论学习作为重要政治任务，常委会领导积极参加市委中心组学习，精心组织开展市人大常委会党组理论中心组学习，切实用习近平新时代中国特色社会主义思想武装头脑、统领人大工作。坚持在常委会例会上安排学习内容。一年来，通过会议宣讲、座谈交流、撰写心得、组织考试、聘请专家讲座等多种方式，组织和引导常委会组成人员和机关党员干部深入学习贯彻习近平新时代中国特色社会主义思想，在学懂、弄通、做实上下工夫，在全面领会、准确把握精神实质和丰富内涵上做文章。坚持把意识形态工作摆在重要位置，加强党的路线方针政策的宣传教育，强化党员理想信念和党规党纪教育，筑牢意识形态防线。

全面加强党的建设。常委会始终把党的政治建设摆在首位，坚决维护习近平总书记核心地位，坚决维护党中央权威和集中统一领导，牢固树立政治意识、大局意识、核心意识、看齐意识，党的领导在国家权力机关得到了新加强。切实履行好党组抓党建及党风廉政建设的主体责任，始终把主体责任扛在肩上、握在手中，坚持把政治纪律和政治规矩挺在前面，履行管党治党责任，认真学习和严格遵守党纪、党规，加强班子成员、常委会组成人员和机关党员干部反腐倡廉教育。严格党的组织生活，认真落实"三会一课"和主题党日活动等制度，严格按照阵地规范化建设标准建成党员活动室，人大常委会党的建设不断加强。

全面推进作风建设。常委会着力推行"年度工作计划"和"月度工作安排"工作机制，形成了"一主动、三提前"的基本做法，在监督工作中，常委会坚持以扎实的工作调研为基础，组织常委会成员和人大代表根据常委会会议议题开展检查、视察和调研活动，掌握第一手材料，做到知实情、讲实话、求实效。把听取专项报告与其他监督形式结合起来，对各项议题，会前主动制订工作方案，提前调查研究，提前与"一府两院"沟通，提前形成调研报告和审议建议意见，着力规范监督程序，提高常委会会议审议质量，加强跟踪督办，增强监督实效。扎实开展了形式主义、官僚主义等"四风"问题集中整治专项行动和违反中央八项规定精神问题专项治理活动，严格进行了自查自纠，对查出的问题全部进行了整改。

各位代表，这些成绩的取得，是市委坚强领导的结果，是"一府一委两院"大力支持的结果，更是市人大常委会全体组成人员、全体人大代表共同努力的结果。我代表市人大常委会，对大家一年来的大力支持、不懈努力、务实苦干表示衷心的感谢！

各位代表，过去的一年，常委会工作虽然取得了一些成绩，但离宪法和法律赋予的重大职责，离党和人民的殷切期待，离改革发展的时代要求，还存在一定差距。主要是立法机制还需不断完善；重点领域、重要工作的监督力度还需持续加大；代表活动方式还需逐步拓展；常委会自身建设和机关作风建设还需进一步增强。对此，我们将以改革创新精神，积极采取有效措施加以解决。

2019年的主要任务

今年是新中国成立70周年，也是打赢脱贫攻坚战、实现全面建成小康社会的关键之年。人大常委会将以习近平新时代中国特色社会主义思想为指导，深入贯彻党的十九大和十九届二中、三中全会及中央经济工作会议精神，坚持稳中求进工作总基调，坚持新发展理念，坚持推动高质量发展，持续落实自治区第十二次党代会和自治区党委十二届五次、六次全会以及市第四次党代会和市委四届五次、六次全会安排部署，积极围绕继续打好"三大攻坚战"、接续实施"三大战略"中卫方案，依法履行法定职责，为实现经济繁荣民族团结环境优美人民富裕、确保与全国全区同步建成全面小康社会的目标积极作为，为建设美丽新宁夏、共圆伟大中国梦作出应有贡献。

一、突出政治统领，在坚持党的领导上谋求新加强

人民代表大会是党领导下的政治机关，常委会要强化"四个意识"，坚持党的领导、人民当家作主和依法治国有机统一，自觉做"两个维护"的实践者，把坚持党对人大工作的领导扎根在思想上、落实在行动上。

坚持和依靠党的领导。习近平总书记关于坚持和完善人民代表大会制度的重要思想，主要包括坚持中国共产党的领导，坚持走中国特色社会主义政治发展道路,坚持和完善人民代表大会制度,坚持人民当家作主,坚持全面依法治国,坚持民主集中制,坚持全面贯彻实施宪法,坚持以良法促进发展、保障善治,坚持正确监督、有效监督,坚持民有所呼、我有所应等10个方面。常委会要进一步加强学习,深刻领会习近平新时代中国特色社会主义思想,特别是习近平总书记关于坚持和完善人民代表大会制度的重要思想内涵,坚持正确政绩观,坚决贯彻党中央和区、市党委决策部署,难事要事勇于担当、努力作为。要严格请示报告制度,人大工作中的重大问题和重要事项,必须及时向市委请示报告。

依法决定重大事项。坚持议事决事紧贴市委意图,确保与市委思想同心、政治同向、行动同步。紧紧围绕市委四届六次全会确定的目标任务和全市推动高质量发展、打好"三大攻坚战"、推动"三大战略"中卫方案落地等事关中卫全局、事关全市人民群众切身利益的重大问题,深入调查研究,认真讨论审议,适时作出决议决定。加强对所作决议决定落实情况的监督检查,保证决议决定的权威性和严肃性。

做好人事任免工作。坚持党管干部原则,做到党管干部与人大依法任免干部相统一,使党的主张通过法定程序变为人民的意志。严格落实《中卫市人大常委会人事任免办法》,依法开展国家机关工作人员任免工作,不断完善国家机关工作人员任前了解审议和任后监督机制,认真实施宪法宣誓制度。

二、紧扣中心工作,在依法履行职责上展现新作为

新时代的人大工作必须紧扣贯彻落实党中央和区、市党委重大决策部署,紧扣回应人民群众重大关切,紧扣厉行法治、推进全面依法治国开展立法、监督等各项工作。

着力提升立法质量。坚持党对立法工作的领导,发挥人大在立法工作中的主导作用,加强立法统筹协调,发挥立法的引领和推动作用。坚持问题导向,坚持"民有所呼、我有所应",积极在大气污染防治、沙漠边缘地带防风固沙人造林管理等方面深入调研,科学论证,认真做好立法工作。

着力增强监督实效。围绕推动经济高质量发展,听取和审议计划预算执行、财政决算、审计工作等报告,开展全市工业经济转型升级发展情况视察和全市富硒产业专题调研。围绕打好"三大攻坚战",听取和审议市政府国有资产管理、"十三五"规划纲要实施情况、环境保护目标完成情况的报告,开展"环保世纪行"活动和环境保护工作专题询问,视察全市脱贫攻坚工作,调研宁夏中部干旱带西线供水沙坡头区兴仁片区建设情况。围绕群众重大关切,听取和审议市政府民生实事办理、代表意见建议办理、全市扫黑除恶专项斗争等工作情况报告。开展全民科学素质推进情况视察和体育健康工作情况调研。

着力推进依法治市。依法开展对《残疾人保障法》和《宁夏回族自治区实施残疾人保障法办法》等法律法规实施情况的检查,及时发现、督促整改法律法规实施中存在的具体问题,确保法律法规全面正确有效实施。认真组织开展对政府组成部门的工作评议,切实推进法治政府、法治社会建设。开展对全市法院决胜"基本解决执行难"攻坚战情况的调研,听取和审议市人民检察院公益诉讼工作情况的报告。

三、突出主体地位,在发挥代表作用上实现新提升

常委会要围绕"尊重代表主体地位、充分发挥代表主体作用",支持和保障代表依法履职,进一步提升代表履职能力。

筑平台,让代表工作"动"起来。拓展代表参与人大常委会、专门委员会工作的广度与深度,推动"双联"工作经常化制度化规范化。闭会期间,以代表小组活动为抓手,组织代表在推动经济发展、助力脱贫攻坚、加强生态保护等方面体察民情、履行职责。

重实效,让代表工作"活"起来。重视代表意见建议的办理工作,切实把日常督办与重点督办、上门督办与集中督办、常委会组成人员督办与专门委员会对口督办结合起来,提高代表建议问题的解决率,增强人民群众的满意度。

建机制,让代表工作"强"起来。建立代表依法履职的保障机制,完善代表履职登记等制度,扎实做好代表培训工作,不断提高代表的履职效能。继续做好在中卫自治区人大代表的服务保障工作。

四、加强自身建设,在转变工作作风上树立新形象

打铁还需自身硬。立足于充分发挥职能作用,把加强常委会及机关自身建设摆在更加重要的位置,不断提高依法履职能力和工作水平,着力建设"三个机关"。

加强思想武装,建设党性过硬的政治机关。始终把加强政治建设放在人大工作首位,进一步健全常委会和机关干部学习制度,不断提高思想政治素质和依法履职能力。坚持全面从严治党,切实加强人大党的工作和建设,扎实开展"党政机关作风建设年,干部队伍素质提升年"活动,营造风清气正的良好政治生态环境。

夯实组织基础,建设胜任职责的工作机关。进一步完善常委会运行机制、议事程序,提高常委会的工作质量和水平。加强队伍建设,优化人大常委会和专门委员会组成人员结构,充分发挥兼职委员和专家库专家的作用。加强对县(区)人大工作的指导,共同推动全市人大工作与时俱进。

改进工作作风,建设人民满意的代表机关。密切联系群众,把群众的所思所想、所盼所望融入到立法项目、制度设计和工作开展中。注重调查研究,深入基层、深入群众、深入矛盾的焦点处"解剖麻雀"、研究问题、寻求对策。严格遵纪守法,坚决筑牢反腐倡廉拒腐防变的思想道德防线和党纪国法防线,把人民赋予的神圣权力用在为人民服务的事业上。

各位代表,同志们!使命重在担当,实干铸就辉煌。让我们更加紧密地团结在以习近平同志为核心的党中央周围,深入学习贯彻习近平新时代中国特色社会主义思想和党的十九大精神,在市委的坚强领导下,认真贯彻落实中央和自治区重大决策部署,振奋精神、依法履职、实干兴卫,为实现经济繁荣民族团结环境优美人民富裕、与全国全区同步建成全面小康社会的目标努力奋斗,以优异成绩庆祝中华人民共和国成立70周年!

政府工作报告

——2019年1月15日在中卫市第四届人民代表大会第三次会议上

代市长 李晓波

各位代表：

现在，我代表市人民政府，向大会报告工作，请予审议，并请政协委员和列席人员提出意见。

一、2018年工作回顾

2018年，面对严峻的经济下行压力和繁重的改革发展稳定任务，在自治区党委、政府和市委的坚强领导下，在市人大、政协的监督支持下，市人民政府深入学习贯彻习近平新时代中国特色社会主义思想和党的十九大精神，切实践行新发展理念，坚持稳中求进工作总基调，紧紧围绕"转型追赶、高质量发展"主线，坚决打好"三大攻坚战"，大力实施"三大战略"中卫方案，全面落实"五个扎实推进"重点任务，全力以赴稳增长、促改革、调结构、惠民生、防风险，经济社会发展取得新成绩。预计地区生产总值增长6%，固定资产投资下降35%，地方一般公共预算收入同口径增长8.2%，社会消费品零售总额增长5.5%，城镇和农村常住居民人均可支配收入分别增长8%和8.5%。

一年来的主要工作成效是：

发展质量稳步提高。实施创新驱动战略，增强科技创新能力，新增国家级高新技术企业3家，申请专利增长190.5%，万人有效发明专利拥有量2.05件。科技经费投入增长40%，研究与试验发展经费投入强度0.94%。实施特色农业提质增效行动，建立富硒产业标准化体系，成立硒产业发展公司，中卫被授予"中国塞上硒谷"称号。中宁枸杞获全国首个"农产品气候品质类国家气候标志"，"香山硒砂瓜"获批中国特色农产品优势区，"沙坡头苹果"获国家农产品地理标志。预计第一产业增加值增长3.8%。实施工业对标提升转型发展十大行动计划，工业技改投资增长16%。新培育认定"专精特新"中小企业15家、国家"两化"融合管理体系贯标试点企业4家，锦宁铝镁等4家企业分别获自治区工业企业对标标杆奖和进步奖，天元锰业获第五届中国工业大奖表彰奖。预计第二产业增加值增长5.4%。加快创建全域旅游示范市，成功举办环球旅游小姐世界总决赛、大漠黄河国际旅游节等节会赛事，接待游客760万人次，实现旅游收入62亿元，分别增长11.4%和15.7%。加快推进云计算和军民融合产业发展，成功举办首届云天大会，中卫被评为"最适合投资数据中心的城市和地区"，中卫军民融合产业园被认定为自治区级创业孵化示范园。预计第三产业增加值增长7.5%。

改革开放深入推进。深化"放管服"改革，积极推进权力清单标准化建设，实行行政审批告知承诺制、工业园区项目"区域评""代办制"，取消证照事项383项，"不见面"、网上办理率分别达到80%和88.9%。深入推进供给侧结构性改革，全面落实"去降补"各项工作，工业企业电力直接交易近122亿度，节约成本约8600万元，为企业减税14.3亿元。深化商事制度改革，新设立市场主体1.1万户，增长11.3%。加快农村集体产权制度改革，新成立土地股份合作社17家，办理"两权"抵押贷款2474户3.15亿元。加快国资国企改革，推行国有企业负责人薪酬试点。深化综合医改，公立医院改革取得积极进展，得到了自治区肯定。全面落实自治区《深入推进内陆开放型经济试验区建设实施意见》，运行中欧、中俄国际货运班列20列，进出口总额达22.8亿元；加快畅通交通物流运输通道，海同高速公路建成通车，吴忠至中卫城际铁路通车测试，中卫南站黄河大桥、中卫至兰州客运专线等项目顺利实施。

生态环境明显改善。从严从实抓好环保问题整改，中央环保督察转办件办结率达91.8%。大力实施蓝天行动，取缔燃煤锅炉249台，清理整治"小散乱污"企业25家，建成洁净煤配送中心9个，优良天数达标率达90.5%。大力实施碧水行动，全面落实河（湖）长制，扎实推进清河专项行动，重点河湖沟道环境质量明显改善，黄河中卫过境段水质达到Ⅱ类。大力实施净土行动，建立绿色防控示范区 3 个、农用地膜回收点 39 个，农用残膜回收利用率达 85% 以上。实施南部水源涵养林生态修复、北部防沙治沙、中部黄河城市过境段水生态治理等工程，完成营造林 23 万亩，森林覆盖率提高到 13.9%。

民生福祉持续增进。强化闽宁合作，全面推进产业扶贫、金融扶贫、就业扶贫、教育扶贫，实施农村饮水安全等重大扶贫工程，完成"十三五" 2892 户 12016 人易地搬迁任务，42 个贫困村脱贫销号、18 个贫困村出列，减贫 2.8 万人，贫困发生率从 7.2% 下降到 3.95%。大力推动创业就业，新培育自治区级创业孵化示范区 3 家，新增就业 9080 人，农村劳动力转移就业 15.4 万人，城镇登记失业率 3.6%。社会保障提标扩面，企业退休人员养老金人均提高 135 元，为 8.3 万名城乡居民人均月调增基础养老金 20 元，建档立卡户养老、医疗保险参保率分别达 99.8% 和 100%。坚持优先发展教育，新改建幼儿园 15 所，改造义务教育薄弱学校 17.8 万平方米，建立覆盖各个办学层次的贫困学生资助体系，为 1.5 万名大学生发放助学贷款 9796 万元。大力发展医疗卫生事业，市中医医院等项目顺利推进，推行智能家庭医生签约服务，创建群众满意乡镇卫生院 39 个、社区（村）医疗机构 109 个，创建国家卫生城市通过自治区评审。着力繁荣城乡文化生活，举办广场文艺、惠民下乡演出 1000 余场次，成功举办第四届全国大漠健身运动大赛、2018 国际沙滩排球中卫公开赛等赛事，圆满完成自治区成立 60 周年群众文艺演出任务。改善城乡人居环境，改造棚户区和老旧小区 11 万平方米，新建续建城市道路 37 条 27.8 公里，新建改建农村公路 466 公里，开工建设美丽小城镇 3 个、美丽村庄 20 个。开展扫黑除恶专项斗争，扎实推进"平安中卫"建设，公共法律服务体系全面建成。全力化解矛盾纠纷，严格落实领导值班接访和信访包案化解制度，中央巡视组信访转办件办结率达 96.1%。加强食品药品监管，严格落实安全生产责任制，事故起数和死亡人数"双下降"。开展民族宗教领域问题专项整治，深化民族团结进步创建，民族团结、宗教和顺的局面进一步巩固。

——政府效能不断提升。坚决贯彻自治区党委、政府和市委各项决策部署，坚持"三重一大"事项提交市委审定。认真执行市人大及其常委会的决定决议，建立向市人大常委会报告国有资产管理情况制度，自觉接受人大法律监督、政协民主监督和社会各界监督。办理人大代表建议 17 件、政协委员提案 140 件。全面推进依法行政，认真落实公众参与、专家论证、风险评估、合法性审查和集体讨论决定等制度，重要决策邀请"两代表一委员"、民主党派、群众代表参加，行政决策的科学化、民主化、法治化水平进一步提高。海原县国家级基层政务公开标准化规范化试点工作通过验收。强化政府债务管理，严格控制增量，积极消化存量，依法依规开展存量政府债务置换，债务风险总体可控。持之以恒纠治"四风"。积极推进审计全覆盖。"三公"经费下降 19.1%。

同时，工会、共青团、妇女、科协、残疾人、红十字、慈善等事业健康发展，新闻出版、广播电视、统计调查、国防动员、双拥优抚、人民防空等事业稳步推进。

一年来，我们严格按照市委的决策部署，全力以赴抓落实，负重拼搏、攻坚克难，集中力量抓了一些事关全局的重点工作。我们隆重庆祝了自治区成立 60 周年，全面展示了中卫一甲子的辉煌历程，全市人民形成了"建设美丽新宁夏、共圆伟大中国梦"强大共识。中央代表团对中卫经济社会发展给予充分肯定。我们从无到有、从小到大，坚定不移发展云计算产业，依靠创新驱动推动转型追赶，通过延伸产业链逐步实现换道超车，中卫市变黄沙戈壁为创新发展新热土的典型经验被国务院通报表扬。我们立足市情，积极构建"一带两廊"空间发展布局，大力发展富硒产业、新型工业、军民融合、全域旅游、现代物流等新兴产业，推动产业结构转型、发展方式转变，正在闯出一条"腾笼换鸟"的发展道路。我们秉持以人民为中心的发展思想，始终坚持经济发展再困难、发展压力再大，民生投入不能降，在财政十分困难的情况下，仍然将 70% 以上的财力用于民生，解决了一大批群众最关心最直接最现实的民生问题。我们主动适应新常态，立规矩、转作风，狠抓政府效能提升，各级干部勇于担当、敬业奉献、务实创新，为全面建成小康社会积蓄了强大正能量。

各位代表，刚刚过去的一年，中卫市经济社会发展取得的成就来之不易，这是习近平新时代中国特色社会主义思想科学指引的结果，是自治区党委、政府和市委坚强领导的结果，是市人大、政协和社会各界鼎力支持的结果，是全市人民同心同德、真抓实干的结果。在此，我代表市人民政府，向为中卫经济社会发展付出辛勤劳动的全市人民，向给予政府工作大力支持的各位代表和委员，向各民主党派、工商联、无党派人士和人民团体，向驻卫部队和中央、区属驻卫单位,向所有关心支持中卫改革发展的社会各界朋友,表示崇高的敬意和衷心的感谢!

看到成绩的同时,我们必须清醒地认识到,全市经济社会发展和政府工作还存在一些问题和不足:经济下行压力仍然较大,项目接续储备不足,部分企业经营困难;转型追赶任重道远,新旧动能还处于"换挡期";民生改善与群众期望仍有差距,基本公共服务均等化水平亟待提高;债务金融风险隐患不容忽视,脱贫攻坚仍需持续用力,污染治理和生态保护形势依然严峻;政府职能转变还不到位,一些工作人员作风不实,主动担当不够。需要说明的是,地区生产总值、固定资产投资等经济预期性发展目标没有实现,10件民生实事中有1件没有完成,这既有外部客观条件的制约,也反映出我们工作还存在着差距。对此,我们一定以对人民高度负责的态度,在今后的工作中全力以赴解决。

二、2019年主要目标和重点任务

今年是中华人民共和国成立70周年,是全面建成小康社会、实现第一个百年奋斗目标的关键之年,做好今年的工作至关重要。从当前大局和趋势看,随着新时代改革开放再出发,随着新一轮西部大开发战略的深入实施,随着"六稳"政策全面释放加力提效,支撑中卫市转型追赶、高质量发展的基本面没有变而且越来越好。我们一定要坚定信心、勠力同心,坚决贯彻中央、自治区和市委的决策部署,扎扎实实做好工作,努力向全市人民交上一份满意的答卷。

按照市委四届六次全会部署,今年政府工作的总体要求是:以习近平新时代中国特色社会主义思想为指导,深入贯彻党的十九大和十九届二中、三中全会及中央经济工作会议精神,统筹推进"五位一体"总体布局,协调推进"四个全面"战略布局,坚持稳中求进工作总基调,坚持新发展理念,坚持推动高质量发展,坚持以供给侧结构性改革为主线,坚持深化市场化改革、扩大高水平开放,持续落实自治区第十二次党代会和自治区党委十二届五次、六次全会以及市第四次党代会安排部署,继续打好"三大攻坚战",接续实施好"三大战略"中卫方案,全面落实"五个扎实推进"重点任务,统筹推进稳增长、促改革、调结构、惠民生、防风险工作,保持经济持续健康发展和社会大局稳定,为与全国全区同步建成全面小康社会打下决定性基础,以优异成绩庆祝中华人民共和国成立70周年。

全市经济社会发展主要预期目标是:地区生产总值增长7%左右,规模以上工业增加值增长6%左右,固定资产投资实现恢复性增长,地方一般公共预算收入同口径增长8%左右,城镇常住居民人均可支配收入增长7.5%以上,农村常住居民人均可支配收入增长8%左右,社会消费品零售总额增长6%,居民消费价格涨幅控制在3%左右,城镇登记失业率控制在4.5%以内,研究与试验发展经费投入强度达1.1%,节能减排和环境质量改善完成国家和自治区下达任务。这一系列指标,既贯彻了中央和自治区的要求,又切合中卫市的发展实际;既考虑了速度和质量,又兼顾了需要和可能。这些目标,都不是轻轻松松就能完成的,需要我们自加压力、攻坚克难,尽最大努力争取最好结果。重点做好以下工作:

(一)围绕提升高质量发展水平,深入实施创新驱动战略,加快推动产业转型升级。依靠创新加快新旧动能转换,巩固"稳"的基础,积蓄"进"的力量,促进"质"的提升。

增强科技创新能力。立足产业基础,发挥特色优势,聚焦云计算、军民融合、精细化工、新能源、新材料、特色农业等领域,实施重点科技项目40个。加快沿黄科技创新改革试验区建设,推进创新要素集聚,建成国家高新技术企业10家、自治区科技型中小企业90家、自治区工程技术研究中心5个、各类创新创业平台55个,争创国家级农业高新技术产业示范区、自治区级高新技术产业开发区,与宁夏大学合作建设创新发展研究院。实施人才引育"三大行动计划",完善人才评价、激励和服务保障体系,积极引进高层次人才、紧缺人才,培养用好本土人才、实用技术人才,持续强化中卫创新发展的人才保证和智力支撑。

做精做优特色农业。坚持创品牌、定标准、举龙头,大力发展"1+5"优势特色产业。加快建设富硒产业"一中心三基地",建设富硒农产品基地12万亩、富硒高标准产业园16个。在品质品牌保护、市场营销上做文章、下工夫,着力打造中宁枸杞、中卫硒砂瓜、沙坡头苹果3个全国富硒农产品"单品冠军"。加快沙坡头区鼎腾、海原四季鲜等"五优"蔬菜基地建设,扩大示范富硒蔬菜种植,将"沙坡头"牌蔬菜打造成宁夏知名品牌。实施龙头带动工程,培育市级以上农业产业化龙头企业10家、示范合作社10个、家庭农场10家。推进农村一、二、三产业融合发展,推广"特色基地+龙头企业+电子商务"模式,打造产业化联合体5家。支持沙坡头区争创全国农村一、二、三产业融合发展先导区。扎实做好农田水利基本建设，加强农业技术推广服务，夯实现代农业发展基础。

做大做强新型工业。围绕新能源、新材料、冶金化工等重点产业，补链、延链、强链，推进产业向高端化、集群化方向发展。新材料产业坚持扩大增量和优化存量并重，支持引导今飞轮毂、锦宁巨科等企业开发新产品、增加新产能。重点建设中化锂电池正极材料、隆基硅单晶拉棒及切片生产线等技改项目。积极引进锰基复合材料项目，培育形成从金属锰、锰材料、复合材料到制造的产业链条，重点建设天元锰业2×350兆瓦热电联产、粉煤灰深加工、40万吨石膏制酸等项目。新能源产业重点在提振企业发展信心、帮助企业开拓市场上下工夫，鼓励中卫银阳公司等企业走出国门开拓海外市场，力促国电投200兆瓦等项目建成投产。加快推进中卫工业园区增量配电业务改革试点工作，有效降低企业用电成本，实现用电企业与新能源企业双赢。冶金化工产业坚持走高端、绿色、循环化发展路子，积极引导三元中泰等冶金企业加快建设余热发电项目，实现节能减排低碳循环发展，重点抓好瑞泰芳纶、华御合成高温导热油、紫光天化蛋氨酸关键工艺改造等项目建设，紧盯中化、苏化、重庆化医等企业开展产业链招商，加强上下游产业配套和各类产品互补，提高产业集聚发展水平。持续推进卫宁工业园区融合发展，宣和、镇罗、常乐等园区整合发展。提高工业园区规划建设水平，高质量完成工业园区规划修编，完善区域基础设施配套。深入实施"生态园区、绿色工厂"行动计划，着力打造生态优良、环境美好、运行有序、产业兴旺的工业园区。

做靓做活现代服务业。坚定不移、强力推进云计算、军民融合、全域旅游、现代物流发展。云计算产业在数据中心扩规、吸引更多企业落户上双向发力，力争把西部云基地打造成全国乃至世界云计算产业集聚区。加速亚马逊合作数据中心、中国移动数据中心扩容，加快美利云二期、中国联通、炫我科技、天云网络等在建数据中心进度，力促中国电信、万达信息、人民网等数据中心开工建设，争取国家部委、央企数据灾备基地和京东等企业落户中卫。加快推进国信安全网络创新应用基地建设。军民融合产业紧盯创建国家军民融合创新示范区目标，按照"一中心、四基地、一展会"的发展思路，加快推进达天飞艇、"宁夏一号"（钟子号）卫星和天线组阵等项目建设，力促卫星定标与真实性检验场、低空空域综合信息服务保障平台、空间碎片监测中卫基地等项目开工建设，吸引更多国内外军民融合企业在中卫集聚发展。全域旅游产业按照示范市创建三年行动计划，突出抓好沙坡头沙漠区、天湖等景区开发建设，加快推进旅游云轨、房车露营地等项目建设。进一步完善沙坡头、寺口子等景区基础设施，完成双龙石窟、天都山等3A级景区创建工作。加快乡村旅游发展，丰富旅游产品供给。深化"冬游三亚、漳州，夏游中卫"区域合作，继续开发旅游包机、旅游专列。办好大漠黄河国际旅游节、环球旅游小姐世界总决赛等赛事。力争全年游客数、旅游总收入增长12%以上。现代物流产业紧盯"物"的聚集和"流"的条件，着力将交通区位优势转化为产业发展优势。加快建设中卫迎水桥保税中心、中卫工业园区公铁物流园区，开工建设中国物流中卫物流园二期，引进8—10家3A、4A级物流企业，有效提升中卫物流园综合服务功能。加快海兴开发区物流产业发展，把海兴开发区打造成龙头企业+物流+高端肉牛深加工全产业链的农产品集散地。加强与青岛港、日照港等东部港口合作，开展铁路班列及多式联运合作，优化中卫运输结构。大力拓展货物包机业务，与顺丰丰鸟公司合作，开通中卫至固原货运航线，打造西北航空货运分拨中心。加强与传化集团、中国物流等物流龙头企业和物流园区战略合作，把中卫打造成全面开放、区域互通和低成本的综合物流集散地。

全力扩大有效投资。紧盯中央和自治区政策取向和资金投向，抓住机遇、精准谋划，加强脱贫攻坚、铁路、公路、机场、水利、能源、农业农村、生态环保、社会民生九大领域项目储备力度，形成符合中央、自治区发展战略、切合中卫实际的梯次项目库，增强可持续发展后劲。坚持投量、投向、投效并重，突出抓好70个重点项目，力争完成投资100亿元以上。加快推进一批项目，重点抓好保障性安居工程、恒大都市广场等在建项目进度，确保早建成、早投运。开工建设一批项目，加强协调服务，推动华润新能源呱呱山200兆瓦风力发电等项目开工建设。坚持引资、引技、引智并重，加大精准招商力度，跟踪落实已签约项目，切实提高项目履约率、资金到位率和投产达效率。

各位代表，创新是引领发展的第一动力，没有什么要素比创新要素更有活力，没有什么人才比创新人才更具潜力，没有什么动力比创新驱动更为强劲。我们要始终依靠创新驱动发展，使中卫成为孕育财富的沃土、创造财富的沃土、创新创造者实现梦想的沃土！

（二）围绕筑牢高质量发展底线，深入实施脱贫富民战略，加快推进发展成果共享。牢固树立以人民为中心的发展思想，坚持尽力而为、量力而行，多办利民实事，多解民生难事，不断提高人民群众的获得感、幸福感、安全感。

坚决打赢精准脱贫攻坚战。围绕"两不愁三保障"，扎实推进打赢脱贫攻坚战三年行动，精准发力、精准施策，确保年内47个贫困村脱贫出列、2.72万贫困人口脱贫、海原县脱贫摘帽。狠抓特色产业促增收。紧盯22个乡镇73个深度贫困村，坚持"一乡一业""一村一品"，精准发展优势特色产业，形成户户有增收项目、村村有致富产业。实施"四个一"示范带动工程，培育特色产业示范区10个、旅游扶贫示范村10个。巩固扩大华润"基础母牛银行"扶贫成效。加大金融扶贫，力争建档立卡贫困户扶贫小额贷款覆盖面达80%、贫困户均贷款5万元以上。发展壮大村级集体经济，力争收入5万元以上。完善基础设施补短板。加大项目资金投入，建成农村公路261公里。实施农村饮水安全巩固提升工程6处，受益32.7万人，贫困村自来水入户率达95%以上。进一步加大生态移民村环境整治，不断完善基础设施。改造危窑危房3500户，切实解决生态移民迁出区遗留问题，确保移民可持续发展。健全工作机制强保障。完善与漳州市的市级扶贫协作平台。加强扶贫资金监管，统筹整合有效使用，确保发挥最大效益。有效激发贫困群众内生动力，带动群众稳定增收，实现脱贫致富。严格贫困退出机制，对已脱贫的贫困村脱贫户摘帽不摘责任、不摘政策、不摘帮扶、不摘监督，有效防止返贫和产生新的贫困，切实巩固提升脱贫成果。

千方百计促进就业。落实完善各项就业政策，重点抓好高校毕业生、农民工、城镇困难人员、退役军人等群体就业，保证城镇新增就业0.7万人以上，农村劳动力转移就业13万人次。把创新、创业更好结合起来，争创国家级创业孵化示范园区1个、自治区级示范园2个。加强和改进就业服务，加大职业培训，启动建设市职业技能公共实训基地，在劳动密集型产业技能培训上采取有力措施，在农村妇女就业培训上采取有效举措，着力提高培训精准度，高质量完成精准脱贫能力培训9920人，争取就业一人、受益一家、影响一片。在构建和谐劳动关系上持续用力，健全工资支付监控、工资保证金等制度，加大工资清欠特别是农民工工资清欠力度，努力保障劳动者按时足额领取工资报酬。

推进基本公共服务均等化。深入学习贯彻全国和全区教育大会精神，落实立德树人根本任务，大力发展普惠性学前教育，推进义务教育优质均衡发展。加快职业教育产教融合步伐，与宁夏大学共同办好中卫校区。抓住实施"互联网+教育"的契机，着力扩大优质教育资源供给，推进素质教育迈上更高水平，让孩子们不仅"有学上"，还要"上好学"。加快"健康中卫"建设，加大医疗卫生投入，建成市中医医院等项目，继续改善市、县、乡医疗卫生机构设施条件和装备水平，健全村卫生室服务功能，建设"互联网+医疗健康"数据中心和示范园。不断深化医药卫生体制改革，推进县域医疗一体化改革试点，开展医保支付制度改革前期工作，推动优质医疗资源下沉，在解决百姓"看病难""看病贵"问题上取得突破性进展。认真落实城乡困难群体"低保"等各项政策，持续做好社会保障提标扩面工作，建成投运市老年人服务中心，增加养老床位尤其是护理型养老床位供给，继续推进保障性住房建设，建成市残疾人康复中心、慈爱重度精神病患者康复中心等项目，让困难群体享受到更多社会关爱，生活得更有尊严。

推动文化繁荣兴盛。深入开展社会主义核心价值观宣传教育，坚定文化自信，增强文化自觉，弘扬主旋律，传递正能量，构筑共有精神家园。落实"1+9"工作机制，加快全国文明城市创建步伐。实施"十大文明行动"，深化文明村镇、文明单位、文明家庭、文明校园创建。实施文化惠民工程，建好用好村级综合文化服务中心、农村文化大院。广泛开展群众性文体活动，推动全民健身与全民健康深度融合。加强移风易俗工作，发挥好村民议事会、红白理事会、村规民约作用，常态化整治大操大办、高价彩礼、厚葬薄养等不良习俗。始终把意识形态工作摆在重要位置，牢牢把握意识形态主导权，树立中卫好形象，传播中卫好声音。

加强和改进社会治理。巩固农村、社区网格化管理成果，推动社会治理重心向基层下移。健全多元化矛盾纠纷调解和社会稳定风险评估机制，深化基层治理、源头治理，有效化解社会矛盾。深化"七五"普法，加快依法治市进程。深化扫黑除恶专项斗争，严厉打击各类违法犯罪。开展禁毒示范市创建活动，推进社会治安防控体系建设，维护社会和谐稳定。开展"安全生产基础年"建设活动，落实安全生产责任制，强化源头管控和安全准入，排查整治各类安全隐患，提高应急救援水平,坚决遏制重特大事故发生。加强食品药品监管。深化全民国防教育,做好退役军人管理服务,提升双拥共建质量。全面贯彻党的民族宗教政策,依法加强宗教事务管理,创建全国民族团结进步示范市。

各位代表,发展成果由人民创造,就应该由人民共享。我们必须紧盯困有所帮、学有所教、病有所医、劳有所得、老有所养、住有所居,持续用情、用心、用力,让中卫人民群众生活越来越幸福、越来越有盼头!

(三)围绕夯实高质量发展基础,深入实施生态立市战略,加快推进美丽中卫建设。把环保作为经济社会发展的高压线、生命线、保障线,坚决落实环保责任,努力使中卫的天更蓝、水更清、空气更清新。

打好污染防治攻坚战。加强大气污染防治。全面实施中卫市打赢蓝天保卫战三年行动,升级改造燃煤锅炉环保设施,城市建成区禁止新建35蒸吨以下燃煤锅炉,淘汰工业园区20蒸吨以下燃煤锅炉。改造钢铁、化工、铁合金等行业污染治理设施,加快"小散乱污"企业整治,推进工业污染物全面达标排放。优良天数达标率、PM10、PM2.5平均浓度达到自治区考核要求。推进水污染防治。打好黄河保卫战,深入开展城市黑臭水体治理,全面加强水源地保护。严格落实河(湖)长制,持续开展重点入黄排水沟治理,巩固整治成果。实施城镇污水处理提标改造三年行动,加快中宁第一污水处理厂提标改造等项目建设,确保重点入黄排水沟水质稳定达到Ⅳ类。深入推进土壤污染防治。启动净土保卫战三年行动,完成农用地土壤污染状况详查。坚决禁止秸秆焚烧。推广农用残膜回收利用技术,回收利用率达90%以上。实行城市垃圾分类处置,推进生活垃圾焚烧发电、餐厨垃圾无害化处理,努力为全市人民创造一个良好的生态环境。

加强生态保护和修复。持续实施自然保护区及重点区域恢复治理。理顺自然保护区管理体制机制,促进自然生态资源有效保护与合理利用。大力实施植绿增绿行动,加快建设引黄灌区平原绿洲绿网提升、南部水源涵养林建设、移民迁出区生态修复等工程,巩固天然林保护、禁牧封育、防沙治沙等成果,完成营造林17.6万亩。继续推行最严厉的封山禁牧政策。

推动绿色低碳发展。坚持生态优先,严格生态空间管控,严守生态保护红线。推动产业结构绿色转型,加快淘汰落后产能、化解过剩产能,完成自治区下达的目标任务。严格产业项目准入,从严落实"三线一单"管理。大力发展节能环保、清洁生产、清洁能源产业,推进污水处理、垃圾处置、土壤修复、多污染物协同控制等技术研发应用。实施好中卫市全国节水型社会创新试点项目,为全国推广总结经验。持之以恒抓好中央环保督察反馈问题整改落实,确保按期完成、圆满交卷。

各位代表,绿色是新时代最鲜明的特色、最亮丽的底色。我们要着力建设西部重要的生态安全屏障,筑牢中卫可持续发展基础,形成绿色生产方式和生活方式,让"风景"变成产业,让"美丽"成为生产力,走出一条生态优先绿色发展的新路子!

(四)围绕构建高质量发展格局,着力促进城乡区域协调发展,加快推动"一带两廊"建设。牢固树立全市"一盘棋"思想,认真落实"一带两廊"空间规划,有效统筹全域空间资源配置,实现经济社会健康可持续发展。

强化规划引领作用。全面落实《大力实施乡村振兴战略 加快推进城乡一体化发展意见》,完成"一带两廊"空间规划和4个中心城镇、11个特色小镇发展规划。建设沿黄生态经济带,在抓好工业、物流的基础上,突出抓好康养产业、功能农业、休闲旅游等经济效益好、带动能力强的产业,重点推进特色小镇建设,在产业融合发展上趟出一条符合中卫实际的新道路。建设扬黄特色产业廊,突出抓好枸杞、硒砂瓜、苹果等兼备知名地域品牌、优质产品品牌的优势特色产业,打造一批优势主产区,叫响"富硒产品在中卫",使我们的富硒产品走向全国、蜚声中外。建设脱贫富民产业廊,突出抓好草畜、马铃薯、小茴香等适宜产业、富民产业,依靠农业科技服务、强化产品深加工实现提质增效,将特色种养业的比较优势真正转化为经济优势、经济效益,助力农民增收、农业兴旺。

提升城市治理水平。以创建全国文明城市和国家卫生城市为抓手,持续开展城市"双修",实施市区亮化、基础设施完善工程,改造老旧小区20个,新建、续建市政道路28条,提升城市形象。建设市区青少年运动中心广场,启动市博物馆展陈工程,拓展文化馆、图书馆、体育馆综合服务能力,提高城市品位。扎实推进绿色建筑工程,开展装配式建筑试点工作。完善智慧公交系统,加强公交车规范运营管理,着力解决交通拥堵、停车难等"城市病"。深化城市管理执法体制改革,促进城市管理法治化、智能化、精细化。

加快美丽乡村建设。落实乡村振兴战略,抓好中心城镇、特色小镇建设,加快公共服务向城镇延伸,促进特色产业向城镇集聚。保护城镇的特色风貌,彰显城镇的文化底蕴,使城镇成为拉动中卫发展的新引擎。以农村垃圾、污水治理和村容村貌提升为主攻方向,深入推进农村人居环境三年整治行动,建成美丽村庄20个、美丽小城镇3个,改造农村厕所4000户。围绕打通供水、供气的"最后一公里",提升供电、信息网络的保障能力,加快优质公共服务资源向农村覆盖,让乡村更加宜居,让农民生活得更有品质。

各位代表,协调是持续健康发展的内在要求。我们必须按照"一带两廊"规划,坚持一张蓝图干到底,统筹抓好乡村振兴、城市建设、产业发展、公共服务、环境保护、基础设施,让中卫的城市、乡村成为文明进步、秀美富饶、安居乐业的美好家园,让城市与乡村各美其美、美美与共!

(五)围绕激发高质量发展活力,着力深化改革扩大开放,加快营造一流发展环境。在巩固、增强、提升、创新上下工夫,深化供给侧结构性改革,以更大的决心和力度,推进改革开放不断向纵深发展。

全面完成政府机构改革。严格按照《中卫市机构改革实施意见》,3月底前全面完成市县政府机构改革。通过改革,切实优化部门机构设置、厘清部门职责边界划分、理顺市区事权关系,为提高政府行政效率和行政效能提供保障。

大力优化营商环境。深化"放管服"改革,最大限度方便群众、更高效率服务企业。围绕审批服务便民、高效,深化"互联网+政务服务""互联网+监管",全面推行全程网上登记注册,实现"一门、一网、一次"受理办结。落实投资项目在线审批工作,规范和压缩项目审批时限,政府、社会投资项目审批时间压缩到40个工作日,企业开办时间压缩到3个工作日以内。全面落实自治区促进民营经济健康发展"20条",更大力度减税降费,多措并举降低企业运营成本,激发民营企业投资动力,吸引更多企业来卫投资置业。

打好防范化解重大风险攻坚战。坚决落实中央"坚定、可控、有序、适度"的要求,尽职尽责做好风险防控工作。全面实行地方政府性债务限额管理和预算管理,积极稳妥化解存量债务,通过财政预算安排、置换地方政府债券等多渠道偿还债务。坚决打击违法违规金融活动和非法集资行为,切实维护金融市场稳定。强化"借债还钱"的风险意识,坚决杜绝超出财力承受范围、盲目铺摊子,既要为重点建设提供资金保障,也要为化解风险创造条件。

深化农业农村改革。加快农村土地制度改革,实行农村土地"三权分置"制度,落实集体所有权,稳定农户承包权,放活土地经营权,促进农村土地适度规模经营发展,新建土地股份合作社10个。完成农村集体经济组织成员身份界定、股权量化,有条件的村全部成立村集体经济合作社或村集体股份经济合作社。扩大农村产权确权登记颁证范围和交易范围,稳步推进农村产权抵押登记贷款试点工作,逐步扩大可抵押贷款产权覆盖面。加快农村水利改革,推进水权交易和农业水价综合改革,促进水资源节约高效利用。

构建更加开放发展格局。对接内陆开放型经济试验区建设,畅通交通物流通道,开工建设乌玛高速公路中卫段,加快推进中卫南站黄河大桥、中卫至兰州客运专线、国道338、常乐黄河公路大桥等工程,争取启动沙坡头机场和中卫火车站改扩建工程。吴忠至中卫高铁年内建成通车,圆全市人民的"高铁梦"。坚持高水平引进来,积极引进区内外企业来中卫发展;支持全方位走出去,推动中卫企业在参与国际国内竞争中实现自身发展。

各位代表,改革开放是当代中国发展进步的必由之路,好的发展环境才是最优惠的政策。我们要弘扬敢闯敢试、敢为人先的改革精神,逢山开路、遇水搭桥,把改革开放的旗帜举得更高更稳,以改革促开放,以开放促发展,让我们的发展环境像美丽的沙坡头一样,成为中卫最靓丽的名片!

三、建设人民满意的服务型政府

新时代新任务,对政府自身建设提出了新的更高要求。新的一年,我们承载着更大期盼,肩负着更大责任。必须把全面从严治党贯穿于政府建设始终,把"五个过硬"要求贯穿于队伍建设各方面,打造忠诚干净担当、为民务实清廉的公务员队伍,加快建设服务政府、责任政府、法治政府、廉洁政府。

加强政治建设。把政治建设放在政府自身建设的首位,把党的领导贯穿政府工作全过程,树牢"四个意识",坚定"四个自信",坚决做到"两个维护"。坚决贯彻自治区党委、政府和市委的决策部署,切实履职尽责。坚持学思践悟、知行合一,强化政府工作人员教育培训,学习新政策、掌握新知识、增强新本领,更好担负起推动中卫经济社会高质量发展的重任。

建设服务政府。始终把人民群众对美好生活的向往作为奋斗目标,紧扣经济社会发展实际,紧扣人民群众生产生活,大兴调查研究之风,多谋为民利民之策。坚持"实"字当头、"干"字为要,不摆花架子,不搞形式主义,沉下心来、扑下身子,增强创新意识、实干意识和服务意识,争做实干家,真心实意为企业和群众排忧解难。

建设责任政府。把提高政府效能作为政府自身建设的重中之重,扎实开展"党政机关作风建设年、干部队伍素质提升年"活动,坚决整治庸懒散软拖等不作为、慢作为、乱作为现象,推动政风行风持续好转。健全政府运行机制,确保中央和区、市决策部署落地见效。加大政务失信行为惩戒力度,不断提高政府执行力和公信力。落实好干部容错纠错激励机制,旗帜鲜明鼓励干部干事创业。

建设法治政府。全面贯彻《法治政府建设实施纲要》,巩固行政执法"三项制度"改革成果,严格按法定权限和程序履行职责。全面推进政务公开,落实政府新闻发布制度,完善政府法律顾问制度,推动决策科学化、民主化、法治化。自觉接受市人大及其常委会的法律监督和工作监督、市政协的民主监督,认真听取民主党派、工商联和社会各界意见建议,不断提高人大代表建议和政协委员提案办理质量。

建设廉洁政府。市政府一班人以身作则、以上率下。全面落实党风廉政建设主体责任和领导干部"一岗双责",健全廉政风险防控制度,加强对重点领域、关键环节、重要岗位权力运行的监督制约。加强审计监督,坚决惩治各类腐败行为。严格执行、认真落实中央八项规定及其实施细则,坚决纠正"四风",群众反映强烈的问题都要认真对待,损害群众利益的行为都要坚决纠正,以政府的"清廉指数"提升人民的"幸福指数"!

各位代表,伟大的新时代,呼唤着伟大的实践。中卫人民正满怀豪情地踏上新的征程。"我们都在努力奔跑,我们都是追梦人"。让我们更加紧密地团结在以习近平同志为核心的党中央周围,在自治区党委、政府和市委的坚强领导下,不忘初心、牢记使命、振奋精神、实干兴卫,为实现经济繁荣民族团结环境优美人民富裕、确保与全国全区同步建成全面小康社会的目标而不懈努力,谱写"建设美丽新宁夏、共圆伟大中国梦"的中卫篇章,以优异成绩向中华人民共和国成立70周年献礼。

术语解读

1. "三大攻坚战":防范化解重大风险、精准脱贫、污染防治攻坚战。

2. "三大战略":创新驱动、脱贫富民、生态立区。

3. "五个扎实推进":扎实推进民主法治建设,扎实推进民族宗教工作,扎实推进文化繁荣发展,扎实推进改革开放,扎实推进全面从严治党。

4. "专精特新"中小企业:具有"专业化、精细化、特色化、新颖化"特征的工业中小企业。

5. "两化"融合:信息化和工业化的高层次深度结合,以信息化带动工业化、以工业化促进信息化,走新型工业化道路。

6. "放管服":简政放权、放管结合、优化服务的简称。

7. 告知承诺制:指申请人提出行政审批申请,行政审批机关一次告知审批条件和需要提交的材料,申请人以书面形式承诺其符合审批条件,并能够按照承诺,在规定期限内提交材料,行政审批机关及时作出行政审批决定的方式。

8. "去降补":去产能、去库存、去杠杆、降成本、补短板。

9. "两权"抵押贷款:农村承包土地的经营权和农民住房财产权抵押贷款。

10. "三重一大"事项:重大问题决策、重要干部任免、重大项目投资决策、大额资金使用。

11. "六稳":稳就业、稳金融、稳外贸、稳外资、稳投资、稳预期。

12. 人才引育"三大行动计划":紧扣全域旅游、云计算、富硒农业等重点产业发展需求,按照"高精尖缺、急需紧缺、本土实用"的原则,实施高端专家柔性引进行动计划,3至5年内,柔性引进约30名高层次专家,为重大项目合作、关键技术研发、创新成果转化等提供咨询服务;实施青年高层次人才延揽行动计划,组织市直各部门和重点用人单位,组团到全国重点高校宣传中卫政策,大力招揽人才,争取每年吸引一批博士和硕士研究生充实到企事业单位工作,进一步夯实人才基础;实施骨干人才培养行动计划,通过外送研修、基层锻炼、"一对一"或"一对多"结对指导等方式,重点培养30—50名行业后备骨干人才,建设一支高素质后备人才梯队。

13. "1+5"优势特色产业:优质粮食+枸杞、果蔬、硒砂瓜、草畜、马铃薯优势特色产业。

14. 富硒产业"一中心三基地"：富硒产业3.0研究中心和富硒产业试验基地、种植基地、加工基地。

15. "五优"蔬菜基地：品种优、基数优、管理优、品质优、价格优蔬菜基地。

16. 军民融合产业"一中心、四基地、一展会"："一中心"即一体化军民融合大数据中心，"四基地"即航天产业基地、航空产业基地、成果转化基地、新型国防教育基地，"一展会"即中国防务装备展。

17. "两不愁三保障"：不愁吃、不愁穿，保障义务教育、基本医疗和住房。

18. "四个一"示范带动工程：一村一基地、一户一产业、一家一就业、一人一技能。

19. 华润"基础母牛银行"扶贫模式：2012年华润集团与海原县结对帮扶以来，已经逐步将海原县打造成西部高端肉牛生产基地。创新实施"基地+合作社+农户"的扶贫模式，即由海原华润农业有限公司引进优质基础母牛，形成"华润基础母牛银行"，公司为每头牛提供3年期无息借款6000元，通过专业合作社以三户联保的方式赊销给贫困农户，财政扶贫资金每头再补贴2000元，户均3—5头分散养殖。基础母牛生产的母牛犊由农户饲养繁殖，公牛犊由农户育肥12个月后，海原华润农业有限公司以活牛称重每公斤28元回购顶抵借款，这样既减轻了农户的经济负担，又降低了市场风险压力，同时也为华润公司拓宽了高品质肉牛育肥空间，最终实现农户与企业双赢的效果。

20. 创建全国文明城市"1+9"工作机制：密织创建工作1张网（中卫市创建全国文明城市网格化管理责任清单），建立9大工作推进组工作台账（中卫市创建全国文明城市九大工作推进组任务清单）。

21. "十大文明行动"：公民道德、公共环境、公共秩序、公共服务、公共文化、公共关系、公益活动、移风易俗、文明村镇、未成年人思想道德十大文明行动。

22. "三线一单"：生态保护红线、环境质量底线、资源利用上线和环境准入负面清单。

23. 城市"双修"：生态修复、城市修补。

24. 农村土地"三权分置"制度：农村土地所有权、承包权、经营权三权分置。

25. "五个过硬"：信念过硬、政治过硬、责任过硬、能力过硬、作风过硬。

26. 行政执法"三项制度"：行政执法公示制度、执法全过程纪录制度、重大执法决定法制审核制度。

中国人民政治协商会议中卫市第四届委员会常务委员会工作报告

——2019年1月14日在中卫市政协四届三次会议上

市政协党组书记、主席 罗成虎

各位委员：

我代表中卫市政协第四届委员会常务委员会，向大会报告工作，请审议，并请列席会议的同志提出意见。

一、2018年工作回顾

2018年是全面深入贯彻党的十九大精神的开局之年，是实施"十三五"规划、决胜全面建成小康社会承上启下的关键一年。一年来，在自治区政协的悉心指导和市委的坚强领导下，市政协常委会深入学习贯彻习近平新时代中国特色社会主义思想，坚持团结和民主两大主题，紧扣"转型追赶、高质量发展"主线，围绕打好"三大攻坚战"、全面落实"三大战略"中卫方案和"五个扎实推进"重点任务，认真履行政治协商、民主监督、参政议政职能，为全市经济社会发展作出了积极贡献。

一年来，常委会发挥优势、突出重点、体现特色、增强实效，主要表现在五个方面。

一是习近平总书记关于加强和改进人民政协工作的重要思想学习研讨取得阶段性成效。按照全国政协部署和自治区政协要求，深入开展习近平总书记关于加强和改进人民政协工作的重要思想学习研讨，以理论大学习、思想大武装、作风大转变促进政协工作质量大提升，取得了阶段性成效。全年组织党组中心组和机关学习60余次，举办专题培训班6期，8名政协领导带头作了专题辅导，以讲督学，通过理论学习闭卷考试，以考促学，《人民政协报》对此作了报道。召开两次理论研讨会和1次务虚会，收到论文150篇，丰富了理论成果，交流了工作经验。市政协在全国政协甘青宁新四省区片区座谈会上作了交流发言，《调查研究是推动新时代政协工作高质量发展的有力抓手》被自治区政协推荐为全国政协理论研讨会论文，《以优良作风推动政协工作上水平》被自治区政协推荐为全国政协系统党建工作座谈会材料。

二是政协党的建设上了一个新台阶。通过政协党组理论学习中心组、主席会、常委会、机关干部学习和办培训班、报告会等多种形式，组织机关干部和政协委员认真学习贯彻习近平新时代中国特色社会主义思想和中共十九大精神，学习《宪法》《党章》《政协章程》，学习统一战线和人民政协的理论，以及有关政策文件，使大家进一步树牢"四个意识"，坚定"四个自信"，坚决做到"两个维护"。制定了《市政协党组重大事项请示报告制度》《关于进一步加强和改进市政协机关党的建设工作实施方案》等制度，认真履行管党治党主体责任，严格落实党风廉政和意识形态工作党组书记第一责任人和班子成员"一岗双责"。按照"三强九严"工程要求，狠抓"三会一课"、组织生活会、主题党日、民主评议党员等工作落实，扎实开展"党员评星定格"工作，举办牢固树立马克思主义民族观宗教观和意识形态工作培训班，开展"不准共产党员信仰宗教"支部主题党日活动和专题组织生活会，把从严治党的要求落到了实处，实现了党建与政协工作的有机结合，机关党建工作"灯下黑"问题得到有效解决，政协党组领导核心和党员先锋模范作用发挥更加充分。

三是协商民主建设得到了新发展。坚持把推进协商民主建设贯穿于政协履职全过程，加强调研视察与协商议政的衔接，确定了8个协商议题、7个视察课题，以调研促进协商质量提高，以协商促进调研成果转化，形成了宽领域、多层次、常态化的协商议政格局。全年召开主席会17次、常委会10次，组织协商活动130余次，开展调研视察17次、民主评议两次，提交的17篇调研视察报告均得到了市委、市政府主要领导批示，180余条意见建议大部分被相关部门采纳办理，为市委、市政府科学决策提供了重要参考，为加快全市经济社会发展凝聚了力量。

四是"作风建设年"活动的扎实开展使机关面貌

发生深刻变化。以去年1月市政协四届二次会议期间狠抓会风会纪为契机,从3月份开始,在市政协机关开展"作风建设年"活动,加强领导,周密安排,精心组织,分5个阶段扎实推进,坚持问题导向,以整风精神围绕8个方面24个整治问题真查实改,通过党支部专题组织生活会、召开推进会开展帮教活动等有效举措,使机关面貌发生了深刻变化,干部的精气神有了明显提升,工作能力有了明显增强,工作质量有了明显提高,求真务实的作风逐步形成,政协的良好形象得到进一步展示。自治区政协主席崔波、常务副主席李彦凯批示:中卫市政协的作风建设年活动搞得有声有色,值得充分肯定,希望再接再厉,创造更多好经验,为全区政协工作和自身建设提供经验。市委书记何健充分肯定了市政协的做法,市委决定2019年在全市范围开展作风建设和干部素质提升年活动,要求"各县(区)、市直各部门要认真学习借鉴市政协机关'作风建设年'活动的好经验好做法。"

五是加强制度建设政协工作机制更加完善。制定或修订委员管理、委员履职、专委会工作、委员视察考察、提案办理协商、反映社情民意信息等25项制度,进一步完善覆盖会议组织、经常性工作、自身建设的制度体系,推进履行职能制度化、规范化、程序化。特别是在总结过去工作实践的基础上,出台了《政协中卫市委员会关于进一步加强和改进调研工作的意见》,着力改进调研方式方法,增强了建言议政针对性、前瞻性和实效性,推动政协工作高质量发展,自治区党委组织部调研组肯定了这一做法。自治区政协崔波主席批示:"此《意见》思路很好,提出了具体办法,望在实践中认真贯彻落实,总结出可供推广的经验,为全区政协工作提高质量作出贡献。"

一年来,常委会围绕中心,服务大局,认真履行政治协商、民主监督、参政议政职能,主要做了以下工作。

(一)围绕中心广集良策,协商建言质量有了新提高。常委会紧紧抓住全市经济社会发展中综合性、全局性和前瞻性问题,积极建真言、谋良策、出实招。

紧扣重大部署集良策。市政协四届二次会议期间,委员围绕转型升级、乡村振兴、生态文明建设等10个方面,通过大会发言、分组讨论深入开展协商建言,提出意见建议150余条,形成《关于中卫市政协四届二次会议委员讨论发言暨意见建议的报告》,何健书记批示:"市政协委员对中卫转型追赶、高质量发展提出了很好的意见建议,请各级、各部门结合实际工作,认真研究,充分吸收,推动中卫经济社会各项事业发展。"先后两次召开专题议政性常委会议,重点围绕全市深度贫困村精准扶贫精准脱贫、全市美丽乡村建设等进行协商议政,为市委政府科学决策提供了参考。

紧扣创新驱动建真言。聚焦军民融合产业、打造丝绸之路经济带交通物流枢纽节点城市、中小微企业发展情况开展调研,针对军民融合发展服务保障能力欠缺、高新技术人才缺乏,交通物流产业聚集化、规模化、专业化发展差距较大,中小微企业政策落实不到位、部门行政服务效率不高等问题提出意见建议40余条,大部分被采纳。针对《关于全市中小微企业发展情况的调研报告》中提出的"政府有关部门要切实提高办事效率,推动工作落实"建议,市政府下发了《中卫市进一步压缩企业开办时间实施方案》,市纪委监委印发了《关于加强"门难进、脸难看、事难办"等突出问题整治工作的通知》,进一步提高了政府部门行政效率。对卫宁工业园区融合发展情况进行专题视察,围绕整合园区机构、统筹产业布局、加强基础设施建设、清退僵尸企业等建言献策,助力卫宁经济开发区产业加快转型升级。着眼推动特色农业提质增效,围绕全市富硒农产品发展情况开展调研,组织委员和有关专家就枸杞、硒砂瓜、苹果3大产品发展和"一中心三基地"建设共商对策,市委、市政府采纳"关于组队参加第五届硒博会的建议",于9月份组团参加了第五届世界硒都(恩施)硒产品博览交易会,乌玛枸杞被评为特色硒产品。关注云计算、大数据产业发展,深入调查研究,在自治区政协十一届一次会议上作了《以云计算、大数据助推经济转型升级"四策"》大会口头发言,积极助推云计算、大数据产业快速发展。

紧扣绿色转型献睿智。助推生态文明建设,围绕"美丽乡村"建设开展调研,将乡风文明、基础建设、生态治理作为调研重点,提出改进意见,协助有关部门解决好农村住宅随意乱建、乡村污水处理和"厕所革命"等问题,助力乡村振兴战略实施。持续关注环境保护和污染整治、土壤面源污染防治、河长制推进落实情况,通过专题视察,跟踪督察中央环保巡视"回头看"相关问题整改落实情况,充分调动社会各阶层参与生态保护的积极性,共谋改进措施落实之举,共商水、大气、土壤问题整改之策,助力绿色城镇和美丽乡村建设协调发展。

认真完成市委交办任务。市政协领导班子成员勇于担当,认真做好市委"6+8"重点工作包抓任务。包抓中卫工业园区4家化工企业环境综合整治工作，督促转存污水不处理、危废固废处理不规范等18个突出问题得到有效整改。严格落实河长制工作，依法清除了长达4年未解决的沙坡头区一级水源地保护区3家臭水鱼池，督促清理了黄河沿岸23家采沙场100余万立方米沙料和垃圾。聚焦农业农村工作，提出10个重点项目，主动争取国家农业农村部支持中卫市创建香山硒砂瓜特色优势区等。争取CCTV7、中国农业电影电视中心免费摄制播放25分钟特色农产品宣传专题片和10秒钟公益广告。牵头和协同有关方面先后6次赴外省市开展招商引资、招慈引善活动，考察对接企业19家，洽谈合作项目20个。包抓高铁商圈建设、创城网格化管理，以及督导全市重点工作落实、环保巡视"回头看"等工作，都较好地完成了任务。

（二）坚持民本助力民生，服务人民群众有了新作为。常委会积极顺应人民群众新期待，举政协之力，聚社会之智，努力为广大群众做好事、办实事、解难事。

全力助推脱贫攻坚。持续关注脱贫攻坚战略实施，围绕优化全市深度贫困村资源配置工作、深度贫困村精准扶贫精准脱贫情况进行调研，由主席和3位副主席带队，深入73个深度贫困村逐村走访了解实际情况，与736户群众面对面谈心交流，召开76次小型座谈会，帮助每个村制订发展规划、明确主导产业项目，市政府常务会专题研究相关意见建议，督促县（区）政府及市直有关部门制定整改措施20余条，推动扶贫项目利用率低、扶贫资金使用不精准等11个问题得到了较好解决。认真做好市政协领导分片帮扶工作，开展政策宣传辅导9次，引导民营企业流转了宣和镇华和村420亩土地，争取资金300万元为宣和镇敬农生态移民区筹建农贸市场，协调资金210万元为海原县甘城乡兴盛村枸杞基地配备滴灌设施。

广泛反映民声民意。发挥社情民意直通车功能，广泛捕捉人民群众普遍关注关心的难点热点问题，通过社情民意信息、建言等多种渠道反映群众心声、汇集群众意愿、提出合理建言，力促民生问题有效改善。全年编发《社情民意》56期，《建言》7期。"关于对青铜峡至中卫段乌玛高速实施合理改道的建议""关于将我区健康扶贫政策适度扩面的建议"等社情民意信息被自治区政协采用；"关于用资产收益的方法消除'空壳村'的办法值得商榷"等建言引起市委、市政府主要领导的关注，采取有效措施对有关问题进行了解决；"关于提高深度贫困村现有农业设施利用率的建议""关于精准扶贫技能培训要求实效的建议"等33件社情民意信息经市委政府领导批示被有关部门采纳，督促问题整改。

积极为群众办实事。坚持把"基层联系点"作为委员联系基层、贴近群众、倾听呼声、化解矛盾、解决困难、促进发展的重要平台，深入推进政协委员基层联系点工作常态化。近200名政协委员广泛深入委员联系点听民声、维稳定、促发展。全年召开联系点座谈会16场次，走访群众510余户，累计为基层群众化解矛盾纠纷11件、解决难题25件。募集8.7万元慰问困难群众361户，向20名家庭困难大学生捐赠3万元助学金，向贫困群众捐赠价值53万元的生产生活物资。广泛开展公益慈善惠民活动，政协委员中的企业家捐赠善款210万元，社会爱心人士捐赠善款10万元。全年实施助学助教、养老助残63万元，实施大病救助23人19.4万元。积极争取人民政协报社联系深圳市龙岗区政协，由深圳市百合教育集团出资8万元，免费为中卫市15名贫困地区小学教师进行了为期15天的培训，并给予参加培训的每位教师3000元奖励，为中卫教育事业的发展加油助力。

（三）丰富形式畅通渠道，民主监督工作有了新进展。常委会发挥协商式监督特色优势，稳步推进政协民主监督，做到在参与中支持、在支持中服务、在服务中监督。

突出加强视察监督。切实增加监督性视察比例，完善监督性视察措施，不断加大监督性视察力度。组织委员专题视察了城市双修（生态修复、城市修补）工作，针对城市功能短板、地域文化特色不明显等问题，提出完善城市配套设施、嵌入地域文化元素、加强美化亮化等意见建议，意见建议被吸纳到城市双修工作中，助推全国文明城市创建和打造全域旅游示范市工作取得阶段性成效。对云应用项目建设及运行情况开展视察，为推进云计算大数据的加速发展、建立拉动经济新的增长点建言献策，所提意见建议得到相关部门采纳办理。

扎实开展提案监督。提案立案严格标准、突出质量，提案办理加强协商、注重实效。全年提交提案395件，审查立案194件，委员满意率达98.5%。协助住卫自治区政协委员向自治区"两会"提交"关于开发建设沙坡头新北区的建议""关于在乌玛高速沙漠段修建地下通道的建议"等提案9件。会同党政部门精选11件重点提案，由市级领导领衔督办。何健书记督办"关于统筹城乡发展，推进社会主义新农村建设的建议"，措施具体，推动有力，市委出台了实施乡村振兴战略、加强城乡一体化发展的《意见》,提出"一带两廊"空间发展格局,为加快城乡一体化发展奠定了基础。李晓波代市长来卫工作不到一个月就主持召开座谈会,对"关于加强数据中心的建议"重点提案进行了督办。联合市委、政府督查室和提案人对市政协四届一次全会以来提案办理情况、市领导对提案办理工作的批示及要求的落实情况进行了"回头看",对市政协四届一次会议期间8件未办结提案进行了督办,对所有立案提案进行了评比,提案工作质量和实效明显提升。

坚持开展经常性监督。常委会听取了市政府关于提案办理和民生实事办理及重大项目落实、市纪委监委关于全市党风廉政建设、市中级人民法院关于审判执行和市人民检察院关于检察监督情况的通报,将评议意见建议分送有关部门,相关部门将整改措施向市政协进行了反馈。聘请42名市政协委员担任评议员,对市市场监督管理局、市公共资源交易中心效能及作风建设情况开展了民主评议,促进了部门工作效能不断提升、作风进一步转变。

(四)把握团结民主主题,团结和谐局面有了新发展。常委会始终致力于加强联谊、增进团结、凝聚力量的工作,不断会聚共同团结奋斗的强大合力。

增进合作共事氛围。发挥人民政协作为统一战线组织的重要作用,建立工作联动机制,加强同各民主党派、工商联和无党派人士的交流互动,广泛开展走访互动、联合调研、重点提案办理等活动,虚心听取他们对政协工作的意见建议。全年与党派团体联合开展调研视察7次,协助全国政协、自治区政协做好在我市开展的民族宗教、科技人才队伍建设、分级诊疗等调研视察活动,积极配合外省市政协在中卫市进行的关于全域旅游、特色农业、云计算大数据等考察活动,政协系统合作共事、协力助推发展的氛围更加浓厚。

促进民族团结宗教和顺。进一步落实市政协领导联系县(区)政协和民主党派、工商联工作制度和市政协主席、副主席、常委联系委员制度,联系走访各界别委员160余人次。认真贯彻党的民族宗教政策,不定期走访宗教界代表人士、委员和宗教活动场所,协助市委市政府认真做好协调关系、理顺情绪、化解矛盾、增进团结的工作,积极引导宗教与社会主义社会相适应,促进了民族和睦、宗教和顺、社会和谐。

推进文化传承发展。关注文化惠民工程实施,围绕公共文化服务体系建设情况进行调研,紧贴基层群众文化需求和文明城市创建献计建言,协力推动公共文化服务群众化、多样化、科学化发展。注重发挥文史工作存史资政作用,外聘专家学者编辑《中卫市志·人民政协卷》、编纂《中卫市政协志》,征集"三亲"文史资料18篇,配合自治区政协编辑了《亲历宁夏回族自治区成立》中中卫市史料28篇、照片20余张,凸显了以史为鉴、以史资政的政协特色。编发了《中卫政协》4期,宣传了政协工作,扩大了政协影响。

(五)与时俱进开拓创新,政协队伍建设有了新加强。常委会主动适应新形势新任务,探索规律,整体推进,不断加强和改进政协经常性、基础性工作,努力提升自身建设水平。

大力加强理论武装。把学习贯彻习近平新时代中国特色社会主义思想和中共十九大精神作为首要政治任务,制定了《中卫市政协学习制度体系》,印发学习资料,规定学习篇目,以政协党组理论学习中心组学习为引领,以主席会议集体学习、常委会学习讲座、委员培训学习、报告会相结合为重点,采取个人自学与集中学习、专题辅导与集体讨论、集中培训与理论研讨相结合等方式读原著、学原文、悟原理,努力做到学懂弄通做实。举办了"学习习近平新时代中国特色社会主义思想,加强作风建设,提高能力水平"等培训班和专题辅导报告会8次,760余人次参加了培训,自治区政协马力副主席和市政协领导8人作了11次专题辅导,3名市政协党组成员、副主席到两县一区政协作了专题辅导报告。组织81名机关干部和委员中的中共党员,分两批在井冈山学习培训,传承红色基因,加强党性锻炼。199名政协委员每人写了1篇、机关35名干部每人写了4篇不少于1500字的心得体会。召开"习近平总书记关于加强和改进人民政协工作的重要思想"理论研讨会,从征集到的150篇理论文章中评选出30篇优秀文章,编印研讨会优秀论文集,发全体委员学习交流。

着力提高机关干部能力素质。政协机关通过深入开展提升办文质量、工作水平、落实力度、办事效率"四提升"活动,制定文稿起草流程,实行文稿会审制度,每季度开展一次文稿互评,半年开展一次公文评比竞赛,年底评选优秀协商、调研、视察报告,机关干部的能力水平得到了明显提升,特别是办文办会办事质量有了较大提高。《不抓落实就是做无用功》《树立真挚的为民情怀》等6篇文章先后在《人民政协报》《宁夏日报》《共产党人》等报刊发表。

切实调动委员履职积极性和主动性。积极探索委员履职新方法、新途径,加强对委员的教育培训、服务宣传、管理考核,着力打造一支"懂政协、会协商、善议政、守纪律、讲规矩、重品行"的委员队伍，在更好发挥委员主体作用中推动政协工作高质量发展。加强对委员的教育和培训。以习近平新时代中国特色社会主义思想和中共十九大精神为主要内容，通过常委会学习讲座、举办委员培训班、召开辅导报告会等多种形式，加强对委员的教育和培训，受训600余人次。首次组织6名常委在市政协常委会上述职，开展履职建言点评。突出对委员的服务和宣传。市政协主席、副主席、常委加强与委员的联系，认真听取意见建议，全力帮助解决工作生活中的困难，尽可能为委员履职创造条件，让委员切身感受到政协大家庭的温暖。同时，通过在中卫市政协网站、中卫电视台、《中卫日报》开设《政协时空》《委员风采》专栏等多种方式，宣传委员先进事迹，讲委员故事，展委员形象，不断增强委员的荣誉感和自豪感。注重对委员的管理和考核。修订完善了《政协委员管理办法》《政协各参加单位和委员履职考核办法》等制度，对委员履职情况进行档案管理、量化考核。考核不只看委员是否到会、参加活动，而是考核在履职过程中实际作用发挥情况，如发现了什么有价值的东西，提出了什么真知灼见，建议是否有针对性前瞻性实效性，对决策是否有参考价值，对改进工作是否有明显促进作用。对委员参加政协会议和活动情况及时进行通报，对1名涉嫌犯罪者撤销委员，对3名履职不好的委员劝辞。这些措施的实施，使委员履职尽责的主动性不断增强，参加政协会议、调研视察、民主评议、基层联系点活动的积极性明显提高，参加率达98%以上；委员撰写提案、反映社情民意数量大幅增加，从而推动了政协工作高质量发展。

各位委员！过去一年市政协工作取得的成绩，是自治区政协悉心指导、市委坚强领导的结果，是政协各参加单位和广大委员团结奋斗、辛勤努力的结果，是市人大常委会、市政府和社会各界大力支持帮助的结果。在此，我代表市政协四届常委会表示崇高的敬意和衷心的感谢！

我们也清醒看到工作中存在的问题和不足，主要是：协商议政的质量和成果转化有待进一步加强，民主监督的方式方法需要进一步改进，联系服务委员的办法还比较单一，界别优势和作用发挥尚不充分，有的委员作用发挥不充分，履职能力建设需要进一步加强，机关信息化建设还比较滞后，等等。对这些问题，我们要高度重视，在今后的工作中切实加以改进。

二、2019年主要任务

2019年市政协工作的总体要求是：坚持以习近平新时代中国特色社会主义思想为指导，全面贯彻落实中共十九大和十九届二中、三中全会精神，深入贯彻落实自治区第十二次党代会和市第四次党代会、市四届六次全会的决策部署，坚持团结和民主两大主题，牢牢把握推动人民政协制度更加成熟更加定型、发挥好专门协商机构作用这一新时代人民政协的新方位新使命，把坚持和发展中国特色社会主义作为巩固共同思想政治基础的主轴，把聚焦与全国全区同步建成全面小康社会目标凝心聚力作为工作主线，围绕建设美丽新宁夏、共圆伟大中国梦，继续打好"三大攻坚战"、接续实施"三大战略"中卫方案和"五个扎实推进"重点任务，把提升质量贯穿履职工作全过程和各方面，着力做好思想引领、议政建言、凝聚共识、服务大局各项工作，切实担负起把中共中央的决策部署和对政协工作的要求落实下去、把各族各界群众实现中华民族伟大复兴中国梦的智慧和力量凝聚起来的政治责任，以优异成绩迎接新中国和人民政协成立70周年。

（一）全面加强和改进政协党的建设，进一步发挥思想政治引领作用

坚持把学习习近平新时代中国特色社会主义思想和中共十九大精神作为首要政治任务，持续深入开展习近平总书记关于加强和改进人民政协工作的重要思想学习研讨，认真落实《市政协学习制度体系》，积极开展具有政协特色的带动式、融合式、引领式学习培训活动，采取集体学习、专题辅导、研讨交流、"请进来""走出去"等多种形式，读原著、学原文、悟原理，着力在学懂弄通做实上下工夫，使政协委员和机关干部进一步树牢"四个意识"、坚定"四个自信"，坚决做到"两个维护"，在思想上、政治上、行动上与以习近平同志为核心的党中央保持高度一致。探索建立思想政治引领和建言资政"双向发力"的制度，在围绕经济社会发展和人民群众关注的热点难点问题做好建言资政的同时，更加注重履职过程中的思想政治引领。

认真学习贯彻中共中央办公厅《关于加强新时代人民政协党的建设工作的若干意见》和自治区党委《关于加强新时代人民政协党的建设工作的实施意见》，协助市委出台关于加强政协党的建设工作实施方案。召开中卫市政协系统党的建设工作座谈会，把坚持党的领导和从严治党重大政治任务落实到政协履职全过程和各方面。健全政协党组、机关党组、基层党支部和专委会功能型党支部的组织体系，建立党员委员联系党外委员制度，实现党的组织对党员委员全

覆盖、党的工作对政协委员的全覆盖。切实发挥政协党组领导核心作用，自觉担负起坚持和维护党的领导的政治责任，把方向、管大局、保落实，确保党的领导落实到履职全过程和各个方面。切实发挥功能型党支部在政协党建工作中的重要作用，落实党员委员双重组织生活制度，抓好委员学习培训，及时把中央和区、市党委重要会议、文件传达到政协委员。在政协全体会议期间和重要调研视察、集中学习培训、团组考察等活动中，自觉接受功能型党支部的教育、管理与考核。落实党员常委履职建言点评或述职制度，发挥党员委员在思想政治引领、发扬民主、合作共事、廉洁奉公等方面的模范作用。

（二）聚焦全市经济社会发展重大问题献计出力，进一步发挥协商民主重要渠道和专门协商机构作用

创新上下联动调研视察方式，联合自治区政协和县（区）政协开展"优化营商环境政策，激发经济发展活力""如何实现高质量脱贫"调研，召开专题议政性常委会进行协商。关注全国文明城市创建工作，围绕创城政策宣传、环境卫生整治、城市社区管理建设、"网格"责任落实等进行调研，促进城乡居民文明行为进一步规范，城市管理水平不断提升。聚焦实施乡村振兴战略，加快城乡一体化发展，围绕"一带两廊"布局落实推动经济高质量发展进行调研，为发展规划制订、明确产业布局和功能定位、促进基础设施项目落地献智出力。助推全市医疗卫生体制改革，紧扣基层医疗卫生机构运行机制、医疗卫生服务体系建设、基本医疗保障制度建设、基本公共卫生服务均等化和公立医院改革，通过调研协商议政建言。围绕加强基层治理能力建设，依法管理乡村宗教事务进行调研，助推基层社会治理体系和治理能力现代化建设。对民营企业融资难、融资贵情况进行调研，围绕融资担保、贷款抵押、存贷挂钩、压贷、抽贷、金融政策落实，为发挥政府引导作用、破解民营企业融资难题、提振民营企业家信心、助推民营企业健康发展提出意见建议。

（三）探索方法途径，进一步提高民主监督实效

认真贯彻自治区党委《关于加强和改进人民政协民主监督工作的实施意见》，协助市委出台加强和改进人民政协民主监督工作的实施意见。以组织监督性强的调研视察活动为主，多种形式配合，增强监督实效。关注黄河治理，联合自治区政协和县（区）政协，对入黄排水沟综合整治情况进行监督视察，为从根本上改善排水沟环境恶劣状况、推动水污染向好、水生态改善出谋划策。围绕推进养老服务体系建设情况开展专题视察，为构建多层次的居家养老服务体系，不断满足老年人多层次、个性化的居家养老服务需求提出意见建议。聚焦全域旅游推进情况开展监督性视察，为旅游和文化深度融合发展献计献策。围绕学前教育、餐厨垃圾收运处理、农村合作经济管理、水源地保护及城乡居民自来水饮用安全情况等进行视察，着力增强服务和改善民生实效。

落实提案监督要求，提高民主监督性提案在重点提案中的占比，加强监督性提案的督办，开展监督性提案办理评议，协助市委市政府主要领导领衔督办重点提案，着力解决提案"数量多质量低、重答复轻办理"的问题。针对党政部门对上一年度政协提案、协商调研报告的答复办理情况组织开展监督性的视察活动。落实会议监督要求，继续做好市政协常委会专题听取全市党风廉政建设、扫黑除恶、重大项目和民生实事实施情况通报以及关于提案办理情况的通报，畅通委员知情明政渠道。落实特约监督要求，继续做好特约监督员统一选派工作，组织委员积极参加市委市政府有关部门组织的调查、检查、听证等活动。探索评议监督机制，改过去对部门（单位）工作民主评议为对某项工作（项目）开展情况的评议，做好对全市农村环境综合整治、民族团结进步示范市创建活动开展情况的民主评议工作，促进相关工作再上新水平。

（四）发挥政协作为统一战线组织的重要作用，进一步为改革发展稳定凝心聚力

全面贯彻落实中共十九大关于巩固和发展最广泛的爱国统一战线的战略部署，正确处理一致性和多样性关系，既在政协内部加强与各党派团结和各族各界代表人士的团结，又面向社会广泛联系和动员各界群众，切实做到增进一致而不强求一律、尊重差异而不扩大分歧、包容多样而不弱化主导，为改革发展稳定凝聚强大力量。坚持正面发声，宣传政策，解疑释惑，理顺情绪，维护稳定，不断增强政治共识，推动党派团体和各界人士聚焦中心任务同频共振、同向发力，切实把市委的决策部署转化为社会各界的广泛认同和行动自觉。

全面贯彻党的宗教工作基本方针，坚持我国宗教的中国化方向，扎实做好民族宗教工作，进一步引导宗教与社会主义社会相适应。进一步加强与港澳台侨委员的联系，更好地发挥他们在促进中卫市经济社会发展中的积极作用。召开民营企业座谈会，深入学习贯彻习近平总书记在民营企业座谈会上的重要讲话精神，推动民营企业健康发展。引导企业委员积极投

身精准扶贫精准脱贫事业,为脱贫攻坚作出新贡献。开展庆祝新中国成立70周年和人民政协成立70周年活动,通过举办座谈会、文艺演出、文史资料征集等活动,热情讴歌新中国成立以来的光辉历程和伟大成就,认真总结人民政协蓬勃发展的生动实践和宝贵经验,充分展示政协各参加单位和政协委员的履职风采。

(五)加强自身建设,进一步推动政协工作高质量发展

认真落实《市政协关于进一步加强和改进调查研究工作的实施意见》,切实改进调研方式,提高议政建言精准度和实效性。研究制定政协建言资政质量的评价标准和评价方法,促进工作上水平。完善协商成果凝结方式,通过协商报告、调研报告、提案和社情民意信息、大会发言等多种途径推动协商成果转化,对重要成果落实情况开展跟踪调研和民主监督,推动协商成果转化为工作实效。突出履职质量提高,各项履职活动要从注重"做了什么""做了多少"向"做出了什么效果"转变,把提质增效贯穿于工作的全过程和各方面。

巩固"作风建设年"活动成果,把提升干部能力素质作为长期任务,扎实开展"机关作风建设年、干部素质提升年"活动,不断改进作风,努力提高政协干部政治把握能力、调查研究能力、联系群众能力和合作共事能力。严格落实《政协中卫市委员会委员管理办法》和《政协中卫市委员会各参加单位和委员履职考核办法》,进一步优化委员服务与管理。加强委员学习培训,把委员学习教育与专题调研、视察考察等结合起来,建立市政协委员分批次列席市政协常委会议制度,鼓励以界别为单位推荐大会发言、提出集体提案,采取多种形式帮助委员知情明政,引导委员做好"委员作业",不断增强履职尽责的意识和能力,做一名合格的人民政协制度参与者、实践者、推动者。

建立专委会定期向主席会、常委会报告工作制度,完善务虚会制度,定期分析研究新情况新问题,切实加强和改进政协工作。进一步深化委员基层联系点工作,扎实开展察民情、听民声、问民计、化民忧、解民愿、助民困等活动,推进服务基层群众常态化。召开政协工作经验交流会,协助市委筹备召开党委政协工作会议,推动政协工作高质量发展。充分运用自治区政协建立的"互联网+政协综合信息服务系统""委员履职移动平台",积极探索网络议政、远程协商方式。继续办好《中卫政协》刊物、中卫市政协网站、"中卫市政协"微信公众号,不断加大政协宣传,扩大政协影响。进一步加强对县(区)政协工作的指导,在党的建设、履职方向、工作思路、重大协商活动和队伍建设等方面把方向、做示范、解难题,形成互动联动的工作合力。

各位委员,人心是最大的政治,共识是奋进的动力。让我们更加紧密地团结在以习近平同志为核心的中共中央周围,在市委的坚强领导下,不忘初心,牢记使命,振奋精神,团结奋进,为实现经济繁荣、民族团结、环境优美、人民富裕,"建设美丽新宁夏、共圆伟大中国梦"贡献中卫智慧和力量,以优异成绩迎接新中国和人民政协成立70周年!

中卫市2018年国民经济和社会发展统计公报

中卫市统计局

2019年4月30日

2018年,面对严峻的经济下行压力和改革发展稳定任务,全市上下在自治区党委、政府和市委、市政府的坚强领导下,坚持以习近平新时代中国特色社会主义思想为指导,认真学习贯彻党的十九大和习近平总书记视察宁夏重要讲话精神,扎实推动自治区第十二次党代会、市第四次党代会各项战略部署的落实,切实践行新发展理念,坚持稳中求进工作总基调,紧紧围绕"转型追赶、高质量发展"主线,大力实施"三大战略"中卫方案,全力以赴稳增长、调结构、抓改革、惠民生、促和谐,全市经济保持平稳发展态势,社会事业取得新成效。

一、综　合

初步核算,全年全市生产总值402.99亿元,比2017年增长6.0%。其中,第一产业增加值57.72亿元,增长4.2%;第二产业增加值175.37亿元,增长5.8%;第三产业增加值169.90亿元,增长6.9%。三次产业结构由2017年的14.1:44.7:41.2调整为14.3:43.5:42.2。按常住人口计算,全市人均生产总值34653元,比2017年增长5.3%。

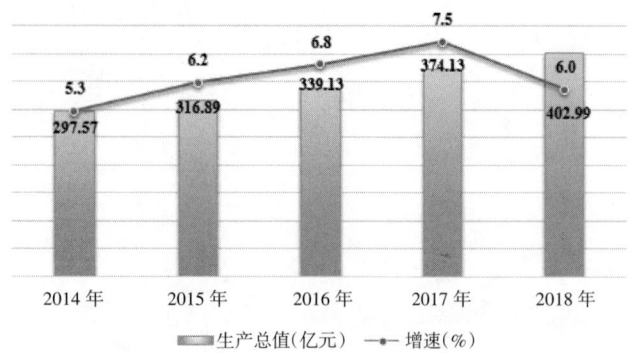

图1　2014—2018年中卫市生产总值及增速

全市户籍总户数39.59万户,户籍总人口121.91万人,户籍人口城镇化率为30.45%。年末全市常住人口116.84万人,比2017年年末增加1.08万人,其中城镇人口51.89万人,占常住人口比重(常住人口城镇化率)为44.41%,比2017年提高1.27个百分点;回族人口41.03万人,占常住人口比重35.12%。全年出生人口1.83万人,出生率为15.71‰,死亡人口0.66万人,死亡率为5.68‰,自然增长率为10.03‰。

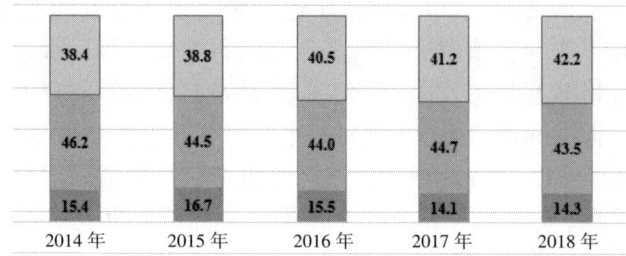

图2　2014—2018年三次产业增加值占生产总值比重

表1　2018年末常住人口及其构成

指标	年末数(万人)	比重(%)
全市常住人口	116.84	100
其中:城镇	51.89	44.4
乡村	64.95	55.6
其中:男性	59.84	51.2
女性	56.99	48.8
其中:汉族	75.52	64.6
回族	41.03	35.1
其他少数民族	0.29	0.3

全年全市新增城镇就业9177人,比2017年增加222人。年末城镇登记失业率为3.61%,比2017年提高0.12个百分点。全市劳务输出15.46万人,比2017年下降2.5%。

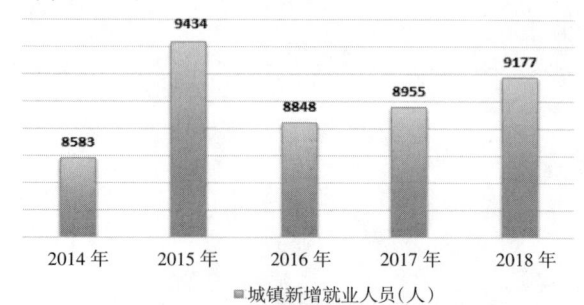

图3　2014—2018年城镇新增就业人数

全年居民消费价格比2017年上涨2.2%,商品零售价格比2017年上涨3.1%。工业生产者出厂价格上涨2.8%,工业生产者购进价格上涨5.7%。

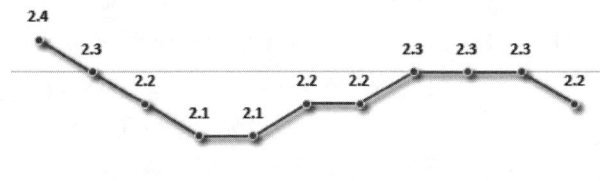

图4 居民消费价格月度同比涨跌幅度

表2 2018年全市居民消费价格指数

类别	2017年=100
居民消费价格总指数	102.2
#服务项目价格指数	100.9
#食品烟酒	103.1
衣 着	102.2
居 住	101.3
生活用品及服务	101.2
交通和通信	102.7
教育文化和娱乐	100.9
医疗保健	103.1
其他用品和服务	101.3

脱贫攻坚成效显著。按照每人每年3400元的农村贫困标准计算,年末全市农村贫困人口3.47万人,贫困发生率达3.84%,比2017年下降3.36个百分点。全年共有41个贫困村实现脱贫销号,2.88万人脱贫,4790户建档立卡贫困户危房改造。

二、农业

全年全市实现农林牧渔业增加值60.35亿元,按可比价计算,比2017年增长4.2%,完成农林牧渔业总产值115.05亿元,比2017年增长4.4%。其中,农业产值77.23亿元,增长3.7%;林业产值1.01亿元,增长7.7%;牧业产值30.03亿元,增长6.5%;渔业产值3.21亿元,增长1.0%;农林牧渔服务业产值3.57亿元,增长5.3%。

全年全市粮食种植面积202.87万亩,比2017年增加6.11万亩,其中,小麦种植面积19.79万亩,减少0.35万亩;水稻种植面积8.85万亩,减少0.35万亩;玉米种植面积92.97万亩,增加2.34万亩;马铃薯(山区)种植面积41.0万亩,减少0.50万亩。粮食总产量69.95万吨,增长7.1%,其中,小麦产量3.56万吨,下降1.7%;水稻5.45万吨,下降4.4%;玉米49.31万吨,增长8.5%;马铃薯(山区,折粮)7.6万吨,增长7.6%。全年全市油料播种面积9.87万亩,减少0.39万亩,产量1.47万吨,增长13.8%;蔬菜种植面积28.26万亩,减少0.39万亩,产量49.11万吨,下降4.6%;园林水果面积32.09万亩,增加1.04万亩,水果产量6.13万吨,下降66.2%;枸杞种植面积26.43万亩,增加3.14万亩,产量5.32万吨,增长9.9%;瓜果种植面积82.90万亩,增加1.96万亩,产量114.16万吨,增长1.8%,其中西瓜种植面积75.70万亩,减少4.53万亩,产量105.48万吨,下降5.3%。

图5 2014—2018年粮食产量

年末全市生猪存栏22.08万头,比2017年末下降8.0%;牛存栏18.02万头,增长6.9%,其中奶牛存栏5.88万头,增长0.2%;羊存栏93.01万只,增长8.7%;家禽存栏298.84万只,下降5.1%。全年生猪出栏36.30万头,下降3.6%;牛出栏10.66万头,增长3.9%;羊出栏78.05万只,增长1.0%;家禽出栏327.24万只,下降3.3%。全年肉类总产量6.48万吨,比上年下降0.3%,其中,猪肉产量2.84万吨,牛肉产量1.64万吨,羊肉产量1.37万吨,禽肉产量0.59万吨。禽蛋产量4.61万吨,下降9.4%。牛奶产量23.33万吨,增长5.9%。

全市渔业养殖面积7.77万亩,增长6.8%,水产品产量2.16万吨,下降0.5%。

年末全市造林面积23.15万亩,比2017年年末下降1.7%;年末实有封山(沙)育林面积92.53万亩,增长144.7%;森林抚育面积6.1万亩,增长56.5%。

2018年年底,全市农业机械总动力96.17万千瓦,比2017年增加6.87万千瓦。

三、工业和建筑业

全年全市全部工业增加值123.70亿元,比2017年增长3.8%,对经济增长的贡献率为18.6%。其中,规模以上工业增加值增长3.8%。

在规上工业中,分轻重工业看,重工业增长

7.6%，占规上工业增加值比重93.5%；轻工业下降34.4%，占规上工业增加值比重6.5%。分经济类型看，国有控股企业增加值增长11.9%，股份制企业增长2.4%，私营企业下降3.6%，非公有制工业下降3.3%，外商及港澳台商投资企业增长26.3%。分门类看，采矿业增加值占规模以上工业增加值的比重为8.9%，比2017年增长55.7倍，制造业增加值占54.9%，下降6.3%，电力、热力、燃气及水生产和供应业增加值占36.2%，增长21.3%。分行业看，电力、热力生产和供应业增加值占规模以上工业增加值的比重为35.0%，比2017年增长18.6%，其中新能源发电产业增加值占规模以上工业增加值的比重为10.8%，增长15.2%；造纸和纸制品业占2.0%，增长12.5%；化学原料和化学制品制造业占4.8%，增长5.9%；黑色金属冶炼和压延加工业占23.1%，增长4.2%；有色金属冶炼和压延加工业占6.8%，下降8.4%；农副食品加工业占0.4%，下降10.2%；非金属矿物制品业占5.5%，下降14.8%；食品制造业占1.9%，下降46.4%；酒、饮料和精制茶制造业占1.8%，下降54.5%；电气机械和器材制造业占0.4%，下降82.0%。

图6　2014—2018年全市工业增加值及增长速度

表3　2018年主要工业产品产量及增长速度

指标	单位	产量	比2017年增长(%)
饲料添加剂	万吨	5.2	-45.5
饮料酒	千升	5509	-57.5
机制纸	万吨	17.2	8.2
电石	万吨	40.9	-13.3
合成氨	万吨	20.4	-5.7
单晶硅	吨	14514.5	14.3
多晶硅	吨	2432.6	-54.3
水泥	万吨	580.3	-15.3
瓷质砖	万平方米	1120.4	28.3
生铁	万吨	130.2	20.9
钢材	万吨	141.4	30.2
铁合金	万吨	89.6	23.4
原铝	万吨	29.8	2.1
发电机组	万千瓦	3.6	-52.6
发电量	亿千瓦时	140	11.2

全年134家规模以上工业企业实现利润20.46亿元，比2017年下降48.3%。分经济类型看，国有控股企业利润6.8亿元，下降9.4%；股份制企业18.94亿元，下降51.0%；外商及港澳台商投资企业1.59亿元，增长73.8%；私营企业11.0亿元，下降63.8%。分门类看，采矿业利润767万元，增长39.7%；制造业6.51亿元，下降78.7%；电力、热力、燃气及水生产和供应业13.88亿元，增长55.8%。全年规模以上工业企业主营业务收入利润率为4.12%，比2017年下降4.06个百分点。年末规模以上工业企业资产负债率为54.9%，比2017年年末下降15.1个百分点。全年规模以上工业企业每百元主营业务收入中的成本为87.05元，比2017年增加3.40元。

全年全市建筑业增加值51.69亿元，比2017年增长10.1%。

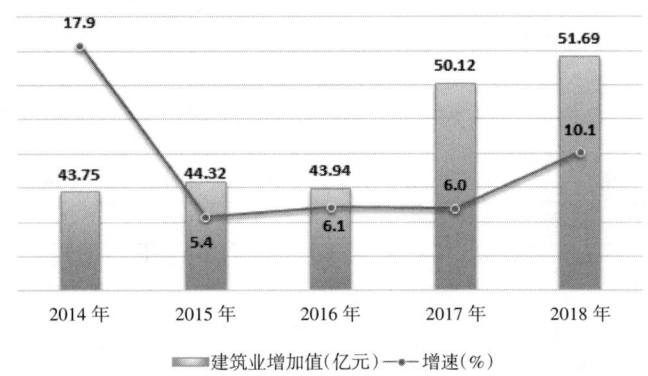

图7　2014—2018年建筑业增加值及增长速度

全市具有资质等级的建筑企业75家，实现建筑业总产值40.87亿元，下降4.6%；其中国有及国有控股企业实现产值2.2亿元，下降36.0%，建筑装修、装饰业实现产值1.29亿元，下降38.0%。按建筑业总产值计算的劳动生产率为29.5万元/人，增长15.8%。

四、服务业

全年服务业增加值169.90亿元，比2017年增长6.9%，对经济增长的贡献率达到47.9%。其中，批发零售业增加值31.20亿元，比2017年增长7.9%；交通运输、仓储和邮政业增加值27.29亿元，比2017年增长4.2%；住宿和餐饮业增加值6.24亿元，比2017年增长5.5%；金融业增加值32.39亿元，比2017年下降0.6%；房地产业增加值12.33亿元，比2017年增长2.6%；营利性服务业增加值19.76亿元，比2017年增长33.9%，其中信息传输、计算机服务和软件业增加值14.68亿元，比2017年增长53.6%；非营利性服务业增加值38.38亿元，比2017年增长4.6%。

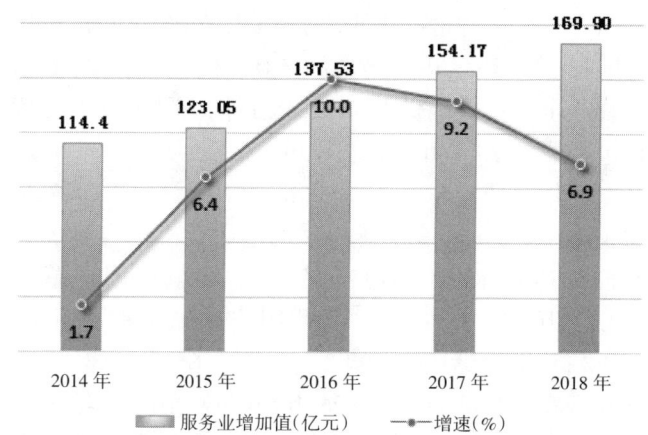

图8 2014—2018年服务业增加值及增长速度

五、国内外贸易

全年全市社会消费品零售总额74.23亿元,比2017年增长4.9%。按城乡市场分,城镇消费品零售额63.95亿元,增长5.4%；乡村消费品零售额10.28亿元,增长1.8%。按行业分,批发零售业零售额64.99亿元,增长6.6%；住宿餐饮业零售额9.24亿元,下降5.6%。按消费类型统计,商品零售额65.06亿元,增长1.5%；餐饮收入额9.17亿元,下降5.3%。

在限额以上单位商品零售额中,粮油、食品类零售额比2017年下降7.2%,饮料类下降25.8%,烟酒类增长18.9%,服装、鞋帽、针纺织品类增长4.5%,化妆品类增长20.0%,金银珠宝类增长4.5%,日用品类下降0.6%,家用电器和音像器材类增长32.3%,中西药品类增长17.5%,文化办公用品类下降28.1%,家具类增长31.2%,通信器材类下降50.4%,汽车类下降50.7%,石油及制品类增长17.9%。

图9 2014—2018年社会消费品零售总额及增长速度

全年实现进出口总额25.67亿元,比2017年下降0.9%。其中出口总额13.80亿元,下降27.8%；进口总额11.87亿元,增长74.6%。货物进出口顺差1.93亿元,比2017年减少10.38亿元。

六、固定资产投资

全年全市全社会固定资产投资比2017年下降32.5%。其中,县属固定资产投资下降31.5%；区属和农户投资下降34.9%。分投资主体看,国有投资下降18.9%；民间投资下降46.9%。

在县属固定资产投资(不含区属和农户)中,第一产业投资比2017年下降44.9%；第二产业投资下降39.3%,其中工业投资下降39.3%,新能源投资下降56.1%,高耗能投资下降38.4%,改建和技术改造投资增长21.6%；第三产业投资下降22.6%,其中基础设施投资下降11.2%,信息传输、软件和信息技术服务业投资下降4.6%。

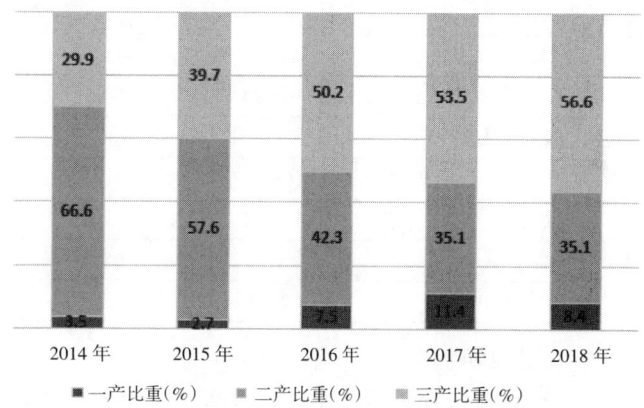

图10 2014—2018年县属固定资产投资(不含农户)三次产业比重

表4 2018年分行业县属固定资产投资(不含农户)增长速度

行业	比2017年增长(%)
总计	-31.5
农、林、牧、渔业	-44.9
采矿业	-100.0
制造业	-27.0
电力、热力、燃气及水生产和供应业	-45.8
建筑业	-34.4
批发和零售业	137.8
交通运输、仓储和邮政业	21.3
住宿和餐饮业	-93.0
信息传输、软件和信息技术服务业	-4.6
金融业	-100.0
房地产业	-35.7
租赁和商务服务业	-50.5
科学研究和技术服务业	-100.0
水利、环境和公共设施管理业	-25.3
居民服务、修理和其他服务业	—
教育	-19.7
卫生和社会工作	189.0
文化、体育和娱乐业	-7.2
公共管理、社会保障和社会组织	-0.9

全年全市房地产开发投资35.47亿元,比2017年下降39.1%。其中,住宅投资26.22亿元,下降28.0%;商业营业用房投资5.45亿元,下降61.6%。年末全市商品房待售面积91.54万平方米,比2017年末减少2.39万平方米。

表5　2018年房地产开发和销售主要指标及增长速度

指标	单位	绝对额	比2017年增长(%)
投资额	亿元	35.47	-39.1
其中:住宅	亿元	26.22	-28.0
房屋施工面积	万平方米	638.77	-17.2
其中:住宅	万平方米	433.54	-24.2
房屋新开工面积	万平方米	85.69	-42.1
其中:住宅	万平方米	50.14	-56.5
房屋竣工面积	万平方米	107.58	-45.8
其中:住宅	万平方米	65.94	-60.5
商品房销售面积	万平方米	77.46	-8.7
其中:住宅	万平方米	69.78	-0.3
本年到位资金	亿元	32.61	-37.6
其中:国内贷款	亿元	1.92	-68.4
个人按揭贷款	亿元	8.44	-22.5

七、交通和邮电

年末全市公路通车里程达到8231公里,比2017年年末增加204公里,其中高速公路通车里程达到469公里。年末全市民用汽车保有量13.23万辆,比2017年年末增长6.9%,其中私人汽车保有量11.22万辆,增长7.7%。全市民用轿车保有量5.10万辆,增长6.5%,其中私人轿车4.88万辆,增长7.1%。

表6　各种运输方式完成货物运输量及其增速

指标	单位	绝对值	增长(%)
货物运输总量			
公路	万吨	6428	19.0
水运	万吨	29.23	-30.9
民航	万吨	0.016	72.0
货物运输周转量			
公路	万吨公里	1145636	-11.1
水运	万吨公里	5.99	-29.2
民航	万吨公里	13.48	42.7
旅客运输总量			
公路	万人次	718	-20.6
水运	万人次	58.35	-25.7
民航	万人次	8.12	54.7
旅客运输周转量			
公路	万人公里	52711	-21.0
水运	万人公里	72.35	-12.3
民航	万人公里	5425.3	30.4

全年全市邮政行业业务总量1.17亿元,比2017年增长27.0%;实现业务收入1.02亿元,增长24.2%。邮政业全年完成函件业务2.81万件,下降27.8%;邮政包裹业务2.44万件,增长39.4%。

全年完成电信业务总量59.66亿元,比2017年增长126.4%。电信业新增移动电话交换机容量3.25万户,达到185.31万户。年末全市电话用户总数133.27万户,其中固定电话用户9.02万户,下降15.4%;移动电话用户124.25万户,下降0.01%。固定互联网宽带接入用户30.96万户,比2017年年末增加8.46万户,其中固定互联网光纤宽带接入用户29.14万户,增加8.54万户;移动宽带用户97.44万户,增加15.84万户。

八、财政金融

全年全市地方财政收入30.33亿元,比2017年下降9.0%。其中,一般公共预算收入22.62亿元,下降5.8%,其中税收收入16.15亿元,下降7.9 %。主体税种中,增值税5.20亿元,下降2.0%;企业所得税1.21亿元,下降10.6%;个人所得税0.44亿元,增长5.8%。全年财政支出178.21亿元,比2017年增长5.6%,其中,一般公共预算支出162.55亿元,增长3.7%。其中,一般公共服务支出7.68亿元,增长14.4 %;教育支出22.02亿元,增长5.8 %;社会保障和就业支出18.31亿元,下降2.0%;城乡社区事务支出22.56亿元,下降2.0%。

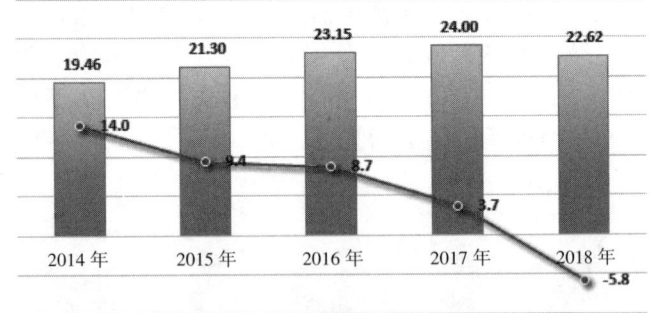

图11　2014—2018年全市一般公共预算收入及增速

年末全市金融机构人民币各项存款余额532.41亿元,比2017年年末增长5.0%。其中,住户存款余额298.81亿元,增长15.0%。人民币各项贷款余额455.51亿元,比2017年年末增长0.05%,其中,住户贷款227.30亿元,增长4.3%;非金融企业及机关团体贷款228.21亿元,下降3.9%。

全年全市实现保费收入17.30亿元,比2017年增长12.8%。其中,寿险业务10.38亿元,财产险业务6.92亿元。支付各类赔款及给付5.93亿元,比2017

表7　2018年年末金融机构人民币存贷款余额及增长速度

指标	绝对额(亿元)	比2017年年末增长(%)
人民币各项存款	532.41	5.03
其中:住户存款	298.81	15.0
非金融企业存款	84.56	−36.6
广义政府存款	149.02	31.3
人民币各项贷款	455.51	0.1
其中:短期贷款	265.13	−2.1
中长期贷款	158.72	0.5

年增长16.4%。其中,寿险业务给付1.91亿元,财产险业务赔款4.02亿元。

九、人民生活和社会保障

全年全市城镇居民人均可支配收入27372元,比2017年增加2027元,增长8.0%。其中,人均工资性收入20719元,增长10.1%;人均经营净收入2305元,增长8.9%;人均财产净收入1027元,下降16.9%;人均转移净收入3322元,增长4.8%。城镇居民人均消费性支出18864元,比2017年下降0.5%,其中,食品烟酒类4548元,下降1.4%。城镇居民恩格尔系数为24.1%。城镇居民人均拥有房屋面积36.8平方米,比2017年增加0.5平方米。

图12　2014—2018年城镇居民人均可支配收入及增速

全年全市农村居民人均可支配收入10236元,比2017年增加871元,增长9.3%。其中,人均工资性收

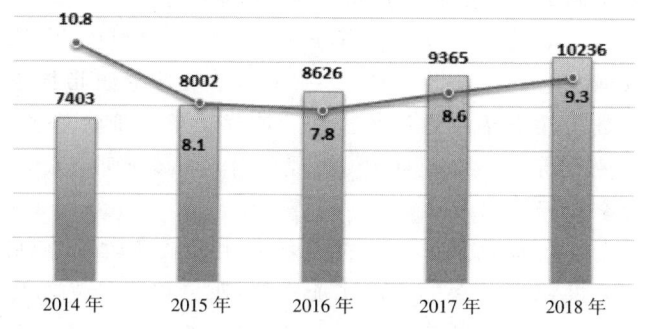

图13　2014—2018年农村居民人均可支配收入及增长速度

入4633元,增长9.8%;人均经营净收入3885元,增长10.3%;人均财产净收入220元,增长1.5%;人均转移净收入1498元,增长6.7%。农村居民人均消费性支出9466元,比2017年增长6.2%,其中,食品烟酒类2532元,增长11.5%。农村居民恩格尔系数为26.7%。农村居民人均拥有房屋面积36.9平方米,比2017年增加4.5平方米。

年末全市参加基本养老保险人数18.56万人,比2017年年末增加2.30万人,其中,参保职工12.14万人,增加1.75万人。参加城乡居民养老保险人数37.09万人,减少1.69万人。参加基本医疗保险人数111.42万人,增加1.49万人。其中,参加职工基本医疗保险人数11.50万人,增加1.75万人;参加城乡居民基本医疗保险人数99.92万人,减少0.26万人。参加失业保险职工人数6.42万人,增加0.13万人。参加工伤保险人数9.16万人,减少0.27万人,其中参加工伤保险的农民工3.39万人,增加0.31万人。参加生育保险人数8.74万人,增加2.16万人。

年末全市拥有养老机构27个,其中农村敬老院12个、社会福利院1个、民办养老机构7个,共有床位5273张,入住老人1129人。儿童福利院2个,共有床位106张,入住儿童48人。全市1.98万人享受城市低保,发放保障金1.02亿元;7.29万人享受农村低保,发放保障金2.57亿元;2141人享受农村特困人员救助供养,全年临时救助7.07万人次。全年资助28.84万人参加基本医疗保险,发放资金5591.9万元。城乡建立各种社区服务站466个。

十、科学技术和教育

全年共争取上级科技项目245个,到位资金5591万元。年内新增国家级知识产权示范优势企业两家,全年全市专利申请量1324件,比2017年增加921件;获得授权专利656件,增加489件。截至2018年年底,全市共有国家高新技术企业7家,自治区科

表8　全市教育机构学生情况

类别	校数(所)	招生数(人)	在校学生数(人)	毕业学生数(人)
中等职业教育学校	3	4345	9829	2619
普通高中	6	8086	22429	9015
普通初中	58	17777	51105	15360
普通小学	245	15814	97780	19161
幼儿园	126	24507	42023	21661
特殊教育学校	3	27	399	27

技小巨人企业7家,自治区科技型中小企业67家,自治区众创空间4家,有效专利271件,每万人有效发明专利拥有量2.34件。

全市共有各级各类学校441所,教职工14148人,其中专任教师13244人。小学学龄人口入学率达100%,初中阶段毛入学率达118.6%,小学六年巩固率达100.66%,初中三年巩固率达99.08%。

十一、文化体育、卫生健康

2018年年末,全市拥有专业艺术表演团体3个,业余文艺团体118个,文化馆3个,公共图书馆3个,博物馆8个,文物管理所3个,全市已建成大型公共文化服务场所10个,村级文化室454个,社区文化室35个,农家书屋455个。全年举行各类文艺演出1269场次,广场文艺演出155次。全年放映数字电影6995场。全市电视综合覆盖率99.65%,广播综合覆盖率96.56%。其中,农村电视综合覆盖率99.56%,农村广播综合覆盖率95.65%。

全年全市举办大型职工群众运动会25次,培训二级体育指导员237人。

2018年年末,全市共有医疗卫生机构753个,其中医院32个,基层医疗卫生机构710个,专业公共卫生机构10个。在医院中有综合医院27个,中医医院3个,专科医院2个。在基层医疗卫生机构中,乡镇卫生院42个,社区卫生服务中心(站)14个,村卫生室543个,门诊部(所)3个,诊所、卫生所、医务室108个。专业公共卫生机构中疾病预防控制中心3个,妇幼保健机构3个,卫生监督所(中心)3个,采供血机构1个。年末,全市共有卫生技术人员5845人,其中职业医师和职业助理医师1985人,注册护士2437人。医疗卫生机构实有床位5121张,其中,医院4159张,乡镇卫生院905张。全年总诊疗人次633.39万人次,出院人数14.53万人。每千人口医院床位数为3.56张,每千人口执业(助理)医师为1.7人。

十二、资源、环境和应急管理

全年完成造林面积1.49万公顷,其中,人工造林面积1.05万公顷,占全部造林面积的70.4%。森林抚育面积0.57万公顷。截至年底,国家级自然保护区2个。

初步核算,全年全市能源消费量1052.67万吨标准煤(等价值),比2017年增长9.8%,万元GDP能耗增长3.6%。其中,规模以上工业能源消费总量888.69万吨标准煤,增长13.5%,占全社会能源消费量的84.4%。万元工业增加值能耗增长6.9%。

全年全市平均降水量321.9毫米。全年平均气温为9.9℃,比2017年下降0.3℃。全年环境空气质量优良天数276天,比2017年减少5天,优良天数比例为75.6%,环境空气质量综合指数为5.04,比2017年上升0.04。细微颗粒(PM2.5)平均浓度为42微克/立方米,比2017年增长7.7%。城市区域昼间平均等效声级53.8分贝,城市区域夜间平均等效声级42.9分贝。沿黄重要湖库水质为II类优水质。

全市城市道路长度达548.4公里。全市有公园30个,其中建成区公园27个,公园面积907.53公顷,人均公园绿地面积为16.95平方米。年末,全市建成区面积达77.14平方公里,其中市区32平方公里。建成区绿化覆盖率达36.38%,绿地率为30.62%。

全市集中供热面积达2061万平方米,比2017年增长82.60%。全市供气管道总长度869.33公里,天然气用户10.40万户,其中家庭用户9.56万户。燃气普及率达83.50%。

全市全社会供水管道长度458.5公里,售水量为2056.72万立方米,其中生产运营用水202.84万立方米,公共服务用水360.09万立方米,居民家庭用水1396.58万立方米。全年城市污水处理率达98.12%以上,城市生活垃圾无害化处理率达96.54%以上。

2018年,全市共发生各类生产安全事故25起,同比减少4起。其中,道路交通11起,工矿商贸3起。死亡18人,同比减少16人,其中,道路交通死亡6人,工矿商贸死亡4人。受伤30人,同比增长30.4%。经济损失1185.57万元,下降55.7%。全市亿元GDP生产安全事故死亡人数0.045。

注释:

1. 本公报中2018年数据均为初步统计数。正式数据以《中卫统计年鉴-2019》为准。部分数据因四舍五入的原因,存在着分项与合计不等的情况。

2. 地区生产总值和各产业、各行业增加值,农林牧渔业总产值及其分组,工业增加值及其分组指标绝对数均按当年价格计算,增长速度按不变价格计算;其他指标除特殊说明外,按现价计算;农业部分资料为全口径数据。

3. 规模以上工业企业是指年主营业务收入2000万元及以上的全部法人工业企业;限额以上批发零售企业是指年主营业务收入2000万元及以上的批发企业和年主营业务收入500万元及以上的零售企业。

4. 公路交通运输货运、客运数据按2013年交通运输统计专项调查之后口径核算。民航数据由西部机场集团宁夏机场有限公司中卫分公司提供，旅客运输总量为出港旅客口径，货物运输总量为出港货物口径。

5. 邮政行业业务总量收入包含各快递企业数据，邮政行业业务收入不包括邮政储蓄银行直接营业收入。

6. 养老机构数和儿童福利院数包含非运营机构数。2018年公园个数及面积数为不包含黄河中卫城市过境段公园数据。幼儿园人数包含学前班人数。

7. 环境空气质量综合指数、环境空气质量优良天数为未剔除沙尘天气影响的统计数据。

8. 公报中户籍人口数据来源于市公安局，物价和居民收入数据来源于国家统计局中卫调查队，财政数据来源于市财政局，就业数据来源于市就业创业和人才服务局，对外贸易来源于市商务局，交通运输来源于市交通运输局、市道路运输管理局和宁夏机场有限公司中卫分公司，邮政数据来源于市邮政管理局，电信数据来源于电信、移动、联通、铁通等四家电信公司，金融数据来源于中国人民银行中卫市中心支行，保险数据来源于中卫市保险协会，教育、科技、文化、旅游、卫生、体育、社会保障、社会福利、扶贫、环境保护和安全生产等数据来源于相关部门。

大事记

1月

5日 中卫市首届学雷锋联谊会在红宝宾馆举办。联谊会特邀雷锋战友、海军原副政委冷宽,原总参谋部作战部副部长卜庆君等12位嘉宾出席。

8日 市政府与宁夏大学战略合作签约仪式在市行政中心举行。市委书记何健和宁夏大学党委书记金能明共同见证签约。市长万新恒代表市政府与宁夏大学校长何建国签署了《中卫市人民政府·宁夏大学战略合作协议》。

是月上旬 宁夏弘兴达果业有限公司组建的"弘兴达有机苹果星创天地"和宁夏中网科技电子商务有限公司组建的"宁夏中网科技星创天地",入选2017年度第二批国家级星创天地名单。至此,中卫市国家级"星创天地"已达到3家。

9~11日 中国人民政治协商会议中卫市第四届委员会第二次会议在中卫红宝宾馆召开。会议补选张恋潮、马文君、周涛、余正财为中卫市政协第四届委员会常务委员。

10~12日 中卫市第四届人民代表大会第二次会议在中卫红宝宾馆召开。会议选举产生了市第四届人民代表大会常务委员会主任、市人大常委会委员、市监察委员会主任,中卫市出席自治区第十二届人民代表大会代表。何健当选市人大常委会主任,刘明生当选市监察委员会主任。

11日 中卫市政府与德国世图兹(STULZ)集团在卫签署合作框架备忘录。

15日 中卫市水利专业技术人员继续教育暨水资源费改税培训班开班,来自全市地税、国税和水务系统的500多名水利专业技术人员参加培训。

16日 中卫市监察委员会挂牌成立。

17日 市委书记、市人大常委会主任何健,市长万新恒在市行政中心与亚马逊中国区副总裁姚骁一行,就加快亚马逊中卫数据中心后期建设和云计算产业深化合作等事宜进行洽谈。

19日 中共中卫市委办公室、市政府办公室印发《进一步理顺沙坡头区行政管理体制和运行机制》的通知,进一步健全沙坡头区行政管理体制机制,调整下放经济事务权限,优化机构设置和人员编制,促进沙坡头区政治经济社会事业全面发展。

20日 中国旗袍协会宁夏联合总会中卫市分会成立。

22日 中卫市白慧斌等19人获评第三届自治区"百孝之星"。其中7人获评十大"孝子""孝女""孝婿""孝媳"。

23日 中卫工业园区工会第一次代表大会召开,选举产生了工业园区工会工作委员会第一届委员会委员。

是月下旬 中卫市荣获得全区森林防火工作考核第一名。

2月

1日 吴忠至中卫城际铁路轨道铺设全线贯通。

△ 中卫市入选全国百佳国税地税合作市级示范区。

5日 中卫市首届红色收藏展览会在沙坡头水镇中卫奇石博物馆举行。

6日 市政府与江苏阳光集团有限公司、市银阳新能源有限公司项目合作协议签约仪式在市行政中心举行。

△ 清华大学社会科学学院政治学系教授、博士生导师张小劲,清华大学社会科学学院副教授、苏世

民书院兼职教授、数据治理研究中心主任孟天广,被市政府聘请为中卫市特聘专家。

9日 宁夏中卫南站黄河大桥开工建设。该桥是吴忠至中卫城际铁路进出中卫市区跨越黄河的重要桥梁。项目路线起点位于中卫市机场大道与平安西路平交口向南700米处,与机场大道顺接,然后沿机场大道,向南跨过北岸滨河大道、黄河、南岸滨河大道后,在中卫南站西侧1公里处与中卫南站规划主干道平交。项目路线全长1.828公里。桥梁全长1.409公里,项目总投资7.02亿元。

11日 自治区主席咸辉在中卫市海原县、中宁县部分深度贫困村调研脱贫攻坚工作,看望慰问城乡困难群众。

△ 自治区住房和城乡建设厅厅长马汉文一行来中卫市,就中卫市城市建设工作进行调研。

25日 中卫市银阳新能源有限公司与伊朗海陆能源重工有限公司战略合作协议签约仪式在银川市悦海宾馆举行,自治区副主席刘可为,市委书记、市人大常委会主任何健共同见证签约。

3月

1日 中卫市与西部发展控股有限公司举行战略合作框架协议签约仪式,双方就云计算、旅游等产业发展达成合作共识。市委书记、市人大常委会主任何健,市长万新恒,西部控股董事局主席陈远东共同见证签约。

6日 全市民营企业家座谈会在市行政中心召开,市委书记、市人大常委会主任何健出席会议并讲话。

是月上旬 中卫市与北京市房山区、浙江省金华市、山东省威海市一同获批成为全国节水型社会创新试点。

9日 中卫市政府与江苏原生园养生产业发展有限公司签订《沙坡头景区南岸枸杞原生植物应用生活园建设项目合作框架协议》。

16日 中卫市政府与山东红帆轨道交通试验工程有限公司联合其他战略合作伙伴,在市行政中心签署《中卫市悬挂式旅游交通项目合作协议》。

是月中旬 宁夏钢铁(集团)公司与中铁集团合资成立中铁凤凰智造公司,成为国内首家与中铁集团合作的钢铁企业。

20日 自治区副主席刘可为来中卫调研中卫市工业园区建设发展及重点工业企业发展情况。

22日 市委、市政府印发《中卫市创建全国文明城市工作方案》〔卫党发2018〕9号文件,全面启动全国文明城市创建工作。

29日 市委书记、市人大常委会主任何健,市委副书记、市长万新恒与宽带资本董事长田溯宁、亚马逊AWS全球副总裁、中国区执行董事容永康一行,就云计算产业发展合作等进行交流洽谈。

29~30日 在宁第18批中央博士服务团成员来中卫调研考察。

30日 江苏瑞盛1万吨NCM锂电池正极材料一期项目投料试车及二期项目启动仪式在中卫工业园区举行。

4月

2日 中卫市地方税务局对宁夏三元中泰冶金有限公司开出首张环保税税票。

8日 人民网董事会研究通过了与中卫市合作的相关事宜。

9日 国家文化和旅游部调研组调研中卫市全域旅游示范市创建工作。

11日 市委常委、副市长王伟带领市委组织部、市发改委、市工信局等相关部门负责人,赴北京化工大学洽谈地校合作事宜,并与北京化工大学签订了战略合作协议。

△ 自治区第二次全国地名普查工作部署会议在中卫召开。

12日 中卫市与宁夏宸宇环保科技有限公司签订《绿色生态环保高效农业示范项目协议书》,与宁夏宸宇生物质新材料科技有限公司签订《万吨级秸秆生物质综合循环利用暨扶贫开发项目协议书》。签约仪式前,市委书记、市人大常委会主任何健与北京宸宇集团董事长吴钢一行就双方合作事宜进行交流并见证签约。

13日 中国残疾人联合会"共享芬芳"中西部地区公益巡演在中卫市职业技术学校举行。

13日 市委常委、副市长王伟带领相关部门负责人赴厦门大学考察学习。随后,中卫创新发展研究院、万齐农业集团、厦门大学三方签订合作协议。

△ 沙坡头旅游景区和金沙岛旅游度假区被列入"神奇西北100景"。

19~20日 自治区党委副书记、主席咸辉调研中卫市工业经济和固定资产投资情况并召开座谈会。

是月中旬 中卫市与霍尔果斯开发区管委会口岸管理局、阿拉山口口岸管理委员会签订合作协议。

△ 海兴开发区万吨级秸秆生物质综合循环利用暨扶贫开发项目举行开工仪式。

24日 中卫市政府与中卫市优派莱斯旅游养老产业有限公司,在市行政中心签署《中卫市"栖息谷"游养项目合作协议》。

26日 2018年"拥抱新时代 开启新征程"广场文化艺术节启动暨首场演出在市文化广场举办。

5月

2日 华润集团党委副书记、副总经理马璐一行来中卫考察、看望挂职干部,市委书记、市人大常委会主任何健与马璐一行就中卫市脱贫攻坚、特色产业发展等情况进行交流。

6日 宁夏润安微肥科技有限公司年产10万吨硝酸铵钙项目开工奠基仪式在中卫工业园区举行。

10日 中卫市政府与恒大集团都市广场项目签约仪式在市行政中心举行。

10~11日 全国政协委员、农业和农村委员会副主任陈晓华带领全国政协调研组围绕"巩固脱贫成果,保证长期稳定脱贫",对中卫市脱贫攻坚工作进行调研,并座谈了解全市脱贫攻坚"十二五"生态移民和"十三五"易地搬迁各项工作。

10~14日 第十四届中国(深圳)国际文化产业博览交易会在深圳会展中心举办。中卫市组织11家企业、30余种产品参展。

是月上旬 中卫市采取"政府引导、财政补贴、农机和保险公司协同运作"的方式,首次实施政策性农业机械保险。

14~15日 中卫市穆志忠、王俊艳家庭荣获2018年全国"最美家庭",胡凤娟、黄元虎家庭荣获"全国五好家庭"。

25日 福建省漳州市漳浦县与海原县签订2018年对口扶贫协作协议。协议以海原县贫困村和建档立卡贫困户为帮扶对象,通过产业合作、劳务协作和教育、医疗、科技、文化等领域的交流合作,加快推进脱贫进程、巩固脱贫成果。

△ 中卫市创建国家级节水型社会试点工作启动。

5月25日~6月2日 中卫市在市体育馆、沙坡头水镇、中奥水上乐园分别设置分会场,开展以"扬奥运精神,做阳光少年"为主题的中卫市首届少儿体育文化周活动。

6月

5~6日 自治区高级人民法院党组书记、院长沙闻麟一行来中卫调研中卫市法院工作。

7日 2018年全国高考第一天,中卫市9734考生参加高考,设沙坡头区、中宁县、海原县8个考点327个考场。

7~8日 自治区党委副书记、自治区主席咸辉在海原县调研脱贫攻坚工作。

8日 全区公安检查站建设推进会在中卫市召开。自治区副主席、公安厅厅长许尔锋出席会议并讲话。

11日 2018年中华环保世纪行——宁夏行动集中视察组针对中卫市开展以"防治水污染,保护水环境"为主题的集中视察活动。同时,受全国人大常委会委托,对全市贯彻落实《大气污染防治法》情况进行执法检查。

12日 市红十字会在中卫工业园区开展以"为他人着想捐献热血分享生命"为主题的无偿献血暨造血干细胞志愿者招募活动。

13~15日 "砥砺奋进六十年——全国主流媒体宁夏行"采访活动走进中卫。由新华社、经济日报、科技日报等23家中央及各地主流媒体组成的采访团,对中卫市云计算产业、沙漠综合治理、海原县精准扶贫、中宁县枸杞产业等进行深入采访报道。

14日 市公安局在市区红太阳广场举行"交巡警合一"启动仪式。

是月中旬 修订后的《中卫市职工生育保险实施办法》施行(以下简称"实施办法")。该《实施办法》确定了生育保险基金定额包干支付额度,统一了生育保险基金支付标准,三级综合医疗机构(A类)定额4000元,基金包干结算标准3300元;市二级综合医疗机构(B类)定额3000元,基金包干结算标准2600元;县二级综合医疗机构及专科医院(C类)定额2000元,基金包干结算标准1600元;一级以下医疗机构(C类)定额800元,基金包干结算标准800元;在市外医疗机构住院分娩的参保职工按照包干标准从生育保险基金中支付,实际住院分娩医疗费用低于包干费用的,按照实际费用全额支付。对生育津贴享受天数,办法规定,职工生育产假天数为158天,女职工怀孕满7个月(孕28周)发生引产、死胎、早产未成活等情况,只享受基础产假98天。参保男职工生育护理假调整为25天。

26日 2018中国宁夏(沙坡头)·第九届丝绸之路大漠黄河国际旅游节在沙坡头旅游新镇开幕。

26~27日 中卫市新闻传媒集团一人荣获"中国报业深度融合发展奖·十大领军人物"荣誉称号。

26~28日 由自治区林业厅和中卫市政府主办,中宁县委、县政府、宁夏枸杞产业发展中心和宁夏枸杞协会承办的2018枸杞产业博览会在中宁国际枸杞交易中心开幕。本届博览会先后举办了开幕式及产品展览展示、枸杞采摘节、枸杞产业发展高峰对话、观摩、新产品发布等主要活动。

27日 中卫市硒产业协会成立大会暨第一次会员大会召开,这标志着中卫市硒产业协会正式成立。

△ 美国农业部植物学家、国际硒研究学会主席盖瑞·巴纽洛斯来中卫考察。

28日 宁夏中卫富硒农产品推介发布暨硒产业发展研讨会在中卫红宝宾馆召开,中卫市被授予"中国塞上硒谷"称号。

7月

5日 新组建的国家税务总局中卫市税务局挂牌,标志着中卫市原国家税务局、中卫市地方税务局正式完成合并。

△ 由宁夏回族自治区党委宣传部、中共中卫市委、市政府,北京和乐悠悠影业有限公司、宁夏和合影业有限公司联合出品,中国首部防沙治沙题材电视剧《我拿什么奉献给你》在江苏城市频道首播。

6日 首届云天大会在中卫召开,500多名来自国内外云计算领域的专家、学者、企业家等到会参加。大会签订了国家电子政务云数据中心体系西部节点建设多方合作协议等9项合作协议;举行了国家信息中心"国信安全网络安全创新应用基地"、工业和信息化部信息中心"数据中心产业发展研究所"、中国电信天翼云宁夏节点和沃库工业网、亚信科技联合建立的"环境与智能制造工业互联网实验室"4项揭牌仪式。

9日 市委书记、市人大常委会主任何健带领中卫市党政考察团到宁东能源化工基地,对园区规划管理、项目引进建设、产业链配套延伸、环保治理、安全生产、生态绿化等进行学习考察。

是月上旬 中卫市首家蔬菜产加销联合体,中卫市天瑞蔬菜产加销联合体正式在沙坡头区成立。

△ 中卫市宁夏雨润农业节水灌溉制造有限公司、宁夏全通枸杞供应链管理股份有限公司被自治区科技厅认定为自治区首批科技小巨人企业。

△ 中卫市首次试种富硒黑小麦取得成功。

13日 全区河湖长制工作(川区片)观摩座谈会在中卫市召开。

16日 "丝绸之路经济带"沿线流沙固定及生态恢复高级研修班在中卫市开班,来自甘肃、内蒙古、北京、新疆、陕西等省份的防沙治沙相关领域科研、教育和技术单位的近百名人员参加。

是月中旬 中卫市旅游志愿者协会正式成立。

22日 国家文化和旅游部党组成员王晓峰一行到中卫市调研旅游市场专项整治工作

30日 在八一建军节前夕,市委书记、市人大常委会主任何健先后前往宁夏消防总队、武警宁夏总队、宁夏军分区,对部队官兵致以节日的问候和祝福。

是月下旬 宁夏虹桥有机食品有限公司荣获首批"自治区非公有制经济技术标杆企业"称号。

8月

1~2 应急管理部党组成员、总工程师王浩水带领督导组督导中卫市危险化学品安全生产和重点活动安保工作。

2日 "碧桂园杯"2018第十七届环青海湖国际公路自行车赛骑进中卫,展开第十一赛段的比赛。最终来自芬兰米捷亚车队的车手雅各布·蒂珀荣获中卫赛段冠军。

3日 中卫市农村房地一体不动产权证书首发仪式暨现场观摩会在沙坡头区镇罗镇李园村举行。村民黄天寿在仪式上拿到了农村房地一体不动产权的首张证书,标志着全市正式结束了农村土地、房产分散登记的历史,进入了农村房地一体统一登记的崭新阶段。

9日 "中国梦宁夏情"庆祝自治区成立60周年中国文联文艺志愿服务团在中卫慰问演出。活动现场,包括道德模范、劳动模范、优秀共产党员、环卫工人、公安民警等在内的8000余名观众观看了演出。

是月上旬 在银川市举办的喜迎宁夏回族自治区成立60周年宁夏文化艺术节暨第十六届中国西部民歌(花儿)歌会原生态"花儿"专场比赛会上,中卫市选手妥燕、李海军、田玉荣、马珺、王洪蕊演唱的花儿联唱曲目荣获银奖,妥燕获民歌传唱特别贡献奖。

15~16日　自治区政协副主席马力带领自治区政协民族和宗教委员会部分委员及相关领域专家来中卫,围绕中卫市"政府科技投入"工作情况进行专题调研。

28日　市公安局交通巡逻警察局与中国人民财产保险股份有限公司中卫分公司举行"警保联动服务群众"项目启动仪式。

29日　中国铁路兰州局集团有限公司总工程师门金勇一行来中卫,就中卫铁路综合货场及铁路专用线建设项目进行考察。

9月

5~7日　2018年"沙坡头杯"第四届全国大漠健身运动大赛在沙坡头旅游景区举行。

6日　为贯彻《中国共产党党组工作条例(试行)》,规范市直部门党组设立工作,市委决定撤销市工业和信息化局、教育局、住房和城乡建设局、交通运输局、水务局、文化体育新闻出版广电局、工商业联合会7个部门(单位)的党委,设立党组;明确市公安局党委、市农牧局党委、市林业生态建设局党委、市卫生和计划生育局党委、市市场监督管理局党委为党组性质的党委。

△　来自世界各国的23家海外华文媒体负责人,走进宁夏红枸杞产业集团和玺赞生态枸杞庄园,参观了解中宁县枸杞种植示范区建设和精深加工产业发展情况。

8日　由自治区旅游发展委员会和中卫市政府共同主办,市旅游发展委员会承办,以"白云亲吻蓝天 黄河拥抱沙漠"为主题的2018宁夏中卫沙坡头首届国际沙漠牵手节活动在沙坡头旅游景区举办。本次活动特邀20位境外旅行商、10家境外媒体、20家境内媒体记者进行活动现场采访报道。

10日　自治区经济和信息化委员会公布了2018年全区工业企业行业对标奖励名单,宁夏钢铁(集团)有限责任公司、中宁县锦宁铝镁新材料有限公司、宁夏隆基硅材料有限公司获自治区工业企业对标标杆奖。

14~16日　中国人保·2018年国际排联沙滩排球世界巡回赛中卫公开赛在市体育馆举行。中国队王靖哲、温淑惠荣获冠军。

17日　中卫市与中融华通(北京)投资基金管理有限公司举行了中卫市杜仲产业合作发展框架协议签约仪式。市政协主席罗成虎见证签约。

20~21日　首届"礼·遇中国"跨国文化交流活动到达第三站——中卫站,探寻人类治沙奇迹——麦草方格。

21日　宁夏回族自治区成立60周年大庆之际,中央军委委员、军委政治工作部主任、中央代表团副团长苗华率中央代表团五分团,带着以习近平同志为核心的党中央的亲切关怀和全国各族人民的美好祝福,在中卫看望慰问各族各界干部群众。

23日　中卫市设立主会场和分会场,举办多种活动庆祝首届"中国农民丰收节"。

10月

6日　由中卫市政府主办的首届宁夏中卫市国际排联沙滩排球世界巡回赛研讨会在北京举办。

是月上旬　宁夏公路管理局中卫分局中卫收费站荣获"最美中国路姐团队"称号。

△　市政府办公室印发《中卫市乡镇综合文化站"公建民营公助"实施方案》,在全市范围内推行乡镇综合文化站"公建民营公助"管理运行模式。

△　中卫市救助管理中心首次为收容的15名流浪乞讨人员办理集体户口。

9日　"沙漠水城·休闲中卫"2018环球旅游小姐世界总决赛入城仪式在市区文化广场举行,来自世界各地的40余名环球旅游小姐在中卫参加最终决赛。

△　全市新的社会阶层人士统战工作实践基地揭牌仪式在宁夏中关村科技产业园·云天产业园举行。

16日　由中宁县主办,重庆民生能源集团协办的中宁枸杞推介会在重庆市举行。

17日　中卫市在中卫工业园区中国联通数据中心项目现场举行"决战100天,经济气象新"项目集中开工活动。同时,在沙坡头区、中宁县、海原县和沙坡头新北区设立分会场。

20日　自治区党委决定:李晓波任中卫市委委员、常委、副书记,提名为中卫市市长候选人;万新恒不再担任中卫市委副书记、常委、委员、市长职务,另有任用。

是月中旬　宁夏誉成云创数据投资有限公司和北京奇虎科技有限公司的Free Cooling绿色节能型数据中心项目获中国计算机学会"科学技术奖科技进步优秀奖"。

23日 2018年全区乡村学校少年宫项目建设推进会在中卫市召开。

24~25日 中华环保世纪行——中卫行动组委会组织新消息报、中卫市新闻传媒集团等媒体组成的记者团,对全市环境保护工作采访报道并进行监督检查。

25日 "翰墨薪传 书香中卫"首届全市中小学师生书法现场书写大赛在中卫市第三中学举办,来自全市各县(区)的百余名中小学师生书法爱好者参加比赛。

27日 冯逸·蒋晔藏书阁挂牌暨"书香中卫·阅读经典"系列活动在市图书馆启动。启动仪式上,冯逸、蒋晔夫妇将珍藏多年的10000册书刊捐赠给市图书馆。

是月下旬 在第五届世界硒都(恩施)硒产品博览交易会上,宁夏乌玛农林科技有限公司的乌玛枸杞被评为特色硒产品。

11月

2日 由中卫市政府主办的云天中卫推介会在北京举行。国家有关部委、北京市经信委及国内云计算知名企业等共150余名嘉宾齐聚一堂,共商深化云计算产业合作大计。市委副书记、代市长李晓波,国家信息中心信息与网络安全部副主任禄凯参加推介会并致词。

5日 为期5天的第十六届中国国际农产品交易会暨第二十届中国中部(湖南)农业博览落下帷幕。中卫市两个农产品获参展农产品金奖,分别是宁夏南山阳光果业有限公司的"南山阳光"苹果和海原县鸿鑫马铃薯专业合作社的"南月牌"马铃薯。

7日 中国报业发展四十年深圳(宝安)峰会暨全国社长总编辑看深圳(宝安)新闻采访活动启动仪式传来消息,中卫市新闻传媒集团荣获"改革开放四十周年·报业经营管理先进单位"殊荣。

8日 中卫市易制毒化学品行业协会成立暨第一次会员大会在市公安局召开。

是月上旬 中卫市玺赞生态枸杞庄园被认定为自治区有机枸杞现代农业科技示范展示区。

12~13日 由广东省惠州市惠城区部分政协委员、企业家、慈善家组成的考察组来中卫市,对全市招商引资及慈善定向扶贫工作进行考察。市政协主席罗成虎参加座谈会。

是月中旬 中卫市首次组织27家企业申报国家级科技型中小企业,其中20家企业被认定为国家级科技型中小企业,并进入科技部科技型中小企业库。

△ 市中医医院口腔科成功完成了首例下颌尖牙异位埋伏阻生牙拔除术+乳牙滞留拔除术+GBR术+塑形牙槽窝自体牙种植术。

21日 中卫市与国网宁夏电力有限公司签订战略合作协议。市委书记、市人大常委会主任何健,市委副书记、代市长李晓波,国网宁夏电力有限公司党委书记、董事长马士林等出席签约仪式。

23日 自治区党委副书记、自治区主席咸辉到中卫市回访督办腾格里沙漠环境治理工作,并深入中卫工业园区调研污染地下水修复情况。

△ 宁夏紫光天化蛋氨酸有限责任公司申报的"利用粗氢氰酸气体制备5-(2-甲硫基乙基)-乙内酰脲的方法"获第二十届中国专利优秀奖,这也是该公司申报的专利连续三年获得中国专利优秀奖。

29日 由中卫市政府主办的中卫市军民融合产业研讨暨招商推介会在成都举行

△ 中国好人榜发布仪式暨全国道德模范与身边好人现场交流活动在中卫举办。中卫市中宁县大战场镇中心卫生院医务科医生孟凡举、中卫市沙坡头区镇罗镇凯歌村村民田艳玲分别获得敬业奉献和孝老爱亲"中国好人"荣誉称号。

30日 由市政府、中卫工业互联网实验室、北京向导科技有限公司沃库工业网等共同发起建设的工业互联网平台——宁夏中卫工业云(ningxiacloud.cn)正式上线运营。

12月

3日 中卫市退役军人事务局挂牌成立。

4日 中卫市神聚特色农业星创天地、宁夏兴拓现代农业星创天地、中卫市塞上江南星创天地和海原县农腾农副产品星创天地4家"星创天地"入选科技部第三批"星创天地"备案名单。

4~5日 宁夏回族自治区党委书记、人大常委会主任石泰峰到中卫市调研脱贫攻坚工作和园区转型发展情况。石书记强调要坚持精准扶贫精准脱贫基本方略,坚定信心、攻坚克难,扎扎实实推进脱贫攻坚,兴产业、增收入,确保贫困群众如期稳定脱贫。要坚决整治"散乱污"企业,推进工业园区转型发展、创新发展、绿色发展、高质量发展,确保中央环保督察反馈问题整改落实到位。

5日　市委书记、市人大常委会主任何健与来卫考察的青岛港国际股份有限公司总裁张江南一行就加强双方交通运输合作、优化中卫市交通运输结构等事宜进行交流座谈。

△　国家智能传感器创新中心副总裁、北方工业大学教授冯翔一行来中卫考察交流，市委副书记、代市长李晓波在市行政中心与冯翔一行就开展人才培养和交流、科技合作等事宜进行了交流洽谈。

12~13日　市委书记、市人大常委会主任何健带领全市党政代表团到福建省漳州市对接闽宁对口扶贫协作事宜。

12月17日　《自治区人民政府办公厅关于对国务院第五次大督查发现的典型经验做法给予表扬奖励的通报》（宁政办发〔2018〕131号），对中卫市变黄沙戈壁为创新发展新热土的典型做法进行了通报表扬，并通过一般转移支付渠道对其进行奖励，专项用于推动提升受通报表扬的典型工作。

△　中卫市健康医疗大数据产业暨"互联网+医疗健康"应用研讨会召开，40多家企业负责人围绕健康医疗大数据产业和"互联网+医疗"应用进行交流讨论。

△　由市科技局推荐申报的国家重点研发计划"水资源高效开发利用"重点专项2018年度定向项目"西北典型区生活节水与污水再生利用技术研发与示范"项目，获国家科技部立项支持。

24日　中国民族贸易促进会理事会主席团执行主席、国家一级演员张保和带领考察组来中卫考察。市委书记、市人大常委会主任何健在市行政中心与张保和一行进行了交流，市政协主席罗成虎一同考察并参加交流。

组织机构和领导人

（2018年1月1日—12月31日）

中国共产党中卫市委员会

书　记	何　健
副书记	万新恒（任至2018.10）
	李晓波（2018.10任职）
	马和清（回族）
常　委	刘明生
	陈加先
	赵国武
	袁诗鸣（回族,挂职,任至2018.03）
	王　伟（任至2018.09）
	徐海宁
	杨文生（回族）
	叶宪静（女）
	马旭东（回族,挂职,任至2018.03）
	孙文德（挂职）
	刘启峰（挂职,任至2018.08）
	朱利军
	苏海涛（挂职）
	位　亮（女,2018.04挂职）
	曾申平（2018.04挂职）
	叶　峰（2018.08挂职）
	崔　昆（2018.09任职）
秘书长	杨照明（回族）
副秘书长	姜守清
	汪贵新
	李伟善
	赵得坤

中卫市人民代表大会常务委员会

主任、党组书记	何　健
副主任、党组副书记	
	邹玉忠（正厅级）
副主任	李铁路（回族）
	蔡　波
	马桂岚（女,回族）
	刘林森
	李树茂
	郭　亮
	黄　华（女）
副主任候选人	万克军（2018.10提名）
秘书长	韩秉文
副秘书长	任自勇
	朱振凌
办公室主任	任自勇
副主任	杨金保

法制工作委员会

主　任	陆宝明
副主任	刘建亚

财政经济工作委员会

主　任	徐保山
副调员	张宏清

农业与环境资源保护工作委员会

主　任	雍　生（任至2018.03）
副主任	魏建雄

教育科学文化卫生民族宗教工作委员会

主　任	周宗杰
副主任	叶建成

人事代表联络与选举工作委员会
主　任　　　　　郭玉林
副主任　　　　　孙玉祥
内务司法工作委员会
主　任　　　　　贺国强(2018.03 退休)

中卫市人民政府

市　长、党组书记　万新恒(任至 2018.10)
代市长、党组书记　李晓波(2018.10 任职)
副市长、党组副书记 王　伟(任至 2018.09)
　　　　　　　　　崔　昆(2018.10 任职)
副市长　　　　　袁诗鸣(回族,挂职,任至 2018.04)
　　　　　　　　孙文德(挂职)
　　　　　　　　刘启峰(挂职,任至 2018.09)
　　　　　　　　苏海涛(挂职)
　　　　　　　　位　亮(女,2018.04 挂职)
　　　　　　　　曾申平(2018.04 挂职)
　　　　　　　　叶　峰(2018.09 挂职)
　　　　　　　　蔡　菊(女)
　　　　　　　　张隽华(回族)
　　　　　　　　王学军(任至 2018.04)
　　　　　　　　拜英奇(回族)
　　　　　　　　李　斌(2018.10 任职)
　　　　　　　　赵建新(2018.11 任职)
　　　　　　　　董立军(2018.11 任职)
市长助理　　　　张建国(2017.12 任职)
秘书长　　　　　郭爱迪(任至 2018.01)
　　　　　　　　戎尽寒(2018.01 任职)
副秘书长　　　　张廷聪(兼职)
　　　　　　　　李　斌
　　　　　　　　张　鹏
　　　　　　　　俞　斌
　　　　　　　　妥大君(回族)
　　　　　　　　巩中升
　　　　　　　　黄玉华
　　　　　　　　肖　博

中国人民政治协商会议中卫市委员会

主席、党组书记　　罗成虎(回族)
副主席、党组副书记 施润云
副主席　　　　　茹小侠(女)
　　　　　　　　穆凤梧(回族,不驻会)
　　　　　　　　秦发成
　　　　　　　　付成林
　　　　　　　　吕玉兰(女)
　　　　　　　　王　谦
　　　　　　　　张国顺
秘书长　　　　　巫　磊
副秘书长　　　　王朝升(任至 2018.07)
办公室主任　　　王朝升(任至 2018.07)
办公室副主任　　空　缺
提案委员会
主　任　　　　　范金祥
副主任　　　　　姚其平
经济委员会
主　任　　　　　俞正荣
副主任　　　　　王振远
教科文卫体委员会
主　任　　　　　李　诚
副主任　　　　　何太民
社会和法制委员会
主　任　　　　　陈永生(女)
副主任　　　　　空　缺
民族宗教和港澳台侨委员会
主　任　　　　　张国顺(2018.08 任职)
副主任　　　　　刘淑梅(女)
　　　　　　　　李长海(回族)
学习和文史委员会
主　任　　　　　茹小侠(女,2018.08 任职)
副主任　　　　　潘志华
　　　　　　　　麦振江

中国共产党中卫市纪律检查委员会

书　记　　　　　刘明生
副书记　　　　　盛建宁
　　　　　　　　金　忱
　　　　　　　　张春枫
常　委　　　　　陈玉茂
　　　　　　　　严　静(女)
　　　　　　　　马星河(回族)
　　　　　　　　张晓华
　　　　　　　　周自军

派驻纪检组组长

第一派驻纪检组	
第二派驻纪检组	禹淑贤(女)
第三派驻纪检组	王宁博
第四派驻纪检组	陈健壮
第五派驻纪检组	张　文
第六派驻纪检组	贾廷虎
第七派驻纪检组	万维超
第八派驻纪检组	黄宗浩
第九派驻纪检组	肖爱玲(女)
第十派驻纪检组	
第十一派驻纪检组	张　力
第十二派驻纪检组	赵爱民(任至2018.02)

中卫市监察委员会

主　任　　　　　刘明生(2018.01任职)
副主任　　　　　盛建宁(2018.01任职)
　　　　　　　　金　忱(2018.01任职)
　　　　　　　　张春枫(2018.01任职)
委　员　　　　　陈玉茂(2018.01任职)
　　　　　　　　严　静(女,2018.01任职)
　　　　　　　　张晓华(2018.01任职)
　　　　　　　　周自军(2018.01任职)
　　　　　　　　詹伟斌(2018.01任职)

中卫市法检两院

市中级人民法院
院长、党组书记　　尹效恩
副院长、党组副书记　高立柱
副院长　　　　　曾宪斌
　　　　　　　　郝正智
纪检组长　　　　肖爱玲(女)
政治处主任　　　李万刚(回族)
审委会专职委员　彭吉文
　　　　　　　　李　斌

市人民检察院
检察长、党组书记　许金军
副检察长、党组副书记　张克勤
副检察长　　　　史天忠
　　　　　　　　马　丽(女,回族)
纪检组长　　　　詹伟斌(任至2018.12)
政治处主任　　　赵雪兰(女)
检委会专职委员　杨　莉(女)
　　　　　　　　张月玲(女)

中卫市委工作部门

市委办公室
主　任　　　　　杨照明(回族)
副主任　　　　　陈智勇
　　　　　　　　雍跃斌
市委督查室主任　汪贵新
市委督查室副主任　张春山
　　　　　　　　拓晓明

市委组织部
部　长　　　　　朱利军
副部长　　　　　冯忠铁
　　　　　　　　何太成
　　　　　　　　张淑芬(女)
部务委员　　　　刘晓燕(女)
　　　　　　　　李耀邦(回族)

市非公有制经济组织和社会组织党工委
书　记　　　　　何太成
专职副书记　　　李雪峰

市委宣传部
部　长　　　　　叶宪静(女)
副部长　　　　　袁海清
　　　　　　　　王越宏
　　　　　　　　张广军
市国防教育办公室副主任
　　　　　　　　于建涛

市委统战部
部　长　　　　　杨文生(回族)
副部长　　　　　马文君
　　　　　　　　杨智龙(回族,兼)
　　　　　　　　金　芳(女,回族)
　　　　　　　　王永生(兼)

市委政法委
书　记　　　　　陈加先
副书记　　　　　冯玉森
　　　　　　　　曹晓源(任至2018.02)
　　　　　　　　李满洲(2018.02任职)
综治办主任　　　董志荣
"610"办主任　　　胡学智

市委政策研究室

主　任	陈自强
副主任	张晓辉

市机构编制委员会办公室

主　任	魏建广
副主任	焦海珍
	孙学全

市直机关工委

书　记	芮国庆
副书记	张海燕（女,任至2018.07）

市委巡察工作领导小组办公室、巡察组

主　任	陈玉茂（2018.02任职）
副主任	陈学森（2018.08任职）
副处级巡察专员	赵爱民（2018.02任职）
	李华锋（2018.02任职）
	杨卫华（2018.02任职）

市委老干部局

局　长	张汉强（回族）
副局长	赵艳芳（女）

中卫市委及部门直属事业单位

市委党校

校　长	马和清（回族）
常务副校长	范学灵
副校长	高明文
	陈国强

市新闻传媒集团

党委书记、主任	段鹏举
党委副书记、总编辑	宋兆璠
纪检组组长	赵爱民（任至2018.02）
副主任兼副总编辑	王勇
	拓兆农
	廉刚

市网络安全与信息化办公室

主　任	李金星
副主任	胡立华

市档案局

局　长	杨成忠（回族）
副局长	魏海玲（女）

市党史研究室

主　任	冯中海

中卫市政府工作部门

市政府办公室（挂市政府法制办公室、市信访督办局、市外事侨务办公室牌子）

主　任	郭爱迪（任至2018.01）
	戎尽寒（2018.01任职）
副主任	黄飞虎
市法制办公室主任	李斌（兼）
市信访督办局局长	张鹏
市外事侨务办公室副主任	陆向上

市发展和改革委员会

主　任	董立军
副主任	王泽生（任至2018.03）
	秦发龙
	张志刚
	陈炜强
市经济动员办公室副主任	薛梅（女）

市工业和信息化局

局　长	张建兵
副局长	马建才
	莫岩峰
	宋大千
调研员	俞军平

市教育局

局　长	王自强
副局长	赵炳东
	潘霞（女）
	李文才（回族）
	王玉泉
教育督导室主任	王建国

市教育工委

书　记	王自强（2018.09任职）
副书记	赵炳东（2018.09任职）
委　员	王建国（2018.09任职）
	万维超（2018.09任职）
	潘霞（女,2018.09任职）
	李文才（回族,2018.09任职）
	王玉泉（2018.09任职）

市科学技术局（挂市知识产权局牌子）

局　长	冯旭（回族）

副局长	魏志军	**市人力资源和社会保障局**	
	倪祝新	局　长	孙尚金
市民族宗教事务局		副局长	李俊义（回族）
局　长	杨智龙		李崇新
副局长	张　斌		耿永杰
市公安局		**市国土资源局**	
党委书记、局长	陈加先	局　长	张学文
督察长	陈加先	副局长	高怀麒
政　委	戎尽寒（任至2018.01）		李学武
副局长	胡学智		周金明（回族）
	龚学义	**市环境保护局**	
	田玉宝（回族）	党组书记	赵凤山
纪检组长	张　力	局　长	严玉华（任至2018.06）
政治部主任	徐生旌		赵凤山（2018.07任职）
指挥部主任	潘玉平	副局长	沈　军
刑事侦查局局长	张赞军		王中华
刑事侦查局政委	李学勤	**市住房和城乡建设局（挂市人民防空办公室牌子）**	
交通警察局局长	田小平（回族）	局　长	杨　和（回族）
交通警察局政委	马天华（任至2018.02）	市人防办专职副主任	李　军（回族）
特警支队支队长	王靖强	副局长	冯进强
特警支队政委	赵志栋	市人民防空办公室副主任	
沙坡头区公安分局			李明善
局　长	肖军军	**市规划管理局（挂市地震局牌子）**	
市民政局		局　长	唐兴武
局　长	杨宏伟	地震局专职副局长	高春花（女）
副局长	李新忠（任至2018.11）	副局长	高全军
	张希俭	市地震局副局长	高建国
	林致华	**市交通运输局**	
双拥办副主任	张希俭	局　长	冯建军
老龄办专职副主任	常力群	副局长	郭永超
市司法局			张照辉（兼）
局　长	潘　莉（2018.02任职）		薛军勇
副局长	刘树飞	市交战办副主任	罗清明
	张金兰（女）	**市水务局**	
市财政局（挂市政府国有资产监督管理委员会、市金融工作局牌子）		局　长	李学明
		副局长	常　军
局　长	杨树春（回族）		田建文
副局长	张海涛	**市农牧局**	
	詹树楷	党委书记、局长	景兆珍
	王　铁	副局长	马立明
市政府国有资产监督管理委员会专职副主任			谭政华
	李红瑛（女）		吴春玲（女）

市商务和经济合作技术局
局　　长　　　　陈贵贞（女）
副局长　　　　　邵立新
　　　　　　　　徐有志
　　　　　　　　张卫洲
市旅游发展委员会
主　　任　　　　范家宏
副主任　　　　　张　越（女）
　　　　　　　　丁全保
市文化体育新闻出版广电局
局　　长　　　　田应福（回族）
副局长　　　　　谭河清
　　　　　　　　王世东
　　　　　　　　常伟海
市卫生和计划生育局
党委书记、局长　田凤才
副局长　　　　　孙素香（女）
　　　　　　　　尹鹏睿（女）
　　　　　　　　丁学东（2018.09 退休）
医改办专职副主任　杜永山
市审计局
局　　长　　　　魏列忠
副局长　　　　　鲍成文（任至 2018.03）
　　　　　　　　张　军
　　　　　　　　吴金柱
市安全生产监督管理局
局　　长　　　　张　龙
副局长　　　　　鲁擎飞
　　　　　　　　雍正嘉
市统计局
党组书记　　　　孙尚云
局　　长　　　　陈桂凤（女）
副局长　　　　　张秀兰（女）
　　　　　　　　邹业忠
市林业生态建设局
局　　长　　　　刘宏阳
副局长　　　　　李宏然
　　　　　　　　刘德祥
市市场监督管理局（挂市工商行政管理局、质量技术监督局、食品药品监督管理局、食品安全委员会办公室牌子）
党委副书记、局长　严玉忠
党委书记　　　　马良俊（回族）

副局长　　　　　马宏全
　　　　　　　　刘建斌
　　　　　　　　谭政平
　　　　　　　　张学斌
市扶贫开发办公室
主　　任　　　　张冠华
副主任　　　　　杨正权（回族）
　　　　　　　　马其龙
市城市管理综合执法监督局
局　　长　　　　赵吉文
副局长　　　　　万振林
　　　　　　　　王再龙
市退役军人事务局（2018.11 新组建）
局　　长　　　　孙志刚
副局长　　　　　李新忠

中卫市政府及其部门直属事业单位

市住房公积金管理中心
主　　任　　　　龙海生（任至 2018.07）
副主任　　　　　陶建平
　　　　　　　　黄炳文
市接待办公室（机关事务管理局）
主　任（局长）　吕永军
副主任（副局长）　黑付仓（回族）
市公共资源交易中心
主　　任　　　　张江涛
副主任　　　　　李再能
　　　　　　　　赵炳学
市政务服务中心
主　　任　　　　李　斌
副主任　　　　　李长荣
市云计算和大数据发展服务局
局　　长　　　　雍平华
副局长　　　　　周　涛（回族）
海原甘盐池种羊场
场　　长　　　　任进文
副场长　　　　　空　缺
市第三产业服务中心
主　　任　　　　槽会杰（回族）
市职业技术学校
党委书记、校长　韩建业
副校长　　　　　闫新宁

党委副书记	牛生文		

中卫中学
校　　长　　　　　陈少峰
副校长　　　　　　吴庭文
　　　　　　　　　施彦恒
　　　　　　　　　沈红菊(女)

中卫一中
校　　长　　　　　吴高峰

市就业创业和人才服务局
局　　长　　　　　万伟中

市社会保险事业管理局
局　　长　　　　　王占仁(2017.12 任职)
副局长　　　　　　黄建平
　　　　　　　　　梁鑫裕

市文化市场综合执法队
队　　长　　　　　马晓东(女,回族)

市供销合作社联合社
主　　任　　　　　魏旭东
副主任　　　　　　黄学功

市卫生监督所
所　　长　　　　　徐国文

市人民医院
院　　长　　　　　雍春华

市中医医院
院　　长　　　　　沈海滨

中卫市属国有企业

市建设投资有限责任公司
副总经理　　　　　罗清华

市国有资本运营有限公司
副总经理　　　　　罗清华

市应理城乡市政产业(集团)有限公司
党委书记、董事长　葛建国
总经理　　　　　　蒋建明
副总经理　　　　　赵炳安
　　　　　　　　　姬作收
工会主席　　　　　张景峰
财务总监　　　　　马丽萍(女)

宁夏沙坡头旅游产业集团有限责任公司
党委书记、董事长　王福中
总经理　　　　　　张俊华
副总经理　　　　　王立军(2018.02 任职)

市交通物流投资发展有限责任公司
副总经理　　　　　马建平

宁夏中关村产业园科技投资有限公司
总经理　　　　　　施永贵

中卫市群团组织

市总工会
主　　席　　　　　张　武(任至 2018.03)
　　　　　　　　　秦发成(2018.03 任职)
常务副主席　　　　刘向阳(任至 2018.07)
　　　　　　　　　王朝升(2018.07 任职)
副主席　　　　　　田建华(任至 2018.07)
　　　　　　　　　任　勤(女,2018.07 任职)
经费审查委员会主任
　　　　　　　　　祝海荣

共青团中卫市委员会
书　　记　　　　　白　杨(女)
副书记　　　　　　于　宙
　　　　　　　　　靳　军

市妇女联合会
主　　席　　　　　潘　莉(女,任至 2018.02)
　　　　　　　　　马桂岚(女,回族,2018.09 任职)
副主席　　　　　　王燕玲(女)
　　　　　　　　　吴金玲(女)

市科学技术协会
主　　席　　　　　孙志刚(任至 2018.11)
副主席　　　　　　王建平

市文学艺术界联合会
主　　席　　　　　谈　柱
副主席　　　　　　李玉华(女,回族)

市伊斯兰教协会
会　　长　　　　　穆风梧(回族)
副会长　　　　　　马宏伟(回族)
　　　　　　　　　马学忠(回族)

市残疾人联合会
理事长　　　　　　马　斌(女,回族)
副理事长　　　　　朱万龙

市工商业联合会
党组书记　　　　　王永生
主　　席　　　　　周　红(女,回族)
副主席　　　　　　王永生
　　　　　　　　　韩智勇

市非公有制经济服务中心主任
　　　　　　　　王子湄（女）
市红十字会秘书长　崔文萍（女）

沙坡头区四套班子及法检两院

沙坡头区委
书　记　　　　童　刚
副书记　　　　郭爱迪
　　　　　　　田海福（回族）
常　委　　　　唐永铎（任至 2018.03）
　　　　　　　肖军军
　　　　　　　邹建萍（女）
　　　　　　　张志军
　　　　　　　李伏荣
　　　　　　　姜鹏飞
　　　　　　　周　涛（2017.01 挂职）
　　　　　　　张振宇
　　　　　　　徐　刚
　　　　　　　蒋文胜（挂职至 2018.07）
　　　　　　　唐加胜（2018.03 任职）
纪委书记　　　张振宇

沙坡头区人大常委会
主　任　　　　焦清春
副主任　　　　田仲锋（回族）
　　　　　　　彭浩平
　　　　　　　张永华（女）
　　　　　　　韩进军

沙坡头区政府
区　长　　　　郭爱迪（2018.01 当选）
副区长　　　　李伏荣
　　　　　　　周　涛（2017.01 挂职）
　　　　　　　蒋文胜（挂职至 2018.07）
　　　　　　　穆怀中（回族）
　　　　　　　高秀英（女）
　　　　　　　胡文礼
　　　　　　　孙家骥
　　　　　　　罗清平（2018.11 挂职）

沙坡头区政协
主　席　　　　刘希宁
副主席　　　　梁清江
　　　　　　　江红霞（女）
　　　　　　　张巨才

沙坡头区人民法院
院　长　　　　金　勇（回族）

沙坡头区人民检察院
检察长　　　　强吉鸿（回族）

中宁县四套班子及法检两院

中宁县委
书　记　　　　赵建新（任至 2018.11）
　　　　　　　陈　宏（2018.11 任职）
副书记　　　　陈　宏（任至 2018.11）
　　　　　　　韩志荣
常　委　　　　李满洲（任至 2018.02）
　　　　　　　夏运城（任至 2018.03）
　　　　　　　孙艳琳（女）
　　　　　　　李正甫（回族）
　　　　　　　王金栋
　　　　　　　邱　斌
　　　　　　　赵文胜
　　　　　　　赵峻峰（挂职）
　　　　　　　彭积春（挂职至 2018.07）
　　　　　　　钱建平
　　　　　　　马天华（2018.02 任职）
　　　　　　　李席斌（2018.03 任职）
　　　　　　　魏宝军（2018.04 挂职）
纪委书记　　　冯　旭（回族,任至 2017.04）
　　　　　　　赵文胜（2017.04 任职）

中宁县人大常委会
主　任　　　　马彦军（回族）
副主任　　　　王月琴（女）
　　　　　　　张立信（2018.09 退休）
　　　　　　　张海涛
　　　　　　　李书东

中宁县政府
县　长　　　　陈　宏
副县长　　　　王金栋
　　　　　　　赵峻峰（挂职）
　　　　　　　彭积春（挂职至 2018.07）
　　　　　　　魏宝军（2018.04 挂职）
　　　　　　　陈正刚
　　　　　　　任　勤（女,任至 2018.07）
　　　　　　　强　斌（回族）
　　　　　　　范永伟

中宁县政协
主　席	叶进宝
副主席	张玉芬(女)
	王文华

中宁县人民法院
院　长	高永生

中宁县人民检察院
检察长	孙凤玲

中宁县工业(物流)园区管委会
主　任	刘辛彧
副主任	董兴华
	杨宝银

海原县四套班子及法检两院

海原县委
书　记	徐海宁
副书记	许正清(回族)
	汪万文
	隋　峰(俄罗斯族,挂职至2018.12)
	濮　实(挂职)
常　委	王　波
	赵建云
	陈学森(任至2018.08)
	丁志爱
	韩玉江(回族,挂职至2018.12)
	杨艺明(挂职)
	刘淑芳(女)
	白　旭(回族)
	田玉宝(回族)
	郭玉峰(挂职)
	童　颢
	吴秉凯(2018.04挂职)
	李彤宇(2018.08挂职)
纪委书记	陈学森(任至2018.08)
	李彤宇(2018.08任职)

海原县人大常委会
主　任	罗成玉(回族)
副主任	但　升
	田凤梅(女,回族)
	段成宝
	杨正福(回族)

海原县政府
县　长	许正清(回族)
副县长	韩玉江(回族,挂职至2018.12)
	杨艺明(挂职)
	童　颢
	吴秉凯(2018.04挂职)
	丁　芳(女,回族)
	金钟河(回族)
	罗永珍(回族)
	邢连平
	王爱强(2018.03任职)

海原县政协
主　席	郭吉武
副主席	杨常林(回族)
	米力芳(女)
	柳　璞

海原县人民法院
院　长	王意宏

海原县人民检察院
检察长	李彤宇(任至2018.08)
代检察长	俞　敏(女,2018.08任职)

市委、市政府管理、派出机构

中卫工业园区党工委、管委会
党工委书记	张隽华(回族,任至2018.09)
	叶　峰(2019.09挂职)
主　任	张隽华(回族,任至2018.09)
常务副主任	马如兴
副主任	韩国平
	蔡国龙
	马　震(回族)

海兴开发区党工委、管委会
党工委书记	徐海宁
党工委副书记、管委会主任	张振红
管委会副主任	雍　军
	周保昱
	李存斌(回族)

中央、自治区驻卫单位

国家税务总局中卫市税务局
党委书记、局长	张　熙(2018.06任职)

党委副书记、副局长	王德全(2018.06 任职)	中国人民银行中卫市中心支行	
调研员	李勇华(2018.06 任职)	党委书记、行长	杨爱云(女)
党委委员、副局长	黄宗平(2018.06 任职)	党委委员、副行长	王　斌
党委委员、副局长	韦永山(2018.06 任职)	党委委员、副行长	孙万林
党委委员、副局长	郑国强(2018.06 任职)	党委委员、副行长	李成林
党委委员、副局长	马耀武(回族,2018.06 任职)	党委委员、纪委书记	赵　力(2018.05 任职)
党委委员、副局长	徐发强(2018.06 任职)	中国银行业监督管理委员会中卫监管分局	
党委委员、纪检组长	孙风来(2018.06 任职)	局　长	温海龙
党委委员、副局长	刘　冰(2018.06 任职)	纪委书记	温军民
党委委员、副局长	袁　涛(2018.06 任职)	副局长	张学义
党委委员、总会计师	郑建华(2018.06 任职)		刘雪花(女)
党委委员、总经济师	徐少华(2018.06 任职)	中国农业发展银行中卫市支行	
党委委员、总经济师	鲁雅仙(女,2018.06 任职)	党支部书记、行长	李柏桦
稽查局局长(副处级)	李　杰(回族,2018.06 任职)	副行长	牛金祥
国网宁夏电力有限公司中卫供电公司			丁和平
总经理、党委副书记	杨　畅	中国工商银行股份有限公司中卫支行	
党委书记、副总经理	张海滨	行　长	于光宇(2018.09 任职)
副总经理、党委委员	王　庆	副行长	董　罗
副总经理、党委委员	梁　俊		叶名勇
党委委员、纪委书记、工会主席			周锦瑜(2018.09 任职)
	丁良金	纪检员	金卫东(回族,2018.09 任职)
副总经理、党委委员	王　涛	中国农业银行股份有限公司中卫分行	
总会计师	孙世文	行　长	高凤军
中卫市气象局		副行长	白向华
党组书记、局长	孙振夏		詹登科
党组成员、党组纪检组组长		纪委书记	孟清海
	郝学琴(女)	中国银行中卫支行	
党组成员、副局长	李国兴	行　长	陈建国
党组成员、副局长	李福生	副行长	李树红(女)
副调研员	张燕林(女)		安维东
国家统计局中卫调查队		建设银行中卫分行	
党组书记、队长	魏　荣(2018.10 任职)	党委书记、行长	王志刚
党组成员、纪检组长	胡国愈	副行长	史　军
党组成员、副队长	王有杰		桓凤玉(女)
党组成员、副队长	张永录		蔺远路
中卫市邮政管理局		纪委书记	朱东升
局　长	张照辉	中国邮政储蓄银行股份有限公司中卫市分行	
副局长	李凤明	党委书记	朱　晨(2018.05 任职)
中卫市粮食局		副行长	江爱梅(女)
局　长	徐光辉		魏啸吟(2018.08 任职)
副局长	常　军	宁夏银行股份有限公司中卫分行	
	彭大成	行　长	王　剑
副调研员	刘建国	纪委书记	周鸣华

副行长	曹晓军
	魏晋悌
	陈　瀚
行长助理	李永刚

宁夏中卫农村商业银行股份有限公司

董事长	张存瑞
行　长	顾义军（回族）
监事长	万福军
副行长	张　军
	李学勇
	徐玉印

中卫香山村镇银行

董事长	李陶全
行　长	李宗洋
副行长	李文军
	肖　琳
	杜振江
纪检书记	吴永宁

石嘴山银行股份有限公司中卫分行

行　长	张　超（2018.10任职）
副行长	詹　洋（女，2018.08任职）

中国电信股份有限公司中卫分公司

党委书记、总经理	郭　威
副总经理	刘秀兰（女）
	王永华
	王自涛

中国移动通信集团宁夏有限公司中卫分公司

党委书记、总经理	张　鹏
党委委员、纪委书记、副总经理、工会主席	郭文社（2018.8）
党委委员、副总经理	王　飞
党委委员、副总经理	殷　刚

中国联合网络通信有限公司中卫市分公司

总经理	姚　华
副总经理	刘卫宁
	王再春
	孙永辉

中国铁塔股份有限公司中卫市分公司

总经理	赵　琰
副总经理	陈永强
	金彩荣（女，回族）

中国人民财产保险股份有限公司中卫分公司

总经理	宋铁华
总经理助理	李光普（2018.04任职）

中国人寿保险股份有限公司中卫分公司

总经理	沈　驰
总经理助理、营业部经理	谢同强
营销部经理	赵　华
收展部经理助理	汪文平
营业部副经理	刘　杰

中盐宁夏盐业有限公司中卫分公司

经　理	李晓东
书　记	赵　强
副经理	王　拓

中油宁夏中卫销售公司

党委书记、经理	蔡金灵（回族，2018.02任职）
副经理	陈宁春
	张建军（2018.01任职）
副经理、工会主席	周　德
财务总监	李红玉（女）

中卫市烟草专卖局
宁夏回族自治区烟草公司中卫市公司

党组书记、局长、经理	杨万龙
党组成员、副经理	马福明（回族）
党组成员、纪检组长	陈殿华（2018.11任职）
党组成员、副局长	马国智（回族）
副调研员	王曙光（2018.02任职）

宁夏回族自治区中卫沙坡头国家级自然保护区管理局

局　长	刘俊江
副局长	刘荣国

中国科学院寒区旱区环境与工程研究所沙坡头沙漠研究试验站

站　长	李新荣
副站长	张志山
	樊恒文

宁夏沙坡头水利枢纽有限责任公司

党委书记、工会主席	徐光儒
党委委员、副总经理	王全斌（2018.04任职）
党委委员、副总经理	田智德
党委委员、总会计师	牛雅玲（女）
党委委员、纪委书记	罗琼鸽（女，2018.04任职）

宁夏广播电视网络有限公司中卫分公司

总经理	王自鹏
副总经理	陶占海
	曹　明

宁夏公路管理局中卫分局
局　　长	陈　亮
副局长	李文涛
局长助理	金　君（回族）
纪委书记	刘永海

中卫军分区
司令员	赵国武
政　委	胡静波（2018.08 任职）
副司令	张恋潮
战备建设处处长	李　凡
动员处处长	宋传江（2018.02 任职）
政治工作处主任	黄振龙（2018.10 任职）
保障处处长	周存军（2018.02 任职）

中国人民武装警察部队宁夏回族自治区总队中卫支队
支队长	张　力
政治委员	马　旭
副支队长	袁建锋
	刘红军
副政治委员	张　伟
参　谋　长	谭　东
政治工作处主任	彭宪辉
后勤保障处处长	李　强

中卫市消防支队
党委书记、政治委员	白晓亮
党委副书记、支队长	武秀宏
党委常委、副支队长	李文奇
	王维民
党委常委、司令部参谋长	张继东
党委常委、政治处主任	高　刚
党委常委、后勤处处长	雍彦峰
党委常委、防火监督处处长	王永泰

中卫综览

综 述

【概况】 中卫市地处宁夏回族自治区中西部、黄河前套之首，"东阻大河、西接沙山"，是宁夏、内蒙古、甘肃3省区的交界点，也是黄河自流灌溉第一地。中卫市辖沙坡头区、中宁县、海原县和海兴开发区，共40个乡镇，443个行政村，33个居民委员会，总面积17391.3平方公里，全市人口密度为66人/平方公里，境内分布汉族、回族、满族、蒙古族、东乡族等21个民族。2018年全市生产总值402.99亿元，比2017年增长6.0%。其中，第一产业增加值57.72亿元，增长4.2%；第二产业增加值175.37亿元，增长5.8%；第三产业增加值169.90亿元，增长6.9%。三次产业结构由2017年的14.1:44.7:41.2调整为14.3:43.5:42.2。按常住人口计算，全市人均生产总值34653元，比2017年增长5.3%。

（李福祥）

【人口发展与变化】 年末，全市户籍总户数39.59万户，户籍总人口121.91万人，户籍人口城镇化率为30.45%。年末全市常住人口116.84万人，比2017年年末增加1.08万人，其中城镇人口51.89万人，占常住人口比重（常住人口城镇化率）为44.41%，比2017年提高1.27个百分点；回族人口41.03万人，占常住人口比重35.12%。全年出生人口1.83万人，出生率为15.71‰，死亡人口0.66万人，死亡率为5.68‰，自然增长率为10.03‰。

（李福祥）

【工业转型升级】 扎实推进中卫、中宁工业园区整合发展，推进新材料、新能源、冶金化工等重点产业集群化、规模化发展，江苏瑞盛锂电池正极材料一期等一批重点项目建成投产，宁夏瑞泰系列化工等项目加快推进，天津日久光敏新材料、宁夏润华熔盐等一批招商引资项目签约落地。全面落实自治区"降成本30条"，为企业减税14.3亿元，全市47家企业参与电力直接交易，22家企业享受差别化电价补贴，累计节约成本8598万元。扎实开展工业园区环境综合整治，盘活批而未建、长期未建等违规违法用地1400余亩。按照"一企一特色、一厂一景观"的思路，实施工业园区生态景观提升工程，打造"生态园区、绿色工厂"，园区生态环境极大改善，瑞泰科技等企业成为"绿色工厂"建设的标杆。全年全市全部工业增加值123.70亿元，比2017年增长3.8%，对经济增长的贡献率为18.6%。其中，规模以上工业增加值增长3.8%。

（李福祥）

【特色农业提质增效】 紧盯粮食+枸杞、硒砂瓜、草畜、马铃薯、果蔬"1+5"优势特色产业，重点在创品牌、定标准、举龙头上下工夫，特色优势产业产值占农业总产值的比重达78.8%。按照"一中心三基地"的思路，大力发展富硒功能农业，完成全市土壤含硒量普查，成立硒产业发展股份公司，建成富硒示范种植基地8万亩，制定富硒硒砂瓜、枸杞、苹果标准化生产技术规程。香山硒砂瓜荣获宁夏十大农产品区域公用品牌。中宁枸杞荣获全国首个"农产品气候品质类国家气候标志"，品牌价值172.8亿元，居全国十大农业区域品牌价值第四位。乌玛枸杞在第五届世界硒都（恩施）硒产品博览交易会上获评特色硒产品。农民专业合作社、家庭农场等新型经营主体不断壮大，新增农民专业合作社64家、家庭农场103家，自治区级以上农业产业化龙头企业达56家，万齐跻身"农业产业化国家重点龙头企业"，沙坡头区（南山台）被列入2018年全国农村一、二、三产业融合发展先导区创建名单。成功举办富硒农产品推介发布暨富硒产业发展研讨会，中卫被授予"中国塞上硒谷"称号。全年全市实现农林牧渔业增加值60.35亿元，按可比价计算，比2017年增长4.2%，完成农林牧渔业总产值115.05亿

元,比2017年增长4.4%。　　　　　(李福祥)

【旅游产业】　　全域旅游示范市创建步伐加快,沙漠星空大道、中卫游客咨询服务中心、沙坡头南岸半岛民宿集群建成投运,沙坡头沙漠区基础设施等项目加快推进,完成旅游投资5.5亿元。成功举办2018年环球旅游小姐世界总决赛、第九届大漠黄河国际旅游节等重大赛事活动,国内首台大型魔幻情境体验剧《沙坡头盛典》常态化公演。先后在北京、四川等重点客源地开展旅游宣传推介活动,中卫旅游影响力进一步增强。全面净化旅游市场,扎实开展打击黑车、黑导专项行动,有力维护游客合法权益和中卫旅游整体形象。全年接待游客数增长11.4%,旅游收入增长15.7%。
　　　　　　　　　　　　　　　(李福祥)

【云计算产业】　　亚马逊云计算中卫合作一期项目上线运营,西部云基地服务器规模达10.3万台,美利云、中国移动数据中心一期建成投用,中国联通、炫我科技、天云网络等数据中心项目开工建设。成功举办首届云天大会,成立云计算产业联盟,发布云计算产业的中卫标准和中卫公式,中卫被评为"最适合投资数据中心的城市和地区"。"变黄沙戈壁为创新发展新热土"做法被国务院通报表扬。加快国家军民融合创新示范区创建步伐,中国西部飞艇产业基地、商业卫星天线组阵等项目顺利建设,"火冰"新型环保消防灭火器两条生产线建成投产,"宁夏一号"(钟子号)卫星项目第一颗低轨载荷卫星研制完成。云计算和军民融合产业完成投资21.3亿元,增长75.7%。
　　　　　　　　　　　　　　　(李福祥)

【交通物流业】　　海同高速建成通车,中卫南站黄河大桥、中卫至兰州客运专线等一批项目开工建设,吴忠至中卫城际铁路通车测试,沙坡头机场年旅客吞吐量突破24万人次,迎水桥保税物流中心、中卫工业园区公铁物流园区、李旺物流园等项目积极推进,开通中欧、中俄国际货运班列20列。年末,全市公路通车里程达到8231公里,比2017年末增加204公里,其中高速公路通车里程达到469公里。年末全市民用汽车保有量13.23万辆,比2017年末增长6.9%,其中私人汽车保有量11.22万辆,增长7.7%。全市民用轿车保有量5.10万辆,增长6.5%,其中,私人轿车4.88万辆,增长7.1%。　　　(李福祥)

【财政金融】　　全市地方财政收入30.33亿元,比2017年下降9.0%。其中,一般公共预算收入22.62亿元,下降5.8%。全年财政支出178.21亿元,比2017年增长5.6%,其中,一般公共预算支出162.55亿元,增长3.7%。年末全市金融机构人民币各项存款余额532.41亿元,比2017年年末增长5.0%。其中,住户存款余额298.81亿元,增长15.0%。人民币各项贷款余额455.51亿元,比2017年年末增长0.05%,其中,住户贷款227.30亿元,增长4.3%;非金融企业及机关团体贷款228.21亿元,下降3.9%。全年全市实现保费收入17.30亿元,比2017年增长12.8%。其中,寿险业务10.38亿元,财产险业务6.92亿元。支付各类赔款及给付5.93亿元,比2017年增长16.4%。　(李福祥)

【科学技术和教育】　　坚持优先发展教育,新改建幼儿园15所,改造义务教育薄弱学校17.8万平方米,建立覆盖各个办学层次的贫困学生资助体系,为1.5万名大学生发放助学贷款9796万元。全市共有各级各类学校441所,教职工14148人,其中专任教师13244人。小学学龄人口入学率100%,初中阶段毛入学率为118.6%,小学六年巩固率为100.66%,初中三年巩固率为99.08%。全年共争取上级科技项目245个,到位资金5591万元。年内新增国家级知识产权示范优势企业两家,全年全市专利申请量1324件,比2017年增加921件;获得授权专利656件,增加489件。截至2018年年底,全市共有国家高新技术企业7家,自治区科技小巨人企业7家,自治区科技型中小企业67家,自治区众创空间4家,有效专利271件,每万人有效发明专利拥有量2.34件。　(李福祥)

【文化体育和卫生健康】　　着力繁荣城乡文化生活,举办广场文艺、惠民下乡演出1000余场次,成功举办第四届全国大漠健身运动大赛、2018国际沙滩排球中卫公开赛等赛事,完成自治区成立60周年群众文艺演出任务。年末,全市拥有专业艺术表演团体3个、业余文艺团体118个、文化馆3个、公共图书馆3个、博物馆8个、文物管理所3个,全市已建成大型公共文化服务场所10个、村级文化室454个、社区文化室35个、农家书屋455个。全年举行各类文艺演出1269场次,广场文艺演出155次。全年放映数字电影6995场。全市电视综合覆盖率为99.65%,广播综合覆盖率为96.56%。全年全市举办大型职工群众运动会25次,培训二级体育指导员237人。大力发展医疗卫生事业,市中医医院等项目顺利推进,推行智能家庭医生签约服务,创建群众满意乡镇卫生院39个、社区(村)医疗机构109个,创建国家卫生城市通过自治区评审。年末,全市共有医疗卫生机构753个,其中,医院32个,基层医疗卫生机构710个,专业公共卫生机构10个。年末,全市共有卫生技术人员5845人,其中,职业医师和职业助理医师1985人，注册护士2437人。医疗卫生机构实有床位5121张。全年总诊疗人次633.39万人次，出院人数14.53万人。每千人口医院床位数为3.56张，每千人口执业（助理）医师为1.7人。

(李福祥)

【城乡山川协调发展】 强化闽宁合作，全面推进产业扶贫、金融扶贫、就业扶贫、教育扶贫，实施农村饮水安全等重大扶贫工程，完成"十三五"2892户12016人易地搬迁任务，42个贫困村脱贫销号、18个贫困村出列、减贫2.8万人，贫困发生率从7.2%下降到3.95%。着力解决海兴开发区资产闲置问题，推动西北高端肉牛发展研究院、华润高端肉牛精深加工、都市牧歌纺织产业园、麦勒家电产业园等项目在海兴开发区布局。着力解决城乡发展不平衡问题，召开市委四届五次全会，研究出台大力实施乡村振兴战略、加快城乡一体化发展的《意见》，提出"一带两廊"空间发展格局，统筹发展规划、产业布局、城镇建设、基础设施建设和城乡文明建设，为加快城乡一体化发展奠定坚实基础。突出抓好美丽城乡建设，新建、续建城市道路37条，改造城市供排水、供热管网45公里，开工建设美丽小城镇3个、美丽村庄20个。"城市双修"试点工作稳步推进。中国城市规划学会2018城市更新主题研讨会在中卫召开。

(李福祥)

【生态环境建设】 从严从实抓好环保问题整改，中央环保督察转办件办结率达91.8%。大力实施蓝天行动，取缔燃煤锅炉249台，清理整治"小散乱污"企业25家，建成洁净煤配送中心9个，优良天数达标率达90.5%。大力实施碧水行动，全面落实河（湖）长制，扎实推进清河专项行动，重点河湖沟道环境质量明显改善，黄河中卫过境段水质达到Ⅱ类。大力实施净土行动，建立绿色防控示范区3个、农用地膜回收点39个，农用残膜回收利用率达85%以上。实施南部水源涵养林生态修复、北部防沙治沙、中部黄河城市过境段水生态治理等工程，完成营造林23万亩，森林覆盖率提高到13.9%。全年完成造林面积1.49万公顷，其中，人工造林面积1.05万公顷，占全部造林面积的70.4%。森林抚育面积0.57万公顷。截至年底，国家级自然保护区两个。

(李福祥)

【人民生活和社会保障】 社会保障提标扩面，企业退休人员养老金人均提高135元，为8.3万名城乡居民人均月调增基础养老金20元，建档立卡户养老、医疗保险参保率分别达99.8%和100%。改善城乡人居环境，改造棚户区和老旧小区11万平方米，开工建设美丽小城镇3个、美丽村庄20个。全年全市城镇居民人均可支配收入27372元，比2017年增加2027元，增长8.0%。城镇居民人均消费性支出18864元，比2017年下降0.5%。城镇居民人均拥有房屋面积36.8平方米，比2017年增加0.5平方米。全年全市农村居民人均可支配收入10236元，比2017年增加871元，增长9.3%。农村居民人均消费性支出9466元，比2017年增长6.2%。农村居民恩格尔系数26.7%。农村居民人均拥有房屋面积36.9平方米，比2017年增加4.5平方米。年末全市参加基本养老保险人数18.56万人，比2017年年末增加2.30万人，其中，参保职工12.14万人，增加1.75万人。参加城乡居民养老保险人数37.09万人，减少1.69万人。参加基本医疗保险人数111.42万人，增加1.49万人。参加失业保险职工人数6.42万人，增加0.13万人。参加工伤保险人数9.16万人，减少0.27万人。参加生育保险人数8.74万人，增加2.16万人。年末全市拥有养老机构27个，其中农村敬老院12个、社会福利院1个、民办养老机构7个，共有床位5273张，入住老人1129人。儿童福利院2个，共有床位106张，入住儿童48人。全市1.98万人享受城市低保，发放保障金1.02亿元；7.29万人享受农村低保，发放保障金2.57亿元；2141人享受农村特困人员救助供养，全年临时救助7.07万人次。全年资助28.84万人参加基本医疗保险，发放资金5591.9万元。城乡建立各种社区服务站466个。

(李福祥)

【城市基础设施】 全市城市道路长度达548.4公里。全市有公园30个，其中建成区公园27个，公园面积907.53公顷，人均公园绿地面积为16.95平方米。年末全市建成区面积达到77.14平方公里，其中市区32平方公里。建成区绿化覆盖率达到36.38%，绿地率为30.62%。全市集中供热面积达2061万平方米，比2017年增长82.60%。全市供气管道总长度869.33公里，天然气用户10.40万户，其中家庭用户9.56万户。燃气普及率达83.50%。全市全社会供水管道长度458.5公里，售水量为2056.72万立方米，其中，生产运营用水202.84万立方米，公共服务用水360.09万立方米，居民家庭用水1396.58万立方米。全年城市污水处理率达98.12%以上，城市生活垃圾无害化处理率达96.54%以上。

(李福祥)

沙坡头区

【概况】 沙坡头区位于宁夏回族自治区中西部,东邻中宁县,南与同心县、海原县及甘肃省靖远县交汇,西接甘肃省景泰县,北邻内蒙古自治区阿拉善左旗,为中卫市政府驻地,是中卫市政治、经济、文化中心。辖10镇1乡,共有167个行政村、15个城镇社区,区域总面积6651.47平方公里。2018年,实现地区生产总值187.69亿元,同比增长6.4%;规上工业增加值同比增长4.4%;全社会固定资产投资同比下降31.3%;社会消费品零售总额41.33亿元,同比增长3.3%;一般公共预算收入2.72亿元,同比下降1.9%;城镇、农村常住居民人均可支配收入分别达到28694元、12194元,同比分别增长8.2%、8.5%。

(黄建兵)

【人口发展与变化】 年末,沙坡头区常住总人口为412719人,其中,少数民族29097人,占总人口的7.05%;乡村人口178348人,占总人口的43.21%。全年出生人数4895人,人口出生率为11.89‰;死亡2787人,死亡率为6.77‰;人口自然增长率为5.12‰。城镇人口234371人,城镇化率为56.79%。 (黄建兵)

【招商引资】 成立5个产业专题招商小组和11个乡镇招商小组,采取"走出去、请进来"的方式,广泛开展精准招商、以商招商,签约浙江浙能电力集团风电等29个项目,计划投资225.42亿元;新建、续建宁清光伏电力公司50兆瓦光伏发电等28个招商项目,到位资金28.63亿元。 (黄建兵)

【项目建设】 实施恒大都市广场、现代化生态灌区建设等168个项目,完成投资71.34亿元,其中30个重点项目完成投资22.78亿元。全力做好中卫高铁南站、高铁商圈、乌玛高速和中卫至兰州客运专线等国家、自治区重点项目建设保障服务工作,完成土地征收2540亩。 (黄建兵)

【资金争取】 抢抓政策机遇,紧盯中央、自治区项目盘子,发扬"钉钉子"精神,跑项目、争资金,共争取城乡建设、现代农业、脱贫攻坚、生态治理等领域项目资金9.25亿元。 (黄建兵)

【工业经济】 出台《沙坡头区产业转型专项资金扶持意见(试行)》。三元中泰2×33000千伏安低铝合金炉及烟气余热发电、众泰工贸1×33000千伏安硅铁矿热炉、阜康生物天然气、七彩阳光6万吨乳制品等项目建成投产。茂烨、跃鑫等15家铁合金(水泥、电石)企业投资1.88亿元,建成封闭式料仓15.5万平方米,完成企业浇铸车间烟气收集试点改造。12家企业被认定为自治区级"专精特新"中小企业或示范企业,2家企业被评为"技术标杆"企业,1家企业被认定为"小型微型企业创业创新示范基地"。 (黄建兵)

【现代农业】 建设硒砂瓜品质品牌保护区30万亩;新增设施蔬菜2106亩,打造核心示范区5700亩;新植苹果5380亩、枸杞7300亩,完成苹果低产园改造1万亩,建成枸杞统防统治示范基地1.2万亩;建成富硒硒砂瓜万亩小产区3个、富硒枸杞基地2000亩、富硒苹果基地1万亩。实施海通达、众鑫源等规模化养殖场项目,建成万头奶牛、肉牛、生猪养殖场4个,奶牛存栏及肉牛、肉羊、生猪饲养量分别达到4.1万头、5.25万头、72.8万只、36.9万头。新增市级农业产业化龙头企业12家。"香山硒砂瓜"获批中国特色农产品优势区,"沙坡头苹果"获国家农产品地理标志,乌玛枸杞被评为"全国十大特色硒产品",沙坡头区被评为"2018年全国农村一、二、三产业融合发展先导区"。实施盐碱地改良六排水沟治理、农村饮水安全巩固提升等16个项目,宣和、永康、常乐3个镇58个村11.32万人饮水不安全问题得到了彻底解决,新增高效节水灌溉面积3.75万亩,农田水利建设实现"黄河杯"特等奖"四连冠"。167个村农村产权制度改革试点任务全面完成,文昌镇东关村等11个村集体经营性资产股份合作制改革试点顺利推进,新建土地股份专业合作社8个;发放"1+4"特色优势产业和"两权"抵押贷款7.1亿元,同比增长65.1%;完成农田初始水权分配58.22万亩,分配水权指标4.65亿立方米,颁发水资源使用权证54本;发放小型水利工程"三权"证1.7万本。 (黄建兵)

【三产服务业】 编制《沙坡头区休闲农业与乡村旅游发展规划》,实施鸣沙特色村落、南岸半岛、娱岛等旅游项目,成立乡村旅游联合会,新建旅游公寓94套。承办中卫市第十二届南北长滩梨花节,举办首届中国农民丰收节,协办大漠黄河旅游节、环青海湖自行车赛等节事活动,休闲农业经营主体累计发展到274个,从业人员达到2381人,带动574户农户增收。2018年,全区接待游客608万人次,实现收入49.6亿元。实施"51015"特色商业街区、筑梦计划、"菜篮子"连锁超市等项目,建成荣盛智慧生活平台和江南好电商实训孵化园。 (黄建兵)

【城市建设】 实施滨河北路等棚户区改造项目房屋征收工作,建成安置房1500套,完成新墩西区、西关村等1261户群众回迁安置。开工建设碧桂园、恒祥·壹方城等18个商业开发项目61.73万平方米。

（黄建兵）

【美丽乡村建设】 加快香山乡美丽小城镇建设，建成镇靖村、新滩村等6个美丽村庄，硬化道路20.56公里，铺设供排水管网22.41公里，建设广场5个。推进厕所革命，完成卫生改厕1000户；安装太阳能热水器3890台；完成危房改造532户。新（改）建"四好"农村公路9条32.1公里。

（黄建兵）

【城乡环境整治】 狠抓中卫商城、背街小巷和小区环境卫生治理，拆除楼顶广告86处4.2万平方米，清理卫生死角垃圾5000余吨、各类"牛皮癣"3.9万张、废弃车辆1000余辆，"双城创建"取得实效。实施农村人居环境整治三年行动，持续将城市"以克论净"保洁机制向农村延伸，农村环境卫生保洁覆盖率达到100%。严格土地用途管制，拆除违法违章建筑33处。

（黄建兵）

【生态环保】 狠抓企业粉尘、道路扬尘、秸秆焚烧等大气污染防治，淘汰燃煤锅炉76台，整治"散乱污"企业153家，建成清洁煤配送中心8个，实施煤改气取暖及集中供暖改造1452户。整治饮用水水源地问题31个，清理水源地、重点河沟道养殖棚圈57处；修编"一河一策"档案59个，实施第三排水沟城区段综合治理等工程，整治宣和挡浸沟等32条河（沟）道"四乱"问题；姚滩、冯庄等23个村新建污水处理一体化设施或配套污水处理终端设施，生活污水实现收集处理、达标排放；第四污水处理厂建成投入使用。畜禽粪污综合利用率达92%，回收残膜4180吨、农药包装废弃物29吨。完成自然保护区点位整改，生态恢复463亩。完成营造林1.35万亩、天然草原补播改良1万亩。顺利通过国家重点生态功能区县域生态环境质量考核。

（黄建兵）

【民生保障】 8件民生实事全部办结。城市低保标准由每人每月440元提高到560元，农村低保标准由每人每年3150元提高到3800元；发放各类救助补助资金1.06亿元，城乡居民医疗、养老保险参保率均达100%。开展职业技能、创业能力培训2499人，新增城镇就业3944人，转移农村劳动力3.98万人，城镇失业率控制在3.55%；发放灵活就业人员社保补贴1.23万人3858.1万元，购买公益性岗位248个。新建社区服务站5个、日间照料中心2个、老饭桌2个、儿童之家38个。持续开展社区减负工作"回头看"活动，取消重复、不合理证明20项。启动黄河防汛Ⅳ级应急响应，确保人民群众生命财产安全。

（黄建兵）

【社会事业】 建成"公建民营公助"示范点4个，开展文艺下乡演出305场次，放映农村数字电影3610场次。加快基本公共体育服务体系建设，沙坡头区全民健身中心和文昌镇11人制足球场基本建成，举办全国毽球挑战赛等体育赛事30余场。落实"全面两孩"生育政策，人口出生率为9.1‰，出生政策符合率达96.72%。完成第四次全国地名普查和第四次全国经济普查基础工作。开展清欠保支行动，为801名农民工追回工资790.23万元。

（黄建兵）

【脱贫攻坚】 整合资金1.93亿元，实施11个村整村推进、2个村巩固提高、5个村农田水利设施配套、3个村通村道路硬化和康乐移民区土地综合治理等46个扶贫项目。新植枸杞4500亩、苹果2770亩、杞瓜枣瓜间作3600亩，建设蔬菜大棚55座122亩；硬化农村道路159.2公里，解决农村人饮安全用水297户，完成建档立卡户危房改造182户，扶贫小额信贷2.19亿元，落实产业补助、贷款贴息、雨露计划等各类扶贫到户补助资金1600万元。如期完成12个重点贫困村（4个深度贫困村）脱贫出列、2036名建档立卡群众减贫任务，在自治区2018年非贫困县扶贫开发工作成效考核中获得优秀等次。

（黄建兵）

【平安建设】 全区命案零发案，八类主要刑事案件数量下降39.2%。深入推进扫黑除恶专项行动，打掉涉恶团伙3个，抓获犯罪嫌疑人57名，形成严打高压态势。扎实开展禁毒示范区创建"双百工程"，社区戒毒康复执行率达99.6%，戒断三年巩固率达59.7%，宣和镇被评为"全国社区戒毒社区康复工作示范点"。深入开展安全生产大检查和十大专项行动，自治区安委会巡查组反馈问题整改全面完成，未发生重特大安全生产事故。

（黄建兵）

【信访维稳】 排查调处各类矛盾纠纷1618件，化解重点信访事项和积案67件；中央第八巡视组9批215件转办件办结214件，办结率达99.5%。开展"七五普法"，打造"法律八进"示范点7个、法治文化教育基地11个，培育"法律明白人"1.1万人。

（黄建兵）

【民族宗教工作】 全面贯彻党的民族宗教政策，深入推进"四进"宗教场所活动，实现"四进"宗教场所全覆盖；深化民族团结进步创建，创建自治区级民族团结进步示范单位1个、市级11个；深入推进宗教领域专项治理，扎实开展"八项行动"，依法整治"三化"、宗教场所乱建、宗教非法活动等突出问题,不断提升宗教事务法治化管理水平,创建市级和谐寺观教堂8个;中央第八巡视组反馈宗教领域问题整改工作有序推进。 （黄建兵）

【政府自身建设】 全面落实从严治党要求,推进"两学一做"学习教育常态化制度化,严格执行中央八项规定,干部作风持续好转,政府效能进一步提升。修订完善区政府工作规则,严格落实重大行政决策程序和法律顾问、"两代表一委员"列席常务会议制度,决定重大事项420余项。自觉接受区人大依法监督和区政协民主监督,12件人大代表建议、41件政协提案办理满意率为100%。深化"放管服"改革,在线审批备案政府及企业投资项目182宗;全面推行"不见面、马上办"行政审批服务模式,办理各类事项4.66万件。行政执法"三项制度"全面推行,政府信息"应公开、尽公开"。办理市长、区长信箱、12345群众热线2968件,办结率达99.1%。成立工信局、环保局、水务局、安监局,顺利交接公路管理段。狠抓党风廉政建设,加强效能监察和审计监督,严肃查处各类违纪违法案件,问责不作为、慢作为人员,给予政务处分12人,营造遵规崇廉、风清气正的良好环境。 （黄建兵）

中宁县

【概况】 "中国枸杞之乡"——中宁县,土地面积3280平方公里。2018年,全县实现地区生产总值162.6亿元,比2017年增长7%;固定资产投资同比下降34%;社会消费品零售总额22.2亿元,比2017年增长6.9%;金融机构各项人民币存款余额177.2亿元,贷款余额197.6亿元。城镇居民人均可支配收入27271元,比2017年增长7.8%;农村居民人均可支配收入12180元,比2017年增长8.3%。2018年12月24日,根据自治区人民政府《关于同意青铜峡峡口镇新田村跃进村行政区划调整批复》的文件精神,新田村、跃进村划归中宁县管辖,至2018年年底,全县辖6镇6乡,131个行政村、15个城镇社区。 （朱宁霞）

【人口变动】 2018年,中宁县总户数为111664户,常住人口为351741人,其中,男179529人,女172212人,平均家庭人口数3.15人;汉族258565人,占比73.51%,回族92508人,占比26.30%,其他少数民族668人,占比0.19%;全年出生5284人,死亡2087人,自然增长3197人,出生率为15.09‰,死亡率为5.96‰,自然增长率为9.13‰。 （朱宁霞）

【工业经济】 2018年,全县实施招商引资项目28个,实际到位资金61.18亿元,其中,区内项目4个,总投资5.94亿元,到位资金3.81亿元。开展招商推介活动40余场,爱特云翔智慧科技园、延运微风发电、发网新零售产业园等23个项目签约落地。工业转型升级步伐加快。帮助企业争取各类扶持资金4600万元,今飞汽车轮毂等项目进展顺利,天元锰业废水循环利用等6个项目建成投产。工业废水、废渣利用率达到70%和45%,万元GDP综合能耗下降2.4%。中宁县工业园区被评为自治区绿色园区,隆基硅、宁安彩印、锦宁铝镁获评自治区数字化车间、"对标工作标杆奖",天元锰业荣获中国工业大奖表彰奖,实现宁夏企业在此奖项上零的突破。第二产业增加值增长7%。 （朱宁霞）

【现代农业】 2018年,清淤加固沟渠6131公里,整修生产道路1373公里,治理盐碱地2.14万亩,改善灌溉面积50万亩。全县落实粮食播种面积48.8万亩,粮食总产量达2.92亿公斤,粮食生产实现"十五连丰";生猪、肉牛、奶牛、肉羊、家禽饲养量分别达42万头、8.2万头、2万头、56万只、129万只。肉、蛋、奶产量分别达2.9万吨、0.58万吨、5.2万吨;落实水产面积3.3万亩,产量4300吨;种植硒砂瓜37.3万亩,建成硒砂瓜绿色食品原料14万亩。新型农业经营主体发展到4680家,培育发展市级以上龙头企业14家。推进国家农产品质量安全县、GAP认证示范县创建,认证GAP基地15个,建设集种养殖、加工、销售、旅游为一体的三产融合示范园区5个。第一产业增加值增长3%。 （朱宁霞）

【商贸流通】 实施扩内需,拓消费计划,县社区商业服务、菜篮子连锁超市等一大批项目实施完成;爱家物流发展有限公司冷链物流仓储配送中心建设项目开工建设,实际完成投资1600万元以上。举办2018枸杞博览会、"新能源汽车展销会""2018啤酒美食节"等节会,全县社会消费品零售总额24亿元,同比增长5%。对外贸易持续向好。争取外贸物流补贴、国际市场开拓、进口贴息、出口信用保险等资金1968.77万元。先后组织外贸企业参加泰国、美国、迪拜、日本、英国等国际天然有机食品展会13次。全县外贸进出口企业增至27家,进出口总额超过17亿元。推进国家级电子商务进农村综合示范县建设,建成4000平方米、2000平方米县级电商运行中心和82家村级电商服务站。2018,全县网络零售额达到23.04

亿元，占全市的67.68%。其中，实物型网络零售额22.98亿元，占全市74.79%。全县有网商2736家、快递企业22家,电商物流费用预计降低20%。

（朱宁霞）

【重点改革】 推进沿黄科技创新改革试验区建设，建成工程技术研究中心3家、企业技术创新中心2家,新增科技型企业16家,天元锰业被认定为国家知识产权试点企业、自治区知识产权示范企业；研究与试验发展经费投入2.4亿元，投入强度达1.5%以上。深化"放管服"改革,市民服务中心进驻事项1318项，进驻率达91%,82.8%的县级政务服务事项和所有乡镇便民服务事项实现"不见面"办理。推进商事登记制度改革，实行"四十四证合一"，新登记注册各类企业699户、个体工商户2469户。推进农村产权制度改革，引导新型农业经营主体流转土地15万亩，发放"两权"抵押贷款6100万元，完成131个行政村集体资产清产核资，开展"房地一体"确权颁证工作。推进工业园区供电体制改革，直购电交易规模进一步扩大，节约企业用电成本3560万元。推行行政执法"三项制度"改革试点,实施工业(物流)园区改革创新和石空镇经济发达镇改革试点。 （朱宁霞）

【枸杞产业】 新植枸杞10412亩，成活率达95%以上,枸杞干果产量4.2万吨，干果总产值17.8亿元，综合产值73.7亿元。加快推进枸杞全产业链升级，改造枸杞2万亩，建成标准化基地13个，新推出枸杞啤酒、面膜等20余种深加工产品，加工转化率达25%。新建烘干设施32座，新增日烘干鲜果能力160吨，全县累计建成各类烘干设施739座（清洁能源83座），日烘干鲜果能力达2228吨，枸杞鲜果机械制干率达82.1%。实施"百城千店"计划，在全国建成中宁枸杞专卖店220家，专柜390家。使用"中宁枸杞"证明商标企业46家，发放质量追溯标志300多万枚，在阿联酋、澳门、巴西成功注册"中宁枸杞"国际商标。圆满举办2018枸杞产业博览会，全区首个有机枸杞科技示范展示区投入运行，"中宁枸杞"被评为全国首个农产品国家气候标志，区域品牌价值升至172.88亿元,实现综合产值73.7亿元。

（朱宁霞）

【城乡建设】 完成银河幼儿园小广场提升改造工程、烈士纪念碑改造工程和北河子县城段改造工程；老南街改造提升工程基本完成；县城各供热站脱硫除尘、脱硝升级改造项目完成年度建设任务；完成棚户区改造1800套。完成育才锦苑等10个老旧小区的改造工作，改造住宅28栋，改造建筑面积11万平方米，惠及群众1139户。完成天仁小区、南河子花园（一期、二期）等小区4.5公里老旧供热管网改造，13.9万平方米既有居住建筑节能改造按期完工。推进石空、恩和等特色小城镇和美丽村庄建设，续建美丽小城镇2个、新建1个，新建美丽村庄10个。全年危房改造538户，竣工1275户，改厕2600户；黄河东路、堡三路建成通车，新修农村公路120公里，城际铁路中宁东站综合客运枢纽启动建设；生态连城、南山公园等重点项目有序推进，全县森林覆盖率达14.5%，城市绿地率达31.06%；智慧城管系统投入运行，深化县城深度保洁机制，机械化清扫率达84%。

（朱宁霞）

【脱贫攻坚】 11个贫困村脱贫出列，减贫1527户6471人，贫困发生率由5.5%降至2.97%。实施产业扶贫项目，种植硒砂瓜19.6万亩、小杂粮4.5万亩、枸杞、马铃薯、红葱等1.9万亩；创建"沐沙、兴垦、天宁牧业"扶贫减贫模式，肉牛、肉羊存栏量达1.1万头、14.3万只，圈棚利用率达85%；发展产业扶贫示范村10个，培育扶贫龙头企业7家、专业合作社15个、致富带头人95人。西线供水工程列入自治区60大庆献礼项目；新建幼儿园4所，改扩建学校校舍2所，修建扶贫公路68.4公里，绿化村级主干道28条；完成334户生态移民搬迁安置，危房改造907户,"多人多代"住房竣工414户；群众文化娱乐中心功能齐全，贫困村卫生室基本医疗设备实现全覆盖。健全各学龄段学生资助体系，因贫辍学现象零发生。"扶贫贷"覆盖率达86.3%，建档立卡户就业培训4289人，劳务输出5350人，建立就业扶贫基地10个、扶贫车间2个，吸纳贫困人口稳定就业306人。实行贫困患者住院"一站式结算"，建档立卡人口养老保险和医保参保率、家庭医生签约率达100%。 （朱宁霞）

【环境保护】 中央环保督察"回头看"61件群众投诉件办结59件。空气质量优良天数339天，比重提高8个百分点；县域内19条重点沟、河、湖水系水质全部达标。建立"四尘"协同治理机制，中宁电厂超低排放等项目建成运行，天元锰业氨气无组织排放得到了有效控制；拆除燃煤小锅炉155台，实施煤改电、煤改气656家，整治散乱污企业17家，淘汰黄标车44辆；秸秆禁烧、烟花爆竹禁燃、城市道路"三防"整治、建筑工地"6个100%"扬尘治理有序推进。严格落实"河湖长制"，编制"一河(湖)一档""一河(湖)一策"，取缔采沙场24家，非法采矿点9家，关闭、搬迁养殖场11

家,北河子水质总体达到地表水四类。拆除康滩水源地保护区内污染源9家,开工建设工业园区东区污水处理厂,全区首个农村集镇污水处理厂投入使用,第三污水处理厂建成并稳定实现地表水准四类排放,属全区首例。清理青铜峡、石峡沟自然保护区人类活动点位72处,推广水肥一体化、有机肥替代2万亩、测土配方施肥60万亩,农用残膜回收利用率达85%,畜禽规模养殖场污染治理设备配套率达90%。建立工业园区土壤环境定期监测机制,一般工业固废处置率99%,危险废物处置率达100%。 （朱宁霞）

【财政税务】 2018年,全县地方财政总收入完成76544万元,为年度预算14.88亿元的51%,其中,地方一般公共预算收入完成69219万元,为年度预算11.88亿元的58%。政府性基金收入完成7325万元,为年度预算3亿元的24.4%。地方一般公共预算69219万元中,税收收入完成50899万元,为年度预算8.5亿元的60%;非税收入完成18320万元,为年度预算3.38亿元的54%。全县财政总支出392188万元,同比减少16961万元,下降4.1%。其中,地方一般公共预算支出351663万元,为全年支出考核任务46.24亿元的76%;政府性基金支出6368万元,下降61.6%。全年完成组织收入252537万元,其中,税收收入入库143537万元,社保费入库96624万元,同比增长9.74%,其他非税收入入库13827万元,同比增长15.76%。累计办理出口退税1487万元。

（朱宁霞）

【社会事业】 建成残疾人康复中心,第四敬老院、老年活动中心投入使用。医疗机构全部实现网络远程会诊,医疗卫生服务一体化管理覆盖率达100%,二、三级医疗机构和城乡居民大病报销比例提高5%。城乡低保标准补差分别提升27.3%和20.6%,重点优抚对象、困境儿童等实现救助全覆盖。被征地农民养老保险累计参保1.58万人,养老保险、医疗保险、失业保险参保人数均超额完成目标。城镇新增就业3715人,农村劳动力转移就业2.69万人,城镇登记失业率达3.68%,低于控制目标0.32个百分点。累计清欠工资2072万元,考核排名位列全区22个县(区)前列。

（朱宁霞）

【教育卫计】 争取项目资金9698万元,实施农村薄弱学校改造项目、教育现代化推进工程项目、中小学标准化运动场改造项目、教师周转房项目共计56个,新建、改扩建校舍2.86万平方米,改造中小学运动场7.69万平方米。为中宁六小等49所中小学购置图书、课桌凳、计算机及多媒体设备等1.12万套。投资1106万元,实施中宁中学和中宁一中教育信息化建设工程,全县中小学宽带网络实现"校校通""班班通""人人通"全覆盖。全县中小学全部实现互联网资源进课堂。高考一次性二本上线人数1164人,连续七年突破1000,上线率为42.7%,高于全区7.21个百分点,通过国家义务教育均衡发展复检。承办中国(中宁)国际轮滑公开赛、第四届"一带一路"国际男篮邀请赛等大型体育赛事。开工建设县医院妇儿综合楼。开展"群众满意的乡镇卫生院"创建活动,在县级医院实施"一站式"救助服务。全年出生婴儿3892人,出生率为9.95‰;出生人口性别比107.24,政策符合率达94.96%;免费孕前优生健康检查2973对(5946人)。推进家庭医生签约服务,全人群签约服务21万人,签约率为61.05%;重点人群签约8.6万人,签约率达75.92%。开展乙脑、麻疹等重点传染病防控,报告各类法定传染病1599例,报告发病率为459.05/10万。妇幼健康行动计划项目顺利推进。 （朱宁霞）

【科技文化】 申报并入库自治区重大重点研发、沿黄科技创新专项、科技金融专项、科技创新后补助、农业科技园区专项等13类104个科技项目,获批项目40个、资金1612.65万元,位列全区22个县市区第五位,位居沿黄6县区首位。专利授权量150件,万人有效发明专利拥有量2.03件。年内培育国家高新技术企业2家、国家科技型中小企业6家、自治区科技型中小企业8家、科技小巨人企业3家、农业高新技术企业1家、自治区级"星创天地"2家。新中磁、杞乡、御萃坊、天仁、全通、杞鑫苗木等6家企业被认定为国家级科技型中小企业。县图书馆跻身国家一级馆行列,新建大战场镇、太阳梁乡综合文化站。实施玺赞生态枸杞庄园、延运全域旅游等项目,建成富硒五彩水稻、油菜花、菊花基地4700亩,成功举办枸杞采摘节、文化旅游宣传周,接待游客近50万人次,旅游收入超过6000万元。 （朱宁霞）

【依法治理】 2018年,治理各类隐患2396条,较大及以上安全生产事故零发生。梳理化解群众反映强烈突出问题334件,中央巡视组交办的239件群众信访件办结236件。打击非法集资、非法融资行为,依法依规追缴涉案资金和处置涉事企业资产,立案查处26起,公安机关移送起诉16起,检察院提起公诉12件,法院受理11件,开庭审理8件,公开宣判3件。推进扫黑除恶专项斗争,破获各类案件31起,打掉涉恶团伙3个、村霸1个。开展"七五"普法,持续强化平安建设、食品药品安全监管等重点工作,双拥模范县创建通过中期考核验收,荣获全国法治先进县称号。

（朱宁霞）

海原县

【概况】 海原县地处宁夏回族自治区南部山区之六盘山西北麓,位于约北纬36°06′~37°04′,东经105°09′~106°10′。东连吴忠市同心县、固原市原州区,南毗固原市西吉县、甘肃省会宁县,西邻甘肃省白银市平川区,北靠中卫市沙坡头区。东西长约108公里,南北宽约90公里。县政府驻地海城镇,北至中卫市157公里,东北至银川280公里。2018年年底,本县行政区划总面积为6427.2平方公里。海原县下辖海城、西安、李旺、七营、三河5个镇,树台、关庄、红羊、李俊、九彩、高崖、关桥、史店、贾塘、郑旗、曹洼、甘城12个乡,甘盐池、老城区2个管委会及南华山自然保护区管理处,有村委会162个、居委会10个,总户数134709户,总人口453309人,其中,回族325409人,占总人口的71.79%;全年实现地区生产总值52.68亿元,增长1.5%;社会固定资产投资增速-32.4%;地方公共财政预算收入2.42亿元,增长9.9%;社会消费品零售总额10.75亿元,增长6.8%;城镇和农村常住居民人均可支配收入分别为24047元、8511元,分别增长7.6%和11.1%。 （赵廷虎）

【精准扶贫】 2018年,全县贫困村脱贫出列20个,深度贫困村稳定退出10个;贫困户赊销基础母牛23465头,涉及贫困户7529户;建成万亩脱毒种薯繁育基地2个,马铃薯种植面积稳定在60万亩以上,枸杞、中药材种植面积稳定在8万亩,硒砂瓜种植面积稳定在5.5万亩,建成小杂粮示范带3个、千亩示范区6个;建成西安园河、李旺新源等扶贫车间10个,培训建档立卡贫困户10982人,转移就业8.9万人,创收13.6亿元;累计安置建档立卡贫困户公益性岗位1009人、护林员980人;易地扶贫搬迁安置建档立卡贫困户739户、3097人,新建和改扩建农村幼儿园31所,并建立学前教育到高等教育全覆盖的贫困学生资助体系;健康扶贫对象家庭医生签约服务全覆盖,个人当年住院自付费用报销比例达92.3%,金额控制在5000元以内;实施社保兜底扶贫,符合条件的建档立卡贫困户全部被纳入低保范围;扶贫小额贷款存量余额11.97亿元,获贷覆盖面达到93.4%;闽宁对口扶贫协作建立县乡村三级结对帮扶机制,落实帮扶资金4026万元,建成闽宁产业园、菌菇园和示范村6个;自治区22家企业定点帮扶深度贫困村24个,推进"一村一策"帮扶计划。至2018年年底,全县减贫5044户、20350人,贫困面下降到5.57%。

（赵廷虎）

【产业结构优化】 2018年,海原县围绕"三带两园六基地"建设,推进"一主三特"产业转型升级,不断完善草畜一体化发展服务体系;聚焦新能源装备制造、特色农副产品加工、轻纺服装生产等新兴产业,开展招商引资。全年打造高端肉牛养殖示范村10个,培育养殖专业合作社10个、示范户800户,肉牛饲养量达到25万头,高端肉牛存栏量达到7万头,完成活牛供港450头;培育壮大中沙绿城、四季鲜等扶贫企业12家,建成三河、曹洼饲草料加工配送厂2家;实施专项创业行动6个,培养科技示范户120户;引进项目29个,实现到位资金24.97亿元;先后开工建设华电李俊堡10万千瓦、华润呱呱山20万千瓦风电项目及村级光伏扶贫电站50个;建成电商策划营销中心和物流配送中心,培育创业实体355个,新建村级电商示范服务点70个,销售额达1320万元。是年,深圳汇联20兆瓦光伏项目并网发电,建设银行和石嘴山银行分支机构开始营运。 （赵廷虎）

【生态建设】 2018年,海原县实施县城集中供热锅炉环保改造,淘汰城区20蒸吨以下燃煤锅炉,并完成加油站油气回收设备安装;开展建筑工地、城市道路和矿山企业扬尘管控及规模养殖场污染整治、"散乱污"企业排查整治,完成黄标车淘汰任务,严厉查处秸秆焚烧行为;落实"河长制",创新实施"地长制",推进农业面源污染治理,推动农田残膜回收,推广化肥减量增效技术;实施南华山外围区域水源涵养林建设、新一轮退耕还林、移民迁出区生态修复、生态经济林建设"四大工程"和城乡绿化行动;推进老城区和南坪水库水源地保护区规范化建设,清理拆除违规企业20家;建成海兴区人工湿地。全年整治河道岸线570公里,关停涉河非法采沙企业66家;完成营造林16.2万亩,空气优良天数保持在94%以上。至2018年年底,全县森林覆盖率达9.42%,草地综合植被覆盖率达65.3%。是年,海原县完成中央环保督察反馈问题整改和"绿盾2018"自然保护区清理整治。

（赵廷虎）

【城乡建设】 2018年,海原县开展农村人居环境整治三年行动,建成西安美丽集镇和美丽村庄4个,改造农村危房4000户;东城安置小区建成并回迁入住,基本建成向阳和西湖二期安置小区及全民运动广场和城市休闲公园等项目;实施棚户区改造2500套,新建商住小区开盘销售4个,建成市政道路7.8公里,新建换热站6座;启动运营公交客运枢纽中心,升级改造国道341、省道204等干线公路98公里,建成农村公路127公里、生产路125公里、"窄路加宽"65公里;西海固脱贫饮水甘城支线建成通水,建成农村供水点15处,完成自来水补入3740户;发展高效节水灌溉1万亩,改善灌溉面积2万亩;实施骨干坝除险加固工程5座,完成"坡改梯"7万亩,治理水土流失60平方公里;建成4G网络基站1047座。是年,全县行政村实现动力电和宽带网全覆盖。

(赵廷虎)

【体制改革】 2018年,海原县深化"放管服"改革,构建"不见面、马上办"审批模式,推行"多证合一""一照一码"商事制度改革;深化财税、医药卫生体制改革和教师队伍管理改革、"交巡警合一"机制改革及农村土地"三权分置",启动政府部门机构改革和事业单位公车改革及河湖水域岸线划界确权,推行棚户区改造房票安置方式,开展集中供热社会化运作试点,完成文工团改制和图书馆文化馆总分馆制改革;试点学前教育"公建民营"运行模式,探索"医养结合"养老模式,对欠薪企业实行"黑名单"管理。全年梳理确定政务服务事项1197项,实现可不见面办理事项达80%,便民服务事项下沉乡镇办理39项,清理增加企业和个人负担的证照事项132项,制定试点领域公开事项清单和标准目录13个,公布行政职权事项权力清单和责任清单2889项,新增市场主体4635户,建成覆盖宁南医院、县级医院和10个乡镇183个村卫生室的医疗共同体,完成农村宅基地"房地一体"确权核查8.53万宗,流转土地19.4万亩,办理农村产权抵押贷款570万元。是年,南华山保护区边界和功能区范围核准完成,国有林场改革通过自治区验收。

(赵廷虎)

【民生服务】 2018年,海原县新建和改扩建中小学及幼儿园47所,建成校舍12.6万平方米,投资3.5亿元;实现定点医疗机构实行"一站式"结算服务27家,乡村两级使用非基本药物目录150种及二级医疗机构基本药物;推进"互联网+医疗健康"服务,建立群众电子健康档案36万份。全年举办大型演出32场次,送戏下乡100场次,放映电影2400余场次,创作编排剧目22个,发放各类救助7506万元,建成儿童福利院和"儿童之家"100个,办结民生实事12件。是年,农村留守儿童关爱保护和困境儿童保障示范县通过自治区验收。

(赵廷虎)

【其他建设】 全年建成农村社区服务站23个,撤销村委会10个,增设村民和居民委员会5个;开展宗教领域"八项行动""三化"等突出问题得到了有效治理和道路交通、人员密集场所等领域安全生产专项整治,落实县级领导接访制度,实施"治欠保支"三年行动计划,推进扫黑除恶专项斗争;同时,工会、共青团、妇女、科协、审计、统计、地震、气象、档案、县志、人武、双拥等工作取得新进步。

(赵廷虎)

【政府自身建设】 2018年,海原县全面推进依法行政,修改完善政府工作规则和政府常务会议规则,加强财政资金管理,落实公众参与、专家论证、风险评估、合法性审查和集体讨论决定等制度,坚持"三重一大"事项提交县委审定,政府常务会议邀请人大代表、政协委员参加,政府部门法律顾问实现全覆盖;推动"两学一做"学习教育常态化制度化,推进扶贫领域腐败和作风整治,主动接受人大依法监督、政协民主监督,整改中央第八巡视组和国务院第五次大督查反馈的突出问题;支持监察体制改革试点,严格履行党风廉政建设"一岗双责"。全年办理人大代表建议31件、政协委员提案56件,办复率达100%;问责处理303人,"三公"经费下降3.9%。

(赵廷虎)

海兴开发区

【概况】 中共中卫市海兴开发区工作委员会、海兴开发区管理委员会2013年12月成立,正处级单位,中卫市直管,党工委和管委会实行一个机构两块牌子的管理体制,综合设置综合办公室(挂纪律检查委员会牌子)、经济发展局(挂安全生产监督管理局牌子)、财政局(挂国有资产管理委员会牌子)、规划国土建设局、社会事务局5个正科级工作机构。核定行政编制44名,其中,党工委书记1名,由海原县委书记兼任,党工委副书记、管委会主任1名(正处级),管委会副主任3名(副处级,一名副主任兼纪工委书记),内设机构科级领导职数11名(5正6副),现有行政工作人员36名。

(赵元宝)

【招商引资】 围绕新能源及装备制造、特色农副产品加工及物流、轻纺三大产业,加大招商引资工作力度,通过走出去、请进来等方式,先后赴北京、上海等地与企业进行对接洽谈,推进落实麦勒家电产业园、都市牧歌梳绒纺纱羊绒制品加工、大河源中药饮片生产加工、华润集团西北高端肉牛研究院、华润集团高端肉牛精深加工、北京老吾老中医旅居康养基地、海兴维加斯商贸综合体、吉林仟客莱科技有限公司饲料养殖种植综合、上海正广通物流、天然气燃气一体化综合利用、宁夏紫树葡萄酒生产、海兴汽车客运站等招商项目12个,计划投资33.93亿元,完成投资1.05亿元;积极对接浙江恒泰纸箱厂、中商投民用非动力核辐照站保水剂生产基地、杜仲中药材种植及深加工、中康弘旭马铃薯深加工等4个招商项目,初步达成合作意向。做好企业办公用房、职工住房、孵化园生产厂房服务管理工作,为企业解决保障性住房60套、办公楼7栋,建成启用小微企业孵化园标准化厂房25栋,引进企业22家。　　　　　　（赵元宝）

【项目管理】　做好政府投资项目和社会投资项目备案、审批及项目招投标前期管理工作,做到项目事前、事中和事后监督,完成社会投资项目备案5个、政府投资项目审批7个。批准建设部门实施苋麻河森林公园、人工湿地、交通安全设施、集中供热工程、保障性安居工程、永康街延伸段市政道路、景观亮化工程、小微企业孵化园标准化厂房、人工湿地绿化补栽等政府投资项目9个,计划投资3.01亿元,完成投资6277.9万元。对接联系自治区、中卫市相关厅局申报仓储物流基地、低成本化改造、服务业发展引导资金、农贸市场改造提升、企业"双创"平台等重点项目5个。梳理储备2019年项目15个。　　（赵元宝）

【审计统计】　完成保障性住房等4个住宅小区景观绿化草坪及灌溉工程、苋麻河森林公园绿化提升工程的招标控制价审核两件。评估和审计宁夏麦勒电器公司固定资产投资情况,兑现企业招商引资奖励资金44.6万元和个人招商引资奖励资金2.61万元。对接海原县做好辖区工业企业月度报表和固定资产投资统计上报,完成第四次全国经济普查工作。
　　　　　　　　　　　　　　　　　（赵元宝）

【安全生产】　坚持"安全第一、预防为主,综合治理"方针,落实安全生产主体责任和监管责任,防范生产安全事故发生,狠抓道路交通、建筑施工、消防、非煤矿山、危险化学品、职业病防治等专项整治行动,开展安全生产执法检查11次,检查企业115家次,查处安全隐患263条,整改252条,整改率达96.4%,确保安全生产形势稳定。　　　　　　（赵元宝）

【财政保障】　按照"保基本、保运转、保民生、促发展"要求,争取项目建设资金5660万元,确保机构正常运转和社会稳定,编制完成2019年财政预算。严格控制财政资金支出,完成基本运行和项目支出8567.5万元。防范化解政府债务风险,做好政府债务风险化解,按要求开展管委会债务审计,对48个项目涉及的1.56亿元债务资料进行整理上报,并录入债务系统;同时加强政府投资项目管理,严格控制新增隐性债务,逐步妥善消化现有债务。加强国有资产管理,盘活闲置资产,通过为招商企业提供办公、生产研发场所和公共服务配套等形式,用好闲置资源,助推经济发展,盘活利用闲置办公楼8栋2万平方米、厂房5万平方米。收缴公共租赁住房租金和保证金129.8万元。加强政府采购监督管理,规范招标采购行为。贯彻落实中央八项规定和区市有关规定要求,加强机关财务制度建设和资金管理,规范财政资金使用,确保财政资金安全高效,印发执行财政资金支付审批管理、项目资金管理、机关差旅费管理、机关办公用品管理等办法制度,做到用制度管理资金。全年实现社会总产值4.5亿元,其中,工业产值1.7亿元、商贸服务业产值2.8亿元,完成固定资产投资4004万元、招商引资到位资金1.05亿元、税收3199万元,经济运行总体平稳。　　　　　　　　　（赵元宝）

【城市规划】　完成特色小城镇规划及培育建设方案编制,严格执行建设项目规划审批程序,依法办理选址意见书、建设用地规划许可证、建设工程规划许可证14份。严格执行土地出让招拍挂审批程序,完成土地报批9.77公顷、土地挂牌16.01亩。
　　　　　　　　　　　　　　　　　（赵元宝）

【项目建设】　实施精准高效投资,注重投资质量,重点实施苋麻河森林公园、人工湿地公园、南北区集中供热站工程、道路安全设施工程、景观亮化工程、污水处理厂应急消防池水泵房工程、绿化提升工程等政府投资基础设施建设项目9个,现已全部竣工并投入运行。　　　　　　　　　　　　（赵元宝）

【环境保护】　严格落实环保工作要求,走绿色发展之路,加强投资项目环境保护、资源节约、土地利用等方面的审查。按照环境保护网格化监管要求,完成中央环保第八督察组反馈的污水处理厂和供热站工程两个问题整改任务落实;治理大气污染,淘汰燃煤锅炉19台,覆盖工地扬尘2.6万平方米,整改餐饮业油烟33家,整治违规排放车辆;治理水污染,工业企业废水和城市居民生活污水全部通过污水处理厂处理后,达标排放,落实河长制,加强河道整治;完成园区规划环境影响评价报告书编制等规划环评工作,对未办理环评手续的企业进行整改。完成全国第二次污染源普查工作，完成加油站双层罐防渗漏改造6家，大气等环境质量明显提升。

（赵元宝）

【城市管理】 从队伍建设、工作机制、节约资金、提高质量四个方面，全面加强市政环卫、绿化和监察管理，实施绿化、亮化、美化工程，城市形象显著改善。加强城市环卫管理，组建公用事业管理中心，聘用环卫工人174人，配备保洁车、清运车、清洗车等环卫车129辆、巡查车10辆，合理划分环卫区域，保洁范围扩大到180万平方米，覆盖商业街李旺农贸市场等群众生活密度高的区域；规范垃圾填埋场管理，处理垃圾3600立方米，提高城区环境卫生保洁水平。加强城市绿化管理，春夏季浇灌城区树木2次，修剪树木10万株；完成栽植乔木3.8万株、灌木5594平方米，清除杂草1225亩，回填平整绿化带土方1.28万立方米，累计完成绿化3.4万亩，绿化覆盖率达到48%。加强市政设施管护，成立路灯队，配备高空作业车1辆，对城区所有低压路灯电缆、太阳能路灯、交流低压LED路灯进行排查和维修，城市路灯亮化率达到95%；完成城区楼体景观亮化工程；配备道路养护灌缝车1辆，完成城区道路裂缝灌缝3.5公里。加强市政监察，组建监察大队，配备执法车1辆，加大城区违章建筑、乱搭乱建、乱摆乱放及占道经营等问题治理力度，实施简易行政处罚42起，罚款1.76万元。

（赵元宝）

【住房保障】 累计建成保障性住房4439套，落实保障性住房政策，修订出台公共租赁住房配租实施方案文件，为辖区新就业人员、外来务工人员、住房困难家庭、机关事业企业单位无房职工等分配使用保障性住房2201套，其中，2018年完成公租房审核分配1401套。

（赵元宝）

【信访维稳】 重点做好全国"两会""自治区60大庆"期间的信访维稳工作，共接待信访群众49批162人次，登记信访事件49件，依法办理信访案件32件。做好书记信箱、市长信箱领导批示件督办工作，承接46件，全部办理完成。维护社会稳定，组织全面排查信访、拖欠农民工工资、治安、宗教等方面矛盾纠纷12件。重点化解李旺物流中心商贸体、固原监狱办公楼、宁南医院医师培训楼等项目拖欠99名农民工工资68.8万元。开展扫黑除恶专项斗争，宣传扫黑除恶政策，全覆盖、无遗漏摸排辖区黑恶势力线索3条，经排查不构成黑恶势力，配合侦查部门打掉辖区外黑恶势力1个。

（赵元宝）

【民族发展】 维护宗教和顺局面，开展"沙化""阿化""清真概念泛化"专项整治工作，切实做好宗教场所建设规划审批、建筑风格审核、建设工程管理及宗教场所建筑安全排查治理，更换不规范清真标志，拆除滥用清真标识及不规范名称的商铺门头牌匾263处，整治所有商铺食品擅打滥用清真标志2.79万件，整改带有"沙化""阿化"元素的建筑物374处。

（赵元宝）

【社区服务管理】 落实民生项目，完成海兴开发区凤凰和兴业两个城市社区的批复组建，安排社区开展人口调查工作，两个社区现已整建制移交海原县三河镇人民政府管辖，社区工作步入常规化。开展人居环境整治，与海原县保安服务有限公司签订保障性住房物业管理托管协议，加强7个保障性住房小区物业服务管理，为住宅小区配备垃圾桶130个、垃圾清运车8辆，改善住宅区群众生活环境。服务企业发展，协助宁夏振宁新能源装备有限公司、宁夏麦勒电器等企业招工965人。

（赵元宝）

【教育卫生文化扶贫事业】 召开卫生教育系统座谈会1次，听取卫生教育工作存在的困难和问题，征求到意见建议36条，制定印发加快教育卫生事业发展"五定"责任表文件，切实推进问题解决。配发树苗1196棵，支持医院、学校进行绿化。开展八一建军节、春节慰问活动，发放慰问金4.6万元。开展"五一"职工活动、百姓春晚演出、农民文艺会演、老吾老银发飘飘艺术团文艺演出等文体活动4场。为三河镇各行政村群众放映电影178场。开展文化娱乐场所安全执法检查8次，全面排查网吧、舞厅、KTV等文化娱乐场所，督促整改消防、卫生、管理等安全隐患10个。做好干部联系帮扶贫困户工作，督促帮扶干部深入贫困户家中，促进精准扶贫帮扶工作有效开展。

（赵元宝）

【工业和园区建设】 2018年完成工业投资4988万元，完成工业总产值1.75亿元，工业增加值6000万元。现有工业企业22家，商贸企业26家、房地产企业5家。2018年完成园区建设政府配套投资9724万元。实现产城融合、宜居宜业，常住人口达到1.5万人。

（赵元宝）

【农业和农村经济】 海原县三河镇现有耕地面积12.23万亩，旱地面积5.53万亩、水地面积6.7万亩，退耕还林面积4.848万亩。主要以草畜、枸杞、蔬菜、劳务四大产业发展为主。2018年，全镇经济社会持续健康发展，实现社会生产总值93001万元，比2017年增长3.5%,其中第一产业35396万元,占比38.0%,第二产业44435万元,占比17.8%,第三产业13170万元,占比14.2%。实现农民人均纯收入9780元,较2017年增长9.9%。 （赵元宝）

【党的建设】 认真落实党建工作责任制,印发党工委书记抓党建工作责任清单和党支部书记抓党建工作责任清单,形成抓党建工作的刚性约束,各党组织管党治党责任履行到位。突出党的政治建设,统筹做好党工委、管委会党务和政务工作,印发2018年组织工作要点,落实三会一课、谈心谈话、民主生活会、个人事项报告、诫勉函询、述职述廉等党建工作制度,召开党工委民主生活会3次,清理撤销11个无党员的"空壳"联合党支部,组建成立海兴开发区非公有制经济党工委、非公有制企业经济组织第一联合党支部,选派17名党员作为党建工作指导员到非公企业开展工作；建成海兴开发区非公企业党群活动服务中心；争取市委组织部党建工作经费3万元,支持正丰驾校党支部建成非公党建示范基地。深入学习宣传习近平新时代中国特色社会主义思想和党的十九大精神,制订印发理论学习计划,组织党工委中心组学习24次、管委会各部门每周理论学习40次；加强网络安全建设管理,监测网络舆情,对涉及开发区的信息及时准确进行报告,对政务网站信箱留言平台反映的问题及时转送有关部门处理,增强舆论引导调控能力。落实全面从严治党,持续改进干部作风,严守党的政治纪律和政治规矩,落实党风廉政建设责任制,印发2018年党风廉政建设和反腐败工作要点,按季度召开党风廉政建设专题会4次,签订党风廉政建设责任书10份；更新科级干部廉政档案,发放廉政风险提示牌13个；深入开展违反中央八项规定精神突出问题专项治理,围绕"严禁超标准公务接待、严禁违规公款吃喝、严禁违规公款送礼、严禁外出公款旅游、严禁超标准配备使用办公用房"5个方面,自查出问题736条,全部整改完成,共追缴12.65万元到管委会财务账户；对治理中发现的相关违规问题完成调查核实,并对涉及的12名人员进行处理,其中诫勉谈话2人、责任约谈2人、提醒谈话8人。对各部门党风廉政建设方面问题存在的问题,发出党风廉政建设工作检查建议书5份,及时督查反馈整改到位。 （赵元宝）

党派群团

中国共产党中卫市委员会

·综　述·

【概况】　2018年，在自治区党委、政府的坚强领导下，市委团结带领全市党员干部群众，深入学习贯彻习近平新时代中国特色社会主义思想和党的十九大精神，全面贯彻落实中央和自治区各项决策部署，坚持以"转型追赶、高质量发展"为主线，坚决打好"三大攻坚战"，大力实施"三大战略"中卫方案，全面落实"五个扎实推进"重点任务，全力以赴稳增长、调结构、抓改革、惠民生、促和谐，全市经济社会发展和党的建设各项事业都取得新的重大进展。预计全年地区生产总值增长6%；固定资产投资下降35%；地方一般公共预算收入同口径增长8.2%；社会消费品零售总额增长5.5%；城镇和农村常住居民人均可支配收入分别增长8%和8.5%。　　　　　　　　　　（马亚红）

【思想理论学习】　市委常委会认为，旗帜鲜明讲政治，是我们党作为马克思主义政党的根本要求，必须坚持以习近平新时代中国特色社会主义思想为指导，坚决维护习近平总书记核心地位，坚决维护党中央权威和集中统一领导。市委常委班子带头强化理论武装，带头严守政治纪律和政治规矩，扎实推动习近平新时代中国特色社会主义思想和党的十九大精神在中卫落地生根。坚持把学习贯彻习近平新时代中国特色社会主义思想和党的十九大精神作为首要政治任务，切实在学懂弄通做实上下工夫，教育引导广大党员干部进一步树牢"四个意识"，坚定"四个自信"，自觉做到"四个看齐""两个维护"。党的十九大召开后，第一时间召开全市领导干部会议传达学习，对十九大报告进行辅导解读。市委常委会坚持学在前、做在前，每次常委会前安排理论中心组学习，明确两三名市级领导作专题交流发言，先后举办市委理论中心组学习会24次、沙坡头大讲堂7次，学习频次和强度进一步加大。扎实开展大宣讲活动，邀请中央和自治区宣讲团来中卫宣讲，安排市级领导深入基层联系点宣讲，县（区）、部门（单位）主要负责同志在本地区、本部门宣讲，组建市、县（区）和乡镇三级宣讲团，深入机关、农村、社区和企业开展宣讲1000余场次。充分发挥党校（行政学院）培训教育主阵地作用，对全市2700余名科级以上干部进行全员轮训，推动学习贯彻习近平新时代中国特色社会主义思想和党的十九大精神往实里走、往深里走。通过深入广泛的学习宣传，广大党员干部群众主动把维护习近平总书记的核心地位作为最大的政治，自觉落实到行动上、融入到工作中。坚持把习近平总书记视察宁夏时的重要讲话精神作为习近平新时代中国特色社会主义思想的"宁夏篇"，组织全市党员干部反复学、经常学、深入学，领会把握精神实质，用以武装头脑、指导实践、推动工作。市委四届四次、五次全会把学习重要讲话精神作为主要任务之一。在市委党校举办8期全市科级以上领导干部专题学习班，对习近平总书记视察宁夏时的重要讲话进行辅导解读，进一步统一思想，增强行动自觉。按照自治区党委的统一安排，对自治区第十二次党代会以来市委、市政府及"两办"名义印发的252份文件进行梳理，修订与中央和自治区党委要求、提法不一致的文件3份。扎实开展习近平总书记对宁夏、对中卫重要批示指示贯彻落实情况"回头看"，全面自查自纠，逐项整改落实。坚持把抓好中央巡视反馈问题的整改落实，作为学习贯彻习近平新时代中国特色社会主义思想和党的十九大精神，切实做到"两个维护"的具体行动。对中央巡视反馈的问题，主动认领，照单全收，层层压紧压实责任，逐条逐项细化措施，坚决彻底整改到位。对中央第八巡视组反馈需要中卫市整改的5个方面40个具体问题,我们成立整改落实工作领导小组和8个专项小组,制订"1+7"整改方案,明确304条整改措施,逐项落实到具体单位和责任人,先后召开市委巡视整改工作领导小组会、专项小组会25次,开展专项督查、调研督办55次,市委常委会2次听取整改工作进展情况汇报,有力推动整改工作的落实。年内,完成整改170条,正在整改或长期坚持134条。其中,反馈意见明确点到中卫的3个具体问题基本整改到位。全力解决好群众反映强烈的突出问题,中央巡视组反馈件办结率达96.1%。 （马亚红）

【工业转型升级】 扎实推进中卫、中宁工业园区整合发展,推进新材料、新能源、冶金化工等重点产业集群化、规模化发展,江苏瑞盛锂电池正极材料一期等一批重点项目建成投产,宁夏瑞泰系列化工等项目加快推进,天津日久光敏新材料、宁夏润华熔盐等一批招商引资项目签约落地。全面落实自治区"降成本30条",为企业减税14.3亿元,全市47家企业参与电力直接交易,22家企业享受差别化电价补贴,累计节约成本8598万元。扎实开展工业园区环境综合整治,盘活批而未建、长期未建等违规违法用地1400余亩。按照"一企一特色、一厂一景观"的思路,实施工业园区生态景观提升工程,打造"生态园区、绿色工厂",园区生态环境极大改善,瑞泰科技等企业成为"绿色工厂"建设的标杆。预计规模以上工业增加值增长4%左右。 （马亚红）

【特色农业】 紧盯粮食+枸杞、硒砂瓜、草畜、马铃薯、果蔬"1+5"优势特色产业,重点在创品牌、定标准、举龙头上下工夫,特色优势产业产值占农业总产值的比重达78.8%。按照"一中心三基地"的思路,大力发展富硒功能农业,完成全市土壤含硒量普查,成立硒产业发展股份公司,建成富硒示范种植基地8万亩,制定富硒硒砂瓜、枸杞、苹果标准化生产技术规程。香山硒砂瓜荣获宁夏十大农产品区域公用品牌。中宁枸杞荣获全国首个"农产品气候品质类国家气候标志",品牌价值172.8亿元,居全国十大农业区域品牌价值第四位。乌玛枸杞在第五届世界硒都(恩施)硒产品博览交易会上获评特色硒产品。农民专业合作社、家庭农场等新型经营主体不断壮大,新增农民专业合作社64家、家庭农场103家,自治区级以上农业产业化龙头企业达56家,万齐跻身"农业产业化国家重点龙头企业",沙坡头区(南山台)列入2018年全国农村一、二、三产业融合发展先导区创建名单。成功举办富硒农产品推介发布暨富硒产业发展研讨会,中卫被授予"中国塞上硒谷"称号。 （马亚红）

【经济发展新动能】 全域旅游示范市创建步伐加快,沙漠星空大道、中卫游客咨询服务中心、沙坡头南岸半岛民宿集群建成投运,沙坡头沙漠区基础设施等项目加快推进,完成旅游投资5.5亿元。成功举办2018年环球旅游小姐世界总决赛、第九届大漠黄河国际旅游节等重大赛事活动,国内首台大型魔幻情境体验剧《沙坡头盛典》常态化公演。先后在北京、四川等重点客源地开展旅游宣传推介活动,中卫旅游影响力进一步增强。全面净化旅游市场,扎实开展打击黑车、黑导专项行动,有力维护游客合法权益和中卫旅游整体形象。全年接待游客数增长11.4%,旅游收入增长15.7%。云计算产业发展势头强劲,亚马逊云计算中卫合作一期项目上线运营,西部云基地服务器规模达10.3万台,美利云、中国移动数据中心一期建成投用,中国联通、炫我科技、天云网络等数据中心项目开工建设。成功举办首届云天大会,成立云计算产业联盟,发布云计算产业的中卫标准和中卫公式,中卫被评为"最适合投资数据中心的城市和地区"。"变黄沙戈壁为创新发展新热土"的做法被国务院通报表扬。加快国家军民融合创新示范区创建步伐,中国西部飞艇产业基地、商业卫星天线组阵等项目顺利建设,"火冰"新型环保消防灭火器两条生产线建成投产,"宁夏一号"(钟子号)卫星项目第一颗低轨载荷卫星研制完成。云计算和军民融合产业完成投资21.3亿元,增长75.7%。交通物流业加快发展,海同高速建成通车,中卫南站黄河大桥、中卫至兰州客运专线等一批项目开工建设,吴忠至中卫城际铁路通车测试,沙坡头机场年旅客吞吐量突破24万人次,迎水桥保税物流中心、中卫工业园区公铁物流园区、李旺物流园等项目积极推进,开通中欧、中俄国际货运班列20列。第三产业增加值增长7.5%。 （马亚红）

【城乡山川发展】 着力解决海兴开发区资产闲置问题,推动西北高端肉牛发展研究院、华润高端肉牛精深加工、都市牧歌纺织产业园、麦勒家电产业园等项目在海兴开发区布局。着力解决城乡发展不平衡问题,召开市委四届五次全会,研究出台大力实施乡村振兴战略、加快城乡一体化发展的《意见》,提出"一带两廊"空间发展格局,统筹发展规划、产业布局、城镇建设、基础设施建设和城乡文明建设,为加快城乡一体化发展奠定了坚实基础。突出抓好美丽城乡建设,新建、续建城市道路37条,改造城市供排水、供热管网45公里,开工建设美丽小城镇3个、美丽村庄20个。

"城市双修"试点工作稳步推进。中国城市规划学会2018城市更新主题研讨会在中卫召开。　　（马亚红）

【深化改革政治责任】　　建立市级领导包抓重点改革任务机制，先后召开3次全市深化改革领导小组会议，研究审定重大改革方案28个。健全完善改革任务落实督导机制和考核机制，出台中卫市深化改革工作的《督察方案》《考核办法》，提高深化改革在全市效能目标管理考核体系的比重，通过"一月一自查""一季一督察"、专项督察等，有效推动各项改革任务落实。年初确定的77项改革任务完成70项，7项稳步推进。　　（马亚红）

【重点领域改革】　　农业农村改革扎实推进，全面开展农村集体资产清产核资工作，农村集体经济股份制改革、农业水价改革、供销社改革积极推进，共办理农村产权抵押登记贷款2474户3.15亿元。国资国企改革持续深化，进一步理顺市属国有企业的管理，完善企业法人治理结构，薪酬体系和考核机制更加规范，国有企业发展活力和综合实力进一步增强。综合医改深入推进，公立医院全面取消药品加成并实行"两票制"管理，医务人员薪酬分配制度、人员备案总量管理、医疗性服务价格等改革全区领先。党政机构改革有序推进，市县（区）退役军人事务局挂牌运行。
　　（马亚红）

【发展环境优化】　　行政审批制度改革成效显著，积极推进权力清单标准化建设，取消没有法律依据的证照事项383项，全面推行行政审批"告知承诺制"、工业园区建设项目"区域评"改革试点、重点项目"代办制"，80%以上的事项实现"不见面、马上办"，"互联网+"登记注册网上办照率达70%。财政体制改革稳步推进，税收收入占公共财政预算收入比重达70%以上。制定中卫市本级政府债务化解清单，通过PPP合作、完善市场化融资担保体系等措施，严格控制增量，积极消化存量，争取新增地方政府债券5.9亿元、置换债券9.2亿元。召开金融服务民营企业推进会，引导金融机构创新金融产品和业务，促成企业以应收账款（动产）担保融资33.5亿元。充分发挥财政资金的引导和撬动作用，创新推进"宁科贷"项目，为18家企业发放风险补偿贷款4695万元，有效缓解中小微企业融资难、融资贵问题。科技创新改革成果丰硕，全市科技经费投入增速达40%，申请专利同比增长190.5%，新增国家级高新技术企业3家，"生物土壤结皮形成机理、生态作用及在防沙治沙中的应用"等多项成果荣获自治区科学技术进步奖，宁夏首个国家级科技惠民计划项目顺利通过验收。　　（马亚红）

【环保突出问题整改】　　出台加强工业园区环保工作的《意见》，建立重点企业市级领导包抓机制，确保督察整改工作落实到位。组织市领导、有关部门和企业负责人赴宁东能源化工基地观摩学习，将蓝丰地下水修复现场确立为中卫环保警示教育基地，开展常态化警示教育，全市上下环保意识明显增强。年内，中央环保督察组"回头看"转办群众投诉件办结率达91.8%；指出的17家企业30个问题，完成整改13家企业26个问题。中央环保督察组反馈"回头看"及专项督察反馈的5个方面16个问题，按照整改方案全力推进落实。　　（马亚红）

【绿色低碳循环发展】　　加快传统产业改造升级，紫光蛋氨酸关键工艺、协鑫晶体一期1功率节能等技改项目顺利实施，工业技改投资增长16%。严把环保准入关口，把建设项目环境管理作为控制新污染源的重要手段，全年审批各类建设项目518个，建设项目环境影响评价执行率达100%。全力抓好节能减排，严格限制高污染、高耗水、高耗能产业发展，鼓励企业开展清洁生产，宁钢公司被自治区确定为绿色工厂建设示范单位。加快推动能源资源全面节约和循环利用，全面启动节水型社会创新试点关键技术应用与示范项目，宸宇环保无害化处置中心、杭州锦江垃圾焚烧发电等一批项目开工建设，实现经济效益和社会效益双赢。　　（马亚红）

【生态建设和环境保护】　　大力实施"增绿植绿"行动，完成防沙治沙、生态移民迁出区修复、退耕还林23万亩，全市森林覆盖率由2017年的12.9%提高到13.9%。大力实施蓝天行动，全面淘汰改造燃煤锅炉249台，清理整治辖区小散乱污企业25家，严格落实"六个100%"扬尘防控措施，"零容忍"查处秸秆焚烧行为。全市优良天数达标率达90.5%。大力实施碧水行动，建立河（湖）长制，扎实推进清河专项行动，完成清水河海原段、沙坡头区第三第四排水沟、中宁县北河子沟等沟道整治891公里，取缔非法采沙场71家，清理各类垃圾3.3万吨，黄河中卫过境段水质达到Ⅱ类。大力实施净土行动，加大工业、建筑行业固体废物问题专项治理力度，建立绿色防控示范区3个、农用残膜回收点39个，完善畜禽养殖污染防治配套设施84家。　　（马亚红）

【脱贫攻坚】　　按照中央和自治区要求，全面开展政策文件、标语挂图清理和贫困人口信息"数据清洗"工作，共清理文件519件、不符合标准贫困人口6198

人。采取以奖代补等办法，加大对主动脱贫、自愿脱贫、提前脱贫群众的奖励补助力度，有效解决脱贫进度层层加码、精准扶贫不到位、脱贫内生动力不足等问题，全年预计脱贫2.8万人。因地制宜发展增收致富产业，全市域推广华润"基础母牛银行"模式，累计赊销基础母牛2.3万头。整合资金17亿元，发放扶贫小额信贷2.9万户13亿元，全市从事草畜、马铃薯、枸杞等特色种养业建档立卡户达65%以上。对3.3万名贫困群众开展脱贫技能培训，打造就业扶贫基地31个、扶贫车间19个，建档立卡贫困劳动力转移就业10554人。全面完成"十三五"2892户12016人易地搬迁任务。加强贫困地区基础设施建设，宁夏中部干旱带西部供水喊叫水片区主体工程试通水，海原县三塘片区主体工程完工，国道341、省道204线工程顺利推进，新建、改建农村公路466公里，完成危窑危房改造9813户。深化闽宁对口帮扶，先后8次到福建漳州市对接工作，建立漳浦县劳务服务就业创业基地，海原闽宁纺织工业园投产运营。扎实开展"脱贫攻坚作风建设年"活动，持续开展两轮厅处级领导干部蹲点调研，累计走访贫困村208个、贫困户1万余户，锤炼党性修养，密切干群关系，帮助贫困群众解决一批突出问题。深入开展扶贫领域腐败和作风专项治理，全市排查扶贫领域违纪违法问题80件，给予党纪政务处分110人，移送司法机关2人。（马亚红）

【社会事业发展】 各级各类教育机构办学水平全面提升，实施农村薄弱学校改造、普通高中办学条件改善等项目207个，新建、改建校舍17.8万平方米。建立从学前到大学教育全覆盖的贫困学生资助体系，为1.5万余名大学生发放助学贷款9796万元。公共卫生服务水平不断提高，市中医医院、市妇幼保健中心业务楼，中宁、海原县人民医院妇儿综合楼等项目主体完工。"互联网+医疗"成效明显，在全区率先建设智能家庭医生签约服务和医德医风电子监管系统，组建家庭医生签约服务团队372个，开展服务55万人次。"国家卫健委—联合国儿童基金会新生儿安全项目"落户海原。国家卫生城市创建工作顺利通过自治区评审。就业服务水平有效提升，出台支持鼓励创新创业优惠政策，新培育自治区级创业孵化示范园区3家，创造新岗位4203个，转移农村劳动力15.4万人，未就业高校毕业生就业率达96%，城镇登记失业率为3.6%。社会保障水平稳步提高，全面启动"同舟计划"二期，企业退休人员养老金人均提高135元，为8.3万名城乡居民月人均调增基础养老金20元，全市建档立卡户养老、医疗保险参保率分别达99.8%和100%。实施各类保障性安居工程4.4万套。

（马亚红）

【意识形态工作】 在全区率先建立县（区）和部门（单位）党委（党组）意识形态工作《责任清单》和《测评细则（试行）》，制定中卫市意识形态工作责任制考核《实施细则》，确保意识形态工作责任落实到位、工作方法到位、检查考核到位。在全区率先建立互联网信息工作部门协调机制，出台群体性突发事件网络舆情《应急预案》，妥善处理涉民族宗教、涉卫突发事件等一批敏感网络舆情，发布事实真相，回应群众关切的问题。按照自治区统一部署，精心组织开展自治区成立60周年系列庆祝活动，向中央代表团和全市人民展示中卫设市以来改革发展的伟大成就，营造全市干部群众奋发有为、干事创业的浓厚氛围。结合改革开放40周年、自治区60大庆和云天大会等，加大对外宣传力度，在央视、人民日报、新华社等中央主流媒体刊播、刊发中卫稿件120余篇（条）、开展中卫专题直播30余场次。

（马亚红）

【社会主义核心价值观建设】 打造社会主义核心价值观主题广场10个、主题街道3条、宣传阵地31处、宣传牌（栏）4500多个，市区独立办公场所（单位）实现宣传阵地全覆盖。全力推进全国文明城市创建工作，出台创城工作《"十大行动"实施方案》，建立"1+9"工作模式，统筹推进9个工作组3大板块200项任务落实，群众文明素养、社会文明程度有效提升。以创建全国文明城市为统领，扎实开展群众性精神文明"五大创建"活动，2018年11月中国好人榜发布仪式暨全国道德模范与身边好人现场交流活动在中卫举办。将移风易俗作为精神文明建设的重要内容，纳入基层党组织（党员）评星定级（定格），出台加强对党和国家工作人员操办婚庆喜庆事宜监督的《暂行规定》《推进移风易俗 促进脱贫攻坚奖励扶助办法》，扎实开展移风易俗"过筛子"和"向天价彩礼宣战"等主题教育实践活动，在全社会形成树文明、倡新风的良好风尚。

（马亚红）

【文化事业发展】 大力实施文化惠民工程，开展花儿传唱大赛等系列文化活动，举办广场文艺演出、惠民下乡演出1000余场次，圆满完成自治区60大庆群众文艺演出任务，中宁县、海原县全民健身中心、五馆一中心健身步道等项目建成投用，全市33个乡镇综合文化站实现"公建民营公助"模式全覆盖。大力实施文化传承保护工程,出版《走进中卫》《一路风景》《中卫民间故事》等历史文化书籍,创排《丝路情》《花香新时代》等优秀花儿剧,中卫市荣获全区非物质文化遗产保护先进单位。大力实施文艺精品扶助工程,60大庆献礼剧《我拿什么奉献给你》在江苏、山东、辽宁地方电视台高收视率播出。大力实施文化产业发展工程,出台文化创意和设计服务相关产业《扶持办法》,建成大麦地阳光文化产业园等文化产业示范基地3个,成功举办中卫市第三届文创旅游商品大赛,与周边地市、中东部发达地区的文化交流合作深入推进。

(马亚红)

【民主政治建设】 充分发挥市委总揽全局、协调各方的作用,建立"6+8"重点工作、重大项目分工负责制,市四套班子齐心协力谋发展、抓落实,形成强大的工作合力。加强对人大工作的领导,全力支持人大及其常委会依法履职,市人大常委会对沙坡头区城市饮用水永久性水源地保护、提升城市环境卫生水平等重大问题依法作出决定,人大代表建议办结率达94%,代表"双联"工作实现全覆盖。充分发挥人民政协协商民主重要渠道和专门协商机构的作用,办理政协提案140件,促进全市枸杞产业发展升级、加强硒砂瓜品牌品质保护和核心示范区建设等一批建议纳入市委重点工作推进落实。扎实推进群团改革,工会、共青团、妇联等群团组织的职能作用进一步发挥。国防动员和后备力量建设得到有效加强。依法治市成效明显,"七五"普法全面推进,"法律八进"精准深化,公共法律服务体系全面建成,基层司法所标准化建设成为全区司法行政工作亮点,全民法治观念进一步增强。

(马亚红)

【民族宗教工作】 认真学习贯彻习近平总书记关于民族宗教工作重要论述,召开市委四届五次全会对民族宗教工作进行安排部署,要求全市各级各部门站在讲政治的高度,旗帜鲜明地抓、态度坚决地抓。在海原县召开民族宗教工作现场会,扎实开展"四进"宗教活动场所和"清真"泛化、"阿化"、"沙化"、宗教过热氛围过浓、宗教干涉世俗生活、伊斯兰教经文班、网络涉宗教舆情排查化解、共产党员信教问题专项整治"八项行动",国旗、社会主义核心价值观进宗教场所分别比2017年年底提高60个和25.8个百分点,清理涉及"三化"问题的党内文件15件,收回、吊销不符合清真食品范畴的《清真食品准营证》46个,清理更换不符合规定的门头牌匾、广告牌1623个,下架擅打"清真"标志商品36.6万件,教育转化信仰宗教和参与宗教活动党员1115名。深入开展马克思主义民族观宗教观政策、共产党员信仰主题学习教育,举办党员干部、宗教界人士和寺管会主任等培训班27期、培训2722人。创新开展"合坊并寺、合坊用寺、团结开寺"试点工作,得到了自治区领导的充分肯定。围绕全国民族团结进步示范市创建,扎实开展民族团结进步"八项特色教育",促进各民族交往交流交融,中华民族共同体意识深入人心。

(马亚红)

【社会治理】 深入开展扫黑除恶专项斗争,出重拳、下重手打掉村霸、恶势力团伙和家族恶势力9个,抓获犯罪嫌疑人94人,铲除"马大户"等一批干涉基层政权、滋扰乡邻的恶势力团伙,社会秩序稳定良好。扎实推进"平安中卫"建设,有效整合社会治理资源,着力构建全方位公共安全防控体系,"雪亮工程"和"宁安行动""利剑行动"等十大专项行动深入实施,群众安全感大幅提升。扎实开展矛盾纠纷大调解专项行动,严格落实领导值班接访和信访包案化解制度,全年矛盾纠纷化解率达90.7%。深化安全生产领域改革与发展,严格落实安全生产"三大责任",持续开展专项整治,全市安全生产形势总体平稳。

(马亚红)

【党的政治建设】 出台《中卫市委常委会关于坚定维护以习近平同志为核心的党中央集中统一领导的若干规定》,从带头坚决拥护和捍卫习近平总书记在党中央和全党的核心地位等10个方面作出明确要求,常委会班子带头落实党章党规、带头密切联系群众、带头加强廉洁自律,为各级班子作出表率。坚持把政治纪律和政治规矩挺在前面,要求党员干部在政治立场、政治方向、政治原则、政治道路上同党中央保持高度一致,做到党中央提倡的坚决响应、党中央决定的坚决执行、党中央禁止的坚决不做,维护中央权威,确保政令畅通。认真落实新形势下党内政治生活若干准则,全面落实"三会一课"制度,严格执行民主集中制,深入基层调查研究,注重听取各方面意见建议,努力做到科学决策、民主决策、依法决策。围绕"不忘初心,牢记使命"主题,创新开展"学榜样、忆初心、见行动"等活动,确保党员干部说符合身份的话、做符合党纪党规的事。

【基层组织建设】 扎实开展基层党组织"三大三强"行动和"两个带头人"工程,集中整顿农村软弱涣散党组织223个,重点解决村"两委"班子不健全、党支部活动不规范、基础保障不到位等问题,全市462个村"两委"班子全部健全,培育各类致富带头人

2059名，新建、改扩建村级组织活动场所48个，基层党组织的凝聚力和战斗力不断加强。全面实施"三强九严"工程，扎实开展机关党建"灯下黑"问题专项整治，发现并督促整改突出问题329个，对党建工作问题突出的23名党组织负责人和责任人给予党纪处分，机关党建规范化水平明显提升。大力实施城市社区共建共治共享计划，建立组织联建、党员联管、活动联搞、资源联用、服务联做"五联共建"模式，全市32个社区全部建立联合党委。扎实推进非公组织、社会组织等领域党的建设，实现党建工作指导员选派全覆盖，非公企业和社会组织党组织覆盖率分别达77.3%和80.1%。

（马亚红）

【干部队伍建设】 认真落实好干部标准和"五个注重"要求，坚持把政治标准摆在首位，强化对干部政治忠诚、政治定力、政治担当、政治能力、政治自律的深入考察，对政治上不合格的干部"一票否决"。出台进一步激励全市干部新时代新担当新作为的《实施方案》，建立正向激励、容错免责等机制，提拔使用基层和急难险重岗位表现优秀的干部14名，两名问责后表现优秀的干部重新受到任用，对7名受到不实举报的干部予以澄清、公开正名，旗帜鲜明为敢担当的干部撑腰鼓劲。推进干部能上能下，对履职不到位、不适宜担任现职的5名处级领导干部，给予改任非领导职务、降职或免职处理。大力发现储备年轻干部，建立300名优秀年轻干部和150名女干部、少数民族干部、党外干部重点培养对象名单，跟踪培养、动态管理。从严管理监督干部，严格落实个人有关事项报告、经济责任审计、提醒函询诫勉等制度，对个人事项报告存在漏报、瞒报问题的18名干部问责处理，对工作主动性不强、抓落实不力的43名干部进行提醒谈话。

（马亚红）

【党风廉政建设和反腐败斗争】 制定完善全面从严治党"三个清单"，严格落实"一案双查"，对落实"两个责任"不力的31名党员干部严肃问责。认真落实中央八项规定精神，深入开展党的十九大以来贯彻执行中央八项规定精神情况自查自纠，全年共查处违反中央八项规定精神问题80个，给予党纪政务处分68人，对23起典型案例公开通报。深入开展"四风"问题专项整治行动，查处"四风"问题55个，处理90人。推动全面从严治党向基层延伸，实现村一级"廉情诊所"全覆盖，打通全面从严治党"最后一公里"，"廉情诊所"机制得到中央纪委、国家监委和自治区纪委监委的充分肯定。深化监察体制改革，组建市、县（区）两级监察委员会，实现对所有行使公权力的公职人员监察全覆盖。坚持"惩前毖后、治病救人"的方针，对十八大以来受处分的499名党员干部进行回访教育。坚持有案必查、有腐必惩，充分发挥巡察利剑作用，全市纪检监察机关受理信访举报643件，处置问题线索1079件，立案359件570人，给予党纪政务处分539人。

（马亚红）

【市委发文】 2018年，市委单独发文15件，与市人民政府联合发文14件。

（马亚红）

· 重要会议·

【党（工）委书记抓基层党建工作述职评议考核会】 1月17日召开。会议学习贯彻党的十九大精神，贯彻落实中央和自治区党委关于基层党建工作部署要求；各县（区）和市直部门（单位）党（工）委书记抓基层党建工作进行述职，并进行民主测评；研讨交流基层党建工作经验。

（马亚红）

【2018年总河长第一次会议】 1月19日召开。会议研究部署2018年河长制工作，通报2017年河长制工作考核验收情况和全市重点入沟排污口水质监测情况，审定《中卫市2018年河长制工作要点》《中卫市"清河专项行动"实施方案》。市长万新恒与沙坡头区、中宁县副总河长及市水务局、市农牧局负责人签订《2018年河长制工作目标任务管理责任书》。

（马亚红）

【市直机关领导干部大会】 2月1日召开。会议传达学习自治区"两会"精神，安排部署学习宣传、贯彻落实工作。

（马亚红）

【市纪委四届三次会议】 2月7日召开。会议学习贯彻落实十九届中央纪委二次全会、自治区纪委十二届二次全会精神，总结中卫市2017年党风廉政建设和反腐败工作，安排部署2018年任务；签订2018年度党风廉政建设责任书；开展县（区）党委书记、纪委书记及市直有关部门（单位）党委（党组）书记2017年度"三述三评三公开"述职评议。

（马亚红）

【2018年春节团拜会】 2月13日召开。市委书记、市人大常委会主任何健同志致辞，市委、市人大常委会、市政府、市政协全体领导参加。

（马亚红）

【全市民族宗教工作现场会】 2月28日在海原县召开。会议传达学习自治区党委书记石泰峰在全区领导干部学习贯彻习近平新时代中国特色社会主义思想和党的十九大精神专题学习班上的讲话精神，分析中卫市民族宗教工作面临的形势任务和存在的突出问题,研究加强民族宗教工作的方法举措。

(马亚红)

【2018年全市农村暨脱贫攻坚工作会议】 3月1日召开。会议传达学习中央、自治区农村工作会议精神,习近平总书记在成都打好精准脱贫攻坚战座谈会上的重要讲话精神、全国扶贫开发工作会议和自治区脱贫攻坚工作会议精神;通报自治区对中卫市2017年农业农村、脱贫攻坚工作综合考评情况;安排部署2018年及今后一个时期农业农村和脱贫攻坚工作,深入推进乡村振兴战略实施;会议对全市农村工作和脱贫攻坚工作中表现突出的先进集体、先进个人以及致富脱贫典型示范户、移风易俗示范户等进行表彰。

(马亚红)

【全市民营企业家座谈会】 3月6日召开。会议传达学习全区民营企业家座谈会和全区民营经济发展推进会精神,研究部署全市民营企业发展事宜。

(马亚红)

【全市机关党的建设工作会议】 3月20日召开。会议深入学习贯彻习近平新时代中国特色社会主义思想和党的十九大精神,贯彻落实全区机关党的建设工作会议精神,总结2017年全市机关党的建设工作,安排部署当前和今后一个时期全市机关党的建设工作。

(马亚红)

【创建全国文明城市动员大会暨国家卫生城市攻坚大会】 3月22日召开。会议学习贯彻习近平新时代中国特色社会主义思想和党的十九大精神,贯彻落实全国两会精神,安排部署中卫市创建全国文明城市和推进国家卫生城市创建工作。

(马亚红)

【全市领导干部大会】 3月22日召开。全国人大代表、市委副书记、市长万新恒传达十三届全国人大一次会议精神,市政协主席罗成虎传达全国政协十三届一次会议精神;传达学习自治区领导干部大会精神,安排部署中卫市学习宣传贯彻工作。

(马亚红)

【中卫市解决突出问题推进会】 3月26日召开。会议传达学习自治区党委解决群众反映强烈突出问题情况汇报会精神,进一步安排部署全市解决群众反映强烈突出问题、厅处级干部蹲点调研、环境保护和民族宗教工作。

(马亚红)

【2018年全市第一季度经济形势分析会】 4月24日召开。会议传达自治区党委常委会听取自治区政府党组关于2018年第一季度经济形势分析汇报精神和石泰峰书记的讲话精神,传达咸辉主席来中卫调研工业经济和固定资产投资情况时的讲话精神,通报第一季度全市经济运行情况,听取有关部门和县(区)经济运行情况汇报,听取六大产业重点任务谋划推进情况汇报,研究部署下一阶段经济工作。

(马亚红)

【纪念中共中央"五一口号"发布70周年座谈会】 4月28日召开。会议围绕"重温光辉历史,弘扬优良传统"主题,总结中卫市统一战线多党合作取得的成绩,回顾中卫市民主建设历程,安排部署相关工作。

(马亚红)

【全市农村基层组织建设工作推进会】 7月18日召开。会议深入学习贯彻习近平新时代中国特色社会主义思想和党的十九大精神;传达全区集中整顿农村软弱涣散基层党组织工作推进会精神,宣读《关于深入推进"三大三强"行动集中整顿农村软弱涣散基层党组织的实施方案》。

(马亚红)

【市委四届五次全体会议】 7月26日至27日召开。出席全会的市委委员45人,候补委员8人。全会由市委常委会主持。会议传达学习自治区党委十二届四次全体会议精神;审议通过《关于大力实施乡村振兴战略 加快城乡一体化发展的意见》《中国共产党中卫市第四届委员会第五次全体会议公报》。会议套开全市上半年经济形势分析会,传达自治区有关精神,分析总结上半年经济运行情况,安排部署下半年经济工作。

(马亚红)

【2018年"古尔邦节"茶话会】 8月20日召开。市委副书记马和清在会上致辞,向全市回族等少数民族群众祝贺节日。

(马亚红)

【全市庆祝第34个教师节大会】 9月10日召开。会议总结2017—2018年度全市教育工作,表彰奖励教育工作先进集体、教学成果突出先进集体、教育工作先进个人,安排部署下一年度全市教育工作。

(马亚红)

【全市组织工作会议】 11月16日召开。会议学习贯彻习近平新时代中国特色社会主义思想和党的十九大精神,学习贯彻落实习近平总书记关于党的建设和组织工作的重要论述,学习贯彻全国、全区组织工作会议精神,研究部署当前和今后一个时期党的建设和组织工作。

(马亚红)

【全市宣传思想工作会议】 12月12日召开。会议传达全国全区宣传思想工作会议精神和全区精神文明建设工作表彰大会、全区网络安全和信息化工作会议精神,研究部署中卫市当前和今后一个时期的宣传思想工作;会议表彰全市精神文明建设先进集体、先进工作者、新时代好少年。

(马亚红)

【市委第1次常委(扩大)会议】 1月5日,市委书记何健主持召开。会议传达学习中央农村工作会议精神,研究贯彻落实意见;研究召开中卫市第四届人民代表大会第二次会议和政协中卫市第四届委员会第二次会议等相关事宜;宣布自治区党委关于干部职务任免的决定。万新恒、马和清、刘明生、赵国武、王伟、杨文生、叶宪静、朱利军、苏海涛出席会议,罗成虎、邹玉忠、李铁路、蔡波、马桂岚、刘林森、李树茂、郭亮、黄华、王学军、拜英奇、尹效恩、许金军、施润云、茹小侠、付成林、吕玉兰、王谦、张国顺、张建国及市直有关部门负责人列席会议。 (马亚红)

【市委第2次常委(扩大)会议】 1月16日,市委书记何健主持召开。会议传达学习自治区政府水污染防治专题会议精神,研究贯彻落实意见;审定《中卫市委2018年工作要点(送审稿)》《中共中卫市委员会关于深入贯彻中央八项规定 进一步加强和改进市委常委会作风建设的实施意见(修订稿)》《中共中卫市委常委会关于坚定维护以习近平同志为核心的党中央集中统一领导的若干规定》《中卫市推进"6+8"重点工作分工方案》;研究《关于审议〈中卫市2017年意识形态工作报告〉的请示》。万新恒、马和清、刘明生、陈加先、赵国武、袁诗鸣、王伟、徐海宁、杨文生、叶宪静、马旭东、孙文德、刘启峰、朱利军、苏海涛出席会议,罗成虎、邹玉忠、李铁路、蔡波、马桂岚、李树茂、郭亮、黄华、张隽华、王学军、尹效恩、许金军、施润云、茹小侠、秦发成、付成林、吕玉兰、王谦、张国顺、张建国及市直有关部门负责人列席会议。 (马亚红)

【市委第3次常委(扩大)会议】 2月6日,市委书记何健主持召开。会议传达学习自治区党委2018年第7次常委会会议关于研究全区水污染防治工作精神,研究中卫市贯彻落实意见;传达学习中央和自治区农村工作会议、全国扶贫开发工作会议和自治区脱贫攻坚工作会议精神,研究贯彻落实意见;传达学习全国、全区组织部长会议、宣传部长会议、统战部长会议精神,研究贯彻落实意见;传达学习自治区纪委十二届二次全体会议精神;审议《关于召开中卫市纪委四届三次全体会议和全市2017年度"三述三评三公开"述职评议会议的请示》《市纪委四届三次全体会议工作报告(审议稿)》《何健同志在市纪委四届三次全体会议上的讲话》;研究《关于中卫市应理城乡市政产业(集团)有限公司党委换届有关事宜的请示》。万新恒、马和清、刘明生、王伟、徐海宁、杨文生、叶宪静、马旭东、孙文德、刘启峰、朱利军出席会议,罗成虎、李铁路、蔡波、马桂岚、刘林森、李树茂、郭亮、黄华、尹效恩、施润云、茹小侠、秦发成、付成林、吕玉兰、王谦、张国顺、张建国及市直有关部门负责人列席会议。 (马亚红)

【市委第4次常委(扩大)会议】 2月12日,市委书记何健主持召开。会议传达《中共中央办公厅关于对孙政才涉嫌犯罪提起公诉的情况通报》精神。马和清、刘明生、陈加先、赵国武、杨文生、叶宪静、马旭东、朱利军出席会议,罗成虎、邹玉忠、马桂岚、李树茂、郭亮、黄华、张隽华、王学军、许金军、施润云、茹小侠、秦发成、付成林、吕玉兰、王谦、张建国列席会议。 (马亚红)

【市委第5次常委(扩大)会议】 2月22日,受市委书记何健委托,市委副书记马和清主持召开。会议传达学习中共中央总书记、国家主席、中央军委主席习近平在打好精准脱贫攻坚战座谈会上的重要讲话精神;自治区党委书记石泰峰在自治区党委2018年第10次常委会会议上的主持讲话精神,研究贯彻落实意见。刘明生、陈加先、赵国武、王伟、杨文生、叶宪静、马旭东、朱利军出席会议,罗成虎、邹玉忠、李铁路、蔡波、刘林森、郭亮、黄华、蔡菊、张隽华、王学军、拜英奇、尹效恩、许金军、施润云、茹小侠、秦发成、付成林、吕玉兰、王谦、张国顺、张建国及市直有关部门负责人列席会议。 (马亚红)

【市委第6次常委(扩大)会议】 2月24日,市委书记何健主持召开。会议传达学习全区领导干部学习贯彻习近平新时代中国特色社会主义思想和党的十九大精神专题学习班精神、中央第八巡视组巡视宁夏回族自治区工作动员会精神,研究贯彻落实意见。马和清、刘明生、陈加先、王伟、杨文生、叶宪静、马旭东、朱利军出席会议,罗成虎、李铁路、蔡波、刘林森、李树茂、黄华、蔡菊、张隽华、王学军、尹效恩、许金军、施润云、茹小侠、秦发成、付成林、吕玉兰、王谦、张国顺、张建国及市直有关部门负责人列席会议。(马亚红)

【市委第7次常委(扩大)会议】 2月26日,市委书记何健主持召开。会议传达学习中央政法工作会议、自治区政法综治信访维稳工作暨扫黑除恶专项斗争电视电话会议精神,研究贯彻落实意见;研究《关于落实石泰峰书记在2017年度党组织书记抓基层党建述职述评考核会上对我市点评意见的整改方案》;研究《关于全市2017年度效能目标管理考核结果的请示》《关于表彰2017年度农村和脱贫攻坚工作先进集体、个人的请示》《关于审定〈关于进一步加强财政资金管理的意见(送审稿)〉的请示》《关于审定2018年第一次编委会议研究事项的请示》《关于审定2018年全国五一劳动奖推荐评选名单的请示》《关于表彰党管武装先进单位、个人和优秀专武干部、职工的建议》《关于调整规范撤销市委部分议事协调机构的请示》《关于审定全市非公企业和社会组织推荐自治区五一劳动奖候选人员对象的请示》；研究干部事宜。万新恒、马和清、刘明生、陈加先、赵国武、王伟、徐海宁、杨文生、叶宪静、马旭东、孙文德、朱利军出席会议，罗成虎、邹玉忠、李铁路、蔡波、马桂岚、刘林森、李树茂、郭亮、黄华、蔡菊、张隽华、尹效恩、许金军、施润云、茹小侠、秦发成、付成林、吕玉兰、王谦、张国顺、张建国及市直有关部门负责人列席会议。 （马亚红）

【市委第8次常委(扩大)会议】 3月15日，市委书记何健主持召开。会议传达了石泰峰书记在《中卫工业园区一甲苯储罐起火》上的批示精神，研究中卫工业园区海天精细化工公司甲苯储罐泄露起火事故。马和清、陈加先、袁诗鸣、杨文生、马旭东、朱利军、苏海涛出席会议，邹玉忠、蔡波、马桂岚、李树茂、黄华、蔡菊、尹效恩、许金军、茹小侠、秦发成、付成林、吕玉兰、张国顺、张建国及市直有关部门负责人列席会议。 （马亚红）

【市委第9次常委(扩大)会议】 3月15日，市委书记何健主持召开。会议研究对中卫工业园区海天精细化工公司甲苯储罐泄露起火事故相关责任人员的处理意见。马和清、陈加先、袁诗鸣、王伟、叶宪静、马旭东、孙文德、刘启峰、朱利军、苏海涛出席会议，杨照明、盛建宁列席会议。 （马亚红）

【市委第10次常委(扩大)会议】 3月19日，市委书记何健主持召开。会议决定，将在个别谈话推荐中得票集中、且平时工作表现突出的王学军同志推荐为地级市委常委考察对象人选，按规定程序报自治区党委组织部。马和清、刘明生、赵国武、王伟、杨文生、叶宪静、马旭东、孙文德、朱利军、苏海涛出席会议，杨照明列席会议。 （马亚红）

【市委第11次常委(扩大)会议】 3月19日，市委书记何健主持召开。会议传达学习十九届中央第一轮巡视动员部署会、《中央巡视工作五年规划(2018—2022年)》和全区巡察办主任座谈会精神；听取市委巡察工作情况和四届市委第一轮巡察情况的汇报；传达学习习近平总书记在党的十九届三中全会上的重要讲话精神、中共中央《关于深入学习宣传和贯彻实施〈中华人民共和国宪法〉的意见》等；传达学习全区机关党的建设工作会议精神和自治区有关通报精神，听取全市机关党的建设工作情况的汇报；传达学习张超超、纪峥等同志来中卫调研督察时的讲话精神，研究贯彻落实意见；研究《关于调整市委巡察工作领导小组成员的请示》《关于实施乡村振兴战略的意见(送审稿)的请示》《关于审定〈中卫市开展民族宗教工作"八项行动"工作方案〉的请示》《关于做好集中开展解决群众反映强烈突出问题活动的实施方案》《关于审定中卫市创建全国文明城市相关事宜的请示》《关于审定2018年自治区五一劳动奖推荐评选名单的请示》《关于给予訾双宏处分的请示》；研究干部事宜。马和清、刘明生、陈加先、赵国武、徐海宁、杨文生、叶宪静、马旭东、孙文德、朱利军、苏海涛出席会议，罗成虎、邹玉忠、李铁路、蔡波、马桂岚、刘林森、李树茂、黄华、蔡菊、尹效恩、许金军、施润云、茹小侠、秦发成、付成林、吕玉兰、王谦、张国顺、张武、张建国及市直有关部门负责人列席会议。 （马亚红）

【市委第12次常委(扩大)会议】 3月26日，市委书记何健主持召开。会议传达学习自治区十二届党委2018年第13次常委会等有关会议精神，研究贯彻落实意见；传达学习自治区党委常委会会议关于民族宗教工作相关精神，研究贯彻落实意见。万新恒、马和清、陈加先、王伟、徐海宁出席会议，罗成虎、邹玉忠、蔡波、马桂岚、刘林森、李树茂、黄华、张隽华、王学军、尹效恩、许金军、施润云、茹小侠、秦发成、付成林、吕玉兰、王谦、张国顺、张建国及市直有关部门负责人列席会议。 （马亚红）

【市委第13次常委(扩大)会议】 4月11日，市委书记何健主持召开。会议传达学习《中共中央办公厅关于加强调查研究、提高调查研究实效的通知》、自治区党委常委会学习贯彻习近平总书记关于扶贫开发成效考核重要讲话的精神等，研究贯彻落实意见；传达学习石泰峰在听取关于集中开展解决群众反映强烈的突出问题活动情况汇报时的讲话精神和《石泰峰在调研督办解决群众反映强烈的突出问题时的讲话》精神；传达学习《统计违法违纪责任人处分处理建议办法》，听取全市统计执法情况汇报；审定《中卫市推进安全生产领域改革发展实施意见》，听取一季度安全生产工作汇报；审定《全面落实普法责任制实施意见（送审稿）》《市委四届五次全体会议筹备工作方案》；研究干部事宜。万新恒、马和清、刘明生、赵国武、徐海宁、杨文生、孙文德、朱利军、苏海涛出席会议，罗成虎、邹玉忠、蔡波、马桂岚、刘林森、李树茂、黄华、张隽华、王学军、尹效恩、许金军、施润云、茹小侠、秦发成、付成林、吕玉兰、王谦、张国顺、张建国及市直有关部门负责人列席会议。

（马亚红）

【市委第14次常委（扩大）会议】 4月18日，市委书记何健主持召开。会议传达学习自治区党委2018年第15次常委会会议有关精神，研究贯彻落实意见；听取各县区解决群众反映强烈的突出问题情况汇报，研究解决存在的问题；传达学习自治区政府召开中央第八环境保护督察组督察反馈意见整改工作调度会精神，研究贯彻落实意见；传达学习王鸿津同志在部分市县（区）巡察工作汇报会上的讲话精神，研究贯彻落实意见；研究《关于审定〈中卫市新任副处级干部担任巡察组副组长制度（送审稿）〉〈中卫市优秀年轻干部参加巡察工作制度（送审稿）〉的请示》《关于审定〈加强中卫市新型智库建设的实施办法（试行）〉的请示》。万新恒、马和清、刘明生、陈加先、赵国武、王伟、徐海宁、杨文生、刘启峰、朱利军、苏海涛出席会议，罗成虎、张隽华、拜英奇、许金军、茹小侠、秦发成、吕玉兰、张建国及市直有关部门负责人列席会议。

（马亚红）

【市委第15次常委（扩大）会议】 4月24日，市委书记何健主持召开。会议传达学习中央巡视组移交涉及群众切身利益信访件办理情况汇报会精神，部署解决群众反映问题工作；研究市政府与西部发展控股有限公司合作事宜；宣布自治区党委干部职务任免决定，研究干部事宜；万新恒、马和清、刘明生、陈加先、赵国武、王伟、杨文生、叶宪静、孙文德、刘启峰、朱利军、苏海涛、位亮、曾申平出席会议，邹玉忠、李铁路、蔡波、马桂岚、刘林森、李树茂、郭亮、黄华、蔡菊、拜英奇、尹效恩、施润云、茹小侠、秦发成、吕玉兰、王谦、张国顺、张建国及市直有关部门负责人列席会议。

（马亚红）

【市委第16次常委（扩大）会议】 4月25日，市委书记何健主持召开。会议传达学习全国网络安全和信息化工作会议精神和自治区十二届党委2018年第16次常委会传达学习《习近平总书记在全国网络安全和信息化工作会议上的重要讲话》时的会议精神；传达学习中共中央办公厅《关于严禁自行出台政策发放工资津贴补贴有关问题的通知》和自治区党委《关于深入开展违反中央八项规定精神突出问题专项治理的通知》精神；听取市人大常委会、市政府、市政协、市中级人民法院、市人民检察院党组履行党风廉政建设"主体责任"，市委、市政府领导班子成员履行"一岗双责"及各县（区）党委履行党风廉政建设"主体责任"情况汇报。万新恒、马和清、刘明生、陈加先、王伟、叶宪静、孙文德、朱利军、苏海涛、位亮、曾申平出席会议，邹玉忠、李铁路、马桂岚、刘林森、李树茂、郭亮、黄华、蔡菊、张隽华、尹效恩、许金军、茹小侠、秦发成、付成林、吕玉兰、张国顺、张建国及市直有关部门负责人列席会议。

（马亚红）

【市委第17次常委（扩大）会议】 5月8日，市委书记何健主持召开。会议学习习近平总书记在纪念马克思诞辰200周年大会上的重要讲话精神，传达学习自治区党委常委会学习《习近平总书记在纪念马克思诞辰200周年大会上的重要讲话》时石泰峰同志的讲话精神；传达学习自治区脱贫攻坚突出问题整改推进会精神；传达学习石泰峰同志在自治区党委专题听取违反中央八项规定精神问题典型案例和发生在群众身边腐败问题典型案例情况汇报会上的讲话精神和中央纪委常委、国家监委委员邹加怡同志在宁夏区贫困县（区）纪委书记例会上的讲话精神，研究贯彻落实意见；传达学习自治区党委办公厅、人民政府办公厅《关于印发〈中央第八巡视组移交群众信访件办理情况督查复核报告〉的通知》精神；研究《审定〈关于落实食品药品安全党政同责的实施意见（送审稿）〉的请示》，听取全市食品药品安全工作情况汇报；听取全市禁毒工作情况汇报；研究《关于审定〈中卫市驻村扶贫第一书记驻村工作队员及派出和管理单位问责办法（送审稿）〉的请示》。万新恒、马和清、刘明生、孙文德、刘启峰、朱利军、苏海涛、位亮出席会议，邹玉忠、李铁路、蔡波、马桂岚、刘林森、郭亮、蔡菊、尹效恩、许金军、茹小侠、秦发成、吕玉兰、王谦、张建国及市直有关部门负责人列席会议。

（马亚红）

【市委第18次常委（扩大）会议】 5月28日，市委书记何健主持召开。会议传达学习全国生态环境保护大会精神和自治区党委常委会有关会议精神，对中卫市安全生产工作进行再安排再部署；审定《2018年度中卫市效能目标管理考核实施方案（送审稿）》；研究《关于审定〈中卫市委领导班子2017年度民主生活会整改清单〉的请示》；听取2018年1—5月份全市安全生产工作情况汇报。马和清、刘明生、陈加先、赵国武、徐海宁、杨文生、叶宪静、孙文德、刘启峰、朱利军、苏海涛、曾申平出席会议，邹玉忠、李铁路、蔡波、马桂岚、刘林森、郭亮、黄华、张隽华、拜英奇、尹效恩、许金军、施润云、茹小侠、秦发成、付成林、吕玉兰、张国顺、张建国及市直有关部门负责人列席

会议。（马亚红）

【市委第19次常委（扩大）会议】 5月30日，市委书记何健主持召开。会议研究市纪委监委关于违反中央八项规定精神突出问题专项治理自查问题责任人员问责的事宜；研究《关于召开中卫市残联第三次代表大会及换届人事安排的请示》《关于审定第三届全区民族团结进步十大模范人物推荐人选的请示》《关于审定〈宁夏中关村西部云基地服务功能调整优化工作方案〉的请示》；通报1—5月份全市项目推进情况，研究部署下一步工作；听取全市环保整改情况，研究部署下一步工作。万新恒、马和清、刘明生、陈加先、赵国武、王伟、杨文生、叶宪静、孙文德、刘启峰、朱利军、位亮、曾申平出席会议，邹玉忠、李铁路、蔡波、马桂岚、刘林森、郭亮、黄华、蔡菊、张隽华、拜英奇、施润云、茹小侠、秦发成、付成林、吕玉兰、张国顺、张建国及市直有关部门负责人列席会议。（马亚红）

【市委第20次常委（扩大）会议】 6月11日，市委书记何健主持召开。会议传达学习李克强总理来宁夏考察指示精神，研究贯彻落实意见；传达学习省区市纪检监察工作座谈会精神、自治区十二届党委2018年第21次常委会传达学习省区市纪检监察工作座谈会精神时石泰峰同志的讲话精神和十二届自治区党委第三轮巡视工作动员部署会、市县（区）党委巡察工作推进会精神，研究贯彻落实意见；传达学习咸辉同志来中卫调研脱贫攻坚时的讲话精神；传达学习全区综治维稳信访工作联席会议精神，听取全市综治维稳工作和解决群众反映强烈的突出问题情况汇报；传达学习自治区党委办公厅、人民政府办公厅《关于做好中央第二环境保护督察组转办环境保护信访投诉案件办理工作的通知》《关于做好中央环境保护督察"回头看"边督边改工作的通知》和中央环境保护督察"回头看"宁夏协调联络组《关于进一步加强中央环境保护督察反馈问题整改工作的通知》精神，听取中央第八环境保护督察组督察整改任务完成情况、中央第二环境保护督察组转办的环境保护信访投诉案件办理情况汇报；传达自治区纪委关于对有关同志违纪问题进行立案审查、处分的通知及决定精神；研究市纪委监委关于县（区）开展违反中央八项规定精神突出问题专项治理涉及市管干部问责的事宜；研究干部事宜。万新恒、马和清、刘明生、陈加先、赵国武、王伟、叶宪静、朱利军、苏海涛、位亮、曾申平出席会议，邹玉忠、李铁路、蔡波、刘林森、李树茂、黄华、蔡菊、张隽华、尹效恩、许金军、施润云、秦发成、付成林、吕玉兰、张国顺及市直有关部门负责人列席会议。（马亚红）

【市委第21次常委（扩大）会议】 6月22日，市委书记何健主持召开。会议传达学习中央第二环境保护督察组副组长、生态环境部副部长翟青同志来中卫下沉督察时的讲话精神，安排部署全市环境保护工作。万新恒、刘明生、陈加先、赵国武、徐海宁、杨文生、叶宪静、朱利军、位亮出席会议，罗成虎、邹玉忠、李铁路、蔡波、马桂岚、刘林森、郭亮、黄华、蔡菊、张隽华、拜英奇、尹效恩、许金军、施润云、茹小侠、秦发成、吕玉兰、王谦、张建国及市直有关部门负责人列席会议。

（马亚红）

【市委第22次常委（扩大）会议】 7月2日，市委书记何健主持召开。会议传达学习习近平总书记关于打赢脱贫攻坚三年行动的重要批示精神、中共中央国务院《关于打赢脱贫攻坚战三年行动的指导意见》精神和自治区党委常委会会议精神，研究贯彻落实意见；传达学习中共中央国务院《关于全面加强生态环境保护坚决打好污染防治攻坚战的意见》精神和自治区党委常委会听取中央环境保护督察组反馈问题整改情况汇报时自治区党委书记石泰峰的讲话精神，研究贯彻落实意见；传达学习中央有关领导批示精神和自治区党委主要领导批示精神，听取全市旅游市场综合监管工作情况汇报；传达学习自治区党委十二届四次全体会议精神；传达学习全区产业转型发展推进会精神，研究贯彻落实意见；传达学习《中共中央办公厅印发〈关于进一步激励广大干部新时代新担当新作为的意见〉的通知》《自治区党委印发〈关于激励干部想干事能干事干成事的若干意见〉的通知》精神和全区新时代激励干部新担当新作为加强和改进选调生工作暨培养选拔优秀年轻干部和女干部少数民族干部党外干部工作座谈会精神，研究贯彻落实意见；研究《关于审定〈中共中卫市四届委员会巡察工作规划（送审稿）〉的请示》《关于审定〈中卫市文学艺术界联合会深化改革方案（送审稿）〉的请示》《关于审定自治区第八次民族团结进步表彰大会模范集体和模范个人推荐名单的请示》《关于审定全国民族团结进步创建示范区（单位）推荐名单的请示》；研究市纪委监委有关事宜；研究干部事宜。万新恒、刘明生、陈加先、赵国武、王伟、徐海宁、叶宪静、孙文德、刘启峰、朱利军、苏海涛、位亮、曾申平出席会议，罗成虎、邹玉忠、李铁路、蔡波、马桂岚、刘林森、李树茂、郭亮、黄华、蔡菊、张隽华、施润云、茹小侠、秦发成、付成林、王谦、张国顺及市直有关部门负责人列席会议。（马亚红）

【市委第23次常委(扩大)会议】 7月11日,市委书记何健主持召开。会议听取市纪委监委有关工作情况汇报;审定市委四届五次全体会议相关材料;研究《关于审定〈中卫市富硒产业发展推进方案(送审稿)〉的请示》《关于审定〈中卫市2018年春季新老城区生态修补绿化工程建设方案(送审稿)〉等三个方案的请示》《关于审定〈中卫市2018年沙坡头区定武高速两侧绿化工程方案(送审稿)〉的请示》《关于审定〈沙坡头区常乐镇下河沿至沙坡头南岸半岛公路建设方案〉的请示》《关于实施沙坡头房车营地项目的请示》《关于审定实施中卫热电厂2×350兆瓦城市供热支管网工程的请示》《关于审定〈新建中卫市第七中学和第十二小学有关事宜〉的请示》《关于审定〈中卫市沙坡头区第一、三、四、九排水沟综合治理工程建设方案(送审稿)〉的请示》《关于淮化集团火箭推进剂迁建项目入园建设的请示》《关于对宁夏沙坡头旅游产业集团沙漠沙生博览园温室大棚资产进行核销处置的请示》《关于中卫市2018年国有企业融资发展的请示》《审定〈关于推进云计算和大数据产业发展若干政策(送审稿)〉的请示》《关于拨付资金缴纳市本级欠缴耕地占用税的请示》《关于审定中卫市康养中心缺口资金的请示》《关于召开中卫市工会第三次代表大会及换届人事安排的请示》;安排部署全市安全防范工作。万新恒、马和清、刘明生、王伟、杨文生、孙文德、朱利军、苏海涛、位亮出席会议,邹玉忠、李铁路、马桂岚、刘林森、李树茂、郭亮、黄华、蔡菊、张隽华、施润云、秦发成、付成林、张国顺及市直有关部门负责人列席会议。

(马亚红)

【市委第24次常委(扩大)会议】 7月17日,市委书记何健主持召开。会议传达学习习近平总书记对禁毒工作的重要指示精神和自治区党委常委会听取全区禁毒工作情况汇报时自治区党委书记石泰峰的讲话精神,听取创建全国禁毒示范城市工作开展情况汇报;传达学习十二届自治区党委2018年第26次常委会听取全区扫黑除恶专项斗争工作情况汇报时石泰峰同志的讲话精神,听取全市扫黑除恶专项斗争工作情况汇报;传达学习自治区党委常委会听取关于集中开展解决群众反映强烈的突出问题活动情况汇报时自治区党委书记石泰峰的讲话精神,听取市政府党组、各县(区)党委解决群众反映强烈的突出问题情况汇报;传达学习全区集中整顿农村软弱涣散基层党组织工作推进会精神,研究贯彻落实意见;听取四届市委第二轮巡察情况汇报;研究《关于审定〈市机关职工食堂改造方案〉的请示》。万新恒、马和清、刘明生、陈加先、赵国武、王伟、徐海宁、杨文生、叶宪静、孙文德、朱利军、曾申平出席会议,罗成虎、李铁路、蔡波、马桂岚、李树茂、黄华、拜英奇、尹效恩、施润云、付成林、王谦、张国顺及市直有关部门负责人列席会议。

(马亚红)

【市委第25次常委(扩大)会议】 7月18日,市委书记何健主持召开。会议决定将在全市领导干部大会民主投票推荐和个别谈话推荐中得票集中、平时工作表现突出的王伟同志推荐为自治区有关部门正厅级领导职位考察对象建议人选,按规定程序报自治区党委组织部。万新恒、马和清、刘明生、陈加先、赵国武、徐海宁、杨文生、叶宪静、孙文德、朱利军、苏海涛、位亮、曾申平出席会议,邹玉忠、杨照明列席会议。

(马亚红)

【市委第26次常委(扩大)会议】 7月24日,市委书记何健主持召开。会议传达学习全国组织工作会议精神和自治区党委常委会传达学习全国组织工作会议精神时自治区党委书记石泰峰的讲话精神;传达学习全国实施乡村振兴战略工作推进会议精神和自治区党委常委会传达学习全国实施乡村振兴战略工作推进会议时自治区党委书记石泰峰的讲话精神,研究贯彻落实意见;传达学习全国政协系统党的建设工作座谈会精神,研究贯彻落实意见;传达学习全区网络安全和信息化工作会议精神,研究贯彻落实意见;听取全市深化国家监察体制改革试点工作进展情况汇报;研究《关于调整中卫市扫黑除恶专项斗争领导小组成员单位并明确职责分工的请示》。万新恒、马和清、刘明生、陈加先、王伟、叶宪静、孙文德、朱利军、苏海涛、位亮出席会议,罗成虎、李铁路、蔡波、马桂岚、李树茂、黄华、蔡菊、张隽华、许金军、施润云、茹小侠、秦发成、付成林、吕玉兰、张国顺、张建国及市直有关部门负责人列席会议。

(马亚红)

【市委第27次常委(扩大)会议】 7月26日,市委书记何健主持召开。会议听取各组召集人关于市委四届五次全体会议分组审议情况的汇报。万新恒、马和清、刘明生、陈加先、王伟、徐海宁、杨文生、叶宪静、朱利军、苏海涛、位亮、曾申平出席会议,邹玉忠列席会议。

(马亚红)

【市委第28次常委(扩大)会议】 8月7日,市委书记何健主持召开。会议传达学习全区组织工作会议精神,研究贯彻落实意见;传达学习石泰峰同志在自治区60大庆筹委会第三次会议上的讲话精神和自治区60大庆会务和接待工作动员会议精神,研究贯彻落实意见;传达学习自治区党委常委会审议《中央第八巡视组巡视宁夏反馈意见整改落实工作方案(送审稿)》时自治区党委书记石泰峰的讲话精神,审定《关于成立中央第八巡视组巡视宁夏反馈意见中卫市整改工作领导小组的请示》《中央第八巡视组巡视宁夏反馈意见中卫市整改落实工作方案(送审稿)》;传达学习全区纪检监察工作推进会和自治区监委评估中卫市监察体制改革试点工作座谈会精神,研究贯彻落实意见;研究《关于给杨金保等13名同志记三等功的请示》《关于审定"宁夏杰出人才奖"推荐人选名单的请示》。万新恒、马和清、刘明生、陈加先、赵国武、王伟、徐海宁、杨文生、叶宪静、孙文德、朱利军、位亮、曾申平出席会议,罗成虎、蔡波、马桂岚、刘林森、郭亮、黄华、蔡菊、尹效恩、许金军、施润云、秦发成、吕玉兰、张建国及市直有关部门负责人列席会议。

(马亚红)

【市委第29次常委(扩大)会议】 8月16日,市委书记何健主持召开。会议传达学习中共中央 国务院《关于防范化解地方政府隐性债务风险的意见》、中共中央办公厅 国务院办公厅《关于印发〈地方政府隐性债务问责办法〉的通知》精神和全区政府债务工作座谈会精神,研究贯彻落实意见;传达学习自治区党委专题会议精神;听取各县(区)党委履行党风廉政建设主体责任情况汇报;研究《关于成立中卫市大力实施乡村振兴战略加快城乡一体化发展工作小组的请示》《关于大力实施乡村振兴战略加快城乡一体化发展的意见任务分工方案》;安排部署"古尔邦节"期间有关工作。马和清、刘明生、陈加先、赵国武、王伟、徐海宁、杨文生、叶宪静、朱利军、苏海涛、曾申平出席会议,罗成虎、邹玉忠、李铁路、马桂岚、刘林森、李树茂、郭亮、蔡菊、张隽华、尹效恩、许金军、施润云、茹小侠、吕玉兰、王谦、张建国及市直有关部门负责人列席会议。

(马亚红)

【市委第30次常委(扩大)会议】 8月20日,市委书记何健主持召开。会议传达学习自治区党委常委会研究关于宁夏泰瑞制药擅自恢复生产处理意见的精神和自治区党委、政府主要领导批示精神;听取沙坡头区永康镇阳沟村城市生活垃圾填埋场有关问题处置情况汇报;研究《关于审定〈中卫市本级防范化解政府隐性债务风险实施方案(送审稿)〉的请示》《关于审定〈中卫市本级防范化解政府隐性债务整改情况报告(送审稿)〉的请示》;研究干部事宜。万新恒、马和清、刘明生、陈加先、王伟、杨文生、叶宪静、朱利军、苏海涛出席会议,罗成虎、邹玉忠、李铁路、刘林森、黄华、蔡菊、尹效恩、许金军、茹小侠、秦发成、付成林、吕玉兰及市直有关部门负责人列席会议。 (马亚红)

【市委第31次常委(扩大)会议】 9月6日,市委书记何健主持召开。会议传达学习全国宣传思想工作会议精神和自治区领导干部会议传达学习全国宣传思想工作会议精神时自治区党委书记石泰峰的讲话精神,研究贯彻落实意见;传达学习自治区党委常委、政法委书记张韵声来中卫调研时的讲话精神,研究贯彻落实意见;听取市深化国家监察体制改革试点工作小组办公室关于各县(区)监察委员会向乡镇(街道)派出监察办公室情况的汇报;研究《关于规范市直有关部门和中央驻卫单位党组设立的请示》;研究干部事宜。万新恒、马和清、刘明生、陈加先、赵国武、杨文生、叶宪静、朱利军、苏海涛、孙文德、曾申平出席会议,罗成虎、邹玉忠、李铁路、马桂岚、秦发成、吕玉兰及市直有关部门负责人列席会议。 (马亚红)

【市委第32次常委(扩大)会议】 9月7日,市委书记何健主持召开。会议决定将在全市领导干部大会民主投票推荐和个别谈话推荐中得票集中、平时工作表现突出的赵建新、董立军两名同志推荐为副厅级领导职位考察对象建议人选,按规定程序报自治区党委组织部。万新恒、刘明生、陈加先、赵国武、叶宪静、孙文德、朱利军、苏海涛、位亮、曾申平出席会议,罗成虎、邹玉忠、杨照明列席会议。 (马亚红)

【市委第33次常委(扩大)会议】 9月11日,市委书记何健召开。会议传达学习全区生态环境保护大会精神,研究贯彻落实意见;听取中央第八巡视组巡视宁夏反馈意见中卫市整改工作领导小组各专项小组整改情况汇报;听取自治区成立60周年大庆中卫市活动筹备情况汇报;传达学习自治区有关会议精神;研究《关于审定〈党员和公职人员涉嫌违纪违法信息通报和及时处理办法(试行)(送审稿)〉的请示》;宣布自治区党委干部职务任免决定;研究干部事宜。万新恒、马和清、刘明生、陈加先、赵国武、杨文生、叶宪静、朱利军、孙文德、位亮、叶峰出席会议,李树茂、黄华、蔡菊、张隽华、拜英奇、吕玉兰及市直有关部门负责人列席会议。 (马亚红)

【市委第34次常委(扩大)会议】 9月17日,市委书记何健主持召开。会议传达学习全区经济运行调度会精神,听取全市前三季度经济运行情况汇报,安排部署下一步经济工作;研究《关于审定〈中卫市意识形态工作责任制考核实施细则（试行）(送审稿)》的请示》；研究沙坡头区、中宁县硒砂瓜种苗问题调查处理情况。万新恒、马和清、刘明生、杨文生、叶宪静、孙文德、朱利军、苏海涛、位亮、叶峰出席会议，罗成虎、邹玉忠、李铁路、刘林森、李树茂、郭亮、黄华、蔡菊、张隽华、拜英奇、许金军、付成林、王谦、张国顺、张建国及市直有关部门负责人列席会议。　　　　　（马亚红）

【市委第35次常委(扩大)会议】　9月26日，市委书记何健主持召开。会议传达学习习近平总书记为庆祝宁夏回族自治区成立60周年的题词，中共中央、全国人大常委会、国务院、全国政协、中央军委关于庆祝宁夏回族自治区成立60周年的贺电，汪洋同志出席自治区成立60周年庆祝活动期间的讲话精神，苗华同志出席中卫市庆祝宁夏回族自治区成立60周年座谈会上的讲话精神，石泰峰同志在庆祝宁夏回族自治区成立60周年大会和自治区领导干部会议上的讲话精神，研究贯彻落实意见；传达学习中央深化扶贫领域腐败和作风问题专项治理工作推进会精神，研究贯彻落实意见；审定《中国共产党中卫市四届委员会第六次全体会议建议方案》。马和清、刘明生、陈加先、赵国武、杨文生、叶宪静、孙文德、朱利军、苏海涛、位亮出席会议，邹玉忠、李铁路、马桂岚、刘林森、李树茂、郭亮、黄华、蔡菊、张隽华、拜英奇、许金军、秦发成、付成林、张国顺及市直有关部门负责人列席会议。　　　　　（马亚红）

【市委第36次常委(扩大)会议】　9月30日，市委书记何健主持召开。会议宣布自治区党委干部任职决定；研究干部事宜；传达学习新修订的《中国共产党纪律处分条例》；研究《关于审定对中卫至北京长途传输链路进行资金补贴的请示》。万新恒、马和清、刘明生、徐海宁、杨文生、叶宪静、朱利军、苏海涛、位亮出席会议，罗成虎、李铁路、刘林森、李树茂、郭亮、黄华、张隽华、拜英奇、秦发成、付成林、王谦、张国顺、张建国及市直有关部门负责人列席会议。　　　　　（马亚红）

【市委第37次常委(扩大)会议】　10月11日，市委书记何健主持召开。会议宣布自治区党委干部任职决定；研究干部事宜；传达学习全区扫黑除恶专项斗争推进会精神，听取全市扫黑除恶专项斗争情况汇报；传达学习自治区信访工作联席会议2018年第二次会议精神，研究贯彻落实意见；传达学习自治区实施乡村振兴战略暨深化农村改革工作推进会精神，研究贯彻落实意见；听取全市宗教工作自查情况汇报。万新恒、马和清、刘明生、陈加先、杨文生、朱利军、苏海涛、曾申平、叶峰出席会议，罗成虎、邹玉忠、李铁路、蔡波、马桂岚、刘林森、李树茂、郭亮、黄华、蔡菊、张隽华、李斌、董立军、许金军、茹小侠、秦发成、吕玉兰、王谦、张国顺、张建国及市直有关部门负责人列席会议。　　　　　（马亚红）

【市委第39次常委(扩大)会议】　10月20日，市委书记何健主持召开。会议传达学习自治区党委十二届五次全体会议精神和自治区党委办公厅 政府办公厅《转发〈中共中央办公厅 国务院办公厅关于印发《宁夏回族自治区机构改革方案》的通知〉的通知》《关于印发〈宁夏回族自治区机构改革方案实施意见〉的通知》精神，研究贯彻落实意见；传达学习盐池县脱贫退出现场会精神，研究贯彻落实意见；传达学习中央第二环境保护督察组对宁夏开展"回头看"情况反馈会精神，研究贯彻落实意见；研究《关于成立中卫市深化机构改革领导小组的请示》；研究干部事宜。李晓波、马和清、刘明生、陈加先、赵国武、徐海宁、杨文生、孙文德、朱利军、苏海涛、曾申平、叶峰、崔昆出席会议，罗成虎、邹玉忠、李铁路、蔡波、马桂岚、李树茂、郭亮、黄华、万克军、蔡菊、张隽华、李斌、赵建新、董立军、许金军、施润云、茹小侠、秦发成、吕玉兰、王谦、张国顺、张建国及市直有关部门负责人列席会议。　　　　　（马亚红）

【市委第40次常委(扩大)会议】　10月31日，市委书记何健主持召开。会议传达学习全国党委秘书长会议精神和自治区党委书记石泰峰在自治区党委常委会传达学习全国党委秘书长会议精神时的讲话精神；传达学习全区宣传思想工作会议精神，研究贯彻落实意见；传达学习许传智同志来中卫调研精神，研究贯彻落实意见。马和清、刘明生、赵国武、徐海宁、杨文生、叶宪静、孙文德、苏海涛、位亮、叶峰、崔昆出席会议，李铁路、蔡波、马桂岚、刘林森、黄华、万克军、蔡菊、张隽华、赵建新、董立军、许金军、秦发成、付成林、吕玉兰、王谦、张国顺、张建国及市直有关部门负责人列席会议。　　　　　（马亚红）

【市委第41次常委(扩大)会议】　11月12日，市委书记何健主持召开。会议传达学习中共中央办公厅《关于陕西省委、西安市委在秦岭北麓西安境内违建别墅问题上严重违反政治纪律以及开展违建别墅专项整治情况的通报》精神；研究《关于拨付沙坡头国家级自然保护区环保整改违法违规建筑拆除治理费用的请示》。李晓波、马和清、刘明生、陈加先、杨文生、朱利军、苏海涛、位亮、曾申平、叶峰、崔昆出席会议，罗成虎、邹玉忠、李铁路、蔡波、马桂岚、李树茂、郭亮、黄华、万克军、张隽华、李斌、董立军、许金军、施润云、秦发成、付成林、吕玉兰、王谦、张国顺及市直有关部门负责人列席会议。 （马亚红）

【市委第42次常委(扩大)会议】 11月27日,市委书记何健主持召开。会议传达学习全国政协"习近平总书记关于加强和改进人民政协工作的重要思想理论研讨会"精神;传达学习中央脱贫攻坚专项巡视工作动员部署会精神、自治区党委常委会会议和自治区扶贫开发领导小组会议等有关精神;传达学习全区教育大会和全区"互联网+教育"示范区建设启动大会精神,研究贯彻落实意见;传达学习自治区党委副书记、自治区主席咸辉,自治区党委常委、组织部部长盛荣华来中卫调研时的讲话精神,研究贯彻落实意见。李晓波、刘明生、陈加先、徐海宁、杨文生、叶宪静、苏海涛、位亮、曾申平、崔昆出席会议,罗成虎、李铁路、蔡波、马桂岚、刘林森、李树茂、郭亮、黄华、万克军、张隽华、许金军、施润云、茹小侠、秦发成、付成林、王谦、张国顺、张建国及市直有关部门负责人列席会议。 （马亚红）

【市委第43次常委(扩大)会议】 12月6日,市委书记何健主持召开。会议传达学习自治区党委书记石泰峰来中卫调研时的讲话精神,研究贯彻落实意见;传达学习自治区党委常委会听取中央巡视反馈意见整改落实进展情况汇报精神和十二届自治区党委第四轮巡视工作动员部署会精神,听取自治区党委第一巡视组反馈问题整改情况、四届市委第三轮扶贫领域和生态环保专项巡察情况汇报;传达学习全区扶贫领域腐败和作风问题专项治理工作例会暨加强扫黑除恶监督执纪问责工作推进会精神,研究贯彻落实意见;传达学习全区市县机构改革工作推进会精神,研究贯彻落实意见;研究中央巡视组巡视宁夏反馈意见整改工作有关事宜;研究《关于审定〈中卫市贯彻落实中央环境保护督察"回头看"及水环境问题专项督察反馈意见整改方案(送审稿)〉的请示》,听取中央环境保护督察"回头看"及水环境问题专项督察反馈意见整改落实情况汇报;研究干部事宜。李晓波、马和清、刘明生、陈加先、赵国武、杨文生、叶宪静、朱利军、位亮、叶峰、崔昆出席会议,邹玉忠、李铁路、蔡波、马桂岚、刘林森、李树茂、黄华、蔡菊、赵建新、董立军、许金军、茹小侠、秦发成、付成林、张国顺、张建国及市直有关部门负责人列席会议。 （马亚红）

【市委第44次常委(扩大)会议】 12月11日,市委书记何健主持召开。会议传达学习自治区党委领导开展大调研活动情况汇报交流会精神,研究贯彻落实意见;传达学习自治区党委办公厅《关于印发〈违反民族宗教政治纪律处分规定〉(试行)的通知》精神;传达学习自治区纪委《关于贯彻落实习近平总书记重要讲话精神严肃整治领导干部利用名贵特产类特殊资源谋取私利问题的通知》精神,研究贯彻落实意见;研究《关于审定〈中卫市委关于建立市政府向市人大常委会报告国有资产管理情况制度的实施意见(送审稿)〉的请示》;研究干部事宜。李晓波、马和清、刘明生、陈加先、徐海宁、杨文生、叶宪静、朱利军、位亮、曾申平、崔昆出席会议,邹玉忠、蔡波、马桂岚、刘林森、李树茂、郭亮、万克军、蔡菊、张隽华、李斌、赵建新、董立军、许金军、秦发成、付成林、王谦、张国顺、张建国及市直有关部门负责人列席会议。 （马亚红）

【市委第45次常委(扩大)会议】 12月18日,市委书记何健主持召开。会议传达学习习近平总书记在十九届中央政治局第十次集体学习时的重要讲话精神和自治区党委常委会会议有关精神,研究贯彻落实意见;传达学习自治区脱贫攻坚成效考核工作专题会精神;研究《关于向部分大型民营企业派驻工作组的请示》《关于拨付宁夏大学中卫校区项目建设资金的请示》;听取中卫市各人民团体工作情况汇报。李晓波、马和清、刘明生、陈加先、杨文生、叶宪静、孙文德、叶峰、崔昆出席会议,罗成虎、邹玉忠、蔡波、马桂岚、刘林森、李树茂、黄华、万克军、蔡菊、张隽华、李斌、赵建新、董立军、尹效恩、许金军、茹小侠、秦发成、付成林、王谦、张国顺、张建国及市直有关部门负责人列席会议。 （马亚红）

【市委第46次常委(扩大)会议】 12月25日,市委书记何健主持召开。会议传达学习习近平总书记在十九届中央政治局第十一次集体学习时的重要讲话精神;传达学习中央经济工作会议精神和十二届自治区党委常委会会议学习时石泰峰同志的讲话精神,研究贯彻落实意见;听取市人大常委会党组、市政府党组、市政协党组、市中级人民法院党组、市人民检察院党组工作情况汇报;研究《关于拨付中卫南站站房建设资金的请示》《关于增设市人民代表大会专门委员会的请示》《关于新增、调整部分内设机构的请示》《关于审定〈中卫市机构改革方案(送审稿)〉的请示》;听取市纪委监委有关情况汇报;研究干部事宜。李晓波、马和清、刘明生、陈加先、杨文生、叶宪静、孙文德、朱利军、位亮、曾申平、叶峰出席会议,罗成虎、邹玉忠、李铁路、蔡波、马桂岚、刘林森、李树茂、郭亮、黄华、张隽华、李斌、董立军、尹效恩、许金军、施润云、茹小侠、秦发成、付成林、王谦、张国顺、张建国及市直有关部门负责人列席会议。 （马亚红）

·组织工作·

【干部教育工作】 制订《2018年全市干部教育培训计划》，把深入学习贯彻习近平新时代中国特色社会主义思想和党的十九大精神作为"必修课"，举办专题培训班9期，对全市处级以上干部、市直机关科级干部和市属国有企业中层以上管理人员1560名进行全覆盖培训。市委安排96名厅处级干部到贫困村驻村蹲点，带头贯彻中央精神，深入转变工作作风，协调解决群众生产生活问题452个。督促党支部认真履行直接教育管理党员、凝聚服务群众职责，分行业分领域开展党员"先锋引领行动"，引导广大党员立足岗位争上游、当先锋、作表率。 （梁舜杰）

【干部队伍建设】 严格执行好干部标准，突出政治标准，提拔重用处级干部18名，对不适宜担任现职的5名处级领导干部予以降职、免职或改任非领导职务组织处理。突出重视基层导向，为3个县（区）调剂6名副调研员职数，选拔4名乡镇党委书记担任市直部门副调研员。突出正向激励导向，从市、县、乡党政领导班子成员和村（社区）党组织书记中选树23名新时代新担当新作为先进典型人选进行宣传。制定《中卫市受党纪政务处分或组织处理干部管理使用办法》，对问责处理后表现优秀的两名干部提拔使用。实施青年骨干培养计划，建立市委掌握的300名优秀年轻干部和150名女干部、少数民族干部、党外干部重点培养对象名单，进行重点跟踪培养。着力推进县（区）之间、市县（区）上下、党政机关与企事业单位之间干部融合交流，市、县上下和县区之间融合交流干部13名。实施高素质专业化干部队伍建设行动计划，选派8名优秀干部到经济发达省区、上级机关以及贫困乡镇挂职锻炼（学习）。举办各级各类领导干部培训班45期，培训干部7000余人次。从严监督管理干部，对打赢三大攻坚战贯彻落实不坚决的13名干部和在考察考核、干部日常管理中发现存在问题30名干部进行及时提醒，对16名领导干部进行任期经济责任审计。 （梁舜杰）

【基层组织建设】 实施"三大三强"行动和"两个带头人"工程中卫行动计划，集中排查确定223个农村软弱涣散党组织，集中进行整顿，调整补选村党组织书记67名、调整其他村"两委"班子成员71名，培育村党组织带头人后备人选946名，各类致富带头人2059名，集中轮训村"两委"班子成员870多名，农村党员两万余人次。投入4931.5万元，全额落实村级办公经费和为民服务资金，新建、改扩建村级组织活动场所48个。实施机关党建"三强九严"工程中卫行动计划，对市直机关党建工作进行两次"全覆盖"督察，督促整改问题329个。举办8期培训班，培训机关党组织负责人和党务干部618名，调整撤换机关党务干部22名。实施城市社区共建共治共享行动计划，投入资金228万元，创建社区共建共治共享党建示范点11个，将387个基层党组织纳入社区联合党委，选聘260名社区单位党组织负责人为"兼职委员"。开展志愿服务650余场次，惠及居民39500余户。实施非公企业和社会组织"有形覆盖"和"有效覆盖"双提升行动计划。全市非公企业和社会组织党组织覆盖率分别达到77.5%和80.1%。深入企业开展巡回宣讲，组织创作"精品党课"40余篇。 （梁舜杰）

【人才队伍建设】 制订《贯彻落实〈关于实施人才强区工程助推创新驱动发展战略的意见〉任务分工方案》，开通"中卫人才之窗"微信公众号，向全市1.2万名各类人才及人才工作者推送政策解读信息31条。印发中卫市《人才工作专项述职办法（试行）》《人才工作目标责任制考核办法（试行）》，加强人才工作目标责任制考核。实施高端专家柔性引进行动计划，聘请5名学者为"中卫市特聘专家"，邀请17名在宁中央博士服务团成员来中卫对接洽谈，先后为云计算、枸杞、富硒产业等领域产学研合作牵线搭桥6次，柔性引进47名高端专家服务重点产业发展。实施青年高层次人才延揽行动计划，组织全市企事业单位到北京、吉林、陕西、甘肃等地重点高校开展人才政策宣传，招揽硕士研究生40余名。对接北京大学、西北农林科技大学、宁夏大学等高校选派5名博士来中卫挂职，复旦大学选派10名研究生来中卫暑期实践。实施骨干人才培养行动计划，共培养教育、卫生、农牧等行业骨干人才118名。深入推进宁夏非公企业人才发展服务试验区建设，争取项目资金100万元，自筹70万元，实施人才项目18个。组织各部门向自治区归口部门申报人才项目30余项，获得批复支持8项460万元。申报新建院士工作站1个，博士后科研工作站1个，专家服务基地3个，人才小高地1个，建成自治区级创业孵化基地3家，国家级小微型企业双创示范基地1家。开展优秀人才选树活动，先后向自治区选拔推荐享受国务院特贴、"宁夏杰出人才奖""国内引才312"及青年拔尖人才培养工程等人选30余名,评选表彰中卫名师、名医、文化名家、农业专家、中卫名匠等"中卫名家"系列优秀人才59名。 (梁舜杰)

·宣传工作·

【意识形态】 在全区率先研究出台县区和部门(单位)党委(党组)意识形态工作《责任清单》和《测评细则(试行)》,为各级党组织提供规范的意识形态工作"操作手册"。制定《中卫市意识形态工作责任制考核实施细则》,建立风险防控、追责问责等6项制度,把意识形态工作纳入党建工作责任制、领导班子领导干部目标管理、党的纪律监督等范围,增加赋分权重,严格考核问责;市委主要领导与各县(区)、市直各部门(单位)56个党委(党组)签订意识形态工作目标责任书,先后两次对意识形态工作作出批示。召开全市意识形态风险点及网络舆情分析研判会4次,举办全市意识形态工作培训班28期,培训4800多人,开展扫黄打非、网络清朗、山寨类文化社团清理、意识形态领域风险点排查四大专项行动,监督论坛、讲座、培训班、报告会20余场次,意识形态阵地进一步巩固加强。对照中央巡视反馈意识形态领域问题,梳理出涉及中卫市问题18个,明确整改任务29项,制定整改措施47条,召开专项整改小组会议4次、开展督察3次,年底前要求落实的7条和取得阶段性成效的24条全部落实到位,16条长期坚持的取得阶段性成效,解决意识形态领域存在的一些突出问题。

(门 拓)

【理论武装】 紧扣学习宣传贯彻习近平新时代中国特色社会主义思想,全市2000多个党组织订阅《习近平谈治国理政第二卷》等理论读物10余万册,市委理论学习中心组学习23次、开展研讨11次,举办"沙坡头大讲堂"7场次、朔方人文大讲堂10场次,组织"纪念改革开放40周年""弘扬红船精神·追溯建党初心"等主题征文和理论研讨6次;探索开展党员"微课堂"、百姓"微宣讲"等活动,精选10名有经验的市直部门宣讲员,对县(区)党委宣传部全体干部、乡镇分管领导、宣传干事、已挂牌的农民(市民)讲习所负责人、驻村第一书记共384人开展专题培训,赴基层示范宣讲30场次,形成学习十九大、践行新思想、拥抱新时代的浓厚氛围。加强新型智库建设,组建132人的智库队伍,向自治区社科联申报人才项目9个。

(门 拓)

【舆论引导】 制定《关于规范和改进时政新闻宣传报道的实施细则》《关于加强和改进党的新闻舆论工作的实施意见分工方案》,组织市属媒体开设《在习近平新时代中国特色社会主义思想指引下——新时代新作为新篇章》等专题专栏20多个,刊发稿件6000多篇(条);开展"美丽中卫行——改革开放40年看变化""60年·辉煌与风采"等系列采访活动,组建"云天中卫、全域旅游、乡村振兴"3支宣传队伍,采编稿件1000多篇(条),主流意识形态话语影响力进一步增强。扎实做好中央环保督察"回头看"、创建全国文明城、全面从严治党、重大赛事活动宣传报道,开设《环保进行时——碧水蓝天·绿色家园》《创建全国文明城市·做文明有礼中卫人》《党旗飘飘》《清廉中卫》等专栏,刊播稿件800余篇。深化宁蒙陕甘和其他地区媒体联盟成员合作,推送中卫报道2300多篇。

(门 拓)

【对外宣传】 借改革开放40周年、宁夏60大庆和云天大会等契机,在人民日报、中央电视台等中央主流媒体刊播中卫稿件120余篇(条),其中央视各频道播出26条(新闻联播5条、朝闻天下/新闻直播间10条,经济、农业等频道播出专题8个),《人民日报》上稿11篇(头版1篇)、《经济日报》上稿10篇(头版1篇)、《光明日报》上稿19篇(头版头条2篇)、新华社发稿70篇,数量之多、质量之高为五年来之最。尤其是央视《新闻联播》播出的《宁夏中卫新名片:沙漠里的那片"云"》,《人民日报》刊发的《宁夏中卫金沙村移民搬进新家有新动力》,新华社发布的《荒漠化治理的"中国智慧"》,《光明日报》刊发的《宁夏中卫市沙坡头区:这里的乡村"以克论净"》等一批重头稿件,极大地提升了中卫的关注度和美誉度。在央视网、人民网、新华网、网易网等网络平台开展中卫专题直播30余场次,尤其是中央电视台在沙坡头景区开展的《走咧走咧去宁夏》中卫市专题直播,微博最高在线33.4万,累计观看180万人次;人民网、新华网、中国新闻网、国际在线、新西兰先驱报中文网、欧洲侨报网等100余家国内外知名网站,推送宣传中卫重点稿件,唱响网上主旋律,展示中卫新形象。 (门 拓)

【社会主义核心价值观阵地建设】 积极推进核心价值观阵地建设,结合创城新打造主题广场14个、主题街道13条、宣传阵地31处,设置各类宣传造型、宣传牌(栏)4500多个,市区独立办公场所单位实现宣传阵地全覆盖;60大庆期间,在城市街道、高速公路、机场车站、旅游景点等公共场所,制作擎天柱广告牌

78块、主题绿植景观造型27处、落地立柱宣传牌235个、工地围挡喷绘370处、路名站台广告牌490多个、橱窗展板2660余块、道旗彩旗9000多面,实现与创建全国文明城市、建设核心价值观阵地要求的协调统一,达到环境育人、涵养文明的效果。 （门　拓）

【文明创建】　以创建全国文明城市为统领,扎实开展群众性精神文明"五大创建"活动,成立以党政一把手为总指挥的创城指挥部,统筹推进9个工作组3大版块188项任务落实;制订《中卫市创建全国文明城市"十大行动"实施方案》,建立"1+9"工作模式,强化43个网格责任落实,召开指挥部会议4次、开展督导10余次,精准推进创城工作,群众文明素养、社会文明程度显著提升;命名市级文明村镇、单位、家庭、校园64个,3人入选"中国好人榜",3人获评"自治区60年感动宁夏人物",19人获评"自治区百孝之星","11月中国好人榜发布仪式暨全国道德模范与身边好人现场交流活动"成功举办。深化志愿服务和未成年人思想道德建设,注册志愿者10万多人,创新开展"有困难找雷锋"志愿服务活动,打造文明旅游志愿服务驿站5个、自治区文明旅游景区1个,"春晖"关爱移民留守儿童项目入选全国"最佳志愿服务项目",新建乡村学校少年宫3所,全区乡村学校少年宫项目建设推进会在中卫召开,中卫市作大会经验交流发言。组织100名获得市级以上表彰奖励的先进典型,观看中央广播电视总台"心连心"艺术团来宁慰问演出,体现关爱好人、学习先进、崇德向善的价值取向。
（门　拓）

【移风易俗】　研究出台《推进移风易俗促进脱贫攻坚奖励扶助办法》,扎实开展移风易俗"过筛子"和"向天价彩礼宣战、孝老爱亲在行动、男女平等促和谐"主题教育实践活动,对3个示范乡镇、4个示范村、10户示范家庭进行表彰,奖励扶助移风易俗先进典型做法在全区推广。将移风易俗工作作为基层党组织（党员）评星定级（定格）的重要内容,研究出台《关于加强对党和国家工作人员操办婚丧喜庆事宜监督的暂行规定》,在全市党员干部中开展移风易俗"八带头·八禁止"活动,举办全市贫困村两委班子成员移风易俗专题培训班,以良好党风政风带动社风民风好转。印发《中卫市推进移风易俗规范化工作实施方案》,开展高价彩礼"整改季"活动,实施移风易俗"季度测评""月度评议""登记提醒""举报曝光"等措施,中宁、海原和市消防支队37对青年以集体婚礼方式带头抵制陈规陋习,产生了广泛影响。 （门　拓）

【文化基础设施建设】　深入实施文化扶贫工程,依托乡镇综合文化站、农村综合文化服务中心,常态开展各类文化活动;举办全市2018年文化科技卫生"三下乡"集中示范活动,为贫困地区群众捐赠款物折合资金88.1万元。深入实施文化惠民工程,两县全民健身中心、五馆一中心健身步道、中央广播电视节目无线数字化覆盖发射站等项目建成使用,市、县图书馆、文化馆和乡镇综合文化站、村文化室全部免费开放。在总结试点经验基础上,研究制订《中卫市乡镇综合文化站"公建民营公助"实施方案》《中卫市乡镇综合文化站"公建民营公助"评星定级管理办法》和《中卫市乡镇综合文化站"公建民营公助"工作量化标准》,召开全市推进文化小康助力乡村振兴和脱贫富民战略启动暨2018年乡镇综合文化站"公建民营公助"动员会议,推动公共文化服务向基层延伸、向贫困地区倾斜。全市33个乡镇综合文化站（沙坡头区7个、中宁县10个、海原16个）实现"公建民营公助"模式全覆盖。 （门　拓）

【群众文化体育活动】　一是60大庆主会场群众文艺表演任务圆满完成。把自治区60大庆主会场群众文艺表演作为展示中卫形象特色、体现城市精神风貌,为自治区60大庆献礼的重点文化活动,先后组织召开7次专题协调会,9月20日,由360人组成的中卫市展演方队在贺兰山体育场圆满完成演出任务,获得广泛好评。二是中国文联志愿服务团来中卫演出成功举办。先后召开3次专题协调会,8月9日,"中国梦·宁夏情"中国文联志愿服务团来中卫慰问演出成功举办,刘兰芳等30名艺术家为中卫群众奉献精彩节目,1万多名群众在家门口享受到高水平艺术表演。三是自办60大庆系列群众文化活动喜庆热烈。举办广场文艺演出150场、惠民下乡演出900场,完成农村电影放映7200多场次;开展"颂歌唱中卫·共筑中国梦"全市群众合唱比赛、"花儿"传唱大赛及花儿歌会、"迎大庆·道德模范在身边"主题宣传等系列文化活动,营造浓厚喜庆文化氛围。 （门　拓）

【精品文艺创作】　国内首台魔幻情境体验剧《沙坡头盛典》成功演出259场,央视《朝闻天下》栏目关注播出,深受游客好评。具有"宁夏符号""中卫元素"的60大庆献礼精品剧目《我拿什么奉献给你》在江苏、山东、辽宁地面电视台高收视率播出。彭家勇散文集《石不语》入围第七届鲁迅文学奖参评名单,周芳国画《彝族女歌手》入展首届深圳国际水彩画双年展,马德摄影作品《降服沙魔》入围第八届全国农民摄影大展,

干部群众文化自信进一步增强。　　　　（门　拓）

【非物质文化遗产传承保护】　深入实施文化传承保护工程，编辑出版《印象中卫》《中卫民间故事》等地方历史文化书籍，创作"中卫新十景"美术作品65幅，创排《丝路情》《花香新时代》等优秀花儿剧，对北山岩画7处区域边界进行确定，姚滩段长城修缮完成80%，马汉东入选国家级第五批非物质文化遗产代表传承人。　　　　　　　　　　　　　　（门　拓）

【网络管理】　制订《群体性突发事件网络舆情应急预案》，建立中卫市互联网信息工作部门协作机制。严格网络安全管理，市网信办对全市605个网站、107个政务微博、129个微信公众号、4个移动客户端进行排查备案；组织开展清朗、泛娱乐化、"三化"内容清理排查等专项治理行动。加强网络舆论引导，开设"喜迎自治区60大庆""民族复兴·英雄烈士谱"等专题页面20个，刊播转载各类稿件1600余篇；按上级部门要求转发各类信息5700余次、跟帖评论1500余条。
　　　　　　　　　　　　　　（门　拓）

【队伍建设】　深入开展大学习、大调研、大培训、大练兵等活动和"守纪律、讲规矩、强作风"专项教育，形成调研报告26篇；举办意识形态工作、新闻业务、舆情应对处置与网络信息安全管理、花儿创作与演唱业务骨干等培训班，培训1000余人（次），选派80多名干部参加中央、自治区举办的各类业务培训班和研讨会；评选命名首批"中卫文化名家"4名，2人入选"宁夏哲学社会科学和文化艺术托举人才"。
　　　　　　　　　　　　　　（门　拓）

·网信工作·

【概况】　2018年，市网信办以党的十九大精神为指导，深入贯彻习近平新时代中国特色社会主义思想，坚持党管网络意识形态原则，坚持正能量是总要求、管得住是硬道理，统筹网上网下两条战线，把握舆论宣传引导时效，坚持管、用、防并举，牢牢掌握网络意识形态工作领导权、管理权、话语权，网络空间环境清朗有序。　　　　　　　　　　　（张　蓓）

【网络治理】　对全市586个网站、107个政务微博、130个微信公众号、4个移动客户端进行排查备案。开展"三化"治理、网上"扫黄打非"等专项行动，排查网站52个，信息5万多条，督促整改网站信息478篇（含图片视频）、微信公众号信息112篇、微博信息24篇，提请自治区党委网信办协调处理违规网站2家，微信公众号10个，约谈微信公众号运营者8人，举报处理各类有害信息166条，协调市公安局打击网络谣言5起，治安处罚3人。　　　　（张　蓓）

【网络安全】　排查统计全市互联网站及新媒体平台，对全市586个网站、107个政务微博、130个微信公众号、4个移动客户端进行排查备案。完成全市新闻网站及所属"两微一端"从业人员的信息登记，管好用好网络媒体。对辖区党政网站、信息系统进行备案登记和安全检查，责令存在安全隐患的51家网站、2个信息系统进行整改；购买党政网站24小时值班监测服务项目和网络脆弱性智能评估系统等网安设备；举办关键信息基础设施网络安全培训班、网络安全宣传周、网络安全防范警示宣传月等活动，网络安全管理能力、服务水平进一步提升。　　　　（张　蓓）

【网络宣传】　督促指导各级各类新媒体开设《学习贯彻党的十九大精神》等专题专栏，设置"新时代新气象新作为"等议题，开展主题宣传、专题宣传，推送各类相关网络作品120余篇（条）。重点围绕自治区成立60周年、改革开放40周年开设"喜迎自治区60大庆""改革开放40周年""民族复兴·英雄烈士谱"等专题页面20个，刊发转载《献礼自治区成立60周年——深爱这片热土》《从改革"轻骑兵"到发展"模范生"——改革开放40年"织里样本"观察》《张艳琴：32年初心不改守护爱心小院》《戴永康：争做文明之风先行者》等各类网络作品1600余篇（件）。微中卫共宣传推送各类信息600余条。培育积极向上向善的网络文化，进一步弘扬主旋律，传播正能量，净化网络空间。组织全市网评员共计转发相关信息6700条，跟帖评论1700余条。举办2018年网络安全宣传周活动，发放《网络安全法》2500本、网络安全知识手册6000册、宣传漫画6000张、海报2000张、文明上网倡议书4000份，播放宣传视频100小时以上，现场解答群众咨询200余人次。　　　　　　　　（张　蓓）

【网络舆情】　2018年，共协调处置各类涉卫网络舆情495起，完成自治区60大庆等重大事件、敏感时期、重大活动期间网络舆情24小时监测、预警、研判、上报、值班。先后向市领导报送《舆情快报》51期，下发《舆情通报》14期，微信工作群转办430起，制定印发《中卫市互联网信息工作部门协作机制（试行）》《群体性突发事件网络舆情应急预案》等，督促涉舆情单位主动应对舆情，积极开展线下处置，全市舆情处置能力进一步提升。　　　　　　　　（张　蓓）

【网络扶贫】　努力构建中宁、海原电商孵化园。其中，中宁县入驻电商企业25家，建成84个村级电商服务点，开展电商培训86场次4300余人次，引进电商平台6家。2018年1—9月份网络销售额达14.1亿元，同比增长60.31%，网商2112家，同比增长11.59%，有规模以上电商企业22家。海原县建成县级电子商务公共服务中心、电子商务物流配送中心、电子商务策划营销中心、电商人才创业培训中心和120个村级电子商务服务点。全县从事电商服务企业22家，农村电商从业人员累计达到1419人，新增各类网店微商超过1万户，电商购销总额达1.47亿元以上，同比增长34.5%，其中，电商销售额达985.9万元，同比增长37.4%；农特产品以线下体验馆模式销售额500万元，线上销售额294.89万元，同比增长67.8%，受益建档立卡贫困户15.1万人。积极打造沙坡头区电商服务平台，建成30家电商服务平台，对接9家农产品加工公司、11家农民专业合作社和4家物流快递公司入驻，打通"农产品进城"和"网络商品下乡"双向商业流通渠道。推动实体企业发展电商业务，加大政策扶持力度。宁夏荣盛商业连锁公司、宁夏金彤枸杞生物制品有限公司、宁夏万齐农业股份有限公司几家龙头企业，围绕企业自有特色农产品，采用"线上线下"互动、全员参与的营销方式，推动电商进社区、进零售终端，为农产品走出去提供有力保障。　　（张　蓓）

·统战工作·

【概况】　2015年6月，市委统战部与市民族宗教事务局合署办公，同时承担市委统战部、市民族宗教事务局两个部门的职责。设置综合科、党派科、民族科（挂中卫市清真食品管理办公室牌子）、宗教科4个内设机构。　　（张宁伟）

【多党合作和政治协商制度】　全市有6个民主党派组织，有民革、民盟、民进3个市委会，民建、农工党、九三学社3个市总支委员会。一是广泛开展协商民主工作。2018年制订《2018年度政党协商计划》，明确年度13项协商活动，民主党派、知联会及党外政协委员的提案255件，立案140件。组织开展"命题调研"活动，向市委上报16个重点调研课题成果。二是开展纪念"五一口号"发布70周年系列活动。召开全市纪念"五一口号"发布70周年座谈会，举办主题征文活动，组织市各民主党派班子成员、无党派人士代表到贵州遵义、宁夏六盘山和将台堡开展爱国主义革命传统教育，举办《大道——多党合作历史记忆和时代心声》研讨会，邀请自治区党委统战部副部长杨继宏为党政领导干部作《"五一口号"与新中国民主政治建设》专题报告，强化社会各界对多党合作和政治协商制度的认知。三是加强党外人士培训培养工作。在全市无党派人士中开展"不忘合作初心，继续携手前进"主题教育活动，在党外知识分子中开展"跟党迈进新时代，同心共筑中国梦"主题教育活动，在新的社会阶层人士中开展"坚持和发展中国特色社会主义"主题教育活动，增强无党派人士、党外知识分子和新的社会阶层人士对中国共产党和社会主义道路的认同。共培训成员360人，选派130多人参加区（市）党外干部培训班。以云天产业园区为依托，打造中卫市新的社会阶层人士统战工作实践创新基地，强化对新的社会阶层人士的组织引导。　　（张宁伟）

【民族工作】　一是加强民族团结进步创建工作的组织领导。市委常委会、政府常务会先后4次研究部署创建工作，市委书记、市长3次调研民族团结进步创建工作，先后召开"全市民族宗教工作现场会""全市民族团结进步创建互观互检暨总结交流会"，市委统战工作领导小组4次研究部署民族团结进步创建工作。制订《关于打造全国民族团结进步示范市的实施方案》和第三方目标考核评价体系、年度重点任务推进表、示范单位指标考核评价体系，明确创建工作任务。市委、市政府将民族团结进步创建工作纳入县（区）、市直部门的考核内容，增强创建工作主动性。二是开展民族团结进步宣传教育。开展民族团结进步"八项特色教育"，举办党员干部民族宗教政策理论大讲堂和宗教界人士、寺管会主任培训班，教育引导党员干部、宗教界人士和信教群众，增强中华民族共同体意识。举办民族宗教理论政策和相关法律法规培训班27期（场）、培训2722人次（党政领导干部430人次、宗教界人士1901人次、民族宗教干部和执法人员76人次、镇村干部315人次）。开展马克思主义民族观宗教观"百场万人"大宣讲41场次，印发民族宗教理论政策应知应会知识手册3000本，受教育达4461人次。三是拓宽载体扎实推进。印发《中卫市2018年"民族团结月"活动实施方案》，在媒体上开设《民族政策法规》《民族团结故事》两个宣传专栏，刊发稿件50篇次；结合自治区成立60周年大庆活动，制作悬挂民族团结宣传横幅、标语500余条，举办庆祝"古尔邦节"茶话会和"民族团结"专场演出，举办第三届"中华民族一家亲、同心共筑中国梦"有奖征文活动，组织2000余名党员干部参加全区民族团结知识有奖测试答卷，开展民族团结进校园征文、书法、绘画、手抄报、摄影及演讲比赛。在全区民族团结进步文艺汇演、民族健身操比赛中,中卫市民族健身操荣获二等奖,少数民族木球比赛荣获三等奖。开展民族团结进步"七进"活动,争取少数民族发展项目资金2260万元,扶持发展民族地区特色产业,完善基础设施,发展社会事业,助力脱贫攻坚。2018年,打造自治区级示范单位15个、市级示范单位66个、市级和谐寺观教堂40个,提升创建工作整体水平。获评第三届全区民族团结进步十大模范人物1人、提名奖1人,第八届全区民族团结进步模范集体7个、模范个人13名。四是规范清真食品监督管理。开展《宁夏回族自治区清真食品管理条例》宣传培训,集中培训清真食品从业人员1380人次,发放宣传资料2200份。新办证130家、换证576家。对流动摊贩从事清真食品经营的个体户进行集中整治,净化清真食品市场,维护少数民族群众合法权益。 （张宁伟）

【宗教工作】 全市有伊斯兰教、佛教、道教、基督教、天主教五大宗教,有市伊斯兰教协会、佛教协会、道教协会、基督教协会和基督教"三自"爱国会等市级宗教团体。一是依法管理宗教事务。严格贯彻落实《宗教事务条例》,坚持宗教中国化方向。开展宗教领域"四个专项整治"活动,2月底,召开全市民族宗教工作现场会,3月,启动民族宗教工作"八项行动",7月,全力抓好中央第八巡视组巡视反馈宗教领域突出问题整改工作,9月,按照自治区部署认真组织开展宗教工作自查整改工作,宗教领域突出问题整治取得阶段性成效。二是抓好宗教事务管理工作创新。共举办宗教工作"三支队伍"培训班27期、培训2722人次,增强党员领导干部依法管理宗教事务的观念。在海原县九彩乡、沙坡头区滨河镇槐树北巷社区分别开展乡村宗教事务依法治理试点工作,建成中卫市民族宗教信息化管理平台,实现宗教事务科学化精细化管理。三是全力维护宗教领域和谐稳定。在自治区60大庆活动时,制订维护稳定工作预案,及时排查化解民族宗教领域矛盾纠纷,确保中卫市民族宗教领域和谐稳定。认真做好朝觐报名、审核、体检、培训等工作,开展零散朝觐专项治理,全面落实朝觐人员统送统接要求,完成朝觐群众朝觐服务保障工作。完成市道教协会、基督教"两会"换届工作,开展佛教道教和民间信仰摸底工作。治理佛教道教商业化问题,中卫高庙自2018年1月起实行免费开放。 （张宁伟）

【非公经济工作】 加强非公经济领域工作,深入学习贯彻习近平总书记在民营企业座谈会上的重要讲话精神,市委先后召开全市民营企业家座谈会、加强民营企业金融服务工作推进会,研究解决民营企业融资难等问题;着力构建亲清政商关系,开展"大走访、大调研、大服务"活动,深入30多家重点企业开展调研,推动落实促进民营企业发展的政策措施;举办非公经济人士"理想信念、守法诚信"培训班7期,培训476人;认真落实全区"百企帮百村"精准扶贫行动,引导非公经济人士履行社会责任,组织市工商联企业家副主席开展村企共建、技能培训、吸纳就业、捐资助学等精准帮扶活动;开展"以商招商",邀请区外工商联和企业来中卫考察,搭建交流合作平台;积极推进"五好"县级工商联、"四好"商会建设,中宁县工商联获评全国"五好"县级工商联,市食品行业商会获评全区"四好"商会。 （张宁伟）

【扶贫攻坚】 定点帮扶海原县李旺镇九道村67户建档立卡户。与九道村支部班子成员召开帮扶工作联席会议,梳理存在的问题和工作难点,商定2018年度脱贫规划,确定以易地搬迁为主,政府兜底为辅的脱贫思路。机关支部与九道村党支部联合召开组织生活会,向九道村的党员讲授党课,举办支部主题党日,召开以扶贫攻坚为主要内容的座谈会,慰问贫困党员和困难家庭。完成63户建档立卡户易地搬迁任务,搬迁的63户均实现脱贫销号,剩余4户需要继续帮扶。
 （张宁伟）

【机关自身建设】 深化"两学一做"学习教育,将党建党风廉政建设与业务工作紧密结合起来,强化"一岗双责",形成互促共进的良好局面。一是扎实推进"三强九严"工程。补选支部副书记和支部委员,明确班子成员分工和党建工作主体责任。对2018年度党建工作进行安排部署,印发《党建工作要点》《党员教育计划》,签订《党建目标责任书》,完善"三个清单",压实党建责任。严格落实"三会一课"制度,将党课教育与理论学习相结合,强化党员干部教育管理。落实组织生活会制度,共召开支部党员大会9次,支部委员会11次,召开领导班子民主生活会3次,组织生活会2次,每月组织开展"支部主题党日"活动,共开展11次(四月份两次)。按照个人自评、党员互评和民主测评的程序,做好民主评议党员工作,评出优秀党员3人。落实谈心谈话制度,主动做好教育提醒,切实掌握党员思想动态。组织开展党员"亮身份、做表率"、党员自愿服务和"微党课"宣讲活动,共参加自愿服务活动23次,应知应会知识测试2次。开展"四个专题"的学习讨论,强化党员的宗旨意识和纪律观念,让合格党员成为每一名党员的自觉行动。二是全面压实党风廉政建设责任。坚持党风廉政建设教育经常抓，抓经常。建立《党风廉政建设责任清单》，开展廉政教育。层层签订《党风廉政建设目标责任书》，处级以上领导干部填写《个人廉政档案》。组织开展严格落实中央八项规定精神、严格整改中央巡视组反馈问题专题民主生活会，查找问题，分析原因，制定整改措施，建立整改清单，强化党员干部廉洁从政的意识。三是全面落实精神文明创建任务。加强定点扶贫村精神文明建设，持续深化"推动移风易俗、弘扬时代新风"教育引导工作。组织干部职工开展"礼让斑马线 干部做表率"活动，切实增强广大党员干部交通安全和文明出行的意识。开展好家训家风评选推荐活动，及时向市文明办上报相关材料。落实创城工作任务，先后14次组织162人到宜居家园D区开展入户宣传、清理牛皮癣和垃圾等工作，市委常委、统战部部长杨文生同志深入到第六网格进行督导调研，并组织召开18个部门（单位）参加的第六网络组创城工作联席会议，有力促进"双创"工作。
（张宁伟）

·政策研究·

【概况】 市委政策研究室于2012年7月经自治区编办批复由市委办公室的挂牌机构调整为市委工作部门，核定处级领导职数3名，科级领导职数4名。内设综合科、经济发展研究科、社会建设研究科和深化改革工作科4个机构，围绕市委、市政府中心工作和决策部署，履行"调查研究、决策参谋、文稿起草"三大职能，同时承担市改革办和市委农办工作职能。
（焦宇辰）

【政研工作】 一是汇编形成《关于实施乡村振兴战略 加快城乡一体化调研报告》，在市委四届五次全体会议上印发。二是针对中卫市经济社会发展进程中面临的难题，深入基层一线，主动开展专题调研，从全域旅游发展、村集体经济改革、移风易俗促乡风文明、公立医院党建、资产收益扶贫等方面深入开展调查研究，形成《关于全市全域旅游发展情况的调研报告》《中卫市村级集体经济发展情况报告》等调研报告13篇，部分调研报告获市领导充分肯定及相关部门好评，充分发挥参谋智囊作用，为市委科学决策提供参考。三是结合中卫实际，先后起草《中共中卫市委2018年工作要点》《中共中卫市委2018年工作要点分工方案》等综合性文件5篇，在相关刊物发表《学懂弄通党的十九大精神 做实美丽中卫生态文明建设》《落实"七个之路"实施"五大工程"奋力开创中卫乡村振兴发展新局面》等理论文章3篇，为促进全市经济社会各领域工作起到积极作用。
（焦宇辰）

【改革工作】 一是年初逐项对标《自治区全面深化改革领导小组2018年工作要点》，结合本地实际，审定出台《中卫市2018年深化改革工作要点》，共确定改革任务77项，逐项制订改革事项推进计划，明确每项改革推进的"时间表"和"路线图"，并选定9项重点改革任务，实行"每项重点改革任务都有一名责任市领导主抓、一个专项小组协调、一个牵头单位负责"的包抓工作机制，切实推动重点改革任务取得突破、抓出成效。提交市委常委会会议、市政府常务会议、市深化改革领导小组会议研究审定重大改革方案和改革举措27个。组织召开全市深化改革领导小组会议3次，研究改革推进问题，部署阶段性工作，促进改革工作的落实。二是切实发挥效能目标管理考核的"风向标"和"指挥棒"作用，将深化改革纳入全市效能目标管理考核体系，健全完善改革任务落实考核机制，出台《中卫市2018年深化改革工作考核办法》，不断提升改革效能考核的科学性。健全完善改革督导机制，制订深化改革工作督察方案，市委、市政府督查室和市改革办加强跟踪督导，先后发出督办通知书13份，对科技创新改革、"不见面、马上办"改革、综合医改等开展专项督察5次、综合督察1次。三是加强对改革典型经验、做法进行挖掘和推广，及时向自治区改革办报送。全年编发改革动态11期，在自治区全面深化改革动态管理信息平台上刊登中卫市改革信息666条，《宁夏改革动态》上刊发中卫市改革经验5篇。
（焦宇辰）

【农办工作】 一是起草提请市委、市政府和农村工作领导小组印发《中共中卫市委 市人民政府关于实施乡村振兴战略的意见》《2018年中卫市实施乡村振兴战略重点工作清单》《中卫市2018年农业农村工作要点》《中卫市2018年农村改革重点任务分工方案》等文件，筹备召开全市农村暨脱贫攻坚工作会议，市委、市政府对乡村振兴工作进行全面安排部署。建立乡村振兴战略考核机制，印发《关于做好中卫市效能目标管理考核中乡村振兴战略部分考评的通知》，将产业兴旺等4项指标列入县（区）效能目标考核内容，形成规划引领、市县共抓、部门协调的实施乡村振兴工作格局。二是根据《2018年中卫市实施乡村振兴战略重点工作清单》确定的54项任务、《中卫市2018年农业农村工作要点》确定的25项工作任务和《中卫市2108年农村改革重点任务分工方案》确定的12项农村改革任务,市委农办会同市委督查室、市农牧局、扶贫办对各县(区)及相关市直部门(单位)开展专项督察。三是对乡村振兴战略实施情况进行总结,协调对接相关市直部门及各县(区)做好迎接自治区乡村振兴战略效能目标考核工作及做好中卫市乡村振兴战略效能目标考核准备工作,每月将各项目标任务推进情况及时报送市考核办,为顺利通过自治区考核验收,促进中卫市乡村振兴战略有效实施奠定基础。

(焦宇辰)

· 机构编制 ·

【机构编制情况】 截至2018年12月31日,市本级共有行政机构73个,其中党委工作机构10个、部门管理机构1个;人大机关7个;政府工作部门29个、派出机构1个;政协机关7个;群众团体11个;民主党派机关6个;直管机构1个。共有事业单位214个,其中,市委直属3个、政府直属5个;部门所属99个;中小学88个;乡镇卫生院9个、社区卫生服务站10个。

(马向成)

【行政审批制度改革】 深入贯彻落实国务院、自治区"放管服"改革有关工作要求,深化行政审批制度改革,打出简政放权"组合拳",纵深推进政府职能转变。一是持续精简行政许可事项。做好国务院、自治区公布取消下放行政许可事项的承接落实工作,不断精简市本级行政许可事项。2018年,在对各部门行政许可事项进行梳理、对标界定的基础上,提请市政府研究印发《关于落实国务院取消一批行政许可事项的通知》,取消行政许可事项6项,依法保留147项,进一步规范市本级行政许可事项清单。二是继续深化完善权力清单。以建成公布的权力清单为基础,对照自治区各行业系统权力清单指导目录,扎实推进市本级和沙坡头区权力清单标准化建设,先期调整规范行证许可、行政征收、行政给付等职权事项527项,其中,由市本级直接行使350项、市辖区行使84项、市与区分级行使93项,并以市政府办公室文件印发实施,初步实现权力清单同一职权事项在自治区、市、县(区)三级名称、类型、依据、编码等要素基本相同。

(马向成)

【重点领域体制改革】 着眼于推动全市经济社会发展的重点领域和关键环节,不断优化组织架构,创新管理体制,提高行政效能,体制机制活力得到充分发挥。一是纪检监察体制改革圆满完成。按照中央和区、市党委深化监察体制改革决策部署,着眼于优化调整职能机构,形成工作合力,整合市监察局和市人民检察院反贪污贿赂、反渎职侵权、职务犯罪预防相关职能资源,设立市监察委员会,与市纪律检查委员会合署办公,实行一套工作机构、两个机关名称,明确职能职责和监察对象范围,构建形成集中统一、权威高效、公权力监督全覆盖的纪检监察体系。二是党委巡察体制改革顺利推进。贯彻落实中央、自治区巡视巡察工作方针和要求,设立市委巡察工作领导小组办公室,作为市委工作机关,明确加强党内监督职能,核定人员编制和领导职数,进一步规范巡察管理体制,为切实发挥巡察作用提供坚强保障。三是承担行政职能事业单位改革稳步实施。持续深化承担行政职能事业单位改革试点,根据中央、自治区统一部署,完成市地方海事局等6个涉改事业单位行政编制置换、机构调整等工作,推进政事分开,强化事业单位公益服务属性。四是经济发达镇管理体制改革有序推进。按照建立起符合基层政权定位、适应城镇化发展需要的新型管理体制的要求,积极指导中宁县推进经济发达镇行政管理体制改革。

【机构编制管理】 持续落实机构编制严管严控要求,结合部门(单位)机构运行实际,进一步创新思路、改革措施,坚持"控""调""督""管"并举,为部门(单位)有效履职夯实服务保障。一是突出总量控制。坚持完善机构编制管理"三不准"纪律要求和动态管理"七项规定",从严从紧审批机构编制,牢牢守住机构编制总量底线。年内,不折不扣贯彻执行自治区党委、市委决策部署,及时核减收回市直部门(单位)各类事业编制104名,控编减编工作实现质的突破。二是坚持动态调整。加大机构编制动态调整力度,提请市委、编委研究,设立市创新发展服务中心,优化调整市市场监督管理局等8个单位内设机构,调整市不动产登记服务中心等两个事业单位经费形式;先后向沙坡头区划转部分行政事业编制,保障基层重点产业、民生事业发展;用足用活承担行政职能事业单位改革政策,利用自收自支和定额补助事业编制,置换部分行政编制,有效缓解行政编制紧缺困难。三是强化监督检查。联合纪检、组织、财政、人社、审计等部门,建立形成以机构编制核查、日常检查、联动巡查、编制审计、联动审批为主的"5+X"督查体系,形成监督合力。年内共开展机构编制核查、日常监督检查、编委会研究事项专项检查、联动巡查各1次,配合市审计局对有关部门(单位)进行机构编制审计,更新完善机构编制审批与问题整改联动台账,督促整改各类问题11条。

(马向成)

【事业单位登记管理】 严格按照《事业单位登记管理暂行条例》及其实施细则的相关规定，指导24个事业单位变更登记事项49项；指导195个事业单位完成2017年度报告公示工作，登记率、报告公示率达100%。优化事业单位登记管理服务，实行全事项、全流程网上办理，推行办事指引制度，编制并公开登记服务指南，优化办事流程。扎实推进统一社会信用代码赋码工作，累计为市本级及沙坡头区发放统一社会信用代码证书217个。 （马向成）

·机关工委·

【概况】 中共中卫市直属机关工作委员会成立于2004年，工委下设办公室和组织督查科、宣传调研科三个职能科（室），现有工作人员6名，其中，书记1名（市委副书记兼任）、副书记3名（正处级1名，副处级2名）。辖4个党委、19个党总支、40个直属基层党支部的2000多名党员。2018年，市直机关党建工作按照区、市党委的统一部署，以习近平新时代中国特色社会主义思想和党的十九大精神为指导，认真落实全面从严治党新要求，以机关党支部规范化建设为主线，压实"三个责任"，突出教育引导，严格"九项制度"，强化党性约束、夯实作风基础，不断提升机关党建工作规范化水平，为全市转型追赶、高质量发展提供坚强政治、思想、组织和作风保证。 （陈 婷）

【思想建设】 坚持把学习宣传贯彻习近平新时代中国特色社会主义思想和党的十九大精神作为新时期机关党的建设的一项战略任务，把学习重点、方式方法、时间节点等落细落实到每个支部、每名党员，激活"神经末梢"，畅通"毛细血管"，真正把理论武装融入日常、抓在经常、形成长效。通过领导干部带头学、分解任务系统学、相对集中封闭学、正反典型对照学、主题党日引领学、专题讨论深化学、"微党课"大赛引领学等有效形式，学习党章党规，进一步明确行为规范；学习习近平新时代中国特色社会主义思想，进一步统一思想行动、强化"四个意识"，坚定"四个自信"，凝聚发展力量；学习中央、区市党委有关文件和领导讲话，进一步使全体党员干部在思想上政治上行动上同党中央保持高度一致。为强化学习效果，组织市直机关393个基层党组织、近3000名党员开展微党课授课活动，在层层选拔的基础上，产生出10名优秀选手组成全市微宣讲成果进机关下基层活动宣讲团，深入市直机关各部门（单位）、企业党组织开展45场次的集中宣讲活动，进一步促进"微党课"成果转化。举办市直机关党务干部培训班、市直机关科级干部学习贯彻习近平新时代中国特色社会主义思想及党的十九大精神专题培训班，编印《党员干部应知应会知识汇编》（一）（二）"口袋书"各7000册，借助"党员政治生日"，为市直机关全体党员每人赠送价值50元的图书，为市审计局党支部等10个"机关党员书屋"赠送价值4.0万元的图书，方便党员干部随时学习使用。借助远程教育平台、党建网、微信等载体，扎实开展以"百名书记讲党课、百名领导话发展、千名党员谈体会"为主要内容的"读经典、读原著、悟原理、强党性、促发展"读书活动，着力用党的创新理论成果不断丰富自己的精神世界，增强学习教育的实践性和实效性，推动市直机关各级党组织学习教育在全市走在前，作表率。 （陈 婷）

【组织建设】 坚持把抓实基层支部，推进"三强九严"工程作为机关党建工作的"先手棋""当头炮"，抓严抓实，抓出成效。一是严格落实党组织设置规定，市直机关7名党员以上的单位全部设立支部委员会，15名以上的支部委员会全部设立党小组，7名党员以下的单位全部设立党支部，实现党组织全覆盖。二是严格落实"三会一课"制度，制定出台《关于严格落实"三会一课"制度的实施意见》，通过落实责任、完善内容和形式，避免出现表面化、形式化、娱乐化、庸俗化等问题，确保"三会一课"制度更具有针对性和实效性。三是严格落实组织生活会制度，研究下发《关于进一步严格市直机关党的组织生活的意见》，把握好时间节点，规范活动内容，对各基层党组织召开组织生活会的主题和程序，会前、会中、会后的各环节工作提出严格要求，做到"前期准备到位、问题查摆到位、领导带头到位、评议党员到位、评估检查到位"。四是严格落实民主评议党员制度，对照党章要求和"四讲四有"合格党员标准，按照"个人自评、党员互评、民主测评"程序，围绕"评星定格"10项内容，创新设置"十项否决"，扎实开展民主评议党员工作，并将评议结果进行公示，接受党员群众监督，以"看在眼里"的评价促"记在心里"的效果。五是严格落实谈心谈话制度，按照"六必谈"要求，借助"五谈两会一报告"制度，各级党组织普遍制定谈心谈话提纲，明确谈心谈话时间、谈话对象和谈话的内容，通过谈心谈话，指出问题和不足，指明努力方向，把问题谈开谈实，把思想谈深谈通、消除隔阂、达成共识，达到加深了解、增进互信的目的。六是严格落实"支部主题党日"制度，印发《关于开展"支部主题党日"活动的通知》，各级党组织紧紧围绕"重温入党誓词、学习党章党规、组织交纳党费、党员政治生日"等4个规定动作,结合"微宣讲"、观看优秀共产党员先进事迹图片展和优秀电教片、领导干部集中讲党课和普通党员轮流讲党课等形式,开展重温传统、走访慰问、志愿服务、警示教育等各类活动,强化每一名党员政治意识,逐步构建起党内政治生活定期开展、及时纪录的新常态。七是严格落实党员组织关系转接和党费管理制度,制定下发《关于建立"党费收缴日"制度的通知》,严格党费收缴标准,限定党费收缴时限,各级党组织结合支部主题党日活动,及时、足额收缴党费,做到账目清晰,手续齐全,严禁杜绝不合理开支。同时,严格按照组织关系转接要求,及时转接组织关系,年内,市直机关共转接组织关系380余人。八是严格落实换届规定,建立市直机关各基层党组织任期届满提醒制度和换届选举工作台账,指导基层党组织按期进行换届选举,充分发挥各级党组织的战斗堡垒作用。九是严格落实党组织星级评定办法,制定下发《2018年度市直机关基层服务型党组织星级管理考核办法》,明确考核对象、内容、形式以及加减分项目和晋星(降星)的程序,建立市直机关各级党组织星级管理台账,加强跟踪问效,不定期进行督查,确保星级管理考核的各项任务落到实处。同时,按照"支部建设规范化、组织生活规范化、管理服务规范化、工作制度规范化、阵地建设规范化"的要求,结合各级党组织实际,制定下发《关于在市直机关开展"规范化党支部"创建活动的通知》《关于加强市直机关基层党组织党员活动阵地建设的通知》《关于进一步规范发展党员工作程序的通知》《关于在市直机关党组织中推行党支部规范化工作纪实制度的通知》和《机关党建工作规范化档案归档目录的通知》,为每个支部印制《党支部规范化建设工作纪实》和15类《机关党建工作规范化档案》封面,为每名党员印制《党员学习笔记》,打造市财政局等14个党组织活动阵地,树立党的一切工作落实到支部的鲜明导向,使各级基层党组织成为"党"字突出、特色鲜明、党员喜爱的场所,有效推动党内生活制度化、规范化。 (陈 婷)

【纪律建设】 坚持把强化督导检查作为加强机关党的建设、促进机关作风转变的有力抓手,建立健全机关党建工作专项检查、专项督办、专项通报制度,工委先后与市委组织部联合对市直机关各级党组织党建工作责任落实情况、阶段性任务完成情况进行检查督办,下发《整改责任清单》103份,召开市直机关党建工作督查通报讲评工作会议,对20多个党建工作存在问题的部门(单位)进行通报批评,对存在弄虚作假、整改不利的相关单位和个人建议市纪委予以问责处理,提高各级党员领导干部贯彻落实党建工作责任制的思想自觉和行动自觉,压实班子成员落实"一岗双责"的政治责任,用严明的制度、严格的执行、严密的监督,形成贯彻落实党建工作责任制的长效机制。 (陈 婷)

【作风建设】 坚持紧盯各项变异"四风"问题,及时创新体制机制,强化党员干部管理,推动机关作风转变。针对党员干部"不能为、不想为和不敢为"问题,及时修订完善党员"评星定格"管理制度,细化、量化评星定格十项考核指标,对应设置"十项否决"内容,不断强化党员日常管理,督促党员发挥作用,提高工作效能。建立完善机关在职党员到社区报到、为群众服务的长效工作机制,组织504名党员干部组建43支党员志愿者服务队,围绕全国文明城市创建、扶危助困、便民利民、行业文明、无偿献血等方面定期开展志愿服务,拓宽党组织和党员联系服务群众的渠道,真正使机关党员干部"接地气、知民意"。围绕"6+8"重点工作,"五个扎实推进""三大战略"中卫方案等内容展开调研,开展"我为中卫改革发展献一策"活动,征集调研报告45篇,为市委、市政府科学决策提供依据。开展以"向人民群众汇报、听人民群众意见、让人民群众满意"为主题内容的"让机关干部走出去,把人民群众请进来"机关开放日活动,增强机关工作透明度、开放度,搭建党员干部履职尽责链条,形成党员干部转变作风的倒逼机制,促进"群众评议机关作风"活动的开展。在此基础上,工委立足服务党员目标,结合市直机关党员干部特点,充分利用党员干部"八小时以外"时间,开展业余兴趣爱好培养活动,党员干部"八小时之外"锻炼身体、陶冶情操,激发工作热情,服务经济社会发展。 (陈 婷)

【自身建设】 建立健全工委例会制度、机关党建工作汇报制度和机关党建工作联席会议制度,及时向市委分管领导汇报工作,主动与纪委、组织、宣传等部门加强协调,督促检查指导基层党建、意识形态工作和党风廉政工作,及时通报情况,每季度召开一次工委委员会议,研究工委重要事项和工作措施,进一步提升工委班子决策的科学化和民主化水平。同时,针对不同时期党建工作的特点,对党员轮训、领导班子民主生活会、党员学习教育等工作开展专题调研,上报党建信息60多条，及时为市委了解和加强机关党建工作提供决策信息。

（陈　婷）

·老干部工作·

【概况】　截至2018年12月，全市离退休干部9175人，其中，离休干部89人（其中，市管41人，中宁县32人，海原县16人），退休干部9086人（退休副处级以上干部266人）。2018年，中卫市离退休干部党工委、市委老干部局认真落实中央和区、市党委关于加强和改进离退休干部工作的意见精神，进一步加强离退休干部政治建设、思想建设和党组织建设，不断完善党建工作机制，精准做好离退休干部服务工作，引导离退休干部为助力"三大战略"中卫方案增添正能量。市委老干部局先后荣获2018年全区离退休干部工作调研成果三等奖、全区离退休干部"不忘初心60载 携手迈进新时代"文化艺术节优秀组织奖，全区关心下一代工作先进集体，宁夏延安精神研究会"庆祝改革开放40周年暨自治区成立60周年"征文活动优秀组织奖。

（刘　波）

【离退休干部党建基础夯实】　一是多形式学习宣传习近平新时代中国特色社会主义思想和党的十九大精神。开展"不忘初心 永跟党走"主题征文比赛活动，共征集到各类作品38篇，筛选出21篇优秀作品参加全区评选，有3篇在自治区获奖。组织开展学习党的十九大精神知识竞赛活动，推选4名老干部党员参加全区"迎七一 颂党恩 跟党走"知识竞赛，获优秀奖。举办全市离退休干部党组织书记学习习近平新时代中国特色社会主义思想专题培训班，两县一区及市直有关部门60名离退休干部党组织负责人参加为期3天的集中培训。二是完善党工委工作机制。制订《中卫离退休干部党组织建设"一完善六强化"工作方案》，进一步明确市、县（区）直部门开展离退休干部（党建）工作的主要职能和科室；提出各市、县（区）直部门应结合实际设立离退休干部党组织，确保离退休干部有人管、工作有人干。2018年5月，市离退休干部党工委结合工作实际，提请市委组织部对党工委组成人员进行调整补充，将市直机关工委、市教育工委纳入成员单位。三是探索创新党组织设置。依托市老年大学，对长期且相对固定在老年大学活动的130余名退休干部党员，按照兴趣爱好组织成立10个"趣缘型"党小组，由市老年大学退休干部党支部研究确定党小组主要职责及负责人，并明确由老年大学退休干部党支部指导各党小组开展活动。年内，全市组建成立16个非建制性党组织，其中，"趣缘型"党组织12个，"地缘型"党组织3个，"业缘型"党组织1个，覆盖离退休干部党员350余名。四是指导基层党组织落实好组织生活制度。指导市直部门离退休干部党组织召开2017年度组织生活会，并就整治共产党员信仰宗教和参与宗教活动专门印发文件进行安排部署，指导开展专题研讨、签订承诺书，对基层党组织发展党员工作进行全面自查，并对自查中发现问题及时进行整改。按照上级安排部署，安排6个基层党组织与区直部门离退休干部党组织开展结对共建活动，相互借鉴党组织建设方面的工作经验，共同开展"主题党日"活动，实现优势互补、资源共享。印发文件，指导各离退休干部党组织以"三会一课"为依托，深入学习宣传习近平新时代中国特色社会主义思想和党的十九大精神，引导离退休干部党员不断增强"四个意识"。

（刘　波）

【"助力三大战略"行动】　一是开展"助力三大战略"主题宣讲活动。围绕学习宣传党的十九大精神和自治区第十二次党代会精神，在全市深入开展大宣讲活动。2018年6月29日，邀请自治区离退休干部"学习宣传贯彻党的十九大精神 助力自治区三大战略"宣讲团莅临中卫市进行宣讲，市管副处级以上退休干部和老年大学学员代表共计160余人参加。二是组织开展专题调研活动。以"助力三大战略"为主题，组织全市离退休干部开展"我是自治区的同龄人""我与改革开放共成长""迎大庆晒晒咱的好日子"等形式多样畅谈建言活动，共组织开展专题调研座谈3场次，100余名老干部参加。7月5日，组织近百名离退休干部前往海原县开展"我看自治区60年新变化"观摩考察活动。10月18日，组织近100名离退休干部前往银川，参观自治区成立60周年大型成就展。三是举办全市离退休干部文化艺术活动。6月21日，在市区文化广场举办离退休干部"助力三大战略"广场文艺演出，部分离退休干部代表及现场群众共计800余人观看演出，推选舞蹈《打起莲花赞家乡》代表中卫市参加全区离退休干部文化艺术节目展演，获优秀奖。围绕"改革、创新、奋进"主题，在市老年大学学员中举办"行摄中卫·爱我家乡"主题摄影展，共展出作品60多幅。精心筛选105幅老同志的书法、绘画及摄影作品，在10月17日重阳节庆祝活动现场展出，吸引广大老同志驻足欣赏品评，并得到了与会领导的高度赞誉。

（刘　波）

【老干部服务管理】　一是落实政治待遇。年内，先后组织离退休干部参加各类座谈会、情况通报会、征求意见会、动员会等共11场次、400余人次，充分听取老同志对部门自身建设、干部作风建设、市委年度重点工作等的意见建议，引导老同志为促进中卫经济社会发展建言献策、发挥正能量。2月6日，召开全市离退休干部经济形势通报会，原常务副市长王伟代表市政府通报2017年全市经济社会发展情况，朱利军常委通报中卫市四届四次全会精神。10月17日，市委常委朱利军为离退休干部通报自治区成立60周年庆祝活动有关情况。2018年，为离退休干部订阅《中国老年》等各种学习资料46份，联系市委组织部、宣传部等单位，为离退休干部赠阅《宁夏日报》《中卫日报》《新消息报》等报刊249份。二是重视落实生活待遇。全面落实离休干部生活待遇有关政策，"三个机制"有效运转，离休干部离休费足额按时发放，医疗费实报实销，管理服务工作进一步加强。坚持"五必访"工作制度，以真情、真心服务于老干部。春节期间走访慰问离退休干部及遗属258人，发放慰问金20万元；年内共开展生日祝寿9人次，到医院和家中看望有病老干部23人次；认真落实《中卫市离退休干部去世悼念慰问工作办法》，年内吊唁慰问去世老干部7人次；建立并落实离退休干部困难帮扶制度，及时了解帮助老干部及遗属解决生活待遇等方面的困难4件，困难救助5人，发放困难补助金0.5万元。2018年9月，以庆祝自治区成立60周年为契机，为全体离休干部发放中央代表团赠送纪念品。三是加强老干部活动阵地建设。2018年，广大老干部学习活动的积极性空前高涨，在册学员人数达到425人，共设有合唱团、文学欣赏班、舞蹈班、器乐班、书法班、绘画班、音乐初级、音乐中级、电脑班等教学班（团）13个，聘请教学管理人员及教师15人。为解决校舍不足问题，积极探索"一校多点"办学模式，在商城三楼旧的办公用房内设立老干部活动室，为老同志开展活动进一步拓展空间。

（刘　波）

【关心下一代工作】　一是深化党史国史教育，积极开展"传承红色基因，争做时代新人"主题教育活动。5月22日，市机关工委联合市教育局在红太阳广场举办"传承红色基因，争做时代新人"主题教育活动启动仪式，市直相关部门单位、部分学校师生代表、"五老"代表共500余人参加启动仪式。各学校关工委把"传承红色基因，争做时代新人"作为学生思想道德教育必修课，融入到校园文化、校园环境、课堂教学和学校管理之中。同时，充分利用档案馆、纪念馆、爱国主义教育基地，革命烈士纪念园馆碑亭等红色资源，在3·5学雷锋日、清明节、五四青年节、六一儿童节等重要时间节点组织青少年参加各种观摩体验、道德实践、志愿服务活动，让他们在实践体验中感受到其中承载的红色文化、红色精神，增进青少年的理论认同、政治认同和情感认同。指导全市各学校开展"知党史知国情，爱家乡爱学习，争当新时代好少年"实践活动，引导青少年继承和发扬革命传统、优良作风，坚定不移地走中国特色社会主义道路。各学校关工委以纪念改革开放40周年和自治区成立60周年为契机，从青少年实际出发，组织开展丰富多彩的宣传纪念活动，使青少年切实感知改革开放40周年和自治区成立60周年的伟大成就，尤其是党的十八大以来党和国家发生的历史性变革，取得的历史性成就，深刻领悟当代共产党人赋予红色基因的时代内涵。二是积极参与社会治理创新，净化青少年成长环境。市关工委发动全市各行各业的"五老"人员参与到关心下一代工作中，成立以退休干部和退休法律工作者为主的"五老"普法宣讲团，建立起130多人"五老"普法宣讲队伍，不定期深入基层，开展法制"六进"（进机关、进农村、进社区、进学校、进企业、进单位）活动，举办以《预防青少年违法犯罪与青少年自我保护》为主题报告会和巡回图片展10余场次，引导青少年树立坚定的理想信念和良好的道德观念、法纪意识、社会责任感。同时，持续开展"关爱明天，普法先行"青少年法制教育活动。与司法、公安、教育等部门对接，配合协助、整合资源，在"3·5""3·15""5·1"等重要节点以中小学生为重点，组织开展禁毒、普法等教育活动200余场次，参与学生2.8万余人次，接受群众咨询300多人（次）。指导各学校关工委通过召开主题班会，举办主题讲座等形式，组织学生开展"宪法晨读""宪法主题班会""宪法在我心中"等活动，并利用法制课、少队课等时间组织学生收看收听"关爱明天、普法先行"专家讲座光盘，利用《致家长的一封信》、校讯通平台等载体，向家长广泛宣传《未成年人保护法》《预防未成年人犯罪法》等法律法规，切实在青少年中营造学法、用法、守法的良好氛围。结合精准扶贫工作，为海原县三河镇丘陵村赠送普法和道德教育书籍50套共200册，促进贫困村儿童健康成长。三是助力精准脱贫，加大关爱帮扶力度。以贫困山区和移民村为精准脱贫主战场为重点，关注贫困学生、孤残儿童、留守儿童，有针对性地开展关爱帮扶活动，实打实地帮助青少年解决实际困难，进一步深化关爱帮扶工作。一是加强对留守儿童关爱。截至2018年,全市困境留守儿童共计1062人,其中,沙坡头区432人,中宁县336人,海原县294人,全部纳入自治区留守儿童和困境儿童保障系统。通过政府购买服务方式,实施3个"留守儿童关爱保护项目"服务。在保证活动面积不低于40平方米的基础上,为213个"儿童之家"全部配备电视、电脑、图书和各类文体器材,打造农村留守儿童关爱保护阵地。二是开展助学帮困。积极协调指导县(区)关工委及市关工委成员单位对家庭困难学生进行帮扶。争取慈善基金会助学金10万元,对海原县回民中学振兴班100名学生进行定向帮扶;37.7万多元金秋助学金惠及68人次。争取自治区圆梦行动项目资金116万元,救助困难大学生283人,特别是对建档立卡户中的大学新生实行全覆盖。发动农村商业银行等爱心企业开展"走近贫困学子 关爱孤残儿童"活动,为儿童福利院、中卫八小等学校的140名贫困留守儿童捐助总价值4.5万元的爱心书包和助学金。三是认真组织实施"爱启航公益项目"。市关工委积极争取自治区关工委基金支持,促使中国下一代教育基金会"爱启航公益项目"价值90万元的衣物惠及全市4659名贫困儿童。该项目共为全市贫困儿童捐助卫衣3099件,运动鞋1027双,棉鞋533件。为确保公正、公开、透明、规范、有序地把这项大型公益爱心项目办实办好,市机关工委精心组织摸底调查,结合各县(区)贫困儿童就学情况,认真研究制订分配方案,并将各类物资分配数明确到各相关学校。与县(区)教育部门、受捐助学校所在地乡镇党委政府对接,相互协作,确保捐助物资及时、足量发到受助学生手中。 （刘 波）

【自身建设】 一是全面落实党风廉政建设"两个责任"。将党风廉政建设融入全局中心工作的全过程,年内先后组织召开党风廉政建设专题及学习累计18次,全面落实局党支部主体责任,层层签订责任书,完善"一把手"负总责、分管领导分工负责、科室负责人一岗双责、机关干部人人有责的党风廉政建设责任机制。结合整治违反八项规定精神、党风廉政建设责任制等情况进行自查,局领导班子按照"五谈二会一报告"的要求开展谈心谈话,年内共开展各类谈话14次,切实强化党员干部的纪律和规矩意识。二是强化干部选拔任用和监督管理。严格落实机构编制管理各项规定,严格执行中央和区、市关于干部选任工作的相关规定。2018年,按照市委组织部的要求,向组织部门推荐优秀年轻干部2人,重点培养对象1人,其他优秀干部3人。严格执行国家工作人员因私出国(境)管理相关规定,规范领导及干部职工因私出国(境)审批程序,及时更新人员登记备案信息,集中保管在职及退休干部因私出国(境)证件。三是切实履行党建工作职责。对标"三强九严"要求,从严管党治党的责任进一步落实,支部规范化建设进一步增强。坚持理论武装,强化党性锤炼,年内局领导班子参加中心组学习13次,党员干部集中学习51次,组织开展各类知识测试13次,党员撰写心得体会49篇。先后组织开展"读经典、读原著、悟原理、强党性、促发展"读书活动和"机关开放日"活动。认真落实"三会一课"、组织生活会、谈心谈话、民主评议党员等制度,年内班子成员开展谈心谈话30人次,支部开展主题党日活动12次,评议优秀党员1人。四是切实抓好意识形态工作。健全意识形态工作机制,落实"一把手"第一责任人职责,制定局党支部意识形态工作责任清单、考评细则,层层签订责任书。系统开展习近平新时代中国特色社会主义思想学习,通过观看教育影片、撰写观后感以及开展讨论交流的方式,引导党员干部树牢"四个意识"、坚定"四个自信"。做好文明和卫生城市创建、老干部信访等工作,为离退休干部工作顺利推进提供坚强保障。五是扎实推进脱贫攻坚工作。年内,局领导先后带队深入海原县三河镇富陵村10次、68人次,安排部署脱贫攻坚工作4次,印发局机关脱贫攻坚类文件4份,发放宣传资料近300册,提供帮扶慰问资金2.51万元。同时,按照市委的安排部署,局主要领导深入富陵村开展蹲点调研5天、开展"廉情诊所"半天,全面摸排存在问题,为基层党支部办实事两件。 （刘 波）

·纪委监委·

【概况】 2018年1月16日,中卫市监察委员会组建挂牌,与市纪委合署办公,实行一套工作机构、两个机关名称,履行监督执纪问责和监督调查处置职责,对所有行使公权力的人员进行监督。市纪委设书记1名,副书记3名,常委5名;市监委设主任1名,由市纪委书记兼任,副主任3名,由市纪委副书记兼任,委员5名,主要由市纪委常委兼任。委机关内设12室1中心,即:办公室、宣传教育室(政策法规研究室)、党风政风监督室、信访室、案件监督管理室、第一执纪监督室、第二执纪监督室、第三执纪监督室、第一审查调查室、第二审查调查室、案件审理室、纪检监察干部监督室、廉政教育和信息中心。派驻纪检监察组12个。委机关共核定行政编制54名、事业编制7名、后勤服务事业编制5名、控制性事业编制2名。
（金文平）

【严明政治纪律】 始终把党的政治建设摆在首位，严明政治纪律和政治规矩，将"两个维护"落实到监督执纪问责各个环节，督促各级党组织和党员领导干部牢固树立"四个意识"，坚定"四个自信"，坚决践行"两个维护"。围绕贯彻落实党的十九大精神和区、市党代会精神以及落实中央、区、市重大决策部署加强监督检查，坚决纠正上有政策、下有对策，有令不行、有禁不止等行为，确保中央和区、市党委政令畅通。坚决维护良好政治生态，配合做好县（区）及市直部门党员领导干部民主生活会的组织和督导工作，及时将组织谈话函询、党纪政务处分情况函告领导干部所在党委（党组），抄告分管市领导和派驻纪检监察组，督促在民主生活会上说清楚、讲透彻，发挥好民主生活会的监督作用。严格执行重大事项请示报告制度，对违反规定隐瞒不报的5名领导干部进行问责处理。加大对党组织严肃党内政治生活监督检查，对党内政治生活不正常、组织生活不健全等29个问题的42名责任人进行严肃问责。把好选人用人廉政鉴定关，按照"凡提四必"要求，对17名拟提拔重用干部进行廉政鉴定。
（金文平）

【监督检查】 锚定政治纪律，围绕打好"三大攻坚战"和实施"三大战略"中卫方案、市委"6+8"重点工作等，制定《中卫市纪委监委关于加强监督工作的办法》《关于强化监督执纪问责为打好污染防治攻坚战提供纪律保障的意见》《关于加强监督执纪问责为"决战100天 经济气象新"提供纪律保障的意见》等，对脱贫攻坚、生态环保、民族宗教等领域落实党中央决策部署出现偏差问题严肃问责。对中央环保督察反馈问题整改不力18名责任人进行约谈，对环保、安全生产监管不力195名责任人进行问责处理，给予党纪政务处分45人。
（金文平）

【巡视反馈问题整改】 落实巡视整改监督责任，会同组织、督查部门开展专项督查，督促各级党组织扛牢巡视反馈问题整改主体责任。巡视组转交203件信访件全部按期办结，问责处理227人，给予党纪政务处分155人。
（金文平）

【监察体制改革】 按照中央、自治区党委深化监察体制改革工作的部署，如期组建市、县（区）两级监委，向全市41个乡镇（街道）派出监察办公室，实现对所有行使公权力的公职人员监察全覆盖，着力构建党统一领导指挥、全面覆盖、权威高效的监督体系。建立规范61种审查调查文书和"1+4""法法衔接"制度，形成监察机关与执法司法机关相互衔接、有序对接。建成过渡性留置场所，加快推进新留置场所规划建设。
（金文平）

【作风建设】 从严正风肃纪，始终把落实中央八项规定及其实施细则精神作为监督检查重点，紧盯"四风"隐形变异，发扬钉钉子精神，做到关键节点集中抓、日常时间经常抓，对顶风违纪的露头就打、从严查处、顶格处理，持续释放越往后执纪越严强烈信号。深入开展违反中央八项规定精神突出问题专项治理，落实"五个严禁"和"五个不能放过"，聚焦突出问题，即知即改，从严问责，不断拧紧党员干部自我约束的"发条"，增强严格执行中央八项规定精神的政治自觉。全市共查处违反中央八项规定精神问题80个，给予党纪政务处分68人，对23起典型问题公开通报曝光。进一步加大对形式主义、官僚主义突出问题集中整治，查处突出问题55个，给予党纪政务处分77人。
（金文平）

【压实"两个责任"】 协助市委履行主体责任，健全完善"4+6"党风廉政建设"两个责任"落实机制，实行廉情抄告和回告制度，对责任落实不力的31名党员领导干部严肃问责，给予党纪政务处分24人，倒逼责任落实。严把党员领导干部廉政意见"回复关"，全年共回复廉政意见1256人（次），坚决防止带病提拔。
（金文平）

【巡察监督】 成立市、县（区）党委巡察机构，研究制定《中共中卫市四届委员会巡察工作规划》《中卫市新任副处级干部担任巡察组副组长制度》《中卫市优秀年轻干部参加巡察工作制度》。完成四届市委二、三轮巡察，对全市4个工业园区开展生态环境保护专项巡察，采取市上提级巡察一批、县（区）交叉巡察一批、县（区）直接巡察一批的"三巡联动"模式，对全市93个重点贫困村开展扶贫专项巡察，共发现问题1739个，移交问题线索117个。启动第四轮专项巡察，对14个部门（单位）开展脱贫攻坚巡察。（金文平）

【派驻监督】 制定下发《关于强化派驻机构管理的通知》，深化完善AB岗、主配角、双报告、平时监督和集中巡察等机制，派驻机构进一步聚焦主责主业，对重大决策部署、工程建设、重要干部任免以及落实"三重一大""五个不直接分管"等制度实施全程参与、全程监督，对苗头性、倾向性问题及时提醒纠正。强化问题线索处置与执纪监督工作紧密协作，9个派驻机构共立案17件，处分17人，"派"的权威和"驻"的优势

进一步彰显。　　　　　　　　　　（金文平）

【"四种形态"运用】　坚持把纪律挺在前面，提高准确把握执纪标准和运用政策能力，抓早抓小、关口前移，运用监督执纪"四种形态"处理1695人(次)。充分运用第一种形态，开展谈话1132人(次)，占处理总人(次)的66.8%；妥善运用第二种形态，给予轻处分、组织调整487人，占处理总人(次)的28.7%；准确运用第三种形态，给予重处分、重大职务调整50人，占处理总人(次)的3%；果断运用第四种形态，处理严重违纪违法涉嫌职务犯罪的党员干部和公职人员26人，占处理总人(次)的1.5%，监督执纪由"惩治极少数"向"管住大多数"拓展。　　　　　（金文平）

【澄清正名机制】　对全市十八大以来449名受处分党员干部开展回访教育，帮助他们放下思想包袱、轻装上阵，对5名实绩突出的干部建议市委、市委组织部提拔重用，营造既要让有为的干部有位，也要让有错的干部有为的氛围。树立为担当者担当、为负责者负责、还清白者清白、为实干者撑腰的执纪理念，对7名受到不实举报的干部公开澄清正名，消除干部思想顾虑，在全市营造干事创业浓厚氛围。

　　　　　　　　　　　　　　　　（金文平）

【纪律教育】　始终把崇廉尚洁良好风尚融入经济社会发展和党风廉政建设的全过程，持续抓好纪律教育，从源头上预防腐败。进一步深化"三个五"党风廉政建设大宣教工作格局，持续抓好纪律教育。通过编发《"清廉中卫"建设探索与纪实》、发送廉政教育提醒短信、刊发新闻稿件等方式，及时宣传监督执纪问责"好声音"。持续深入开展"廉内助""树清廉家风　创美好家庭"家风建设活动，进一步深化巩固家庭、家风、家教建设。紧盯领导干部提拔任用重要关口，落实新任职领导干部廉政教育"1+6"机制，组织17名新任职领导干部进行党纪法规知识考试，不断增强党员干部学纪知纪守纪自觉性。坚持以案为鉴、以案为训，用身边事教育身边人，先后组织全市各级领导干部观看警示教育片3497人次，接受"旁听庭审"教育80余人次，以案说法、以案释纪，发挥查处一个、警示一批、教育一片的效应，进一步筑牢拒腐防变思想防线。

　　　　　　　　　　　　　　　　（金文平）

【执纪审查】　坚持无禁区、全覆盖、零容忍，坚持重遏制、强高压、长震慑，坚持受贿行贿一起查，聚焦重点人群、重点领域和关键环节，精准有力惩治腐败，反腐败斗争取得压倒性胜利。全市共受理信访举报684件，处置问题线索1079件，了结761件，立案570人，给予党纪政务处分539人，移送司法机关5人。扎实开展扶贫领域腐败和作风问题专项治理，严肃整治群众身边腐败和作风问题，建立信访举报"直通车"、纪委监委领导对口联系督导县(区)、联席会议和提级查办、直查直纠等机制，进一步加大查处扶贫领域腐败和作风问题力度。全市共查处扶贫领域违纪违法问题80件，给予党纪政务处分110人、诫勉谈话61人，对32起典型问题通报曝光。　　　　　　　（金文平）

【"廉情诊所"】　在全市455个村探索建立"廉情诊所"，坚持"五诊"联动、"三色"警示，真正把纪委建到群众"家门口"，实现群众举报"零距离"，强化对村级权力运行监督，打通全面从严治党"最后一公里"。共接访群众932人次，协调解决问题567个，移交问题线索27个，问责处理19人，其中给予党内警告处分3人。这项工作得到了中央纪委国家监委和自治区纪委监委的肯定。　　　　　　　　　（金文平）

【"村廉通"机制】　制定《进一步深化规范"村廉通"监督机制的意见》，进一步健全完善"村级账目乡镇管、村级资金银行管"的村级财务监管新模式，在全市370个村建立"村廉通"机制，监督资金5.6亿元，给群众一个明白，还干部一个清白，切实把"村廉通"打造成中卫市治理农村"微腐败"的监督"利器"。（金文平）

【涉黑涉恶惩治】　坚持把惩治"蝇贪"同扫黑除恶结合起来，研究制订《关于在扫黑除恶专项斗争中强化监督执纪问责的实施方案》《中卫市纪检监察机关与政法机关关于扫黑除恶案件和线索快速移送处置协作配合实施办法》，建立与政法机关协作配合和领导联点包案机制，成立专案督导组和专案组，严查涉黑涉恶腐败和"保护伞"问题，处置涉黑涉恶腐败问题线索20件，立案查处6人，开除党籍3人、政务记过处分2人。　　　　　　　　　　　　　（金文平）

【干部队伍锻造】　扎实开展"三整顿、三提升、一树立"活动，着力整顿思想、纪律和作风，教育引领全市纪检监察干部在学习贯彻习近平新时代中国特色社会主义思想上作表率、在自觉践行"两个坚决维护"上作表率、在坚决贯彻全面从严治党决策部署上作表率，树立起新时代纪检监察干部新形象。扎实开展纪检监察干部队伍建设"1+3"素质提升专项行动，举办全市乡镇纪委书记专题培训班和"四个能手"大比武活动，纪检监察干部的政治素质和业务能力全面提升。严格内部监督管理，拟制定纪检监察干部"八小时外"活动监督意见，建立打听案情和说情干预登记备案等制度，强化对执纪审查人员的监督，努力打造一支让党放心、人民信赖的忠诚干净担当的纪检监察队伍。

（金文平）

民主党派和工商联

· 民革中卫市委会 ·

【概况】 民革中卫市委会下辖民革中宁县委会、沙坡头区工委2个县级组织10个基层支部。现有党员181名，主要分布在教育、卫生、社会、法制等领域。大学学历107人；高中级职称110人；处级干部7人、科级12人；区政协委员2名、市人大代表4名、市政协委员8名；县人大代表2名、县政协委员11名。

（刘晓宏）

【思想建设】 一是开展纪念中共中央发布"五一口号"70周年、改革开放40周年、宁夏回族自治区暨宁夏民革成立60周年理论文章及书画摄影作品征集活动，其中3篇文章荣获全市二、三等奖，1篇文章在宁夏统一战线刊登，1篇文章被民革中央采用。市委会荣获"先进组织单位"；5幅国画、摄影作品全部入选民革宁夏区委会、宁夏中山书画院作品书画展。二是举办主题读书朗诵比赛。联合民进市委会、九三学社中卫总支社共同举办主题读书朗诵比赛，选送的《鼓掌》和《庄严的选择》两个朗诵节目得到民革宁夏区委会领导一致好评。三是开展红色教育主题活动。组织全市骨干党员参加纪念活动报告会、座谈会，赴西吉将台堡红军长征会师纪念馆、六盘山红军长征纪念馆、遵义会议会址和"观故居，走多党合作之路"开展红色教育活动。四是加强政治思想宣传活动。年内，市委会在《中卫日报》及民革中央、宁夏民革、中卫政协、市委统战部等报刊媒体发表有关民革稿件30篇；出版首期《中卫民革》刊物；发挥"中卫民革微信群""中卫民革QQ群"等现代媒体的作用，带领党员增强"四个意识"，坚定"四个自信"，坚决做到"两个维护"，拓展党员交流和参政议政渠道。

（刘晓宏）

【组织建设】 坚持质量、数量并重的原则，经过培养，全年重点发展9名新党员。积极加强党员培训工作。先后4次组织党员中市政协委员参加各类培训；组织10名骨干党员参加民革宁夏区委会和市委统战部举办的各类培训班；成功举办60名党员参加的全市新党员暨骨干党员培训班，坚定正确政治方向和政治立场。稳步推进"民革党员之家"建设工作。根据"民革党员之家"建设有关会议精神，按照区委会统一要求部署，参考借鉴全区其他市"民革党员之家"建设先进经验，结合中卫市实际情况，建设市、县、支部民革党员之家。做好民革内部监督工作。严格执行市委会37项制度，逐步提高内部监督工作制度化水平，着力增强制度落实实效，实现用制度管人、管事，不断提高机关工作的制度化程序化规范化水平。加强市委会机关效能建设。坚持开展各基层组织重点工作完成情况年中督促和年终考核，确保全市各级民革组织制度化规范化发展。努力开展示范支部创建工作。为进一步加强全市民革基层组织建设，在健全并完善基层组织各项制度的基础上，开展6个示范支部创建工作，下大力气抓好基层组织建设，全心全意为党员做好各项服务，切实增强组织的凝聚力和向心力。

（刘晓宏）

【参政议政】 提出涉及乡村振兴战略、产业转型升级、城市建设与管理等具有全局性、前瞻性、科学性意见建议10件。其中《关于促进全市枸杞产业发展升级的建议》重点提案市政协罗成虎主席领衔督办。市政府高度重视，切实加大工作力度，争取自治区财政枸杞产业扶持资金320万元，建立富硒枸杞示范园1万亩，发动中宁枸杞产业协会、中国药典、东方慧医投资2亿元，成立宁夏中宁枸杞产业股份有限公司；利用世行项目资金支持，新建枸杞基地3万亩；争取自治区财政资金700万元，健全枸杞病虫害统防统治体系；争取自治区商务厅优势特色农产品甄别溯源项目资金3000万元，市政府配套2000万元，支持枸杞产品质量全程追溯平台和体系建设。关注民生改善，建惠民之言。围绕城乡环境绿化、大气污染治理、农业面源污染防治等提出意见建10件。其中《关于提升绿色发展水平，助推美丽中卫建设的建议》，沙坡头区政府高度重视，对市区扬尘问题开展集中排查整治，每天高频次对道路、沟渠两侧裸露空地和城市建成区绿化带等区域进行不间断地清扫、洒水、降尘等，确保扬尘污染得到有效遏制；组织相关部门及乡镇开展城市水源地环境保护专项排查，拆除一级水源地企业3家，鱼池3户、养殖场26家，责令二级水源地2家农家乐进行整改；中宁县实施生态连城黄河过境段一期PPP、县城绿化、贫困地区进村主干道绿化、森林公园周边道路绿化等重点绿化项目，完成人工造林20570亩；海原县着力加强林业生态建设，完成各类造林11.97万亩。开工建设小流域综合治理项目9个，建成水平梯田7.67万亩。围绕社会发展尽助推之力。着眼于全市社会发展中瓶颈和短板，提出有深度、有力度的建议8件，其中《关于推进民主法治进程，建设和谐稳定法治中卫的建议》重点提案市政协副主席吕玉兰领衔督办。针对提出的"充分发挥行政复议、调解、仲裁、信访等制度在预防化解社会争议、促进社会和谐方面的重要作用，不断提高化解矛盾纠纷法治化水平；进一步深入"七五"普法宣传教育工作，继续提高基层群众法律意识"的建议，要求相关责任单位要统一思想、及时沟通，继续深化重点提案办理工作，让提案人的意见建议有回声、有成效。同时，加强复议、仲裁和应诉工作，积极探索和创新"七五"普法法治宣传教育工作，使法治理念深入群众、深入人心。紧盯发展大局建真言献良策。坚持以调研促进协商质量提高，以协商促进调研成果转化。年内，组织党员中的专业人士，围绕全市黑臭水体治理情况、全市富硒产业发展情况等专项课题深入调研，就存在问题提出意见建议。《关于全市黑臭水体治理情况的调研报告》得到了市委何健书记亲自批示。反映社情民意献务实之策。针对人民群众关心热点问题，以市委会提交24件社情民意，民革宁夏区委会采用9件，市政协采用3件。其中《关于跨境电商中进口商品要规范使用中文标识》等4件被自治区政协采用；《关于机动车交通违法查询告知工作情况的建议》，被原自治区副主席许尔峰批示，自治区公安厅交通局办理答复；《关于在居民住宅区、商贸区等人群密集区建设电动车智能型充电站、集中式充电桩的建议》，通过中卫市城管局牵头办理，在中卫世和悦荣府邸等6个小区安装充电桩27个、充电口20个，满足1120户电动车用户及时充电。御景华城小区安装3个充电桩，满足400余户电动车用户充电需求。民主监督认真履行职责。党员中的人大代表、政协委员积极开展民主监督工作，于7月、11月两次参加市中级人民法院全市法院工作情况通报会，针对市中级法院存在的问题和困难，提出"加强队伍管理长效机制建设、坚持依法履行审判职责公正司法、完善便民服务设施构建多位一体的诉讼服务模式、建立科学畅通有效便捷的民意沟通表达机制"4条建议；10月中旬，参加市检察院"事实孤儿刘某某申请国家司法救助案件公开听证会"。在认真听取案件承办人介绍及刘某某法定代理人陈述后，针对刘某某的实际情况，建议检察官对司法救助金及时跟进监管，确保资金能够真正用于申请人刘某某的生活和学习上；同时积极与乡镇、民政部门对接，早日将孤儿基本生活最低养育费发放到位，从生活、医疗、教育等方面对刘某某进行保障。　　　　　　（刘晓宏）

【社会服务】　年内，市委会先后为海原县李旺镇九道村帮扶点19名困难群众发放过冬棉衣。为40名留守儿童发放"Toms"步鞋。重阳节，为海原县西安镇菜园村5户困难群众送去米面油。助力贫困村硬件设施建设，为海原县贾塘乡黄坪村村委会拨付5000元用于补充购置办公设备。携手宁夏公益慈善促进会先后为沙坡头区镇罗学区、中宁县余丁小学、海原县贾塘学区、海原县西安镇菜园小学等部分农村中小学生捐赠"Toms"步鞋3000双，价值68余万元；组织医卫界党员到海原县贾塘乡黄坪村开展义诊，共为80余人次群众诊疗，测血压，免费发放药品价值5300余元；开展助力"精准扶贫"学生运动服捐赠活动，为海原县贾塘乡黄坪小学捐赠学生运动服207套，价值两万元；重阳节前夕，组织党员到沙坡头区河南敬老院开展爱心慰问活动，为70名孤寡老人、残疾人送上大米、面粉、食用油、牛奶等慰问品，价值2000余元。

（刘晓宏）

·民进中卫市委会·

【思想建设】　一是突出教育主题，夯实思想基础。结合学习贯彻中共十九大精神与坚持和发展中国特色社会主义学习实践活动、"不忘合作初心，继续携手前进"主题教育活动，开展思想政治教育主题年活动。民进中央副主席、宁夏区委会主委、自治区人大常委会副主任姚爱兴应邀出席民进市委会、中宁县委会、中宁一中支部活动，听取工作汇报，与会员座谈交流，参观会员企业开展慈善公益活动情况，看望退休老会员，希望民进各级组织及广大会员"心里有党、眼里有民，用心做事，用情奉献"。二是参加培训研修，增强政治共识。举办思想政治教育专题培训班，联合其他兄弟党派举办骨干成员暨新成员培训班，集中学习中共十九大、民进十二大、民进区委会八届五次常委会、八届二次全委会议，中共中卫市委四届四、五次次全会，自治区、中卫市两会等精神，百余名会员聆听《全面从严治党——浅析习近平全面从严治党思想》《云计算及在中卫的发展》专题讲座。选派24名会员参加全区党外干部进修班、全区人民监督员专业技能培训班、全市党外干部（贵州遵义）研修班、民进区委会学习中共十九大精神培训班、全市处级干部"学习贯彻习近平新时代中国特色社会主义思想和中共十九大精神"专题研讨班、全市党外人士六盘山爱国主义革命传统教育活动，开阔会员眼界视野。三是参与纪念活动，提升理论素养。组织会员参加全市纪念"五一口号"发布70周年主题征文、座谈会、爱国主义革命传统教育等系列活动，报送征文29篇，获奖9篇（二等奖1篇，三等奖3篇，优秀奖5篇），征文《不忘初心跟党走 牢记使命谱新篇》刊发于《宁夏统一战线》（2018年第2期）。市委会主要负责人在全市纪念"五一口号"发布70周年座谈会上作题为《广泛凝心聚力，在新时代作出新贡献》的汇报发言。为各支部订阅《民主》《宁夏民进》，购买《民进简史》《梁家河》《社会主义核心价值观》等学习书籍300余册，全面提升会员政治素养和理论水平。四是参加理论研讨，坚定理想信念。在市委会中心组学习会上，学习交流新《宪法》、新《会章》等心得体会10篇。在区委会学习会上，市委会主要负责人先后作题为《不忘合作初心 筑梦伟大时代》《努力做崇尚遵守捍卫宪法的引领者》《正确认识中国政党制度增强中国特色社会主义制度自信》等交流发言。在市政协召开的"学习贯彻习近平总书记关于加强和改进人民政协工作重要思想"理论研讨会上，驻会副主委作题为《学习政协新章程 增强履职新本领》的发言。会员撰写的《学习新内容 领会新内容 团结引领广大会员贡献力量》刊发于《宁夏民进》（2018年第1期）。五是典型事迹引路，激励会员奉献。召开"我身边的先进"事迹报告会，获全国先进集体、市委会先进集体及优秀会员代表交流团结带领会员履行参政议政职能、服务社会民生等经验，诠释"伟大出于平凡，先进就在身边"真谛。 （韩春玲）

【组织建设】 一是搭建成长平台，加强队伍建设。坚持班子成员联系基层支部制度，一线指导基层支部开展会务活动。选派班子成员参加自治区社会主义学院统一战线调研座谈会、全市党风廉政建设和反腐败工作会议、市中级人民法院工作情况通报会，锻炼学习实践能力。坚持新会员入会前谈心谈话和入会后表态发言制度，发展新会员9名。慰问患病、生活困难、亲属去世、60岁以上会员40名，弘扬民进尊老敬老优良传统，传递民进温暖，增强组织凝聚力。二是举办朗读比赛，激发会员热情。联合其他兄弟党派举办纪念中共中央发布"五一口号"70周年、改革开放40周年、宁夏回族自治区成立60周年读书朗诵比赛，会员王玲获一等奖，黄吉庆、齐鲁宁、杨云霞获二等奖，白优燕、张晓青获三等奖。三是立足岗位奉献，争做优秀会员。市委会荣获民进宁夏区委会组织建设先进单位，全市民主党派效能考核二等奖，《民主》杂志2018年度发行优秀集体。中卫六中支部、中宁鸣沙支部荣获市委会先进集体，会员刘文飞等13名会员荣获优秀会员。会员朱彦华入选第三批国家"万人计划"科技创业领军人才，崔海菊荣获民进全国思想宣传工作先进个人，陈怀荣、王明林荣获"中卫名师、中卫名医"称号。孙明洋、张建忠荣获县（区）政协优秀政协委员。周建强荣获2017年度市水务局先进个人、自治区水利厅水利工程质量监督管理工作先进个人、中卫市安全生产工作先进个人称号。李钰华、陈学仁等书画、摄影界会员入展作品20余幅。俞雪峰发表、获奖散文、诗歌50余篇，出版诗歌集《心灵物语》。

【参政议政】 一是履职政协平台，发挥主体作用。"两会"期间，民进界别的人大代表、政协委员，参与市委、人大、政府、政协工作报告的修改，建真言、献良策，许多建议得到采纳。组织会员征集、筛选、修改提交提案44件（集体24件），市政协立案26件（集体提案14件），《关于统筹城乡发展，推进社会主义新农村建设的建议》《关于提升学前教育教学质量的建议》为市政协重点提案，《关于加大投入 促进城乡学前教育均衡发展的建议》《关于紧抓城铁建设契机高起点打造高铁新城的建议》获市政协2017年度优秀提案。《加强路网建设 提升交通运输业服务质量》《统筹城乡发展，推进社会主义新农村建设》被选为市政协大会发言书面交流材料。二是深入调查研究，积极建言献策。对全市创建国家卫生城市、农业污染及治理情况进行调研，《关于全市创建国家卫生城市情况的报告》《关于全市农业污染及治理情况的调研报告》获市委书记何健、常委、宣传部部长叶宪静等领导批示。提交社情民意6篇，其中《关于加强四季鲜农贸批发市场环境秩序整治力度的建议》（市政协《社情民意》第36期）获市委、市政府、市政协主要领导的批示。《关于对城区新修（新建）道路划设交通标志标线的建议》（市政协《社情民意》第35期）、《关于加强雍楼市场环境卫生监督管理的建议》（市政协《社情民意》第32期）、《关于将中卫市沙坡头区黑林学校生活污水安全排放纳入项目建设的建议》（市政协《社情民意》25期）获市政协《社情民意》采用。三是加强内外联系，做好协调配合。积极对接市委，配合民进中央经济委员会调研组开展调研工作，走访沙坡头区迎水桥镇夹道村、滨河镇官桥村及17户村民，召开镇、村及全市开展土地制度改革与推进乡村振兴（新型城镇化）座谈会，与村干部、村民座谈交流，全方位深入了解中卫市镇、村及农民群众参与土地改革与推进乡村振兴（新型城镇化）的情况及意见诉求。四是指导基层履职，全面提升质量。基层委员会提交县（区）政协立案提案35件（集体提案17件）。《关于加强城市精细化管理,提升城市文化品位的建议》《关于对老南街进行标准化、精细化改造的建议》《关于尽快打通工业园区五横路向东南至109国道的建议》《关于加快推进枸杞产业整合发展的建议》《关于建立健全秸秆收集综合利用长效机制,从源头消除露天焚烧现象的建议》《关于加强电动车、老年代步车管理的建议》《关于大力实施乡村振兴战略,推进美丽乡村建设的建议》《关于深化农村产权制度改革 保障农民财产权益 壮大集体经济的建议》等8件提案获县(区)政协重点提案。《关于进一步推动农业信息化建设的建议》《关于完善镇罗工业园区基础设施配套问题的建议》获县(区)政协优秀提案。撰写大会发言3篇,《因村制宜 创新施策 全面深化产权制度改革》《提升职业教育水平 助力沙坡头区全面打赢脱贫攻坚战》(书面交流)、《关于加强社会治安防控体系建设的思考》(书面交流)。对中宁县产业扶贫工作进展情况进行调研,对如何更加有力有效地开展好产业扶贫提出意见和建议。

(韩春玲)

【社会服务】 一是多形式帮扶,助力脱贫攻坚。在李旺镇、七营镇开展"春节送温暖"走访慰问活动,慰问困难群众42户,发放慰问金2.2万元。在李旺镇、关桥乡开展"扶贫健康行义诊"活动,市三医院三名医护人员义务就诊,发放药品5000余元,发放棉衣500件。市委会负责人在海原县李旺镇九牛村蹲点调研期间,走访贫困户26户,聘请专业人士为该村免费勘测、设计5条巷道排洪排涝改造工程建设预算方案,协调解决村部建设征地费用2万元、办公设施1万元。二是关注教育事业,传递社会温暖。为中宁县五中26名品学兼优学子捐赠价值1万元的助学金、学习用品。与自治区发改委沟通,争取市第七中学教学楼、康乐燕宝九年制学校教师周转宿舍项目资金1495万元。在中宁喊叫水乡九年制学校和中卫第六中学开展书法进校园活动两次,捐赠价值5300余元的书法练习用品。三是发挥会员特长,现场写送春联。联合民进中卫总支、市书法协会在沙坡头区宣和镇何营村开展"春联万家"活动,现场写送春联500余幅。参加书协及其他单位、团体组织的写送春联活动,在沙坡头区永康镇、宁钢集团、市城管局、市行政中心、海原县三河镇六河村等地为干部、职工、村民及环卫工人写送春联8场(次)2000余幅。

(韩春玲)

· 民盟中卫市委会 ·

【概况】 民盟中卫市委员会于2007年4月成立,年内有盟员223人,分属沙坡头区委员会和中宁县委会及13个基层支部。其中沙坡头区125人,分属机关、经济社会、中卫中学、中卫一中(四中)、义教联合、老年、卫生7个支部。中宁县98人,分属中宁中学、中宁一中、中宁二中、城镇支部、城东支部、老年支部6个支部。其中在职盟员158人,离退休65人。男132人,女91人。本科及以上学历139人。担任各级政协委员的22人,其中,自治区政协委员1人,市政协常委3人,市政协委员10人,县(区)政协委员12人,县(区)政协常委5人,县(区)人大代表2人。 (张建忠)

【思想教育】 组织盟员认真学习习近平新时代中国特色社会主义思想和十九大精神,印发《2018年盟员学习资料》,内容主要包括全国、自治区和中卫市"两会"精神,要求以支部为单位组织学习。组织骨干盟员参加市委统战部组织的"沙坡头大讲堂"活动和民盟宁夏区委会组织的骨干盟员培训,要求盟员自学《宪法修正案》《习近平新时代中国特色社会主义思想》等理论。组织盟员集中传达学习全国政协十三届一次会议精神。开展盟员专题盟史培训,盟员学习民主党派产生的历史背景、发展过程、"五一口号"的提出和民主党派的响应,重点学习民盟历史。组织骨干盟员系统学习《中国共产党统一战线工作条例》《中国共产党党内监督条例》等文件精神,在学习贯彻习近平关于加强和改进人民政协工作的重要思想期间,鼓励盟员积极撰写理论文章,其中入选市政协组织的研讨会交流文章1篇。进一步深化"不忘合作初心,继续携手前进"专题教育学习,组织8名骨干盟员参加民盟宁夏区委会参政议政业务培训班、5名骨干盟员参加党的统一战线理论及实践研修班。为隆重纪念"五一口号"发布70周年,市委会组织近20名盟员参加自治区党委统战部副部长杨继宏题为《认真学习贯彻习近平新时代中国特色社会主义思想,把多党合作事业不断推向前进》的专题报告。组织盟员参与主题征文活动,市委会向市委统战部提交多篇理论文章,并获得一等奖、三等奖、优秀奖各一篇。向民盟宁夏区委会提交的"五一口号"征文活动中,获得二等奖、三等奖、优秀奖各一篇。在主题活动年座谈会上,主委严玉华代表市委会作大会发言。中宁县委会组织盟员观看《厉害,我的国》,并以各支部为单位交流观影感受,制定《纪念"五一口号"发布70周年活动实施方案》,并开展以十九大、统战理论、盟章盟史为主要内容的知识竞赛和书面考试,增强盟员对盟务知识和十九大理论的理解和认识,增进盟员之间思想交流。10月27

日，市委会组织 50 多名盟员参加宁夏万齐农业发展集团举办社会实践活动，万齐集团讲解员带领盟员参观产品展厅，并向盟员讲解现代农业发展的理念和经营模式，尤其是电子商务、科学种植技术在农业现代化发展中的运用。

（张建忠）

【组织建设】 全年共吸收 8 名新盟员。完成基层支部的换届。中宁县委会新建成"盟员之家"，解决盟员参加盟务活动没有固定场所的问题。指导沙坡头区和中宁县委会对各支部 2017 年的工作进行检查考核，评选确定"先进支部"和"优秀盟员"，激发基层组织活力。春节前夕看望生病住院盟员、慰问离退休老盟员，给他们带去市委统战部及盟组织的问候和关怀。制订《民盟中卫市委会 2018 年度重点工作计划》，指导沙坡头区委会和中宁县委会各支部制定支部年度工作计划及实施步骤，为开展好全年工作明确方向。

（张建忠）

【参政议政】 提交市政协提案 40 余件，被政协立案 20 件，其中 2 件被列为重点提案。市委会主委严玉华、委员陈桂凤撰写提交的《关于重新修编沙坡头旅游区规划的建议》被中卫市政协评选为 2018 年度优秀提案。《关于调整沙坡头国家级自然保护区的建议》《关于重新修编沙坡头旅游区、腾格里金沙岛旅游区规划的建议》《关于科学制定宁夏大气质量考核指标的建议》3 件被自治区政协立案。向市政协报送并采纳社情民意信息 4 件，向民盟宁夏区委会报送并采纳 2 件。完成民盟宁夏区委会"产业扶贫"委托调研，参与区委会"黄河滩涂水污染"调研、市政协"乡村振兴"调研。市委会召开会议，集思广益，讨论制定调研课题，形成调研小组，深入沙坡头区、海原县、中宁县对增减挂钩项目实施情况进行实地调研，对中宁县徐套、喊叫水、大战场、太阳梁 4 个贫困乡镇产业扶贫进展情况进行走访调查，完成《城乡建设用地增减挂钩项目实施情况的调研报告》和《关于贫困地区产业扶贫进展情况的调研报告》，并提交市委统战部。

（张建忠）

【社会服务】 市委会联系澳大利亚华侨魏基成捐助 353 件价值 50 万元服装，分别捐赠给城市环卫工人、海原县李旺镇杨堡村小学学生、宁夏万齐农业发展集团新就业大学生及困难职工。市美协主席、市书画院院长王峰组织中卫市美术家协会十多位书画家为中卫七小师生创作赠送 30 多幅书画作品。在市文联组织的送文化下乡活动期间，盟员张晓磊为永康镇文化体育服务中心捐赠图书 300 册，市美协主席王峰捐赠国画一幅。中宁县委会在鸣沙九年制学校对 17 名贫困儿童、农村留守儿童、单亲家庭儿童进行捐助。民盟中宁一中支部共 10 人到中宁县中心敬老院，开展为老人们送水果、整理屋子、打扫卫生、表演节目等活动。市委会联合银川市视光学研究中心眼科专家丁莹深入到中宁九小、中宁六中、海原一小等 13 所中小学，开展中小学生近视眼防控专题健康教育讲座。开展书画展，9 月份在自治区成立 60 周年时协助民盟宁夏区委会开展书画展。民盟中宁一中支部共 10 人到中宁县中心敬老院，给老人们送去牛奶、水果和准备好的饺子馅，盟员给老人整理屋子、打扫卫生、表演节目、教老人们唱红歌、做养生操、陪老人下棋练字。11 月 17 日，民盟中宁县委会组织 15 名盟员到大战场农贸市场开展法律、卫生下乡服务活动。现场发放法律、卫生方面宣传资料 300 多份，为多名群众解答法律和健康保健方面的咨询，为十余位中老年人做听诊和血压检查。

（张建忠）

·民建中卫市总支委员会·

【概况】 年内有会员 110 人，其中经济界 77 人，占 70%；教育界 19 人，占 17.8%；大专以上学历 102 人，占 92.7%；女会员 54 人，占 49.1%；下辖 6 个支部，全部集中在沙坡头区。有区政协委员 1 名，市政协常委 1 名，市政协委员 12 名；沙坡头区政协常委 2 名，政协委员 7 名；市人大代表 5 名，县级人大代表 3 名。

（曹凤宁）

【参政议政】 履行参政党职能，参加民建宁夏区委会、市委、人大、政府、政协和统战部召开的民主协商会、座谈会、情况通报会、民主评议会、征求意见会和检查、视察、调研等活动，积极建言献策，开展民主监督。围绕中卫经济社会发展中的热点、难点、重点问题，深入基层一线，开展专题调研。总支针对两个调研课题，制订调研方案，成立专题调研组，组织会员先后深入两县一区开展专题调研，并形成《关于我市贯彻〈社会保险法〉情况的调研》和《关于全市中小微企业优惠扶持政策落实情况的调研》两篇调研报告，为市委、市政府决策提供参考依据。高度重视提案工作，认真反映社情民意，精心安排部署，组织征集、撰写、筛选有见地、有参考价值的提案和社情民意。在市政协四届二次会议前提交各类提案 42 件，其中《关于加强沙坡头区二手车交易市场监管的建议》等 28 件提案立案。撰写提交大会发言稿 3 篇，均被选为大会发言材料，其中《转变思维 精准施策 助推中小企业健康发展》作为口头发言材料在大会交流发言;《推动工业转型升级 为全市经济发展做贡献》和《大力实施创新驱动战略 加快发展云计算产业》两篇作为大会书面交流材料。撰写提交社情民意12件,被采纳督办6件。

(曹凤宁)

【思想建设】 深入学习十九大精神和习近平新时代中国特色社会主义思想,学习民建中央、民建区委会、市委重要文件会议精神,认真开展"不忘合作初心,继续携手前进"专题教育活动,夯实多党合作思想政治基础。教育全体会员传承老一辈优良传统,积极投身社会实践,自觉地以社会主义价值观规范自己的行为,用先进的理论武装会员头脑,始终保持政治上的清醒。组织开展"书香中卫 朗读有你"读书活动,就习近平总书记对中国梦的10种阐述进行朗读。组织会员参加民建宁夏区委会举办的2018年参政议政培训班、骨干会员理论学习班、新会员理论培训班、专题宣讲会和市统战部组织的党外人士学习班等各类培训学习活动;按照年初市委统战部下达效能目标任务要求,市总支于11月10—16日,在江西井冈山举办骨干会员学习班,20名会员参加培训学习。利用微信建立"民建市总支会员交流群",充分发挥微信及时、便捷功能,对一些主要会议精神和重要政策及时进行学习宣传,不断提高会员思想认识,增强"四个意识",提高"五种能力"。增进政治共识,提高协商建言和参政议政能力,提升社会服务水平。 (曹凤宁)

【组织建设】 一是严格把关,吸纳英才。坚持会员数量与质量并重、以质量为主的原则,严格坚持程序,加强组织审查,注重个人品行和社会影响。心系会员,情暖人心。区委会心系困难群体,关爱老龄会员,两节期间,区委会副主委解方一行,专程来到中卫,区、市两级组织一起开展春节走访慰问活动,对曾经作出贡献老会员和生活困难会员送去节日慰问。二是总结工作,表彰先进。市总支召开2017年度工作总结会,回顾总结2017年各项工作,查找存在问题与不足,理清2018年工作思路,确定《2018年效能考核目标任务》,表彰奖励参政履职业绩突出、表现良好的优秀会员、优秀会务工作者共10名。在民主党派2017年工作绩效考核中,市总支荣获全市效能考核一等奖,秘书长曹凤宁被评为优秀公务员;在纪念"五一口号"发布70周年征文比赛中,市总支荣获优秀组织奖,会员曹玉香、王淼、曹凤宁分别获得二等奖、三等奖、优秀奖。三是开展组织活动,增强组织凝聚力。为活跃会员生活,服务社会,市总支开展丰富多彩社会活动。组织民建书画家会员及书法爱好者到民族巷社区,为干部群众现场书写春联;组织会员在市图书馆联合举办"读书交流会",开展多读书、读好书研讨交流会;组织会员到中卫市红色收藏展览馆,参观来自全国各地中国收藏家收藏红色纪念品,增进会员爱国情怀,增强历史使命感和社会责任感;六个支部联合举办"喜迎中秋 欢度国庆"户外拓展活动,充分发扬民建优良传统,团结协作,互帮互助。通过开展丰富多彩的组织活动,增强组织活力。 (曹凤宁)

【社会服务】 一是发挥自身优势,助力脱贫攻坚。充分发挥民建密切联系经济界的特点,开展多种形式社会服务活动。积极争取民建中央"思源工程"项目资金在海原四中设立两个教育移民班,连续三年,按每生每年2000元标准,资助贫困中学生100名;争取"e万行动"农村孤儿助养项目,在海原县救助农村孤儿400余名,从小学至高中,按照学龄段实施资助,发放救助资金146.1655万元;争取"思源救护"项目资金75万元,为海原县、中宁县乡镇卫生院配备救护车6辆。社会服务工作出现以点带面,全面开花局面。市总支先后两次开展"下基层、送温暖、献爱心"和"扶贫捐助"活动。多方筹集31.3万元,其中,16.8万元用于宽口井养殖园购买铡草机等设备以及修缮和改建部分养殖棚圈;捐助13.5万元物资(包括运动器材、米、面、醋、电脑、打印机等),3万元用于资助贫困大学生。注重物质扶贫,不忘精神扶贫,举办慰问演出一场,为特困家庭赠送书画作品,深受移民村群众好评,激发移民群众脱贫致富内生动力。二是弘扬雷锋精神,传承无私奉献精神。依托市总支社会服务基地沙坡头区雷锋车队,为黄河花园社区、中宁县爱心小院、常乐镇等城乡贫困老人、留守儿童、重病患者和贫困家庭的捐款捐物累计6万元;开展"助力高考,免费送考"公益活动,免费接送高考生,全面助力考生交出一份满意的答卷;在黄河汛期,因黄河水上涨黄河宫景区被淹没,适时组织队员前往黄河边与武警官兵装土袋、搬运土袋、沙袋共同实施救援,直至控制局面。

(曹凤宁)

【理论宣传】 编写上报简报24期,被各类网站、杂志刊载22篇。其中,民建中央网站转载8篇,民建宁夏区委会网站登载18篇,《华兴时报》刊登6篇。

(曹凤宁)

·农工党中卫市总支委员会·

【参政议政】 农工党中卫市总支高度重视参政议

政工作，充分发挥参政党职能，不断提高提案、社情民意及调研报告的撰写水平和质量。在区、市"两会"召开前期，向市政协四届二次会议提交大会发言两篇，《加强全过程监管 确保食品药品安全》以书面交流；提案43件，立案14件，其中《关于加快推进120急救网络一体化建设的建议》及《关于在贫困村开设农民培训学校的建议》被立为重要提案，《关于在市区规划范围内设立殡仪馆的建议》等12件提案被市政府办立案督办；向自治区政协十一届一次会议提交提案5篇，立案2篇，"关于沙坡头区'十一五''十二五'生态移民区土地种植利用的建议""关于西部云基地数据中心优惠电价的问题"提案被自治区政府相关部门认真办理。科学选题、深入调研、发挥优势，认真撰写调研课题。《关于中卫市沙坡头区社区卫生服务站运行情况的调研报告》和《关于中卫市沙坡头区高中教师职业状况的调研报告》，两篇调研报告得到了何健书记重要批示，相关主办部门对提出的意见建议进行认真办理。协助农工党宁夏区委会调研我市医疗联合体建设现状、建档立卡户未成年人大病医保现状，首次接待外省农工党秦皇岛市委会专职副主委陈丽茹调研城市环境综合管理情况。　　（李秀红）

【组织建设】　　市总支坚持组织发展原则，稳妥做好组织发展工作。2018年，吸收高学历、高层次优秀中青年业务骨干入党，其中医卫界2名，年内，共有党员102名。3月份，市总支召开委员会议协商推荐15名优秀党员作为后备干部人选，并上报市委统战部，增强干部储备力量。组织党员参加各类培训班约65人次16期，其中，农工党区委会5期，自治区统战部1期，市委统战部5期，市政协4期，市总支组织1期。通过走访慰问老党员、困难党员和患重病党员，"三八"国际劳动妇女节组织党员开展环湖徒步行活动等形式多样的组织生活，增强基层组织凝聚力。

（李秀红）

【社会服务】　　发挥自身优势，开展多种形式的社会服务活动。组织农工党员到海原县七营镇7个贫困村（张堡村、南堡村、马堡村、杨堡村、下套村、柴梁村、砖窑村）走访了解情况，摸清发展需求。助推健康扶贫，给乡镇卫生院送去常用药品50个品种，价值约1.0万元，发放健康宣传资料约200份。为海原县七营镇下套村困难户捐赠3500元生活用品，协调市民政部门资金11000元解决22户极度贫困户春耕生产生活需要。协调相关部门向海原县七营镇7个贫困村捐送价值3.15万元的电脑7台和价值5.65万元的粮、油、棉衣、棉被等物资物品。组织农工党员到镇罗镇李嘴村开展义诊活动，资深护理专家农工党员为200多名村民讲解健康保健、科学膳食知识，向村民发放4000元的生活用品。协助农工党宁夏医科大学总支开展"关爱老人 送温暖"社会服务活动，为中卫市敬老院200多名老人提供治疗服务并送去价值2100余元的常用药品。

（李秀红）

·九三学社中卫市总支社·

【概况】　　九三学社是以科学技术界高、中级知识分子为主的具有政治联盟特点的政党，是接受共产党领导，同中国共产党亲密合作，致力于建设中国特色社会主义事业的参政党。九三学社中卫市总支社是九三学社在中卫的地方组织，是中卫市民主党派中的重要成员。总支社有社员76人，社员中有高级职称26人，占社员总数的34%；中级职称46人，占社员总数的61%。社员中担任自治区政协十一届委员会常委1人，委员1人，中卫市政协四届委员会常委2人，委员9人。

（孟　聪）

【自身建设】　　组织社员认真学习中共十九大、九三学社第十一次全国代表大会、区市"两会"精神。与民革市委会、民进市委会联合举办新成员暨骨干成员培训班，20名社员参加培训。组织社员参加社区委会、市委统战部组织的各类学习培训。先后有3名社员参加社区委举办的通讯员培训班，2名社员参加社区委在广州举办的参政议政能力提升班，7名社员参加社区委第二十六期学习班，5名社员参加市委统战部在贵州遵义举办的党外人士培训班，5名社员参加社区委举办的基层组织负责人培训班，部分社员参加市政协委员培训班等。将开展纪念活动与深入学习中共十九大精神紧密结合起来，组织部分社员参加社区委和中共中卫市委统战部组织的"重走长征路"活动，组织总支社班子成员参加市委统战部举办的"五一口号"发布70周年专题报告会，在社员中开展纪念"五一口号"发布70周年征文活动，总支社班子成员参加中卫市纪念中共中央"五一口号"发布70周年座谈会，组织青年社员参加社区委举办的"不忘合作初心，继续携手前进"知识竞赛活动，联合民革中卫市委会、民进中卫市委会在中卫市图书馆共同举办"不忘合作初心 继续携手前进"读书朗诵比赛，总支社选送全市基层组织的6支代表队参加比赛。在社区委会网站上，刊登社务工作动态稿件15篇，向市委统战部报送工作动态信息33篇。

（孟　聪）

【参政议政】 市政协四届三次会议上,总支社向市政协提交集体提案45件,立案23件。中卫市政协四届二次会议上,周涛主委代表总支社作题为《加强城市"双修"工作 让中卫美丽又宜居》口头发言,《发展健康产业 造福百姓健康》被列为大会书面发言。总支社提交的《关于紧抓城铁建设契机 高起点打造高铁新城的建议》被中卫市政协四届二次会议评为优秀提案。年内总支社向区委会报送提案及社情民意素材21件,向市政协反映社情民意19件,采用4件。年初,按照社区委参政议政课题和市委重点课题调研任务安排,确定5个重点调研课题,《大数据产业对宁夏"一带一路"的促进性研究》《加强宁夏黄河流域水污染综合防治》《大力推动我区农业科技服务业发展的研究》报送九三学社宁夏区委会参加评审,《关于卫宁工业园区整合发展调研报告》《中卫市农村慢性病防控情况调研报告》两篇调研报告得到市委书记何健批示。

(孟 聪)

【组织建设】 11月21日下午,总支社召开青年联络委员会成立大会。总支社任命孙静担任青年联络委员会主任委员,陆春波、仇小娟、牟亦廷、李秀莲担任副主任委员。总支社坚持组织发展原则,积极稳妥做好组织发展工作,注重发展高学历、高层次、代表性强、潜力大的优秀人才入社,年内发展4名条件成熟的成员入社。3月2日下午,总支社举办2018年迎三八趣味运动会。春节前夕,对退休老社员和困难社员进行走访慰问。每逢社员生病住院,及时前去探望,把组织的温暖送进每位社员心中。总支社为推进机关文化建设,在全市社员中树立学习典型,发扬传统的良好风尚,经过精心准备,打造具有九三学社特色的文化墙。

(孟 聪)

【社会服务】 6月1日上午,总支社班子成员和部分社员来到社会服务基地中宁县徐套乡原套村,对8名家庭困难孤残儿童进行慰问,给他们送上节日的祝福和问候,并为他们每人送去400元慰问金。8月28日,总支社联合宁夏医科大学理学院的师生们到中宁县徐套乡原套村开展"情暖乡村,播种爱心"社会服务活动。10月23日,市委统战部联合总支社来到海原县李旺镇九道村走访慰问贫困户,走访慰问中,统战部领导和总支社班子成员详细询问九道村村情,与村两委班子成员针对如何制定更有针对性帮扶措施,做好帮扶工作做深入探讨和交流。同时为12户贫困户每户送去600元慰问金。2018年上半年,总支社拿出办公经费2万元支持原套村15名具有服饰加工基础的妇女工人到海原闽宁纺织品有限公司进行为期一个月培训。12月2日上午,总支社医疗卫生支社的医生们到社会服务基地中宁县徐套乡原套村开展义诊活动,医生们向广大村民进行常见病、慢性病的一般治疗,对疑难、复杂疾病的患者给予初步筛查和诊断并提出治疗建议,向广大村民讲解疾病预防知识并发放健康宣传资料,引导群众科学就医,倡导健康生活方式。专家们为村民测量血压、针灸,详细询问病史、病症,耐心解答村民的咨询,免费发放药品价值2000余元,发放健康资料1000余份,服务群众200余人。总支社拿出办公经费2375元为海原县李旺镇九道村村部购买煤2.5吨送到村部,保证村部冬季正常供暖、正常办公。12月16日,机关支社和青联部分社员来到中卫市温馨一家托养院和黄河花园二期爱心饭馆开展"送温暖送健康"慰问活动,为温馨一家托养院里42名老人送去价值2500元的米、面、油和价值1000元的药品,为爱心饭馆送去价值1500元的米、面、油等生活用品。

(孟 聪)

·中卫市工商联合会·

【概况】 全市现有县(区)级以上工商联组织4个,各级商(协)会组织41个,会员4221个,其中市直属商协会16个,会员1427个;会员企业涉及农业、食品、旅游等多种行业。

(张 浩)

【培训教育】 围绕中卫市现代农业、云计算、现代物流、全域旅游、新型工业、军民融合等产业优势,开展培训教育。组织市工商联57名基层党务工作者及入党积极分子进行专题培训;组织市工商联60名执常委参加在湖南大学举办的中卫市非公企业高级人才综合素能提升班;组织宁钢等装备制造企业赴山东培训学习;组织5名商协会会长参加自治区工商联在上海交通大学举办的商协会会长培训班;在中卫市黄河金岸大酒店举办3期非公企业经营管理人员素质提升班,全市300多名企业经营管理人才参加此次培训班;在吉安井冈山培训学院举办非公经济人士《传承红色基因,崇尚爱国奉献,听党话永远跟党走》专题培训班,全市44名非公企业家参加为期7天的集中培训。通过教育培训活动进一步增强非公经济人士的发展信心,进一步提升非公经济人士的管理、决策水平和组织能力。

(张 浩)

【精准脱贫】 扎实开展"百企帮百村"精准扶贫行动,积极引导市工商联副主席、副会长到对口扶贫村开展村企共建、技能培训、吸纳就业、捐资助学、助贫等多种形式的精准帮扶活动。春节前夕,市工商联组织机关全体帮扶干部,对小河村32户贫困户进行逐户走访,并为32户贫困户送去9600元慰问金和新春祝福。开展产业帮扶活动。争取自治区工商联扶贫资金30万元,为小河村34户贫困群众筹建标准化养殖圈棚1360平方米,助力贫困群众早日实现脱贫致富。开展捐资助学活动。针对贫困大学生上学难问题,8月底,市工商联组织干部对考入华北电力大学的优秀大学生进行帮扶慰问,为贫困大学生送去2000元的助学金。开展"百企帮百村"活动。积极对接各直属商协会、会员企业,引导广大企业家投身光彩事业。其中,中卫市英特嘉实业有限公司为海原县树台乡人民政府捐款1万元发展农业;中卫市四季鲜集团对进入市场从事经营活动的贫困群众给予优惠;中卫市酒店商会组织部分会员,深入海原县杨明村为贫困儿童送去衣服鞋帽等物资,共计11772元,8月份为考入北京大学的中卫市一中贫困学生余翔给予每年4000元的助学金;宁夏万齐集团食用菌产业的发展带动550户农户入园创业,其中,贫困户150户,并开展食用菌种植技术培训1000人次。 （张　浩）

【招商引资】　按照市委、市政府招商引资工作部署,紧紧围绕中卫市特色产业和重大项目储备,先后邀请全国工商联执委、江西君子谷野生水果世界有限公司董事长庄席福一行、红星美凯龙集团副总裁张娅玲一行、上海韵达快递公司市场部总经理洪朝阳一行来中卫考察。积极发挥工商联平台优势,组织企业家副主席、副会长开展以商招商活动。由市委常委杨文生、市政协副主席茹小侠先后带领市工商联和相关部门以及部分企业家副主席等先后赴湖南、江苏等地开展招商引资,期间走访三一重工、南通奥凯生物技术开发有限公司等多家知名企业,通过多方对接、协调与部分企业就清真牛羊肉、枸杞销售等方面达成合作共识。

（张　浩）

【送政策进企业活动】　为让企业掌握最新的政策动态,帮助企业用好用足政策,助推民营经济提质增效,实现高质量发展,精心整理、编印《送政策进民企文件汇编》。举办"送政策进民企暨企业经营管理"培训活动,市工商联常执委企业、直属商(协)会等负责人共72人参加培训,进一步增强企业的政策获得感。

（张　浩）

【参政议政】　向自治区党委统战部、自治区工商联、市政协递交提案、建议10篇,其中,《关于建立完善中卫市民间商协会服务体系的调研报告》获宁夏统战理论研究优秀成果三等奖;《关于我市中小微企业发展情况的调研报告》被自治区工商联评为优秀调研成果二等奖;《关于加强企业信用体系建设的建议》受到市政协领导高度关注,被中卫市政协评为优秀提案。

（张　浩）

【党的建设】　建立基层党建工作督导机制,加大对非公企业和商会党组织的调研走访,推动基层党建工作任务有效落实,形成一级抓一级、层层抓落实的党建工作格局。召开基层党组织负责人工作会议4次,听取基层党组织负责人汇报党建及党风廉政建设工作等情况。健全完善党建目标考核实施细则,及时与基层党组织负责人签订党建及党风廉政建设工作目标管理责任书,严格落实党建及党风廉政建设工作"书记抓、抓书记"责任制。2月初,对所属11个基层党组织进行量化考核,对市人民商场党支部、市食品行业商会党支部等考核前五名的基层党组织给予表彰奖励。按照基层党组织换届要求,及时督促、指导香山酒业党委、食品商会党支部等党组织按期换届。

（张　浩）

群众团体

·中卫市总工会·

【概况】　中卫市总工会辖3个县(区)总工会(沙坡头区总工会、中宁县总工会、海原县总工会),内设办公室、综合工作部、经费审查委员会办公室、市直机关系统工会委员会4个机构,所属市困难职工帮扶中心和市职工文化活动中心两个全额预算事业单位。2018年,在市委和区总的正确领导下,市总工会认真学习贯彻习近平新时代中国特色社会主义思想和党的十九大精神,严格按照区、市党代会部署要求,坚定正确政治方向,强化责任担当,扎实推进工作理念、体制机制和工作作风的转变,各项工作取得新进展和成效。

（赵凤兰）

【建功立业活动】　围绕区市重点建设项目,广泛开展"当好主人翁,建功新时代"等主题劳动和技能竞赛,在动物防疫、预防接种及钳工、焊工、枸杞修剪等14个工种,组织开展示范性劳动和技能大赛16场次,参赛职工1813人次,实现技术革新100余项。组织评选推荐全国工人先锋号1个,自治区五一劳动奖状1家,奖章5人,工人先锋号4个。创建市级劳模创新工作室7个,推荐申报区级劳模创新工作室4个;

向自治区首届职工技术创新成果展活动征集推荐24项,两项获创新成果表彰。（赵凤兰）

【劳模关爱行动】 围绕劳模服务管理,组织慰问劳模20名,为192名省部级以上劳模发放慰问金21.4万元,为14名省部级劳模发放低收入补助金30.1万元。以"新时代·奋斗·幸福"为主题,对15名区级以上劳动奖状、奖章和工人先锋号获得者先进事迹进行全方位宣传报道;首次组织6名劳模组成劳模报告团,举办劳模事迹报告会6场次,参加职工1100余人。
（赵凤兰）

【劳动关系协调】 扎实推进集体协商工作,开展区域性集体协商推进会3场次,签订集体合同430份,签订工资专项集体合同270份,涵盖企业450家,覆盖职工4.85万人,签订率达96%。深入开展以"安康杯"竞赛为载体的群众性安全生产和职业健康活动,督促基层工会设立劳动保护监督员1730人;印制发放劳动保护知识宣传单两万份;主动参与安全事故调查处理5起。积极推动源头治理劳动关系矛盾,接待职工来信来访44件108人,为职工(农民工)追回工资等1650万余元。举办"遵法守法·携手筑梦"公益法律讲堂15场次,法律宣传7场次,发放宣传资料9500余份,推进工会联系引导劳动关系领域社会组织工作,维护劳动关系和谐稳定。（赵凤兰）

【助力脱贫攻坚】 组织开展"助力脱贫富民 志愿结对帮扶"活动,30名工会干部结对帮扶困难职工50户。坚持"四季帮扶"常态化,"春送岗位"组织321家单位举办5场招聘会,推出18795个就业岗位,9665人达成就业意向;"夏送清凉"惠及一线职工1630名,发放防暑物品14.14万元;"金秋助学"资助困难职工子女76人,发放助学金25.476万元;"冬送温暖"慰问困难职工3236人,发放慰问救助资金160.31元,其中市本级1939人90.66万元。协调筹集210.46万元,慰问帮扶村建档立卡户、学龄儿童、困难老党员,解决帮扶村村部维修改造和枸杞基地滴管设备资金问题。（赵凤兰）

【职工文化建设】 采取线上线下相结合的方式,开展"珍爱生命·远离毒品"职工禁毒宣传教育、"争做中国好网民工程"及"第四届健身大拜年"暨宁夏健美协会"送培训到基层"等系列活动。以"强体魄、展风采、促和谐"为主题,开展元宵节灯展、庆'五一'劳动者之歌"职工合唱比赛、第六届职工环腾格里湖徒步走等文体活动。结合自治区60大庆和中国工会十七大精神宣讲,组织开展"送文化下基层"文艺演出11场次,突出文化活动中心公益职能,体育场馆承办机关企事业单位职工文体活动30场次,3万余名职工群众进馆健身锻炼。（赵凤兰）

【依法建会】 按照"专兼挂"要求,圆满完成市总工会换届工作,督促指导县(区)完成工会换届,组建中卫工业园区工会。扎实推进工会组建工作,以非公有制经济组织、社会组织、新产业新业态、工业园区为重点领域,以农民工、货车司机等群体为重点对象,积极推进"互联网+"工会建设,探索普惠职工、网上入会等新方式、新途径,组建工会组织122家,发展会员9643人(农民工6595人),累计组建工会组织1566个,会员达到13.83万人。创建市级"职工之家"13家。（赵凤兰）

【女工工作】 高度重视女职工维权服务工作,借助"女职工维权行动月",协调解决荣盛超市等部分企业女职工卫生保健费问题,向职工群众发放女职工劳动保护、职业病防治知识等宣传资料5000余份;大力实施"女职工关爱行动计划",组织申报区级"爱心妈咪小屋"两家,广泛开展女职工"团体安康保险"活动,2000余名女职工参加团体安康保险;举办职工心理健康讲座10场次,2000余名职工接受咨询辅导,女职工合法权益和特殊利益得到维护。（赵凤兰）

【经审财务工作】 严格执行财务管理规定,建立完善内控机制,规范财务运行管理,优化工会经费支出结构。切实加强工会资产监管,组织开展市总机关及所属单位工会资产的清查登记工作,查清工会行政事业资产底数。依法严格经审监督,对市总本级、所属单位、县(区)工会经费的收支管理进行审查审计监督,对宁钢等9家基层工会和林业、卫生等系统工会计拨经费进行审计,工会经费审查审计的质量和效能有效提高。（赵凤兰）

【干部队伍建设】 认真贯彻落实区总工会《关于加强社会化工会工作者队伍建设的实施意见(试行)》,完善工会干部考核管理体系,改进社会化工会工作者管理机制,将14名社会化工会工作者下派到沙坡头区总工会和中卫工业园区工会,充实基层工会工作力量。切实加大教育培训力度,全市各级工会举办专题培训班4期,培训工会干部282余人,组织49名干部"走出去"参加全总、区总组织的专题培训班,提升工会干部服务职工、服务基层的能力水平。年内6篇调研成果获得全区工会系统理论调研一、二、三等奖。
（赵凤兰）

【党的建设】 认真履行全面从严治党政治责任,扎实开展违反中央八项规定精神和"四风"问题集中专项整治，认真对照规定要求进行自查自纠，对自查出的问题责任到人，限时整改落实，对4名责任人进行纪律处理。认真实施"三强九严"工程，严格落实"三会一课"制度，切实加强机关党支部规范化建设，年内，机关支部接收预备党员2名，开展主题党日活动15场次，开展专题讨论8场次，党员讲党课5次、18名党员参与讲微党课活动，组织党员干部开展创建志愿者服务20余次。 （赵凤兰）

·中卫市妇女联合会·

【概况】 中卫市妇联辖沙坡头区妇联、中宁县妇联、海原县妇联，内设办公室和综合部两个科室。领导班子设主席1名，副主席2名。核定行政编制6人，后勤服务编制1人。年内有干部职工6人。2018年，全市各级妇联组织以习近平新时代中国特色社会主义思想为指导，聚焦脱贫攻坚、乡村振兴等市委、市政府重大战略部署，组织动员广大妇女投身全面建成小康社会伟大征程，为推动中卫经济社会发展，促进社会和谐稳定作出积极贡献。 （赵 丹）

【妇女思想引领】 围绕学习宣传贯彻习近平新时代中国特色社会主义思想和党的十九大精神，深入农村、社区、女性社会组织开展"巾帼大宣讲"37场（次），举办党的十九大、中国妇女十二大等座谈交流、学习培训19场（次），选派86名妇女干部参加区、市党的十九大专题培训班。抓住庆祝自治区成立60周年、"三八"国际妇女节等重大节点，深入开展"中国梦·巾帼情"系列活动。先后举办"巾帼心向党 建功新时代"第六届妇女健身大赛、"我的梦 中国梦"朗读活动、"讴歌新时代 赞美奋斗者"故事演说大赛等活动，刊播"巾帼话初心"妇女先进人物事迹，激励广大妇女向上向善向美、爱党爱国爱家。进一步探索"一呼百应"微信工作法，共建立市、县(区)、乡镇、村(社区)妇女工作圈群248个，充分利用新媒体平台反映妇女呼声、回应妇女诉求，搭建妇联与妇女网上"连心桥"。
 （赵 丹）

【妇女创业发展】 推进"巾帼脱贫行动"，优先为166名贫困村妇女发放农村妇女创业担保贷款1043万元。举办巾帼刺绣、剪纸等技能培训4期，扶持微元素文化传播公司、康乐移民村妇女手工编织基地等巾帼扶贫车间发展。争取中国妇基会支持，为572名农村贫困留守妇女发放价值11.86万元"母亲邮包"。选树表彰"三八"红旗手(集体)等先进个人27个、集体22个，举办中卫市家庭服务业技能竞赛，选拔表彰优秀从业人员26名。实施"乡村振兴巾帼行动"，培育宁夏神聚农业等巾帼创业创新示范基地7个，举办巾帼家政等培训15期1813人。放大农村妇女创业担保贷款示范带动效应，当年发放贷款4.1亿元，扶持创业妇女5358人。累计发放贷款21.8亿元40150人，取得市本级当年和累计发放额度全区"双第一"好成绩。
 （赵 丹）

【家庭文明建设】 常态化寻找"最美家庭"，选树培育市级以上"最美家庭"38户，其中4户获得全国"最美家庭"称号。"母亲节"期间，举办"拥抱新时代 感恩母亲节""最美母亲"大型评选揭晓活动，通过揭晓表彰10名"最美母亲"，在全社会倡扬文明和谐家风。开展"爱润万家 好家庭好家教好家风""七进"等宣讲活动45场(次)，受益群众1.3万余人。举办"好家规好家训"暨家庭教育理论文章有奖征集评选展示活动，制作好家风宣传折扇10000个、围裙3000个，打造海原县郑旗乡吴湾村家风文化长廊等家风宣教新阵地。其中中卫市香山公园家风文化长廊、中宁县余丁乡家风文化广场被命名为自治区"家庭文明建设示范点"。举办中卫市家庭教育骨干讲师培训班1期，培训家庭教育指导师109名，选派10名家庭教育骨干讲师参加自治区家庭教育指导师资格认证试讲。开通中卫市家庭教育工作群，打造中宁县张艳琴爱心小院等自治区级家庭教育示范基地两个，培育中卫五小等"十三五"期间首批示范家长学校25所。特别是市妇联利用市妇女儿童活动中心阵地资源，免费为妇女儿童举办为期9个月的家庭亲子共学书画培训，受益妇女儿童达1000余人(次)。
 （赵 丹）

【关爱妇女儿童】 开展"下基层、访妇情、送温暖"等关爱活动，为289名贫困、孤残妇女儿童发放慰问金27.55万元，为贫困妇女发放母亲小额循环项目款150万元，为海原县妇幼保健院等单位争取母亲健康快车两辆。"六一"儿童节期间，多方协调农村商业银行等爱心企业为140名贫困孤残留守儿童捐助价值4.5万元的爱心书包等物资。举办"护航春蕾"专题宣讲活动36场(次)，受益农村女童2700余名。创新妇女"两癌"筛查+救助+保险+关爱工作机制，呼吁将妇女"两癌"免费筛查列入政协提案，发放贫困母亲"两癌"救助资金198万元，受益妇女198人。召开"爱妮保"健康扶贫保险推进会，组织妇女加入"爱妮保"健康保险56908人，有45名罹患"两癌"的妇女获得理赔金206.08万元。5月16日，河北省妇联主席贾玉英一行14人到中卫考察学习"爱妮保"健康扶贫保险工作,进一步将中卫市"爱妮保"经验推开。

(赵 丹)

【妇女维权】 联合司法、公安等部门开展妇女维权周宣传活动35场次,举办"和谐婚姻大讲堂""抵制高价彩礼""反家庭暴力法"专题讲座17场次,发放妇女维权宣传等资料1.3万余份,接受群众咨询320余人(次)。召开全市《妇女儿童发展规划(2011—2020年》(以下简称《两规划》)统计监测培训会议,安排部署年度监测评估工作并对各成员单位负责人和联络员进行培训。开展《两规划》落实督导,督促中等职业教育在校生人数、卫生厕所普及率等重难点指标推进。据2018年5月监测数据表明,全市本轮规划妇女、儿童发展指标实现率分别达84.68%和85.39%。进一步加大社会维权力度,在各县区、乡镇、村(社区)成立婚调委198个,在律师事务所建立妇女儿童维权工作站4个,有28名妇女干部被聘请为法院特邀陪审员。常态化开展妇女信访、心理调节、纠纷调解等"一站式"妇女维权综合服务。市、县妇联受理妇女来信来访89件(次)。其中,政策性答复36起,联合调处38起,协助介入司法程序15起,努力将婚姻家庭矛盾化解在基层。

(赵 丹)

【基层组织建设】 按照"三强九严"工程要求,落实"三会一课""主题党日""民主评议党员""谈心谈话"等各项制度。年内召开党组中心组理论学习会议12次、党员干部大会13次,举办微党课、集体研讨4次,按要求召开党组织民主生活会、组织生活会,党支部规范化建设水平有效提升。市妇联党支部继续获评"四星级"基层党组织。召开中卫市妇女第三次代表大会,将妇女代表、妇联执委、常委中各族各界妇女比例提高到60%、45%、25%以上,并增加挂职副主席1名、兼职副主席3名。深入推进"会改联"工作,全面落实兼挂职副主席轮职制度。探索区域化妇联组织建设,在沙坡头区文昌镇等地建成群团服务站13个,在女商商会等行业协会、产业带上建成妇女组织24个,成为延伸妇联手臂、服务妇女的坚强阵地。落实妇联干部联系群众、月度重点工作统计汇报、妇女信息调研等制度,组织开展形式主义、官僚主义等"四风"问题集中整治专项行动,举办全市妇女干部培训班和基层妇女干部培训班两期,培训妇女干部830人。开设"妇联干部学堂",每月邀请法律、金融等专业人士为妇联干部"充电",强化妇联干部职业精神塑造、业务知识学习、妇女情怀培养。

(赵 丹)

·共青团中卫市委员会·

【机构编制】 团中卫市委机关为参公管理正处级事业单位,设办公室和综合部两个内设机构。核定事业编制(参公管理)6名,实有人员6名。核定后勤服务事业编制1名,实有1人。核定处级领导职数1正2副,实有处级领导1正2副,其中1名副职到自治区党委组织部跟班学习半年。核定正科级领导职数2名。2018年,全市共有下级团组织1542个,其中团的领导机关3个,团委109个,团工委7个,团总支25个,团支部1375个,共有团员21575人。

(马 群)

【青年大学习】 扎实推进"青年大学习"行动,通过网上主题团课、微宣讲、青春大讲堂主题宣讲及朗读分享会、党的十九大知识竞赛、主题研讨读书班、团干部培训班等形式,构建"导学、讲学、研学、比学、践学、督学"六位一体学习体系,推动创新理论入耳入脑入心。

(马 群)

【网上共青团建设】 运营"青春中卫"微信公众号、"中卫共青团"微信群和QQ群等网络平台,开展"党的十九大知识竞赛"等线上活动3次;发布重点工作、社会政策等信息400余条,微信公众号的粉丝逾16980名,综合影响力指数在300以上。

(马 群)

【青年志愿服务】 组织开展全市志愿者组织负责人培训班,对50名志愿服务组织负责人进行培训;开展"3·5学雷锋月""爱心助力高考月""环青海湖"自行车赛、"大漠运动会""云天大会"、青春助力"我健康我运动"乒乓球赛、文化科技"三下乡""城乡少年手拉手·精准扶贫共成长"、枸杞产业博览会、男子篮球四国邀请赛、"七彩学堂·共同成长"等大型志愿服务活动10余次。

(马 群)

【脱贫攻坚】 争取76名大学生西部计划志愿者来卫开展服务,动员青联委员、青年企业家、支教团、志愿者2000余人对贫困群众进行心理疏导、技术培训和志愿服务。帮扶海原县高崖乡红古村,对接、协调、筹集价值5万余元资金和米、面、油、衣物等物资资助建档立卡户,慰问红古村困难老党员8人、计划生育贫困户5户,送去慰问金共计7000元。帮助34名中小学生寻找结对"爱心爸妈";争取自治区团委、"黄河银行""芙蓉学子""双喜爱心、香港爱心人士""国酒茅台"等圆梦行动项目资金143万元,自筹资金34.25万元,救助困难大学生914人;开展农村青年电商培

训、农村合作社与电商企业交流沙龙活动3期，参与培训170余人。　　　　　　　　　　　　（马　群）

【基层团组织建设】　对全市27名优秀团干部、团员，26个优秀团委、团支部进行表彰，落实规范发展团员、"三会两制一课"等基础团务工作，开展违规发展团员清查工作，全年全市共发展团员3790名。高质量高效率完成"智慧团建"系统录入工作，突出"快、准、细、严"，完成中卫市六级、七级团组织信息录入工作，录入完成率达100%。　　　　　（马　群）

【青年联系服务】　举办中卫市"岳氏杯"第六届青年才艺大赛、上海国际青少年钢琴大赛中卫分赛等举办"春风行动"招聘会，通过"青春中卫"微信公众号发布创业就业信息，发挥青年创业培训基地、天天众创空间、青年电商学院作用，举办青年电商培训班，有效服务青年创业就业。在市本级和两县一区设立"小树苗·少年儿童之家"40家，针对农村贫困、留守儿童，开展课外阅读、科学知识学习、文化艺术学习、社会实践、手工制作等志愿服务活动50余场次，招募志愿者130人次，服务中卫市首届云天产业大会、第十七届环青海湖国际公路自行车赛、全国大漠运动会健身大赛，圆满完成各项任务。　　　　　　（马　群）

【禁毒志愿服务】　加强全市禁毒志愿者组织和队伍的培育力度，指导成立中卫市禁毒志愿者协会，全市禁毒志愿者注册达3000余人，占全市常住人口总数的0.26%。沙坡头区禁毒志愿者协会开展"毒品预防"进学校、进社区、进乡镇常态化禁毒志愿服务，在广大青少年中推广禁毒知识，保护青少年健康成长。
　　　　　　　　　　　　　　　　　（马　群）

【共青团改革】　以中卫市第三次团代会为契机，改进团领导机构人员构成和机构设置。年内，中卫市第三次团代会基层和一线岗位青年代表占比为80.1%，委员会中基层和一线岗位青年代表占比为58%，均超额完成改革任务。优化机构职能，改革团市委领导班子，在全市范围内推荐遴选挂兼职副书记4名。积极推进青联、学校、少先队领域改革，建成中卫市职业技术学校、中宁十小、海原回民二小等学校共青团改革示范学校，完成市青联换届，并严格按照中央和自治区青联改革方案执行。　　　　　（马　群）

·中卫市红十字会·

【人道救助】　一是2018年年初，市红十字会争取价值34万元的慰问物资，深入两县一区开展"寒冬送温暖活动"，共发放800个"博爱送万家"红十字救助箱，棉衣500件、棉被500条，大米2000袋，惠及35个镇(乡)、188个行政村的4620名群众受益。二是深入实施"小天使基金"和"天使阳光基金"救助项目。全年，共有8名白血病患儿共获得23万元救助，14名先心病患儿共获得18.5万元救助。三是持续开展捐资助学活动，为两名品学兼优的特困家庭学生每学期发放500元助学金，帮助其完成学业。（韩长寿）

【应急救护培训】　选派10名红十字会骨干师资参加2018年全国彩票公益金项目第17期救护师资班，在公安民警、武警战士中开展应急救护培训，采取理论讲解，示范教学和现场互动等方法，使他们基本了解和掌握心肺复苏、创伤救护、排除气道异物等基本技能。建成红十字应急救护培训基地首次对外开放，组织沙坡头区迎水桥镇村干部及群众60余人到中卫市红十字应急救护培训基地—沙坡头区雍楼村红十字社区工作站进行参观体验学习。在市第三幼儿园开展为期两天的初级救护员培训，共培训51名幼儿教师。与市教育局、市民政局、市公安局、市旅游委、市交通局、中卫工业园区管委会6部门联合发文，在市直各部门(单位)、学校，各企事业单位深入开展应急救护培训工作，普及应急救护知识。　　（韩长寿）

【无偿捐献】　一是开展无偿献血知识的宣传，联合市中心血站开展6·14世界献血者日"无偿献血"法实施20周年宣传活动，广泛传播无偿献血的理念，传递社会正能量。在中卫市沙头区红太阳广场开展以"为他人着想，捐献热血，分享生命"为主题的宣传活动，采取设立集中宣传点、出动宣传车、设立宣传展板、发放宣传资料、讲解无偿献血、造血干细胞知识，对群众宣传《中华人民共和国献血法》《中国红十字会法》、造血干细胞知识、献血常识等，并就捐献过程中常见的问题为群众解答。在宁夏大学中卫校区开展无偿献血、捐献造血干细胞知识宣传，发动广大师生参与。联合中卫工业园区管委会，制订无偿献血、捐献造血干细胞宣传活动实施方案，动员园区入园企业职工，加入到无偿献血、捐献造血干细胞行列中。二是招募捐献造血干细胞志愿者，全年共采集造血干细胞血样325人份，造血干细胞初筛77人、再动员4人，高分辨4人，完成体检4人，成功捐献2人。张海洋于7月23日在西安成功捐献造血干细胞，成为中卫市第3例造血干细胞成功捐献者；武警中卫支队中队士官张瑞玺于2018年11月22日在在西安市第四军医大学唐都医院进行造血干细胞采集，救治对方患者生命。这也是宁夏首例现役军人成功捐献造血干细胞，也是中卫市第4例造血干细胞捐献者。三是宣传人体器官捐献知识,让更多爱心人士参与到人体器官捐献的队伍中来,年内,共有65人登记成为人体器官捐献志愿者。

（韩长寿）

【活动宣传】 一是在海原县三河镇六窑村文化活动中心联合开展2018年中卫市文化科技卫生"三下乡"集中示范活动,深入实施乡村振兴战略和脱贫富民战略,打好精准扶贫攻坚战,补齐"精神短板"。二是坚持多措并举,开展志愿服务。借助"世界红十字日""世界急救日""学雷锋"等主题宣传日,开展面向企业、学校和社区的应急救护、公益宣传、博爱助学等红十字志愿服务活动,扩大志愿服务的影响力和感召力。三是深入开展红十字博爱周活动,到沙坡头区柔远镇冯庄村开展普及性应急救护知识培训,在中卫四中、九小开展红十字防灾避险知识竞赛,深入扶贫点海原县李旺镇中川村、九牛村向结对帮扶户宣讲红十字三救、三献工作。集中走访入户4次,走访帮扶对象46人次,发放红十字慰问箱100个,价值3万元,救助大米2000袋。组织市红十字会师资和志愿者赴九牛村组织开展义诊和送医、送药、送健康志愿服务活动,让贫困群众享受红十字人道救助的成果和正能量。四是为帮助一些困难妈妈摆脱困境,推选上报两名魔豆妈妈参加宁夏十佳"魔豆妈妈"评选大赛,中卫市赵梅英、刘玉洁均被评为十佳"魔豆妈妈",分别评选为第二名、第六名,并获得两万元的创业助力金。五是争取香港红十字会支持,在沙坡头区柔远镇莫楼村、渡口村、夹渠村、镇靖村确定为社区为本减灾项目点,每村"博爱家园"项目投资32万元,四个村共投资128万元。六是在"中卫日报掌上中卫"微信公众平台等媒介开设《造血干细胞》宣传专栏,融合文字、图片、事例等,制作捐献造血干细胞专题宣传片,通过新媒体平台广泛传播,讲好红十字故事,传播红十字好声音。七是在市区鼓楼LED大屏幕上宣传"器官捐献生命永续"相关知识。增强公众对器官捐献了解,提高市民的公益识。八是争取区红会支持,全面实施生命健康安全体验教室项目。投资38万元建设生命健康安全体验教室,为宣传和普及红十字人道主义救援提供直观体验;九是投入13万元为海原县贫困村卫生室配备电脑设备41台,提高乡村卫生室信息化水平建设;十是加强制度建设,规范内部管理,以市纪委开展的违反《中央八项规定精神突出问题专项治理》为契机,梳理查找市红十字会在制度建设内部控制等方面存在的问题和不足,重新拟制公务出差,物品采购等四类审批(审核单),启用差旅费报销内控系统,调整工作人员办公用房,按标准配置办公面积,杜绝超标准配备,超范围使用。修订完善《中卫市红十字会自然灾害和突发事件应急预案》《应急救护培训员培训流程》《备灾救灾库管理》等制度方案,为做好备灾救灾,高效应对突发灾害奠定基础。十一是"世界急救日"市红十字会认真谋划、提早准备,制作宣传展板20块,在市区繁华公交站台设置宣传专栏、橱窗20处。并以市直机关工委"让机关干部走出去,把人民群众请进来"活动为契机,邀请市人大代表、市政协委员、纪委委员、机关单位代表、社区主任及红十字志愿者参加"世界急救日"主题开放日活动。参观体验生命健康安全体验教室,并为更好地做好工作征求意见建议。

（韩长寿）

政权政协

中卫市人大常委会

·综 述·

【概况】 2018年是全面贯彻落实党的十九大精神、决胜全面建成小康社会的重要一年。在市委的坚强领导下,市人大常委会高举中国特色社会主义伟大旗帜,以习近平新时代中国特色社会主义思想为指导,认真贯彻落实党的十九大、十九届二中、三中全会精神和区、市党代会精神,始终坚持党的领导、人民当家作主与依法治国有机统一,牢牢把握"转型追赶、高质量发展"这条主线,紧紧围绕"三大攻坚战"的推进、"三大战略"中卫方案的实施和"五个扎实推进"重点任务的落实,切实履行宪法和法律赋予的职责,充分发挥人大职能作用,为推动经济社会健康发展作出应有贡献。全年,共审议通过法规性决定两件,听取和审议"一府一委两院"专项工作报告13项,组织专题询问1次,开展执法检查6次、视察调研15次。督促办理四届人大二次会议期间代表建议17件、闭会期间代表意见建议40余件,召开常委会会议9次、主任会议9次,依法任免国家机关工作人员73人次,圆满完成各项工作任务。 （王 琛 谢 微）

【立法工作】 发挥立法主导作用。紧扣改革发展需要,强化组织协调,坚持民主立法、科学立法、依法立法,积极推进地方立法与改革发展相适应。市人大常委会多次调研,反复论证,紧扣改革发展实际情况,结合中卫实际,多方征求意见,审慎研究决策,将"加强城市环境卫生管理""建设永久性水源地"列为立法项目,及时公布出台《关于建立永久性水源地的决定》《关于加强城市环境卫生管理提升城市环境卫生水平的决定》。建立法工委初审,各工作委员会之间分工合作、主任会议决定的备案审查机制,对市政府《中卫市城市供排水节水管理暂行办法》等17件规范性文件全部进行审查。督促政府法制办对政府出台的办法中与上位法不相符的内容进行修改。对《中卫市竞技人才培养办法》《中卫市城市照明管理办法》《中卫市市属公立医院综合改革财政补偿管理办法》等5件规范性文件提出具体修改意见,并与市法制办及相关部门进行沟通。对各县(区)人大和全市乡(镇)人大专干进行备案审查培训,推动县乡人大备案审查工作规范化。 （王 琛 谢 微）

【重大事项决定】 市人大常委会紧紧围绕市委重大决策和人民群众关注的热点难点问题,不断改进监督形式、加大监督力度、增强监督实效,推动"一府两院"依法行政和公正司法。起草《中卫市委关于建立市政府向市人大常委会报告国有资产管理情况制度的实施意见》,听取半年国民经济和社会发展计划、财政预算执行情况和审计工作报告,审议通过2017年市本级财政决算、2018年国民经济和社会发展计划、市本级财政预算草案,批准调整"十三五"规划纲要部分内容,审议批准市政府关于调整2018年财政预算、2017年市本级财政政府性基金预算、2016年地方政府新增债券未使用资金用途、确定2018年市本级政府债务限额的议案。 （王 琛 谢 微）

【监督工作】 开展经济运行情况调研,摸清投资落实情况,分领域分层次梳理出固定资产投资下降、重大项目推进缓慢等27个问题,对市发改委等9个政府组成部门进行专题询问,督促市政府强化责任落实。听取和审议市政府关于创建国家全域旅游示范市情况的报告,坚持全域化规划、全行业融合、全时空打造,统筹推进全域旅游发展。听取和审议市政府2018年全市水污染防治、水生态环境保护和环境保护目标任务完成情况的报告,听取和审议市政府关于全市林业生态建设工作情况的报告。听取和审议市政府关于

2018年民生实事办理情况的专项工作报告。

（王 琛 谢 微）

【人事任免】 坚持人事任免议案上市委常委会前，坚持市人大常委会主任会议讨论审议、任前法律考试、任前供职发言、市人大常委会审议表决、向宪法宣誓等程序，依法任免"一府一委两院"及政府组成部门负责人及国家机关工作人员73人次，保障国家行政、司法机关工作人员的接续任用，为经济社会健康发展提供组织保障。 （王 琛 谢 微）

【代表工作】 市人大常委会高度重视人大代表工作，突出人大代表主体地位，畅通代表意见建议表达渠道，汇聚促进民主政治建设和加快发展的强大合力。一是充分保障代表依法履职。组织培训市人大代表及常委会组成人员230余人次，增强代表尽责意识、提升代表履职能力。为代表订阅《中国人大》《宁夏人大》杂志，编辑印发《中卫市人大常委会公报》，让代表及时掌握人大工作动态。年内，共邀请50余位代表列席人大常委会会议及参加视察、专题调研、执法检查等活动，帮助代表找准履职着力点、提高履职能力和水平。二是切实提高建议办理质量。年初，常委会及时将四届人大二次会议期间代表提出的关于对第三排水沟进行综合治理等17件意见建议转交市政府办理，并把督办代表建议与推动相关工作结合起来，采取听取汇报、视察调研、征求民意、满意度测评等形式和常委会各委室对口督办、副主任分工督办、常委会集中督办的方式持续跟踪落实。三是扎实开展代表"双联"活动。不断健全完善市人大常委会组成人员联系代表和代表联系群众的"双联"机制，及时核对更新代表信息，对已组建的309个代表小组进行调整和完善。闭会期间，各代表小组倾听群众呼声，了解社情民意，提出意见建议40余件，内容涉及农田建设、沟渠整治、环境保护、卫生管理、社区服务、社会治安等各个方面。组织本辖区部分自治区人大代表分别对中卫市促进就业情况、经济社会发展及司法工作情况进行视察，视察中提出意见建议20余条，及时向自治区人大进行汇报。 （王 琛 谢 微）

【视察检查调查】 2018年，市人大常委会组织开展视察、检查、调研活动：对全市贯彻实施税收征管法情况，开展《税收征管法》实施情况执法检查；对农业农村工作进行调研；对全市贯彻人民调解法情况，组织开展《人民调解法》和《宁夏回族自治区人民调解条例》贯彻实施情况执法检查；对全市文化事业发展情况检查；开展全市农村幼儿园新改建、促进民族教育发展和深化民族团结进步教育工作专题调研、《中华人民共和国民办教育促进法》贯彻实施情况执法检查；对全市林业生态建设情况检查；对自治区及中卫市2018年重大项目开展专题调研；对《中华人民共和国残疾人保障法》及《宁夏回族自治区实施中华人民共和国残疾人保障法》实施情况检查；对全市宗教工作调研；开展国务院《宗教事务条例》贯彻实施情况执法检查；对全市就业扶贫工作开展调研；受自治区人大常委会委托组织本辖区内的自治区人大代表开展专项视察；检查全市医药卫生体制改革推进情况；开展《中华人民共和国传染病防治法》和《宁夏回族自治区公共卫生服务促进条例》贯彻实施情况执法检查、深化医药卫生体制改革专题调研；组织中卫环保世纪行记者团对全市环保工作开展监督检查。

（王 琛 谢 微）

·重要会议·

【市四届人民代表大会第三次会议】 会议于2019年1月15日至2019年1月17日在中卫红宝宾馆举行。大会主席团常务主席邹玉忠、马和清、朱利军、李铁路、蔡波、马桂岚、刘林森、李树茂、郭亮、黄华、万克军、王自强、韩秉文出席会议。李晓波、罗成虎、刘明生、陈加先、赵国武、杨文生、叶宪静、崔昆、刘金柱等大会主席团成员出席会议。市委、市政府领导，市中级人民法院、市人民检察院负责人和市政协领导出席会议。大会主席团常务主席、执行主席何健主持会议。会议应到代表282人，实到代表265人。李晓波当选中卫市市长；邹玉忠当选中卫市第四届人大常委会主任；万克军、王自强当选中卫市第四届人大常委会副主任；赵红香当选中卫市人民检察院检察长，根据地方组织法规定，将报自治区人大常委会批准；马良俊、王朝升、冯玉森、刘金保、何太成、张学文、魏建雄当选为中卫市第四届人大常委会委员。新当选的市长李晓波、市人大常委会主任邹玉忠及新当选的市人大常委会副主任进行宪法宣誓。李晓波、邹玉忠作表态发言。会议表决通过关于设立市第四届人民代表大会监察和司法委员会、社会建设委员会的决定，以及市第四届人民代表大会监察和司法委员会、社会建设委员会组成人员人选名单。会议还表决通过关于政府工作报告的决议、关于中卫市2018年国民经济和社会发展计划执行情况与2019年国民经济和社会发展计划的决议、关于2018年全市及市本级预算执行情况与2019年全市及市本级预算的决议、关于市人大常委会工作报告的决议、关于市中级人民法院工作报告和市人民检察院工作报告的决议。市委书记何健在会议闭幕时讲话。　　　　　　　　（王　琛　谢　微）

【市四届人大常委会第6次会议】　会议于2018年1月5日举行。市人大常委会副主任邹玉忠、李铁路、蔡波、马桂岚、刘林森、李树茂、郭亮、黄华、秘书长韩秉文及委员共36人出席会议。市人大常委会党组书记、副主任邹玉忠主持会议。副市长刘学智，市中级人民法院院长尹效恩，市人民检察院检察长许金军，市人大常委会机关委办负责人；市政府办（法制办）、公安局、交通运输局、农牧局、旅发委负责人列席会议。会议听取和审议市人民政府关于市四届人大一次会议代表建议办理情况的报告，听取和审议市人民政府关于2017年民生计划执行情况的报告，审议市人民政府提请关于审议将中卫南站黄河大桥PPP项目资金纳入市级中长期财政预算的议案，审议市人民政府提请关于调整2017年市本级财政一般公共预算的议案，审议市人民政府提请关于调整2017年市本级财政政府性基金预算的议案，听取和审议市人大常委会代表资格审查委员会关于中卫市第四届人民代表大会代表变动情况和补选代表的资格审查报告，审议召开市四届人大二次会议的决定草案，审议市四届人大二次会议各项建议名单草案，讨论市人大常委会工作报告，审议人事任免议案。　（王　琛　谢　微）

【市四届人大常委会第7次会议】　会议于2018年1月12日举行。市人大常委会副主任邹玉忠、李铁路、蔡波、马桂岚、刘林森、李树茂、郭亮、黄华、秘书长韩秉文及委员共35人出席会议。市人大常委会党组书记、副主任邹玉忠主持会议。市长万新恒，市委常委、纪委书记、市监察委员会主任刘明生，市中级人民法院院长尹效恩，市人民检察院检察长许金军，市人大常委会机关委办负责人；市政府办（法制办）、公安局、交通运输局、农牧局、旅发委负责人列席会议。会议依法任命苏海涛、拜英奇为中卫市副市长，任命3名监察委员会副主任和5名市监察委员会委员，并颁发任命书，举行宪法宣誓仪式。
　　　　　　　　（王　琛　谢　微）

【市四届人大常委会第8次会议】　会议于2018年3月6日举行。市人大常委会副主任邹玉忠、李铁路、蔡波、马桂岚、刘林森、李树茂、郭亮、黄华、秘书长韩秉文及委员共33人出席会议。市人大常委会副主任邹玉忠主持会议。市委常委、常务副市长王伟，市监察委员会副主任张春枫、市中级人民法院副院长曾宪斌、市人民检察院检察长许金军，市委办、政府办、政协办负责人，市人大常委会机关委办负责人列席会议。会议审议通过市人大常委会2018年工作要点（草案），书面传达学习党的十九届一中、二中、三中全会精神。　　　　　　　　（王　琛　谢　微）

【市四届人大常委会第9次会议】　会议于2018年5月3日举行。市人大常委会副主任邹玉忠、李铁路、蔡波、马桂岚、刘林森、李树茂、郭亮、黄华，秘书长韩秉文及委员共30人出席会议。市人大常委会党组书记、副主任邹玉忠主持会议。副市长张隽华，市中级人民法院院长尹效恩，市人民检察院检察长许金军，市人大常委会机关委办负责人；市政府办、发改委、工信局、财政局、司法局、住建局、交通运输局、农牧局、商经局、旅发委、国税局、地税局、云计算与大数据发展局负责人列席会议。会议学习新修订《中华人民共和国宪法》，听取和审议市人大常委会执法检查组关于检查《中华人民共和国人民调解法》实施情况的报告，听取和审议市人大常委会执法检查组关于检查《中华人民共和国税收征收管理法》实施情况的报告，审议市人民政府关于提请调整2017年市本级财政政府性基金预算的议案，审议市人大常委会专题询问实施方案，审议人事任免议案。　（王　琛　谢　微）

【市四届人大常委会第10次会议】　会议于2018年7月5日举行。市人大常委会副主任邹玉忠、李铁路、蔡波、马桂岚、刘林森、李树茂、郭亮、秘书长韩秉文及委员共36人出席会议。市人大常委会党组书记、副主任邹玉忠主持会议。副市长曾申平，市监察委员会副主任金忱，市中级人民法院院长尹效恩，市人民检察院副检察长张克勤，市人大常委会机关委办负责人；市政府办、旅发委、文体新闻广电局、林业生态建设局负责人列席会议。会议学习《中华人民共和国各级人民代表大会常务委员会监督法》，听取和审议市人民政府关于全市林业生态建设工作情况的报告，听取和审议市人大常委会视察组关于全市林业生态建设情况的视察报告，听取和审议市政府关于创建全国全域旅游示范市情况的报告，听取和审议市人大常委会调研组关于全市文化事业发展情况的调研告，审议人事任免议案。　　　　（王　琛　谢　微）

【市四届人大常委会第11次会议】　会议于2018年9月7日下午、8日上午举行。市人大常委会副主任邹玉忠、李铁路、马桂岚、刘林森、李树茂、黄华、秘书长韩秉文及委员共26人出席会议。市人大常委会党组书记、副主任邹玉忠主持会议。副市长孙文德，市监察委员会副主任金忱，市中级人民法院院长尹效恩，市人民检察院检察长许金军，市人大常委会机关委办负责人；市发改委、财政局、人社局、环保局、卫生和计生局、审计局、扶贫办、法制办、城管局负责人负责人列席会议。会议传达第十三届全国人民代表大会常务委员会第四次会议精神，讨论审议会议议案，审议市政府《关于建立永久性饮用水水源地的决定（草案）的议案》，审议市政府《关于加强城市环境卫生管理提升城市环境卫生水平的决定（草案）的议案》，听取和审议市政府关于2018年国民经济和社会发展计划上半年执行情况的报告，听取和审议市政府关于2017年市本级财政决算（草案）和2018年财政预算上半年执行情况的报告，听取和审议市政府关于2017年市本级财政预算执行及其他财政收支情况的审计结果报告，听取市人大常委会财经工委关于2017年市本级财政决算（草案）的审查报告，审查批准市人民政府2017年市本级财政决算，审议市政府《关于提请审议调整中卫市国民经济和社会发展第十三个五年规划纲要内容的议案》，审议市政府《关于提请审议调整2018年财政预算的议案》，审议市政府《关于提请审议调整2016年地方政府新增债券未利用资金用途的议案》，审议市政府《关于提请审议批准2018年市本级政府债务限额的议案》，书面报告市人大常委会调研组关于全市就业扶贫情况的调研报告，听取和审议市中级人民法院民商事审判工作报告，听取和审议市人民检察院未成年人检察工作报告等。

（王　琛　谢　微）

【市四届人大常委会第12次会议】　会议于2018年10月12日举行。市委书记、市人大常委会主任何健，副主任邹玉忠、李铁路、蔡波、马桂岚、李树茂、郭亮、黄华、秘书长韩秉文及委员共30人出席会议。市委书记、市人大常委会主任何健主持会议。市政府全体副市长，市监察委员会副主任金忱，市中级人民法院专委雍振海，市人民检察院检察长许金军，市人大常委会机关委办负责人；市政府组成部门负责人，会议拟任命人员列席会议。会议审议人事任免议案，提请任命叶峰同志为中卫市副市长（挂职），挂职期2年；崔昆同志为中卫市副市长；李斌同志为中卫市副市长；免去王伟同志中卫市副市长职务，免去刘启峰同志中卫市人民政府副市长（挂职）职务。

（王　琛　谢　微）

【市四届人大常委会第13次会议】　会议于2018年10月20日举行。市委书记、市人大常委会主任何健、副主任邹玉忠、李铁路、蔡波、马桂岚、李树茂、郭亮、黄华、万克军、秘书长韩秉文及委员共32人出席会议。市委书记、市人大常委会主任何健主持会议。市政府全体副市长崔昆、孙文德、苏海涛、曾申平、叶峰、蔡菊、张隽华、拜英奇、李斌、赵建新、董立军、市委秘书长杨照明、市政府秘书长戎尽寒、市监察委员会主任刘明生、市中级人民法院副院长高立柱、市人民检察院检副察长许金军；市人大常委会机关委办负责人；市政府组成部门负责人，会议拟任命人员列席会议。会议审议人事任免议案，接受万新恒辞去中卫市市长职务的请求，并报中卫市第四届人民代表大会第三次会议备案，提请李晓波代理中卫市人民政府市长职务。

（王　琛　谢　微）

【市四届人大常委会第14次会议】　会议于2018年11月1日举行。市人大常委会副主任邹玉忠、李铁路、蔡波、马桂岚、李树茂、黄华、万克军、秘书长韩秉文及委员共30人出席会议。市人大常委会副主任邹玉忠主持会议。副市长崔昆，市监察委员会副主任盛建宁，市中级人民法院副院长高立柱，市人民检察院副检察长张克勤，市人大常委会机关委办负责人；市政府办、教育局、环保局、住建局、规划局、水务局、旅发委、文体局、卫计局、扶贫办主要负责人；会议拟任命人员列席会议。会议审议人事任免议案等。

（王　琛　谢　微）

中卫市人民政府

· 重要会议 ·

【市政府第15次常务会议】　1月12日，市长万新恒主持召开。会议督办腾格里沙漠污染整改情况。万新恒要求，各县（区）、各部门要进一步提高认识，从政治和全局的高度，切实把腾格里沙漠污染整治作为重要政治任务和重要工作来抓，不折不扣地做好环保整改整治，保质保量如期完成各项任务。会议指出，腾格里沙漠污染事件教训十分深刻。目前，中水回用项目验收尚未完成，地下水修复需长期坚持。各县（区）和环保部门要提高思想认识，站在讲政治的高度，进一步增强环境保护责任感和使命感，扎实推进腾格里沙漠污染后续整改工作。会议要求，要严格贯彻落实中央、自治区关于腾格里沙漠污染问题整改要求，切实落实生态保护和环境治理主体责任，以鲜明的政治态度和强有力的工作举措，抓好整改落实，确保不留死角；要认真落实后续处置措施，继续实施华御、蓝丰化工原蒸发池地下水修复治理方案,按照边修复、边监测、边优化的原则,采取抽出与处理相结合的监控模式,加快推进整改,保证后续整改项目按期、保量完成;环保部门要开展不定期巡查和抽查工作,加强腾格里沙漠周边环境整治,对重点项目、重点行业、重点区域进行全方位监管,举一反三,确保此类问题不再发生;要加大环境执法力度,铁腕治污,依法严查向沙漠非法排污、倾倒有毒有害物质的环境违法行为,对巡查中发现的各类环境违法犯罪行为,要依法从重从严查处,严肃问责,绝不手软,确保实效。会议还研究了其他事项。

【市政府第16次常务会议】 1月23日,市长万新恒主持召开。会议传达学习《宁夏回族自治区安全生产行政责任规定》《宁夏回族自治区安全生产"一票否决"实施办法(试行)》等,对中卫市安全生产工作进行再安排、再部署。会议强调,要牢固树立安全生产红线意识,始终绷紧安全生产这根弦,扎扎实实抓好安全生产工作,为中卫市实现"转型追赶、高质量发展"提供坚实的安全保障。会议指出,安全生产责任重于泰山,是任何人、任何时候都不能触碰的红线。各县区、各部门要牢固树立发展绝不能以牺牲安全为代价的红线意识,进一步完善制度、强化责任、加强管理、严格监督,有效化解排除各类安全生产风险。会议强调,要落实好党政领导责任、部门监管责任和企业主体责任,严格落实管行业必须管安全、管业务必须管安全、管生产必须管安全的要求。要把安全生产作为重大政治问题、发展问题、经济问题、民生问题,以高标准、严要求狠抓安全生产各项工作落实,推动安全生产与经济社会同步协调发展。要进一步夯实安全生产基础,着力提高安全基础保障能力。要进一步落实安全主体责任,督促企业遵守和执行相关法律法规、规章制度和技术标准,帮助企业强化预防措施,制定落实安全操作规程,杜绝安全生产事故发生。会议强调,春节将至,各县区、各部门要针对岁末年初安全生产形势特点,加强重点行业领域安全管控,坚决防止生产安全事故和公共安全事件发生。要加强对安全生产重点行业领域、重要设施、重点单位以及人员密集场所等各项应急准备工作的检查,确保应急组织机构、救援队伍、装备、物资等应急资源落实到位,确保全市人民过一个安全、祥和的春节。会议还研究了其他事项。

【市政府第17次常务会议】 2月8日,市长万新恒主持召开。会议审定《中卫市硒产业发展推进方案(送审稿)》。会议要求,要充分开发利用好中卫市富硒资源,统筹规划、科学决策,做好富硒产业大文章,做亮打响"中国塞上硒谷"品牌。会议指出,实施品牌带动战略发展富硒产业是中卫市推进农业供给侧结构性改革、实施乡村振兴战略的重要抓手,是落实脱贫富民战略的重要路径。要在打造优势特色产业上下工夫,立足中卫市"1+5"优势特色产业和"四区七带"农业产业布局,充分利用富硒土壤这一有利资源优势,将中卫市打造成为"中国塞上硒谷",使富硒产业成为中卫市现代农业转型升级、农民增收的突破口和增长点。会议要求,要统筹富硒小元素,做好产业大文章。要进一步提高思想认识,整合优势资源,着力推动富硒产品研发,加快富硒资源优势转化为产业优势、发展优势;要摸清底数,科学谋划,通过开展资源普查,彻底摸清全市土壤硒含量情况,科学规划布局、科学决策,真正发挥富硒土地资源的作用;要着力抓标准体系建设,夯实硒产业发展基础,加快推进硒砂瓜、枸杞、苹果等特色农产品生产技术、产品质量标准制定工作,构建产业标准体系,着力提升农特产品品质,牢牢掌握市场话语权,同时借助大数据、云计算产业优势及物联网现代信息技术,搭建多元化的农产品信息服务网络和市场营销平台;要突出龙头带动,强化示范引领,以市场需求为导向、龙头企业为主体、市场化运作为核心,在硒砂瓜、枸杞、苹果等特色农产品领域培育龙头企业,带动中卫市富硒产业集聚发展;要打造品牌,树好形象,发挥好中卫市"枸杞之乡""硒砂瓜之乡""马铃薯之乡"的优势,全力打造中卫硒产业公共品牌,提高产品附加值和品牌价值,加大品牌宣传力度,提高产品知名度和影响力,最终实现富硒产品优质优价。会议还研究了其他事项。

【市政府第18次常务会议】 2月27日,市长万新恒主持召开。会议审定《中卫市"十三五"脱贫攻坚规划(送审稿)》。会议要求,要以习近平新时代中国特色社会主义思想为指引,深入贯彻落实党的十九大精神,切实增强责任感和使命感,聚焦精准,坚决打赢脱贫攻坚战。会议指出,打好精准脱贫攻坚战是党的十九大提出的三大攻坚战之一,对如期全面建成小康社会、实现我们党第一个百年奋斗目标具有十分重要的意义。要清醒认识把握打赢脱贫攻坚战所面临任务的艰巨性、复杂性、紧迫性,增强必胜信心,聚焦深度贫困地区,扎扎实实把脱贫攻坚工作向前推进。会议要求,要以习近平新时代中国特色社会主义思想为指引,深入贯彻落实党的十九大精神,深刻领会习近平总书记扶贫开发重要战略思想,认真落实自治区第十二次党代会和市委四届四次全会精神,真正把贫困群众放在心上,把扶贫工作放在最突出的位置,切实增强责任感和使命感,坚决打好打赢精准脱贫攻坚战。要全力实施精准扶贫,建立精准扶贫机制,确保扶持对象、项目安排、资金使用、措施到户、因村派人、脱贫成效"六大精准",建立稳定脱贫长效机制,多管齐下提高扶贫、脱贫质量,切实做到脱真贫、真脱贫。要加强组织领导,各级党政干部特别是一把手必须将扶贫工作放在经济社会发展最突出的位置,以高度的历史使命感亲力亲为抓脱贫攻坚,推动精准扶贫工作有效落实。要激发群众内生动力,把扶贫与扶智、扶志结合起来,积极引导群众转变思想观念,鼓励贫困群众积极参与市场竞争,激发贫困群众脱贫的积极性和主动性,实现物质和精神双脱贫。要切实加大财政支持脱贫攻坚力度,将各项涉及民生的专项资金,最大限度地向贫困(县)区、贫困村、贫困人口倾斜,加大资金整合力度,保障脱贫攻坚任务圆满完成。要大力宣传推广先进典型,发挥好典型的示范带头作用,增强贫困群众脱贫致富的信心和决心,确保到2020年与全国全区同步建成全面小康社会。会议还研究了其他事项。

【市政府第19次常务会议】 3月22日,市长万新恒主持召开。会议传达学习全国两会精神,督办全市环境空气质量和安全生产工作落实情况。会议要求,要深刻领会习近平总书记在全国两会期间的重要讲话精神,准确把握全国两会的主要成果及重大意义,同深入学习贯彻习近平新时代中国特色社会主义思想和党的十九大精神紧密结合起来,切实找准工作的结合点、切入点,推动中卫市各项工作再上新台阶。会议指出,刚刚胜利闭幕的十三届全国人大一次会议和全国政协十三届一次会议,是党的十九大后的第一次全国两会,意义重大,影响深远。学习贯彻好全国两会精神,是当前的一项重要政治任务。要准确把握全国两会精神,深刻领会和贯彻落实习近平总书记在全国两会期间的重要讲话精神,切实把思想和行动统一到党中央重大决策部署和全国两会精神上来,与深入学习贯彻习近平新时代中国特色社会主义思想和党的十九大精神结合起来,奋力开创中卫市各项事业发展新局面。会议指出,大气污染防治工作是一个长期、艰巨和复杂的过程,任务重、压力大。要大力实施"蓝天、碧水、净土"三大行动,各相关部门要全力做好今年污染防治工作,做到早部署、早谋划;要把空气质量考核延伸到县(区),县(区)要根据实际情况制订大气环境质量改善及大气主要污染物减排任务工作方案,切实把污染防治工作抓牢抓细抓实;要强化建筑施工、拆迁工地扬尘监管,严格道路扬尘控制,加强城乡结合部扬尘和工业园区管控;要加大对"小散乱污"企业的排查整治力度,始终保持高压态势不放松;要对全市工业污染进行定性分析,实事求是确定污染危害责任和实际损失,严格污染整治措施;要强化化工行业应急能力建设,制订应急预案,定期开展演练,防患于未然;要从绿色发展的角度,重新审视中卫市化工行业发展,遵循适度发展的原则,严格化工项目审批,严格执行新建项目和工程施工分包登记备案管理制度;要实施严格的大气污染控制措施,实施最严格的安全生产标准,实施最严格的能耗标准,推动中卫市高质量发展。会议还研究了其他事项。

【市政府第20次常务会议】 4月26日,市长万新恒主持召开。会议研究市国土资源局关于土地督察反馈问题的整改方案,审定《中卫市基本农田和耕地保护地长制实施意见(送审稿)》等。会议要求,要坚持以人民为中心思想,探索创新耕地保护管理方式,全面推行中卫市基本农田和耕地保护"地长制",着力保障全市基本农田和耕地数量不减少、质量有提高。会议指出,要坚持党政同责、网格化管理、奖惩并举三项基本原则,以落实基本农田和耕地保护责任为目标,全面建立市、县(区)、镇(乡)、村四级地长制组织体系,明确各级地长、各有关部门职责,形成每块耕地都有地长的责任体系,实行逐级负责、群众参与、部门联动三项工作机制,着力保障全市基本农田和耕地数量不减少、质量有提高。会议要求,要对国家土地督察西安局督察中卫市提出的整改意见照单全收,坚持立行立改,确保在7月底全部完成整改任务;要针对发现的问题,在做好整改落实工作的同时,举一反三,进一步自查自纠,确保整改工作出成果、有实效。要以守住耕地红线和基本农田控制线为目标,在海原县推行"地长制"试点的基础上,全面推行中卫市基本农田和耕地保护"地长制",形成每块耕地都有地长的责任体系;通过技术支撑,实现"天上看、地上查、网上管、群众报"的全覆盖管理体系;通过部门联动,构建密切合作、分工负责、齐抓共管的土地管理长效机制,扎紧耕地保护的"篱笆",筑牢国家粮食安全的基石。会议还研究了其他事项。

【市政府第21次常务会议】 4月26日,市长万新恒主持召开。会议研究审定了《中卫市安全生产监督管理责任规定(送审稿)》《中卫市推进大规模国土绿化行动方案(送审稿)》等议题。会议要求,各县(区)要迅速贯彻自治区安委会2018年第二次全体(扩大)电视电话会议精神，对照会议要求逐项列出落实措施，防范遏制重特大事故发生。要抓好安全生产大检查"回头看"，认真落实党政领导责任、部门监管责任、企业主体责任，对存在的问题和隐患要真查、真管、真排除，促进全市安全生产形势稳定向好。会议要求，各县（区）要牢固树立"绿水青山就是金山银山"的发展理念，按照环境优美、生态宜居、产业兴旺、人民富裕的要求，坚持统一规划，分步实施的原则，把国土绿化、生态保护的责任牢牢放在心上、抓在手上，争当全区国土绿化、生态保护的排头兵；要坚持最严格的耕地保护制度和最严格的节约用地制度，守住耕地保护红线，严格保护永久基本农田；要深刻认识在深度贫困地区实施土地增减挂钩政策的重要意义，将其作为深度贫困地区脱贫攻坚的重要抓手，用好用活用足土地增减挂钩政策，全力推动政策落地实施，为脱贫攻坚提供有力保障。

【市政府第22次常务会议】 5月25日，市长万新恒主持召开。会议传达学习习近平总书记在纪念马克思200周年诞辰大会上的重要讲话精神和自治区党委书记石泰峰在自治区党委常委会学习《习近平总书记在马克思200周年诞辰大会上的重要讲话》时的讲话精神等；研究审定《中卫市节水型社会创新试点实施方案（送审稿）》《中卫市2018年万亩富硒枸杞、苹果种植示范基地建设方案（送审稿）》等。会议指出，为加快实施创新驱动发展战略，加强水资源节约利用，贯彻落实国家节水行动，国家科技部和水利部联合开展节水型社会创新试点工作。经申报和专家审议，北京市房山区、浙江省金华市、山东省威海市、宁夏中卫市4个城市被国家科技部和水利部确定为节水型社会创新试点城市。会议要求，中卫市节水型创新试点建设不仅是解决自身水资源短缺矛盾的根本出路，也可为全国、特别是西北地区形成有益示范。要以"创新、协调、绿色、开放、共享"五大发展理念为统筹，贯彻国家节水优先的治水思路和科技体制改革要求，以先进技术为支撑，坚持问题导向，按照试点实施方案的要求，依托节水型社会建设，通过技术创新与管理制度创新，加快解决不同类型地区缺水问题，形成可复制可推广的系统性解决方案及节水型社会建设模式，为全国创新推进节水型社会建设提供典型示范。

【市政府第23次常务会议】 6月6日，市长万新恒主持召开。会议听取了海原县创建全国基层政务公开标准化规范化试点工作进展情况汇报。会议指出，海原县创建全国基层政务公开标准化规范化试点，根本目的是探索适应基层特点的公开方式，形成县、乡两级政务公开标准规范，切实优化政务服务、提升政府效能。各相关部门要查漏补缺，再加压力，再强措施，争分夺秒，凝聚合力，确保8月顺利通过国务院考核验收，打通政务公开"最后一公里"，形成可复制、可推广的"海原经验"。会议要求，海原县要提高政治站位，强化责任担当，切实履行好主体责任，准确把握试点工作面临的新形势、新要求，增强推进试点工作的紧迫感和使命感，全力抓好政务公开试点工作。要凝聚工作合力，狠抓试点落实，按照自治区确定的目标任务，抢抓时间、狠抓落实，确保按时间节点保质保量完成阶段工作任务。要总结试点成果，顺利迎接考核，进一步完善基层政务公开的一系列程序流程和制度规范，真正体现"权力运行到哪里，公开就跟进到哪里"的政务公开机制，确保实现能量化、能考核、能追溯的工作要求，不留死角，不留盲区，切实做到中卫市基层政务公开全覆盖、全普及。

【市政府第24次常务会议】 6月22日，市长万新恒主持召开。会议传达学习中央第二环境保护督察组相关要求和市委常委会会议精神，听取关于解决群众反映强烈突出问题情况汇报。会议要求，要实行最严格的生态环境保护制度，以最高标准、最严要求、最大力度、最实举措彻彻底底完成整改任务，确保中央生态环境保护决策部署在中卫全面贯彻落实。会议指出，全市上下务必认清形势，必须站在建设生态文明的高度，始终将环保工作作为经济社会发展的重中之重，以"最严格制度最严密法治保护生态环境"为重要抓手，正确处理局部和全局、当前和长远的关系，统筹协调好经济发展与生态保护关系，全力以赴打好污染防治攻坚战和生态文明建设持久战。会议要求，要贯彻落实好市委常委会会议精神，提高政治站位，各司其职、各尽其责、相互配合、协同作战，把环保督察反馈问题整改作为重大政治任务抓紧抓好，以更加鲜明的态度、更加坚定的决心、更加有力的措施，全力抓好问题整改工作。要严格落实各级领导包抓整改机制，制订专项整治方案，对照整改清单逐条逐项扎实推进，加大督察督办力度，坚决杜绝整改问题回潮反弹。要深入开展自查自纠，全面排查各行业领域、各类企业环境问题，对整改措施不落实、问题落实不到位、行动迟缓、弄虚作假造成不良影响的，严肃追究主要领导和相关责任人责任。要压实工作责任，以极端负责的态度推动环保督察反馈问题整改落实，坚持铁腕治理，下决心解决群众集中投诉的重点问题。会议还研究了其他事宜。

【市政府第25次常务会议】 7月4日，市长万新恒主持召开。会议传达学习习近平总书记关于打赢脱贫攻坚战三年行动的重要批示、李克强总理关于脱贫攻坚工作的批示和自治区第十二届党委2018年第22次常委会会议上石泰峰同志讲话精神及市委常委会会议精神等；审定《关于大力实施乡村振兴战略 加快推进城乡一体化发展的意见（送审稿）》等。会议要求，各县区、各部门要深入学习贯彻习近平总书记关于脱贫攻坚的重要指示精神，落实李克强总理批示要求，按照党中央、国务院和自治区及市委的安排部署，切实提高政治站位，聚焦脱贫质量，旗帜鲜明地把抓落实、促攻坚工作导向树立起来，以求真务实的作风贯彻落实好精准方略，压实攻坚责任，打造过硬的攻坚队伍，完善督战机制，加强作风建设，扎扎实实地把各项攻坚举措落到实处，坚决打赢脱贫攻坚战。会议审定并原则同意《关于大力实施乡村振兴战略 加快推进城乡一体化发展的意见（送审稿）》。会议强调，要坚持农业农村优先发展，统筹规划、压实责任，以农业供给侧结构性改革为主线，走出一条具有中卫特色的城乡融合发展新路。要强化乡村振兴人才支撑，坚持问题导向，补齐人才"短板"，多管齐下探索破解乡村人才困境，为凝聚人才振兴乡村夯实基础。要坚定践行五大发展理念，聚焦新旧动能转换，进一步提升农民群众获得感幸福感，努力在高质量发展道路上迈出更大步伐。

【市政府第26次常务会议】 8月8日，市长万新恒主持召开。会议督办全市大气污染防治重点项目进展情况，听取全市上半年安全生产工作汇报，安排部署下一步工作。会议指出，大气污染防治重点项目建设是推动中卫市生态环境保护的有效举措。各县（区）、各部门（单位）要坚决扛起生态文明建设和生态环境保护的政治责任，切实抓好大气污染防治重点项目建设和督察督办，对建设进度缓慢的项目认真梳理各环节存在的问题，逐一分析原因、逐个解决问题，加大督察力度，确保各项工作如期完成目标任务。要对煤改电、煤改气等投资大、周期长的项目进行专题研究，制订明确方案，积极协助解决问题，切实加快项目实施进度，坚决打好污染防治攻坚战，努力建设天蓝、地绿、水美的美丽中卫。会议要求，要时刻绷紧安全生产这根弦，严格实行地方党政领导干部安全生产责任制，切实承担起"促一方发展、保一方平安"的政治责任。要对环保整治过程中的停产整治企业实施最严格的安全、环保双审查复产审批程序，建立重大项目审批倒查问责机制，强化重大事故隐患监督管理，消除环境安全隐患。要持续推进安全生产领域隐患大检查，做到隐患排查经常化、实效化、制度化。要高度重视自治区安委会安全生产第二巡查组反馈意见，对标问题，扎实做好反馈意见的整改工作，确保全市安全生产形势持续稳定，为自治区成立60周年大庆营造稳定的安全生产环境。会议还研究了其他事项。

【市政府第27次常务会议】 9月3日，市长万新恒主持召开。会议听取了市扶贫办关于《全市深度贫困村资源配置情况的调研报告》整改落实意见的汇报，审定《关于建立永久性饮用水水源地的决定（草案）（送审稿）》等。会议指出，脱贫攻坚的坚中之坚、难中之难是深度贫困地区。市政协调研组对全市深度贫困村资源配置情况的调研报告，为全市深入开展脱贫攻坚工作提出了很好的意见和建议，具有很强的指导性和针对性。各部门（单位）要坚持以人民为中心的发展思想，采取更加有效的举措，把各种政策资源向贫困地区倾斜，更加聚焦精准发力，攻克坚中之坚、难中之难，坚决打赢深度贫困地区脱贫攻坚战。会议要求，要因地制宜，科学编制好村庄规划，坚持用规划引领脱贫攻坚。要加大特色农业等产业帮扶力度，注重培育贫困群众发展生产和务工经商的各项技能，不断增强脱贫攻坚的内生动力。要根据调研报告中发现的问题及时制定整改措施，加大督办力度，确保全市深度贫困村资源配置方面存在的问题整改到位。要聚焦贫困村基础设施提升，加大水电路等基础建设，着力搞好农村环境综合整治，补齐农村发展短板，真正实现农村产业兴旺、生态宜居、乡风文明、治理有效、生活富裕。会议审定了《关于建立永久性饮用水水源地的决定（草案）（送审稿）》《关于加强城市环境卫生管理 提升城市环境卫生水平的决定（送审稿）》和《中卫市农村人居环境整治三年行动实施方案（送审稿）》。会议要求，要建立关于永久性饮用水水源地管理和保护方面的长效机制，制订"五定"方案，责任到人，确保各项任务落到实处；要加强协调配合，深入推进农村人居环境整治，改善提升农村生产生活条件和生态质量。会议还研究了其他事项。

【市政府第28次常务会议】 9月28日，市长万新恒主持召开。会议审定《关于全面加强生态环境保护 坚决打好污染防治攻坚战的实施意见（送审稿）》《中卫市打赢蓝天保卫战三年行动计划（2018—2020年）（送审稿）》等。会议指出，要深刻学习领会习近平生态文明思想，认真贯彻落实全国生态环境保护大会和自治区第十二次党代会、自治区生态环境保护大会及市委四届四次会议精神，全面推进生态立市战略，全力完成全市大气、水、土壤污染防治行动计划确定的目标任务，努力改善全市环境质量。会议要求，各县（区）、各部门要进一步提高政治站位、深化思想认识，严格落实环保责任，明确全面加强生态环境保护的工作目标和任务措施，坚持以生态环境质量改善为核心，突出问题导向，完善管理机制，加大攻坚力度，狠抓任务落地。要严格落实党政主体责任，落实好"一岗双责"，强化考核问责。环保部门要履职尽责，抓好统筹督察，对不担当、不履责、破坏生态、污染环境的行为要严肃处理、绝不手软。会议还督办了中央第八巡视组巡视宁夏反馈意见中卫市第二专项小组整改进展情况，以及市政府办关于市人大代表建议和政协委员提案办理情况。会议指出，抓好中央巡视反馈意见整改落实工作是一项重要的政治任务，各责任部门（单位）要严格按照自治区和市委的要求，坚持问题导向抓整改，严格对照整改方案确定的时限要求，立说立行、马上整改。各责任单位负责人要落实责任抓整改，进一步强化"四个意识"，对牵头的整改工作一抓到底，严格审核把关。对市政府承办的人大代表建议和政协委员提案要进行一次再调度，逐一分析施策，加快办理进度，确保件件有回音，件件有落实。会议听取了市扶贫办关于今年全市脱贫攻坚任务进展情况的汇报。会议要求，各县（区）、各部门（单位）要高度重视，切实提高政治站位，把脱贫攻坚工作作为重大政治任务、头等大事和第一民生工程，坚持问题导向，严格执行"两不愁、三保障"标准，逐项逐条列出时间表、任务书和路线图，上下联动、齐抓共管，确保各项任务按期完成，坚决打赢脱贫攻坚战。会议还研究了其他事项。

【市政府第29次常务会议】 10月29日，代市长李晓波主持召开。会议传达学习中央第二环境保护督察组对宁夏开展"回头看"情况反馈会等相关会议精神；审定了《中卫市贯彻落实中央环境保护督察"回头看"督察反馈意见整改方案（送审稿）》；部署了中卫市中央第二环保督察组反馈问题整改及年度环保任务推进事宜。会议指出，要以高度的政治自觉对待环保整改，认真学习领会中央第二环保督察"回头看"及专项督察反馈意见，从主观深处找原因，从自身方面找不足，从工作落实找差距，不回避、不推诿、不遮掩，主动认领、知错就改、敢于担当，努力实现经济发展质量、生态环境质量、人民生活质量同步提升。会议要求，要以扎实的工作举措推进环保整改，认真梳理研究问题症结，制订整改方案及措施，明确整改时限，确保条条都整改、件件有着落、事事见成效，坚决打赢蓝天保卫战、碧水攻坚战和净土保卫战。要以更大的责任担当推动环保整改，做好中央环保督察"回头看"及专项督察反馈意见的整改落实，持续推进市领导包抓责任制，深化生态环境保护党政同责和一岗双责，坚持党委领导、政府主导、企业主体、公众参与，动员组织各方力量抓好整改落实工作，形成"大环保"工作格局。同时，市政府督察室和市环保局要组成联合督察组，主动督促检查，推动落实整改，做到问题不查清不放过、整改不到位不放过、责任不落实不放过、群众不满意不放过。要及时向社会公开整改信息，通过报纸、电视、网络等平台及时通报重点问题整改情况，主动接受社会和群众监督。要聚焦全年环保重点指标，再加压力，再鼓干劲，再增措施，确保如期完成环保年度目标任务，让中卫的天更蓝、水更绿、空气更清新。会议还研究了其他事项。

【市政府第30次常务会议】 11月5日，代市长李晓波主持召开。会议专题听取全市主要经济指标推进情况汇报，研究部署下一步工作。李晓波要求，要围绕年初确定的各项目标任务，聚焦重点领域和关键环节，主动作为，查找不足、补齐短板，以决战决胜姿态冲刺全年目标任务。会议指出，2018年以来，全市经济运行保持了稳中有进、稳中有忧的发展态势。面对全市经济运行最后攻坚的关键时期，各县（区）、各部门要以时不我待的紧迫感和责任感，再加压力、再鼓干劲，扑下身子大干快干、苦干实干，以决战决胜的姿态攻坚最后两个月，确保各项重点工作、重大项目加快推进，力争实现全年各项目标任务。会议要求，要盯紧目标抓落实，进一步落实主体责任，对照进度逐项找差距、查原因、定对策，抓重点、补短板、强弱项，一项一项分解细化任务，对症下药，精准发力，担当作为，全力做好全年工作。要补齐短板抓落实，在固定资产投资、工业经济增长、财税收入和城镇、农村居民人均可支配收入等方面，积极行动，靶向治疗、精准发力、综合施策，迎头赶上，力争全面完成年度目标任务。要转变作风抓落实，牢牢聚焦经济工作主战场，坚定信心、统筹兼顾，奋发作为，攻坚克难，努力保持经济平稳健康发展。要持续做好安全生产、信访维稳等工作，妥善安排好困难群众的生产生活，确保让人民群众获得感幸福感更加充实、更加保障、更可持续。会议还研究了其他事项。

【市政府第32次常务会议】 11月27日，代市长李晓波主持召开。会议审定了《清水河沙坡头区第九排水沟下段治理工程设计方案（送审稿）》《中卫市防治慢性病中长期规划(2018—2025年)(送审稿)》等事项。会议强调，要深入学习贯彻习近平生态文明思想，牢固树立"绿水青山就是金山银山"的理念，坚持问题导向，坚持生态优先，深化思想认识，夯实责任担当，以打好新时代黄河保卫战为抓手，全面落实河湖长制，深入推进以河流、湖泊为重点的水环境综合治理，持续抓好"清河行动"，不断提升百姓幸福感和获得感。会议指出，加强慢性病防治是深化医药卫生体制改革、维护和增进人民群众身体健康的重要内容，是全面建成小康社会的必然要求，对于提升全民健康素养水平、转变经济发展方式、保障和改善民生具有重要意义。会议要求，要坚持统筹协调、共建共享、预防为主、分类指导的原则，完善政府主导、部门协作、动员社会、全民参与的慢性病综合防治机制，建立自我为主、人际互助、社会支持、政府指导的健康管理模式，围绕加强健康教育、实施早诊早治、强化规范诊疗、促进医防协同等方面精准发力、精准施策，实现以治病为中心向以健康为中心转变。会议还研究了其他事项。

【**市政府第33次常务会议**】 12月7日，代市长李晓波主持召开。会议传达学习国务院第五次大督察反馈意见整改及全区质量大会、自治区政府常务会议精神，研究贯彻落实意见。会议要求，要强化政治担当、压紧压实责任，对国务院第五次大督察反馈问题主动认领、照单全收、建立台账、限期整改。坚持问题导向，结合工作实际，认真梳理存在的问题，制订整改方案，以钉钉子的精神抓好整改落实。要加大督促检查力度，逐一紧盯落实，坚决杜绝表面整改，敷衍整改，虚假整改，对整改不力、行动迟缓、表面整改、敷衍整改、虚假整改等问题要定期通报，严肃追责问责，确保反馈意见件件有回音、事事有结果。会议要求，要切实把思想统一到全区质量大会精神上来，把行动落实到质量发展各项工作中，以创新理念和实干精神推进全市高质量发展。要牢固树立质量第一的理念，严格按照中央、自治区和市委的决策部署，精准聚焦工程质量、产品质量、服务质量"三大重点"，严把产业、民生、基础设施等工程质量，着力抓好精细化工、建材、特色冶金等传统产业转型升级，大力提升工业、农业等产品质量，更好地满足人民群众日益增长的美好生活需要。要聚焦主业主责，狠抓质量基础设施和质检队伍建设，提高市场监管执法水平，加快转变质量治理方式，推动形成服务高效、监管到位的质量管理体系。要广泛发动社会力量，引导消费者积极、理性参与质量监督，努力营造企业追求质量、社会崇尚质量、群众关心质量的浓厚氛围。会议还研究了其他事项。

【**市政府第34次常务会议**】 12月13日，代市长李晓波主持召开。会议听取扫黑除恶专项斗争工作进展情况汇报，安排部署重点工作。会议指出，开展扫黑除恶专项斗争，是以习近平同志为核心的党中央作出的重大决策部署。自扫黑除恶专项行动开展以来，全市各级党政组织及公安机关按照中央、自治区和市委扫黑除恶工作部署要求，以高度的责任感和使命感，迅速动员部署，广泛宣传发动，深入摸底排查，集中开展打击，扫黑除恶工作取得了阶段性成效。会议要求，要深入学习贯彻习近平总书记关于扫黑除恶专项斗争的重要指示精神，把扫黑除恶专项斗争作为一项重大政治任务，切实担负起扫黑除恶专项斗争的政治责任。要从讲政治的高度，充分认识开展扫黑除恶专项斗争的极端重要性，增强责任感和紧迫感，以更加坚定的决心和顽强的意志投入专项斗争。要聚焦重点地区、重点行业、重点领域，在广泛动员、细致摸排上再下工夫，在依法严惩、深化打击上再下工夫，在深挖彻查、打击"保护伞"上再下工夫，在舆论引导、宣传造势上再下工夫，推动专项斗争向纵深发展。要强化打击力度，充分发挥公安机关主力军作用，保持对各类违法犯罪活动的严打高压态势，聚焦群众关注度高、社会影响恶劣的重大黑恶势力犯罪，推动专项斗争打开新局面、实现新突破。要加强监管防范，坚持依法严惩、打早打小，加强对易滋生黑恶势力的重点地区、重点行业、重点领域的监管，动员人民群众积极投身扫黑除恶专项斗争，消除黑恶势力滋生土壤。会议还研究确认了中卫市第五批自治区文物保护单位保护范围和建设控制地带等事项。

【**市政府第35次常务会议**】 12月21日，代市长李晓波主持召开。会议传达学习自治区脱贫攻坚成效考核工作专题会和市委常委会会议精神，审议《打赢脱贫攻坚战三年行动职业技能培训工作计划(送审稿)》，研究贯彻落实意见。会议要求，各县(区)、市直各部门(单位)要以习近平新时代中国特色社会主义思想为指引，坚决贯彻落实党中央、国务院关于脱贫攻坚的一系列决策部署，紧紧围绕"两不愁三保障"，聚焦"五个一批""六个精准"，严格责任落实，高标准、严要求做好各项工作；要抓住关键，精准发力，全面查缺补漏；要合力攻坚，决战决胜，牢固树立"一盘棋"思想，扑下身子狠抓落实，齐心协力打赢脱贫攻坚战。会议传达了《自治区人民政府办公厅关于对国务院第五次大督察发现的典型经验做法给予表扬奖励的通报》,审议了《国务院第五次大督察反馈问题整改方案(送审稿)》。会议强调,国务院第五次大督察对中卫市变黄沙戈壁为创新发展新热土的典型经验进行通报表扬,这既是对中卫市工作的充分肯定,也是对各县(区)、各部门(单位)主动担当作为、狠抓政策见效的极大鼓舞。要以习近平新时代中国特色社会主义思想为指导,在创新发展上求突破,在协调发展上下工夫,在绿色发展上用实招,在开放发展上抢机遇,在共享发展上见成效,努力实现经济繁荣、民族团结、环境优美、人民富裕,确保与全国全区同步建成全面小康社会。要提高政治站位,对督察反馈问题主动认领、照单全收、限期整改。要全力整改落实,切实解决好制约发展的短板和问题。要严格督察督办,加大督促检查力度,逐一紧盯落实。会议还研究了其他事项。

·政府法制·

【法治政府建设】 一是细化目标工作任务。制定印发《中卫市2018年法治政府建设重点工作任务安排》,将法治政府建设七大工作目标、52项具体措施中2018年必须完成的目标任务,细化分解为八大项34小项,进一步明确责任单位和完成时限,确保2018年法治政府建设工作任务如期完成。同时督促各地区、各部门制订切实可行的实施方案,确保一级抓一级、层层抓落实。二是切实做好法治政府建设示范创建工作。年初,自治区依法治区领导小组法治政府建设办公室下发《关于做好2018年度法治政府建设示范创建工作的通知》,将中卫确定为2018年度法治政府建设示范创建单位。为切实做好示范创建工作,制订《中卫市法治政府示范创建实施方案》,在确定3个自治区级、8个市级法治政府建设示范创建单位的基础上,要求各创建单位自行申报创建项目,进一步明确创建任务。同时,为全面做好法治政府示范创建验收工作,11月26日,印发《关于做好2018年度法治政府示范创建验收工作的通知》,并对法治政府示范创建工作进行验收。三是切实做好法治政府建设第三方评估工作。2018年,宁夏回族自治区依法治区领导小组法治政府建设办公室委托宁夏大学对各市、县人民政府,自治区各部门、直属机构法治政府建设完成效果进行第三方评估。为切实做好评估工作,由市法制办牵头并先后印发《关于向第三方评估组提交法治政府建设测评资料的通知》《关于参加中卫市法治政府建设第三方评估活动的通知》以资料汇总和微信调查相结合的方式客观、真实、准确反映中卫市法治政府建设工作。四是突出考评导向。2018年11月26日,印发《关于开展法治政府建设考核评价工作的通知》对全市2018年度法治政府建设进行考评。坚持依照法治政府建设标准推动依法行政,把法治建设成效纳入效能目标考核体系。注重发挥考核评价在推进依法行政中的导向作用,重点研究解决考核评价中反映出来的突出问题,对违法作出执法决定或存在执法瑕疵的单位及时监督或者下发《行政执法监督通知书》,明确指出其存在的问题及处理建议。 (吴彦辉)

【规范性文件"三统一"和有效期制度】 按照《关于实施行政规范性文件"三统一"和有效期制度的通知》,明确要求各级政府和所属部门制定的规范性文件,必须建立行政规范性文件登记簿和数据库,及时、完整、准确地进行统一登记;严格按照规范性文件登记号编制要求统一编号;由各级政府办公室或所属部门办公室统一印发。未经"三统一"的,不得作为行政管理的依据。同时,严格执行规范性文件有效期制度,要求制定的规范性文件应标注有效期,有效期届满,文件自动失效;需继续实施的,在有效期届满前6个月内进行重新评估印发或修订后印发。一般性规范性文件有效期统一确定为5年,标注"暂行""试行"的有效期统一确定为2年。2018年,共制定市政府规范性文件17件,市直部门规范性文件32件,均严格落实"三统一"和有效期制度,在市政府网站专栏公布。

(吴彦辉)

【行政复议改革试点工作】 认真履行《中华人民共和国行政复议法》确定的各项职责,切实提高依法行政能力,畅通行政复议渠道,大力化解行政复议。创新行政复议办案方式,选择一批典型复议案件,召开专题研讨会、案例分析会,提高办案质量,确保行政复议决定合法有效,做到定纷止争,案结事了。2018年,中卫市政府行政复议委员会共受理各类行政复议案件47件。其中,维持28件,终止7件,撤销2件,驳回1件,移交1件,退回1件,不予受理3件,转送1件,未结3件。复杂案件召开案件审理会4次,充分发挥行政复议纠错功能。 (吴彦辉)

【行政应诉工作程序完善】 按照自治区对行政诉讼案件统计分析报告制度,对2018年度市级应诉案件情况进行统计分析,形成统计分析报告,查找存在问题,确定整改措施。2018年,市级应诉案件共56件,已审结48件。建立案情研讨制度,对市政府作为被告的诉讼案件,在向法院递交答辩状前,召集涉案单位相关人员和委托代理律师,进行专题研究,全面掌握案件事实,多方搜集证据材料,对行政行为中可能存在的问题提前预判,商讨解决方案,充分做好出庭应诉准备。严格落实行政机关负责人出庭制度。在马永忠诉市政府草原行政征收案件和焦学义诉市政府行政违法和行政赔偿案件中,市政府副秘书长肖博、市政府副秘书长黄玉华分别作为市政府行政负责人出庭应诉,打破了市政府无行政负责人出庭应诉的局面。 （吴彦辉）

【合法性审查】 健全合法性审查机制,落实相关程序规定,推进备案审查常态化、合法性审查精细化、建议审查实效化。2018年,审查各类合同120份,重大决策合法性审查85次,为市领导专题协调会、批示件等提供法律意见建议51余件,办理涉法性事物516件。同时,市政府法制办负责人全程列席政府常务会并参加相关专题会,随时就重大决策提供法律咨询意见。在重大事件、合同洽谈、涉法事务中及时提供法律意见,帮助领导依法决策。 （吴彦辉）

【法律顾问】 市法制办借助中卫市法律顾问室,建立以市政府法制办工作人员为主体、聘请律师参加的政府法律顾问队伍,充分借助特邀法律顾问的专业优势,对涉及重大决策及时组织特邀法律顾问召开专题研讨会,有效促进依法决策。2018年,特邀法律顾问参与合法性审查100余次,办理涉法性事物180余件,代理行政诉讼案件56件。 （吴彦辉）

【行政执法公示制度】 一是优化网站结构,提高公示效果。考虑到机构改革以及"一网"安全维护的问题,在原有"中卫市法治政府网"的基础上,依法对网站主体进行变更（由市政府办公室变更为市司法局）,且从板块设置、功能优化等方面,对网站进行改版升级。"一网"更名为"法治中卫网",为更好地开展行政执法公示工作奠定坚实基础。二是规范基础信息,强化事前公示。为做好事前公示工作,自2017年试点工作开展以来,就要求各执法部门重点围绕"6+5"试点内容,集中梳理本单位执法主体、人员、职责、权限、依据、执法流程、随机抽查事项清单、行政执法裁量基准、监督方式等执法信息,并以制作目录清单的方式,统一上传至网站,实现对外公示。三是规范执法信息,强化事中公示。加强对申领、换证和使用执法证件行为的管理,建立执法人员电子数据库,并通过数字化办案平台进行日常管理,现全市各级执法人员均做到统一持证上岗,亮证执法。年内,共组织全市217名申领、换证执法人员开展执法证件考试。组织行政审批部门、行政收费执收部门佩戴胸牌标志或摆放公示牌等方式向办事对象进行公示,强化行政审批、行政收费办事窗口管理,主动公示服务大厅办事人员及窗口信息。四是强化信息监管,推动事后公示。年内,除试点先行选取的市场监管局等单位已实现承办案件可通过"内外网切换"对外公示外,其余执法部门在未全面开展"网上执法办案"的情况下,均按要求将所承办各类案件的执法决定文书统一在"法治中卫网"上进行公示。年内,中卫市法治政府网共公示事前公开内容1475项,共公开事后执法信息13801条,其中约21.3%的行政处罚结果实现执法决定的全文公开,市市场监督管理局事后公示7817条、重大执法决定法制审核公示57条、市人社局事后公示内容1104条。 （吴彦辉）

【行政执法全过程纪录】 一是规范文字纪录,保证全过程纪录。从规范执法行为的种类、性质、流程入手,市法制办牵头梳理编制"6+5"执法流程及文书,在全市范围内统一法律文书、办案流程,使文字纪录更加规范。二是规范音像纪录,保存全过程实据。制定印发《中卫市行政执法音像纪录设备配备办法》（卫政发〔2017〕113号）,并结合各部门执法实际,分A、B、C三类配备标准,由市、县（区）财政局统一为所属执法单位的执法人员配备与"中卫市行政执法办案平台"相匹配使用的执法装备,以保证执法现场检查、随机抽查、调查取证、证据保全、听证、行政强制、送达等实现全过程音像纪录。年内,全市各级执法部门新配置执法记录仪348台,手持执法终端87台,车载执法设备4套。三是加大推行网上执法办案。"中卫市行政执法办案平台"自全面上线运行以来,积极对接招标单位,跟进做好各试点单位的运行、指导、培训、服务等工作。按照《中卫市2018年行政执法三项制度试点工作计划的通知》（卫政办发〔2018〕50号）,分两批共计9个单位推行网上执法办案。期间,重点围绕平台操作流程、设备使用方法等内容,对市场监管等试点单位多次进行一对一轮训,使相关执法人员能够尽快熟练掌握系统操作。同时,为强化平台运行效果,分管市领导多次带队组织现场观摩,力争通过以督促进、以查促改的方式,优化平台设置,加强经验交流。年内,中卫市行政执法办案平台共录入各单位执法案件430件,其中,市卫生与计划生育局37件,市市场监督管理局34件。

（吴彦辉）

【行政执法合法性保障】 各级执法部门作出重大执法决定前均经过法制审核,未经法制审核或者审核未通过的,不得作出决定。年内,市场监督管理局对95起一般程序的行政处罚案件进行法制审核,有30起重大案件提交市局案件审理委员会讨论决定,法制审核结果全部按照规定公示。11月30日,在全区法治政府示范创建现场观摩会上,中卫市法制办就行政执法"三项制度"试点工作作汇报演示,取得了良好效果。

(吴彦辉)

【证明事项清理】 为认真贯彻落实《自治区党委办公厅 人民政府办公厅关于印发〈关于深化"不见面、马上办"改革深入推进审批服务便民化的实施意见〉的通知》和《自治区人民政府办公厅关于进一步做好证明事项清理工作的通知》要求,持续推进减证便民、优化服务改革,确保2018年年底前建立统一规范的区市县乡村五级证明清单目录。由市法制办牵头及时面向两县一区、市直各部门、各直属机构发送《市人民政府办公室关于进一步做好证明事项清理工作的通知》,要求对涉及开具、索要证明事项的规范性文件进行全面清理。经过清理,市政府需涉及证明事项的规范性文件共6件,其中,建议取消1项,保留5项。沙坡头区规范性文件中建议取消1项。中宁县规范性文件中建议取消8项、保留7项(对地方性法规、政府规章提出建议)。海原县5件规范性文件中建议取消14项,并及时将清理结果上报自治区司法厅。 (吴彦辉)

【行政执法能力建设】 严格按照《自治区人民政府法制办公室关于开展全区行政执法主体和行政执法人员专项清理工作的通知》要求,组织对全市行政执法主体和行政执法人员进行专项清理。围绕执法人员基本信息、执法区域、执法类型、执法证编号等14项信息进行核实、统计,梳理出市本级具有行政执法主体资格的单位67个,行政执法人员823人。需申领执法证件人员153人,换发执法证件人员68人。并于2018年8月30日组织市本级执法人员进行申领和换发行政执法证考试。 (吴彦辉)

·政府信息公开·

【概况】 2018年,紧紧围绕党中央、国务院和自治区重大决策部署,深入贯彻落实《自治区人民政府办公厅关于印发2018年政务公开工作要点的通知》等文件精神,全面推进"决策、执行、管理、服务、结果"五公开,不断加强信息发布、解读回应、政务服务、考核监督等各环节的工作,推进全市政务公开工作高质量发展,加快打造人民满意的服务型政府。

(李 静)

【组织领导机制健全】 成立中卫市政务公开工作领导小组,明确由常务副市长担任组长并分管政务公开工作,市委组织部、宣传部、网信办等15个部门负责人为成员的议事协调机制,明确责任,细化分工。6月6日、9月3日,市政府第23次、27次常务会议,将海原县创建全国基层政务公开标准化规范化试点工作进展情况和全市政务公开工作情况汇报列入议题进行研究审议。12月11日,市政府常务副市长崔昆主持召开会议专题会议研究政务公开工作,并作出部署。

(李 静)

【机构队伍建设】 设立中卫市政务公开办公室,负责全市政务公开、政府网站运营、政务信息报送、政府公报编纂等工作,配备6名专职工作人员。强化全市各级行政机关政务公开队伍建设,各县(区)人民政府、市政府各部门建立健全政务公开工作领导机制,整合政务公开力量和资源;全市基本形成政务公开有分管领导、有主管机构、有具体工作人员的格局。

(李 静)

【宣传培训教育】 全市各级行政机关利用宣传栏、宣传册、"两微一端"、政府网站、中卫日报等形式多样的宣传方式,大力开展政务公开宣传,提升政务公开知晓率,营造社会共同参与的良好氛围。将全市政务公开培训经费列入年度预算,2018年10月底,在江苏省南京市举办全市政务公开培训,邀请国务院办公厅、江苏省政府办公厅、中国社科院、中国政法大学、上海政法学院政务公开领域专家进行专题授课,受训人员80余人。

(李 静)

【公开目录编制】 经实地调研,针对市政府各部门信息公开不全面,政务公开基本目录编制不规范等问题,按照《市人民政府办公室关于市政府各部门先行梳理编制政务公开基本目录的通知》要求,组织33个市政府部门(单位)全面梳理编制政务公开基本目录,明确公开内容、依据、时限及方式等要素,及时发布主动公开基本目录,积极稳妥开展政务公开。及时修订完善政府信息公开指南,公布监督方式和投诉救济途径,方便社会各界了解公开信息。

(李 静)

【监督考核】 2018年起,按照自治区政府将政务公开纳入考核且分值权重不低于4%要求,联合市效能办、市政府督查室,将政务公开分值落实到市直部门效能目标考核和县(区)效能目标考核中,分值明确为4分。制定《市人民政府办公室关于印发中卫市

2018年度政务公开效能目标管理单项考核评分细则的通知》，逐条逐项细化责任落实。完善政府网站常态化监测机制，引入第三方机构对政府网站开展月度网上监测，加大问题通报力度，并根据监测结果不断调整优化政务公开工作方式方法。 （李　静）

【政府信息公开】 2018年，中卫市各级行政机关共公开政府信息6.4万余条，其中，中卫市本级政府及工作部门主动公开政府信息2万余条，制发并主动公开规范性文件15件；各县（区）政府主动公开政府信息4.4万余条，制发并主动公开规范性文件41条。从政府信息公开渠道和方式上看，全市各级行政机关通过政府公报公开政府信息220条，通过政府网站公开政府信息24679条，通过政务微博公开政府信息4895条，通过政务微信公开政府信息11097条，通过报刊、电视、媒体、宣传栏等传统方式公开政府信息23926条。 （李　静）

【预决算和审计信息公开】 制定印发《关于做好2018年度部门预算信息公开工作的通知》，指导、组织市本级65个预算单位在市政府门户网站公开2018年部门预算及"三公"经费情况，一级部门单位公开率达100%，实现预决算信息"应公开、尽公开，应上网、尽上网"。强化审计结果公开，在市政府网站及时公开本年度重点审计项目计划，公开部门（单位）财政预算执行及其他财政收支情况审计结果9项，政府投资建设项目审计结果5项，专项审计调查等单项审计结果2项。 （李　静）

【重大建设项目批准和实施领域政府信息公开】 除涉密项目外，全面公开建设项目竣工环保批复信息，在建设项目审批系统公示建设项目225个，其中，报告书项目11个，报告表项目82个，备案表项目132个，排污许可证37个。加强投资项目在线审批监管平台应用，实现投资项目网上受理、办理、监管一体化与集约化，全年共核准、批复项目89个，所有项目均在投资项目在线审批平台进行公示。及时将征地公告、征地告知、征地补偿安置方案等信息在政府网站进行公示。累计公开征地信息51条，其中，征收公告10条，补偿安置方案公告23条，听证告知书18条。 （李　静）

【公共资源配置领域政府信息公开】 按照自治区要求，及时规范发布土地供应计划和出让公告。全年共公开土地供应信息11条，其中国有建设用地供应计划1条，出让公告10条。累计公开矿业权出让信息42条，其中矿业权价款评估公告5条，土地复垦方案审查结果公告37条。通过对接全区公共资源交易"一网三平台"，建成交易、服务、监管等信息互联互通的公共资源交易平台体系，全年在宁夏公共资源交易网、宁夏政府采购网、宁夏招投标信息网、宁夏建设工程招投标网共发布政府采购交易信息1700余条，工程招标交易信息2200余条。 （李　静）

【社会公益事业建设领域政府信息公开】 将低保等救助政策的流程通过政府网站进行公示，指导督促各县（区）民政局及乡镇政府在公示栏内长期公示，接受群众监督。按季度对全市救助资金使用情况汇总进行公示。全面公开空气质量预测预报工作，向社会发布空气质量预测预报信息243期，发布黄河水质自动监测数据和水质状况30期，发布集中式生活饮用水水源水质状况和香山湖水质状况月报10期，水质周报44期。发布《土壤污染防治重点任务工作方案》1篇，土壤污染防治责任书3份，水源地专项整治方案3篇，水源地专项整治清单4篇，在《中卫日报》公布水源地整治进展情况2期。及时公开污染源监测信息109期。 （李　静）

【其他重点领域信息公开】 每季度发布一次房地产市场运行情况报告，定期发布沙坡头区房地产经纪机构备案、全市房地产行业监管工作督察情况通报，定期向社会通报房地产开发企业和中介机构违法违规行为典型案例，定期发布建筑业企业行为、质量安全等专项检查情况，及时公开棚户区改造、市政基础配套设施的政策、任务、项目、投资、建设单位及完成情况，同时对建成保障性住房项目的分配方案、每个批次保障性住房配租情况做到及时公开。

（李　静）

【"互联网＋政务服务"工作】 一是推进网上办事服务公开。认真贯彻落实自治区关于加快推进"互联网＋政务服务"工作的部署要求，不断创新服务方式，优化营商环境，梳理市本级行政审批服务事项1198项，并按照自治区统一要求将事项的97个要素全部在宁夏政务服务网公开，方便企业、群众办事。二是提升实体政务大厅服务能力。加快推进实体政务大厅标准化建设。制订《中卫市政务服务标准化建设三年行动计划实施方案》，明确目标任务、工作内容、工作步骤、组织领导、职责分工等，进一步规范和提升政务服务水平。统一公布市本级"一次办"事项清单和办事指南。全面推广"一窗受理、并行办理"模式，初步实现统一受理、一表填报、后台分办。三是优化审批与办事服务。集中组织开展全市性办事服务信息公开专项检查,重点检查办事服务信息是否全部公开、是否准确规范,对发现问题及时督促整改。围绕深化"放管服"改革,对企业开办时间、建筑施工许可审批时间再减少一半的相关举措、工作进展、改革成效等情况进行公开,全市企业开办时间由8个工作日缩减至3个工作日,政府投资项目及企业投资项目审批时限已分别压缩至77个工作日和48个工作日。实行网上办事大厅与实体政务大厅办事服务信息同源管理。

(李 静)

【人大代表建议及政协提案办理结果公开】 自觉接受人大监督和政协的民主监督,认真做好人大代表、政协委员提案办理工作,公开办理结果,及时回应关切,接受群众监督,市人民政府承办的17件人大代表建议已办结16件,1件正在办理,办结率达94%。建议办理工作面商率达100%,答复率达100%。140件政协提案全部办理完毕,并按规定书面答复提案委员,办理答复满意率达100%。从提案内容办理情况看,已办结134件,正在办理的6件,办结率达95.7%。在市人民政府网站开设专栏,集中公示不涉密的办理或答复结果。 (李 静)

【政策解读】 严格按照《市人民政府办公室关于做好全市政策性文件解读工作的通知》要求,对市本级印发的涉及面广、社会关注度高或专业性较强的重要政策性文件,明确解读范围、解读主体、解读内容、解读要求,落实"谁起草、谁解读"原则,政策性文件与解读方案、解读材料同步组织、同步审签、同步部署。通过"文字+图表"方式,发布市本级政策性文件解读26件,年内,市本级及各县(区)政府重大政策解读基本步入制度化、规范化、常态化。 (李 静)

【社会关切回应】 2018年,认真落实《中共中卫市委员会办公室市人民政府办公室关于做好网民给市委、市政府主要领导留言办理工作的通知》要求,建立完善网民留言、咨询的受理、转办和反馈机制。共收到人民网地方领导留言板群众来信38件,全部办结答复,办结率达100%,获得群众及网民的高度认可。依托政府网站、政务微博微信及"12345"政务服务热线等平台搭建舆情监测"探头",初步建立与宣传、网信、公安等部门协调联动机制,对发现的政务舆情事件或苗头性重大舆情,及时研判分析,通过各类载体及时回应,有效化解负面舆情。 (李 静)

【政府信息依申请公开】 规范政府信息依申请公开的受理、审查、转办、答复等工作,建立与政府法制办等单位协商会商机制,共受理和办理答复公民、法人和其他组织提交的信息公开申请30件,其中,当面申请1件,网络申请23件,信函申请6件。申请公开的内容主要涉及教育、住房保障、环境保护等领域。未发生因政府信息公开引发的行政复议或行政诉讼案件。同时,督促指导各县(区)和市政府各部门高度重视,依法做好政府信息依申请公开工作,确保程序严谨、实体合法、答复及时,切实保障人民群众的知情权。

(李 静)

【公开平台载体建设】 一是强化政府网站建设管理。认真贯彻落实《国务院办公厅关于印发政府网站发展指引的通知》和自治区有关文件精神,制定印发《市人民政府办公室关于做好全市政府部门网站整合关停工作的通知》,要求对外服务少且没有人力、物力、财力保障的市、县政府部门(单位)网站统一整合至市、县人民政府门户网站,实现统一运维。关停市级政府部门网站19家,县级政府部门网站16家,保留的市级政府部门网站共7家,其中集约化6家。通过政府购买服务,委托第三方对市、县政府门户网站开展月度网上监测,对监测发现的问题,及时督促整改落实。下发政府网站存在问题限期整改通知11份。年内,全市已加入集约化的政府网站在硬件设施、技术支撑、内容保障和人员配备等方面有标准化提升。二是管好用好政务"两微一端"新平台。按照《自治区人民政府办公厅关于开展全区政务新媒体基本情况调查摸底工作的通知》要求,对全市政务新媒体基本情况开展调查摸底工作,年内,市本级已认证政务新媒体59个,发布信息共计12394条,其中,政务微博30个,政务微信21个,今日头条等其他政务新媒体8个。督促指导全市各级行政机关切实用好管好政务新媒体。三是整合各类政务热线电话。针对群众反映的政务热线号码过多、接通率低、缺乏统一管理等问题,"12345"政务服务热线整合19家单位共22条热线,实行集中管理、统一受理、按责转办、限时办结,力争做到"一号对外""一站式服务"。年内,共受理群众诉求6万余条,办结率96%。四是规范有序开展政府公报工作。主动适应当前政务公开的新形势、新任务,自觉向自治区政府公报对标看齐,创造性做好中卫市人民政府公报工作,严格实行"组稿三审制""清样三校制",确保准时发刊、内容准确、格式规范、排版印刷质量达标。共编发《中卫市人民政府公报》(不定期刊)2期,同时做好公报上网工作,在市政府门户网站首页显著位置开设《政府公报》专栏,充分利用电子水印等防护手段,集中发布中卫市政府公报电子版,确保电子版安全可信、不被篡改。五是充分发挥其他公开平台作用。认真贯彻落实《中华人民共和国政府信息公开条例》，在市档案馆、图书馆和政务服务中心设立政府信息公开查阅场所，挂"中卫市政府信息公开查阅室"标志牌，提供《政府公报》等主动公开的政府信息，将市政府各部门主动公开政府信息移送情况纳入年度效能目标管理政务公开工作单项考核内容，同时，要求教育、医疗卫生、供水、供气、供热、环保、公共交通等与群众利益密切相关的市政府有关部门（单位）督促指导公共企事业单位主动公开信息查阅点建设。

（李 静）

【公开制度机制建设】 一是完善政策制度体系。制定印发市政府办公室《关于印发2018年政务公开工作要点的通知》《关于加强政府信息公开查阅场所的通知》等重要文件，全面安排部署全市政务公开工作。及时修订完善中卫市政务公开、依申请公开、保密审查、重大行政决策公众参与、督察考核、重大决策预公开、政府网站维护管理等9项工作制度，为政务公开工作走上制度化、规范化轨道提供依据。二是加强行政决策公开。制定印发《中卫市人民政府工作规则》和《中卫市人民政府常务会议工作规则》，凡政府全体会议和常务会议讨论决定的事项、政府及其部门制定的政策文件，除依法需要保密的外，都通过政府网站及时公开。对涉及群众切身利益，需要社会广泛知晓的重要改革方案、重大政策措施、重点工程项目，除依法应当保密的外，在决策前通过媒体沟通、网络征集等方式，广泛听取公众意见。邀请人大、政协、军分区代表、媒体记者全程列席市政府常务会议，有序推动政府常务会议开放，在市政府网站公开常务会议纪要20次。召开棚户区改造、老旧小区改造、大型市政基础设施改造、保障性住房分配方案制订等涉及公众利益的决策性会议时邀请利益相关方、公众代表、专家、媒体等列席。三是完善公开属性源头审查。制定印发《市人民政府办公室关于进一步规范公文标志政府信息公开属性有关事项的通知》，明确制发公文标志公开属性的范围、责任主体、办理流程等，并设立"公文公开属性审核"专岗，公文标志公开属性工作实现制度化、规范化。同时，要求全市各级行政机关在公文流转程序中嵌入公文公开属性源头审查机制，明确公文公开属性审查主体。全市各级行政机关2018年属于主动公开文件，均规范标注"此件公开发布"字样。四是加强海原县"两化"试点督促指导。指导海原县修订完善《海原县政务公开制度（试行）》等10项工作制度，为试点工作提供有力制度保障。多次主动对接自治区人民政府办公厅电子政务办，协调海原县政府网站的改版上线事宜，指导整合关停海原县政府部门网站4家，进一步整合信息资源，依托政府网站提升试点领域政务公开信息化集中化水平。将海原县试点工作纳入年度政务公开绩效考核，通过电话督办、实地督察指导等方式，以督察促整改，以整改促落实，及时解决推进中存在问题。在江苏省南京市举办政务公开培训，将海原县参训名额增加至5名，通过培训提升试点工作人员业务水平。

（李 静）

·政务服务·

【概况】 坚持以"高效、便民、规范、廉洁"为工作宗旨，以"简化手续、规范流程、取消收费、一站服务、限时办结"为工作标准，秉承"优化服务环境、给企业方便、让群众满意"服务理念，深化"放管服"改革，着力提升政务服务质量和效能，助推政务服务各项工作高效协调运行，为全市经济社会发展和方便群众办事发挥重要作用。按照"三级四同"统一部署和要求，共梳理确定行政审批服务事项1198项，其中可不见面办理事项970项，不见面办理率达80%。进驻实体政务大厅办理事项1079项，事项进驻率达90%。12345政务服务热线话务总量累计达到69641件，其中，共受理群众有效诉求64176余条，直接答复48979件，转办15197件，结案14297件，办结率达94.1%。市长信箱共收到群众诉求1062件，有效诉求全部按时办结。

（潘长波）

【审批服务模式优化】 一是网上办。推进实体政务大厅与网上大厅融合发展，行政审批与公共便民服务系统全部上线运行。按时完成市本级行政审批和服务事项网上录入，确保"宁夏政务服务"平台新网店顺利运行。将35项公共服务事项推送至网上办事大厅，由县（区）、乡镇统一办理，为基层群众提供均等、便捷、高效的服务。二是集中批。按照业务属性和服务功能，将市政务服务大厅重新整合，划分为8个功能服务区，优化设置96个审批服务窗口。为沙坡头区设置8个业务窗口，实现市辖区业务统一办理，让申请人"走进一个门，办成一揽子事"。多措并举压缩行政审批时限。按照《中卫市"决战100天 经济气象新"活动实施方案》要求，适时召开部门联席会议。社会投资项目和政府投资项目行政审批时限分别压缩至48个工作日和77个工作日，企业开办时间压缩至3个工作日，不动产登记压缩至7个工作日。三是联合审。实行行政审批"告知承诺制",逐项制定告知承诺工作流程图、告知示范文本、承诺示范文本三类图本。着力抓好空间规划(多规合一)行政审批改革试点工作。编制固化《建设项目行政审批流程图》56项。梳理制定市本级政府33个部门(单位)权力运行流程图共316项。四是区域评。在中卫工业园区北山主园区60平方公里范围内,进行建设项目区域性评估评审改革试点工作。由市政府统一完成地质灾害危险性评估、气候可行性论证等8项评估评价报告,符合"区域评"成果应用条件的建设项目,免费共享"区域评"成果。五是代办制。试行由代办服务科统一组织实施、项目牵头责任单位具体负责、审批部门密切配合的审批手续代办(领办)工作运行机制。通过代办、领办、陪办的方式,为企业办理行政审批事项80余项,为群众提供代办服务500余人次。六是不见面。先后派出6名工作人员,参与宁夏政务服务"一张网"实操培训,完成中卫市本级44个部门(单位)共计1198项行政审批服务事项名称、审批流程等117000余个要素的录入校正工作。逐步推行行政审批服务"马上办、网上办、就近办、一次办",力促行政审批服务事项"一网、一门、一次"办理。推行全程网上登记注册,启动"四十四证合一"登记改革,全面推行商事登记"一网办理"。积极推进不动产登记和房产交易改革试点,初步搭建"一个窗口办理"审批服务框架。建设出入境24小时智慧服务大厅,为群众提供全天候服务。　　(潘长波)

【服务功能完善】　中卫市"12345"市民呼叫中心于2017年7月启动建设,10月27日正式投入运行,构建由中卫市"12345"市民呼叫中心负责管理,两县一区、市直各部门和社会民生服务企业共同参与的综合服务架构。整合19家单位22条热线,收集整理标准答案4500余条,初步建立知识库体系。开通电话、微信、网站、信件"四位一体"的受理渠道,实行7×24小时工作制,保障服务质量和效率。　(潘长波)

【服务领域拓展】　针对群众反映诉求面越来越广,问题越来越复杂等实际情况,多措并举联系协调,不断拓宽服务领域。同市公安局协调沟通,新增挪车业务查询功能,共计完成挪车服务7807件。同宁夏公路管理局中卫分局、中卫火车站等中央、自治区驻卫单位、企业联系协调,将"12345"政务服务热线拓展到中央、区属单位、企业,扩大群众服务范围。同中卫市仲裁委员会签订合作协议,对涉及群众经济纠纷又不愿走司法程序的诉求,委托中卫市仲裁委员会无偿进行调解,有效化解矛盾。同天天网签订合作协议,收集网络反映热点问题,及时转办,并将群众反映热点问题办理结果通过网络媒体向社会公布,拓宽信息收集、发布渠道,实现信息共享。同全市33家中小企业、个体户签订服务合作协议,建立11支社会服务求助专业队伍,涵盖群众衣、食、住、行等方方面面,基本做到"有求必应,有诉必复"。　　　　　　(潘长波)

【服务效能提升】　制订《关于集中开展解决群众反映强烈的突出问题活动的工作方案》,通过电话督办、书面督办、现场督办等多种方式,对群众反映集中的热点、难点问题,压紧压实责任,限时督办。对相关责任单位热线办理工作不作为、慢作为、乱作为,损害人民群众切身利益等问题进行通报曝光。电话督办500余次,书面督办7次,现场督办4次,解决热点矛盾34起,及时分流和化解群体性矛盾,有效减轻信访维稳压力。同时,警务非警务双线运行,分流处置效果明显。在2017年度全区五市非警务警情分流处置任务年终考核中,中卫市排名第二。开展宣传推广,热线服务深入人心。将中卫市"12345"市民呼叫中心"憩心云站"建成集休闲、会议于一体的公共场所,采用携手共建、资源共享的管理理念,对全市所有企事业(单位)免费开放。中卫市"12345"政务服务热线月均接话量突破6000件,成为群众反映诉求的主要渠道,也是市委、市政府倾听民声、了解民意的重要途径,更是宣传各类政策、树立市委、市政府形象的展示窗口。　　　　　　　　(潘长波)

·信访·

【概况】　2018年,全市信访形势呈现出"一升四降"态势,"一升"即:全市网上信访投诉量上升。群众通过网上渠道投诉信访事项1963件次,同比上升120.3%。"四降"即:全市信访量人次大幅下降:群众到市、县(区)信访接待场所上访3336人次,同比下降43.3%;进京非接待场所涉访人次大幅下降:全市进京非接待场所涉访29人次,同比下降72.9%;进京越级上访人次大幅下降:全市进京越级访55人次,同比下降49.1%;到区越级上访批次大幅下降:全市到自治区越级上访43批次,同比下降41.1%。

(樊　江)

【市、县(区)领导信访大厅值班、领导接访和信访案件包案化解机制】　严格落实"严格执行市、县(区)领导信访大厅值班、领导接访和信访案件包案化解机制"重点工作。年初,及时起草市县领导坐班接访和领导包案工作方案,对领导信访接待日接访工作进行安排,确保每天都有一名市级领导在信访接待场所坐班接访,并对当日新增信访事项一包到底,直至结案。全年共有33名市级领导在信访大厅坐班接访167次,接待突出重点上访群体28批790人次。

(樊 江)

【源头预防治理】 建立常态化矛盾纠纷排查机制,定期在全市范围内开展矛盾纠纷排查化解,确保第一时间发现苗头性、隐患性问题,第一时间化解在萌芽状态。全年共排查上报自治区信访局重点信访矛盾纠纷94件,全部化解,化解率达100%。对群体性重点上访事件第一时间通过短信、书面等方式及时上报市委、市政府分管领导,依法及时有效将群众问题化解在当地。累计报送《日报表》200余期,《信访动态》19期,《信访急报》28期,《信访专报》10期,发送短信预警、急报90余条。全市信访事项初信初访办结率100%,信访事项按期办结率达100%。(樊 江)

【网上信访】 加大网上信访和手机信访宣传力度,积极引导群众通过网上信访投诉平台和手机移动端反映信访诉求。全年共受理网上投诉信访事项1963件,占信访总量的74%,其中通过手机移动端平台受理群众647件,占网上信访事项总量的33%。对群众信访事项全部实现网上登记、网上流转、网上查询、网上督办。对办理完毕的信访事项积极引导群众参与满意度评价,有效提高信访"三率"。全年信访部门及时受理率达100%,群众参评率达99.4%,满意率达99.6%。责任部门及时受理率100%,参评率达95.96%,满意率达79.36%,较2017年均有较大幅度提升。

(樊 江)

【突出问题化解】 一是着力抓好中央巡视组移交信访件办理工作。根据自治区、市党委统一安排,自3月份开始,在全市集中开展解决群众反映强烈的突出问题活动,市上成立由市委书记任组长,市委副书记和3名常委任副组长,市直相关部门(单位)为成员的工作领导小组,加强对中央巡视组移交信访件的统筹督导化解。市信访工作联席会议对巡视组移交信访件第一时间接收、第一时间提请市委主要负责同志批转、第一时间分流办理,并督促尽快化解。对办结完毕的信访件,成立审核专班,逐件审核,努力确保每一个办理结果都经得起检验。年内,中央巡视组移交中卫市的9批596件,已办结573件,正在办理23件,办结率达96.1%。二是着力抓好国家信访局和自治区信访局交办重点信访事项化解。扎实开展"四重"信访矛盾攻坚战,对国家信访局交办的13件重点群体、重点领域、重点问题、重点人员信访事项和自治区排查梳理的21件信访突出问题,逐案研究问题成因、分析群体诉求,认真化解群众问题,交办的34件重点事项全部按时办结,办结率达100%。(樊 江)

【重大活动期间信访维稳】 公安、综治、信访、维稳等部门加强沟通联系,发现问题第一时间通报化解。各县(区)、市直相关部门严格落实"零"报告和领导带班值班制度,每日上报辖区、行业信访情况,重大问题及时上报分管领导,研究化解。加强重点人与思想教育和疏导稳控。组建工作组赴银进京开展劝返工作,圆满完成中央巡视组驻宁期间、国务院大督察来中卫期间和自治区60大庆等重大政事活动期间信访维稳工作。

(樊 江)

【宣传引导】 充分发挥宁夏信访、中卫信访微信平台宣传阵地作用,多渠道、多视角、全方位展示信访工作的新举措新成效。全年撰写信访信息39条,被自治区信访局采纳转发19条;中卫信访微信平台刊登转发各类信息60条。市局起草撰写调研文章2篇。

(樊 江)

【信访法治化建设】 一是坚持实行律师坐班制度。协调1名律师常年在信访五联动大厅坐班接访,为上访群众提供法律咨询或法律援助服务。二是严格落实诉访分离制度。对群众到信访接待场所反映应当通过法律途径解决的问题,一律不予受理,明确告知并引导群众通过法律诉讼途径解决。三是纵深推进依法分类处理信访诉求工作。积极组织参加自治区信访局举办的依法分类处理信访诉求专题培训班,进一步提高对依法分类处理工作的认识和理解,全力推动该项工作在市县层面落地见效。(樊 江)

政协中卫市委员会

· 重要会议 ·

【四届二次会议】 1月8日至1月11日召开。罗成虎主席,施润云、茹小侠、穆风梧、秦发成、付成林、吕玉兰、王谦、张国顺副主席,巫磊秘书长全程参加各次会议及讨论,市直各部门负责人列席会议。市委、人大、政府领导应邀参加大会开幕式和闭幕式。

(潘志华)

【四届十一次常委会议】 2月5日召开。罗成虎主席主持会议,施润云、茹小侠、秦发成、付成林、吕玉兰、王谦、张国顺副主席,巫磊秘书长出席会议,各委室负责人列席会议。(潘志华)

【四届十二次常委会议】 5月5日召开。罗成虎主席主持会议,施润云、茹小侠、秦发成、付成林、吕玉兰、王谦、张国顺副主席,巫磊秘书长,市政协各专委会主任、市政协全体常委列席会议。 (潘志华)

【四届十三次常委会议】 8月6日召开。罗成虎主席主持会议,施润云、秦发成、付成林、吕玉兰、王谦、张国顺副主席,巫磊秘书长,机关全体干部职工,住卫自治区政协委员和市政协常委参加会议。
(潘志华)

【四届十四次常委会议】 10月10日召开。罗成虎主席主持会议,施润云、茹小侠、秦发成、吕玉兰、王谦、张国顺副主席,巫磊秘书长,住卫自治区政协委员、市政协常委及机关全体干部职工参加会议。
(潘志华)

【四届十五次常委会议】 12月14日召开。罗成虎主席主持会议,施润云、茹小侠、秦发成、付成林、吕玉兰、王谦、张国顺副主席,巫磊秘书长,市政协常委及部分市政协委员参加会议。 (潘志华)

·视察调研·

【精准扶贫精准脱贫调研】 1月2日,王谦副主席到中宁县太阳梁乡扶贫点调研扶贫工作。3月13日,罗成虎主席、施润云副主席到海原参加全市深度贫困村资源配置工作调研,王谦副主席到中宁调研深度贫困资源配置工作。3月20日,罗成虎主席到宣和镇帮扶点调研,施润云副主席到海原县对深度贫困村资源配置情况进行调研,茹小侠副主席到中宁县大战场镇宽口井移民村调研,付成林副主席到宣和镇扶贫点调研,吕玉兰副主席到海原县七营镇扶贫点调研,王谦副主席对中宁县深度贫困村资源配置情况进行调研,张国顺副主席到中宁县喊叫水乡扶贫点对接工作。3月21日,罗成虎主席、王谦副主席到中宁县对深度贫困村资源配置情况进行调研,施润云副主席到海原县对深度贫困村资源配置情况进行调研,付成林副主席到宣和镇扶贫点调研,张国顺副主席到中宁县喊叫水乡扶贫对接工作。3月26日~30日,茹小侠副主席在中宁县大战场镇宽口井驻村蹲点调研。3月27日,罗成虎主席主持召开深度贫困村资源配置情况调研座谈会,施润云、付成林、王谦副主席,巫磊秘书长和部分干部职工参加会议。3月28日,罗成虎主席主持召开沙坡头区宣和镇重点贫困村工作座谈会,副主席付成林、秘书长巫磊及相关部门负责人参加会议。同日,施润云副主席到扶贫点中宁县徐套乡调研。4月8日,市政协副主席吕玉兰到海原县七营镇蹲点调研。4月9日上午,王谦副主席到太阳梁乡蹲点调研。4月12日,罗成虎主席、施润云副主席在海原县召开深度贫困村资源配置情况调研座谈会,吕玉兰副主席在海原县七营镇扶贫点蹲点调研,王谦副主席到中宁县太阳梁乡蹲点。4月16日,罗成虎主席、付成林副主席赴沙坡头区宣和镇驻村蹲点调研。4月16~17日,施润云副主席到中宁县徐套乡蹲点调研。4月17日,市政协副主席王谦在太阳梁乡蹲点调研,市政协副主席张国顺到中宁县喊叫水乡驻村蹲点调研。4月18日上午,市委召开第14次常委会议,市政协主席罗成虎、副主席茹小侠、秦发成、吕玉兰参加会议,市政协副主席秦发成到海原县甘城乡驻村调研。4月19日,市政协副主席茹小侠到中宁县大战场镇召开座谈会。4月25日,市政协副主席施润云到徐套乡调研。5月7日,施润云副主席参加全市深度贫困村精准扶贫精准脱贫调研培训会。5月8日,施润云副主席到海原县调研深度贫困村精准扶贫精准脱贫。5月9日,施润云副主席到中宁县调研深度贫困村精准扶贫精准脱贫。5月10日,茹小侠副主席督导中宁县大战场镇脱贫攻坚工作。5月23日,施润云副主席到中宁县徐套乡、沙坡头区兴仁镇扶贫点调研。5月24日,茹小侠副主席到中宁县大战场镇扶贫点调研。5月28日,茹小侠副主席到中宁县大战场镇召开扶贫座谈会。6月7日,秦发成副主席到海原县甘城乡蹲点调研。7月5日,施润云副主席带领部分机关干部职工及部分政协委员到中宁县徐套乡进行委员基层联系点活动。7月11日,王谦副主席到中宁县太阳梁乡扶贫联系点开展工作。9月4日,秦发成副主席到海原县甘城乡进行扶贫调研,吕玉兰副主席到海原县七营镇进行扶贫调研。12月18日,施润云副主席到扶贫点"坐诊",开展委员基层联系点活动。12月26日,茹小侠副主席到中宁大战场宽口井移民村坐诊,张国顺副主席到中宁县喊叫水石泉村"坐诊"。 (潘志华)

【中卫市云应用项目建设及运行情况】 3月12日,张国顺副主席到中关村西部云基地检查指导工作。4月8日,茹小侠副主席参加全市云应用项目建设及运行情况视察。4月12日,茹小侠副主席参加全市云应用项目建设及运行情况视察。4月13日,罗成虎主席参加全市云应用项目建设及运行情况视察。
(潘志华)

【中卫市委"6+8"重点工作】 3月14日,吕玉兰副主席调研"6+8"市市场监督管理局、农牧局、政务大厅等工作,召开"6+8"重点工作座谈会。3月16日上午,茹小侠副主席陪同宁夏大学许兴副校长一行就中卫市委"6+8"重点工作中涉及的落实中卫创新发展研究院等事宜在宁夏大学中卫校区实地对接。4月9日,付成林副主席调研"6+8"信访维稳工作情况。6月27日,茹小侠副主席督导宁夏大学中卫校区"6+8"重点工作。

(潘志华)

【高铁商圈项目】 3月14日,张国顺副主席到高铁商圈项目现场检查工作。3月20日,张国顺副主席参加评议市市场监督管理局动员大会及高铁商圈指挥部会议。3月27日,张国顺副主席到高铁商圈召开指挥部会议并现场督察。4月25日,张国顺副主席到高铁商圈检查工地。5月8日,张国顺副主席到高铁商圈工地督察。5月22日,张国顺副主席到高铁商圈工地督察。6月22日,张国顺副主席到高铁商圈工地检查工作。6月26日,张国顺副主席到高铁商圈督察工程进展情况。7月3日,张国顺副主席到高铁商圈督察工作。7月10日,张国顺副主席到高铁商圈督察工作。7月31日,张国顺副主席到高铁商圈督察工作进度。8月27日,张国顺副主席到高铁商圈工地督察。9月26日,张国顺副主席到高铁商圈项目工地督察。11月13日,张国顺副主席处理高铁商圈有关项目。12月4日,张国顺副主席到高铁商圈工地督导工作。12月10日,张国顺副主席参加高铁商圈项目招商活动。12月19日,张国顺副主席参加高铁商圈项目招商活动。12月27日,张国顺副主席到高铁商圈项目督察工作。 (潘志华)

【农业重点项目】 4月25日,罗成虎主席、巫磊秘书长调研农业重点项目。6月28日,罗成虎主席参加市富硒农产品推介发布暨硒产业发展研讨会。7月9日,茹小侠副主席召开全市富硒农产品发展情况调研培训会。7月10日,茹小侠副主席调研全市富硒农产品开发情况。8月1日,罗成虎主席调研农业农村工作。 (潘志华)

【打造丝绸之路经济带交通物流枢纽节点城市情况】 4月10日,秦发成副主席召开打造丝绸之路经济带交通物流枢纽节点城市调研培训会。4月12日,秦发成副主席对打造丝绸之路经济带交通物流枢纽节点城市进行调研。4月17日上午,秦发成副主席参加交通物流节点城市调研座谈会。 (潘志华)

【中卫市环境保护和污染整治情况】 4月13日,张国顺副主席检查新墩水沟治理情况。5月14日,付成林副主席视察全市环境保护和污染整治情况,张国顺副主席到石墩水沟检查工程进展情况。5月24日,付成林副主席参加鱼塘污染治理强拆工作。6月11日,王谦副主席到海原县环保督察。6月21日,王谦副主席到海原县环保督察。6月25日,罗成虎主席到宁夏华御化工有限公司督办环境综合整治工作。6月26日,罗成虎主席到宁夏华御化工有限公司督办环境综合整治工作,施润云副主席到宁夏三雅精细化工有限公司督办环境综合整治工作,茹小侠副主席到工业园区环保督导,秦发成副主席到中卫工业园区化工企业督导环境整治工作。6月27日,罗成虎主席到宁夏华御化工有限公司督办环境综合整治工作,施润云副主席主持召开宁夏三雅精细化工有限公司与政府有关部门协调会,王谦副主席到海原县环保督察,张国顺副主席到沙坡头区石墩北沟巡河。6月28日,罗成虎主席到宁夏华御化工有限公司督办环境综合整治工作,王谦副主席到海原县环保督察。7月3日,罗成虎主席到宁夏华御化工有限公司督办环境综合整治工作,施润云副主席到宁夏三雅化工有限公司督办环保整治工作。7月6日,罗成虎主席到宁夏华御化工有限公司督办环境综合整治工作。7月11日,施润云副主席检查宁夏三雅化工环境问题,秦发成副主席到渝丰化工督查环保工作,张国顺副主席到石墩水沟巡河。7月16日,罗成虎主席主持召开沙坡头区水源地一级保护区相关工作会议,付成林副主席、巫磊秘书长及相关部门主要负责人参加会议。7月17日,罗成虎主席到宁夏华御化工有限公司督办环境综合整治工作。7月18日,施润云副主席检查宁夏三雅化工整改情况。7月23日,罗成虎主席到宁夏华御化工有限公司督办环境综合整治工作,施润云副主席参加河长制推进落实情况培训会。7月24日,秦发成副主席到沙坡头区视察农业面源污染防治情况。7月31日,秦发成副主席到宁夏渝丰化工督察环境整治工作。8月16日,施润云副主席督办宁夏三雅精细化工厂整治情况,秦发成副主席到中宁县视察农业面源污染情况。8月17日,罗成虎主席巡视黄河中卫段,督办中卫市一级水源地鱼池拆除工作。8月19日,罗成虎主席到宁夏华御化工有限公司督办环境综合整治工作,秦发成副主席到宁夏渝丰化工督办环境综合整治工作。8月20日,施润云副主席到宁夏三雅化工有限公司督办环境综合整治工作。8月27日,罗成虎主席到宁夏华御化工有限公司督办环境综合整治工作。8月31日,秦发成副主席到宁夏渝丰化工督办环境综合整治工作。9月3日,罗成虎主席、巫磊秘书长巡查黄河中卫段。10月30日,茹小侠、秦发成、付成林、吕玉兰、王谦、张国顺副主席参加中卫工业园区环保整改观摩督察活动。

（潘志华）

【中小微企业发展情况】 5月28日至5月31日，王谦副主席分别到中宁县、海原县、沙坡头区调研中小微企业发展情况。9月17日，王谦副主席到中宁县调研兴尔泰等企业。 （潘志华）

【军民融合产业发展情况】 6月5日，吕玉兰副主席到有关部门了解军民融合产业基本情况。7月9日，吕玉兰副主席召开军民融合产业发展调研培训会。7月10日，吕玉兰副主席组织委员在沙坡头区调研军民融合产业发展情况。7月11日，吕玉兰副主席组织部分委员召开座谈会讨论征求对全市军民融合产业发展情况的意见建议。 （潘志华）

【中卫市公共文化服务体系建设】 8月1日，付成林副主席调研全市公共文化服务体系建设。8月7日，付成林副主席调研全市公共文化服务体系建设。

（潘志华）

【保障性住房建设和使用情况】 9月17~19日，吕玉兰副主席到中宁、海原、沙坡头区视察保障性住房建设和使用情况。 （潘志华）

【宗教场所联系调研】 9月26日，施润云副主席到海原县海城镇联系宗教人士及重点宗教场所，付成林副主席到宗教场所联系调研，王谦副主席到李旺镇团庄村联系调研。 （潘志华）

【宣和镇敬农生态移民区农贸市场情况】 11月26日，罗成虎主席、付成林副主席视察宣和镇敬农生态移民区农贸市场。 （潘志华）

【"创城"工作】 12月3日，张国顺副主席到创城32片区督导工作。12月6日，茹小侠副主席到民族巷社区检查创城工作。12月11日，王谦副主席督办创城网格化工作。 （潘志华）

·其他活动·

【政协委员基层联系点活动】 2月28日下午，罗成虎主席、茹小侠副主席及部分市政协委员到中宁县大战场镇宽口井村委员基层联系点，参加"市政协委员下基层、送温暖、献爱心"捐赠仪式，入户慰问特困群众。3月12日，市政协召开委员基层联系点工作推进会议，罗成虎主席主持会议，施润云、茹小侠、穆风梧、秦发成、付成林、吕玉兰、王谦、张国顺副主席，巫磊秘书长及市政协全体干部职工、两县一区政协，住卫自治区政协委员、全体市政协常委参加会议。6月12日，付成林副主席开展委员基层联系点活动。6月26日，吕玉兰副主席到海原县七营镇"七一"前夕率部分政协委员开展委员基层联系点活动。6月28日，施润云副主席到扶贫点开展委员基层联系点活动。7月5日，施润云副主席带领部分机关干部职工及部分政协委员到中宁县徐套乡进行委员基层联系点活动。7月18日，王谦副主席开展政协委员基层联系点工作。12月5日，付成林副主席到委员基层联系点调研。12月18日，施润云副主席到扶贫点"坐诊"，开展委员基层联系点活动。 （潘志华）

【慰问困难党员】 2月11日，罗成虎主席到海原县走访慰问离退休干部、困难党员等，巫磊秘书长陪同。6月26日，吕玉兰副主席到海原县七营镇"七一"前夕率部分政协委员慰问贫困户老党员。

（潘志华）

【专题调研】 5月8~9日，付成林副主席参加扬黄特色产业廊专题调研。 （潘志华）

【民主评议】 4月9日，王谦副主席召开市公共资源交易中心评议动员会。4月10日，张国顺副主席督察民主评议市市场监督管理局情况。 （潘志华）

【观摩活动】 7月9日，施润云副主席到宁东观摩环境保护工作。10月30日，茹小侠、秦发成、付成林、吕玉兰、王谦、张国顺副主席参加中卫工业园区环保整改观摩督察活动。 （潘志华）

【社会活动】 2月10日，市政协组织机关干部职工到海原县高崖乡红岸村慰问贫困户。2月28日，罗成虎主席、茹小侠副主席及部分市政协委员到大战场镇宽口井村委员基层联系点，参加"市政协委员下基层、送温暖、献爱心"捐赠仪式，入户慰问特困群众。4月3日，绿化委员会组织春季义务植树，罗成虎主席，施润云、茹小侠、秦发成、付成林副主席，巫磊秘书长，政协全体干部职工参加活动。7月30日，罗成虎主席到宁夏军区和消防总队慰问。8月9日，罗成虎主席，秦发成、付成林、吕玉兰、王谦、张国顺副主席参加中国文联文艺志愿者服务团走进宁夏中卫市慰问演出活动。 （潘志华）

【政协对外接待】 1月4日，吕玉兰副主席参加国家禁毒委员会督导检查中卫市禁毒工作。3月13日，罗成虎主席、张国顺副主席陪同自治区政协副主席马力一行到中卫调研民族和宗教工作、脱贫富民战略实施及少数民族建档立卡户就业情况。4月10日，罗成虎主席参加自治区政协组织的视察活动。5月7日，张国顺副主席接待上海杨浦区政协来卫学习考察。5

月10日，施润云、张国顺副主席陪同全国政协来中卫调研组，吕玉兰副主席参加农工党宁夏区委会精准扶贫民主监督会议，巫磊秘书长协助全国政协杨传堂副主席调研脱贫攻坚工作。5月14日，秦发成副主席接待吴忠市政协学习考察团。7月24~25日，张国顺副主席接待广东省政协考察团。8月10日，秦发成副主席信访接待。8月15~16日，罗成虎主席、张国顺副主席陪同自治区政协副主席马力调研中卫市政府科技投入情况。10月29日，秦发成副主席接待辽宁省政协考察团。11月12日，罗成虎主席、施润云副主席参加惠州市惠城区政协来中卫调研座谈会。11月13日，罗成虎主席、施润云副主席陪同惠州市惠城区政协调研。11月28日，罗成虎主席接待中国低碳中心来中卫考察团一行。12月24日，罗成虎主席陪同中国民主贸易促进会同志在卫考察。12月27日，罗成虎主席接待中国城通公司一行。　　（潘志华）

【政治学习】　　1月17日，市政协召开会议传达学习市委四届四次全体会议精神，罗成虎主席主持会议，施润云、茹小侠、秦发成、付成林、吕玉兰、王谦、张国顺副主席及机关全体干部职工参加会议。6月7日，市政协机关开展"学习贯彻习近平新时代中国特色社会主义思想，提高政协工作水平"主题党日活动。市政协全体干部职工分别参加各支部活动。6月11日，市政协机关组织集中学习《党章》《宪法》，施润云、茹小侠、秦发成、吕玉兰、张国顺副主席和机关全体干部职工参加学习。6月14日，市政协开展"学习贯彻习近平新时代中国特色社会主义思想"（人民政协重要论述）培训班，罗成虎主席，施润云、茹小侠、秦发成、付成林、吕玉兰副主席，政协机关全体干部职工，两县一区政协主席、各民主党派、工商联主委参加培训。6月21日，市政协开展"学习贯彻习近平新时代中国特色社会主义思想，加强党性修养"培训班，罗成虎主席，施润云、茹小侠、秦发成、付成林、吕玉兰、张国顺副主席，政协机关全体干部职工、两县一区政协主席、各民主党派、工商联主委、市直各部门政协委员参加培训。6月22日，市政协开展"学习贯彻习近平新时代中国特色社会主义思想，加强党性修养"培训班，施润云副主席，政协机关全体干部职工、两县一区政协主席、各民主党派、工商联主委、市直各部门政协委员参加培训。6月29日，市政协召开"学习贯彻习近平总书记关于加强和改进人民政协工作重要思想"理论研讨会，罗成虎主席，施润云、茹小侠、秦发成、付成林、王谦、张国顺副主席，两县一区政协主席、各民主党派负责人、部分政协委员和机关全体干部职工参加研讨会。8月30日，市政协召开学习"习近平总书记关于加强和改进人民政协工作的重要思想"专题辅导会，罗成虎主席主持，施润云、茹小侠、穆风梧、秦发成、付成林、吕玉兰、王谦、张国顺副主席，巫磊秘书长，全体市政协委员、住卫自治区政协委员、市直相关部门负责人及机关全体干部职工参加辅导会。
　　（潘志华）

【招商引资】　　1月21~23日，罗成虎主席、巫磊秘书长赴山东省济南市和河北省唐山市招商引资。12月3日，罗成虎主席赴北京招商引资。12月5日，罗成虎主席、施润云副主席到香港参加论坛，并开展招商引资活动。12月10日，罗成虎主席、施润云副主席赴深圳、广州招商引资。　　（潘志华）

【参加上级会议】　　1月22~23日，王谦副主席参加中央政法工作会议及全国扫黑除恶专项斗争电视电话会议。1月22~23日，罗成虎主席、茹小侠、穆风梧、吕玉兰副主席出席自治区政协第十一届一次会议。2月1日，自治区纪委召开十二届二次电视电话会议，罗成虎主席，施润云、茹小侠、秦发成、付成林、吕玉兰、王谦、张国顺副主席，巫磊秘书长，办公室主任王朝升参加会议。3月22日，吕玉兰副主席参加全区政法综治工作暨扫黑除恶专项斗争电视电话会议。5月22日，施润云副主席参加自治区政协党建理论会。5月30日，茹小侠、吕玉兰副主席参加区统战部来中卫调研座谈会，张国顺副主席参加全国禁毒工作电视电话会议。6月1日，施润云副主席参加中央第二环境保护督察组对宁夏回族自治区开展"回头看"工作动员会议。7月26日~27日，罗成虎主席到兰州参加全国政协理论研讨会西北片区座谈会。8月13日，秦发成副主席参加自治区工会第十二次代表大会。10月31日，茹小侠副主席参加自治区政协常委会议。
　　（潘志华）

【文化生活】　　2月8日，市政协机关举行"迎新春"趣味运动会。罗成虎主席，施润云、茹小侠、秦发成、付成林、吕玉兰、王谦、张国顺副主席，巫磊秘书长和市政协机关全体干部职工参加运动会。10月17~19日，市政协举办全市政协系统首届运动会，罗成虎主席，施润云、茹小侠、秦发成、吕玉兰、王谦副主席，机关全体干部职工及两县一区政协全体干部职工参加运动会。
　　（潘志华）

法 治

综 述

【概况】 2018年,全市法院共受理各类案件22561件,审(执)结17231件,结案率为76.4%;执行案件收案(含旧存)7636件,结案5243件,结案率为68.7%,执行到位标的4.7亿元。全市检察机关共批准逮捕225件300人,提起公诉521件717人。全市公安机关共立刑事案件2979起,同比上升4.6%;立八类刑事案件27起,同比下降41.3%。无涉枪涉爆致人死亡案件。全市共收网打掉"村霸"、恶势力团伙8个和1个家族恶势力,共抓获犯罪嫌疑人94人。破获非法吸收公众存款案30起、集资案6起,抓获犯罪嫌疑人58名。全市四项约束性指标中,发生命案和较大以上安全生产事故各1起;进京越级访35人次,同比下降114%。五项主要指标中,到自治区政府初信44件,同比下降14%;到自治区政府初访2件,与2017年持平;越级到自治区上访29批146人次,同比批次、人次分别下降128%和113%。 （王中宏）

【扫黑除恶专项斗争】 3月22日,组织召开全市政法综治工作暨扫黑除恶专项斗争电视电话会议,推进扫黑除恶专项斗争有序推进。9月11日,组织召开全市扫黑除恶专项斗争领导小组(扩大)工作会议,各成员单位按照职责分工分别制订行动方案,细化工作措施,狠抓任务落实。同时,及时制发扫黑除恶专项斗争实施方案和《关于开展扫黑除恶线索排查的通知》,将打击的锋芒对准群众关注度高的"村霸""行霸"以及操持把控基层政权和社会影响恶劣的恶势力犯罪,推进扫黑除恶专项斗争深入开展。10月11日,市委召开2018年度第37次常委会议,专题听取自治扫黑除恶专项斗争推进会精神和全市扫黑除恶专项斗争工作情况。11月1日,又召开全市扫黑除恶专项斗争推进会,市纪委监委、市委组织部、市委宣传部、市中级法院、市检察院、市公安局、市司法局分别对本系统开展扫黑除恶专项斗争进行全面安排部署。按照"六个全覆盖"要求,印发《中卫市扫黑除恶专项斗争宣传工作实施方案》《中卫市扫黑除恶专项斗争线索排摸工作实施方案》《中卫市开展涉黑涉恶涉乱线索调查核实实施方案》《中卫市开展涉黑涉恶打击整治专项行动实施方案》《中卫市扫黑除恶专项斗争线索督导工作实施方案》《中卫市扫黑除恶专项斗争线索举报奖励实施方案》6个工作方案。年内,全市共收集各类黑恶犯罪线索574条(其中,市本级237条、沙坡头区138条、中宁县101条、海原县98条),录入全国扫黑除恶工作平台253条,录入率为84.3%;办结124条,办结率为49%;初核280条,初核率为48.8%。全市共打掉9个恶势力犯罪团伙和"村霸"恶势力,全部移送起诉,其中3案公开宣判;共抓获涉恶犯罪嫌疑人103人,恶势力团伙成员72人,破获恶势力犯罪案件53起,九类涉恶案件87起,抓获九类涉恶类案件逃犯40人,查扣涉案财物103万元。 （王中宏）

【涉众型经济犯罪预防】 组织开展预防打击非法集资、网络诈骗、网络传销、地下钱庄犯罪等系列专项治理行动,开展涉众型经济犯罪"三大攻坚战",成立全区首家反电信网络诈骗中心,第一时间封停涉案电话,第一时间止付涉案资金,第一时间开展线索查证,形成公安、银行、通信运营商合成作战机制,共破获电信诈骗案件46起,破获非法吸收公众存款案30起、集资案6起,抓获犯罪嫌疑人58名,全市涉众型经济犯罪立案数、经济损失数大幅下降,群众防骗意识明显增强。 （王中宏）

【对敌专项斗争】 坚持总体国家安全观,以防范和打击敌对势力的渗透破坏活动为重点,加强情报侦察,深化专案打击,坚决挫败敌对势力利用社会矛盾、策划"网络共振"的图谋以及各种渗透破坏活动。持续加大对"法轮功""全能神""门徒会"等邪教组织的防范打击力度,依法打击危害严重的骨干分子,坚决防止邪教组织死灰复燃、坐大成势、危害社会。全市关注人员见面率、录入率、核查率、管控率始终保持100%,邪教人员全部在控,未发生邪教案件。（王中宏）

【重点人员管控】 推进"铁桶一号工程",建成全市重点人员管控系统,落地核查稳控各类重点人员783人次、预警4000余人次,确保重点人员越界即知、动态可控。对录入全国重性精神病人信息管理系统的628名精神病人重新进行摸排清理,将其中病情严重、有可能入京上访、易肇事肇祸的62名重点精神病人全部录入"重点人员管控系统"加强监管。
（王中宏）

【网上意识形态专项斗争】 强化依法管网意识,提高依法管网水平,依法打击防范网络传销、电信网络诈骗等新型网络犯罪。加强对网上群体、网上热点和"网络推手"的技术监测,强化对网络群体性事件"引爆点"的预判预警预防,防范打击利用网络炒作社会热点问题和敏感案事件。开展"清网行动",加大对网上策划实施破坏线索的侦控力度,做到第一时间发现敌情、深挖背景、落地查人,确保发现在早、处置在小。
（王中宏）

【突出问题专项整治】 围绕春运春节和"两会"交通安保工作,组织开展道路交通安全整治,依托12处交警执法站和14处临时检查点,加强"春季开学"和"建筑工程开工"交通安全管控力度,加大对"两客一危"等重点车辆的检查力度,强化交通秩序整治,共查处各类交通违法行为37113起。全市消防、交通等安全监管形势持续平稳,事故起数、死亡、受伤三项指标均大幅下降。始终保持严打高压态势,先后组织开展"宁安行动""利剑行动"等十大专项行动,破获河南籍非法集资系列案24起,抓获犯罪嫌疑人70名,为群众挽回经济损失1亿余元。全市共破获电信诈骗案件19起,核查网络贩枪线索20余条。深入开展黄赌毒、食药环等涉及民生领域的违法犯罪活动的整治,持续将"三打击一整治"、涉枪涉爆犯罪专项行动向纵深推进。截至年底,全市共破获各类刑事案件934起,抓获犯罪嫌疑人418名,破获涉黄涉赌案件141起,食药环案件7起,实现刑事案件、侵财案件、黑恶案件破案数同比"三上升"的良好局面。（王中宏）

【社会治理模式创新】 围绕"打造共商共建共治共享社会治理格局"工作要求,构筑基层社会治安防控体系。以全面提高综治工作水平为目标,以提升社会化、法治化、智能化、专业化水平为重要支撑,积极构筑基层社会治安防控体系。在全市推行"1+X+N"城乡社区警务工作模式,主动将社区警务运行机制改革、交巡警合一机制改革,上升为党委、政府工程全力推进,全面推开"1+X+N"城乡社区警务模式,基本确立"一村（社）一警"警务机制。全市共划分114个警务区,建成71个。
（王中宏）

【"雪亮工程"】 在完善市综治指挥调度总平台与三县（区）综治中心分平台纵向联通,与同级公安、城管、安监等系统横向联通并试运行的基础上,做好平台应用软件招标采购工作,10月底实现各级综治指挥总平台与同级交通、环保、司法、教育、卫生和计生等部门、行业的互联互通工作。不断加大乡（镇）、村（社区）两级社会治理资源整合力度,发挥基层"瞭望哨""末神经"作用,全市41个乡（镇）及大部分村（社）按照规范要求,整合综治、维稳、审判、司法、民调、信访等资源,增强社会治理力量。 （王中宏）

【司法责任制改革】 按照权责统一原则,深入推进司法体制综合配套改革,加快构建责权明晰、监管有效、保障有力的司法权力运行机制,加快完善员额管理制度,健全员额退出、增补机制,形成动态调整的员额制管理体制。全市法院共遴选员额法官129名（实有122名）,补充聘用制书记员85名;全市检察机关分类定岗员额检察官90名、检察辅助人员124名、司法行政人员33名。
（王中宏）

【"遏制诉讼案件增量"工作理念】 市中级法院坚持问题导向,转变执法司法理念,提出"遏制诉讼案件增量"工作理念,从源头上预防和减少诉讼案件,破解案件数量增长难题,为促进基层社会治理,加快依法治市进程,深化司法改革提供借鉴。2018年,市中级法院受理案件数量同比下降9.8%,全市法院受理案件数量上升幅度同比下降6.9%。2018年,在非法集资、涉众型经济案件增多的大背景下,全市法院受理案件数虽增幅较大,但仍低于全区审判案件增长均值7.85%。
（王中宏）

【公益诉讼制度】 市委印发《关于深入贯彻落实〈关于支持检察机关全面开展提起公益诉讼工作 进一步推动法治宁夏建设的意见〉的实施方案》（以下简称《方案》）,为全市检察机关全面开展公益诉讼工作提供强有力支持和保障。市检察院开展"公益诉讼推进年"活动,围绕生态环境和资源保护、食品药品安全、国有财产保护、国有土地使用权出让等重点领域,全面履行提起公益诉讼职责。经审查立案48件。其中，民事公益诉讼案件3件，拟提起民事公益诉讼；行政公益诉讼案件45件，均分别按规定向行政机关发出诉前检察建议。　　　　　　　　（王中宏）

【公安体制改革】　全市公安机关全面推行派出所"三室一队""三室二队"警务运行模式，深入完善社区"5+4+N"和"一村一警"运行机制改革，全力确保"交巡警合一"改革落地见效。不断深化"放管服"改革，启用"中卫公安微警局"，研发运行"互联网+便民服务平台"APP系统，拓展出入境智慧大厅覆盖面，建成微信公众号5个、微信群97个，加入微友2万余人，实现微信警务、指尖警务室、网上公安局便民服务"零距离"，最大限度方便群众办事，提高公安机关服务群众能力和水平。　　　　　　　　（王中宏）

【司法行政改革】　率先在全区成立有机构编制的市级公共法律服务中心，核定人员编制4名。成立律师维权中心，出台保障律师执业权利的规定，切实维护律师合法权益；成立律师惩戒中心，制定律师违纪违法查处制度，及时查处对律师的投诉案件，确保律师合法执业。完成中宁县公证处行政编制向事业编制的过渡性改革和中卫市公证处事业编制向合作制社会组织机构的改革任务。梳理出4件涉法涉诉案件，试点推行"人民调解+司法认证"工作模式，推进信访积案化解。　　　　　　　　（王中宏）

【政法机关改革】　按照中央党政机构改革和自治区的统一部署，积极推进政法委领导体制和工作机制改革，做好综治办、维稳办、防范办职能衔接，发挥好牵头抓总和统筹协调作用。2018年年初，新设立执法监督室，加强政法队伍管理。　　（王中宏）

审　判

【概述】　全市法院共受理各类案件24198件，审（执）结22160件，结案率为91.6%，同比分别上升25.8%、31.4%、3.9%，未结案件数同比下降14.1%。其中，市中院受理各类案件1650件，审（执）结1593件，结案率为96.6%，同比分别增长18.2%、21.2%、2.4%，未结案件数同比下降30.5%。市中院结案率排名全区法院第三，五市中院第二。　（马　涛）

【刑事案件审理】　全市法院受理各类刑事案件931件，审结859件，结案率为92.3%；召开庭前会议60次，组织证人、鉴定人出庭379次577人，为被告人指定辩护律师57次58人。其中，市中院受理各类刑事案件183件，审结176件，结案率为96.2%；召开庭前会议21次，组织证人、鉴定人出庭81次118人，为被告人指定辩护律师17次18人。依法审理自治区财政厅原厅长董峰受贿，韩玉宝、王海周集资诈骗，龚丽娟等22人非法吸收公众存款等社会关注度高的案件，取得了良好的法律效果和社会效果。
　　　　　　　　（马　涛）

【民商事纠纷】　全市法院受理各类民商事案件14604件，审结13829件，结案率为94.7%，司法确认案件677件，调解结案3215件，撤诉2322件，调撤率为40%。其中，市中院受理各类民商事案件1063件，审结1043件，结案率为98.1%，调解结案89件，撤诉78件，调撤率为16%。市中院和中宁县法院干警主动送法进天元锰业等企业，宣讲商事纠纷典型案例与诉讼知识，增强企业依法经营意识和风险管理意识，受到一致好评。　　　　　　　　（马　涛）

【依法行政】　坚持支持地方发展、监督行政执法和保护行政相对人权益并重，推进行政机关负责人出庭应诉规定，出庭率达72.8%，力争行政争议实质性化解。完善府院联席机制，落实双向通报、旁听等制度，强化依法履职意识，加快法治政府建设。推进以诉讼调解、和解方式化解行政争议，引导当事人理性维权，提升行政公信力。积极向涉案单位及其主管部门发出司法建议书17份，敦促公权力依法行使，促进依法行政。全市法院共受理各类行政案件388件，审结374件，结案率为96.3%；依法审查非诉行政执行案件176件；引导当事人和解撤诉行政诉讼案件39件。其中，市中院受理各类行政案件77件，审结77件，结案率为100%。海原县法院依法严格审查涉及土地征用、房屋拆迁等行政非诉执行案件58件，为大县城建设提供有力的司法保障。　　　（马　涛）

【执行工作】　全力攻坚"基本解决执行难"，强化"一把手"责任，执行工作主管院领导、专委、部门负责人立军令状，挂图作战。开展"反消极执行""清理执行积案"、集中巡查等专项活动，印发《执行工作实用手册》，促进规范执行。强化执行信息管理系统、指挥管理平台等操作使用培训，提高执行信息化运用水平。与车辆管理、不动产登记等部门构建执行联动机制，推进网络查控体系建设，探索推行网络司法拍卖和"执行+保险"工作机制，有效破解查人找物难、财产变现难。组织开展"凌晨突击""假日计划"等专项执行活动22次，采取集中曝光、拘传拘留、悬赏执行等强制措施，形成强大声势，快速执结一批有财产可供执行的案件。举办企业诚信建设和信用修复培训班,开设《执行小讲堂》栏目,拍摄《永不放弃》执行微电影,开展"决胜执行难——中卫法院在行动"采访直播周活动,营造舆论氛围,争取社会各界对执行工作的理解、信任和支持。全市法院执行案件收案(含旧存)7986件,结案6824件,执结率为85.5%,执行到位标的6.9亿元,传唤被执行人2136人次,司法拘留293人次,纳入失信被执行人名单4812人次,发布限制高消费令7625人次,发布悬赏公告14次。其中,市中院收案(含旧存)249件,结案221件,执结率为88.8%,执结率排名五市中院第一,执行到位标的3.1亿元。"中卫中院开出25万元罚单严惩拒不履行协助执行义务者"等4项执行工作被《人民法院报》和全国法院决胜基本解决执行难信息网选登。海原县法院的执行结案率、实际执结率、终本合格率、信访办结率四项核心指标,领跑全区基层法院。 （马　涛）

【扫黑除恶专项斗争】　认真学习贯彻相关会议精神和工作要求,成立专项斗争领导小组,多次召开专题会议,开展专项督查,确保专项斗争扎实开展。采用张贴标语、悬挂横幅等多种形式专题宣传,公开举报电话,积极营造舆论氛围。建立完善涉黑涉恶线索摸排、转办、督办机制,创新"点线面"线索摸排方式(即全员全面排查、监察处专项排查、扫黑办重点排查相结合),对2013年以来受理的各类案件逐一摸底排查,确保扫黑除恶全覆盖、无死角。建立干警勾结黑恶势力犯罪、涉黑涉恶线索举报管理等台账,落实涉黑涉恶案件腐败问题签字背书等制度,深挖彻查涉黑涉恶线索及其背后的"保护伞""关系网",确保做到底数清、情况明。全市法院受理涉恶犯罪案件7件31人,审结4件18人,无涉黑案件;摸排涉黑涉恶犯罪线索196条,向公安机关和其他部门移送148条。其中,市中院摸排102条,移送87条。 （马　涛）

【精准扶贫】　将精准扶贫与基层党建、审判工作有机结合,围绕贯彻落实十九大精神、扫黑除恶专项斗争等开展政策宣讲30次、党课活动6次,夯实帮扶村的基层党建。加强与农牧、民政等地方相关部门的沟通,协助举办实用农业技术、烹饪等培训班9期共520人次,针对落实扶贫信贷政策、小学校园整治等方面形成调研材料上报市扶贫办,为村民解决生产生活难题,收到了较好成效。开展巡回审理、法治宣传等,举办以"文化与法治扶贫促进乡村精神文明建设"为主题的文化扶贫下乡活动,进一步提高法律意识,推动乡村文明建设。 （马　涛）

【涉诉信访案件办理】　严格落实全员信访责任制、涉法涉诉矛盾纠纷化解领导责任制,开展集中清理化解涉法涉诉信访积案攻坚行动,认真办理中央巡视组交办信访案件并进行"回头看"。制定《涉诉信访案件办理工作规范》,对符合导入法律程序条件的导入法律程序,对符合终结条件的按"三到位一处理"规定办结,对存在重大涉稳风险隐患的信访案件进行稳控,力争实现"案结事了、群众满意"目标。全市法院共办结中央巡视组交办信访案件29件21案,办理其他信访案件4案。其中,市中院办结中央巡视组交办信访案件16件11案。 （马　涛）

【保障涉军全面停止有偿服务】　按照相关部署和要求,通过授课、现场咨询、法律指导等方式开展送法进军营活动,安排专人排查梳理、定期上报涉及军队和武警部队全面停止有偿服务相关情况,开展专项调研,主动指导中卫军分区诉讼外和解一起房屋租赁纠纷并司法确认,为在卫部队提供优质高效便捷的司法服务。 （马　涛）

【便民惠民司法】　围绕服务型窗口建设目标任务,完善便民设施、举措,健全立案、信访接待、送达等诉讼服务中心功能,打造"一站式"综合服务体系。不断巩固立案登记制改革成果,规范服务言行、着装标准,加强诉讼引导,落实领导接访制度,持续整治"六难三案",进一步提升服务群众水平,提升服务质效。拓宽老弱病残孕军、农民工等特殊群体及劳动报酬追偿、交通肇事损害赔偿等涉民生案件快速办理"绿色通道",聘请特邀调解员坐班调解,有效利用司法便民服务车到纠纷发生地开展巡回审理,方便群众诉讼,降低诉讼成本,引导民风向好。为困难群众缓减免诉讼费,实施刑事被害人困难救助、执行救助,彰显司法人文关怀。全市法院开展巡回审理350次,办理减缓免案件229件150.7万元,发放司法救助金63案78人137.8万元。沙坡头区法院多点发力周光荣系列案,扣划执行款120万元,稳妥执结追索劳动报酬等涉民生案件89件,有效缓解涉案群众的生活困难。
 （马　涛）

【司法公开】　按照"依法、及时、全面、规范"原则,全面落实立案、庭审、执行、听证、裁判文书及审务公开。通过中国审判流程信息公开网、微信公众号及小程序查询案件等形式,公开审判流程信息。坚持"公开为常态,不公开为例外"原则,依托中国裁判文书网,依法公开裁判文书18293份。切实发挥中国庭审公开网的统一平台优势,互联网直播庭审1306次,观看人数达 927546 人次,让群众直面庭审现场,扩大公开内容,构建开放、动态、透明、便民的全覆盖司法公开机制,确保审判权在阳光下运行。全市法院裁判文书依法上网公开率、庭审同步录音录像率、内部庭审直播率均为 100%。

（马 涛）

【接受监督】 始终坚持党对法院工作的绝对领导,主动接受人大、政协、检察机关及各方面的监督。坚持重大事项报告制度,主动向市委汇报、人大报告、政府和政协通报重大工作进展、重大案件办理情况 100 余件次。深化落实人大代表、政协委员长效联络机制,确定 41 名副科级以上领导干部具体联络全市 483 名人大代表、政协委员,认真整改落实意见建议,邀请人大代表、政协委员及各界群众旁听庭审 23 件 1115 人次,参与执行听证 9 件 30 人次。开展"法律七进""法院开放日"等活动 41 次,千余名公众代表参观走访法院并提出意见建议,增强社会各界对法院的了解和监督。深化人民陪审员制度改革,完善陪审员队伍的选任、培训与考核机制,基层法院共聘用人民陪审员 135 名,人民陪审员参审率达到 88.6%,弘扬司法民主,促进司法公正。司法工作群众自评满意率为 99.8%,公众信仰法治、信赖法院、信服裁判的社会风气正在形成,司法权威和司法公信力明显增强。

（马 涛）

【司法改革】 按照自治区高院、市司法体制改革工作领导小组和市委政法委的安排部署,进一步深化落实审判权运行、司法人员分类管理等改革措施,深入推进以审判为中心的诉讼制度改革、人民陪审员制度改革、内设机构改革。完成第三批员额法官遴选工作和第二批聘用制书记员招录工作,新增员额法官 9 名、聘用制书记员 33 名。落实聘用制书记员工资改革政策,顺利完成考核定档、工资补发工作。探索完善内设机构改革,按时限和要求完成内设机构改革任务。严格落实员额法官办案制度,全市法院院、庭长办理各类案件 10964 件,办结 10484 件,结案率为 95.6%,高出全市法院员额法官平均值 4 个百分点。改革成效获自治区党委政法委、市委和上级法院多次肯定。

（马 涛）

【队伍建设】 牢牢把握"五个过硬"总要求,突出政治引领,狠抓能力建设、纪律作风建设,巩固"全国文明单位"创建成果,着力锻造过硬法院队伍。队伍建设工作受到市委马和清副书记、市委督察组、市委政法委肯定。全市法院 17 个集体、11 名个人分别受到国家级表彰 3 次、自治区级表彰 14 次、市级表彰 9 次。其中,市中院荣获全区唯一的"2018 年度全国法院司法宣传先进单位",2 名法官分获"全国法院执行工作先进个人""全国法院家事审判工作先进个人",中标并完成最高人民法院审判管理重大研究课题 1 项。

（马 涛）

【思想政治建设】 始终把思想政治建设摆在首位,坚持党对人民法院的绝对领导,旗帜鲜明地抓好意识形态工作。严格落实党组中心组学习和周五学习制度,强化学习贯彻党的十九大精神和民族宗教新思想新政策新要求,把思想、行动统一到习近平新时代中国特色社会主义思想上来,法院干警"四个意识"进一步增强,"四个自信"进一步坚定。推进"两学一做"学习教育常态化制度化,认真履行全面从严治党"两个责任",细化落实"三强九严"工程 57 项任务,开展讲党课、主题党日、党建进乡村等活动,深化应用"新时代 e 支部"手机 APP,开展全面从严治党责任落实情况专项检查,有效破解机关党建"灯下黑"问题,努力实现党建工作与业务工作的深度融合。

（马 涛）

【司法能力建设】 深化开展司法能力提升工程,举办案例研讨、庭审观摩、"大学习""大调研""大评比"等活动,围绕党的十九大精神、审判、信息化等组织干警参加各类业务知识和岗位技能培训 186 次 842 人次,提升审判队伍的司法能力和工作水平。加强对基层法院的业务指导,开展专项调研和对口指导 19 次,促进全市法院整体办案水平提升。强化司法巡查和审务督察,坚持查早查小,及时纠正审判领域发现的问题。落实定期体检制度,努力解决干警生活工作中遇到的实际困难,加强对干警的人文关怀。市中院办理的 1 件司法救助案件入选《第一届人民法院国家司法救助典型案例》,系宁夏地区唯一入选案例;1 件行政裁判文书获评第六届全国行政审判优秀业务成果三等奖;门户网站被评为"中卫市 2018 年度优秀网站"。

（马 涛）

检 察

【概况】 中卫市两级检察院原核定政法编制 267 名,2017 年 12 月,国家监察体制改革划转政法编制 61 名,现有政法编制 206 名,其中,中卫市检察院现有政法编制 59 名,3 个基层检察院现有政法编制 147 名。截至 2018 年 12 月底,全市两级检察院现有政法编制人员 201 名,其中,中卫市检察院 57 名、3 个基层检察院 144 名。现有员额检察官 73 名,其中,中卫市检察院现有员额检察官 21 名,3 个基层院现有员额检察官 52 名。2018 年,中卫市人民检察院坚持以习近平新时代中国特色社会主义思想为指导,深入学习贯彻党的十九大精神,紧紧"1245"工作思路,全面强化监督,全面深化改革,全面从严治检,努力为中卫经济社会发展提供坚实司法保障。中卫市人民检察院被授予自治区"五一劳动奖状"、全市精神文明建设先进集体等荣誉 9 项。沙坡头区检察院创建的"未成年人司法社会保护监督帮教服务平台",被最高人民检察院确定为"全国未成年人检察工作创新实践基地"。中宁县检察院办理的校园周边食品安全公益诉讼案,入选最高人民检察院检察公益诉讼十大典型案例。

(李昱臻)

【服务保障】 研究出台服务和保障"三大战略"中卫方案、服务保障生态文明建设"两个专项实施意见",明确 32 项工作举措,充分履行检察机关职能作用。聚焦防范和化解重大风险攻坚战,起诉破坏市场经济秩序犯罪 46 件 224 人。加强生态环境司法保护,起诉破坏环境资源案件 4 件 4 人;积极参与中央环保督察反馈意见整改,成立办案小组,深入相关企业调查并督促扎实整改。助力打赢脱贫攻坚战,从严惩处妨害脱贫攻坚的刑事犯罪,起诉相关犯罪 6 件 6 人。选派 8 名干警担任第一书记、驻村队员,扎实开展精准扶贫工作。

(李昱臻)

【平安中卫建设】 参与社会治安综合治理行动,严厉打击"两抢一盗""黄赌毒"等多发易发犯罪,共受理审查逮捕 393 件 561 人,批准(决定)逮捕 302 件 413 人;受理审查起诉 785 件 1113 人,提起公诉 697 件 1069 人。认真落实宽严相济刑事政策,坚持少捕慎诉,依法不批捕 140 人、决定不起诉 137 人。全力投入扫黑除恶专项斗争,细化配套工作方案,制定"十一个一律"工作要求,组建专业办案组,坚持检察长靠前指挥,共受理审查并批准逮捕 6 件 37 人,提起公诉 5 件 28 人;深挖涉黑涉恶及"保护伞"线索,共移送线索 94 件。着力化解矛盾纠纷,完善律师参与接访、案件公开审查等机制,依法妥善办理信访事项 620 件 628 人(次)。建成实体化"12309"检察服务中心,实现线上线下一体化运行。维护特殊群体合法权益,立案复查刑事申诉案件 18 件;办理司法救助案件 53 件 57 人,发放救助金 90.9 万元;支持妇女儿童等起诉维权 57 件。依法保障未成年人权益,建成观护中心、帮教基地 16 个,选派 45 名检察官兼任中小学法治副校长,开展法治宣讲 230 场(次)。

(李昱臻)

【履行法律监督】 强化刑事侦查和审判活动监督,共监督立案 17 人、撤案 72 人,追加逮捕 17 人、追加漏罪 16 起、追加漏犯 12 人;提出(请)抗诉 7 件,抗诉意见被法院采纳 6 件;纠正侦查、审判活动违法情形 102 件(次)。强化民事行政检察监督,受理不服生效裁判案件 56 件,审查后提出(请)抗诉 13 件,上级院支持抗诉 5 件;提出再审检察建议 4 件均被法院采纳,提出审判程序违法、执行监督建议 181 份均被采纳。强化刑事执行检察监督,办理羁押必要性审查案件 33 件,采纳并变更强制措施 30 人;加强社区矫正监督,监督撤销缓刑并收监执行 9 人;开展财产刑执行专项检察监督,发出纠正违法通知书和检察建议 10 份。开展"公益诉讼推进年"专项活动,推动构建"党委领导、人大监督、政府支持、多方协作、检察承担"公益诉讼格局,审查立案公益诉讼案件 86 件,提出行政诉前检察建议 82 件,已回复并整改 67 件。强化行政执法监督,监督行政机关及时移送涉嫌犯罪线索,监督后公安机关立案 24 件 28 人;提出督促履责检察建议 76 份。

(李昱臻)

【深化检察改革】 开展"司法改革巩固年"专项活动,围绕"五个加快原则",推动改革任务落地落实。修订司法办案权限清单,分类细化 231 项职权,压实司法办案责任。健全司法办案量化考评等配套机制,督促员额检察官多办案、办好案,两级院院领导带头办案 345 件。实化国家监察体制改革,完成机构撤并、职能划转、人员转隶等任务;构建监委检察工作衔接机制,细化工作运行流程,提前介入并受理审查起诉监察委移送的职务犯罪案件 5 件。完善人员分类管理机制,择优遴选 5 名员额检察官,公开招考 14 名聘用制书记员。实行"捕诉"一体化运行,组建公益诉讼办案组,推动机构整合、职能优化、效能提升。推进以审判为中心的刑事诉讼制度改革,组织"四类人员"出庭作证 10 件,召开庭前会议 15 次。

(李昱臻)

【打造过硬队伍】 制定贯彻落实维护党中央集中统一领导实施细则,树牢"四个意识",做到"两个维护",确保检察工作正确政治方向。学习贯彻习近平新时代中国特色社会主义思想,广泛采取专题辅导、学习研讨、知识测试等形式,努力在学懂弄通做实上下工夫。全面从严管党治党,修订完善主体责任清单,制订巡察规划,对两个基层院开展巡察暨"回头看",履行从严管党治党责任。健全舆情分析研判、专题报告等机制,把握意识形态主动权。推进"三强九严"工程,推动党建工作与业务工作同频共振、融合发展。开展"思想作风建设强化年"专项活动，坚持问题导向，狠抓问题整改。分类开展专项培训，扎实开展岗位练兵活动，着力提升干警素质；8名干警荣获全区检察机关"业务标兵""业务能手"等称号，中卫市人民检察院院两次获得优秀组织奖。开展"基层院建设深化年"活动，完善基层院主建、市院主抓工作格局，推动全面协调发展。坚持把检察工作置于监督之下，开展代表委员专项联络活动，专题向市人大常委会报告专项工作，及时向市政协常委会通报检察工作情况。深化检务公开，主动公开案件信息1467件、法律文书748件、重要案件信息60件，召开新闻发布会2次，开展"检察开放日"活动8场(次)，邀请人民监督员评议案件13人(次)，不断增强检察工作透明度。

(李昱臻)

司法行政

【概况】 中卫市司法局辖中宁县、海原县、沙坡头区三县(区)司法局，市局机关设办公室、法制宣传教育科、司法服务管理科（挂中卫市法律援助中心牌子）、基层工作指导科。全市共有司法所41个(工作人员181名)，律师事务所12个(注册律师126名、执业律师150名)，公证处3个(执业公证员10名)，市、县(区)级公共法律服务中心3个，镇(乡)公共法律服务站39个，村(社区)公共法律服务室479个，法律服务所1个(法律服务工作者8人)，人民调解委员会569个(调解员4518人)。 (王健斌)

【队伍建设】 一是开展大调研。在全市范围内集中开展大调研活动，以扎实的调研成果，总结经验，创新思路，解决问题，推进工作。二是开展大培训。共分20余批次50余人次参加全国、全区、全市各类业务培训班；坚持每月党组理论中心组学习和每周干部集中学习制度，采取集中培训、集中学习、集中交流研讨和微信新媒体等方式，深入学习党的十九大精神和习近平新时代中国特色社会主义思想及其系列重要讲话，力求学通弄懂做实；考察学习外地经验，创新工作思路。三是开展大整治。以党的政治建设为统领，认真开展"基层组织建设年"活动，把机关党建工作作为推动司法行政改革发展的政治任务和一号工程，推进机关党建工作"三强九严"工程，努力开创新时代机关党建和公共法律服务工作的新局面。认真落实党风廉政建设"主体责任"和"一岗双责"，修订完善各项管理制度，立规矩、严纪律，持之以恒正风肃纪，切实转变干部作风，为新时代司法行政改革发展提供坚强的组织保证。

(王健斌)

【司法改革】 一是突出公共法律服务体系建设。2018年，中卫市司法行政系统按照司法厅关于公共法律服务体系建设要求，补短板、强弱项，推进覆盖城乡的公共法律服务体系建设。率先在全区成立有机构编制的市级公共法律服务中心。将市司法局一楼原有的公证服务大厅、法律援助大厅整体合并，建成可用面积240平方米，设有律师、公证、法律援助、人民调解、法治宣传、法律职业资格考试、社区矫正、行政审批、信访接待、妇女儿童职工维权等20个岗位的综合性多功能公共法律服务大厅。截至年底，全市已建成市、县(区)级公共法律服务中心3个，镇(乡)公共法律服务站39个，村(社区)公共法律服务室479个，实现一村(社区)一法律顾问全覆盖。共接待来访群众1.2万余人次，解答法律咨询9000余人次，为经济困难及弱势群体办理法律援助案件1800件，公证案件3400件，挽回经济损失4300余万元。指导协助化解矛盾纠纷540余件，建成村(社区)法律顾问479个，覆盖率达100%，担任村(社区)法律顾问律师125名，建立微信群407个，覆盖率达100%。2.探索创建各具特色的"四大经验"。一是创建宣和"大综治"经验。沙坡头区宣和镇将辖区内的各综治成员单位联动起来，整合各方力量，成立综治维稳中心，构建"一张网"搭建"两个平台"采取"三种方式"健全"四张网络"创建"5+X"一站式公共法律服务平台，调解落实经济赔偿近千万元，一批多年信访积案得以化解，实现"枫桥经验"本土化。二是创建柔远"大调解"经验。沙坡头区柔远镇整合辖区法庭、派出所、司法所、综治办及社会组织等资源，设立柔远镇社会矛盾纠纷调解中心和舆情研判指挥中心两个工作平台，发挥驻法庭调解室、警司联调室、村调解室、律师办公室、镇联合调解室的各自职能，相互配合，分工协作，合力攻坚，化解挂牌督办信访案件14件，重大疑难信访案件32件。取得进京赴银越级上访案件归零，辖区派出所治安案件下降20%，法庭民事诉讼案件下降31%的明显成效。三是创建恩和镇"联动联调"经验。中宁县恩和镇整合派出所、司法所、综治、信访、禁毒办人员，建立人民调解委员会、矛盾纠纷排查调处中心、综治维稳中心、舆情预警研判指挥中心、社区戒毒中心，确保各类矛盾纠纷从咨询、受理、分流、调处，到督办、报结和回访，窗口统一管理、领导统一派单、矛盾统一分类调处、中心统一督办。将辖区划分为57个综治网格，指定57名网格"综管员"，第一时间将发现的矛盾纠纷反馈镇村综治中心，由综治中心统一指挥、分流指派。采取上门化解、包点化解、部门化解、接访化解、包案化解、出警化解、跟踪化解、引导诉讼7种方式，及时化解各类矛盾纠纷。四是创建海原县"互联网+人民调解"经验。海原县司法局创建"135"（即：1个中心、3项建设原则、5大工作平台）信息化模式，实现县司法局与18个司法所的视频对接，形成上下联动、覆盖全县的信息化网络。主动与县信访局实现视频对接，实现信访当事人、乡镇领导和县领导三方视频对接，实现"让信息多跑腿、让群众少走路"为群众提供零距离法律服务，群众不出村就能反映诉求，不出村、不见面就能解决纠纷。试点工作以来，全市共调解各类信访纠纷370件，其中，调处成功216件，预警处置70件，正在调处37件，引入法制轨道19件。全市信访案件较第二季度下降27.4%，信访案件存量下降25.8%。

（王健斌）

【法治宣传】 一是健全机制，全面落实普法责任制。制定印发《关于全面推进普法责任制的实施意见》，建立党委领导、人大监督、政府实施、全社会共同参与的普法工作格局，为"七五"普法顺利推进提供有力保障。二是突出重点，深入开展宪法学习宣传活动。开展"宪法学习宣传主题党日"活动，组织全市各部门、各单位开展宪法学习宣传"四个一""四纳入""六进"和集中学习宣誓活动。打造"宪法主题馆"，组织全市领导干部开展宪法学习和宣誓活动200余场次，参加活动人数1.5万余人；在市、县（区）建设"宪法主题广场"3个，宪法宣传廊12个，制作以宪法为主要内容的宣传专栏300余块，印发宪法修正案解读宣传彩页3万余张，各类宣传资料6万余份。利用"中卫普法网"、政府门户网站、微信公众号《城市频道》楼宇电视、Fm92.7交通音乐广播等新媒体开设专栏、制作专题片大力开展宪法学习宣传活动。三是丰富载体，加强全民法治宣传教育活动。组织各县（区）开展法治宣传"三下乡"、法律服务进村（居）、农民工公益法律服务、精准扶贫法律服务和扫黑除恶、非法集资、生态立市等专项法治宣传教育活动，为群众讲解法律知识、调处劳动争议、解答法律咨询、提供法律援助、演出法治文艺节目，宣传与农民工相关的法律法规。共开展活动26场次，发放宣传资料6000余册，赠送法治宣传品5000余件。四是突出实效，精准深化"法律八进"活动。以"法律进机关""法律进单位"活动为载体，抓住领导干部这个"关键少数"，完善国家工作人员学法用法制度，组织全市领导干部宪法集中学习宣誓64场次，参加宪法学习考试3600余人，发送宪法读本和宪法宣传邮资信封8500份。以"法律进乡村""法律进社区"活动为重点，组织普法讲师团、法律志愿者服务队到各乡（镇）、村（居）举办法治培训讲座82场次，培育普法骨干和"法律明白人"1.5万余人，发放法律书籍、法律宣传资料7万余份，乡村群众受教育率达89%以上。把青少年作为"七五"普法对象的"重点多数"，开展"法律进校园""关爱明天·普法先行"等活动，组织普法讲师团和法治副校长深入各中小学讲法治课420余场次；开展"法律知识竞赛""与法同行"演讲比赛、"宪法在我心中"手抄报、书画展、模拟法庭、国旗下的演讲等系列法治教育活动296场次；举办"青少年法律大讲堂"312场次，受教育师生达到22万余人。全面推进"法律进企业"活动的开展，以普法讲师团成员、企业法律顾问和法律服务志愿者为骨干，重点宣传《公司法》《劳动法》《合同法》等法律法规，开展现场法治讲座、解答法律咨询等活动7场次，举办企业经营管理人员专题培训班16场次，参加培训3000余人，印发企业法律知识读本6000余册，印发职工维权法律手册5000万余册。开展"法律进宗教活动场所"活动，重点学习宪法及民族宗教相关法律和政策。拓展"法律进社会组织"宣传阵地，依托宁夏义工联合会、沙坡头区禁毒协会、中宁仁爱义工协会、海原县义工协会等社会组织，打造法治文化阵地，开展法治宣传教育活动。五是严格对标，开展"七五"普法中期督导检查。成立"七五"普法中期督导检查工作组，认真对照自治区"七五"普法中期督导检查指导标准，于8月中旬对全市各县（区）、市直各部门（单位）"七五"普法工作进行督导检查，通过检查发现问题，及时整改，提升质量，促进全市"七五"普法工作整体推进。

（王健斌）

【人民调解】 一是深入开展人民调解"四张网"建设。把人民调解触角延伸到社会各个方面、各个角落，筑牢社会稳定的"第一道防线"。全市41个乡镇，487个村（居）全部建立人民调解组织，进一步完善横向到边纵向到底的人民调解组织网络，实现市、县（区）、镇（乡）、村人民调解组织全覆盖。二是积极稳妥发展专业调委会。积极拓展人民调解工作领域，在医患纠纷、劳动争议、交通事故、物业管理等矛盾纠纷相对集中、多发领域建立人民调解组织的基础上，联合市总工会、市人社局在全市所有工矿企业及乡镇建立劳动争议人民调解委员会,海原县司法局积极与海原县法院对接,建立海原县婚姻家庭矛盾纠纷人民调解委员会,稳妥有序地推进行业性专业化人民调解组织建设,积极探索引导律师参与社会矛盾纠纷化解机制,如:四季鲜果蔬批发市场、中卫市创业城等区域创建个人调解室,推进社会矛盾纠纷多元化调处机制有效实施。三是加强各级调委会规范化建设。严格按照《宁夏人民调解委员会规范化建设标准》中"七化"的要求,指导各级人民调解委员会开展规范化建设,70%的基层调委会达到规范化建设标准。四是强化人民调解队伍建设。通过选聘专职人民调解员,强化人民调解组织建设。海原县司法局积极向党委、政府协调申请,采用政府购买社会服务的形式,选聘法律专业的20名高校毕业生充实到专职调解员队伍,提升调解队伍素质;沙坡头区出台《沙坡头区专职人民调解员管理办法》,并已在5个乡镇选聘15名专职调解员试点推行。五是健全完善人民调解工作机制。制订下发《中卫市矛盾纠纷"大调解"专项行动实施方案》,建立完善矛盾纠纷调解工作联席会议制度,坚持每季度分析、交流、研究调解工作,集中商讨疑难矛盾纠纷解决方案,根据需要对重大疑难矛盾纠纷及跨地域、跨部门的矛盾纠纷开展联动联合调处,最大限度地实现资源共享。严格落实矛盾纠纷预警机制。进一步落实矛盾纠纷排查登记制度、信息分析报告制度、回访制度和重大疑难矛盾纠纷直报制度。充分利用司法行政现有的业务管理信息系统,完善从乡镇(街道)司法所、县(区)司法局、市司法局到司法厅的四级矛盾纠纷信息沟通机制,实现矛盾纠纷排查调解业务信息数据的融合、共享。建立"三调联动"矛盾纠纷多元化解机制。指导各级调解组织采取普遍排查、重点排查、定期排查和专项排查相结合的方式,按照属地管理原则,严格落实"两排查一分析"制度,开展矛盾纠纷排查调处活动,做到早发现、早报告、早处置,抓早、抓小、抓苗头,变"被动调解"为"主动调解",将矛盾纠纷化解在萌芽状态,解决在基层。重点围绕疑难复杂、重特大、易激化、易引发群体性上访事件的矛盾纠纷,开展经常性的矛盾纠纷排查,完善联动调解工作机制。综合运用法律、政策、经济、行政等手段和教育、协商、疏导等办法进行调处。积极推进人民调解与行政调解、司法调解衔接平台建设,畅通矛盾纠纷的分类、分流调处渠道,确保各类矛盾纠纷得到及时化解。健全公调对接、访调对接等人民调解与行政调解、司法调解衔接机制,逐步探索和规范邀请调解、联合调解、委托调解流程。健全矛盾纠纷情报信息网络,完善信息收集、分析、报送制度,对适合进行人民调解的矛盾纠纷,积极引导至所在地的人民调解委员会进行调解。2018年,全市共调处各类矛盾纠纷10067件,调解成功9131件,调解重大疑难矛盾纠纷1124件,调解成功率达90.7%。

(王健斌)

【法律援助】 一是落实新修订的《宁夏回族自治区法律援助条例》,为贫困群众提供精准高效的法律援助服务。二是做好重点人群服务。重点关注贫困村、帮扶村务工人员、妇女、残疾人、老年人、未成年人等群体的法律援助服务,建立重点人群数据库,分类统计特定人群情况,及时分析,不断改进重点人群服务措施。三是提高法律援助质量。加强案件质量管理,推进法律援助规范化建设。强化季度案件评查机制。加强办理法律援助案件指导,对案件评查结果及时通报,严格按标准发放办案补贴,案件质量与年度考核和评先挂钩。四是加强案件质量监督管理。推进庭审旁听、征询办案机关意见、回访受援人等措施,向社会公开投诉电话,接受当事人及社会各界监督,提高法律援助质量,为困难群众提供高品质的法律服务。全市共办理法律援助案件1200余件,现场进行法律服务咨询8900余人次。

(王健斌)

【特殊人群监管】 一是矫正帮教工作稳步推进。推行"六个一"管理制度,做到对社区服刑人员"周闻其声、月见其人",及时了解社区服刑人员的思想动态,掌握其行动轨迹,确保不脱管。全市累计接收社区服刑人员3347人,累计解除2664人,截至年底,在册633人。累计撤销缓刑23人,累计再犯罪7人,再犯罪率为0.2%。共接收刑满释放人员3821人,累计安置3745人,累计帮教3783人,重新犯罪3人,重新犯罪率为0.8%。二是落实重大事项报告制度,对社区服刑人员规范管理,严格履行重大事项报告制度。三是注重社区矫正和安置帮教信息管理系统应用。四是落实刑满释放人员信息核查、录入及重点人员必接必送制度,建立刑满释放人员的衔接登记制度,按照"一人一档"建立工作台账,及时与刑满释放人员见面,掌握其思想动态,了解其生产生活中存在的困难,确定帮教小组,拟订帮教方案,制订帮教计划,签订"二帮一""三帮一""四帮一"的帮教协议。坚持定期排查,对所有帮教对象每季度进行一次摸底调查,重点人员每月进行一次走访,建立分类列入、统一管理的工作档案,做到底数清、情况明。市、县(区)司法局采取QQ通知、电话交流、个别督促、实地督办、定期通报等措施,做到核查信息准确无误。严格落实重点刑满释放人员必送必接制度,2018年衔接刑满释放人员205人。五是开展"扫黑除恶"专项行动。各县(区)司法局制订细化实施方案,强化监管措施,有针对性地排查了解社区服刑重点人员情况,重点排查涉邪、涉毒、涉黑、有犯罪前科、惯窃和其他故意犯罪类型的社区服刑人员,鼓励社区服刑人员积极举报、揭发黑社会集团和黑社会分子。重点排查刑满释放人员中涉邪、涉毒、涉黑、"三无"和扬言闹事、缠访等可能影响社会安全稳定倾向的重点人员,"扫黑"除恶专项行动稳步推进。截至年底,共组织开展大排查5次,排查社区服刑人员640人次、刑满释放人员1000多人次。

(王健斌)

【社会组织监管】 一是强化律师行业党建工作,成立中国共产党中卫市律师行业委员会,发展设立宁夏永东律师事务所党支部,实现律师行业党组织建设全覆盖。开展全市律师队伍警示教育活动,加强对律师、公证员意识形态教育、律师舆情工作的管理。2018年各律师事务所共办理各类案件3200余件,代理涉诉信访案件7件,参与化解矛盾纠纷564件。二是完成市公证处合作制公证机构改革,激发公证事业发展活力。三是加强律师考核,开展律师事务所和律师考核工作,对全市12家律师所、126名律师和2017年度申请执业的24名实习律师进行考核。四是开展司法鉴定工作,完成2018年司法鉴定年度初审工作。全市司法鉴定机构共通过年审公告4家,司法鉴定人24人。做好各司法鉴定机构及司法鉴定人的业务变更、人员转所等初审工作。开展司法鉴定行业警示教育工作,制定《关于在全市司法鉴定行业中开展规范整治活动的通知》和《全市司法鉴定管理工作要点》。

(王健斌)

【精准扶贫】 一是开展法律扶贫。将全市建档立卡的贫困群众全部纳入法律援助范围,及时为困难群众提供免费法律援助,确保困难群众的合法权益不受损失。根据联系镇、村干部群众的建议,分3次为海原县李旺镇所属各村赠送法律书籍1000本,发放法治宣传资料5000余份,折合现金1.6万余元。现场解答群众提出的各种法律疑问,帮助群众增强法治意识,提高法治素养,做到遇事找法,解决问题靠法。二是开展精神扶贫。按照市委的统一安排和部署,指导杨山村成立红白理事会,负责向群众宣传移风易俗政策、村规民约,宣传教育群众树立文明节俭的思想,节俭办理婚丧事宜,积极发展生产,脱贫致富。三是帮助村上解决问题。投入资金2.3万元,帮助村上建设卫生厕所,购置安装村务公开电子显示屏和群众娱乐广场照明灯、电脑、打印机,支持建设群众健身娱乐场地,美化村部环境,规范村级阵地建设。四是看望慰问困难群众。在春节期间慰问困难群众11户,发放慰问金2200元,为患白血病儿童捐赠现金1000元,解决看病难问题。五是开展产业扶贫。驻村书记积极联系协调基础母牛补栏、棚圈建设、马铃薯种植、秋杂粮种植、饲草种植、特色种植、务工补贴、贷款贴息、砂砾路建设、小型水利工程等产业项目资金156.5万元,加大基础设施建设力度,扶持群众积极发展养殖、种植业。通过一系列的帮扶措施,达到知实情,对症下药,解民忧,精准扶贫的目的。

(王健斌)

【合格律师事务所及称职等次律师】

序号	名称	地址	律师姓名
1	宁夏鸣钟律师事务所	宁夏中卫市沙坡头区鼓楼东街三小综合楼三楼	刘建明 徐志勇 张学贤 王宏江 吕伟国 辛红 张荣 王玉珠 高茜 张学武 高海涛 贾晓芸 黄珊 刘东 马建军 段文丽 高银平 倪翔 陈峰 李洋
2	宁夏君元律师事务所	宁夏中卫市沙坡头区鸣沙路13号(香山秀府1幢)	万军 刘存仓 李华 张广红 史红权 王娟玲 周艳 冯艳丽 刘文香 尹国强 徐志强 罗守京 马丽蓉 陆学明 张春艳 张馥华 高超然 杨晓莉 郭卫平 王静 杨宁瑞 刘金保 李文燕 攀天娇 张晶晶
3	宁夏宝中律师事务所	宁夏中卫市沙坡头区中山街路口律师楼四楼	汪希勇 刘唯苇 王波 武克良 朱婷 张娜 刘栋 孔祥瑞 温馨
4	宁夏永东律师事务所	宁夏中卫市沙坡头区清风路香山秀府005号	陈永栋 王军 拓静 张学兵 沈生文 冯卫亮 李文 金荣丽 魏慧茹 詹晓霞 刘成伟 李凌文
5	宁夏李金凤律师事务所	宁夏中卫市沙坡头区文昌镇蔡桥新村西北角三楼	李金凤 康建忠 谢秀梅 刘柱 冯建刚 崔亮 雷发忠 段成臻

续表

序号	名称	地址	律师姓名
6	宁夏辅德(中卫)律师事务所	宁夏中卫市沙坡头区怀远南路黄河花园三期29#119	王振华 王一鹏 吴轶庭 康晓华 张明成 张韶华 康占忠 谢亚军 倪子淏 丁一凡 尚美羽 任晶晶 李慧 杨丹 张瑞 马新 陈晓曦
7	宁夏震柳律师事务所	宁夏中卫市海原县政府东街营业房	徐平 张飞 刘正旭 尚德玉 王芳 王国民 李生艳
8	宁夏杨聪律师事务所	宁夏中卫市海原县政府东街法院斜对面	杨聪 杨亚敏
9	宁夏新菜园律师事务所	宁夏中卫市海原县政府东街育才小区13号楼118号营业房	李耀武 蔺化平 杨海 苏彪 张鑫
10	宁夏中宝律师事务所	宁夏中卫市中宁县东街世纪花园11号楼	严良义 陈国宝 耿少军 晁文丽 毛学峰 蒋丽娜 刘红 李庆娟 胡宝华 董杰 李龙 黄晓娜 龚韶华 何涛 严娟 徐乙博 陆开国
11	宁夏丰安律师事务所	宁夏中卫市中宁县平安东街	王新慧 何建忠 王志华 徐金芳 白春莉 马鹏波 吴小多 马慧芸 马琴 张小平
12	宁夏王占强律师事务所	宁夏中卫市中宁县平安东街世纪花园12号营业房	王占强 葛军 田苗 王丽玲 严文涓 田小路 刘晓旭 刘佳宝 贺昆

【法律援助机构及称职等次律师】

序号	名称	地址	律师姓名
1	中卫市法律援助中心	宁夏中卫市沙坡头区利民街3号中卫市司法局一楼	张梅 雍丽晶 张鑫
2	中宁县法律援助中心	宁夏中卫市中宁县新区富民路中宁县政务大厅一楼西侧	张小娟 白雁玲 王菊梅 杨世梅 范伟超 廉玉莹 樊蓉
3	海原县法律援助中心	宁夏中卫市海原县政府东街海原县司法局一楼	李进昌 马成林 李凤宝 陈琛 杨洁 杨正聪

【公职律师单位及公职律师】

序号	名称	地址	律师姓名
1	中卫市税务局公职律师办公室	宁夏中卫市沙坡头区平安西街1号	陆洋 贺彬 王育斌 王志卫
2	中卫市沙坡头区党委宣传部	宁夏中卫市沙坡头区鼓楼西街385号	赵春凤
3	中卫市司法局	宁夏中卫市沙坡头区政通东路5号	李斌
4	中卫市沙坡头区司法局	宁夏中卫市沙坡头区鼓楼西街	李芸 白龙
5	中卫市沙坡头区纪委监委	宁夏中卫市沙坡头区鼓楼西街385号	吴晓霞
6	中卫市沙坡头区香山乡人民政府	宁夏中卫市沙坡头区香山乡三眼井村	剡霄
7	中卫市公安局	宁夏中卫市沙坡头区平安大道003号	周兆良 梁永新 董琪明 陈亮 赵佳力 白云 申晓峰
8	海原县公安局	宁夏中卫市海原县老城区政府东街	李小红 穆鹏东
9	中宁县公安局	宁夏中卫市滨河东街4号	樊雪虎
10	中共中卫市委员会办公室	宁夏中卫市行政中心	张安光 贺伟龙

公 安

【概况】 2018年,全市公安机关在市委、市政府和公安厅的坚强领导下,以习近平新时代中国特色社会主义思想为指引,以自治区60周年大庆安保为主线,认真践行总书记"四句话、十六字"总要求,统筹结合公安厅"七个聚力""七大战役"、公安改革及信息科技化建设等重大工作,研究制定36项重点工作和80项重点任务,全力以赴推进各项措施落地见效,确保全市社会治安大局持续稳定。 (孙卫成)

【维护社会稳定】 全面贯彻总体国家安全观,持续推进反恐维稳"铁桶工程"建设,建成甘塘、兴仁检查站、27套电子"闸机"和全市重点人员管控系统,常态化稳控各类重点人员,落地查处"全能神"等非法宗教违法犯罪活动,强化网上舆情管控和有害信息处置,推进实战型指挥体系建设,完善重大敏感案(事)件应急处置预案。圆满完成"两节、两会"、自治区 60 周年大庆等一系列重大维稳安保警卫任务,全市未发生危害国家安全、暴恐案事件和失控群体性事件,实现全年敏感节点安全稳定。 （孙卫成）

【严厉打击犯罪】 统筹推进以扫黑除恶为引领的"七大战役",出重拳、下重手,打掉多个"村霸"、恶势力犯罪团伙,抓获多名犯罪嫌疑人,铲除"马某某"等一批干涉基层政权、滋扰乡邻的恶势力犯罪团伙。全市连续四年实现命案全破,社会治安呈现刑事案件总量、命案发案数、八类案件、传统"盗抢骗"案件、经济犯罪案件逐步下降,打击处理数、破案数、追赃数、起诉数、判决数持续上升的"五降五升"的良好局面。 （孙卫成）

【深化"放管服"改革】 坚持"抓基础就是抓稳定,抓改革就是抓长远"的理念,持续深化"一村一警"社区警务,研发运行"5+4"警务工作平台和APP。推出"事故快处快赔"、出入境 24 小时自助智慧延伸服务等便民利民举措。"中卫公安微警局"上线运行,实现"互联网+"和"大数据"下的"枫桥经验"升级版。街面治安巡逻防控联动机制趋于完善,交巡警合一警务改革稳步推进,形成社会面叠加覆盖巡控网,群众安全感、满意度逐步提升。 （孙卫成）

【智慧警务建设】 着力打造"数据警务",整合车站等各类数据信息数十亿条,完成市、县、基层所队三级联网共享。"一机一档"采集率、建档率达 100%,平均在线率高出区厅考核指标 5.4 个百分点。深入推进"雪亮工程",新建各类监控探头 686 个,做到城区主干道警力、交通可视化,消除治安管理在时间和空间上的盲点,视频破案利用率提升至 42%。 （孙卫成）

【禁毒示范市创建】 建立"六位一体"帮教机制,推行吸毒人员积分制管理,吸毒人员管控率达 96%,开展校园禁毒预防教育和"千名干部走进戒毒所""千名禁毒志愿者进万家"系列活动,禁毒宣传氛围更加浓厚。实行戒毒所+派驻医疗机构+专业医院联动机制,创新吸毒人员就业帮扶形式,增强戒毒康复人员回归社会的信心,新增吸毒人员控制在 2%以内,禁毒创建工作走在全区的前列。 （孙卫成）

【公共安全管理】 强化问题导向,兜底源头预防,推行"互联网+金融押运监管"模式,解决押运业务不规范等突出问题。完善涉枪涉爆重点人员、企业动态管控,开展治安乱点区、重点人员聚集区集中清查整治。建成一批智慧安防小区和零发案小区,以小平安构建社会大平安。开展道路交通安全整治,持续推进冬春季预防道路交通事故安全行动,全市共查处各类交通违法行为 39.5 万余起,行政拘留 800 人,事故起数、死亡人数、受伤人数三项指标均大幅下降。全市监管场所实现全年"零事故"。 （孙卫成）

【执法规范化建设】 聚焦执法突出问题专项整治,深化"大监督"格局,推进派出所接报警机器人试点工作,健全执法权力规范运行和监督管理机制,深化刑事案件"两统一"和受立案分离制度,实行执法质量"月考季评"新机制,完善执法办案无缝隙闭环管理。全市共开展网上网下双线巡查 44 次,集中办结各类信访转办件 83 起,实现执法效率和办案水平"双提升"。交通巡逻警察局执法满意度测评位居全区交管系统首位。 （孙卫成）

【队伍作风建设】 坚持抓忠诚筑警魂、抓培训提素质、抓班子带队伍、抓纪律强作风,持续强化党建引领,深入学习贯彻习近平总书记系列重要讲话精神,开展"不忘初心、牢记使命"主题教育、党的十九大精神"大学习、大讨论、大宣讲、大调研、大提升"活动,进一步筑牢忠诚警魂。加强公安队伍建设和党风廉政建设,组织举办各类培训、比武活动 8 期,培训 500 余人次,队伍素质明显提升,凝聚力显著增强。市强制隔离戒毒所荣获全国标兵戒毒所称号。 （孙卫成）

公安消防

【概况】 中卫市消防支队于 2004 年 5 月 18 日挂牌成立,下辖沙坡头区消防大队、中宁县消防大队、海原县消防大队、工业园区大队、海兴开发区大队 5 个大队,沙坡头区消防中队、中宁县消防中队、海原县消防中队、沙坡头水上消防中队和特勤消防中队 5 个编制中队,1 个海兴开发区政府专职队。辖区共有一、二级消防安全重点单位 297 个。支队有水罐、泡沫、高喷等消防车辆,配有隔热服、空气呼吸器、呼救器、简易防化服、手提泛光照明灯、15 米金属拉梯、30 米缓降器、便携式照明灯等普通消防器材,配备特勤装备有排烟机、手抬机动泵、可燃气体探测仪、液压切割机、无齿锯、脉冲水枪、救生气垫、隔热服、空气呼吸器等器材。2018 年,全市消防队伍共接警出动 1088 起,共出动车辆 1739 台次，警力 10199 人次，共抢救疏散群众 320 人，抢救和保护财产价值 400.6 万元。

（王凯敏）

【工作责任】 推动两级党委政府领导多次听取消防工作汇报，带队开展消防检查，深入消防队开展调研，进行现场办公解决实际问题，并就相关工作做出批示指示。两级政府先后以动员部署、印发方案、签订责任书、召开联席会议等形式，发动行业监管部门将消防工作纳入本行业系统管理内容，组织开展联合排查督促监管单位加强消防安全管理。两级消防部门与 292 家消防安全重点单位签订承诺书，进一步明确责任，"四个能力"和消防安全重点单位标准化建设得到有效推进。

（王凯敏）

【安全管理】 两级消防部门持续采取日常监督、错时检查、集中夜查的方式，联合多部门开展高层建筑、电气火灾、电动自行车、医疗机构、文物古建筑、住宅小区等综合治理工作，建立重大火灾隐患报告政府、函告监管部门、通告重点单位的"三告"制度，共确定并挂牌督办重大火灾隐患单位 11 家，通过主流媒体曝光、上门服务指导等措施整改销案 6 家。结合辖区的火灾发生规律与特点，详细制定各种节日、庆典活动和火灾多发时期的安全保卫方案，形成高压强力态势，全力遏制住火灾多发势头。圆满完成全国"两会""上合"组织青岛峰会、庆祝自治区成立 60 周年等重要活动、节日的消防安全保卫工作。 （王凯敏）

【宣传培训】 紧贴各类消防安全专项整治、"七进"等重点工作，提请市政府组织开展集中培训学习和大型宣传活动 19 次，与行业部门协调开展培训宣传活动 40 余次，发放宣传资料 3 万余份，开放消防科普教育基地和消防站 120 余次。深入开展"小手拉大手 消防安全一起走"主题作品征集、教师消防安全授课比赛、家庭防火情景剧征集、学唱消防安全"三字经"等活动，切实发挥"一个孩子带动一个家庭"作用。利用《平安 119》栏目曝光隐患 60 余处，倒逼督促隐患整改。在国家级媒体播发新闻(专题)10 条，省级媒体发稿 52 条次，市级 600 余条，发送微博 6778 条、微信 681 条，官方微博宣传影响力连续两月名列全市前三名，开设腾讯、网易、抖音等流行网媒视频直播平台，巩固楼宇广告、影院网吧屏幕、公共交通工具电子屏等传统宣传阵地，营造浓厚的宣传氛围。

（王凯敏）

【灭火救援准备工作】 提请市政府举办全市多种形式消防队伍比武竞赛活动，6 支企业专职消防队和 15 支企业微型消防站参赛。成立高层建筑、轻型化工处置和轻型地震、水域救援专业队，部署开展事故处置专项训练和救援实战拉动演练，开展各类场所熟悉演练 560 余次，修订灭火救援数字预案 330 余份。落实开展消防水源普查专项活动，完善辖区水源信息工作，保障灭火救援供水。先后成功处置"3·14"海天精细化工泵房甲苯火灾、"6·21"金象医药化工有限公司正己烷火灾和"7·24"黄河宫景区洪涝灾害事故。

（王凯敏）

【指挥体系建设】 优化应急联动机制，及时更新应急联动单位数据库，对辖区大型机械设备进行统计造册。通过指挥调度、多单位联合作战演练，加强与微型消防站及社会联动单位的互联互通。组织全勤指挥部、接警员对接处警工作管理规定和灾情分级、调派规定进行学习。编制 8 类灾害事故应急通信保障预案和设备操作一口清手册，联系设备厂家对支队通信保障人员培训 5 次，定期组织人员开展语音图像及应急通信设备检查测试工作，为灭火救援指挥决策提供有力的通信保障。 （王凯敏）

【党组织建设】 牢固树立"抓党建、带队建、打基础、争先进"的鲜明工作导向，矢志把握拥护改革、支持改革、投身改革这个工作方向，全面推动新时代基层党组织建设。坚持以"一诺三评创十星"、基层党建工作项目化管理、"党课我来上、聚力新发展"党员授课、党员集体过生日等特色党建活动为抓手，强化各级组织责任担当和履职尽责意识，不断加强基层组织的标准化和规范化建设。

（王凯敏）

军 事

综 述

【联合专项训练】 2018年10月,军分区认真组织保交护路课题研究,进行翔实拟制演练方案计划及脚本,协调市领导及国动委成员单位负责人召开军地协调会,明确细化参演人武部及国动委成员单位任务分工、听取采纳意见建议,协调军区战备建设局指导帮助,反复推演方案计划和脚本,熟练掌握指挥流程,累计投入125万余元,发放误工补贴、购置训练器材、整治训练场地,10月22日,圆满完成联合专项训练任务,锻炼提升首长机关组织指挥能力,得到了军区首长及市委政府领导肯定。 （黄世令）

【开展"八一"军事日】 8月1日,在炮兵第76旅迎水桥营区组织43名市国防动员委员会领导及国防动员委员会成员单位领导,开展95式自动步枪实弹射击、邀请国防大学刘小力教授进行国防教育讲座、体验连队伙食等系列活动,密切军地关系。

（黄世令）

【学生军训工作】 按照年初报计划、训前搞协调、训后抓调研的步骤协调中卫市8100余人的学生军训工作。3月初,协调市教育局统计上报学生军训用兵需求,7月中旬,组织市教育局、中卫驻军相关领导在军分区召开协调对接会,明确各自责任,学生军训工作顺利完成。 （黄世令）

【落实党管武装制度】 坚持落实党委议军会,国动委第一主任、主任述职,军地领导双向兼职和国防动员委员会制度,组织党政领导干部和机关过军事日;在重大节日、军地组织实兵演习、召开征兵和学生军训工作领导小组会议期间,及时邀请市委领导到军分区现场办公,了解掌握国防动员委员会建设现状,协调解决实际问题。在组织兵员征集、保交护线和非军事行动演练等演练期间,主动邀请联系军分区工作的领导参加,强化军地协作机制,实施精准科学指挥。

（黄世令）

【组织专武干部参加集训】 根据军区《关于组织开展新任职基层专武干部集训的通知》精神,4月8日至5月11日,历时32天,由动员处处长带队,全市33名（沙坡头区9名、中宁县8名、海原县16名）新任职基层武装部部长参加军区统一组织的封闭式集训,圆满完成新《民兵军事训练大纲（干部训练）》规定的军事理论、基本技能、业务工作、组织指挥4个方面28个科目的学习和训练。通过竞赛性结业考核,中卫市取得综评成绩470.65分,全区综合成绩第一名;6月4日至24日,组织全市21名专武干部进行基本业务和基本技能集中培训,选拔考核成绩优秀的10名同志参加宁夏军区组织的"四类人员"基本业务和专业技能比武竞赛,海原县红羊乡武装干事田原取得个人综合成绩第三名的好成绩。 （宋彦军）

【兵役工作】 2018年,全市共征集男性新兵353人,大专以上学历占兵员总数的64%,较2017年度增加23.7%、超自治区征兵指导比例14%,其中,中宁县增长比例较快,较2017年度增加25%;坚持择优定兵,全部征集高中以上文化程度新兵,大学生首次成为征兵主体;全市实现"零责任"退兵目标。一是严密兵役登记工作。1月,军分区依托视频会议安排部署征兵准备工作,采取人武部干部包乡镇、专武干部包村包片、民兵干部包人包户的方法开展兵役登记,在人武部、街道和乡镇开设兵役登记站46个,张贴《兵役登记通告》300余份,开展咨询报名、登记审核等工作。结合民兵整组点验时机,逐乡镇开展兵役登记督导检查,促进工作落实。截至7月31日18时,全市共兵役登记44099人,大学生兵役登记6743人,100%完成男性公民兵役登记任务。二是严密组织征兵业务培训。6月12日,组织全市83名征兵工作人员参加自治区征兵工作业务培训电视电话会议;协调3名心理医生、1名主检医生、1名系统管理员和2名征兵参谋赴宁夏军区参加现地集中培训。三是加大征兵工作宣传。市征兵办积极协调相关业务部门,在政府网站、《中卫日报》及时刊发兵役登记公告;依托中卫后备军、文明中卫和云端中卫3个公众号宣传大学生征兵政策、报道工作动态,公开大学生征集标准和程序;在全市10所高中、职中集中开展征兵工作宣传8次、散发征兵宣传彩页两万余张,在乡(镇)、学校张贴征兵宣传画500余张、悬挂征兵横幅360条,指导各县(区)人武部做好征兵宣传和政策解读工作,较好地调动应届高中毕业生报名的积极性。协调市委宣传部,在中卫日报、政府官网和融媒体上宣传征兵政策法规,在中卫电视台每天26次循环播放全国征兵宣传片。印制征兵宣传品配发各县(区)进行征兵宣传;与中国邮政集团中卫分公司签订新媒体线上广告征兵宣传协议,推广征兵宣传内容70万次,征兵宣传取得了良好的效果。四是开展廉洁征兵督导检查。由副司令带队,协调中卫市人民医院、中宁县人民医院和海原县人员医院7名医生,抽查两县一区115名体检合格应征青年,对12名体检标准边缘性问题集中组织会诊;发放115份廉洁征兵调查问卷和450张廉洁征兵10条禁令,回收有效问卷115份,经汇总,全市暂时没有发现廉洁征兵问题。指导各单位在营区门口、报纸及公众号上公布廉洁征兵监督举报电话,在微信朋友圈推送20万次廉洁征兵宣传,有效防止基层征兵"微腐败"问题发生。 （宋彦军）

【推进军民融合】 落实自治区第十二次党代会明确提出"要力争建设国家级军民融合产业示范区"的总目标,结合中卫市区位优势、资源优势、产业优势,组织国动委相关人员,赴驻卫部队和地方相关单位进行实地调研,了解军事需求,观看军民融合发展现状,协助相关企业与部队进行对接。高标准完成国防部长、全国政协常委、军区司令员、政委来卫调研工作准备;保障西部战区动员局副局长带工作组对中卫市天元锰业、西部云基地的国防动员潜力数据现地核查工作。 （宋彦军）

【开展"传承红色基因、担当强军重任"主题教育】 4~12月,军分区按照军委《意见》、军区《实施意见》明确的要求,对照本级《实施意见》,采取军分区集中上大课辅导、机关和各人武部分组讨论的方法,完成主题教育4个专题的授课,每个专题由1名团职干部担负授课,每次辅导授课后,由军分区首长对授课情况进行点评,并组织课后讨论和大会交流,确保教育的质量和效果。 （高喜军）

【精准扶贫】 按照军分区党委、首长决策指示,围绕迎接国防动员部组织的检查考评,认真组织调查摸底,研究论证帮扶方案,推进项目落实,先后投入60.4万元,为后塘村新建1个党建活动室和1个文化广场,重点对43户建档立卡贫困户进行产业、教育、医疗、安居等帮扶,与后塘小学开展捐资助学。在迎接军区4个波次预检、军委国防动员部检查考评过程中,政委亲自挂帅,带政治工作处2名同志和海原县人武部全体干部职工在后塘村蹲点驻村36天,严格对照5个方面36条标准,查漏补缺,现场督办党建、产业、教育、医疗、安居、基础设施建设和军寺共建帮扶项目落实,走村入户47人次、看望慰问68户、实地座谈5次、整理资料19本,受到第三检查考评组组长吴副主任的充分肯定。 （高喜军）

【"三群体"工作】 按照宁夏军区关于"三群体"脱贫帮扶、优抚解困工作的统一安排,及时协调召开中卫市军地扶贫工作联席会议,统一思想认识、明确军地分工。组织召开军分区党委常委会,专题研究部署"大走访"活动,组织分区机关和人武部分两个批次100余人次实地走访40个乡镇492户军烈属、退伍老兵及现役军人军属家庭,核实确定155户"三群体"帮扶对象,经过3次联合会审,确定一户一策帮扶方案,先后投入6.3万元用于军人"三群体"走访慰问和发放种植、养殖、学费和医保补贴,联合市公安局、退役军人事务局建立涉军问题协调机制,协调市退役军人事务局为沙坡头区242名"三群体"帮扶对象制作免费公交卡,协调在《中卫日报》开辟《传承红色基因·老兵精神》专栏,刊稿7篇。 （高喜军）

【经费管理】 邀请76军炮兵旅财务人员翻票据、查底子、寻依据,共同查找、探讨交流,历时20余天,发现6个方面23类问题和242份需进一步核实的票据,为抓好整改,分类划分到各个责任单位,限期进行整改,清退收缴不合理开支24.99万元。

（詹晓磊）

人民防空

【人防工程建设】 严格执行《宁夏回族自治区人民防空工程建设管理规定》(自治区人民政府令第94号),会同规划、建设等部门研究制订人防建设规划的强制性措施,将人防行政审批全部纳入基本建设报建联审中,坚持规划一张图、审批一支笔,一张蓝图管到底、建到底,审批报建率达100%。加强人防工程质量安全监管,对发生的违法行为严肃查处,坚决维护人防法律法规政策的严肃性、权威性,确保防空地下室防护等级和质量安全达到设计标准。2018年,新开工人防工程1个,建筑面积5148平方米,在建人防工程两个,建筑面积12241平方米,竣工人防工程1个,建筑面积3538平方米,全市人防工程建设取得突破性发展。 （丁志业）

【人防欠费追缴】 对照建设部门《施工许可证》,逐项逐个统计施工企业欠费项目和欠缴金额,制作上报《防空地下室易地建设费征缴情况统计表》《历年欠缴（缓缴）易地建设费收缴情况统计表》《防空地下室易地建设费符合政策免缴情况统计表》等报表,全面厘清历年企业欠费项目及欠缴金额。结合实际,制订切实可行的追缴计划,并召集欠费单位负责人召开座谈会,讲法规、讲政策、明确缴费时限,多措并举引导企业切实履行清欠义务。共完成16家企业29个项目的欠费追缴工作,共收取人防工程易地建设费1562万元,收费总额创历史新高。 （丁志业）

【人防信息化建设】 积极推进指挥信息系统快速形成,升级改造通信指挥车的短波电台,区市人防通讯指挥系统和移动指挥车实现周一、周三、周四互联互通。加强对警报设施的管理维护,使警报设施经常保持良好状态。按照上级要求,组织开展"5·12""9·10"警报试鸣工作,认真落实防空应急疏散演练,鸣响率和音响覆盖率均达到100%;新安装和更新电声警报器4台,多媒体警报2台,对已安装的防空警报器进行全面认真维护和检修,确保电台、指挥通信系统设备的通畅,应答联系和联通率达100%。 （丁志业）

【应急避难场所设施和人口疏散地域建设】 对建成的文化广场、香山公园等10处应急避难场所已破损的标志牌和指示牌进行更换,重新修订完善《中卫市应急避难场所应急预案》;规划建设何滩村、姚滩村、鸣沙村3处人口疏散地域,并设计制作标志牌和指示牌,完善相关人防应急设施和设备,切实为防空防灾、人民生命财产安全提供保障。 （丁志业）

【人防队伍建设】 对7支人防专业队进行整组,对各专业队伍重新进行综合信息的调查,对各专业队队员进行详细的个人信息录入,科学研订训练计划,全面提高人防专业队伍的基本素质,切实提高人防专业队伍的实际水平与专业保障能力。 （丁志业）

【经济目标单位普查】 按照自治区人防办要求,2018年8月,根据重要经济目标普查分类标准,结合中卫市实际,实地深入各相关单位,对辖区内人防重要经济目标单位重新进行确定和普查登记,使重要经济目标防护单位的确定更加科学,综合数据更加完善。9月,指导中卫清源供排水公司和国网中卫供电公司完善防护试点方案,开展防护试点建设,并适时组织进行防空袭防护演练,完成重要经济目标单位的防护试点工作。 （丁志业）

【人防宣传教育】 通过广播、报纸、展览、宣教等多种形式,在广场、社区、学校等地方积极宣传人防教育,以丰富的与时俱进的大家喜闻乐见的宣传教育形式和手段,全面推动人防宣教工作向纵深拓展。5月10日,参与中卫四中的地震应急演练;8月,在文化广场开展"弘扬人防文化,铸就护民之盾"普及人防知识公益演出;9月,在文昌镇黄河花园社区的5个小区开展"人防进社区"工作,建立人防工作站,编制应急疏散方案;9月10日,试鸣防空警报之际,在中卫八小开展防空防灾应急疏散演练活动,在红太阳广场开展人防知识宣传;10月,在沙坡头区15所学校、5个社区开展人防应急知识讲座。全年共编印《人防信息》25期,发放《人民防空防灾知识手册》等8000余册,利用广播电视、报纸等宣传两次。 （丁志业）

【组织建设】 实行集体领导下的分工负责制,人防办内的重大事项,由集体研究决定,做到民主决策、民主管理。加强干部的组织建设、思想建设和作风纪律建设,修订完善干部学习制度、考勤制度、值班制度、财物管理制度等,积极开展"两学一做"学习教育,推进学习教育常态化制度化。深化干部职工人防专业知识培训,组织10人次参加自治区人防办组织的业务知识培训班。以创建"学习型机关、节约型机关、文明机关"为目标,切实加强"准军事化"建设。培养人防人"听从指挥、时刻准备、团结协作、步调一致"的特有工作作风。认真落实区、市人防工作要点和自治区人防办下发的2018年度效能管理考核细则,对标定责,对责定人,严格督察,推进工作落实。 （丁志业）

经济管理

发展和改革

【概况】 中卫市发展和改革委员会是市政府主管国民经济和社会发展、物价及经济动员工作的综合经济职能部门。承担着全市国民经济和社会发展、改革、物价收费管理的综合、平衡、指导、协调、服务等职能。市发改委共有科、室、局、中心共11个。内设综合科（办公室）、规划投资科、产业发展科、社会发展科、重点项目稽查科、招投标管理科、能源产业发展科、物价监督管理科8个科室；直属中卫市价格监督检查局（挂价格成本调查局牌子）正科级行政机构1个、下设中卫市价格认证中心、中卫市第三产业服务中心正科级事业单位2个。全委共有在编工作人员34名。

(王海龙)

【经济综情】 2018年，全市实现地区生产总值402.99亿元，按可比价格计算，比2017年增长6%，增速比2017年下降1.5个百分点。从产业来看，第一产业增加值57.72亿元，比2017年增长4.2%；第二产业增加值175.37亿元，增长5.8%；第三产业增加值169.90亿元，增长6.9%。增速比2017年回落2.2个百分点。从行业生产来看，农林牧副渔业总产值114.20亿元，比2017年增长4.8%；全市规模以上工业增加值比2017年增加3.8%，增速比2017年回落4.4个百分点。全社会固定资产投资额225.45亿元，比2017年下降32.5%；全社会消费品零售总额74.23亿元，比2017年增长4.9%；全市地方财政收入30.33亿元，比2017年下降9.0%。全市城镇常住居民人均可支配收入27372元，比2017年度增长8.0%；农村常住居民人均可支配收10236元，比2017年度增长9.3%。

(王海龙)

【产业创新驱动与升级】 一是全市大力发展"1+5"特色农业优势产业。建成富硒硒砂瓜、富硒枸杞示范种植基地8万亩。新建永久性蔬菜基地1万亩，蔬菜种植面积达40万亩。新建万头奶牛场2个，全市奶牛存栏、肉牛、肉羊、生猪和家禽饲养量分别达到6.8万头、38.5万头、304万只、93.5万头和836万只。培育自治区级以上农业产业化龙头企业56家，万齐登榜"农业产业化国家重点龙头企业"。全市特色优势产业产值占农业总产值比重达85%。中卫市被授予"中国塞上硒谷"称号，"中宁枸杞"品牌价值跃升至172.8亿元，"香山硒砂瓜"获批中国特色农产品优势区，"沙坡头苹果"获得国家农产品地理标志。二是工业转型升级加速推进。加快实施新一轮重大技术改造升级工程，实施紫光中试、利安隆高分子助剂、协鑫1功率单晶节能改造、三元中泰余热发电等一批技术改造项目。加快发展清洁能源，建成美利云、振发等光伏电站，开工建设卧龙、京能公司风力发电项目，落实新能源企业电价补贴，新能源发电量达到70亿度，占全市发电量的50%左右，新能源产业增加值增长8%左右。三是现代服务业提质增效。沙漠星空大道、沙坡头南岸半岛等一批项目建成投运，启动建设沙坡头新北区、黄河生态康养旅游产业带等项目，国内首台魔幻情景体验剧《沙坡头盛典》常态化公演。全年接待游客760万人次，实现旅游收入62亿元，分别增长11.4%和15.7%。农村电商加快发展，建成中宁、海原县电子商务孵化中心，已入驻企业45家。打造村级电商服务网点204个，实现销售额17.7亿元。中卫中国物流园投入运营，各类物流企业达82家，交通运输、仓储和邮政业投资增长9.8%。4.创新驱动能力日益增强。全市R&D经费投入达3.14亿元，投入强度0.94%，科技经费投入增速达40%，申请专利同比增长190.5%。"宁科贷"项目风险补偿资金池扩大到1.6亿元，为18家企业发放贷款4695万元。新培育国家级高新技术企业3家，自治区科技小巨人企业5家，自治区科技型中小企业40家，自治区以上各类创新平台21个。

（王海龙）

【**重点项目进展**】　2018年，市中医医院迁建项目基本完成，宁夏中部干旱带西部供水中宁县喊叫水片区工程已建成。高铁站站前广场及地下车库、黄河二期防洪卫宁段、河南农村饮水安全巩固提升工程等重点项目已完工。高铁站黄河大桥、中卫至兰州客运专线、中化锂电池材料等项目正在加快推进，为2019年经济发展奠定良好基础。亚马逊云计算中卫合作一期项目上线运营，西部云基地服务器规模达10.3万台，中国移动数据中心一期建成投用，中国联通、炫我科技、天云网络等一批数据中心加快推进。成功举办首届云天大会，中卫被评为"最适合投资数据中心的城市和地区"。国家级军民融合创新示范区创建加快推进，中国西部飞艇产业基地、商业卫星天线组阵、风云气象卫星等项目进展顺利，"火冰"新型环保消防灭火器两条生产线建成投产，"宁夏一号"（钟子号）卫星项目第一颗低轨载荷卫星研制完成。　（王海龙）

【**绿色发展新成效**】　2018年，全市牢固树立绿色发展理念，深入实施"蓝天碧水净土"行动和"生态立市16条"，出台《关于进一步加强工业园区环境保护的意见》，建立园区重点企业市级领导包抓机制，将宁夏蓝丰精细化工有限公司地下水修复现场确定为中卫环境警示教育基地。全面落实淘汰落后和化解过剩产能任务，低碳减排工作稳步推进，鼓励企业开展清洁生产，宁钢公司被自治区确定为绿色工厂建设示范单位。开工建设宸宇环保无害化处置中心、中卫绿能垃圾焚烧发电厂等一批项目。取缔燃煤锅炉249台，停产改造"小散乱污"企业25家，建成洁净煤配送中心9个。严格落实"河湖长制"，推进清河专项行动，清水河海原段、沙坡头区第三和第四排水沟、中宁县北河子沟等重点河湖沟道水质状况明显改善。实施"增绿植绿"行动，完成营造林23万亩，全市森林覆盖率提高到13.9%。　（王海龙）

【**改革开放新突破**】　2018年，改革开放实现新突破，供给侧结构性改革扎实推进。房地产去库存稳步推进，全市房屋待售面积92万平方米，同比下降2.5%。全面落实自治区"降成本30条"，为企业减税14.3亿元，全市47家企业参与电力直接交易，22家企业享受差别化电价补贴，节约成本约8600万元。降低一般工商业用电价格，商业电价下调惠及47748户商业用户；清理转供电企业用电负担，转供电企业终端电价平均降低20%以上。深化"放管服"改革。取消无法律依据证照事项383项，实行行政审批"告知承诺制"、工业园区项目"区域评"、重点项目"代办制"，"不见面、马上办"办理率达80%。内陆开放型经济试验区建设工作深入推进。按照国家"一带一路"向西开放战略部署，切实加强顶层设计，组织编制《中卫铁路枢纽总图规划（2016—2030年）》《中卫市综合交通运输发展规划（2018—2025年）》，科学布局对外通道，全力构建综合交通运输体系。中卫至兰州客运专线正在建设，海同高速公路建成通车，中欧、中俄国际货运班列实现常态化运行，沙坡头机场开通北京、乌鲁木齐等8个通航点，预计全年可实现货邮吞吐量150吨，年旅客吞吐量达到24万人次。　（王海龙）

【**民生与脱贫**】　2018年，全市民生福祉得到新提升。脱贫攻坚深入推进。全市整合资金17亿元，发放扶贫小额贷款13亿元，打造就业扶贫基地31个、开展脱贫技能培训3.3万人，建档立卡户贫困户转移就业10554人。全市42个贫困村脱贫销号，18个贫困村出列，减贫2.8万人，贫困发生率从7.2%下降到3.95%。民生保障基础不断夯实。新建、续建城市道路37条27.8公里，改造棚户区和老旧小区11万平方米，实施各类保障性安居工程4.4万套，开工建设美丽小城镇3个、美丽村庄20个，新建、改建农村公路466公里，完成危窑危房改造9813户，有效地满足人民群众住有所居的需求。新培育自治区级创业孵化示范区3家，新增就业9080人，转移农村劳动力15.4万人，城镇登记失业率为3.6%。全面启动"同舟计划"二期，6.07万名企业退休人员月人均调增养老金135元，为8.3万名城乡居民月人均调增基础养老金20元，全市建档立卡户养老、医疗保险参保率分别达99.8%和100%。各项社会事业发展持续推进。实施农村薄弱学校改造、普通高中办学条件改善等项目207个，新建、改建校舍17.8万平方米；实施教育扶贫计划，为1.5万名大学生发放生源地助学贷款9796万元，实现困难学生资助全覆盖。中宁县人民医院妇儿综合楼、海原县中医医院迁建等医疗条件改善项目工程顺利推进。　（王海龙）

统计管理

【**统计基层基础**】　一是筑牢"四上"企业根基，细化专业、强化责任，各专业全年共督察指导"四上"企业112家，进一步规范企业统计台账、统计资料、统计档案。二是组织开展全市2018年统计星级单位评定管理工作，验收认定三星级诚信单位80家、四星级诚信企业22家、四星级统计站2家。三是开展统计人员诚信档案管理工作，建立全市统计从业人员诚信档案，对统计从业人员进行动态化管理，并与全国信用信息共享平台实施联合惩戒。四是严格落实政府印发《关于进一步加强部门统计工作的意见》，加大考核力度，有效规范部门统计工作。　　　　　（马茹军）

【统计调查】　　一是严格执行统计报表制度，精心组织完成全市GDP核算、投资、房地产、建筑业、工业、能源、商贸、服务业、科技、劳动工资等20多个专业2017年年报和2018定期报表工作。二是狠抓"四上"企业统计工作，挖掘入库潜力，培育新增"四上"企业77家，5000万以上投资项目70个，成为全市经济发展新的增长点；重点加强对企业报表的审核、监督、培训、核查、验收，联网直报率达100%。三是完成城市年报、"四众"调查平台、载客载货汽车能源消费、人口变动、城市商业综合体等调查工作。四是做好小康监测工作，组织召开全面建成小康社会工作推进会和统计监测业务培训会，将目标任务分解到部门、县区，对有关部门分管领导及统计人员进行培训，上下联动，部门协同，认真收集、审核、比对部门数据，全面小康社会统计监测工作取得阶段性成果。五是开展全市2018年妇女儿童发展规划监测工作，形成高质量的监测报告，为推动"两纲"实施提供决策依据。六是开展能源消费监测，及时向市委、市政府和有关部门提供能耗进展情况。七是完成投入产出调查工作，严格核查，实地走访，分别从37个大类48个小类行业抽查51家企业，培训指导企业认真填报，严格审核，确保报表数据质量。　　　　　（马茹军）

【统计服务】　　一是组织编印发布《中卫市2017年国民经济和社会发展统计公报》《2017年中卫市经济要情手册》《中卫月度经济指标手册》和《中卫统计年鉴—2018》，为各级领导和社会公众提供高质量统计产品。二是加大统计分析撰写力度，坚持用数据说话，为决策服务，组织专业人员深入企业、项目单位调研，截至2018年年底，共撰写编发调研报告14篇，统计快报11期，统计专报24期，统计信息43篇，工作简报99篇，其中被区内网、统计杂志、中卫日报等网站媒体刊登91余篇。三是丰富"活页夹"内容，按照时间节点，搜集整理全国全区及各市县区主要经济指标，及时向市四套班子领导及经济部门负责人更新呈报。四是主动参与经济社会发展决策。积极参与市委、市政府各类经济形势分析及调研活动，为市上经济类会议提供分析报告，为市委、市政府效能目标管理考核提供主要指标进展情况。五是在市党校对人大代表、团干部、妇女干部讲解统计知识，解读经济形势。积极拓展为基层统计部门、调查对象、社会公众服务的途径和方式，通过政府网站、微信微博等新闻媒体，发布解读统计数据，热情为社会公众提供咨询服务。
　　　　　　　　　　　　　　　（马茹军）

【统计法制】　　一是4月份专题向市委常委会汇报统计执法工作，并传达学习《统计违纪违法责任人处分处理建议办法》；在市政府第28次常务会议传达学习中央《意见》《办法》《规定》精神，市委、市政府主要领导对贯彻落实意见提出具体要求。二是6月份在全市范围内开展"双随机"统计执法大检查，在自查基础上重点抽查35家报表单位，下发责令整改通知书7家，有效遏制一些部门和企业统计违纪违法现象。三是组织符合条件的4名干部参加全国统计执法证培训考试，并取得国家统计执法证，有效提高执法人员素质和专业化水平。四是制定《中卫市统计调查对象事务告知书》，向新纳规企业告知法定义务、法定权力和法律责任，切实提高统计调查对象的依法统计意识。五是宣传《统计法》《统计法实施条例》，向县区、部门单位、"四上"企业发放《统计法律法规知识汇编》1000余册，向社会累计发放宣传彩页、统计资料2000余份。六是开展统计数据质量核查工作。坚决贯彻落实中央、自治区和国家统计局依法统计，提高数据真实性的各项要求，按照自治区统计局统一部署，组织县区各专业全面对"四上"企业、重点项目开展数据质量核查工作，重点对产值、收入、利润、税金、投资额等主要指标进行核查。督促企业健全统计台账、规范统计基础，建立数据质量核查长效机制。全面清理5起市直部门违反《统计法》精神的文件和做法，提高社会各界和统计调查单位的依法统计意识。（马茹军）

【第四次全国经济普查】　　一是成立市第四次全国经济普查领导小组，市县乡层层组建普查机构，召开全市第四次全国经济普查工作会议，与市直部门、各县区签订目标责任书。二是全市落实普查经费340万元，精心选聘普查"两员"1002名。三是全面启动普查宣传工作，制订《中卫市第四次全国经济普查宣传工作实施方案》，编发《图解四经普》《经普十问十答》等宣传材料，通过标语、电话彩铃、新媒体、文艺节目等形式广泛宣传，在全社会营造关心关注经济普查工作的良好氛围。四是开展单位清查工作，组织县区对区域内所有单位和个体户进行"地毯式"清查,对清查单位进行认定和行业编码,为正式普查登记奠定基础,强化普查质量监督。五是制定普查数据质量控制方法、工作流程、时间表和进度图,对县(区)、镇(乡)两级经济普查现场登记及数据处理业务进行培训和督查。

(马茹军)

【统计改革】 一是认真落实固定资产投资统计制度方法改革,督促指导全市115家500—5000万元项目投资按财务支出法进行统计。二是积极落实局队业务分工改革,顺利完成调查队7项调查业务承接工作。加强沟通对接,组织做好历史数据和档案的移交及样本核实工作。规模以下工业、服务业、建筑业、限额以下批零住餐行业已于2季度顺利开展调查,小微企业固定资产投资情况、规模以下企业创新调查、规模以下工业企业成本费用等调查将于年底开始。

(马茹军)

【统计培训】 一是"请进来",邀请自治区统计局专家,分县区为机关、企事业单位负责人及统计人员1000余人进行统计法律法规和业务知识培训。二是"走出去",组织专业人员积极参加自治区统计局举办的各类业务知识培训,5月份组织局业务骨干、市直部门、县区、乡镇统计人员在西安财经大学举办50人参加的全市统计业务素质能力提升培训班。三是"沉下去",坚持逢会必讲、以会代培形式,全年培训机关、企事业单位统计人员16期1000余人次,到县区举办业务、经济普查等各类培训班,深入企业面对面对"四上"企业统计人员进行培训、指导,有效提升基层统计人员业务能力。

(马茹军)

国土资源管理

【概况】 中卫市国土资源局主管全市土地、矿产等自然资源的规划、管理、保护、合理利用和测绘管理。2018年,中卫市国土资源局紧紧围绕"保护资源、保障发展、维护权益、服务社会"这一主题,围绕中心积极服务,认真履职严抓管理,为全市经济社会事业作出积极贡献。

(黄 波)

【耕地保护】 全面推行基本农田和耕地保护"地长制",按照属地管理、分级负责、责任到人的原则,构建覆盖全市、不留盲区、监管到位的耕地保护体系,助推耕地保护工作上台阶。全市耕地保有量达到421.96万亩,基本农田巩固在329.57万亩,达到"数量不减、质量不降"目标。

(黄 波)

【土地供应】 完成各类项目供地86宗4633.32亩,其中招拍挂出让国有土地使用权38宗1267.32亩,成交价款2.55亿元;划拨城市国有建设用地48宗3366.00亩。完成建设用地预审122宗2943亩,设施农用地备案25宗745.5亩,审批临时用地5宗205.48亩。切实保障西部控股集团、沙漠天宫、星星酒店、碧桂园、恒大集团、熔盐、新澧化工、污水处理厂等数据中心、旅游、工业、城市基础设施及社会事业等重点项目用地需求。

(黄 波)

【土地节约集约利用】 公布实施市辖区土地级别与基准地价更新成果。开展市辖区城乡地价调查与监测、中卫工业园区、市辖区建设用地土地集约利用评价工作。实施沙坡头区国有建设用地履约保证金试点制度,缴存履约保证金3553.54万元,退还履约保证金1706.09万元,有力促进建设用地的及时合理开发利用。处置闲置土地14宗1280.3635亩,处置批而未供土地40宗3361.05亩,促进土地节约集约利用水平的提高。

(黄 波)

【土地开发整理】 续建和新建高标准农田建设土地整治项目5个,建设总规模4.5万亩,总投资6291万元。其中,续建完成宣和镇汪园、永和、赵滩旧营和迎水桥镇营盘水村等4个项目,建设规模3.6万亩;开工新建宣和镇何营、宣和村土地整治项目,建设规模0.9万亩,截至2018年年底,完成工程进度25%。实施耕地占补平衡项目2个,落实占补平衡指标3268亩,保证建设项目占用耕地及时补充任务。

(黄 波)

【土地征收】 严格执行征地补偿标准,坚持征地补偿"两公告一登记""一卡通"直补等6项长效机制,共征收土地21宗2701.25亩,兑付征地补偿款9608.89万元,保障西气东输西一线黄河跨越与黄河隧道互联工程、滨河北路道路提升改造、公安监所管理中心、旅游咨询服务中心、"栖息谷"游养项目、李旺物流园等重点项目用地。

(黄 波)

【不动产登记】 全年共受理各类不动产登记24500件,发放不动产权证书8400本,发放不动产权证明10300本。受理群众及有关部门查阅档案资料29746次,出具各类查档证明5180份。房地一体确权登记、三次土地调查工作、河湖水域岸线划界确权工作取得阶段性成果。

(黄 波)

【矿产资源管理】 完成《中卫市矿产资源规划(2016—2020年)》修编工作。完成出让、延续采矿权19宗,收缴规费138.71万元。完成45宗矿山2017年度开发利用统计和动态监测工作。加强矿山环境综合整治,关闭影响自然保护区、影响文物保护区、资源枯竭的5个非煤矿山和2个煤矿,督促矿山企业完善环评手续。加大矿山安全生产管理,年内没有发生矿山安全生产事故。　　　　　　　　　　　　（黄　波）

【测绘管理】　完成9家测绘单位的测绘统计年报和测绘资质证书年度注册工作。对沙坡头区的4家测绘资质单位进行巡查。对全市9个测绘资质单位进行测绘成果质量监督自查工作。完成沙坡头区国家GPS点、三角点、水准点70个测量标志点全面普查维护工作。对沙坡头区5个测绘资质单位进行保密检查工作。完成外省来中卫测绘备案工作和地图市场检查工作。　　　　　　　　　　（黄　波）

【执法监察】　组织动态巡查次数197次,制止违法行为91起,发放抄告单33份。通过动态巡察和卫片执法,立案查处违法案件50起(其中土地38起,矿产12起),立案处理12件。拆除违法建筑51000平方米,复耕土地94亩。通过国土公安联合执法,拆除违法建筑3处2600平方米,取缔非法采矿点5处,有效规范行业秩序。　　　　　　　　　（黄　波）

【党的建设】　扎实开展形式主义官僚主义等"四风"问题整治行动,严格执行中央八项规定精神,机关作风持续转变。认真践行"四种形态"第一种形态,开展各类谈话50余次。开展中心组学习15次,干部集中学习32次,警示教育1次,落实学习内容90余项68个学时。完成党组织换届选举工作,举办各类专题党课11次,召开专题民主生活会2次,组织生活会3次。"共产党人信仰""读原著、悟原理""宪法学习宣传主题党日"等主题,按月举办支部主题党日。坚持意识形态工作"四同"机制,打好意识形态工作主动战。开展公民道德思想政治建设教育,践行社会主义核心价值观。开展"双创"活动,投入资金1万元,对网格责任区进行清理整治。开展扫黑除恶专项斗争活动,有效维护社会和谐稳定。　　　　　　　（黄　波）

市场监督管理

【概况】　全面深化商事登记制度改革,全市新设立市场主体11737户,同比增长10.6%,全市市场主体总量达到71207户。承担的国务院行政执法"三项制度"改革试点工作成效显著;全面推行电子营业执照和"一网办理",对400户"僵尸"企业进行清理,依法拟对250户长期未经营的企业营业执照进行吊销,市场经营秩序进一步规范。食品、药品、特种设备安全形势平稳,质量强市战略取得明显成效,标准引领工程稳步推进,本土品牌竞争力显著提高;市场竞争环境和消费环境明显改善;党的建设全面加强,干部职工素质能力进一步提高。　　　　（兰正海）

【注册登记工作】　印发《中卫市进一步压缩企业开办时间实施方案》,全面推行"一次性告知、首问责任制、限时服务制"告知承诺等制度,将中卫市企业设立登记、公章刻制、发票申领3个环节办理时间压缩至3个工作日内。实行个体工商户登记同城通办,在实现"三十三证合一"的基础上,实行"四十四证合一"。全面推行"双随机、一公开"抽查,全市企业、农民专业合作社、个体工商户年报率分别达95.30%、83.52%、76.12%,将未按时参加年报的804户企业、农民专业合作社列入经营异常名录,清理400户"僵尸"企业,依法对250户长期未经营的企业营业执照进行吊销。
　　　　　　　　　　　　　　　　　（兰正海）

【食品安全监管】　实施学校食堂、生湿面、非洲猪瘟疫情等19个专项治理,检查食品生产经营单位15238家,消除食品安全隐患2256条次,没收下架不合格食品9071袋,吊销食品生产许可证2家,关停食品经营户27家,查办食品违法案件90起,罚没款64.37万余元。推进"明厨亮灶"工程,验收通过"明厨亮灶"单位1860家,实施"明厨亮灶+4D管理"餐饮单位52家,有效提升餐饮食品安全管理水平。成功创建6个食品安全示范镇、2个食品生产示范企业、1个餐饮食品安全示范街区、40家食品示范单位、26家食品安全示范学校和两家"放心肉菜"超市。先后妥善处置"中宁县恩和镇双井子小学学生发生呕吐腹泻症状事件和宣和镇杨沟村村民家庭就餐疑似食物中毒"等食品安全问题事件。全年共抽检各类食品、食品原料和食品添加剂1854批次,合格1838批次,合格率达99%。加快推进食品快检中心(室)建设,沙坡头区建成14个食品快检实验室,市级食品快检中心2018年年底全面竣工验收,2019年投入使用。完成自治区成立60周年大庆等各类活动及重大接待食品安全保障工作51起,食品安全保障工作"零事故"。（兰正海）

【药品与医疗器械监管】　开展城乡结合部和农村地区药品质量专项检查和医疗器械流通领域专项整治,检查各类药品经营使用单位、医疗器械经营使用单位2511家次,责令整改479家次,查办案件49件,罚没款6.6万余元。集中开展保健食品欺诈和虚假宣传专项整治行动,检查594家次,责令整改81家。全年共完成药品、化妆品、保健食品、医疗器械抽样403批次；上报药品不良反应、医疗器械不良事件、药品滥用、化妆品不良反应检测报告610份。　（兰正海）

【特种设备安全监察】　先后组织开展电梯隐患排查、客运索道、大型游乐设施等专项整治及重要节假日、自治区成立60周年大庆等期间全市特种设备安全大检查12次，检查特种设备使用单位1288家次，检查各类特种设备2460台件，责令停止使用特种设备63台件，淘汰锅炉30台（件），检验液化石油气钢瓶15665只，注销锅炉使用登记证27个。立案查处9起违法使用特种设备行为，结案8起，收缴罚没款23.5万元，有力打击特种设备安全违法行为。全年全市特种设备安全形势总体平稳，未发生特种设备安全事故。　（兰正海）

【质量与商标广告监管】　持续开展质量提升行动，发挥标准引领作用，全力抓好商标品牌建设，推动高质量发展。印发《中卫市推进"质量强市 品牌兴市"（2018—2020年）实施方案》《中卫市"质量提升行动年"实施方案》，强化质量抽检，实施精品培育工程，为质量强市建设夯实基础。加强商标品牌培育工作，积极引导、帮扶、鼓励企业创名牌、著名商标。2018年，全市新注册商标2890件，同比增长440%，23个产品被评为"宁夏名牌"产品。　（兰正海）

【标准与计量管理】　加强服务业、农业标准化工作，指导8家企业申报国家和自治区级标准化示范项目，两个农业标准化示范区项目完成年度项目建设工作，为5家企业争取到区财政标准化建设补助经费70万元。富硒产业产业标准化体系建设初见成效，指导中卫市富硒产业龙头企业宁夏硒产业发展有限公司制定《富硒苹果》《富硒硒砂瓜》《富硒枸杞》企业产品标准。全市免费检定计量器具18531台。开展认证监管工作，共检查强制性产品认证生产企业1家、自愿性认证获证组织15家、资质检验检测机构5家，对1家违规经营的检验检测机构进行处罚。
　（兰正海）

【市场秩序规范】　组织开展电动自行车、节水型设备、成品油、农资等专项整治行动，有效净化市场环境。以投资类广告、食品保健食品虚假欺诈宣传、"清真泛化"等广告为整治重点，集中开展广告市场专项整治工作，查处违法广告案件3起，罚款1.25万元，广告市场秩序进一步好转。组织开展打击商标侵权和假冒伪劣专项行动，收回过期香山硒砂旧标志13万枚，没收侵权假冒标志8万余枚，查处商标侵权和假冒伪劣案件18起，罚没款14.89万元。（兰正海）

【行政执法】　全面推行"三项制度"改革试点，在中卫法治政府网公示行政许可信息3504条、行政检查信息3331条、行政处罚信息60条。开展行政执法全过程记录，新配置执法记录仪40余台、手持执法终端17台，全过程记录行政执法案件28起。严格落实重大执法决定法制审核，对68起一般程序的行政处罚案件进行法制审核。全年查处行政处罚案件68起，办结率达100%，罚没款111.5万元。开展"打传规直""扫黄打非""扫黑除恶"等专项执法行动，对"龙爱量子科技服务部"予以依法取缔，将参与"龙爱量子"202名传销人员名单录入全国传销人员黑名单。严厉打击强制交易、欺行霸市、欺客宰客等违法行为。开展消费维权活动，全年共办结投诉举报1522起、市长信箱115件，办结率达100%，为消费者挽回直接经济损失120余万元。　（兰正海）

【环境整治】　持续开展大气污染防治工作，加强煤质管控和检测，餐饮单位将燃料全部更换为清洁能源，安装油烟净化装置713台，抽检煤炭样品179批次，处置抽检不合格8批次。全面推进餐饮单位煤改气煤改电工作，已完成煤改气、煤改电改造405家，完成率达92%。加快推进洁净煤配送中心建设，8个洁净煤配送中心全部建成投入使用，有力促进全市大气环境质量持续好转。　（兰正海）

【队伍和制度建设】　加强制度建设，新设《中卫市市场监管局早操制度》《中卫市市场监管局干部职工着装制度》《中卫市市场监管局微信群管理制度》《中卫市市场监管局工间操制度》等，修改完善《党委会议事规则》《三重一大决策制度》《党费收缴使用管理制度》《集中采购制度》《固定资产管理制度》，市场监管系统各项工作运行平稳有序。全面学习贯彻习近平新时代中国特色社会主义思想及区、市党委政府决策部署，切实增强"四个意识"，坚定"四个自信"，做到"两个维护"，招录7名公务员，3名事业单位工作人员，确保打造一支素质过硬、作风更严、纪律更明的新时代市场监管队伍；加强党的建设，按照"三强九严"工作部署和全面从严治党"三个清单"，开展全面督察，并及时进行整改。　（兰正海）

审计监督

【概况】　2018年，完成市本级及部门预算执行审计10项，延伸审计部门（单位）7个，查处各类违规和管理不规范资金3.77亿元;完成市委组织部委托的领导干部经济责任审计16项,其中,任中审计8项,离任审计8项,查处各类管理不规范资金2300万元;完成政府投资项目审计26项,审计工程资金7.79亿元,节约政府投资1.06亿元;完成扶贫、保障性安居工程等专项资金审计和审计调查6项。全年共提出审计建议92条,审计决定督办率达到100%。

(陈淑兰)

【从严治党】 制订下发党建工作实施方案,组织每月党组中心组理论学习及干部职工理论学习,加强思想政治建设的统筹安排和部署。严格落实"三会一课"、党员公开承诺、民主评议党员、党员积分制管理等制度,认真开展"支部主题党日"活动。年内召开专题民主生活会两次、专题组织生活会两次,参与全市"微党课"比赛,在机关党员干部中开展"党员先锋在行动""党员示范窗口"和"党员先锋岗"创建活动。加强机关"党员书屋"建设,开展"书香溢审·全民阅读"活动,进一步强化党员学习理念,提高政治理论水平。严格按照程序进行支部换届选举工作。制订《2018年党员发展计划》,年内发展入党积极分子3名。建立党建工作"三个清单",配备专职党务干部,注重痕迹管理,做好党建基础档案资料收集整理。组织召开全市审计机关党建工作促进会,力促系统党建工作取得实效。

(陈淑兰)

【党风廉政建设】 贯彻落实"4+6"责任落实机制,坚持四责合一、六责联动,先后在局机关开展政风行风评议、"清廉机关"建设工作,确保党风廉政建设各项任务落实到位。组织开展"四风"问题集中整治专项行动,召开专题民主生活会,举办主题"机关开放日"活动,宣传审计新理念。认真组织开展"五谈二会一报告"工作,共进行审计干部谈心谈话12人次,提醒谈话18人次,责任约谈11人次。工作中实践运用监督执纪"第一种形态",遵照"三个区分开来",前移审计监督关口,促进审计结果整改,加强审计监督执纪力度。严格执行《中卫市审计局审计人员问责办法》,进一步加强干部管理和监督,促进审计干部依法依规履职尽责。

(陈淑兰)

【意识形态建设】 加强思想政治建设,先后组织专题学习党的十九大、自治区党委十二届四次全会精神和马克思主义民族观宗教观等理论。履行意识形态工作责任,把握正确的政治方向,确保思想政治建设各项工作落到实处。局党组专题研究意识形态工作,分析研判意识形态领域形势,认真排查意识形态风险点,建立完善意识形态工作监测预警、分析研判、风险防控等工作制度。安排党员干部负责政务公开、信息发布工作,对政府网站、政务微博信息发布实施审查登记发布制度,强化网络舆情监控,从源头杜绝网络舆情的发生。

(陈淑兰)

【审计工作】 构建财政审计大格局,有效整合审计资源,采取"一拖N"方式,开展财政预算执行审计。贯彻落实《党政主要领导干部和国有企业领导人员经济责任审计规定》及其实施细则,实行领导干部经济责任审计轮审制,对经济责任审计对象实行分类管理,经济责任审计率先实现全覆盖。建立健全"四方会审"机制,规范投资审计工作程序,依规退出招标控制价复核审计,全面清理购买社会服务审计费并提请政府纳入财政预算,谋划投资审计工作平稳转型。以涉及公共利益、环保和民生的投资项目为审计重点,对黄河中卫城市过境段水生态治理与保护、中医院迁建及高铁商圈综合建设等6个工程实施动态跟踪审计,涉及政府投资14.92亿元。认真开展重大政策执行跟踪审计,促进惠民政策落地落实。聚焦扶贫领域,对市本级及两县一区2016~2017年脱贫攻坚政策落实、扶贫资金分配管理使用、扶贫项目建设管理等情况进行审计。开展2017年保障性安居工程跟踪审计,规范保障性住房建设、分配,为改善困难群众居住条件、推进新型城镇化建设发挥重要作用。开展市本级地方政府性债务情况专项审计,查出超限额举债、债务管理制度不健全、融资平台公司管理不规范等6个方面的问题,针对性提出审计意见和建议,进一步摸清政府承诺以财政资金偿还的债务、隐性债务、政府可能承担一定救助责任的债务情况。开展国有企业专项审计调查,对启源房地产开发有限公司2017年度经营情况进行专项审计调查,揭示和反映公司经营中存在的问题,为市委、市政府决策提供依据。审计监督取得新成效。

(陈淑兰)

【精准扶贫】 围绕全市精准扶贫总体要求,结合审计工作实际,创新思路,强化措施,全年12次深入开展联系帮扶贫困村贫困户工作,举办实用技术培训2期,培训村民44人次,协助劳务输出75人次以上。组织开展"寒冬送暖"活动,利用春节、六一、七一、"古尔邦节"等节日,先后筹资3万余元慰问联系贫困户30户、困难党员、村小学在校师生及计划生育困难户。投入两万元用于新村部制度建设。在帮扶村开展"让机关干部走出去"主题党日活动,宣传党的扶贫政策,让困难群众切实感受到党和政府的关怀和温暖。

开展扶贫资金专项审计调查。组织开展对市本级及两县一区2016~2017年扶贫资金专项审计调查，重点抽查市财政局、市扶贫开发办、市交通运输局等11个部门，宣和镇、兴仁镇、喊叫水乡等21个乡（镇）、海和村、高庄村等41个贫困村，审计扶贫资金161402万元，查出扶贫资金拨付不及时、扶贫项目安排不够精准等33类问题，查处管理不规范资金7201万元，提出审计意见和建议3条。 （陈淑兰）

【精细化管理】 年初梳理全年各项工作任务，制订印发《精细化管理分工方案》，对扶贫帮困、政务公开、依法行政、计划生育、城市"六创"、安全保密等各项工作以及机关工会、团支部、妇委会等群团组织下达任务要求，明确责任科室、责任人及完成时限，做到事事有人抓、件件有着落，保证各项工作齐头并进按时完成。群团多次组织干部参与社区志愿服务、环湖徒步行、趣味运动会等活动，丰富职工业余文化生活。组织干部积极参加全区审计系统摄影书法绘画演讲比赛，获得摄影、书法一等奖各1个，摄影二等奖1个、三等奖4个。选聘专业人员梳理审计机关自1984年成立以来各项工作开展情况及取得成就，编修《中卫审计志》，进一步厘清审计发展历程，激发审计干部干事创业的责任感和自豪感。干部团结力、凝聚力进一步增强。 （陈淑兰）

安全生产监督管理

【全市安全生产概况】 2018年，全市发生生产安全事故25起，死亡18人。同比事故起数减少4起，下降13.8%；死亡人数同比减少16人，下降47.1%，全市生产安全事故起数、死亡人数实现"双下降"。全市未发生较大及以上生产安全事故。较大事故起数和亿元GDP生产安全事故死亡率均控制在自治区下达的指标以内，全市安全生产形势总体平稳。沙坡头区发生生产安全事故9起，同比减少4起，下降30.8%；死亡8人，同比减少9人，下降52.9%。中宁县发生生产安全事故9起，同比增加1起，上升12.5%；死亡5人，同比持平。海原县发生生产安全事故5起，同比增加1起，上升25%；死亡4人，同比减少5人，下降55.6%；海兴开发区未发生生产安全事故，事故起数、死亡人数同比均持平。中卫工业园区发生生产安全事故2起，同比减少2起，下降50%；死亡1人，同比减少2人，下降66.7%。 （史丽媛）

【安全生产领域改革】 2018年，中卫市安全生产工作始终坚持"红线"意识、"底线"思维，严格落实"党政同责、一岗双责、齐抓共管、失职追责"要求，推进安全生产领域改革发展。始终坚持把责任厘清、理细，落实到岗位、人头，安全生产领域改革发展各项工作稳步推进。市委、市政府把安全生产工作作为一项民生工程、底线工作，主动履行领导责任，市委常委会、市政府常务会先后12次听取安全生产汇报、研判安全生产形势、部署安全生产工作。及时调整市安委会成员，由市长担任市安委会主任，明确由常委、常务副市长分管安全生产工作，另有4名常委、所有副市长担任安委会副主任，党政领导责任不断强化。市政府将安全生产工作列入十三五经济社会发展规划和市委、市政府2018年工作要点，与经济社会发展同计划、同部署、同落实、同考核。修订完善《中卫市安全生产监督管理责任规定》，重新划分各县（区）、管委会安全生产管理职责，明确各层级安全生产监管范围和对象。加大考核力度，市委、市政府将安全生产工作纳入全市效能目标管理考核内容，每年进行两次专项考核，考核结果与干部评先、晋级挂钩，促进安全生产工作责任落实。进一步厘清安全生产综合监管、行业监管和专业监管的关系。在煤矿、危险化学品等重点行业领域推行分级、分类、分片包干责任制，安全监管责任做到横向到边、纵向到底。 （史丽媛）

【重点工作任务】 一是落实政府购买服务制度。探索行政执法、技术抽检、专家会诊、第三方服务"四位一体"监管方式，利用一个月时间，聘请第三方机构，开展专家会诊、技术抽检等服务活动，帮助17家化工企业，消除各类疑难问题417条。开展企业安全生产费用提取使用情况审计工作，对工业园区8家企业进行审计。二是加强安全生产信息化建设。推进安全生产综合信息平台建设，开展执法检查74次，实施标准化达标58家，申报职业危害企业198家。建立安全生产风险防控与隐患排查治理双预防体系，在383家工矿企业建立双预防体系，辨识各类风险点38780处，制定隐患排查清单4134个。上报检查纪录1937.31万条，排查一般隐患46251处，整改46240处，整改率99.9%。三是建设"智慧安监——云端大数据监管平台"。以危险化学品安全风险"一张图一张表"为基础，根据企业行业类别、产品属性、风险强度分为红、橙、黄、蓝四色动态管理。全年平台对完成录入141家危险化学品企业实施安全生产等级（四色）管理，对企业相关化工装置、储存设施等进行远程视频监控和在线监测。四是推行危险化学品分类分级监管。制订《中卫市危险化学品分级分类监管工作实施方案》，组织对全市危险化学品企业的安全生产状况进行分类分级评定，生产企业中，评定A级6家、B级18家、C级9家；经营企业中，评定A级77家、B级12家、C级42家；使用企业中，评定A级6家、B级4家；储存企业A级1家，对所有危化企业实行定期分级、动态监管。五是严格事故报告和调查处理。建立生产安全事故信息归口统计直报、事故挂牌督办等制度，明确各县（区）、各部门事故联网直报工作职责，严格按照时限要求上报各类事故信息25条，核销非生产安全事故4起。建立统一接报、分类处置投诉机制，将安全生产12350举报投诉电话纳入政府服务热线，办理安全生产类举报投诉案件10起。严格生产安全事故"四不放过"措施，调查处理各类工矿商贸事故18起，市政府提级调查6起，县（区）调查12起。其中，结案14起，未结案4起，处理责任人员55个，党纪政纪处分11人，移送追究刑事责任2人，收缴罚款292.17万元。六是开展宣传教育。认真组织开展第17个安全生产万里行"全国安全生产月""安康杯"竞赛、平安校园创建、安全生产"七进"、网络知识大赛等系列宣传教育活动，充分利用微博、微信、中卫日报、电视台、网站等新闻媒体进行广泛宣传。全市累计组织各类咨询活动40余场，发放各类安全生产宣传资料、图书5.8万余份，发放安全生产知识手提袋4000多个。组织26家重点企业负责人在中卫日报进行安全公开承诺。创建平安校园56所。邀请自治区应急管理厅专家，组织开展学习习近平总书记重要论述、安全生产领域改革发展等专题讲座，380多名政府监管部门工作人员、企业负责人参加专题培训。组织"三项"岗位人员培训班216期，培训"三项"人员3061人。　　（史丽媛）

【重大安全风险治理】　　制订下发《2018年遏制重特大事故工作任务及分工方案》《公共安全保障行动五年计划实施方案（2016—2020）》，全面推进公路安全生命防护、重大危险源监控等重点工程建设，加强安全生产源头管控和安全准入，遏制重特大事故发生。一是组织开展公共安全保障"七大工程"。实施交通隐患治理工程，投入专项治理资金1127万元，建设农村公路330.7千米；开展道路隐患专项治理，投入治理资金1827万元，治理道路交通隐患36处；实施危旧校舍改造工程，投入5200万元，新建、维修、加固校舍9处；实施市政隐患治理工程，投入5.8万元，治理隐患3处，整治地下燃气管线0.69公里；实施水利防汛隐患治理工程，投入4.9亿元，新建坝垛27座、改建加固坝垛76座、加固护岸30.7公里，布设护岸工程10.8公里，疏浚河道8.24公里，治理隐患3项；实施消防安全设施保障工程，投入资金1752.5万元，新建消防站2所，购置登高平台消防车及水罐消防车，投入2.8万元，治理消防安全火灾隐患2处；实施特种设备安全保障工程，排查超期未检电梯60部，封停25部，纳入电子监管电梯783部；实施旅游景区安全保障工程，对全市景区、星级酒店、旅行社等84家旅游企业开展6次安全大检查，共消除隐患140余处。二是开展电动车、电气火灾、商贸综合体专项治理。开展电动车专项整治，推动新建电动车库（棚）29个、新建电动车充电设施310处，清理涉及违规停放电动车建筑187栋，清理涉及违规充电电动车场所123处，对1家门头与注册名称不一致的责令进行改正，对1家不能提供进货票据和产品合格证的责令下架；开展电气火灾专项治理行动，组织联合执法检查4次，督促社会单位安装电气火灾报警系统35套，督促整改电气火灾隐患100余处；开展大型商贸体综合治理行动，开展消防安全培训8次，开展全员消防演练8次，集中约谈综合体建筑消防责任人4次。开展执法检查7次，督促整改火灾隐患16处，罚款0.5万元。三是实施科技兴安工程。推进"机械化换人、自动化减人"，化工企业实现自动报警连锁，重点铁合金、电石企业实现自动化上料，矿山企业全部实现机械化作业；长途客车、危货运输车辆全部安装GPS监控系统，实施远程监控；城市公交安装自动爆玻装置；组织召开"互联网+先进制造业"发展工业互联网的实施意见政策解读会，审定《中卫市推动"互联网+先进制造业"发展工业互联网的实施方案》，建立设备状态、安全运营、能耗、排放等数据模型，实现本土企业与全国资源匹配；申报宁夏高危企业风险预警与防控平台（中卫试点）建设项目，运用大数据分析，通过视频、物联等信息集中采集和管理，实现日常远程视频巡查、应急救援管理、重大危险源管理等功能。　　（史丽媛）

【应急救援体系建设】　　加快应急救援能力建设，健全完善安全生产应急管理机构，建设专业化应急救援队伍和应急物资储备库，建立统一指挥、分级负责、反应快速、科学高效的应急救援体系，推动全市防灾减灾救灾能力迈上新台阶。一是完善应急救援组织体系。制定《中卫市生产安全事故现场救援和组织协调制度》，明确各部门应急救援工作职责分工、事故预警、信息报告以及应急响应措施；设立中卫市安全生产应急救援指挥中心，核定编制6个，承担全市安全生产应急管理相关工作；建立中卫市安全生产应急救援支队，设有6个大队230余人；有具体监管任务的29个市直部门成立专（兼）职安全生产应急指挥机构。二是提升应急队伍水平。依托市消防支队工业园区大队，设立120人的中卫市化学品专业应急救援大队，建立人员管理、训练、考核机制，切实发挥危险化学品事故应急救援的"尖刀"和"拳头"作用；投资170万元，购置防化服、各类堵漏工具、危险化学品转输泵、洗消站等应急设备共140余台（件），与工业园区消防大队现有装备统一组成中卫市化学品应急物资储备库；成立安全生产专家库，吸纳化工、电气、建筑等方面专家36名，其中注安师、高级工程师21名；成立中卫市化学品安全协会和由32名专家组成的协会专家委员会，专门从事危化企业的专项检查、隐患治理、应急处置及技术咨询等相关工作。三是加强基层基础建设。开展应急管理标准化建设工作，所有化工企业建立主要负责人为安全生产应急管理第一责任人责任制，配备专（兼）职管理机构和人员，建立工作制度；对19家25处重大危险源实施安全生产标牌化管理；在重点企业建立8支专职消防队，化工企业专（兼）职消防队实现全覆盖；组织开展应急预案简明化、实用化改革，修订完善各类制度200余项，完善综合应急预案、专项应急预案、现场处置方案150余项，制作关键岗位应急处置卡400余张；开展应急管理培训班8期，培训各类人员800人次；强化应急物资储备，全市储备应急救援器材共33000余件；制作中卫市安全生产应急工作手册，收录各类人员通信电话1800余条，收录应急队伍100余个、现场处置卡15份。四是加强专项执法检查。检查各类企业346家次，排查隐患804处，查处违法违规行为9起，收缴罚款3.42万元；组织开展安全生产应急预案演练周活动，全市共举办各类应急演练活动300余次，出动各类应急演练车辆1450余辆，参加演练人员14870余人次；建立安全生产联合预警机制，发布各类预警信息300余次。

（史丽媛）

【大排查大整治】 在元旦、春节、全国两会、五一、自治区60大庆及十一期间，开展安全生产大排查大整治、除隐患保安全、煤矿、非煤矿山、危险化学品、道路交通等十大行业领域专项整治、百日安全专项整治。全市共检查企业20926家（次），排查出一般隐患17573处，整改率达95%。百日专项整治期间，按照"紧盯不放心区域、紧盯不放心企业、紧盯不放心人员""一周一报、一旬一督"要求，严格落实"五个一批""四个一律"措施，打击各类违法违规行为874起，责令停产整顿、停止建设、停止施工57家，挂牌督办重大隐患5处，列入市级黑名单联合惩戒企业8家，关闭取缔违法违规企业7家，临时查封82家，执行处罚罚款271.4万元，全市专项整治取得阶段性成果，各类事故得到有效遏制。其中，矿山方面。共检查煤矿71家次，及时制止违规行为2次，所有煤矿处于停产整顿状态。检查金属非金属矿山132家次，整治隐患360处，打击违法违规行为28起，立案查处6家，罚款5.68万。危险化学品方面。持续深化危险化学品安全综合治理，摸排登记危险化学品企业168家，消除事故隐患812处，立案查处5家，罚款21.118万元。道路交通方面。检查运输企业191家次。检查交通在建工程施工企业85家次，检查水运企业和码头98家次、船舶302艘，整治各类隐患63处。开展超员、疲劳驾驶等"2+N"统一查处行动，查处各类交通违法29万起，拘留630人，吊销驾驶证192本。建筑施工及城市运行方面。检查在建项目、供水、供暖、供气企业238家（次），消除事故隐患944处，对15家建筑施工单位责令停工整顿，对4家施工、监理企业存在的违法违规行为分别给予诚信扣分和纪录不良行为，对4名相关责任人进行记分处罚。人员密集场所方面。强化重点消防单位、"三合一""多合一"、老旧建筑等场所专项检查，排查火灾隐患或违法行为7266处，督促整改7228处，办理行政处罚219起，临时查封82家，责令"三停"单位86家。粉尘防爆及有限空间作业方面。检查粉尘企业20家（次），下发责令限期整改指令书12份，排除隐患57处，立案查处1家，罚款1万元。检查有限空间企业91家（次），立案查处3家，罚款4.7万元。特种设备方面。检查特种设备727台（套）；发现一般安全隐患474处，整改423处，整改率达89%；查处违法违规行为单位43家，立案查处5家，罚款11.5万元。

（史丽媛）

公共资源交易中心

【交易数据】 2018年全市公共资源进场交易项目1202个，交易额564345.84万元，节约资金32631.09万元，节约率为5.5%。其中，政府采购进场交易项目566个，交易额97413.54万元，节约资金14170.51万元，节约率为12.7%；工程进场交易项目636个，交易额466932.30万元，节约资金18460.58万元，节约率为3.8%。交易中心集中代理项目59个，交易额3779.09

万元，节约资金610.77万元，节约率为13.9%。

【重点工作】 围绕市委、市政府"6+8"重点工作任务，及时协调处理项目招投标及政府采购过程中的困难和问题，积极为市场主体提供政策咨询、程序引导、业务指导等前期服务50余次，协调进场交易各项准备工作，力争进场项目早开工、早建成，发挥应有的社会效益和经济效益。

【投诉质疑】 规范公共资源交易投诉质疑办理程序，实行统一受理，科室承办，对中心代理的政采项目严格按规定期限予以答复；对社会中介机构代理的项目及时告知投诉质疑方按照规定要求处理，维护交易各方的合法权益。截至年底，收到的24起投诉质信件均得到及时处置，按时完成12345市民热线和市长批示件3件。

【严格评标人员及机构】 完善全市评标专家库、招标代理机构库，建立招标主体进场"告知承诺制"，加强对评标专家、代理机构的日常考核，做到动态管理。对发现采购文件有排他性、倾向性条款的，要求采购方及代理机构及时修正，对拒不修正的，按照政府采购法的要求报行政监管部门处理。2018年，共拒绝迟到评审专家参与评标15人次、清退专家7名、批评约谈评审专家3人次，问责4家违规代理机构，建议行政监管部门对4家弄虚作假谋取中标的企业进行处罚，进一步规范招标代理机构及评审专家的行为，全面提升评标质量，营造良好的评标环境。

【诚信体系建设】 对列入失信名单和有拖欠农民工工资行为纪录的招标人、供应商，配合行政监管部门，拒绝其参与公共资源交易活动。2018年，禁止5家存在失信行为的供应商参与投标。对冲击会场、扰乱评标秩序、辱骂评委的宁夏惠众科技有限公司授权投标代理人刘小华的不良行为进行通报，并建议司法行政机关对其依法进行处理，有效遏制违法违规行为的发生，加强公共资源交易系统诚信体系建设。通过建立"黑名单"制度、联合行政监管部门共同惩戒失信企业等方式，形成"一处违规、处处受限"的信用机制。

【队伍和效能建设】 结合系列主题教育活动，通过开展业务知识讲座、以会代训、"请进来、走出去"等方式，狠抓政治理论学习和业务知识培训，对中央及区、市出台的工程建设、政府采购等法律法规进行有针对性、有计划的业务培训。坚持利用集中学习日认真学习党纪条规和典型案例通报，通过开展廉政专题教育、警示教育、交流讨论、印发书籍等形式，进一步使党员干部牢固树立"四个意识"，筑牢思想防线。结合工作实际，修改完善相关管理制度，制订《中卫市公共资源交易中心聘用人员管理办法》《中卫市公共资源交易中心干部职工管理考核实施方案》，用制度管人管事，及时对苗头性、倾向性问题抓早抓小，先后对32人次开展谈心谈话，岗前教育和提醒教育，极大激励干部转变作风、主动履责，形成奋发进取、干事创业的良好氛围。2018年度，被评为"全区交易系统质量服务先进单位"称号。

工业与园区建设

综 述

【概况】 2018年，全市工业经济发展坚决贯彻新发展理念，以"转型追赶、高质量发展"为主线，坚持"创新、协调、绿色、开放、共享"发展理念，全面落实"创新驱动"战略，紧紧围绕产业转型升级，狠抓重点项目建设和招商引资工作，全市工业经济实现平稳增长，转型升级、高质量发展速度加快。 （徐志鹏）

【规模以上工业】 全市规模以上工业增加值同比增长3.8%；实现主营业务收入497.20亿元，同比增长2.8%；实现利润20.46亿元，同比下降48.3%；完成固定资产投资51.77亿元，同比下降39.3%。其中，沙坡头区规模以上工业增加值同比增长4.4%，中宁县规模以上工业增加值同比增长6.8%，海原县规模以上工业增加值同比下降22.0%。 （徐志鹏）

【项目建设】 全力推进重点项目建设。宁夏瑞泰光气扩建、宁钢集团废钢综合利用及全封闭原料堆场、宁夏正同废矿物油处置再生利用、宁夏三元中泰330千伏安变电站等一批新项目陆续开工建设；前期开工建设的利安隆高分子材料、宁夏瑞泰系列化工等11个市级重点建设项目，宁夏中化公司锂电池正极材料和宁夏天元公司2×350兆瓦热电联产两个自治区级重点建设项目推进顺利。"三个一百"项目加快落实。中卫市列入自治区"三个一百"项目共30个，其中，重点技改项目9个，重点新开工项目7个，重点投产项目14个。中化公司锂电池、利安隆高分子材料等7个项目开工建设，中卫新澧化工硅酸钠项目建成，宁夏紫光蛋氨酸关键工艺技术改造项目分步实施，宁夏华御高温导热油项目进入环评手续办理阶段，中卫炫云公司炫我西部云渲染基地项目进行土建施工，宁夏三元中泰公司低铝合金矿热炉及烟气余热发电、宁夏阜康公司规模化生物天然气工程等12个项目进展顺利。 （徐志鹏）

【惠企服务】 全面落实自治区"降成本30条"政策，助企业降本增效。扩大电力直接交易规模，全市共47家企业参与电力直接交易，累计争取直接交易电量133.44亿千瓦时，为企业减少电力成本支出9447万元。从10月1日起，为22家优势产业落实自治区差别化电价补贴政策，共为企业减少电费成本2116.69万元；改善企业融资环境，促成企业通过应收账款（动产）融资服务平台达成融资金额33.47亿元。加大项目资金争取力度，共为企业争取上级资金支持1.2亿元。 （徐志鹏）

【节能降耗】 牢固树立绿色低碳发展理念，推进绿色制造体系建设，鼓励企业开展清洁生产，创建绿色车间、工厂，引导企业绿色、高质量发展。宁钢公司被自治区确定为绿色工厂建设示范单位，获得奖励资金300万元，锦绣集团获评自治区资源综合利用示范企业，华御公司被评为自治区节水型企业。2018年，全市规模以上工业能源消费量888.7万吨标准煤，同比增长13.5%，较上半年回落0.7个百分点；单位工业增加值能耗同比上升9.3%，增速较上半年回落3.1个百分点。 （徐志鹏）

【信息化工作】 全力协调各电信运营商，加快通信基础设施建设，做好"宽带中国"示范城市创建工作，全市固定宽带家庭普及率达88.6%，较2017年年底提高20个百分点；引导企业申报2018年国家级两化融合贯标试点，新增4家国家级两化融合贯标试点企业，累计培育11家国家级、5家自治区级两化融合贯标试点企业；成功组织云天大会工业互联网分论坛，先后开展3次工业互联网培训，提高企业对工业互联网的认知，工业互联网平台建设不断推进。 （徐志鹏）

【促进中小微企业发展】 落实中小企业优惠政策，扶持中小企业发展，新培育自治区级"专精特新"中小企业15家、小微企业双创示范基地2家，39家中小企业获得各类项目资金补助2412万元；扎实开展人才培养，举办3期中小企业经营管理人员培训班，培训中高层经营管理人员320人次。 （徐志鹏）

中卫工业园区

【概况】 中卫工业园区位于市区以北13公里，北靠宁蒙交界，东临新井沟，南连沙坡头区东园镇中沟路。2007年，市委、市政府为实现"工业强市"战略目标，在原美利造纸园区10平方公里的基础上，向东开始园区规划建设，经过多年建设发展，园区产业发展初具规模。2018年3月，国家发改委、国土部、住建部等联合发布《中国开发区审核公告目录(2018年版)》，核定中卫工业园区面积21.9平方公里，主导产业为精细化工、冶金、信息技术。截至2018年年底，中卫工业园区入统企业94家，其中规上企业68家，完成固定资产投资32.37亿元，2018年度园区工业企业实现总产值202.63亿元。成为中卫市委、市政府为实现"工业转型升级"战略目标，推动中卫工业经济高质量发展的重要平台。 （陈 丁）

【主要经济指标】 2018年，园区完成固定资产投资32.37亿元，同比下降3.5%，累计完成投资497.78亿元；园区完成基础设施投资2838万元，累计完成基础设施投资33.78亿元；园区工业企业实现总产值202.63亿元，同比增长12.4%；实现主营业务收入231.44亿，同比增长2.8%；实现利润总额7.23亿元，同比下降8%；实现税收8.35亿，同比增长34.7%；电力消费总量89.71亿千瓦时，同比增长36.2%。园区经济呈现平稳向好发展态势。 （陈 丁）

【基础设施】 2018年度，园区建成基础设施项目11项，其中，新建项目5个，续建项目6个。供水方面，开工建设中化锂电池新材料项目1.5公里工业供水管网工程，配合应理集团建成日处理能力1.5万吨园区中水厂回用项目、云基地供水保障管网工程，敷设供水管网20公里；排水方面，建成5公里中小企业排水管网及配套供电线路、强排泵站。建成中化锂电池新材料项目排水管网1.5公里；供电方面，建成中化锂电池新材料项目6公里10千伏用供电线路改造工程及110千伏供电设计，比特云10千伏供电工程；道路方面，规划完成园区B3支路B4支路道路工程，修补西云大道、凤云路、雅云路等道路；供气方面，配合深中公司建成园区中低压调压站2座及配套中压燃气管线7公里；供热方面，开工建设云展馆3公里供暖管网工程，协调中电投向鑫三元、鑫华威、中水厂供应热蒸汽，配合应理集团建设中小企业创业园供热管网，解决企业供热问题；美化、绿化、亮化方面：对园区西区主干道路周边不平整区域进行机械拉坡处理，两侧绿化带机械平整并铺覆种植土18万平方米。实现西区19公里道路全亮化，安装路灯1800余盏。园区基础设施进一步完善，实现道路、供水、排水、供电、通信、天然气和入驻开工企业场地平整"六通一平"，园区基础设施进一步完善，是自治区环保基础设施最为完善的园区之一。 （陈 丁）

【产业结构】 中卫工业园区形成以钢铁冶金、精细化工、云计算及军民融合产业为主导的三大产业板块。钢铁冶金产业以宁钢集团、三元中泰冶金等骨干企业为龙头，形成年产钢材120万吨、硅铁87万吨能力，2018年实现产值91.65亿元，占园区总产值的45.9%。精细化工产业以紫光公司、瑞泰科技、华御化工等骨干企业为龙头，形成年产10万吨蛋氨酸、10万吨液氨、50万吨化工中间体能力，2018年实现产值51.86亿元，占园区总产值的26%。云计算产业及军民融合产业建成中卫工业园区(A3)、迎水桥(B3)、宣和寺口子(D)3个数据中心基地，亚马逊AWS、誉成云创、中国移动3个数据中心已建成，10万台服务器上线运行，建成火冰灭火器等军民融合项目、天线阵列等项目开工建设。 （陈 丁）

【重点项目建设及招商引资】 中卫工业园区年内新开工建设宁钢集团50兆瓦光伏电站、紫光公司蛋氨酸生产关键工艺技术改造、润安公司年产10万吨硝酸铵钙肥料、联合新澧年产30万吨硅酸钠、紫光川庆A3B2技改等11个项目，其中，建成7个项目，完成投资8.79亿元。续建中化国际年产1万吨NCM正极材料、瑞泰系列化工项目、宁夏顺泰冶炼有限公司1×6兆瓦余热发电、宸宇环保无害化处置中心等7个项目，建成4个项目，完成投资5.34亿元。通过建立"一个主体、两个方向、三种模式"的招商新机制，全力以赴抓好招商工作，达成投资意向项目12个，其中规模较大的项目8个。 （陈 丁）

【园区服务管理】 通过进一步加强服务管理，简化企业办事程序，切实降低企业成本。一是加强园区土地管理。委托第三方对宝利、万贯、永安3家"僵尸"企业地面附着物进行资产评估，为重新安排其他项目，盘活闲置用地奠定基础。拟定《中卫工业园区土地利用和管理存在问题整改方案》，就超范围建设、土地投入产出偏低、容积率不达标、批而未供土地较多等问题提出具体整改措施，并上报自治区国土厅和市政府。二是精细化为企服务。规范园区环卫日常工作监管，配齐环卫队人员、设备，增购垃圾清运车3辆。督促帮助企业制订2018年春季绿化方案，协调配合市林业部门为园区16家企业（单位）发放苗木1.69万株，指导企业按规程种植，确保成活，增加园区绿化面积，改善园区环境。为园区企业160多名非中卫籍员工办理中卫旅游惠民一卡通。协调市教育局帮助紫光、利安隆、协鑫晶体等企业共计8名外来职工子女办理入托就学事宜。三是全力推进园区低成本化、循环化改造工作。编制《园区低成本化项目资金申请报告》，获得项目支持资金1000万元，完成项目建议书、可行性研究报告编制。完成《中卫工业园区循环化改造实施方案》初稿。四是加强矛盾纠纷盘查化解工作。2018年，全年共成功调处32起因合同履约、拖欠工资、环境整治等引发的矛盾纠纷问题，全年未出现因矛盾纠纷调处不及时而引发的群体性事件和突发事件。五是努力构建和谐劳动关系。深入推进企业主体责任和建设项目主要负责人责任制，劳动管理水平逐步提高，成功申报国家级劳动关系和谐示范园区。六是促进人才工作提升。通过自治区百名专家基层服务行活动，邀请自治区人才工作专家对园区31家企业90余名职工进行人才工作培训。对30家园区主要企业的691名大专学历、1002名本科学历、13名硕士学历、100名中级工和工程师、99名高级工和高级工程师等共计4986名职工信息纳入信息库。（陈　丁）

【环境保护】　围绕中央第二环境保护反馈问题整改落实，强化源头治理，通过开展集中专项排查和生态环境保护大检查工作，扎实推进生态环保工作。制订出台《中卫工业园区生态环保三年行动方案》《中卫工业园区僵尸停产散乱污企业整治方案》《中卫工业园区扬尘管控办法》，启动中卫工业园区"生态园区，园林工厂"项目建设，建成环保警示教育基地。围绕"散、乱、污"企业、"僵尸"企业、燃煤锅炉淘汰等园区存在的突出问题开展专项排查行动。配合市环境保护局对园区内企业排污口排放情况进行排查检查，实行环境保护与安全生产联查联促。重点对化工、冶金等高污染生产企业进行细致排查，督促排污单位加强环境管理，正常运行污染治理设施，提高污染物排放达标率。不定期对重点污染源企业自动监控设施开展突查、暗查，对环境安全隐患突出的，提请市环保局依法责令停产整治。完成对园区内所有20蒸吨以上燃煤锅炉除尘脱硫脱硝改造，13家企业完成工业堆场封闭治理，9家企业进行污水处理设施挥发性有机污染物封闭吸收治理。截至2018年年底，中央第二环境保护督察组中卫工作组反馈涉及园区11家企业，24个问题完成整改23个。（陈　丁）

【安全生产】　2018年，围绕完善安全生产领导体系，结合园区实际，撤销中卫工业园区安全生产领导小组，成立中卫工业园区安全生产委员会。建立园区安全监管信息平台，引入安全生产"第三方"。启动园区安全监管信息平台建设，在紫光、华御等5户企业开展安全监管信息平台建设试点，对重点部位、重点设施设备、重大事故隐患监控信息进行采集，纳入信息平台进行管理。建立企业安全风险数据库，重大危险源数据库，绘制安全风险空间分布图。按企业行业类别编制《风险分级管控和事故隐患治理两个体系指导手册》，实现与自治区安全生产综合监管信息系统上线互通，实现安全隐患自查自报自改闭环管理。企业报备清单566个，自查风险点387.9万个，自查自改安全隐患1.17万条，整改率为99.9%。成立园区安全生产专家库，组织会员单位相关专家进行交叉排查，排查各类安全隐患500余条，整改率为99%。

（陈　丁）

农业和农村经济

综 述

【概况】 2018年，按可比价预计，全市完成农业增加值57.3亿元，同比增长4.3%，实现农村居民人均可支配收入10180元，同比增长8.7%。围绕粮食产业转型升级需求和功能区划定的总体要求，实施粮安工程和现代种业提升工程，创建粮食绿色增产模式攻关示范区5个，优质水稻高标准示范区1万亩，建设农作物制种基地1.53万亩，以企业为主体的商业化育种体系初步建立。全市落实粮食播种面积220.49万亩，总产达64.07万吨；全面落实"6+8"重点工作任务月度台账，强化龙头企业带动推进硒砂瓜、蔬菜、肉牛产业发展。硒砂瓜产业以宁夏硒产业股份有限公司、香山瓜果流通公司和硒砂瓜小产区产业联合体（合作社）等3方为龙头，创建富硒硒砂瓜种植基地6万亩，源头监控防伪溯源示范基地2000亩，全市硒砂瓜种植面积87.9万亩，产量136万吨，实现销售收入18亿元，产业总产值达25亿元。蔬菜产业推广供港安品模式，加大产销对接，新建设施蔬菜标准化生产示范园区两个，创建永久性蔬菜基地1.3万亩，水肥一体化示范基地两万亩，全市种植蔬菜40.96万亩，拱棚韭菜、日光温室果菜、速冻蔬菜3个优势品类比较效益逐步提升；草畜产业以发展中高端肉牛、推进粮改饲政策全覆盖为主线，全市种植青贮玉米15万亩，制作青贮饲料34万吨；新建太阳梁兴垦、牛一2个万头奶牛场，全市奶牛存栏、肉牛、肉羊、生猪和家禽饲养量分别达到6.8万头、38.5万头、304.1万只、93.5万头和836万只；优质饲草种植面积达32万亩；全市水产养殖面积稳定在8.1万亩。 （左佳伟）

【富硒产业发展】 围绕中央和自治区党委、政府关于农业农村优先发展战略布局，中卫市顺势而为、抢抓机遇，立足土壤富硒这一有利资源优势，准确把握质量兴农、品牌强农发展大势，提出打造"中国塞上硒谷"的战略性决策，坚持把富硒产业作为全市现代农业转型追赶、高质量发展的破题之举，抓规划、搞普查、引龙头、建基地、拓市场，"中国塞上硒谷"创建取得一定成效。一是强化调研论证和规划引导。自2017年10月份始，市委、市政府主要领导带领有关部门和县（区）负责人多次赴江苏苏州、湖北恩施等地考察学习富硒产业发展先进经验和做法，提出"中国塞上硒谷"建设目标。围绕富硒产业"一中心、三基地"建设任务，引进苏州硒谷科技公司，签订战略性框架协议，以龙头带动、市场化运作的方式推进富硒产业发展。组织全市农牧、林业、县（区）相关领导、技术人员及龙头企业、合作社负责人，认真讨论分析乡村振兴战略、国家和自治区相关政策，制订《中卫市富硒产业发展推进方案》，确定富硒产业发展任务书、路线图和时间表。同时，先后邀请全国硒产业发展方面专家、自治区农业专家和市、县（区）农牧、林业、市场监管等部门负责人、种植流通企业（合作社）及部分瓜农代表，分别召开富硒产业专题报告会、硒资源普查工作培训会等多场会议，充分论证中卫市发展富硒产业的资源优势、规划布局和实施路径。二是全面开展硒资源普查。通过组织公开招标，对两县一区农业生产区域土壤进行取样、检测，摸清全市土壤硒元素含量情况和富硒土壤分布区域，完成3534个土壤样品取样、检测及全市土壤硒元素分布图绘制工作，其中，检测出：富硒（0.22毫克/千克以上）568个，占比16.07%；足硒（0.17毫克/千克—0.22毫克/千克）914个，占比25.86%；低硒（0.12毫克/千克—0.17毫克/千克）1341个，占比37.95%；缺硒（0.12毫克/千克以下）711个，占比20.12%。全市富硒土地面积为1674平方公里，富硒土壤主要分布在卫宁灌区、环香山硒砂瓜产业带、海原树台、三河等区域。抽样检测枸杞、苹果、大米、小杂粮等7大类232个农产品样品，其中，检出富硒枸杞（0.01毫克/千克—0.1毫克/千克）占枸杞样品的83.9%，富硒苹果（0.01毫克/千克—0.1毫克/千克）占75.6%，富硒杂粮（0.04毫克/千克—0.3毫克/千克）占58.35%，富硒马铃薯（0.02毫克/千克—0.2毫克/千克）占45%。三是加快推进"一中心、三基地"建设。安排县（区）参考自治区国土厅发布的富硒土地分布图和主产区核心生产基地，筛选落实6万亩富硒硒砂瓜、1万亩富硒枸杞、1万亩富硒苹果种植基地，确定8万亩富硒产业基地建设主体，科学制订富硒产业种植示范基地（小产区）建设方案。通过对示范基地31批次60个富硒硒砂瓜、富硒枸杞样品抽样检测结果显示，硒砂瓜硒含量均超过0.01毫克/千克，枸杞硒含量达到0.01毫克/千克—0.1毫克/千克，均达到富硒标准。并在沙坡头区香山乡建设富硒硒砂瓜产业试验基地100亩，开展富硒植物营养剂的施用剂量、施用方式、施用时间、硒转化效率和富硒农产品硒营养强化研究等试验。四是强化源头管控和标准化生产。引进苏州硒谷科技公司，整合本市重点农业龙头企业资源，注册成立宁夏硒产业发展有限责任公司和中卫硒产业协会，以《宁夏富硒枸杞标准》和《宁夏富硒土壤标准》为依据，制定《中卫市富硒硒砂瓜标准化生产技术规程》《中卫市富硒枸杞标准化生产技术规程》《中卫市富硒苹果标准化生产技术规程》《中卫市富硒硒砂瓜产品企业标准》，依托市、县（区）农技推广人员，以苏州硒谷科技公司和香岩集团、中宁玺赞、海原砂甜宝等富硒产业种植示范基合作社为主体，分县区、分基地组织农户召开富硒标准化种植现场会6次，制作发放技术规程口袋书3000册，举办种植培训班6期、培训农民2800人次，引导对标生产。五是加强宣传推介与市场营销。组织召开富硒农产品推介发布会暨富硒产业研讨会，印制《中国塞上硒谷》宣传画册、《塞上硒谷瓜果香》宣传片和富硒农产品宣传动画片、硒砂瓜宣传折页，邀请央视、经济日报、人民网、新华网等国内知名媒体对中卫市发展富硒产业、打造"中国塞上硒谷"推进情况进行多频次集中宣传，中卫市被全国土壤标准化技术委员会授予"中国塞上硒谷"。组织市、县（区）营销人员和富硒基地合作社负责人分区域到北京、重庆、长沙、杭州、深圳、广州等主销城市高端水果专销店召开品鉴推介会，并制订《中卫市富硒农产品营销方案》，专场推介15场次，邀请媒体20多家、客商200多人次，富硒硒砂瓜产区销售价格高于普通硒砂瓜价格20%，终端市场最高价达到5元/斤，实现价格和效益的"双提升"。（左佳伟）

【产业融合】 落实中央和自治区各项强农惠农政策，发展新主体、新产业、新业态，延伸产业链，提升价值链，完善利益链。积极搭建政、银、企三方合作投融资平台，助推农产品加工业与种养业融合；扶持中宁新水、沙坡头区、海原县3个农副产品加工物流园入园企业采取订单生产方式带动合作社、种养殖场（户）共建标准化生产基地、商品化处理基地，全年农产品加工企业预计完成总产值57.4亿元，实现营业收入45.2亿元，利润总额7.47亿元。推进新型经营主体培育发展，培育认定自治区级以上农业产业化龙头企业家56家，其中国家级6家，申报市级农业产业化龙头企业13家，认定中卫市农业产业化重点龙头企业75家。年内新增农民专业合作社70家，家庭农场100家，农业产业化联合体4家，建设农业社会化服务站19个，社会化服务能力明显增强。深入开展休闲农业提升年活动，全市休闲农业和乡村旅游发展到190多家，年接待游客超过150万人次，营业总收入达到1.5亿元。成功举办中卫市第二届休闲农业与乡村旅游文化节暨中宁县第三届枸杞采摘节活动和首届中国农民丰收节，吸引市内及周边游客25万人（次）。推动"互联网+现代农业"发展，推进农业电商和信息进村入户，建设乡村（社区）电商服务站点82个，培育农业电商企业与经营主体34家，农产品交易额突破15亿元。各县（区）农牧部门结合当地实际，突出辖区特色，以重要农业文化遗产所在地为重点，深入开展首届"中国农民丰收节"活动。（左佳伟）

【农村改革】 在全市农村土地承包经营权确权登记颁证工作完成的基础上，全市逐步向"四荒地"、设施大棚、仓库、棚圈等农村产权登记扩展，年内中宁县完成印制农村产权确权登记证，制定各项产权颁证流程工作，颁发农业设施设备所有权证32本；海原县启动养殖圈棚、青贮池、蓄水池、贮藏窖等农业设施设备的登记颁证，累计颁发农业设施设备所有权证54本。两县一区农村产权流转服务中心全面建成投入使用，明确人员，制定管理制度、操作规程、交易办法，稳步开展农村土地承包经营权、林权、农业设施设备所有权抵押贷款业务。沙坡头区作为第二批国家级农村集体产权制度改革试点县，严格按照清产核资、产权界定、成员身份确认、份额（股份）量化、注册登记等工作程序，因地制宜、因村施策、分类推进，在全面完成清产核资工作的基础上，对全区167个行政村、1130个村民小组（队）、10.82万户农户、12类人群33.19万农村在册户籍人口进行全面摸底调查，最终认定村集体经济组织成员31.85万人，在滨河镇南关村、文昌镇黄湾村等11个村成立农村集体股份经济合作社，其他156个村成立农村集体经济合作社。全市全面完成农村集体资产清产核资工作，各村集体按照清查、评估处置、登记、核实、公示、内审、确认、上报8个程序步骤，对村集体所有的各类经营性资产、非经营性资产和资源性资产进行全面清查，核实村集体资产17.19亿元，村集体资源性资产852.16万亩。全市大力推进农村产权抵押贷款工作，抵押物由土地承包经营权1种扩大到土地承包经营权、土地流转经营权、林权、农业设施设备所有权等4种，抵押贷款风险基金充实到2100万元，抵押贷款累计达到2474笔3.15亿元。在试点的基础上，不断总结经验持续推进，丰富农村土地"三权分置"具体实现形式，推动农村承包地股份合作制工作，全市累计成立土地股份合作社44个。　　　　　　　　　　　（桂　河）

种植业

【概况】　2018年，市局贯彻落实中央一号文件精神和中央、区、市一系列支农惠农政策，充分调动农民种粮的积极性，扎实开展粮食高产创建和绿色模式攻关，加大农作物优质高产、新品种、新技术推广力度，大力推广良种良法配套技术，农药化肥减量增效技术，指导测土配方施肥150万亩，开展病虫害统防统治137万亩。粮食生产获得全面丰收，2018年全市落实粮食种植面积220.49万亩，总产达64.07万吨，其中小麦面积16.05万亩，同比减少5.55万亩；水稻面积9.39万亩，较2017年减少3.02万亩；玉米面积稳定在83.02万亩；马铃薯种植面积60.47万亩，同比减少9.37万亩，推广一级种薯45万亩。建设水稻、玉米绿色攻关示范点共5个，面积4100亩，玉米水肥一体化技术示范基地2万亩，优质水稻高标准示范区1万亩。全市种植硒砂瓜面积87.9万亩，总产量136万吨，实现产值18亿元。创建万亩富硒硒砂瓜标准化生产示范基地（小产区）6个，面积6.05万亩，产量11.9万吨，产值达1.8亿元。建立硒砂瓜品质品牌保护核心基地40万亩，合理安排分期播种、均衡上市，有序组织压砂地轮作歇茬，严格落实品质品牌保护和田间管理措施。全市蔬菜种植面积40.96万亩，总产量89.44万吨，其中，设施蔬菜7.33万亩，供港菜6.34万亩，露地蔬菜27.29万亩。以龙头企业带动"五优"蔬菜基地为重点，列入自治区重点攻关和培育计划的特色农产品重点产业化项目2家，大力推广秸秆生物反应堆、测土配方施肥、无公害标准化栽培、滴灌水肥一体化、绿色防控等技术，推进规模化种植、标准化生产、商品化处理、品牌化销售、产业化经营。　　　　　　　　　　（庄玉秀）

畜牧业

【概况】　2018年，全市畜牧水产工作深入贯彻落实党的十九大、自治区第十二次党代会以及市第四次党代会精神，按照实施乡村振兴战略的总要求，坚持稳中求进的工作总基调，以农民增收为核心，深入推进草畜产业转型升级、草原生态保护与建设、渔业增殖放流和养殖污染治理等工作。着力构建现代畜牧产业体系、生产体系、经营体系。全市奶牛存栏达到6.8万头，完成年计划任务的100%，比2017年同期增长8.92%；肉牛、肉羊、生猪和家禽饲养量分别达到38.5万头、304.1万只、93.5万头和836万只；分别完成年计划任务的101.3%、112.6%、81.3%和119.4%；分别比2017年同期减少0.06%、增长3.89%、减少26%、增长3.23%；肉、蛋、奶总产量分别达到9.5万吨、4.2万吨、24.9万吨，与2017年同比分别减少13.6%、增长12.87%、6.21%；实现总产值45亿元，和上年持平。　　　　　　　　　　　　　　（张　府）

【标准化养殖场建设】　2018年，新建沙坡头区众鑫源奶牛场、海通达10万头生猪标准化养殖基地、寺口子30万只生态蛋鸡养殖园，中宁县太阳梁兴垦、牛一奶牛场，海原县贾塘乡万头高端肉牛繁育场；引领示范带动全市畜禽养殖业发展。全市累计建成标准化奶牛场56个、肉牛场50个、肉羊场120个、生猪养殖场57个、养鸡场33个。　　　　　　（张　府）

【畜牧品种改良】　不断健全完善县、乡、村三级人工授精配种改良网络，全面推广生猪、肉牛、奶牛人工授精配种改良技术。全市巩固猪人工授精供精站3个，完成能繁母猪人工授精配种2.7万头，良种覆盖率达到100%。全市引进优质奶牛冻精7万支、肉牛冻精7.5万支，改良奶牛4.1万头、肉牛5.2万头，良种覆盖率均达到100%；引进滩羊（山羊）种公羊800只，改良羊只2.5万只，良种覆盖率达到80%以上。良种化比例和品种质量不断提高。　　　　（张　府）

【惠农政策及养殖业保险】　落实草原生态补偿政策，全市草原生态奖补面积992.5万亩，资金7443.8

万元。其中,沙坡头区343.3万亩,中宁县281.1万亩,海原县366.2万亩。落实养殖业惠农政策,全市肉牛"见犊补母"政策全覆盖、粮改饲政策全覆盖,实施畜牧良补、种子工程和新技术推广等养殖业项目政策。全市开展奶牛保险4.1万头、肉牛基础母牛2.6万头、能繁母猪1.3万头、肉羊种羊1.9万只。（张　府）

【草畜产业】　着力推广华润集团"基础母牛银行"扶贫模式、夏华集团农场到餐桌全产业链模式和香岩集团种养结合农牧循环模式,扎实推进全区粮改饲试点在全市实现全覆盖,种植青贮玉米15万亩;建设草畜产业节本增效科技示范点35个,促进全市现代畜牧业健康有序发展。全年累计赊销华润基础母牛9968头。基本建成西部高端肉牛产业发展研究院。年屠宰6万头肉牛生产加工厂对接国环部门确定红线图及选址意向书。贾塘繁育场建成繁育舍、子母舍14栋和产房4栋3.2万平方米,存栏安格斯母牛2000头。香岩集团万头奶牛场提升改造完成有机肥加工厂、污水处理厂建设,卧床改造2000位,引进优质荷斯坦奶牛1000头,新增奶牛发情监测仪1000套;中宁县太阳梁万头奶牛场建成5栋牛舍及配套设施、制作2万吨青贮,补栏育成牛4000头;宁夏七彩阳光乳业有限公司6万吨乳品饮料厂建成,正常生产;夏华集团在长沙、广州、武汉、深圳、厦门等城市建立销售窗口,并成功入驻华润万家、沃尔玛、人人乐等超市,扩大外销,做大做强本土企业。制订《2018年中卫市本级草畜产业节本增效行动年实施方案》,并在全市遴选科技示范户35个,通过强化示范点建设,实行包点服务、因场施策、对标管理、强化技术指导,并实地进行考核评价、打分和档案资料核查、汇总,实现节本增效5.12%,全面完成预期目标,有效提升草畜产业发展水平。（张　府）

【畜禽养殖污染治理】　以市政府办公室印发《中卫市加快推进畜禽养殖废弃资源化利用工作方案(2018年—2020年)的通知》,联合环保局印发《中卫市畜禽养殖废弃资源化利用工作考核办法(试行)》,制定印发《中卫市2018年度畜禽养殖污染治理工作实施方案》,加快养殖企业治污配套设施建设,全市288家规模养殖场有235家配套建成粪污处理设施,畜禽规模养殖场粪污处理设施配套率达81.6%,畜禽粪污资源化利用率达87%。沙坡头自然保护区、沙坡头区一级水源地、中宁县康滩、海原县闫家淌、海兴开发区南坪水库水源地共占地24783.6公顷为全市划定的禁养区,区域内的规模养殖场全部完成搬迁。按照市河长制工作部署,开展河沟畜禽养殖排污治理。对照《沙坡头区重点河沟两侧畜禽养殖场(户)整治工作实施方案》中涉及的重点河沟沿线向沟道排污的养殖场(户)进行详细排查,向沙坡头区政府通报重点河沟沿线养殖场排污整治督查情况,印发《坚决打赢畜禽养殖污染治理攻坚战》致广大农民朋友的一封信;督促沙坡头区重点对一三四排水沟沿岸直接排污的畜禽养殖场进行专项整治,17家养殖场中的滨河镇宝中奶牛养殖场和柔远镇俞红海养猪场2家完成搬迁,其余15家养猪场有12家埋置污水储存罐19个360立方米、硬化地面堆粪场12个674平方米,鑫源种猪场新建粪污堆积池60立方米并完善污水储存设施;完成奔腾牛场向石墩水沟排污问题的整改。

（张　府）

【饲料监管】　按照"属地管理"原则,全面加强饲料、饲料添加剂等投入品监管工作,将日常监管责任落实到人,签订饲料、饲料添加剂投入品监管责任书,明确监管职责和监管任务,确保监管工作"职责定岗、人员定责、工作定制"。在全市持续开展饲料产品质量安全、违禁添加物专项、反刍动物饲料中牛羊源性成分、质量安全追溯、养殖环节"瘦肉精"等监督检查;重点抓全市5家饲料生产企业猪血浆制品饲料的监管,对50家饲料经营企业(沙坡头区20户、中宁县30户)进行实地检查,并就岗位安全责任的落实情况进行督查。对检查中发现的问题当面告知经营主体负责人,立查立改,消除安全隐患,有效遏制畜禽产品质量安全及安全生产事故的发生。及时结合"节假日"肉食品消费高峰期和"3·15质量安全日"等时节,采用宣传与执法相结合的方式加大畜禽产品、水产品质量安全的宣传执法工作;及时受理群众投诉,查处不合格产品及违法违规行为。加强饲料执法人员的法规和业务知识的教育培训,提高执法人员素质和执法能力。

（张　府）

【草原建设】　2018年,全市种植各类优质饲草30余万亩。以"加强草原管护　推进生态文明建设"为主题,着力开展草原执法检查"绿剑行动"、草原征占用专项检查"护卫行动"、草原补奖政策"宣贯行动"、新闻媒体"发现美丽草原行动"、最美草原管护员"寻找行动"等系列活动。督促县区农牧部门切实加强草原禁牧、防火及草原毒源植物禁种铲除工作,层层压实责任,深化宣传教育,充分利用电视、广播、报纸、网络及微信等多种形式广泛宣传《草原法》《宁夏回族自治区草原管理条例》《宁夏回族自治区禁牧封育条例》等法律法规政策。全面落实草原防火目标管理责任制，强化督查和24小时值班，营造全社会保护草原生态环境的浓厚氛围。全市天然草原平均覆盖度53.52%，其中，中宁县为46.33%，海原县为65.34%，沙坡头区为50.6%。
（张　府）

【禁牧封育】　开展禁牧封育巡查工作。落实禁牧封育督查分工责任制，采取印发"通知"、专门会议安排部署，编印发放草原法律法规宣传手册，成立督察组，实行一周一督察一通报，明察暗访，邀请媒体跟踪报道，在巡查中发现偷牧行为，现场拍照，GPS定位，通报处理；并对工作不力的单位和个人，提请监察部门进行责任追究。累计督查170余次，向市上报送《禁牧封育督查情况通报》8期，处理违法偷牧羊只140群5600多只。
（张　府）

【重大动物疫病防控】　加强动物炭疽病、H7N9流感、非洲猪瘟等动物疫病防控工作。一是妥善处置海原县七营镇、三河镇3起人疑似感染炭疽疫情，进一步加强炭疽病的防控工作。二是严密防范动物H7N9流感风险，科学应对沙坡头区一家禽屠宰场环境样本H7N9流感病原学监测阳性，指导沙坡头区采取果断应急处置措施，对市场内家禽全部收购、扑杀、无害化处理。并采集家禽咽喉/泄殖腔拭子及环境样品共计85份，H5、H7亚型禽流感监测结果均为阴性。全市没有发生高致病性禽流感和H7N9流感疫情。三是2018年8月初全国首例非洲猪瘟疫情发生后，多次召开全市非洲猪瘟防控工作会议，要求各县（区）要切实做好防控工作的责任感和紧迫感，严格落实疫情排查、监测和流行病学调查、疫情报告、应急处置、流通监管等综合防控措施。对辖区内生猪养殖场、屠宰场、交易市场、无害化处理场等重点场所和外省调入的生猪开展全面排查，并指定专人负责将排查情况及时上报，确保疫情早发现、早报告、早确诊、早处置。年内，全市共排查生猪48572场次，330.88万头次，其中排查养殖场48170场次户、排查生猪327.19万头次，屠宰场376场次，排查生猪2.6万头次，生猪交易市场26场次，排查生猪1.09万头次。采样猪血清样品260份，报送区动物疾控中心检测，未发现疑似非洲猪瘟疫情。严格落实设卡堵疫工作。研究制定孟家湾、兴仁2个指定通道设卡堵疫工作方案，抽调26名人员开展设卡堵疫工作，切实加强非洲猪瘟防控工作。年内，共检查消毒过往拉运动物车辆369辆，检查动物28732头/只，动物产品263.43吨。
（范学成）

【动物疫病防治】　一是动物疫病预防免疫扎实开展，突出抓好口蹄疫、高致病性禽流感、小反刍兽疫、羊布病等重大动物疫病强制免疫，完成春秋两季重大动物疫病集中免疫工作任务，共免疫各类畜禽2144.87万头（只）次，应免畜禽免疫密度、免疫标识率均达到100%，免疫抗体合格率均达70%以上，符合农业部规定的合格标准。同时，统筹抓好猪瘟、高致病性猪蓝耳病、鸡新城疫、羊痘、羊梭菌病、仔猪病毒性腹泻、包虫病、狂犬病等重要动物疫病和人畜共患病防治工作，新城疫免疫鸡1425.71万只次、高致病性猪蓝耳病4.65万头次、羊棘球蚴15.12万只次、狂犬病免疫犬13.5万条次、家畜炭疽病39.08万头（只）次。二是开展兽医社会化服务改革。指导中宁县成立7个动物防疫社会化服务组织，聘用防疫员73人，在全县12个乡镇开展动物防疫社会化服务，实现政府购买动物防疫社会化服务全覆盖，其做法和经验得到了国家和自治区兽医主管部门的认可和推广；海原县成立1个动物防疫社会化服务组织，聘用防疫员8人，在1个乡镇开展动物防疫社会化服务；沙坡头区在3个乡镇开展动物防疫社会化服务试点。全市7个养殖场实施重大动物强制免疫"先打后补"试点，提高动物疫病防疫水平。年内。全市各类动物疫情稳定，没有发生重大动物疫情，有效保障畜牧业健康稳定发展和公共卫生安全。
（范学成）

【动物疫情预测预报】　推行"一主两辅"动物疫病防控与疫情监测预警模式，开展动物疫病监测与流行病学调查工作，市、县（区）两级兽医实验室动物疫病监测样品25886份，其中市级13796份。开展流行病学调查，共调查936个乡镇，24280个养殖场户，发病动物总数达7482头/只，死亡98头/只，病死率1.30%。监测报告一、二、三类动物疫病23起12种病（沙坡头区12起、中宁县2起、海原县9起），一类病为绵羊和山羊痘；二类病为鸡球虫病、禽伤寒、鸡白痢、鸡传染性喉气管炎、鸡传染性支气管炎、禽产蛋下降综合征、炭疽；三类病为猪传染性胃肠炎、李氏杆菌病（禽）、猪放线菌病、猪附红细胞体病。其中人畜共患病累计调查畜禽1986.69万头/只，监测1178头/只，阳性数79头/只，疫情均呈点状散发经过，没有造成传播扩散流行。组织召开全市动物疫病监测分析会商会议两期，科学研判预警动物疫情形势，正确指导基层加强防控。积极推进兽医实验室监测续展认证，不断增强兽医科技服务支持能力，提升动物疫病监测诊断水平。
（范学成）

【动物检疫监督】　一是加强动物产地和屠宰检疫

监管。全市产地检疫动物81.35万头（只），屠宰检疫畜禽29.7万头（只），动物检疫申报率和屠宰检疫率均达100%，实现动物检疫电子出证全覆盖。二是着力提升动物卫生监管水平。进一步落实动物卫生"网格化"监管，督促养殖、屠宰、活畜交易市场等落实动物防疫和畜产品质量安全主体责任。重点围绕淘汰奶牛检疫监管、活畜禽跨省调运、活禽流通交易、病死动物无害化处理等重点环节和重点场所，采取专项行动和日常监管相结合的方式，突出问题导向，扎实开展"动监雷霆"和养殖场专项监督检查等行动，严厉打击各类动物卫生违法行为，切实加强从养殖到屠宰全链条动物卫生风险管控能力。三是强化动物卫生监督执法。按照自治区农牧厅兽医局《关于开展全区动物卫生监督执法规范年活动的通知》和《中卫市农牧系统2018年双随机一公开工作实施方案》要求，强化工作责任落实，开展动物卫生监督执法职能职责自查，建立执法人员、抽查主体名录库和"双随机"抽查工作细则，完善行政执法公示制度、行政执法全过程纪录制度、行政处罚决定法制审核制度，进一步规范动物卫生监督执法程序，提高执法办案能力。全市查处办结动物卫生监督违法案件48起，收缴罚款19552元。查处办结兽药违法案件10起，收缴罚款13662元。四是加强病死畜禽无害化处理。全市建成病死畜禽无害化处理掩埋场3个，共无害化处理病死动物7168头/只、病害动物产品0.75吨，规模养殖场和屠宰企业病死畜禽无害化处理率达到100%，保障人民群众"舌尖上"的肉食品安全。 （范学成）

【兽药市场监管】 一是加强兽药GSP和GUP日常监管和季度巡查，规范实施兽药GSP验收和养殖场兽药GUP建设，推进兽药经营使用环节创优示范活动，对全市4家兽药店进行GSP复验，对49家兽药经营企业开展"二维码"追溯管理，对16家兽药经营企业和14家养殖企业开展兽药GSP/GUP"双百"创建示范，指导1家养殖企业开展兽药使用减量化行动试点，进一步提升兽药管理水平。二是加大对兽药生产经营使用环节监督执法力度，加强宁夏大漠药业有限公司兽药生产监管，加强安全生产风险隐患排查整治，严格落实GMP管理制度，规范兽药产业健康发展。三是扎实开展兽用抗菌药综合治理五年行动、畜禽水产品抗生素、禁用化合物及兽药残留超标专项整治行动和全市违禁兽药专项整治行动，出动执法车辆60车次，执法人员120人次，对全市1家兽药生产企业、49家兽药经营企业、236家规模养殖场进行全面清查。强化"检打联动"机制，开展农业部通报假劣兽药查处行动，对列入农业部兽药质量通报的重点监控企业和假劣兽药产品进行拉网式清查。 （范学成）

【动物产品质量安全监测】 加强动物产品质量安全监测工作。开展畜禽养殖屠宰流通环节"瘦肉精"检测，共检测畜尿样14885份，检测结果全部为阴性；配合农业部和自治区农牧厅开展动物产品质量安全例行监测和监督监测，共抽检样品360份，检测结果全部合格；开展生鲜乳质量安全检测抽样180份，检测全部合格；兽药质量安全检测抽样40个品种，检测结果全部合格。 （范学成）

【动物检疫及监督体系建设】 全市有市级动物疾病预防控制与卫生监督机构1个，县（区）级动物疾病预防控制机构和动物卫生监督机构各3个，(镇)乡畜牧兽医技术服务站39个，其中，市沙坡头区11个、中宁县11个、海原县17个。全市有官方兽医140名，其中市本级5名、沙坡头区42名、中宁县52名、海原县41名；全市有执业兽医42名，其中，市本级2名、沙坡头区15名、中宁县14名、海原县11名；全市有乡村兽医105名，其中，沙坡头区49名、中宁县38名、海原县18名。全市基本形成区(县)、镇(乡)、村三级动物防疫和检疫监督网络体系，服务功能进一步增强。 （范学成）

水产业

【概况】 2018年，中卫市渔业坚持"稳定规模，转变方式，提升质量"发展思路，加速推广水产节水减排增效技术，优化水产养殖模式，调整养殖品种结构，狠抓渔业行政执法监管，强化渔业资源养护，强力保障渔业"三项安全"，全市渔业生态化、健康化、高效化和持续化发展质量水平进一步提高。全市水产养殖面积稳定在8.1万亩，水产品产量达到2.2万吨；全市产地水产品质量抽检合格率达到国家规定标准，未发生重大渔业水上安全事故。 （汪宏伟）

【养殖品种结构调整】 2018年，结合国家大宗淡水鱼产业技术体系银川试验站大宗鱼类新品种试验示范，引进异育银鲫中科5号、易捕鲤、福瑞鲤2号养殖新品种3个，落实试验示范面积42.5亩；结合水产节能减排技术示范，引导养殖户落实水产生态健康养殖技术措施，完成福瑞鲤、草鱼、异育银鲫中科3号等优质鱼类标准化健康养殖技术示范面积27164亩；完成斑点叉尾鮰、泥鳅等特色优质鱼类养殖面积1030亩；完

成湖泊河蟹养殖面积20000亩。 （汪宏伟）

【渔业技术推广】 以保护和修复养殖水体环境、促进传统渔业转型升级和绿色发展为目标，加快设施渔业、稻渔综合种养等生态节水高效渔业技术示范推广应用，2018年，全市新建池塘循环流水槽养殖示范基地2个，建设流水养殖槽11条770平方米，累计达到21条2310平方米，外塘面积2010亩；新建成设施养虾、泥鳅温棚面积3000平方米，在建设施养虾温棚100亩平方米；落实稻渔综合种养面积1000亩；全市池塘微孔增氧技术应用面积8250亩；渔业物联网技术应用面积16100亩；抬网捕鱼技术应用面积18200亩；渔用微生态制剂水质调控技术应用面积39832亩；渔用生物肥替代化肥施用面积39250亩；浮性饲料应用面积6000亩；完成池塘清淤改造面积2500亩。 （汪宏伟）

【渔业安全生产】 坚持和巩固常规签订水产品质量安全承诺书、安全承诺书、印发宣传资料、开展日常现场执法检查等渔业生产安全常态化执法监管机制的同时，印发《中卫市2018年水产抗生素、禁用化合物及渔药残留超标整治工作方案》，严格落实属地管理责任、执法者监管责任和生产经营者主体责任，严格落实属地管理责任、部门监管责任和生产经营主体责任，共签订水产品质量安全责任书154份，覆盖率达100%；建立养殖生产纪录320本，覆盖率达90%；签订渔业生产安全责任书118份，覆盖率达100%；建立安全监管台账4本，排查隐患4个，整改4个；全市共完成农业农村部及自治区安排的市场、产地及"60大庆"期间水产品药残检测抽样158个，合格率达100%。 （汪宏伟）

【渔业行政执法】 加快养殖水域滩涂规划编制，沙坡头区、中宁县《养殖水域滩涂规划》全面编制完成并由县（区）政府发布实施；严格落实黄河休渔禁渔制度，印发中卫市2018年黄河休渔实施方案、违规渔具清理整治工作方案，同时按照2017年市农牧局与市公安、海事、工商部门联合印发的《关于开展黄河休渔及违规网具清理整治联合执法工作的通知》和《关于严厉打击电鱼等破坏渔业资源违法行为的通告》两个文件要求，设计制作并悬挂休渔禁渔警示和举报电话宣传标牌60块、宣传标语20条，并统一配发县（区）进行悬挂宣传；开展农业农村部组织的沿黄九省区渔政交叉联合执法活动，刷写固定标语8条，制作以农业部休渔通告和中卫市农牧、公安、工商、海事4部门《关于严厉打击电鱼等违法捕鱼行为的通告》为内容的固定宣传牌5块，开展联合执法电视宣传报道2次；受理举报11次。2018年，全市黄河休渔、违规渔具清理整治、水产种质资源保护区执法等活动共发放宣传资料2730份，出动执法车辆148辆次，出动执法人员532人次，累计检查市场、网具经营店等28个，清理收缴网具18条，驱离娱乐性垂钓人员280多人次，放流非法渔获物150公斤；扎实开展黄河卫宁段水产种质资源保护区管理，举办黄河卫宁段渔业资源增殖放流活动两次，放流黄河鲶、黄河鲤、鲢鳙鱼等910万尾，开展放流后执法监管17次；举办水生野生动物保护宣传月活动1次，制作水生野生动物保护法律法规宣传展板9块。 （汪宏伟）

农业产业化

【概况】 2018年，中卫市农业产业化组织总数达到356个，其中，沙坡头区159个，中宁县112个，海原县85个。按组织类型划分，龙头企业带动型135个，合作组织带动型182个，专业市场带动型7个，其他32个。按利益联结方式划分，订单合同关系84个，合作方式20个，股份合作方式82个，其他方式170个。农业产业化组织规模情况是，固定资产62亿元，带动农户数是24.3万户，生产基地规模种植面积56.53万亩、牲畜饲养量13.15万头、禽类饲养量3.16万只。农业产业化组织效益情况是龙头企业完成销售收入61.38亿元，实现利润7.04亿元，合作组织完成销售收入20.55亿元，专业市场交易额达到8亿元，农户从事产业化经营增收总额达到5.25亿元。农业产业化组织从业人数达到3.9万人，其中龙头企业从业人数0.98万人。 （刘新祖）

【农产品加工业】 2018年，全市农产品加工企业个数1190个（含个体工商户），从业人员13625人，完成总产值57.4亿元，实现营业收入45.2亿元，利润总额7.47亿元，上缴税金0.96亿元。其中，沙坡头区农产品加工企业205家，从业人员3153人，完成总产值23.3亿元，实现营业收入20.3亿元，利润总额2.03亿元，上缴税金0.52亿元；中宁县农产品加工流通企业566家，从业人员5892人，完成总产值29.7亿元，实现营业收入21.07亿元，利润总额5亿元，上缴税金0.42亿元；海原县农产品加工流通企业415家，从业人员4580人，完成总产值4.34亿元，实现营业收入3.77亿元，利润总额0.43亿元，上缴税金255万元。

（刘新祖）

【新型农业经营主体培育】 至2018年，全市新型农业经营主体13476个，其中，种养大户11406个（种植大户6711个，种植面积154万亩；养殖大户4695个，发展养殖280余万头只）。家庭农场769个（种植业222个、养殖业348个、种养结合121个、渔业9个、其他69个；经营耕地14.36万亩，养殖畜禽16.4万头只），自治区级示范家庭农场47家（中宁县16家、海原县14家、沙坡头区17家），其中养殖业14家、种植业18家、种养结合11家、林业4家。年内新注册家庭农场103家（中宁县9家、海原县54家、沙坡头区40家）。农民专业合作社1301家，入社农民6.78万人，带动农户12.58万户，销售农产品产值达到7.27亿元。全市国家级农民合作社示范社30家（中宁县13家、海原县6家、沙坡头区11家），其中，养殖业8家、种植业21家、林业1家；自治区级农民合作社示范社79家（中宁县31家、海原县21家、沙坡头区27家），其中，养殖业15家、种植业43家、林业6家、农机3家、其他12家。年内农经部门新增备案的农民合作社64家（海原县19家、沙坡头区45家）。

（桂　河）

农业机械化

【概况】 2018年全市农业机械总动力95.38万千瓦，比2017年增加6.18万千瓦，其中，拖拉机拥有量30709台，联合收割机920台，各种拖拉机配套农机具达到40580台（套）。全市主要农作物耕种收综合机械化水平达到75.5%，比2017年增加0.96个百分点。水稻种植机械、玉米收获机械等粮食生产薄弱环节的农业机械大幅增加，为硒砂瓜生产、设施农业、枸杞、马铃薯、中药材及畜牧饲草等农业产业化生产服务的新型农业机械研发推广工作不断推进，技术日臻成熟，农机装备结构进一步优化，农业机械成为支撑农业生产重要物质装备。　　　　（俞学辉）

【农机购置补贴】 认真落实农机购置补贴政策。2018年，中卫市共落实农机购置补贴资金2947.307万元，补贴购置各类农业机械2244台套，其中，拖拉机674台，谷物联合收割机42台，植保无人飞机2台，受益农户2100户，拉动农民投入资金6877万元。在购机补贴实施过程中，重点向玉米收获、水稻种植、硒砂瓜生产、枸杞生产、马铃薯生产等机械倾斜，促进农业主导产业等特定农业机械的发展，推进关键、薄弱环节机械的突破。　　　　　　（俞学辉）

【农机社会化服务体系建设】 持续推进农机专业合作服务组织建设。2018年，全市共有农机作业服务公司和农机专业合作社37家，拥有各类农机具1092台（套），全年作业服务面积480万亩，流转土地6.8万亩。农机合作服务组织日益成为土地流转新主力、现代农业经营的新主体、培育新型职业农民的新基地。

（俞学辉）

【农机安全监理】 农机安全监理工作进一步加强。在全市继续推行农机免费管理，加强源头管理，严把农机登记关、检验关和农机驾驶操作人员的技术培训关，提高拖拉机、联合收割机及驾驶员的入户率、持证率、参检率。2018年，全市拖拉机、联合收割机入户挂牌716台，培训驾驶操作人员4117人，检验拖拉机、联合收割机13407台，审验驾驶员3945人。加强农机安全生产检查，全年共出动安全检查978人次，检查拖拉机、联合收割机2175台次，纠正违章430起，共检查"六小农机"3850台次，纠正各类违章203起。基本形成以目标责任管理、法规教育培训和政策标准体系为主的农机安全生产监管体系，全年无重、特大农机事故发生，农机安全生产形势平稳。（俞学辉）

【农机市场监管】 强化农机服务市场监管，维护广大农机使用者的合法权益。对辖区3家农机制造企业，16家农机销售网点，88家农机维修网点进行监督管理，受理并调查处理农机质量投诉案件两起。规范严把产品质量源头管理关，预防和避免有问题的农机产品流入市场，规范农机生产、销售和维修市场的服务经营行为。　　　　　　　　　　（俞学辉）

【农机化技术培训】 按照自治区农牧厅农机局、农机推广总站和农机监理总站的年度培训计划和要求，围绕农机化管理、技术和服务三支人才队伍建设，结合农机免费管理、农机化示范园区建设、农业实用技术培训、新型职业农民培训等，在全市开展农机化教育培训活动。2018年，全市共举办各类农机化科技培训班148期，培训各类农机人员15000人/次，进一步提升农机从业人员的整体素质和业务水平。

（俞学辉）

农业行政执法与安全监管

【概况】 2018年，中卫市农业执法及农产品质量安全监管工作按照区、市有关文件要求，坚持以法治思维和法治方式推进农业执法及农产品质量安全监管工作，规范执法行为，切实加强中卫市初级农产品源头监管和农业投入品的监管,保障农业生产又好又快发展。种植业产品合格率达99.2%,畜产品合格率达100%,生鲜乳合格率达100%,水产品检测合格率达100%,年内无农产品质量安全事故发生。

(朱兴文)

【农产品质量安全监管】 制定《中卫市农业质量年具体行动方案》《关于加强农产品质量安全检打联动工作通知》《中卫市农牧系统2018年双随机一公开工作实施方案》《2018中卫市农资市场监管工作方案》《关于加强2018年古尔邦节国庆宁夏六十周年大庆期间农资打假及农产品质量安全专项整治工作的通知》《关于加强硒砂瓜种苗生产经营管理工作通知》《关于印发中卫市关于组织开展严厉打击危害肉品质量安全违法违规行为百日行动的实施方案的通知》等,明确农业执法及农产品质量安全监管工作的目标任务、整治重点及责任单位,基本形成主管领导全面抓、分管领导具体抓、业务单位分头抓的运行机制,为全面履行职责提供坚强组织保障。 (朱兴文)

【执法行为规范】 一是按照中卫市三项制度建设要求,三项制度统一配置手持视频终端、4G执法记录仪车载取证设备等10类执法设备,共计93340元,根据工作量大小,分别配置于局属各执法单位作用,在此与设备采购方联系,对执法设备的使用进行多次培训。同时,对各单位执法平台管理员进行培训指导,及时对行政检查、行政许可、行政处罚进行事后公示。二是按照简政放权、依法监管、各负其责、公开公正的原则,推进"双随机一公开"工作,建立中卫市农牧局双随机抽查事项清单目录,完善抽查执法人员和检查对象名库、抽查程序。同时将随机抽查情况通过中卫市法治政府网向社会公布,接受社会监督。三是积极推进"不见面马上办",是推进农业审批"放管服"重要的抓手,以"应进必进、一个不漏"的原则,对涉及的9项审批,逐一厘清办理信息,优化审批程序,明确审批关键环节责任人。四是加强执法证件的管理与使用,积极开展执法证件的年审,年审有效执法证件35份,重新申领执法证的14人和到期需换证的10人。

(朱兴文)

【农产品质量安全监管责任落实】 一是围绕农药专项整治行动、"瘦肉精"专项整治行动、生鲜乳专项整治行动、兽用抗生素专项整治行动、生猪屠宰监管"扫雷行动""三鱼两药"专项整治行动、农资打假专项治理行动等7个专项整治,聚焦农兽药残留、非法添加、违禁使用、私屠滥宰及注水和注入其他物质、制假售假等突出问题,开展专项治理行动。针对重点时段、重点区域、重点产品和薄弱环节,坚持问题导向,加大巡查检查和监督抽查力度,实行最严格的监管、最严厉的处罚,严厉打击农产品质量安全领域的违法违规行为,严防、严管、严控农产品质量安全风险,切实解决面上存在的风险隐患。二是推进农产品质量安全网格化监管。推进市、县、乡"三级"监管能力建设,强化监管岗位责任制和责任追究制,实现全市农产品质量安全监管责任全覆盖。全市农产品网格化监管,涉及37个乡镇,2个管委会,共有监管责任人272人,(其中,市级15人、县(区)级129人、乡级128人),共有监管点1779个,其中,监管农资销售店625家、奶站28个、定点屠宰场14个、养殖专业户650家,枸杞生产基地20个、捕捞点7个、种植专业合作社422家,蔬菜生产生产地基13个。三是开展畜禽屠宰环节监管。加强与公安、市场监督管理、环保等部门的协调配合,形成多部门联合监督执法合力,开展"扫雷行动""百日行动"和"安全生产月"专项整治,严厉打击添加"瘦肉精"和"注水肉"及私屠滥宰行为,确保全市畜禽定点屠宰,出厂肉品质量合格。四是加强病死畜禽无害化处理。全市建成病死畜禽无害化处理掩埋场3个,共无害化处理病死动物7168头/只、病害动物产品0.75吨,规模养殖场和屠宰企业病死畜禽无害化处理率达100%。年内,检查农资企业4258家,出动执法人员3860人,发放宣传资料1.57万份;下发整改通知书11份;办理违法案件60起,其中,全市查处办结动物卫生监督违法案件48起收缴罚款19552元,查处办结兽药违法案件10起收缴罚款13662元,查处农资案件2起。调处农资纠纷42起。 (朱兴文)

【特色农产品品牌保护和品牌认证】 一是积极开展三品一标产品的认证。沙坡头苹果、中卫硒砂瓜通过地理标志认证。二是申报2018中国果品区域公用品牌建设,香山硒砂瓜于9月份获得2018年中国果品区域公用品牌奖牌。三是开展宁夏农产品区域公用品牌、知名农业企业品牌、特色优质农产品品牌评选认定工作,沙坡头苹果评为2018年宁夏农产品区域公用品牌,宁夏弘兴达果业有限公司、宁夏早康枸杞股份有限公司被评为2018年宁夏知名农业企业品牌,香山硒砂瓜获得十大宁夏农产品区域公用品牌。

(朱兴文)

【农产品抽样检测工作】 一是2018年市农产品检测中心定量检测500批次样品,合格496批次样品,合格率达99.2%。二是全市屠宰环节和养殖环节瘦肉精检测,有效开展畜禽养殖屠宰流通环节"瘦肉精"检测,共检测畜尿样14885份,检测结果全部为阴性;配合农业部和自治区农牧厅开展动物产品质量安全例行监测和监督监测,共抽检样品360份,检测结果全部合格;开展生鲜乳质量安全检测抽样180份,检测全部合格。水产品135个样品,检测合格率达100%。三是检测能力提升。市级检测中心取得检验检测机构资质认定证书(CMA)及农产品质量安全检测机构考核合格证书(CATL),沙坡头区、海原农产品检测中心年底完成试验室认证工作,通过认证促推检测能力的提升。

(朱兴文)

林业和生态建设

【概况】 2018年,认真贯彻落实党的十九大、自治区第十二次党代会和市委四届四次、五次全会精神,按照"十三五"林业发展规划,以大力实施乡村振兴战略暨深化农村改革工作推进会为契机,狠抓年初确定的各项工作任务,全力推进"退耕还林、防沙治沙、兴林富民、生态保护、绿化美化"五大林业工程,共完成营造林25.41万亩。 (潘长波)

【生态经济林建设】 通过扩基地、抓园区、建示范,种植枸杞、苹果等经济林5.75万亩,其中,枸杞4.47万亩,苹果0.81万亩,桃、核桃、梨等杂果0.47万亩。新建枸杞标准化基地2个、出口枸杞质量安全示范区1.5万亩、苹果标准化示范园2个、现代化矮砧苹果示范园2个、苹果修剪示范园1个、苹果新品种引进改接示范园1个、红枣示范园2个。聘请和组织区市县林业专家和技术干部,围绕林果实用技术和林木病虫害防治,深入镇村采取集中培训、现场技术指导等形式,开展各类林果技术培训班31场次,累计培训果农3600人次,发放宣传资料3000余份。制定并印发《中卫市富硒枸杞生产技术规程(试行)》和《中卫市富硒苹果生产技术规程(试行)》。在沙坡头区和中宁县建设富硒枸杞、富硒苹果示范基地各1万亩。富硒产品"乌玛枸杞"在第五届世界硒都(恩施)硒产品博览交易会上,被评为中国十大"特色硒产品"之一。举办2018枸杞产业博览会,CCTV7、新华网、网易新闻等100多家知名媒体进行跟踪宣传报道,进一步扩大了"中宁枸杞"在全国的知名度。 (潘长波)

【生态防护林建设】 制订《中卫市大规模国土绿化行动方案》《南华山外围区域水源涵养林建设提升可研报告(2018—2022年)》,深入实施南华山水源涵养林提升、防沙治沙、湿地保护与恢复、城乡环境绿化提升、林业产业提质增效、森林资源保护、全民义务植树等国土绿化行动,完成生态防护林8.42万亩、生态经济林5.7万亩、退耕还林3万亩、封山育林4.1万亩,补植补造1.55万亩、退化林分改造2.01万亩、乡镇绿化0.17万亩、主干道路绿化0.46万亩。在腾格里沙漠东南缘长流水区域完成扎设草方格并种植柠条、花棒等灌木6.1万亩,未成林补植补造0.34万亩。在海原县李旺镇、九彩乡,沙坡头区蒿川地区,采取封山育林、种植柠条等措施,完成移民迁出区生态修复2.2万亩、封山育林1万亩,迁出区生态环境得到进一步治理。 (潘长波)

【城市园林建设】 做足"绿"字,做活"水"字,全力推进城市双修。推进河湖沿线绿化、湿地保护与修复、生态补偿等工作,完成黄河过境城市段19公里黄河两岸生态治理与修复工程,对景观水系区域补植荷花900平方米、各类乔灌木126株及红叶小檗2万株,制订《小湖千岛湖生态治理方案》。实施春季新老城区生态修补及城市绿化工程,完成物流园区周边、新墩南路等土地裸露区及新修道路绿化(物流园区周边、柔三街等8个区域)、城区生态修补(文萃路、怀远路、利民路等9个区域)和原有绿化带补植(中央大道、南苑路、长城路等20条道路)37处绿化面积190.9亩,共栽植各类乔灌木木16.57万株,地被2.6万平方米,铺设供水管1.6万米。实施高铁商圈生态绿化建设工程,完成绿化569亩,种植各类乔灌木4.96万株、地被绿篱3.75万平方米、草坪6.3万平方米。修订完善并认真落实《城市美丽园林绿化养护责任管理五定方案》《中卫市城市美丽园林绿化长效常态自觉管理机制》《城市美丽园林绿化养护管理岗位达标标准与处罚机制》等制度,全面实行网格化管理,确保绿化树木成活率和保存率,形成城市园林绿化管理的规范化、制度化和长效化机制。 (潘长波)

【森林资源管理】 组织开展"春雷""绿剑"等专项行动,严厉打击盗伐、滥伐、毁林开垦和非法猎捕野生动物等违法行为,办理刑事案件18起,行政案件37起,行政处罚98.28万元。开展"绿盾"行动,对沙坡头国家级自然保护区内36处违法违规建设项目进行现场督办整改,所有整改点位都已全部按照要求整改完成,并验收通过。建立防火宣传教育工作长效机制,推进防火宣传教育常态化,充分利用各类新闻媒体、手机短信平台,大力宣传《森林防火条例》《宁夏森林防火办法》,全年共向林区群众发放各类防火宣传资料及宣传物品 6.5 万余个，发送手机短信 30 万余条。先后出动车辆督导检查森林防火安全生产 279 余次，下发火灾隐患整改通知书 13 余份，提出意见建议 40 余条。严格林木采伐限额管理，坚持采伐限额和凭证采伐管理制度，共受理林木采伐申请 53 份，发放林木采伐许可证 53 份，折合林木蓄积 6373.35 立方米，严格控制在自治区林业厅下达的限额之内。加强林业有害生物"监测预警、检疫御灾、防治减灾"3 个体系建设，重新修编林业有害生物防控预案。完成林业有害生物监测面积 482.03 万亩，监测覆盖率达 95%；检疫各类苗木 2.2 万亩，产地检疫率达 100%；办理《检疫要求书》464 份，检疫各类调运苗木 1935.9 万株、木材 2699 方、种子 141 吨、插条 4 万根，共计办理检疫证 735 份；跟踪复检各类造林苗木 3223 万株，检查涉木、花卉经营场所等 119 家，有效确保了全市森林资源安全。 （潘长波）

【林业行业扶贫】 坚持把经济林建设作为脱贫攻坚的重要抓手，积极争取项目支持，鼓励贫困地区群众新发展枸杞、苹果、香水梨等经果林 3.34 万亩，占年内全市新植经济林 5.7 万亩的 58%。完成关桥乡方堡村坡改梯万亩香水梨基地建设规划设计，组织开展林果培训班 12 次，发放林果管理技术方面的手册 5600 本，涉及贫困群众 800 余人次。借助天然林保护工程、生态效益补偿项目、防沙治沙、退耕还林工程、三北防护林建设、平原绿网提升建设、水源涵养林建设等林业项目建设，吸纳建档立卡户、贫困户实施劳务输出 1500 人次。积极争取自治区林业厅支持，争取天然林资源保护工程项目资金 2291.2 万元、生态效益补偿基金项目 597.3 万元，吸收护林员就业 1818 人，其中建档立卡生态护林员 967 人。 （潘长波）

水利水保

【河湖长制】 在顶层设计上，先后召开两次总河长会议、两次联席会议研究并安排部署河长制工作，印发《中卫市 2018 年水污染防治责任分工方案》《中卫市贯彻落实环境保护部约谈反馈问题及自治区全面推行河长制重点任务进展情况通报反馈问题整改方案》及《中卫市 2018 年河长制工作要点》和《中卫市 2018 年河湖长制工作要点》。编制 12 条市级河湖（沟道）的"一河（湖）一策"实施方案及河（湖）长工作手册，制订 15 条重点河（湖）沟道水质提升综合治理方案。全年市级河长开展巡河（湖）65 次，向各县（区）、各有关部门（单位）下发整改督办通知 18 期。在河湖治理上，一是加大执法力度，取缔河道采沙场及砖厂。全市共排查河道沟道采砂场 166 家，取缔非法采沙场 101 家，取缔采沙面积 11.01 平方公里。二是加大整治力度，开展河湖水域岸线专项整治。全市共开展侵占岸线专项执法行动 43 次，出动人员 1021 人次、机械 151 台，取缔拆除违法建筑物面积 2.42 万平方米。三是强化河湖管护，实施河湖（沟道）岸坡环境整治。全市共开展环境专项整治行动 273 次，出动人员 9546 人次，机械 1460 台次，整治河道岸线 891 公里，清理打捞垃圾 3.3 万吨。四是加大清理力度，开展畜禽渔养殖污染专项整治。全市共排查畜禽养殖企业 86 家，整顿达标 23 家，取缔关停 30 家。各县（区）对禁养区内的养殖场全部进行取缔搬迁，对位于限养区的畜禽养殖场建设防渗漏集污罐及养殖堆粪场。五是加大排查力度，开展入河排污口调查摸底和规范整治行动。全市共排查工业园区、企业直接入河排污口 14 个，取缔关停 6 个，整顿达标 8 个；排查直接入河（湖）沟道生活排污口（点）455 处，封堵排污口 67 个；开工建设沙坡头区东园镇、柔远镇、中宁大战场镇等农村污水管网和集中处理设施项目 7 个。六是推进河湖"清四乱"和河湖水域岸线划界确权工作，制订中卫市重点河湖"清四乱"工作方案，详细排查河湖沟道"四乱"问题，并逐步取缔整治。落实河湖水域岸线划界确权工作经费，及时召开工作推进会，河湖岸线划界确权工作稳步推进。七是落实河湖管护责任，建立巡查保洁长效机制。各县（区）共确定巡查保洁人员 1035 名，为河湖巡查保洁管理提供人员保障。在水质监测上，从 2 月份开始，对黄河干流入境、出境 2 处断面，清水河 4 处县界、1 处入黄断面，14 条入黄排水沟等共计 26 处监测点开展水质监测，每月及时向市委、市政府、各市级河长上报水质监测情况，向各县（区）人民政府下发水质下降预警函。同时，根据水质监测结果，及时分析水质不达标原因，召开专题会议，制定治理措施，下发问题清单，限期整改。全年，共计开展监测 262 点次，水质达到地表水Ⅳ类及以上的占 81.3%，水质达标率由 2 月份的 42%提高到 12 月份的 91.3%，实现水质达标率逐月提升的目标。其中，国家监控断面及自治区监控断面水质监测全部达标，全市重点河（湖）沟道水体水质稳步提升。 （杨 成）

【水污染防治】 实施重点入黄排水沟治理，沙坡头区第四排水沟生物治理水质提升工程、中宁县北河子沟入黄口人工湿地、海兴开发区污水处理厂尾水净化湿地工程建成投入试运行。有序推进河(沟)道综合治理，沙坡头区石墩水沟治理工程于5月份完工；清水河海原段综合治理工程于8月份开工建设，至12月底，共完成工程投资5100万元，占任务的58%；苋麻河、中河入清水河段综合治理工程开工建设；贺堡河综合治理工程完成河道治理任务的38%；清水河中宁段水质提升治理工程完成新建12座溢流堰建设任务。加大工业企业直排口监管，对市、县(区)工业园区86家企业22家排污口安装在线监控设施，在线监控设施运行稳定。加大城镇污水处理厂监管及提标改造，全市7个污水处理厂均能按一级A排放标准稳定运行，达标排放；中宁县第三污水处理厂于8月份投入试运行，并连续4个月达到地表水Ⅳ类排放要求；中卫市沙坡头区第四污水处理厂于8月份开工建设，并完成设备调试；中宁县第一污水处理厂提标改造工程一期工程于12月底完工，完成进水调试。实施黑臭水体治理工程，中卫市沙坡头区第四排水沟完成整治效果评估，上报住建部销号，沙坡头区第三排水沟市区段综合治理工程建成投用，将沟道沿线村庄及居民小区1.5万人的生活污水纳入城市污水管网，制定《第三排水沟市区段综合治理工程生活污水处理费缴管理规定》，有效改善第三排水沟水体水质，彻底消除中卫市区黑臭水体。严控农业面源污染，全市完成测土配方施肥技术推广应用面积203.8万亩，使用化肥12.47万吨，农药786.29万吨，分别较2017年下降1.1%、4%，全市化肥农药施用量实现零增长。县(区)均建立以乡镇为主体的农药废弃包装物和废弃农膜回收处理体系。加快禁养区养殖场搬迁，全市确定的5个禁养区，县(区)均按要求绘制完成1:50000禁养区分布图，建立规模养殖场档案。2018年，全市共拆除禁养区畜禽养殖场15家，关停限养区畜禽养殖场11家，配套集污设施155家，清理鱼池9家。

（杨　成）

【水环境治理】　保障饮用水源地安全，完成海兴开发区南坪水库水源地保护区规范化建设工程，推进沙坡头区城市集中饮用水应急水源工程，全年共排查问题69个，整改完成58个，整改率达84.1%。持续推进地下水污染防治，对全市正常营业108座加油站(建站15年以上加油站33座)进行双层罐或防渗改造，完成双层罐或防渗改造的加油站84座，建站15年以上加油站改造16座，分别占83.2%和48.5%。不断加强饮用水源地监管，沙坡头区、中宁县、海原县城市水源地水体水质均达到Ⅲ类以上水质标准，城镇、乡村饮用水水质监测实现全覆盖。深入开展农村环境整治，全市建成美丽小城镇3个，美丽村庄20个，沙坡头区、中宁县、海原县农村环境卫生保洁覆盖率分别达到100%、85%、80%，实施农村污水污水处理设施项目16个，完成10个。落实河湖长制日常保洁巡查主体责任，全市明确巡查保洁员1035名，结合秋冬季农田建设，对沙坡头区第三排水沟、第四排水沟、中宁县北河子沟等排水沟道进行清淤整治。（杨　成）

【水生态修复】　实施湿地保护修复与河湖生态绿化，印发《中卫市湿地产权确权工作实施方案》，完成湿地资源信息的调查、审核、登簿等工作；市河长办印发《应理湖湖长制生态修复保护方案》等方案，对香山湖、应理湖、腾格里湖实施生态修复治理，种植菖蒲、荷花等水生植物163亩，完成退鱼还湖面积400亩。实施流域生态保护，全市加固淤地坝9座，完成水土流失治理面积155平方公里，治理盐碱地4.97万亩。

（杨　成）

【水利项目实施】　2018年，市水务局在加强对各县(区)项目建设督导的同时，及时对中宁县、沙坡头区高效节水灌溉项目、盐碱地改良项目、农村饮水安全巩固提升项目进行现场踏勘、审查并进行批复9个，批复资金7705.2万元；审批生产建设项目水土保持方案4个，验收报备项目5个。市本级落实到位黄河宁夏段二期防洪（中卫段）工程等14个项目资金24806.9万元，占市委、市政府下达年度任务的100%。完成1亿元年度招商引资任务。（杨　成）

【重点水利工程建设】　2018年，全市组织实施宁夏中部干旱带西线供水工程、黄河宁夏段二期防洪（中卫段）工程等各类续建、新建水利工程项目51项，完成投资9.14亿元。一是西线供水工程有序推进。沙坡头区兴仁片区工程主体供水工程建成调蓄水库1座、扬水泵站3座、变电站2座，铺设输水干管76公里，累计完成投资8.2亿元；灌区投资1146.5万元配套0.92万亩硒砂瓜高效节水灌溉"先建后补"项目在水利厅进行备案，年内由当地各专业合作社组织实施。中宁县喊叫水片区工程采取PPP模式建设，主调蓄水池、2座扬水泵站、扬水主管道、变电所及供电线路架设和新庄子、沙梁等蓄水池均完工，主体工程于9月份完工并试水成功，累计完成投资6亿元。海原县三塘片区工程主体工程完工，建成水库1座、扬水泵站1座、隧洞2处、输水管道19公里，完成投资2亿元；灌区王塘0.37万亩高效节水灌溉项目开工建设。二是重点水利工程建设成效显著。市水务局完成投资1.2亿元,组织实施黄河宁夏段二期防洪(中卫段)工程、中央大道水系及滨河北路水系湖泊连通整治工程、沙坡头区第三排水沟市区段综合治理工程、沙坡头区涩井沟石墩水段治理工程、沙坡头区第四排水沟水质提升等6项工程全部按期完工。中宁县太阳梁、喊叫水、海原县农村饮水安全巩固提升工程、脱贫销号村、三河七营等镇"互联网+农村饮水安全"工程及沙坡头区河南地区等10项农村饮水安全巩固提升工程,使32.65万人农村人口饮水质量得到提升。特别是总投资13677万元的沙坡头区河南地区农村饮水安全巩固提升工程主体工程使宣和、永康、常乐3乡镇58个行政村41312户11.32万人口的饮水安全实现巩固提升。实施中宁县太阳梁、海原县三塘灌区王塘片区、沙坡头区2018年香山乡深井、冯庄等15项高效节水灌溉工程,完成建设任务5.21万亩(其中,沙坡头区、中宁县、海原县分别完成3.3万亩、0.87万亩、1.04万亩),完成投资10919.4万元,超额完成年初全市新增高效节水灌溉5万亩目标任务。

(杨 成)

【农业灌溉】 全市各县(区)按照"总量控制、以水定植"的原则,克服水量指标压减且生态、工业用水逐年增加的供需矛盾,统筹计划、全面安排、科学调度,制订详细灌溉调水计划,积极协调各方关系,充分整合自流灌区、扬黄灌区、库井灌区水资源,合理配置水量指标,基层水管单位狠抓灌溉供水优质服务,确保153万亩农田的适时灌溉和工业、生态用水。2018年,全市取水总量为116447万立方米,其中,引用黄河水量90900万立方米(含沿黄小高抽),地下取水8468万立方米;引用黄河水比自治区下达指标节水7000万立方米。

(杨 成)

【节水型社会建设】 在自治区政府2017年度全区实行最严格水资源管理制度和节水型社会建设考核通报中,中卫市考核成绩为优秀,位列全区五市第一名,这是中卫市继2016年取得全区第一名的基础上再获此殊荣。贯彻落实国家节水行动,在全市及时启动创建国家级节水型社会试点工作,落实节水型社会创新试点水利项目资金1500万元。同时,协调自治区水资源在线监测国控二期项目施工单位在沙坡头区辖区独立取水用户安装在线监测点8个,中卫工业园区安装二次在线监测点26个,从强化水资源管理、加大水行政执法等方面抓好全市最严格水资源管理及节水型社会建设工作责任落实。推进节水载体建设,创建一批像市政务服务中心、中卫传媒中心等节水型机关单位,中卫六小、九小等节水型学校,沙坡头区中山社区等节水型社区,宁夏钢铁集团公司、雨润农业节水灌溉制造公司等节水型工业企业。举办2018年全市水资源管理及水资源费改税培训班和中卫市26届"世界水日"、第31届"中国水周"水利知识竞赛。

(杨 成)

【防汛抗旱】 2018年,全市防汛抗旱工作认真落实地方行政首长负责制,在各县(区)、各相关部门的共同努力下,没有发生重大水荒,没有发生人员伤亡事故。7月份以后,黄河中卫段遭遇自1981年以来时间最长、水位最高大洪水情况,市防汛抗旱指挥部及沿河各县(区)、相关部门(单位)周密部署,积极应对,加强防范,市、县防汛部门及早储备防汛物资、加强巡堤除险及应急值守,认真落实黄河洪水防御措施,确保黄河中卫段安全度汛。及时完工投入运行黄河二期防洪(中卫段)工程为黄河中卫段安全渡汛奠定中流砥柱工程设施基础,在2018年黄河安全渡汛中发挥关键作用。

(杨 成)

【水土保持】 2018年,全市以提高水土保持监督管理能力为目标,建立健全水土保持配套制度体系和监督管理体系,强化水土保持依法行政意识,开展水土保持预防监督检查,落实水土保持法"三同时"制度,减少生产建设中的人为水土流失,以水土资源的可持续利用和生态环境的可持续维护,保障经济社会又好又快发展,使《水土保持法》得到深入贯彻落实。实施海原县马套、关庄乡庙湾等9项小流域综合治理项目及沙坡头区蒿川、海原县陡沟、中宁喊叫水等9座骨干坝除险加固工程,发展水平梯田11.8万亩,新增水土流失治理面积155平方公里。 (杨 成)

【农田水利基本建设】 2018年,全市各县(区)以自治区农田水利基本建设"黄河杯"竞赛为载体,在引黄灌区清淤沟道、砌护渠道、平田整地、培肥地力、植树造林、整修农路,加大水利基础设施建设力度,推进现代节水型灌区建设;在扬黄灌区推广高效节水灌溉,调整农业种植结构,实现水资源高效利用;在山区实施坡改梯、秋覆膜、小流域综合治理和应急抗旱水源工程建设,扩大水保生态治理成果。投入资金14.68亿元,实施高效节水灌溉、高标准农田建设、骨干沟道治理、盐碱地改良、水土保持、农村饮水安全等各类水利项目48项,共完成清淤各级沟道6075条3494公里,清淤各级渠道16736条10162公里,整修各级道路5033条26373公里,砌护各级渠道2237条602公里。畦田建设37.95万亩,旱作三田10.37万亩,激光平地11.56万亩,改良盐碱地3.91万亩,改善灌溉面积63.12万亩,秋季覆膜6万亩,农用残膜回收6331吨,农田机深翻36.36万亩,秸秆还田44.78万亩,树木整修刷白641万株,治理水土流失面积130平方公里,农村饮水安全巩固提升24个村,打造农田水利基本建设的"升级版"。　　　　　　　　（杨　成）

【水利改革】　农业水价综合改革方面,市政府办公室印发《中卫市农业水价综合改革实施方案》,各县(区)成立农业水价综合改革领导小组。沙坡头区印发《中卫市沙坡头区人民政府办公室关于印发沙坡头区农业水价综合改革实施方案的通知》;中宁县编制完成农业水价综合改革实施方案,并提请县委审定;海原县印发《县人民政府办公室关于印发海原县农业水价综合改革实施方案的通知》。水流产权确权方面,市印发《中卫市水流产权确权试点工作方案》。沙坡头区印发《中卫市沙坡头区人民政府办公室关于印发沙坡头区水流产权确权试点工作方案的通知》,并结合水资源费改税时机,由城市供水企业清源供排水公司对沙坡头区城市年度用水大于1000方的320家用户进行排查,打捆编制城市用水水资源论证。中宁县印发《中宁县水务局关于加快推进中宁县水流产权确权试点工作的通知》,同时完成中宁工业(物流)园区现状水资源论证报告书初稿;海原县对辖区工业、农业机电井进行系统核实排查,以机电井所有权户为依据对辖区所有机电井办理取水许可。（杨　成）

【依法治水】　在取水许可审批上,受理审批中卫市沙坡头区城市非居民用水等取水许可事项13件;加强对由市水务局审批设置排污口监管,全年组织入河排污口检查12次。在水资源费改税上,对197户纳税人建立水资源税纳税人管理台账,及时核定取水户季度用水量,协助税务部门做好水资源税收缴工作,前三季度征缴水资源税2147.82万元。（杨　成）

【安全生产与工程质量监督】　在抓安全生产责任落实上,全市水利系统按照安全生产"党政同责、一岗双责、齐抓共管、失职追责"的要求,加强供水、车辆、工程建设、财务等方面的安全生产责任制落实,有效防范和坚决遏制重特大事故发生,在元旦春节、春季水利工程建设、春灌放水及五一、古尔邦节、十一等节假日关键节点,适时开展全市水利系统安全生产大检查5次,印发督查通报4期。接受自治区安全生产巡察组巡察,全市水利安全生产形势稳定,实现安全生产无事故,市水务局被自治区水利厅评为"全区水利安全生产先进单位"。在抓工程质量监督上,全市水利系统强化工程建设"四制管理",加强质量监督,水利工程质量安全可控。（杨　成）

住房和城乡建设

综述

【概况】 2018年,全市住房和城乡建设工作围绕"一带两廊"主线,提升房地产和建筑业"两大产业",突出基础设施配套、旧城和棚户区改造,解决遗留问题"三个重点",加快推进重点项目,大力发展重点产业,扎实推进重点工作,取得了一定成效。2018年,全市常住人口116.84万人,其中,城镇人口51.89万人,常住人口城镇化率为44.41%,建成区面积达到74.37平方公里,城市道路长度达538.6公里,集中供热能力达到1128.7万平方米,供水管道长度404.7公里,供气管道总长度815.4公里,燃气普及率达81.35%,城市污水处理率达96.88%,城市生活垃圾无害化处理率达95.2%。 (张 飞)

【机构改革】 根据《宁夏回族自治区党委办公厅、人民政府办公厅关于印发〈中卫市人民政府机构改革方案〉的通知》,2009年10月设立中卫市住房和城乡建设局(挂人民防空办公室牌子),为中卫市政府负责城乡建设管理的工作机构。2018年,根据中卫市机构编制委员会《关于调整市住房和城乡建设局及所属事业单位机构编制等有关事项的通知》,市住房和城乡建设局(人民防空办公室)核定机关行政编制为20名,聘用编制2名。核定处级领导职数1正4副,其中,局长1名、副局长3名、人防办专职副主任1名;正科级领导职数10名,其中,办公室主任1名、科长8名、系统工会主席1名。在职在编人员20人,全系统共有干部职工48人。根据中共中卫市委员会《关于规范市直有关部门党组设立的通知》,撤销市住房和城乡建设局党委,设立市住房和城乡建设局党组,党组由5人组成,其中,设书记1名、成员4名。根据中共中卫市委员会组织部《关于规范原市住房和城乡建设局党委下属基层党组织设置和隶属关系的通知》,成立中国共产党中卫市住房和城乡建设局总支部委员会,隶属市直机关工委管理,原市住房和城乡建设局党委下属的市住房和城乡建设局机关党支部、市人民防空办公室党支部、市建设工程质量安全监督站党支部、市房屋产权交易管理中心党支部、市住房保障中心党支部、市启源物业服务有限公司党支部、市启源房地产开发有限公司党支部共7个党支部划归市住房和城乡建设局党总支管理,共有党员40人。

(张 飞)

【城市建设融资】 市住房和城乡建设局共争取中央扩大内需及自治区项目各类专项资金1.4亿元,为加快保障性住房、城市公共基础设施提供强有力的资金支持。 (张 飞)

重点工程建设

【棚户区改造项目】 自治区下达中卫市棚户区改造任务是开工6900套,基本建成4820套,开工5882套,开工率达85.2%,建成5170套,完成率达181%。其中,沙坡头区任务是开工2600套,基本建成1300套,开工1431套,开工率达55%,建成1855套,完成率达142.7%。中宁县任务是开工1800套,基本建成1800套,开工1800套,开工率达100%,建成1800套,完成率达100%。海原县任务是开工2500套,基本建成1720套,开工2651套,开工率达106%,建成5071套,完成率达294.8%。 (张 飞)

【市政设施建设项目】 沙坡头区完成迎宾广场西侧项目、高铁站市政配套污水处理及中水回用工程、城市供热支管网工程,实施双桥等4个棚户区改造供排水、供热设施配套项目,开工建设中卫高铁站综合客运枢纽一期项目和高铁站前广场项目,续建中医医院迁建项目。中宁县完成银河幼儿园小广场提升改造工程、烈士纪念碑改造工程等基础设施改造，实施供热站脱硫除尘、脱硝升级改造。海原县完成第二污水处理厂建设、城区集中供热项目，对原有30座换热站及锅炉房进行节能改造，对锅炉进行脱硫除尘改造，完成供暖系统改造，开工建设华山公园、全民运动广场、体育馆、休闲公园、回小停车场等设施。

（张　飞）

【道路建设及改造工程】　全市新建、续建城市道路37条27.8公里，其中，沙坡头区建设道路4条，惠丰南路延伸段、迎宾大道北段已通车，新河路、美利路已开工；中宁县建设道路7条，黄河东路、镇西路延伸段、堡三路延伸段已通车，亲水街延伸段、福泽路等4条道路正在施工；海原县纬三路东段、纬四路东段等4条道路建成通车。

（张　飞）

【保障性住房工程】　自治区下达中卫市建设公共租赁住房任务39782套，实际开工建设39779套203.19万平方米，总投资40.78亿元；下达分配任务37950套，实际完成分配38224套，完成任务的100.7%；下达实物入住任务35100套，实际入住28469套，完成任务的81%。其中，沙坡头区建设15033套88.9万平方米，总投资16.5亿元，自治区下达分配任务14650套，实际完成分配15033套，完成任务的102.6%；下达实物入住任务13500套，实际完成12015套，完成任务的89%。中宁县建设公共租赁住房16315套，自治区下达分配任务15800套，实际完成分配15090套，完成任务的95.5%；下达实物入住任务14600套，实际完成11548套，完成任务的79%。海原县建设公共租赁住房8431套，自治区下达分配任务7500套，实际完成分配8101套，完成任务的108%；实物入住任务7000套，实际完成4995套，完成任务的71.4%。

（张　飞）

【老旧小区改造提升工程】　全市共完成老旧小区改造10个，既有居住建筑节能改造13.9万平方米和老旧供热管网改造4.5公里。

（张　飞）

行业管理

【行政审批】　理顺与沙坡头区的管理体制和运行机制，对住建部门权力清单进行动态调整，完成市本级和市辖区住建部门权力清单(第一批)46项的审核工作并印发，完成住建部门权力清单(第二批)的审核工作。按照行政执法权下沉的要求，相对集中执法权201项，2018年共发出《行政执法建议书》39份。全年共审查核准办理房地产开发资质20家、商品房预售许可行政审批业务24件、建筑业企业资质27家42项、建筑工程施工许可证93份，发放和更换燃气企业及站点的经营许可证23个。

（张　飞）

【建筑市场管理】　中卫市共有在建工程127项，总建筑面积273.1万平方米，其中，新开工工程76项，总建筑面积93.79万平方米。沙坡头区在建工程78项，共289个单位工程，总建筑面积174.21万平方米，其中，新开工工程44项，共112个单位工程，建筑面积43.19万平方米。中宁县在建工程13项，建筑面积30.66万平方米，其中，新开工工程9项，建筑面积12.35万平方米。海原县在建工程共20项，32个单位工程，总建筑面积62.64万平方米，其中，新开工工程13项，21个单位工程，建筑面积35.91万平方米。海兴开发区在建工程共16项，总建筑面积5.59万平方米，其中，新开工工程10项，建筑面积2.34万平方米。所有在建项目工程均在监督范围之内，工程结构质量安全性能稳定，工程质量和安全生产形势总体平稳。全年共开展工程质量安全等各类执法检查12次，累计检查工程146项，下发质量隐患通知书149份，对9家施工企业和4家监理企业纪录不良行为纪录，对4家预拌混凝土企业和1家检测机构纪录不良行为，给予诚信体系扣分，查处违法违规典型案例15起。印发《建筑优质结构工程评审办法》《沙坡头区在建工程施工质量标准化示范工地实施方案（试行）》，完成江元隆府、观河大院等23项"沙坡头杯"优质工程和5项优质结构工程的评审工作，召开质量标准化现场观摩会2次，组织开展建筑行业工人技能大赛1次。开展安全文明标准化示范工地观摩会3场次、应急救援演练2次，各类安全专项检查12次，累计下发安全隐患整改通知书398份、停工通知书15份；组织施工、监理企业安全人员培训2次，参加培训人员200余人次，组织安全知识竞赛1次。创建市级安全文明施工标准化工地28项。扎实开展建筑工地扬尘治理，采取"划片分区、领导包抓、责任倒查"的工作机制，强力推进建筑工地"6个100%"扬尘治理要求完全落实。全面实行建筑领域农民工工资"一卡通"，年内，所有在建工程均在工商银行开设农民工工资专户，新增办理一卡通专用账户6家，实行分账管理制度21家，实名制登记率、劳动合同签订率、办卡率均达到100%，通过"一卡通"专用账户发放农民工工资1.32亿元。

（张　飞）

【房地产市场管理】 中卫市共有房地产企业60家。2018年，全市完成房地产开发投资35.47亿元，比2017年同期下降39.1%，其中，沙坡头区完成投资25亿元，下降34.9%，占全市房地产开发投资的比重为70.5%；中宁县完成投资4.93亿元，下降51.5%，占全市的13.9%；海原县完成投资5.54亿元，下降42.6%，占全市的15.6%。全市房屋施工面积638.77万平方米，比2017年同期下降17.2%；房屋竣工面积107.58万平方米，比2017年同期下降45.8%；商品房销售面积77.46万平方米，比2017年同期下降8.7%；商品房销售额30.53亿元，比2017年同期下降4.4%。全年，全市商品房待售面积91.54万平方米，同比下降2.5%。加强房地产市场监管，加快推进"一站式"服务，对存量房交易业务流程进行重造及收件、审核优化，解决办事群众跑两次和等待时间长的问题，对新建商品房现（预）售进行网签自动备案，实现"互联网+房屋产权交易"，达到不见面办理的要求，进一步缩短办理时间，提升服务质量，实现"让数据跑起来，让群众少跑路"便民服务。完成房屋租赁平台建设。进一步整顿和规范房地产市场销售行为。印发《关于在全市开展整顿规范房地产市场行为执法检查的通知》《关于开展全市房地产领域突出问题专项治理工作的通知》《关于加强房地产企业资质管理的通知》等文件，在办公、销售场所醒目位置通过电子屏滚动播放非法集资信息12天，悬挂防范打击非法集资活动宣传标语条幅21条，发放宣传资料300余份，提供相关知识咨询120余人次，对市区从事房地产开发经营活动的12家企业、10个重点房地产开发项目及20家房地产中介机构进行现场检查，共受理及妥善处理群众投诉案件6起，现场下发限期整改书7份，发现宁夏华润景观房地产开发公司涉嫌存在无开发资质、未办理预售许可非法集资行为，责令其立即停止违法行为，并在《中卫日报》、中卫电视台、政府网站以及"中卫住建"政务微博和微信公众号等平台向广大市民进行提醒。

（张　飞）

【房屋产权交易管理】 2018年，办理商品房预售、现售网签备案7016件（新建商品房预售合同备案2603件、新建商品房现售合同备案2537件、存量房合同备案1876件）；办理商品房现售项目备案39件、预售项目备案39件；办理房屋租赁备案5件。

（张　飞）

【物业管理】 制定《中卫市市辖区物业企业信用等级评定评分工作的实施方案》，建立物业管理企业信用档案，沙坡头区物业管理企业和从业人员档案，规范市场主体行为。完善业主委员会建设程序，指导社区居委会加强对业主委员会委员的审查、评选和培训，并与9家业主委员会签订《诚信自律承诺书》，引导和督促其树立较强的法律意识和道德意识。和35家物业服务企业签订《安全生产目标责任书》，明确安全职责，把安全生产责任落实到每个环节。开展物业小区春夏火灾隐患排查整治，重点检查住宅小区内占用消防车道停车、电动车违规停放、充电等问题，共排查28家物业服务企业负责的65个物业小区，发现7起安全隐患，全部整改完毕。开展物业小区安全生产百日专项整治行动，对18个物业小区有限空间作业、电梯进行自查并摸底，发现1起安全问题，整改完毕。做好物业小区安全生产事故应急演练工作，要求物业企业根据实际情况及时修订公共区域安全防范预案，对安全防范应急预案进行全面检查、调整完善，全年共开展7次安全生产应急演练。

【公共设施管理】 供水管理方面。自来水水质综合合格率达到100%，水质检测项目已具备106项检测能力。供热管理方面。2017~2018年度采暖期为中卫市首次使用热电联产集中供热，为保障集中供热正常运行，组织人员入户测温，确保用户正常采暖。因4月初气温骤降，供热公司根据室外气温将供热时间延长至4月8日，保证住户室内温度达标。完成2018~2019年度采暖期供热设施设备检修，注水试压等供热前的各项准备工作，10月29日开始正常供热。为严格落实《国务院关于印发大气污染防治行动计划的通知》，根据自治区住建厅《关于抓紧落实中央第八环保督察组燃煤锅炉淘汰问题整改工作的函》，市区尚有1台10蒸吨以下燃煤锅炉未完成淘汰整改。4月27日，中卫市住房和城乡建设局向城北村村民委员会下发《关于对城北村（颐和家园）供热燃煤锅炉淘汰的通知》，5月2日，城北村（颐和家园）小区1台燃煤锅炉拆除完毕，完成全部整改目标。市政公用设施管理方面：对清源供排水公司、美利源水务公司进行安全大检查6次，从操作现场、内业资料、应急预案、制度建设、领导带班值班纪录、整改纪录等系统地进行检查走访，并提出整改意见，特别是污水处理场液氯储存，安全措施到位、防范措施齐全。城镇燃气管理方面。全市共有燃气企业24家，从业人员656人，加气站49座，其中，天然气加气站44座，液化气充装站5座，天然气加气站日销售CNG天然气14万方，日销售LNG天然气79吨，液化气充装站日销售液化气13

吨。为切实加强燃气行业安全管理工作,确保燃气安全,采取多项措施:一是开展检查执法工作。对全市燃气企业安全生产运营情况,采用综合检查和专项整治相结合的方式,进行4次综合检查和1次"专家诊疗"活动,共检查9家燃气经营企业的18个燃气供应站点,共计排查出安全隐患和安全管理方面的问题429项,下发整改通知书83份,发出行政执法建议书2份,警示约谈燃气企业2家,暂停运营4个燃气经营许可证到期燃气站点。对现场检查发现的问题,要求现场整改,现场不能整改的,责令限期改正,安全隐患全部整改完毕,整改率达到100%,全年未发生燃气安全事故。二是狠抓安全教育宣传。加大对燃气安全的宣传力度,向企业经营者和广大用户宣传燃气安全管理法律法规、安全用气和燃气泄漏安全防护、救护等应急处理常识。要求各燃气经营企业要印发燃气安全使用手册,发放到每个用户手中,全面提高群众的燃气安全防范意识。通过组织"燃气安全知识进校园""安全用气宣传进社区"等活动,共发放安全用气宣传资料共计1146份,安全检查5564户,排查出135户存在安全隐患的住户,把隐患消灭在萌芽状态,确保不发生重大事故。三是督办较大事故隐患。针对2017年"12·23"地下燃气管线燃气泄漏事故,在"安全生产月"期间开展重点安全隐患督办整治活动。要求宁夏深中公司立即行动,组织专业人员对地下燃气管线并行和交越的10条街道,开展安全隐患大排查、大整治行动,督促相关单位明确整改时限和整改责任,确保整改到位,确保彻底消除安全隐患。宁夏深中公司投入排查整治资金11.3万元,共计排查地下燃气管线13.325公里,整改0.687公里,及时排除地下燃气管线安全隐患。四是组织行业培训工作。组织全市燃气行业77名从业人员,分批次到住建厅参加燃气行业从业资格培训并顺利通过考试,不仅使从业人员提高操作技能,而且从思想上高度重视安全,并增强对安全性事件应对能力。同时杜绝无证上岗现象。

(张　飞)

【人民防空】　2018年,新安装电声警报4台,多媒体警报2台,对已安装防空警报器进行全面认真的维护和检修,确保电台、指挥通信系统设备的通畅,应答联系和联通率达100%。扎实做好人防工程建设和费用收缴工作,新确定3处人口疏散基地,悬挂标示牌,开工建设人防工程5100平方米,完成人防易地建设费征缴1500余万元。完成全市重要经济目标单位的普查和人防专业队伍的信息收集和组训工作。开展人防宣传教育,结合重大节日,充分运用人防设施设备,采取演练演习、示范性观摩等多种方式,拓展活动形式、丰富活动内容,扩大宣传覆盖面,进一步提升广大市民防空防灾意识,切实增强社会认知度。

(张　飞)

规划管理

【概况】　中卫市规划管理局承担全市城乡规划管理、村镇规划建设、区域城镇体系规划、村镇规划的审查报批、编制、修订、调整及实施沙坡头区城市总体规划、分区规划、详细规划,审查和审批分区规划的详细规划、组织编制市区城市供水、排水、电力、电信、通信、燃气、热力等市政设施规划、城乡规划的监督实施以及防震减灾等工作的中卫市人民政府工作部门。中卫市规划管理局内设办公室、空间规划科、城乡规划科、法制科、信息管理科、防震减灾科6个内设机构,空间规划设计中心1个下属事业单位,核定事业编制29名,后勤服务事业编制2名。　　　(李小龙)

【规划编制】　一是按照最新编制要求,深化和完善《中卫市空间规划(2016—2035)》。二是编制完成《中卫市"一带两廊"发展规划(汇报稿)》,制订《关于推进中卫市市县融合发展的分工方案》。三是编制《中卫城区柔远片区控制性详细规划》,已基本确定道路网结构及用地性质,正在深化完善规划图纸及说明;修改完善《中卫老火车站及周边改造规划方案》。四是对城市双修重点建设项目库进行重新梳理及调整补充,修改完善《中卫市城市双修专项规划》。五是修改完善《中卫市城市地下管线综合规划》《中卫市城市地下综合管廊规划》和《中卫市城市停车场规划》。城乡规划体系逐步完善,为中卫城乡科学发展奠定坚实的基础。

(李小龙)

【规划管理】　进一步梳理、优化规划行政审批事项、环节及内容,严格按照《中卫市建设项目规划手续办理流程及要件》,不断提高审批效率。同时,坚持"规划一张图、管理一本法、审批一支笔,建设一盘棋"的规划管理原则,严格按照"依法行政"要求,认真执行城市总体规划。2018年,共审查城市规划建设项目平面方案36个、立面方案85个,审查施工图214套,办理"一书两证"213件。　　　(李小龙)

【规划监察】　严格执行项目放线制度、规划竣工核实制度,强化项目放、验线等关键环节的管理,及时纠正违反规划建设行为,维护规划的权威性。2018年,公示审批项目22项,办理建设工程竣工规划核实89项,办理临时建设项目审批3项,规划验线项目16个33次,对市区内在建的26个建设项目进行全方位监察,查处5起违反规划建设行为,有效地维护规划的严肃性和权威性。　　　　　　　　　　(李小龙)

【空间规划改革试点】　一是编制空间规划,筑牢空间规划改革基础。完成空间规划改革试点工作,编制完成空间规划,划定"三区三线"范围,明确城镇、农业、生态三大类国土空间利用面积和生态保护红线、永久基本农田保护线和城镇开发边界。二是搭建信息平台,提高规划管理信息化水平。实现与自治区"政务云"、中卫市"四化一满意"平台进行融合对接,形成统一的政务工作协同体系,打造中卫市政务信息融合平台,对接多部门规划数据,实现跨平台数据共享,建立高效便民的新型"互联网+政务服务"体系,实现"多窗口进入受理、一平台共享资源、一站式服务办理"的总体部署要求,协同推进简政放权、放管结合、优化服务等工作,不断提升公共服务水平和群众满意度。
　　　　　　　　　　　　　　　　　　(李小龙)

【城市重点项目建设】　一是全力实施宁夏中关村云基地项目建设。截至年底,已建成主体建筑1.1万平方米,配套建设公寓、商业服务设施和公用站房0.44万平方米,以及室外道路广场、绿化种植、景观小品和配套管网等,完成投资2.008亿元。主体建筑以展示为主,运用新、奇、特的展示手法,以实物展示、交互体验,全面展示西部云基地的建设内容,搭建多个"云服务、云应用和云体验"平台。合理调整优化宁夏中关村西部云基地服务功能,充分利用已经形成的装饰和设备,对基地进行了全面的功能调整和新的优化布局。二是高铁商圈基础设施建设工作。截至年底,高铁商圈8个基础设施项目共计完成76726万元投资,其中,站前广场、综合客运枢纽一期(地下停车场)、公园水系及道路绿化、站前道路、污水处理与中水回用(污水处理厂)、河南农村饮水安全巩固提升(自来水厂)等6项基础设施建设项目基本完工。三是垃圾焚烧发电项目建设。截至年底,项目已完成土地招拍挂和征收补偿工作,特许经营权协议已经多次修改,待特许经营权招标工作完成后,上报市政府常务会研究通过后签订。正在督促建设单位加快规划方案的报审和现场的开工准备工作。　　　　(李小龙)

【美丽乡村建设】　一是指导编制村镇规划。督促县(区)完成4个小城镇规划和23个村庄规划。二是创建培育特色小镇。积极指导推进石空镇棚户区改造、道路设施建设、生态连城和水域生态建设;协助三河镇永康街延伸段市政道路建设项目和人工湿地绿化补栽建设项目开工建设。三是持续改善村镇设施。沙坡头区香山乡、中宁县舟塔乡、海原县西安镇3个美丽小城镇项目正在有序建设,完成投资4032万元,全市开工建设美丽村庄项目20个,完成投资5524万元,改造危房9813户,完成任务数(5288户),占比186%,改造农户厕所3078户,完成任务数(2000户),占比154%。四是推进农村人居环境整治。印发《中卫市农村人居环境整治三年行动实施方案》,督促各县(区)全面铺开全市农村人居环境整治。(李小龙)

【监测预报】　严格坚持地震趋势会商制度,提升会商水平。依据中卫地震台、海原地震台前兆观测数据的变化及宏观观测情况,对地震趋势进行分析研究,提出2019年中卫地区地震趋势会商意见。2018年,完成周会商52次、月会商12次、年中、年终各会商1次,形成会商意见66份,监测预报及会商水平进一步提高。　　　　　　　　　　　　　　(李小龙)

【震害防御】　一是"瘦身"行政审批,提升行政效能。按照"一个窗口,一次告知,不见面,马上办"要求,将行政审批事项由3个工作日压缩为1个工作日,年内共审核办理建设工程抗震设防要求确认70件232.5万平方米,优化后的建设工程抗震设防行政审批,减少审批条件,缩短审批时间,提高审批效率和服务水平。二是多措并举,开展地震应急演练。5月10日,指导中卫市第四中学举行地震应急示范演练活动,全面、真实地模拟地震发生后实施救援的场景,具有较强的针对性和实战性。"5·12"期间,全市参加演练的人数达到了58.1万人次,推动全市地震应急救援工作,全市防震减灾意识和应对地震突发事件的能力显著提高。三是高度重视农民地震安居工程建设。结合美丽乡村建设,年内指导完成危窑危房改造工程8560户,新建农居工程全部采取上下圈梁、抗震构造柱等抗震措施,全市88.3%农居房达到防御6级地震的能力。四是开展国家综合减灾示范社区创建活动。沙坡头区滨河镇向阳社区、中宁县宁新社区创建为"全国综合减灾示范社区"。　　　(李小龙)

【扶贫攻坚】　一是强化帮扶,加快脱贫步伐。研究制订《干部联系帮扶贫困户工作方案》《驻村工作计划》等,每月定期组织帮扶干部到贫困户家中开展帮扶活动,为帮扶对象制订明确的帮扶计划、脱贫措施,讲解扶贫政策,填写扶贫手册。组织开展2018年"新春暖心·扶贫慰问"活动,为103户贫困户发放1.2万元米面慰问品,同时,结合"百企帮百村"安排,银川市女企业家协会为付套村、南河村捐资 7.9 万余元购买太阳能路灯、健身器材、教学用品等,确保"真扶贫""扶真贫"。二是因地制宜,培育优势产业。鼓励养牛户更新换代饲养华润基础母牛,中卫市规划管理局在海原县原有补助 2000 元/头牛的基础上,另行补助 500 元/户。做大做强"海原县西政设施蔬菜合作社"示范产业,积极争取上级部门协调改造损坏的 62 座蔬菜设施大棚,预计带动务工人数约 50 人(其中,建档立卡贫困户 30 人),务工收入约 1 万元/人。三是设施,打造宜居乡村。2018 年将付套村列入自治区美丽村庄建设项目计划,完成砌筑院墙 4.8 公里,配套文化娱乐健身器材 2 套,整修渠道 1.4 公里,建成广场 2 处,硬化道路 9.6 公里,绿化植树 7000 棵,安装路灯 162 盏,宜居宜业的美丽乡村已初步形成。(李小龙)

住房公积金管理

【概况】 2018 年,全市建制职工 7.11 万人;全市当年归集住房公积金 7.53 亿元,累计归集 50.39 亿元,期末归集余额 22.03 亿元;当年提取住房公积金 5 亿元,累计提取 28.36 亿元;当年发放住房公积金贷款 4.81 亿元,贷款总额达 34.31 亿元,贷款余额 17.80 亿元;年末住房公积金个贷率达 80.81%;贷款预期率控制在 0.05‰。 (高原杰)

【政策宣传】 在抓好中心门户网站、政风行风热线直播节目、《中卫日报》"住房公积金天地"等传统媒体宣传阵地的基础上,利用手机 APP 和微信公众号等新兴媒体聚合传播效应,宣传住房公积金政策法规。利用"3·15"消费者权益日和法制宣传日等活动,到广场社区和企业发放住房公积金政策宣传彩页 23000 余份,向缴存职工发放对账宣传单 12 万余封,公开各项政策规定、业务流程和办理要件,有效提高公积金制度知晓率。 (高原杰)

【建制扩面】 积极联系市场管理和人社等部门,掌握企业基础信息,通过上门走访,对 46 家单位开展住房公积金政策宣传及业务培训 18 场,对全市行政事业单位财务人员和 432 家企业法人和相关人员进行住房公积金业务办理培训,确保归集资金及时进账。全面落实行政执法 3 项制度,对辖区未建制重点企业和欠缴住房公积金的单位进行执法检查,发放催建函 21 份,累计发放催缴函 47 份,促使 21 家非公企业为 4173 名职工办理缴存登记或正常缴存,为 12680 名职工补缴住房公积金 1.34 亿元。 (高原杰)

【政策落实】 发挥住房公积金在"住有所居、住有宜居"中保障作用,及时调整全市住房公积金贷款、提取等使用政策,支持职工购买首套和改善型自住住房,拉动房地产市场。当年,住房公积金个人住房消费提取额达 3.99 亿元,全市发放住房公积金贷款带动的商品住宅购买资金额近 8.09 亿元,住房公积金使用政策逐步转变为支持刚需和改善并重的保障方式。 (高原杰)

【资金安全】 一是加大内部审计检查工作力度,对审计检查出的问题和不规范行为及时进行整改。二是建立"贷前严审、贷中规范、贷后跟进"贷款风险管理机制,进行提取前审查、贷款前调查,严格实行购房合同登记备案制度,预防骗提、骗贷行为。三是加强开发商保证金和购房真实性调查管理,坚决杜绝虚假贷款情况发生。四是加强贷后催收、管理工作,一季度一审查,确保做到账账、账实相符。五是从严整治违规行为,出台违规提取使用住房公积金黑名单管理制度,加大对违规提取使用住房公积金缴存职工的惩戒力度。
(高原杰)

【简化流程】 按照《住房公积金信息化建设导则》要求,将服务和管理理念融入系统建设,以方便缴存单位和职工为导向,进一步优化业务流程,完善系统功能,利用"互联网+"技术,业务初步实现网上办理"汇缴适时分解、提取适时入卡、贷款适时发放、资金适时调拨、账户实时监控、业务实时结账"目标,提高工作效率。通过"12329"服务热线、短信平台、手机 APP、微信公众平台、门户网站、网上业务大厅等手段,扩展公积金服务渠道,为广大缴存单位和缴存职工提供功能更齐全、服务更便捷、质量更高效、资金更安全的住房公积金综合服务。 (高原杰)

【党的建设】 紧紧围绕"抓党建、夯基础、促发展"的工作思路,以实施机关党的建设"三强九严"工程为中心,以"不忘初心、牢记使命"主题教育活动为载体,全面加强党的建设,始终把意识形态主导权牢牢抓在手上。一是把学习宣传贯彻习近平新时代中国特色社会主义思想、党的十九大精神、习近平总书记系列重要讲话和党章党规作为首要政治任务,引导党员干部学原著读原文悟原理,提高政治站位,坚定理想信念,在思想上政治上行动上与以习近平总书记为核心的党中央保持高度一致。二是设置固定的党员活动室,室内布置规范整齐,悬挂党旗,入党誓词、党的宗旨、党的纪律、党员权利、党员义务、党风廉政建设制度等内容上墙,成为党员学习的主阵地。三是完成中心党总支、机关党支部和两县分中心党支部换届选举和支部委员增补工作,保证党组织党建有序开展。组织支部书记讲党课和普通党员讲党课8次,开展支部"主题党日"活动30次。严格履行入党手续,发展入党积极分子1名。组织帮扶干部入户帮扶8次,解决帮扶资金4.5万余元,帮扶工作成效显著。四是开展机关开放日活动,在组织机关干部走出去的基础上,邀请"两代表一委员"和服务对象30余人到服务大厅对住房公积金业务办理、业务咨询、网上预约等服务进行亲身体验,并召开座谈会向与会人员介绍2018年管理服务工作,现场征集意见建议,为推动住房公积金服务事业发展奠定基础。　　(高原杰)

【党风廉政】　　认真贯彻执行中央八项规定和实施细则精神,加强对廉政风险重点岗位、关键环节的监控,实现廉政风险防范管理常态化,切实将中央和区、市的各项规定落细落实。一是与中层以上干部签订党风廉政建设责任书,严格实施责任考核和责任追究。组织全体干部职工开展述职述廉工作,增强担当干事、廉洁服务的意识。二是制定中心《2018年党风廉政建设和反腐败工作要点》《市住房公积金管理中心全面从严治党责任清单》,进一步加强廉政制度建设。三是积极开展廉政教育活动,组织党员干部学习廉政知识、观看廉政警示教育片,家庭助廉等内容,进一步增强党员干部防腐拒变能力。四是切实履行全面从严治党政治责任,扎实开展违反中央八项规定精神问题专项治理和形式主义官僚主义等"四风"问题专项整治行动,切实推进党风廉政建设各项重点工作任务落到实处。　　(高原杰)

【服务效能】　　组织干部职工开展业务技能大练兵、服务礼仪培训、公积金业务培训等,不断增强干部职工业务能力和综合素质。深入开展机关作风建设活动,持续推行"三声""四心""五公开""六不让"等服务模式,职工宗旨意识、责任意识和服务意识不断增强,业务技能和综合素质有效提升。积极推行"五零五制、一预约"办事制度,能现场办的现场办结,不能现场办结的必须在规定时限内办理完毕;对住房公积金业务集中、办理批次多的单位和患病等特殊原因的职工实行预约上门服务,树立良好为民服务形象。通过深入开展"门好进、脸好看、事依然难办"自查自纠活动,对中心干部职工服务态度、办事效率等7个方面存在的问题进行全面整改,服务意识得到有效增强。

(高原杰)

交通能源邮电

交 通

【概况】 2018年年底，中卫市公路通车里程达8190.388公里，公路密度为46.9公里/百平方公里；按行政等级分：国道861.682公里，省道759.453公里，县道63.358公里，乡道2388.655公里，村道3609.146公里，专用公路508.084公里；按技术等级分：高速公路469.363公里，一级公路104.773公里，二级公路1042.751公里，三级公路1315.345公里，四级公路5230.597公里，等外公路27.559公里。境内既有铁路有包兰铁路和宝中、太中银、干武四条铁路在沙坡头区柳家庄站、黄羊湾站、甘塘站交汇，吴忠至中卫城际铁路、中卫至兰州客运专线两条高铁正在建设，构成"米"字形铁路网络，可连通京包线、宝成线、陇海线、兰新线、兰青线，中卫是全国铁路交通大动脉的西部"桥头堡"和西部地区重要的铁路枢纽。境内共有13个车站，其中，编组站1个，为迎水桥编组站，二等站4个，为干塘、中卫、中宁、中宁东站，四等站4个，为新市沟、枣园堡、中宁南、沙坡头，5等站两个，无人站两个。货运站为7个，分别为干塘、迎水桥、中卫、中宁、枣园堡、中宁南、中宁东，客运站3个，分别为中卫、中宁、中宁东。沙坡头机场执飞航线北京—中卫—乌鲁木齐，加密中卫—西安—上海正常航线，开通每天3班中卫—银川快线，日均上座率达70%，成为宁夏首条"低空旅游观光航线"。2018年度共保障飞机3976架次，旅客吞吐量24.3万人次，分别同比增长61.5%和52.4%。辖区内水上通航里程186公里，占全区的46%，营运船舶105艘，在册登记船员249人；有8处渡口、浮桥，分别是：南长滩渡口、中卫通航渡运有限责任公司、中卫常迎黄河浮桥管理有限责任公司、永丰渡口、河沟渡口、胜金渡口、马滩渡口、中宁县余丁渡口；有2家水运企业：(港中旅)宁夏沙坡头旅游景区有限责任公司、中卫腾格里旅游服务有限公司。中卫有客运站9个，其中一级站1个，二级站2个，三级站6个，建设农村招呼站311个。年内有从事班线企业12家，线路340条，车辆645辆；公交企业11家，城乡公交线路75条，公交车辆529辆；出租车企业17家，出租车辆1976辆；危化企业17家，车辆140辆；普货企业256家，车辆4816辆，个体户12748家，车辆12748辆。全市道路运输客运量718万人次，较2017年下降20.6%，客运周转量52711万人次，较2017年下降21%，货运量6428万吨，较2017年增长19%，周转量1145636万吨/公里，较2017年下降11.1%,；铁路旅客运输214.2万人，较2017年增加2%，其中，发送60.2万人，到达154万人(旅游专列15万人)，铁路货运发送186万吨，较2017年增加1.6%。水路客运量58.3533万人，货运量29.23万吨；航空客运吞吐量有24.3万人次，货邮吞吐量86.9吨，运输3976架次。

(马晓梅)

【机构职责】 中卫市交通运输局承担公路、铁路、民航、水运、现代物流、公路管养、道路运输安全管理、交通战备等建设与组织协调等职能。核定行政编制20名，实有人员14名。设办公室、法制科、规划统计科、建设管理科、运输管理科、物流管理科、海事港航科7个科室。下辖质监站1个事业单位。辖区设沙坡头区建设交通局、中宁县交通运输局、海原县交通运输局、海兴区规划国土建设局4个县局。自治区交通运输厅在中卫设两个三级管理单位，即宁夏公路管理局中卫分局(负责中卫境内高速、国道、省道的养管和收费)、中卫道路运输管理局(负责全市道路运输市场的监管)。协调联系单位有沙坡头机场、兰州铁路局驻卫协调办公室、交通物流投资发展有限公司。

(马晓梅)

【交通运输重点项目建设】 吴忠至中卫城际铁路、中卫至兰州客运专线(宁夏段)加紧施工。海同高速、中卫高铁站站前广场道路、柔三路建设工程、柔三街北延伸段工程建成通车。中卫南站黄河大桥开工建设,滨河北路提升改造工程按照计划施工,全市完成农村公路41条197.2公里。续建2个、新建1个公交首末站,新建公交站台(候车亭)132座、改建公交站台11座,更换线路指示牌268座,新增指示牌143座。公交智能调度系统建设项目按计划推进。争取到自治区财政厅2018年城市公交和城客运一体化建设项目补助资金3000万元。乌玛高速中卫段、国道341线黑城至海原段项目、省道311线李俊至关庄项目、沙坡头区常乐镇至沙坡头南岸半岛公路项目、农村公路通畅工程项目、郑旗经九彩至寺口子等工程项目加紧施工。国道338、省道S205、海原至平川等一批重点工程开展前期工作。 (马晓梅)

【现代物流发展】 成立中卫市现代物流业发展指挥部,统筹负责物流项目总体规划;做好迎水桥保税物流中心、中卫综合货场建设前期工作,协调解决宁钢集团、天元锰业等企业"最后一公里"运输问题。联系顺丰蜂鸟公司在中卫机场开展无人货机测试,拟打造成西北航空货运分拨中心。完成中国物流中卫物流园一期项目投资计划和二期调规,落实李旺物流园项目建设用地,中国物流中卫物流园入住鑫龙源物流、宝通物流、八俊物流、顺丰、中通、韵达等10家物流快递企业。运行中欧、中俄班列20列。 (马晓梅)

【水上运输监管】 全面落实水上安全管理责任制和各项安全防范措施,分别与中宁县海事局、各水运企业、渡口船主签订水上交通安全管理责任书,监督各水运企业层层签订水上安全管理责任书。严格水上隐情报告和值班制度。全年水上无安全生产事故发生。全面开展安全监管,彻查事故隐患,隐患整改率达100%。加强船舶登记,避免"一船多证、多船一证、船证不符"等现象,全年新注册登记船舶3艘,换发到期、变更国籍证书61本,消除证书失效,确保船员数据资料真实可靠。确保船舶登记数据资料真实准确。加大日常检查频次,全年共检查137天,检查船舶2527艘次,检查船员和筏工3091人次,出动执法人员294人次;其中,日常安全检查104次、节日期间累计检查33次。共查出安全隐患10处,其中下发执法文书2次,罚款2000元;全年发出预警通知6次,全线禁航通知2次。 (马晓梅)

【交通运输安全监管】 全面落实"一把手负总责"和"党政同责、一岗双责"制度,落实安全生产政府领导、部门监管和企业主体"三大责任"。以开展日常安全检查和督导检查为主线,联合多部门开展节假日、重大活动期间和各项专项检查和专项整治工作,对局属各单位安全生产工作进行不定期检查和督导。加强道路运输安全常识普及教育与培训,不断提高全社会的道路安全意识和安全技能。修订印发《中卫市交通运输系统应对突发事件和交通战备应急救援保障预案》和《中卫市交通运输行业应急演练计划》。 (马晓梅)

【作风效能建设】 全面加强党建、党风廉政建设和精神文明建设,认真学习贯彻党章,严格执行新形势下党内政治生活若干准则,按照"三强九严"工程实施要求,组织开展党组织规范化纪实、星级服务型党组织创建、党员政治生日、落实党费缴纳等重点工作。合理设置和理顺基层党组织,撤消1个党委,1个党总支,合并2个党支部,设立1个党组,1个非公企业党委,3个党支部按期按程序进行换届选举。建立两个标准化党员活动室。深化星级党组织创建活动。持之以恒抓好中央八项规定精神的贯彻落实,有序开展"五谈二会一报告"、机关开放日等重点工作。在《中卫日报》、中卫电视台、中卫新闻网、微信、中卫综合广播、云端中卫六大宣传平台开办"枢纽中卫"周刊和专栏,加大"大交通"宣传力度。 (马晓梅)

公路管理

【概况】 2018年,完成高速公路优等路率90.16%;普通国道优良路率达93.92%;省道优良路率69.69%。发生路赔案件461起,查处率达99.8%,结案率达98.3%。征收通行费54459.83万元,占全年任务的102.95%。安全生产和社会治安综合治理目标全面完成。 (张晓丽)

【路域环境综合治理】 在春季公路大整治的基础上,开展更加全面、更高标准的迎大庆路域环境大整治,对辖线路容路貌进行全面整修,整肩、拍坡、通沟标准到位,垃圾清理不留死角。共清运堆积物1320立方米,清理边沟304.8千米,清理土方5504立方米,路肩、边坡补土2278立方米,确保路域环境达到顺舒亮美的效果。注重交安设施的维修更换,更换波形护栏1528块,整修420千米,喷漆维护76千米。维修更换各类标志182块,维修防眩网、隔离栅刺丝11899米,公路标线11395平方米。加强高速公路中分带整修，做到平整密实美观，清除枯树杂草垃圾，对行道树进行修剪，做到整齐划一，完成行道树浇水9.9万株，修剪3.32万株，美化高速公路中分带。维修中分带路缘石碱蚀严重、破损共计16.37千米。（张晓丽）

【路面病害处治】 对不同路段，不同病害类型，强化实地调查，因路施策，确定具体处治方案。以技术保质量，抓现场强管理，严格施工工艺，将处治质量落实到现场。重点实施路面裂缝、破损性路面病害及车辙的修复工作，处治各类路面病害142639平方米，路面灌缝67.11万延米。2018年，实施G6线清水河立交路面冷刨热铺、热再生等养护工程项目2项，投入872.2万元，极大地改善了路况质量。（张晓丽）

【桥隧养护管理】 结合核心圈建设及路网布局，确定区域、路、桥、隧长，制定工作任务清单，设置信息公示牌，按"四清、四检、四修"等内容，对桥梁泄水孔、伸缩缝进行全面清理，累计清理伸缩缝4567道，清理泄水孔17125个。根据桥梁外业调查，编制2018年桥梁年度维修计划，投入资金628.78万元，对三类及三类以上构件桥梁病害进行处治，封闭裂缝2209延米，铰缝勾缝8829米、混凝土修复1108平方米。清理桥底建筑垃圾9699立方米/390座，桥涵构造物勾缝、抹面等7755.5平方米，顺利通过交通运输部对定武高速恩和立交桥抽检。对四、五类桥梁进行动态监管，做到一天一巡查，对已设置水准点的中宁黄河大桥、中卫黄河特大桥开展定期观测。加强对S50赵家山隧道风险防控，每月对隧道进行经常性检查，完善相关标志，做好照明监控工作，确保隧道安全运营。投入4429.14万元，对G109线宽口井桥、小洪沟桥两座危桥进行重建，对G6线中宝大桥等19座桥梁进行维修改造。（张晓丽）

【美丽宁夏路创建】 根据管理局"美丽宁夏路"创建统一规划，制订《创建实施方案》，将G109线渠口——郝家集K1330+000-K1473+081段共计144.567千米路段确定为创建重点路段。分局以创建美丽宁夏路为载体，引领其他普通国省干线公路日常养护品质化、作业精细化、管理规范化。一是及时维修路面病害。年内在创建路段G109线处治路面坑槽、沉陷、等病害7173平方米，车辙7907平方米、处治路面裂缝14.76万延米，确保公路综合性能指数（MQI）、路面使用性能指数（PQI）与优等路率保持较高水平。二是完善沿线配套设施。对不规范、破损、老化的标志牌及时进行更换、维修，使沿线标志规范统一、齐全醒目。三是做好绿化美化工作。在G109线K1335+500-K1336+676渠口路段，设置花池，有效实施路宅分离，种植榆树篱831平方米、樟子松102株、香花槐50株；G109线渠口至石空段补植刺槐500株，圈口子至兴仁段补植新疆杨2000株，在桃山转盘内种植金叶榆、紫叶矮樱、爬地松等3800平方米；对石空、长山头、海原养护中心庭院进行绿化美化，投入133.1万元，对中宁、海原、渠口、白马、恩和等16个作业站点的卫生间、洗浴间进行改造。（张晓丽）

【防汛抢险】 进入汛期，分局辖线G109线红崖沟桥，G2012线、S201线甘塘路段等多处多次发生洪水险情，严重威胁公路桥梁安全，分局各单位以汛情为令，雨前防范，雨中急处，雨后随修，加强交通管制，及时维修加固桥梁锥护坡，加固冲毁路基，确保车辆安全运行，共维修砌体2959立方米，土方8969立方米，投入资金242万元。（张晓丽）

【路域环境治理】 按照迎大庆要求，联合辖区政府、城管、交警等部门通过开展公路联合巡查、联合排查整治的方式对辖区重点路段进行集中排查清理，共清理非公路标志标牌458处，加水点69处，路面堆积物3273.5立方米，占道经营4737平方米。（张晓丽）

【应急保畅】 按照"四联三创"工作要求，各路政大队结合辖区实际，创新协作方式，提升联创水平，各片区联合交警部门采取节假日前召开片区会议，应急保障动员等方式，做好节假日保畅。针对京藏高速中宁段节日车流量大，事故起数多的特点，分局专门抽调路政车、路政人员增援中宁片区，同时在各重要节点协调安排13辆清障车备勤，做到勤巡、快处、速通，保畅有力。分局与辖区交警开展联合巡查1076次，联合处置交通事故355起，联合应对恶劣天气59次，联合管理施工路段98次，联合实施假日保畅72次，联合开展隐患排查61次。（张晓丽）

【治超治酒】 以"政府主导 部门配合"为原则，联合交警部门在重点路段（G109线枣园路段、长山头路段、S101线鸣沙至新堡、S202线兴仁至海原、S201线甘塘至孟家湾路段）采用固流结合的方式开展治超治酒工作，取得了一定成效。针对大量大型超载车辆绕行S202线的情况，加强动态管控，新设立G109线圈口子、S202线K119+300治超治酒点开展治超工作，24小时不间断执法，集中整治由宁夏前往甘肃避站绕行的超限车辆。对兴仁、甘塘、中宁治超站更换六台车道称重设备，全部更新维修检测广场监控设施，确保执法过程公平规范有效。共检测车辆4222793辆，

其中，超限车辆2972辆，卸载车辆2836辆、转卸载货物20358.9吨，超限率为0.1%。　（张晓丽）

【站区环境】　按照"三优三新"的工作要求，各收费站对站区区域卫生进行责任划分，做到环境卫生工作常态化、长效化，将环境卫生管理纳入到日常稽查考核中。自治区60大庆期间，各收费站防撞柱张贴反光膜365平方米，粉刷围墙5935.1平方米，更换岛体面包砖2700平方米，对21个票亭进行美化。中卫等收费站美化装饰大棚立柱，岛头岛尾增设花坛装饰，加装隔离花坛170个，制作大型彩绘花墙，扮靓服务窗口，营造热烈喜庆大庆氛围，受到社会各界的高度赞赏。　（张晓丽）

【"服务+旅游"品牌内涵】　助力中卫市旅游产业发展，在"品牌服务+旅游"上下工夫，重点在中卫收费站、甘塘收费站设置旅游服务咨询点、便民服务亭等，拓展延伸服务功能，积极参与中卫市全域旅游示范城市创建，尝试收费服务与旅游推广的有机结合。加强收费队伍建设，各收费站组织开展全员达标考核培训，心理辅导员培训和微笑服务内训师培训，参训率达95%。　（张晓丽）

【堵漏增收】　以"四联三创"为抓手，与交警、公安等部门组织召开联席会议87次，开展联勤联动活动78次。建立收费数据月分析制度，重点针对小客车跟车逃费、倒换通行卡、U形行驶等逃费行为，研究制订治理实施方案。严格落实绿通车辆查验，做好重大节假日小客车免费工作。通过各项堵漏增收措施，货车结伙冲卡、跟车逃费（尾随冲卡）、倒换通行卡、绕道和假冒绿通及恶意堵道等偷逃通行费违法行为得到有效遏制。截至10月31日，治理逃费车辆129辆，追缴通行费13416元；绿通减免24.49万辆，减免金额3955.97万元。　（张晓丽）

【安全生产】　一是牢固树立"除隐患、防风险"意识。分局自建立安全生产八大责任体系后，细化目标、任务、责任和问题4个清单，制定《养护作业现场派工单制度》，规范三大业务操作规程，完善安全生产考核标准，从制度上筑牢基础，从程序上强化管理。69名安全员参加安全生产知识培训学习，考取三类人员安全员上岗证。二是加强春节、"两会"、60大庆等节会安全生产排查。对公路设施、养护作业现场、危险路段、大型机械设备等进行检查，杜绝违章指挥、违章作业、违反劳动纪律现象的发生。三是积极开展普通国省干线公路安全运营评估，全面主动排查安全隐患，建立安全责任清单，实行清单销号制。分局排查共发现安全隐患137处，利用小修资金已处治隐患120处，报管理局立项处治17处。四是开展公路交通标线质量专项治理。委托试验检测机构对分局辖养G6线、G109线等所有线路路面标线进行逆反射系数检测，并出具检测报告，年内完成整治。　（张晓丽）

【站点建设】　一是加强站点建设。在完成2017年续建项目的基础上，加大基层站点改建维修力度，2018年投入347.98万元实施甘塘收费站改扩建项目、长山头收费站入口治超预检站建设项目、石空养护中心维修改造项目。投入413.8万元，对鸣沙、海原东等6个站点实施煤改电、煤改气及接公暖项目，打好蓝天保卫战。切实改善基层一线职工生产生活条件，夯实公路养护管理基础。二是重视标准化工地建设。分局同心收费站改扩建项目、石空养护中心维修改造项目、甘塘收费站改造及扩建项目等工程均有序进行，施工现场管理规范、工程质量把关严格，试验检测真实可靠，材料选取品质优良。施工单位进场后要求严格落实技术安全交底制、首件认可制，加强过程质量控制，生活区、办公区卫生洁净，生产加工区各类机械设备及物品摆放整齐，以标准化工地推进项目的高质量建设。三是提升装备水平。通过政府采购继续完善养护装备，年内，采购吸尘车、多功能除雪车、桥梁检测车共计21辆，投入资金915.76万元。分局自采灌缝设备12台/套，优化施工工艺，为所有车辆安装高亮度爆闪灯、行车记录仪，提高安全作业水平。四是抓好统计交调工作。及时更新年报数据库。对年内建成通车的S40同海高速，旧路改造的G109线桃山至郝家集段等5条路段的新建桥梁、涵洞和标志等进行GPS数据采集；对8座拆除重建桥梁和25座改造维修的桥梁进行数据的更新。　（张晓丽）

沙坡头水利枢纽

【概况】　宁夏沙坡头水利枢纽有限责任公司成立于1999年，2004年，由新华水力发电有限公司、宁夏水务投资集团有限公司、北京能达电力投资公司和宁夏电力建设工程公司共同出资重组。其中，新华水力发电有限公司出资4672.5万元，占42%；宁夏水务投资集团有限公司出资4450万元，占40%；北京能达电力投资公司出资1482.5万元，占13.33%；宁夏电力建筑工程公司出资520万元，占4.67%。由中国核工业集团有限公司旗下的新华水力发电有限公司实际控股。主营业务为水力发电，以及农业灌溉供水和工业供水；业务范围为水利水电工程建设，水力发电，售电，灌溉，供水，住宿，餐饮服务，旅游项目开发，房地产开发，技术咨询服务，房屋、车辆、设备租赁。总资产规模23亿元，总装机18万千瓦，年设计发电量9.2亿千瓦时、农业供水1.8亿立方米、工业供水6200万吨。设综合办公室（党群工作部、人力资源部）、资产财务部、经营开发部和安全生产技术部5个职能部门。下辖沙坡头水力发电厂、宁夏宁西供水有限公司、中卫沙坡头假日酒店（有限公司）和四川宁峡能源发展公司4个二级单位，年内有员工324人。2018年度公司实现营业收入2.5亿元，利润总额6180万元，净利润5800万元。完成发电量7.5亿度、销售电量7.5亿度。完成农业供水量1.8亿吨、工业供水量931.51万吨。

（施原灏）

【项目开发】　一是清洁能源项目。完成内部立项3项，分别是贺兰县生态纺织园多能互补清洁能源项目、丹阳市屋顶分布式光伏发电项目、红寺堡光伏收购项目。河北邢台光伏电站股权收购项目和江苏丹阳渔光互股权收购项目上报立项报告。二是资产盘活。经过前期多轮沟通交流与调研，2018年8月28日，与港中旅（宁夏）沙坡头旅游景区有限责任公司签署水利风景区开发框架协议，结合开发建设3A级水利风景区，共享5A级旅游资源，将沙坡头水利风景区提升为以研学游、科普游、生态游为一体的4A级景区。

（施原灏）

电　力

【概况】　国网中卫供电公司共设置11个职能部室，7个业务支撑及实施机构，3个县供电公司。截至2018年12月底，全民职工期末人数904人，其中，男职工670人，女职工234人，分别占总人数的74.12%和25.88%；人才当量密度1.0469，高技能人才比例71.13%。11个职能部室为：办公室（党委办公室）、发展策划部、财务资产部、安全监察部（保卫部）、建设部、党委组织部（人力资源部）、党建工作部（工会、团委）、监察部（纪委办公室）、审计部、电力调度控制中心、运营监测（控）中心。7个业务支撑及实施机构为：运维检修部（检修分公司）、营销部（农电工作部、客户服务中心）、经济技术研究所、信息通信分公司、物资部（物资供应中心）、综合服务中心、供电服务指挥中心（配网调控中心）。3个县供电企业：国网中宁县供电公司、国网海原县供电公司、国网中卫市海兴供电公司。2个集体企业：宁夏天源电力有限公司、中卫农村电力服务有限公司。截至2018年12月31日，中卫电网35千伏~330千伏电压等级变电站共69座，主变压器149台，总容量10724.45兆伏安。其中，330千伏变电站7座，330千伏主变压器20台，总容量6000兆伏安；220千伏变电站2座，220千伏主变压器6台，总容量720兆伏安；110千伏变电站33座，110千伏主变压器70台，总容量3701.5兆伏安；35千伏变电站27座，35千伏主变压器53台，总容量302.95兆伏安。所辖35千伏~110千伏电压等级输电线路共152条，长度2307.232千米。其中220千伏线路4条，长度14.858千米；110千伏线路93条，长度1455.129千米；35千伏线路55条，长度837.245千米。电网较2017年变化：中卫电网无新投产35千伏~330千伏电压等级变电站及主变。新投产110千伏输电线路2条，长度31.245千米；35千伏输电线路2条，长度29.449千米。新投产光伏电站7座，新增装机容量422.5兆瓦。中卫市供电营业区面积1.7万平方公里，拥有营业厅44个、农村供电所39个、自助营业厅52个，多元化缴费终端663台，充电桩6个。

（郑绍陆　龚柳丹　屈爱彬）

【电力供需】　2018年，中卫电网供电量214.01亿千瓦时，同比增长7.85%；完成售电量210.71亿千瓦时，同比增长7.86%。2018年，中卫电网最大日供电量6581.5万千瓦时，发生日期为2018年11月8日；最小日供电量为2701.58万千瓦时，发生日期为2018年1月1日；平均日供电量5672.02万千瓦时。2018年，并网各类发电总装机容量6232.86兆瓦。其中，火电厂4座，装机容量1502兆瓦；水电厂2座，装机容量124.3兆瓦；风电场15座，装机容量1985.5兆瓦；光伏电站62座，装机容量2515.56兆瓦；其他机组8台，装机容量105.5兆瓦。接入330千伏电网装机容量2340兆瓦；接入220千伏电网装机容量660兆瓦；接入110千伏电网装机容量1975.8兆瓦；接入35千伏电网装机容量1161.5兆瓦；接入10千伏电网装机容量95.56兆瓦。截至2018年12月31日，新能源并网总装机容量4501.06兆瓦，其中，风电装机容量1985.5兆瓦，光伏装机容量2515.56兆瓦，新能源装机容量占地区发电装机总容量的72.2%。

（田学琴　龚柳丹）

【中卫电网负荷特性】　2018年，中卫电网最大负荷2872兆瓦，发生日期为2018年11月5日；最小负荷987.11兆瓦，发生日期为2018年1月1日；平均负荷

2443.03兆瓦。

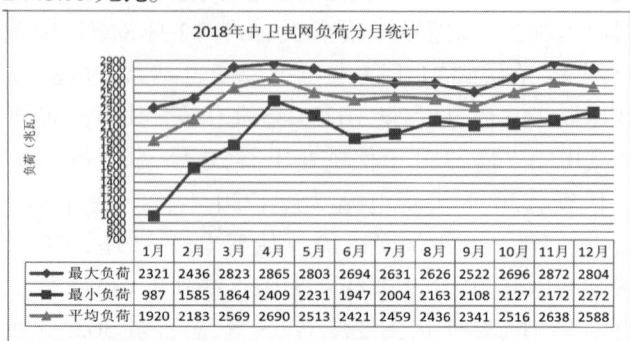

中卫电网负荷主要由高载能负荷、电解铝负荷、大用户负荷、扬水负荷、电铁及民用负荷组成,其中高载能负荷约占全网负荷的51.41%,电解铝约占全网负荷的20.89%,大用户约占全网负荷的16%。

（田学琴　龚柳丹）

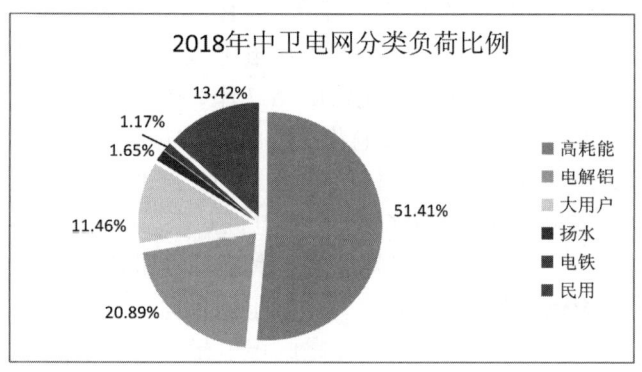

【安全生产】　严格落实安全生产各项部署,坚持"以人为本、生命至上"的安全发展理念,严格安全监督检查,狠抓安全生产秩序,有效应对各类安全管控压力,连续安全运行3937天。加强安全基础管理,完成安全生产"两个清单"建设,完善各层级安全监督管理机构设置与人员配置,常态开展安规普学普考和班所月末"安全日"活动。加强风险隐患防控,以"四无"专项行动统筹推进"六查六防"、变电站消防火灾隐患治理、"三道防线"核查等工作。管控七级及以上电网风险131项,核查保护定值1525套,整改缺陷3760处,配网跳闸率同比下降35%。严格落实"到岗到位""十不干"等要求,推行劳务分包队伍作业"三个必须,五个严禁",现场管控能力得到提升,全年稽查作业现场2959个,反违章记分604分。强化应急保障能力,修订各类应急预案21份,完成县公司应急能力评估、"护网2018"攻防演习和大面积停电事件应急演练,自治区60周年大庆保电实现"四个零"目标。

（尤　存　龚柳丹）

【电网建设】　打造电网资源优化配置平台,聚焦一流配电网建设,完成"十三五"配电网规划滚动修编。积极推进南华—关桥、唐堡等输变电工程和沙坡头城区"三横五纵"电缆通道建设,完成塞上330千伏、沙坡头750千伏输变电工程属地化协调任务,57条配网线路具备非故障区域"自愈"功能。落实乡村振兴战略,新一轮农网改造升级、中宁"小康电示范县"建设、光伏扶贫并网等项目全部完成。1项农网工程获评国家电网百佳工程。

（李应利　龚柳丹）

【服务质效】　启动"八大服务工程",落实"三零三快三早"九大为民服务新举措,"一证受理""一站式服务"助推简单业务"一次都不跑"、复杂业务"最多跑一次"。高压用户平均办电时长同比减少3.2个工作日,全市80%以上的电力客户实现线上办电、缴费,638户农网低压用户"零投资"接电。落实自治区"降成本30条"措施,向重点用户提供用电优化建议219条,执行直接交易电量133.44亿千瓦时,差别化电价补贴政策减少企业电费支出2116.69万元,一般工商业降电价惠及4.8万商业用户。积极对接冬季取暖"煤改电"、清洁供暖工程改造项目。主动服务7座光伏电站并网,全年消纳新能源发电量70.59亿千瓦时。建成供电服务指挥中心,推动配网抢修高效协同。成立供电服务稽查大队,强化投诉属实性认定复核。制定《供电所管理十项措施》《供电所十项主体责任》,补员招聘供电服务用工,加快"全能型"乡镇供电所建设,服务"最后一公里"能力进一步提升。

（郑绍陆　龚柳丹）

【经营管理】　积极开拓市场,跟进解决三元中泰、众泰工贸等客户新增项目建设用电问题,促成新华钢铁、银河冶炼等7家传统企业恢复生产,全年新增客户3.3万户、容量123.18万千伏安。实施电能替代项目158个,替代电量6.43亿千瓦时,完成年度指标的160.75%。全面落实"一户一策"电费风险管控措施,当年电费回收率达100%,4家铁合金企业1.04亿元旧欠电费全部收回。落实"三免三减半"等税收优惠政策,减免税额1532.88万元。推进线损"四分"管理,10千伏线路、台区线损合理率分别达到85.47%、95.33%,较年初提升14.43和9.46个百分点。扎实推进防窃电专项行动,查处窃电283起,追回电费及违约金114.08万元。

（满　君　龚柳丹）

【创新创效】　立足电网运行维护、节能经济运行等方面开展课题研究和技术攻关,获得专利授权9项,其中《交流电窜入直流系统的检测及迫跳装置》成果为发明专利。《调整拉线辅助工具的研制》等2项成果获国网宁夏电力科技进步三等奖。《有载分接开关辅助调档器的研制》获中国水电质协QC成果发布三等奖，《控制电缆核线仪的研制》等2个QC成果、1个科技创新项目获国家电网三等奖，在宁夏电力行协、国网宁夏电力获奖QC成果达28项。获国网宁夏电力"职工技术创新"劳动竞赛"十佳成果"1项、"十佳班组"1个、"十佳员工"1名。《"四微管理"全面提升班组建设能力》等8项成果获宁夏企业管理现代化创新成果三等奖，《供电企业"生命体班组"建设与实践》等10项管理创新成果在国网宁夏电力层面获奖。

（拓守辉　龚柳丹）

【改革改制】　加强与各方的沟通，积极推进增量配电业务改革，中卫工业园区增量配电改革试点项目区域、电压等级等情况符合预期。促成国网宁夏电力与中卫市政府签订战略合作协议，开启政企合作新篇章。全面落实基建改革12项配套措施，顺利通过国家电网验收。突出核心业务、实施瘦身健体，努力提升天源公司经营质效，全年签订合同3.79亿元，同比增长75.47%，其中，承揽系统外工程1.05亿元，同比增长96.27%；累计收回工程款3.06亿元。完成"两供一业"管理服务职能移交、资产划转及维修改造工作，"三供一业"改造接收两家国有企业9个小区配电设施，涉及各类用户5201户。　　　（李宏涛　龚柳丹）

【荣誉及成果】　公司被国家电网党校确定为党建实践研究基地，两支党员服务队分获国家电网、国网宁夏电力"优秀共产党员服务队"称号，4个班所分获国家电网和国网宁夏电力"企业文化建设示范点"称号。获国家能源局西北监管局"百日零投诉"竞赛活动优胜单位称号，国网宁夏电力有限公司先进单位称号。顺利通过2017年全国文明单位复查，连续五年获得中卫市支持地方经济发展先进单位表彰，行风评议实现七连冠。　　　　　　　（马　君　龚柳丹）

【售电量居全区第一】　2018年，在环保政策趋紧、贸易壁垒加剧、产业转型升级等诸多严峻的市场环境下，广大干部员工认真贯彻落实公司决策部署，努力践行"人民电业为人民"的企业宗旨，服务地方经济发展，全力保存量、抢增量、挖潜量，咬定青山不放松，千方百计开拓电力市场，面对复杂多变的市场行情，公司上下一心，采取科学先进的市场管理机制，全力以赴提升售电量。一是多举措确保重点项目早接快送。简化业扩手续，实行"一对一"服务模式，确保三元中泰、众泰工贸等9个重点项目19万千瓦负荷顺利投运，全年累计完成3.3万户，容量123.18万千伏安的新增用户报装工作。二是推动"煤改电"项目顺利实施。安排专人紧盯兰铁、中宁乡政府、卫生院及中石油"煤改电"项目建设进程，积极开辟"绿色通道"，协调解决各类问题，年内顺利完成78个"煤改电"项目投运工作。三是助力企业降本增效。结合"进园区、访客户"专项活动，讲解电价政策，帮助用户制定降耗节能方案，促成大正、兴尔泰负荷顺利转接110千伏供电，锦宁铝镁按照用电负荷科学减容，累计为企业节省电费开支约4910万元，提高企业市场竞争力，确保优质负荷不流失。四是力促停产负荷恢复生产。强化重点行业客户生产运行动态调研，多渠道促使停产负荷早日恢复运行，年内累计恢复传统工业负荷39.95万千伏安，高耗能企业在运容量达188.05万千伏安，开工率达81.78%，最大负荷287.22万千瓦，日电量突破6627万千瓦时，全年累计售电量首次突破两百亿大关，达到210.71亿千瓦时，同比增加15.36亿千瓦时，同比提升7.86%，占全区总售电量的31%，连续三年位居宁夏电力有限公司首位。（满　君　龚柳丹）

【停电事件应急演练】　6月15日，结合电网迎峰度夏和自治区60周年大庆保电工作，公司开展大面积停电应急演练。应急演练采用桌面推演方式，旨在贯彻《国家电网公司关于推进大面积停电事件应急演练工作的通知》，检验《国网中卫供电公司大面积停电事件应急预案》和公司部门处置方案的适用性、有效性与可操作性，强化大面积停电事件风险意识和应急意识，促进各部门和单位掌握预案、熟悉应急处置流程，增强联合应对大面积停电事件能力。演练主要分为预警阶段、应急响应阶段、应急结束阶段3部分。演练中，公司根据中卫气象台发布的"大风、沙尘暴橙色预警"，及时发布预警信息，进行预警会商，进入预警状态。灾情发生后，公司立即启动相关预案开展紧急抢修，并开展会商会议，以便更快、更有效处理突发事件，及时恢复用户供电。　　　（吴　继　龚柳丹）

【自治区六十大庆供电保障】　公司科学合理的优化电网运行方式，严格执行临时停电检修管理，加强调度通信与调度自动化系统运行维护和二次系统安全防护工作，确保通信畅通与调度自动化的准确、可靠。严格执行24小时值班制，实行领导带班制度，各级值班人员严格值班纪律，保持电话24小时通信畅通，尽职尽责坚守工作岗位。强化保电期间值班值守，加强有关场所安全保卫和电力设施防外力破坏工作，畅通信息渠道，保证快速响应。配备充足的备品备件，抢修车辆、发电车、抢修人员处于全面备战状态,确保供电设备及电网发生异常、故障时,第一时间消除缺陷,恢复电网正常运行。在整个保电过程中,公司供电营业厅全部正常营业,工作人员坚守保电岗位,积极践行"以客户为中心、专业专注、持续改善"的企业核心价值观,实现辖区电网安全平稳运行。

(马　君　龚柳丹)

【公司开放日活动】　10月17日,公司邀请社会各界人员走进公司。通过"看、听、谈"深入了解电网企业发展历程和生产特点,切身感受电力职工工作的艰辛及电力部门对地方经济建设的重要意义,树立国家电网的良好形象。活动由现场观摩、交流座谈两个环节组成。在调控大厅、营业厅的观摩过程中,公司职工将中卫电网的运行情况、公司的服务理念、服务方式和工作状态向参观人员进行全面展示。公司紧紧围绕为社会发展服务的宗旨,坚持"以市场为导向、以客户为中心",为提升全市经济社会发展能力和水平都作出突出贡献。他强调,国网中卫供电公司要继续强化主体责任,强化思想教育,强化监督检查,强化考核考评。按照中卫市市委和政府的要求,在行风建设和优质服务工作上要坚持领导重视,坚持开门纳谏,坚持整改提高,坚持建章立制,坚持检查督导,坚持责任追究,不断提高行风建设水平,将行风建设成果转化为促进经济发展的强劲动力,为中卫市经济发展提供更加坚强的电力保障。

(刘宣烨　龚柳丹)

【签署战略合作框架协议】　11月21日,宁夏公司与中卫市政府签署战略合作框架协议,就推进地方政府与国家电网深度合作,助力全面建成小康社会,加快实施乡村振兴战略,实现地方经济高质量发展与增强国家电网核心竞争力共赢等方面达成共识。根据协议规定,双方将在加强中卫电网建设、积极推进乡村电气化、提高新能源开发利用水平、大力推进清洁取暖和电能替代、推进"多表合一"信息采集建设等9项工作中展开合作。宁夏公司承诺将加大中卫电网建设投资力度、加快农村电网发展、深化优质供电服务、积极开展"多表合一"配套项目建设、服务好民生工作等。中卫市政府承诺将积极支持中卫电网发展、统筹推进新能源高效开发利用、出台清洁取暖及电动汽车充电设施发展支持政策、营造良好的供用电市场秩序、加强电力设施保护、协调推动廊道整合及无人管理小区改造工作等。

(马　君　龚柳丹)

【配网智能开关安装】　大力开展配电网改造,着力打造"一流坚强配电网",进一步优化网架结构,全面开展"自愈开关"项目建设,实现配网线路"故障自愈",大力提升供电可靠性。公司在运配电网线路共有181条,线路总长达5802公里。智能开关项目涉及线路111条,其中,城网线路3条、农网线路109条,2018年共更换智能开关712台,投资金额3991.42万元。配网故障自愈开关主要通过馈线自动化方式,依靠设备自身的逻辑判断功能,恢复非故障区域供电,具有不依赖主站和通信、动作可靠、运维简单等特点,能够进一步提高故障快速定位,实现高效抢修指挥。通过自愈开关项目的建设,可有效压降对电力用户的停电时间,实现市区用户年平均停电时间在1.5小时以内,县城区域内用户年平均停电时间在4小时以内,农村区域用户年平均停电时间在12小时以内。

(马　君　龚柳丹)

【峡门水库间隔扩建工程】　宁夏汇霖农业投资有限公司新建的峡门水库110千伏变电站主要为峡门水库一、二期扬水泵站项目供电,新增负荷21.76兆瓦。根据国网宁夏电力公司批复,用户自建110千伏变电站一座,变电站由香山(暖阳)变配出一回110千伏专用受电线路供电。为满足峡门水库一、二期扬水泵站项目供电需求,暖阳变扩建1个110千伏出线间隔。该工程2018年5月30日开工建设,2018年12月14日竣工投产,投资规模122万元。

(方　园　龚柳丹)

【三塘水库间隔扩建工程】　宁夏海原县水务局三塘水库扬水泵站项目新增负荷8兆瓦。根据中卫公司批复,用户自建三塘水库泵站35千伏变电站,由新海110千伏变电站通过1回35千伏线路供电。为满足三塘水库泵站新增负荷供电需求,新海变扩建1个35千伏出线间隔工程。该工程2018年6月30日开工建设,投资规模46万元。

(方　园　龚柳丹)

【南华——关桥35千伏线路工程】　海原——关桥35千伏线路1979年投运,运行年限已超过35年,沿线多处交跨居民区,部分线路对地安全距离不足,线路老化、杆塔破损问题严重,需要进行全线改造。结合中卫"十三五"配电网规划,关桥35千伏变电站供电电源点优化为南华110千伏变电站,可以进一步降低工程实施难度、投资和线路损耗。南华—关桥35千伏线路工程共新建线路28.45公里。该工程2018年5月30日开工建设,投资规模1547万元。

(方　园　龚柳丹)

【唐堡35千伏输变电工程】　海原县九彩地区由杨明变511李俊线和513九彩线供电,513九彩线全长

64.179公里（供电半径31公里），511李俊线全长43.381公里（供电半径24公里），两条线路合计负荷超过3.5兆瓦，由于九彩乡地处两条10千伏线路末端，供电质量得不到保证，低电压情况频发，为提高九彩地区电能质量和供电可靠性，建设唐堡35千伏输变电工程。新建35千伏变电站1座，变电容量1×6.3兆伏安，新建新海变至唐堡变35千伏线路23.82公里。该工程2018年6月30日开工建设，投资规模2459万元。 （方　园　龚柳丹）

邮政管理

【概况】　2018年，中卫市邮政普遍服务营业场所51处，其中自办所27处，代办所24处。城市地区8处，农村地区43处(乡/政府所在地39处，其他地区4处)。全市共有乡镇39个（含1个甘盐池委员会，不含甘城乡、七营镇），全市425个建制村全部完成直接通邮。快递企业共有快递品牌17个（EMS、圆通、申通、中通、韵达、顺丰、宅急送、优速、百世汇通、天天、联合、京东、品骏、德邦、万家通、天豹、国通），其中加盟企业21家，备案分支机构63家，备案末端网点14家，共有快递从业人员403人（不含邮政EMS）。快递车辆共有339辆，其中，机动车52辆，电动三轮车287辆。全市邮政行业业务总量完成11700万元，同比增长27.04%；全年邮政行业业务收入（不包括邮政储蓄银行直接营业收入）完成10200万元，同比增长24.24%。 （高婷婷）

【快递业务】　2018年，全市快件进港量累计完成1541.33万件，同比增长44.85%；出港量累计完成384.43万件，同比增长34.96%。其中，同城快递业务量完成72.48万件，同比增长32.21%；异地快递业务量完成311.91万件，同比增长35.62%；国际及港澳台快递业务量完成0.04万件，同比增长6.15%。2018年，全市主要快递企业业务收入5600万元，同比增长34.39%。其中，同城业务收入为800万元，同比增长28.77%；异地业务收入为3300万元，同比增长30.71%；国际及港澳台业务收入为零，同比下降22.89%，结算其他业务收入为1500万元，同比增长48.01%。 （高婷婷）

【邮政普遍服务】　2018年，全市函件业务累计完成2.81万件，同比下降27.76%；包裹业务累计完成2.44件，同比增长39.43%；报纸业务累计完成1009.28万份，同比下降0.55%；杂志业务累计完成36.51万份，同比增长11.24%；汇兑业务累计完成1.19万笔，同比增长3.48%。2018年，函件业务收入累计完成82.57万元，同比下降50.74%；包裹业务收入累计完成47.68万元，同比增长6.26%；报刊发行收入累计完成290.51万元，同比增长3.88%；汇兑业务累计完成0.66万元，同比下降37.14%。一是从业务量看，传统邮政普遍服务业务持续萎缩。信函、包裹、汇兑等业务是邮政普遍服务基本业务，随着信息化和互联网的迅猛发展，传统普遍服务受人们消费观念变化影响，业务量呈现下滑的趋势。

指标名称	单位	2018年	同比增长(%)
普遍服务业务量	—	—	—
1.函件	万件	2.81	-27.76
2.包裹	万件	2.44	39.43
3.机要通信	万件	0.77	305.26
4.订销报纸	万份	1009.28	-0.55
5.订销杂志	万份	36.51	11.24
6.汇兑	万笔	1.19	3.48

二是随着邮政市场需求的不断变化以及邮政业业务结构不断调整，快递业重要性更加突出，成为邮政业重要增长点。2018年，全市快递企业业务量与业务收入持续增长。中卫市位于中国西北地区，电子商务类交易相对落后，本地向外地出口量较少，各快递企业日常经营中投递业务（进港）占主要部分。2018年全市快递服务企业进港量累计完成1541.33万件，同比增长44.85%；出港量累计完成384.43万件，同比增长34.96%。 （高婷婷）

【快递业务出港件品种】　枸杞是中卫市著名特产之一，主要产区集中在中宁县。2018年，枸杞干果、枸杞鲜果及相关深加工产品通过快递渠道出港量达220.39万件左右，占全市快递出港件总量的57%以上，有力促进了全市快递业务量增长，同时也缩小进出港量比例。除枸杞外，服饰类、食品类（包括红枣、硒砂瓜等农副产品）、电子商务及配件、化妆品等也占较大比重，其中服饰类、电子产品及配件和化妆品大部分为淘宝、京东返货件。 （高婷婷）

电　信

【概况】　基本完成年度经营收入，移动过网份额较2017年提升2.11%，光宽业务超额完成，宽带融合率较2017年提升4.096%。

【机构调整】　成立分公司综合支撑服务中心，负责对市场发展一线划小经营单元开展综合服务支撑工作。独立设置党群工作部、纪检监察室、采购中心。

【通信扶贫】 召开扶贫专项工作会议全面开展通信扶贫工作。为南长滩村开通4G电信业务。为定点扶贫村部免费安装光宽带3条,实现扶贫村开通社保一卡通、电子商务平台。为建档立卡户及残疾人免费安装宽带51户。投入扶贫资金2万元,为定点帮扶扶贫村进行环境美化、沟渠清淤、农田水利设施修缮等。

【提速降费】 响应国家提速降费号召,移动流量资费下降幅度达48%、宽带资费下降达58.37%。

【服务工作】 下发《2018年中卫分公司客户服务部工作要点》,坚持以提升客户感知为目标,全面提升客户满意度。公司在区消费者协会、宁夏日报报业集团开展的"3·15诚信于行宁夏榜样"活动中,获"2018宁夏消费诚信示范单位"荣誉称号。在第三季度宁夏电信行业渠道实名制及服务质量测评中,中卫分公司在宁夏电信排名第一、在中卫本地三家运营商排名第一。

【文明创建】 注重企业文化建设,与党建思政、纪检监察、精神文明作为四项基本政治保障工作,常抓不懈。持续开展读书演讲和志愿者服务活动;积极开展"我们的节日"活动和"四小"建设;开展"感动人物""身边好人""优秀员工"评选活动;组织精彩多样文体活动,激发员工工作激情,增强企业凝聚力。

【争先创优】 在参加宁夏电信公司维护技能现场综合维护大赛中,获得团体二等奖和个人二等奖、三等奖。公司在2018年通信管理局组织的QC成果发布评比活动中,中卫分公司展示的"基于门店连锁运营,构建存量客户经营新模式"和"提升光网络资源准确性"两个课题分别获得自治区通信行业管理创新二等奖和自治区通信行业质量管理三等奖。

移动通信

【概况】 中国移动通信集团宁夏有限公司中卫分公司(简称中卫移动)设有综合部、财务部、党群工作部、市场经营部、集团客户部、网络部和工程建设部7个职能部室,下辖沙坡头分公司、中宁分公司和海原分公司3个县分公司以及数据运营中心、渠道运营中心和集团客户服务中心3个运营中心,共有职工235名。多年来,中卫移动公司始终秉承"正德厚生、臻于至善"的核心价值观,突出企业特色,围绕提高移动通信服务质量、做好电信运营企业间互联互通,开展公平竞争和整顿规范市场秩序,进行一系列服务创新,逐步完善服务功能,在中卫地区通信行业行风评议中,取得了第一名的成绩。

(孙若然)

【网络强国】 践行国家有关"网络强国"发展理念,全面落实"宽带宁夏"战略及农村普遍服务工作要求,推进城市光纤到户和光纤改造工程,2018年,在4G网络建设以及宽带建设方面均取得一定成效。2018年,中卫移动以"网络规划准、建网速度快、网络基础牢、业务感知优"为目标,从评估测试、严把入网质量、站址与天馈优化、多网协同参数管理四个重点出发,完善流程、保持基础数据准确性、区分优化主次,建立端到端的管控体系,做好4G无线网精细优化,做到强有力的通信网络支撑。提高居民现代化的生活品质,做到为客户提供快速、稳定、安全的优质网络服务。中卫移动先后投资数亿元加大4G网络建设,4G基站数量达到近2000个,实现城市、农村4G网络与热点全覆盖,高速铁路覆盖率达到95%以上,全市36个乡镇及高速铁路沿线的网络全覆盖,位居运营商首位。在宽带建设方面,中卫移动宽带覆盖率达到95%以上,全市覆盖超过31万家庭和单位,成为领跑宽带业务的新生力量。从2018年起,率先在中卫地区实现千兆示范小区的建设和改造,后续将逐步加大千兆小区的建设和改造力度。至2018年年底,基于优质的网络能力和服务水平,中卫移动家庭宽带用户超10万。

(孙若然)

【信息化发展】 中卫移动始终致力于能够充分发挥自身通信和信息化优势。采用最先进的设计理念、最前沿的技术手段、最环保的节能应用和最安全的管理体系,在中卫市工业园区建设中国移动(宁夏)数据中心,占地近两百亩,投资超过5亿元。并将数据中心设置为省际互联网节点,直连北京、西安、广州、杭州、成都5个方向,出省总带宽达2.8T,为中卫市打造西部云基地添加强大助力。同时电子政务外网工程覆盖所有机关部门、单位、乡镇及部分行政村、学校等,为全市电子政务外网建设在各行业、各单位上线运营奠定坚实基础。在教育行业,发挥行业优势,助力"互联网+教育"深度发展,在2018年实现全市100%学校光纤网络资源接入,确保城市学校有效带宽接入能力不低于1000兆,农村学校有效带宽接入能力不低于200兆,并为各类学校提供优惠的互联网专线资费,在互联网专线标准资费上下调50%,全力推动中卫地区教育信息化健康、快速发展。在"旅游城市"建设方面,为旅游景区建立数字广播、无线覆盖、视频监控等全套信息化系统，并通过高效精准"大数据"分析技术运营手段，将中卫城市信息第一时间推送至游客手中，推进"智慧旅游"建设。　　　　　（孙若然）

【提速降费】　为进一步响应国家"提速降费"号召，在宁夏回族自治区成立60周年之际，推出"移动光宽带免费送"感恩回馈活动。至2018年9月，中卫移动国内手机上网流量单价下降91%，语音单价下降27.5%，惠及50余万客户。并在2018年7月1日，全面取消流量"漫游"费，惠及50万移动用户。同时为充分满足用户多样化使用需求，给用户带来实实在在的获得感，自2018年8月起，中卫移动在全市范围内大力开展全民流量放心用、查网龄送流量等惠民活动，对套餐内语音和流量进行免费扩容，同时额外赠送语音和国内流量。针对视频需求量比较大的用户，推出"任我看"视频流量包，用户可随时畅享各热门APP精彩影音，无论走到哪里，用户都可以畅享流量，再也不用担心流量超支。　　　　　（孙若然）

【社会责任】　完成啤酒音乐节、汽车拉力赛、环青海湖国际自行车大赛、"沙坡头杯"亚洲旅游小姐总决赛等一系列大型活动及重大节日的通信保障工作。开展"扶贫帮困，助力爱心传递""捐资助学，关注教育发展""节能减耗，倡导绿色环保中国"等主题活动，践行企业公民责任，引领社会文明风尚。（孙若然）

联合通信

【概况】　中国联合网络通信有限公司中卫市分公司（以下简称中国联通中卫市分公司）下设沙坡头区经营部、中宁县分公司、海原县分公司3个县级机构。中卫联通在聚焦战略引领下，秉持"一切为了客户""一切为了市场""一切为了一线"三大经营理念，推进4G网络和光纤宽带网络建设，持续提升网络质量、拓展服务渠道、丰富服务产品，履行社会责任。2018年，KPI考核在全区5个地市分公司中排名第一，被评为宁夏分公司先进集体单位。　　　　（罗成海）

【营销模式创新】　中卫联通结合实际情况，制定本地政策，利用劳动节、5·17电信日等节气以及校园营销等活动加大优惠促销吸引入网。加大沃4G+品牌宣传力度，借助产品优势，推动4G业务规模发展。
　　　　　　　　　　　　　　　　（罗成海）

【创新业务】　中卫市分公司响应市政府"以商招商，以情招商"号召，参与中卫市政府冬季招商活动，与中卫市政府协同打造良好业务合作平台，前后协同百度在线网络技术（北京）有限公司、中联科信有限公司、北京创客总部、智网易联科技公司等一批互联网公司与中卫市政府洽谈合作事宜，年内开展相关业务合作。　　　　　　　　　　（罗成海）

【服务形象建设】　服务质量持续提升，为广大用户提供U+服务，8项服务承诺，让用户体验到更贴心，舒心的服务；积极组织参加中卫市总工会举办的服务技能大赛，获得优秀组织奖；行风纠风工作在本系统内排名第三，本地行业排名第二。2018年，制定本地化行风纠风考核办法并监督落实行风纠风工作，组织开展用户满意度调查问卷活动，主动接受社会各界和广大消费者的监督和客户意见收集。不断提升窗口服务质量，促使行风纠风工作取得成效。（罗成海）

【网络建设】　2018年，建成4G基站906个，覆盖中卫市两区两县主要乡镇、自然村，解决当地住户手机上网难问题。利用电信普遍服务，中宁县招标范围内全部实现光纤到户，保证网络到户不留死角。
　　　　　　　　　　　　　　　　（罗成海）

【党建工作】　深入开展"两学一做"常态化教育，深入学习习近平新时代中国特色社会主义思想和党的十九大精神，争当先锋模范风气逐步形成。2018年公司党委邀请中卫市市委常委、宣传部部长叶宪静给全体党员同志讲述红船精神，组织参观组织党员干部、关键岗位人员前往中卫市戒毒所廉政警示教育基地观摩，营造"崇尚劳模、关爱先进"企业风尚。市工会组织全市党员及入党积极分子观看《厉害了，我的国》《红旗漫卷西风》，学习使命与责任担当。
　　　　　　　　　　　　　　　　（罗成海）

【体制机制优化】　梳理公司员工晋升体系，有103名职工通过优化方案得到职级档位和晋级提升，确保员工晋升激励体系平稳落地，提高员工满意度。
　　　　　　　　　　　　　　　　（罗成海）

环境保护

综述

【生态环境质量】 2018年,沙坡头区城市环境空气质量优良天数276天,达标率75.6%,较2017年同期优良天数减少5天;PM10平均浓度122微克/立方米,与2017年同期相比上升15.1%;PM2.5平均浓度42微克/立方米,与2017年同期相比上升7.7%(扣除沙尘天气80天后:优良天数达标率90.5%,较2017年同期(84.3%)上升6.2个百分点;PM10年均浓度75微克/立方米,较2017年同期(81微克/立方米)下降7.4%;细颗粒物(PM2.5)年均浓度33微克/立方米,较2017年同期(34微克/立方米)下降2.9%。中宁县城市环境空气质量优良天数300天,达标率达82.4%,较2017年同期优良天数减少14天;PM10年均浓度104微克/立方米,较2017年上升4.0%;PM2.5平均浓度38微克/立方米,较2017年上升18.8%(扣除沙尘天气43天后:优良天数达标率93.1%,PM10年均浓度74微克/立方米,PM2.5年均浓度32微克/立方米)。海原县城市环境空气质量优良天数319天,达标率达88.4%,较2017年同期优良天数减少14天;PM10年均浓度82微克/立方米,较2017年上升9.3%;PM2.5平均浓度31微克/立方米,较2017年持平(扣除沙尘天气33天后,优良天数达标率96.1%,PM10年均浓度65微克/立方米,PM2.5年均浓度28微克/立方米)。黄河干流中卫下河沿断面总体水质呈Ⅱ类优水质;黄河支流泉眼山断面总体水质呈Ⅱ类优水质;中卫香山湖总体水质呈Ⅱ类优水质,综合营养状态指数为40.77,营养状态级别为中营养级别;中卫第一排水沟总体水质为Ⅱ类水质,第四排水沟总体水质为Ⅳ类水质;中宁北河子沟总体水质为Ⅳ类水质。中卫沙坡头区城市饮用水源地水质持续稳定达到Ⅲ类优水质;中宁县康滩黄滨水源地受地质因素影响锰超标,总体水质为Ⅳ类,其他各指标均符合Ⅲ类标准要求;海原县老城区水源地总体水质为Ⅱ类水质。沙坡头区主要干线交通噪声昼间、夜间质量等级均为一级,总体水平评价为"好";区域环境噪声质量等级为二级,总体水平评价为"较好"。 (贾美玲)

【对标任务细化落实举措】 召开全市环保工作大会,印发《中卫市2018年度环境保护重点目标任务清单及评分标准》《中卫市2018年大气污染防治重点任务工作方案》《中卫市2018年水污染防治重点任务工作方案》《中卫市2018年土壤污染防治重点任务工作方案》《中卫市2018年度主要污染物总量减排计划》,对全市2018年度环境保护目标任务进行分解下达,并与两县、两区、市直有关部门及重点企业签订环保目标责任书、污染减排目标责任书,将环境保护工作纳入效能目标进行考核。编制完成《中卫市集中式饮用水源地环境保护专项行动方案》《中卫市水污染防治2018年总体实施方案》《中卫市重点监测站点三公里污染源排查方案》和《清水河中卫过境段水污染防治实施方案》。 (贾美玲)

【建设项目环境管理】 把建设项目环境管理作为控制新污染源重要手段,严把建设项目审批准入门槛。严格执行五个不批:对不符合国家产业政策和环境法律法规项目一律不批;选址、选线与规划不符,布局不合理的项目一律不批;对饮用水源保护区等环境敏感地区产生重大不利影响,群众反应强烈项目一律不批;在超过污染物总量控制指标、生态破坏严重建设项目一律不批;对达不到国家排放标准项目一律不批。对化工类企业实行更加严格准入门槛,对一般类项目分门别类,缩短审批时限,加快审批流程。全市共审批批复各类建设项目781个,其中报告书项目26个、报告表项目186个、登记表项目569个。沙坡头区共审批项目242（报告书13、报告表93、备案表136）；中宁县共审批项目337个（报告书10、报告表56、备案表271）；海原县共审批项目202个（报告书3个、报告表37个、备案表162个）。对不符合国家产业政策或选址不合理项目不予批复。 （贾美玲）

【主要污染物总量减排】 2018年，自治区下达水减排项目5个，其中，新建项目3个，提标改造项目1个，工业园区污水集中处理设施新建项目1个，5个项目均完成环保竣工验收，完成率达100%；下达大气减排项目12个，其中，二氧化硫治理项目6个，氮氧化物治理项目6个，12个项目均完成，完成率达100%；同时完成自治区下达重点大气治理项目31个，淘汰燃煤锅炉249台。 （贾美玲）

【排污许可制度】 按照国家排污许可有关规定，组织排污单位开展排污申报和排污审核。严格执行环保部《排污许可证管理暂行规定》，按照《控制污染物排放许可制实施方案》"核发一个行业，清理一个行业，达标一个行业，规范一个行业"的要求，开展全国统一编码排污许可证核发工作。根据环保部发布的《固定污染源排污许可分类管理名录》（2018版），2018年，全国对淀粉工业、屠宰及肉类加工行业、陶瓷制品制造工业、石化行业、钢铁行业、有色冶炼行业6个重点行业在《排污许可信息管理系统》填报排污许可证，到2018年12月7日线上办理排污许可证企业共计23家。不属于重点行业的其他行业实行线下办理，并填报排污许可证排污许可证申请表，通过环评报告、验收报告进行校核、核算排污许可量，共办理线下排污许可证36家，其中临时排污许可证5家。 （贾美玲）

【水污染防治】 自治区交办中卫市20项水污染防治重点任务，年内完成19项（加油站油罐更新改造1项未完成）；下达中卫市6个水污染防治重点项目完成4个（一排因土地问题无法实施，九排因项目变更延期实施）。一是认真落实"河长制"，督促沙坡头区对沙坡头第一、三、四排水沟沿岸直接排污的畜禽养殖场进行专项整治，扎实推进规模养殖场畜禽粪污治理设施改造工作，排查取缔"九小"企业，开展农村污水收集处理项目建设。二是实施工业和城乡水污染治理，建成中卫工业园区中水回用项目并启动运行；中卫第四污水处理厂完成调试；中宁第三污水处理厂新建项目建成并进水调试；中宁第一污水处理厂地表准Ⅳ类提标工程完成招标；中宁工业园区中水回用项目完成重点企业管网铺设。三是沙坡头区、中宁县完成城市集中式饮用水源地保护区标志设置工作；海原县老城区水源地和南坪水库水源地规范化建设完成招标。四是实施入黄排水沟综合整治，共排查工业园区、企业直接入沟排污口14个，取缔关停6个，整顿达标8个。五是制订印发《中卫市2018年水污染防治行动计划工作方案》《清水河中卫过境段水污染防治实施方案》等，建立工作台账，每月上报《水污染防治工作信息》《水污染防治重点任务进展情况表》。 （贾美玲）

【大气污染防治】 自治区交办中卫市的20项大气污染防治任务年内完成19项（剩余"散乱污"企业清零工作年内推进），下达中卫市的31个重点大气治理项目全部完成。一是加大对涉气企业（单位）执法检查力度，共检查涉气企业（单位）320余家，出动执法人员900余人次，立案查处44起，处罚金额人民币512万余元。二是制订印发《关于进一步加强工业园区环境保护工作的意见》《中卫市工业企业污染物处理设施提升改造实施方案》，加快实施污染治理设施升级改造任务，推进落实污染治理设施全封闭处理措施。三是成立3个大气污染防治执法检查工作组，按照《中卫市秋冬季大气污染防治攻坚行动方案》《2018—2019年冬季大气污染防治执法检查实施方案》，开展工业企业堆场、建筑工地、裸露堆土、秸秆焚烧等执法检查，将检查发现问题以函或通知形式转交县区或市直相关部门进行整改。四是按照《中卫市燃煤锅炉拆除改造专项资金补助办法》《中宁县城市建成区外行政事业单位燃煤锅炉拆除淘汰"双替代"供暖工作实施方案》等，对工业企业（单位）大气污染防治工作予以支持。 （贾美玲）

【固体废物治理】 督促企业落实网上申报工作，实行电子转移联电制，在微信工作群中指导企业线上填报线下落实，基本实现"不见面"服务。危险废物转移排查企业18家，排查核实生态环境部卫星中心遥感黄河沿岸固体废物非法倾倒点位76个，梳理沙坡头区17所学校储存有377种废弃危险化学品。2018年，受理26家危险废物转移申请，共转移危废量18986.291吨。 （贾美玲）

【噪声污染治理】 市域内县区要求声环境功能区划定与调整。工业企业噪声源均采取减振隔声措施，城市交通主要干线划定大型车辆禁行区，主要交通要道设置禁鸣区，针对KTV等文化娱乐场所和商业经营中使用的音响设备等扰民噪声，加大整治力度：一是禁止在居民区、文教区、医疗区等噪声敏感区域内设立KTV等文化娱乐场所；二是要求城区部分娱乐场安装双层隔音玻璃，严格控制声源音量，并严格控制营业时间；三是加大巡查监管力度，杜绝商业广告音响扰民问题，取缔流动商贩利用扩音器招揽生意，减少社会生活噪声污染；四是中高考期间加强城市噪声监管，在考点周围加大巡查力度，设置噪声监测点位，为考生营造安静舒适的考试环境。（贾美玲）

【城乡饮用水源地环境保护】 从"划、立、治"三个方面进行整治，建立问题清单，制定整改方案。市域内4个水源地均进行保护区的划分，取得自治区人民政府的批复。沙坡头区和中宁县康滩城市集中饮用水水源地完成界碑、界桩、取水井围网、交通警示牌、宣传牌的建设，中宁县启动视频监控设施的安装，海原县老城区饮用水水源地和南坪水库启动规范化建设。全市水源地共排查出69个问题，其中，沙坡头区32个，完成29个，整改率达90.6%；中宁县9个，完成8个，整改率达88.9%；海原县28个，完成整改23个，整改率达82.1%。 （贾美玲）

【中央环保督察反馈问题整改】 一是加快推进中央第八环保督察组反馈问题整改。全市2018年需完成的5项整改任务全部完成。二是持续做好中央环保督察组"回头看"期间转办件办理。所有转办件均完成调查处理、答复反馈、办结销号工作，其中135件整改到位。转办件边督边改过程中，全市立案处罚企业33家，罚款339.975万元；关停取缔18家，停产整治32家，限期整改60家，查封扣押2家；立案侦查1人。三是高效落实中央环保督察组中卫专项组反馈问题整改。中卫专项工作组反馈的17家企业30个问题，13家企业26个问题完成整改验收。 （贾美玲）

【"绿盾"自然保护区清理整治】 沙坡头国家级自然保护区中央第八环保督察组反馈的53处点位，环保部遥感监测35处点位，年内全部整改；环保部遥感监测重点督察35个区域涉及45处点位完成整改43处；"绿盾2017"专项行动146处点位完成整改137处；"绿盾2018"专项行动15处点位，全部整改完成。南华山国家级自然保护区60处点位，完成整改59处；列入"绿盾2018"专项行动点位62处，均为未实施生态恢复措施的风电项目，年内完成植被恢复。 （贾美玲）

【环境监测】 一是完成环境质量监测任务，定期开展环境质量信息公开。对黄河下河沿、清水河泉眼山、中卫香山湖3个国控断面（点位），第一排水沟、第四排水沟、中宁县北河子沟3个区控断面（点位）开展监测40次，取得有效监测数据1472个，形成监测报告40余份。二是开展国控、省控重点监控企业污染源监测。共监测50家企业，形成监测报告50份，在线比对监测共监测49家企业，形成监测报告49份。三是在做好6条责任水体水质监测工作的同时，配合河长办及相关河长完成其责任水体水质监测工作。四是完成清水河泉眼山断面、中卫香山湖水质自动站建设及调试，与第三方交接。五是开展老明盛周边、华御、蓝丰观测井水质跟踪监测。六是开展农村环境质量监测及结果上报工作。七是强化环境质量信息发布。通过中卫电视台向广大市民播报环境空气质量状况365期；在中卫日报发布水质状况52期；编印环境质量月报12期、半年报1期、编印环境质量报告书及环境状况公报。
 （贾美玲）

【环境执法】 一是加大环境执法力度，2018年共检查各类污染源800余家次，出动监察执法人员1700余人次，对存在环境违法行为企业立案查处133起，下达行政处罚决定书134份，罚款人民币1325.8万余元。二是开展全市建设项目环境保护"三同时"专项执法检查行动，对2015年至2018年审批建设项目环评制度和"三同时"制度执行情况进行全面检查。三是加强环境信访管理工作，共受理各类信访案件284件，群众投诉办理答复率达100%。四是开展全市重点排污单位专项检查行动，共检查企业70家，下发督办通知单5份、转办环保问题整改的函2份、整改通知13份。 （贾美玲）

【全国第二次污染源普查】 对照普查时点、对象、范围、内容，缜密部署，精心组织，狠抓落实，各阶段工作进展顺利。一是组建形成市、县（区）两级普查组织网络。二是组织选聘"两员"292人，组织开展培训8次。三是安排部署清查工作任务，纳入普查的调查对象1588个。四是组织开展1次重点工作督查、3次清查工作质量核查，并将检查情况及时反馈，保障各类普查数据质量。五是编写简报信息8篇，上报专报9期，累计悬挂条幅54条，制作宣传展板3块，发放公开信4800份，推动普查工作顺利开展。（贾美玲）

【全面从严治党】 一是落实"一岗双责"，层层签订责任书，建立党组书记抓党建责任清单、党支部书记抓党建责任清单、机关共产党员任务清单和机关共产党员负面清单。二是开展党建问题"大扫除"组织生活会，召开党员大会5次、支部委员会12次、讲党课4次，开展"4+X"支部主题党日活动12次。三是组织党组中心组学习13次，干部理论学习34次，十九大知识测试3次，慰问杨堡村困难党员群众15名，发放慰

问金3000元,联系爱心企业捐资50万元,捐赠电动垃圾收集车12辆。　　　　　　　　（贾美玲）

【干部队伍人才建设】　参加环保部、自治区环保厅和专业机构组织的各种环保业务培训,培养适应环保工作新形势发展需要人才。配合环保部抽调干部参加"水源地专项整治行动""清废行动2018""津京冀大气污染防治"等各类交叉执法检查10余人次。采取"以老带新""以上带下"等方式,打造环境监测监察"专、精、尖"人才队伍,具有本科及以上学历的人才比例占到83.3%,专业技术人才中具有初级以上职称的比例占到86.6%,环境执法人员持证率达到92.3%,环境监测人员持证上岗率达到100%。　（贾美玲）

【环保宣传】　"6·5"环境日,联合沙管局、环保社会公益组织等在红太阳广场共同开展宣传咨询及"美丽中国,我是行动者"承诺签名活动,在文化广场举办环保主题文艺晚会,激发公众参与环保、支持环保的社会意识。邀请市部分党代表、人大代表、政协委员、环保监督员、新闻记者、乡镇群众代表和部分企业代表近70人参加机关开放日。深入海原县李旺镇杨堡村开展"让机关干部走出来"主题党日活动,环保宣传进基层、进农村,夯实环保工作的民意基础。在中国环境报刊登《实施生态立市战略　全面建设美丽中卫》专版,在宁夏电视台播放中卫生态环境保护专题报道,在宁夏日报刊登《一方碧水映蓝天》环保宣传专版,引导社会舆论,扭转中卫市环境保护舆论的被动局面,环保宣传工作取得显著成效。　　　（贾美玲）

沙坡头国家级自然保护区

【概况】　宁夏中卫沙坡头国家级自然保护区(以下简称保护区)始建于1984年,1994年升格为国家级自然保护区。保护区地处腾格里沙漠东南缘,中卫市城区西部,总面积14044.34公顷,其中,核心区面积3962.15公顷,缓冲区面积5448.49公顷,实验区面积4633.70公顷。是亚洲中部和西北黄土高原植物区系的交汇地带,以及草原向荒漠过渡地带,我国最早建立的7个荒漠生态系统类型的自然保护区之一,也是我国北方干旱地区保持较大面积的典型人工与自然结合的荒漠生态系统,主要保护天然沙生植被和人工治沙成果,在维护地区生态平衡、保护沙漠绿洲和包兰铁路畅通等方面具有十分重要的作用。保护区具有广泛的区域代表性和地域分界特点,在自然地理、农业区划以及全球气候变化的研究中具有特殊的地位。保护区属典型的大陆性干旱气候,自然地理环境独特,荒漠物种资源丰富,共有种子植物84科260属485种,其中,国家珍稀植物有沙冬青和半日花,我国特有属植物百花蒿,阿拉善地区特有植物阿拉善碱蓬和宽叶水柏枝等;保护区有脊椎动物5纲27目66科230种,有国家Ⅰ级重点保护动物黑鹳和金雕等5种,国家Ⅱ级重点保护动物鸢、大鵟、白尾鹞、鹗、红隼、灰背隼、大天鹅、纵纹腹小鸮、鹏鸮、长耳鸮、短耳鸮、灰鹤、蓑羽鹤、白琵鹭、荒漠猫、猞猁、鹅喉羚和岩羊等21种,昆虫16目173科812种。这里不仅以"大漠孤烟直,长河落日圆"和沙坡鸣钟的独特自然景观驰名中外,而且以麦草方格为措施的"五带一体"固沙防护林工程的治沙成果享誉中外,被称为"世界奇迹"。
　　　　　　　　　　　　　　　（郝丽波）

【执法管理】　一是配合中卫市政府组织开展"绿盾2017"国家级自然保护区监督检查专项行动"回头看"和"绿盾2018"国家级自然保护区监督检查专项行动。2018年共巡护103次,对"绿盾2017"专项行动279处人类活动点位进行再排查,划分片区,拉网式跟踪整改进展及生态恢复效果,逐一核查点位整改进度、生态恢复和存在问题。截至10月底,整改完成率为94.6%,销号率为93.6%。"绿盾2018"专项行动人类活动点位全部整改完成。二是完成保护区界线范围勘界定标工作。按照《中华人民共和国自然保护区条例》《宁夏回族自治区自然保护区管理办法》等有关法律法规规定及中央环境保护督察、国家"绿盾"自然保护区监督检查专项行动相关要求,组织相关技术单位开展保护区勘界工作,形成勘界报告,勘界结果经所在市、县(区)人民政府和自治区有关部门审核确认,并经自治区人民政府研究同意正式发布。在此基础上,埋设保护区界碑(桩)195块、缓冲区界桩110块、核心区界桩160块、功能区标示碑24块,更加明确保护区范围和功能区界线。三是做好中央环保督察"回头看"迎检工作。中央第二环境保护督察组对宁夏开展"回头看"期间,积极配合中央环保督察"回头看"工作。对照中央环境保护督察组调阅资料明细,整理提供调阅资料,对调阅的200余份资料归档、整理、装订、移交,并积极配合相关部门落实整改中央第二环境保护督察组指出的问题。四是开展保护地大检查工作。制订《沙坡头国家级自然保护区大检查实施方案》,对大检查工作做出安排部署。全面梳理摸底。对违法违规问题整改进展情况、处理情况,保护地现状数据,管理机构情况,原住民生产生活状况,保护地确界立标情况,违法违规侵占自然保护地的土地活动情况,各类保护地交叉重叠情况进行全面梳理。五是组织开展保护区生态红线划定试点工作。摸清生态本底,提出生态保护红线重点任务。开展生态保护红线的基础信息、生态环境状况、生态系统服务功能等调查,进一步摸清保护区自然地理和自然资源状况以及生态系统类型和环境质量情况,在全面分析保护区生态环境的现状、特征、存在的问题及成因的基础上,初步提出生态保护红线管控措施和主要生态问题与对策建议,确保生态功能不降低、面积不减少、性质不改变,维护本区域生态安全,促进环境、人口及经济社会协调可持续发展。摸清保护区人类活动与土地权属情况,为保护区规范化管理和红线管控提供科学依据。通过遥感卫星影像和无人机航空摄影方法,开展高分辨率全覆盖的人类活动地表分类调查,摸清沙坡头国家级自然保护区内人类生态、生活、生产的空间分布状况,及时掌握保护区内各类因子面积、类型、形态、权属和经营单位等信息。年内完成保护区人类活动、生态系统类型、土地权属调查主体工作,并建立沙坡头国家级自然保护区人类活动与土地权属本底数据库,为今后保护区生态系统的评估修复和管控措施的制定提供基础本底数据。开展生态保护红线勘界定标工作,实现生态保护红线区域严格保护和长效监管。根据已经划定的确定沙坡头国家级自然保护区生态保护红线范围、已有勘界数据、高分辨率遥感影像等资料,依据国家和地方制定的相关技术标准以及本次制定的《指南》试行,采用3S高新技术手段,开展生态保护红线勘界定标试点工作,通过实地勘查、测绘、核准拐点坐标,勘定精确界线,并对生态保护红线区域进行面积统计、汇总和分析,建立和完善生态保护红线区勘界定标结果登记表等资料,建立勘界定标数据库,做到"图上有点、地上有标、信息入库",为生态保护红线区域的严格保护和长效监管提供基础资料。六是严格执行防火巡查制度,加大对美利林业速生林区、市林场防沙林区、固沙林场五带一体防护林、宁夏环保生态示范基地老林区等重点地段和重点火险风险区的巡查密度,认真落实节假日领导带班值班及24小时值班制度和火灾信息报告制度,"清明""五一""十一"期间严格部署防火工作,全年保护区内未发生森林火灾。

(郝丽波)

【保护区科研】 一是完成《沙坡头国家级自然保护区第三期综合科学考察》工作。结合遥感测绘和地理信息技术,系统调查沙坡头自然保护区自然地理环境、生物多样性资源、社会经济状况和威胁因素等基本情况,摸清近10年来保护区基础自然要素情况,掌握保护区内动植物尤其是主要保护对象的种类、分布、数量的消长变化规律以及人类活动对其干扰影响的大小和程度。完成动植物标本制作、综合科学考察报告编制、科考成果图册绘制等工作,为保护区今后10年内的决策、管理和发展提供完整、准确的参考依据。二是完成《特色沙生植物种筛选、抗逆性评价及培育技术集成与示范》与《宁夏中卫绿洲边缘植被恢复与生态资源开发技术集成示范项目》2个项目,通过考核验收。三是开展生态环境监测。对保护区内的野生动物种群、数量、影像资料进行调查采集,丰富保护区生物多样性基础数据。四是完成自然保护区生态红线基础调查及生态保护规划。

(郝丽波)

【科普宣传】 为营造人人参与环境保护、共建生态文明社会良好氛围,举办形式多样、内容丰富科普宣传活动。一是认真开展系列科普宣教活动,取得良好效果。结合"6·5"世界环境日、"国际生物多样性日""全国科普日"等环保纪念日,开展环保科普进广场、进社区、进学校、进乡村等活动,通过悬挂宣传横幅、免费发放宣传资料等形式,向社会公众面对面宣传普及习近平生态文明建设思想。全年共展出宣传展板40余板次,编辑公益短信发送500余条,发放宣传资料3000余份,受众达5000余人次。二是组织开展环保科普实践教学活动。分别于5月10日与7月11日,组织北京市东四九条小学及北京清华附中师生2批次200余人到沙坡头国家环保科普基地开展"绿色生态综合实践"活动,教会师生们如何扎设麦草方格,使其真正理解自然生态保护重要意义,用实际行动传达"绿水青山就是金山银山"真理。三是坚守传统宣传阵地,切实加强保护区社区的生态保护宣传教育。在保护区夹道村、黑林村、沙坡头村、鸣沙村等8个村设立宣传栏14个。在保护区荒草湖、马场湖、高墩湖、小湖等地制作安装各类宣传警示牌76块,宣传保护区相关法律法规和基本情况。四是创新环保科普宣传方式。充分利用网络、微信公众号等新媒体平台,做好自然保护区法律法规、生态文明建设、习近平生态文明思想等宣传教育活动,保护区网站访问量超过15000人次,全年微信发布信息共计50余条,新增关注100余人,浏览量1800人次。

(郝丽波)

商贸流通

综 述

【概况】 全市各类商贸流通服务业22126家,其中,批发业4643家,零售业5429家,住宿业204家,餐饮业275家,物流业686家,电商规上企业32家,典当拍卖10家、加油站119家、二手车交易市场10家,其他各类个体商户10750家,从业人员达6.9万余人,现有快递品牌18个、网点97个,快递从业人员585人。年内,实现全市社会消费品零售总额74.23亿元,同比增长4.9%,服务业对全市经济增长贡献率达到66%。

(李 芳)

【商贸流通体系建设】 积极争取自治区商务厅项目资金扶持,加速中卫市商贸流通业发展。一是依托农村电商筑梦计划项目,建成中卫市兴仁镇杞源家庭农场、宁夏丝路果礼电子商务有限公司、宁夏杞乡一品商贸有限公司、宁夏金彤枸杞生物制品有限公司和中卫市卫宁果品产销专业合作社5家电商企业。二是建成宁夏荣盛商业连锁股份有限公司"应理新社区便利店"及中宁县爱家商贸有限公司"金岸骄子社区便利店"两个"51015社区商业"。三是打造中卫四季鲜农产品综合批发市场与沙坡头水镇两条"51015特色商业街区"。四是建成宁夏荣盛商业连锁股份有限公司"宜居家园"店、宁夏爱家连锁超市有限公司"爱家正丰店"、中宁县爱家商贸有限公司"枸杞西苑店"3个"菜篮子"超市。五是建成中卫市祥龙瓜菜流通专业合作社、宁夏神聚农业科技开发有限公司、宁夏众力冷链物流有限公司及宁夏海原四季鲜现代农业发展有限公司4个农产品冷链物流体系。 (李 芳)

【电子商务发展】 一是打造电商服务平台。支持中宁县、海原县分别建成集产品展示、公共服务、培训孵化、乡村站点综合服务等功能于一体电子商务孵化中心,入驻电商企业45家,建成村级电商服务点174个,初步建成市、县、村三级电商公共服务体系,基本实现覆盖农村的电子商务服务和电商培训。二是开展电商促消费活动。2018枸杞产业博览会充分利用"互联网+"优势,借助阿里、京东、腾讯、网易等互联网平台,开展线下展示、线上同步直播和网红宣传等,切实壮大全市电商促销费发展,据不完全统计,上半年线上枸杞销售额达9.8亿元。海原县采取"电商+扶贫"模式,引导当地企业依托马铃薯、小杂粮等特色产业建立电商平台,通过线上线下协同发展,解决当地优质农产品买不到、卖不掉问题。 (李 芳)

【重要产品追溯体系建设】 大力实施质量品牌战略,按追溯标准规范,建立企业端追溯体系和公共平台,实现与国家平台无缝对接。围绕中卫优势产业,建立枸杞、硒砂瓜、果品、肉类、粮油为重点的中卫市重要产品追溯体系,全面提升中卫市优势特色农产品质量安全水平和品牌影响力。全市共有16家追溯体系实施企业,年内,8家企业上线运营,8家进入安装调试阶段。 (李 芳)

【商贸领域特种行业管理】 一是安全生产常抓不懈。年内,为确保商贸领域安全发展,市局安全生产领导小组围绕重大节假日,按照"全覆盖,一个不落"要求,开展安全生产检查。结合"百日安全"专项整治行动、安全生产风险分级分类评定工作以及网格化建设全面开展商贸领域安全生产专项整治工作,确保商贸领域形势一片大好。二是规范二手车交易市场。为进一步规范全市二手车流通行业的经营行为,促进全市二手车行业健康发展,在市委、市政府支持下,市局联合相关部门对市城区内场外交易、"马路市场""停车市场"、占道经营等违规行为开展清理整治工作,城区3家合格二手车交易市场正常营业,二手车交易手续全部进入市场办理,所有二手车交易市场外交易窗口全部关闭。三是落实环保整治工作。按照"蓝天碧水，绿色城乡"环保整治要求，拆除位于自然保护区与水源地5座加油站，完成全市119座加油站站油气回收改造工作。倒排工期，加快推进成品油经营企业双层罐防渗改造进度，全年，502个油罐双层罐改造完成率达70.4%，居全区首位。 （李　芳）

【促消费活动】　为拉动区域经济发展，发挥消费对经济增长的基础性促进作用，提高商贸实体企业经营活力，采取"政府搭台、企业唱戏、媒体助力、百姓得实惠"模式，举办2018年中卫市春节年货大集、2018年中宁县年货大集、中卫市2018年〈第八届〉元宵美食节及2018年中卫市城市购物节活动，通过促销费活动的举办，大力促进服务消费、品质消费、时尚消费，进一步促进、拉动区域经济发展。 （李　芳）

招商引资

【概况】　全年招商引资项目100个，实际到位资金134亿元，其中，沙坡头区实际到位资金7.32亿元；中宁县实际到位资金57.03亿元；海原县实际到位资金10.03亿元；海兴开发区实际到位资金0.39亿元。
（李　芳）

【招商措施】　一是狠抓机制建设，提升服务保障能力。讨论制定《中卫市招商引资工作绩效考核办法》和《中卫市招商引资奖励办法》，建立招商引资工作奖励机制，调动县（区）及市直各部门、社会各界参与招商引资工作积极性，形成大招商、招大商体制机制；讨论制定《中卫市本级党政机关商务接待管理办法》，建立招商引资工作保障机制，鼓励、支持各县（区）、各部门积极外出开展招商活动。二是狠抓组织领导，开展专题招商。成立由市委书记任组长的招商引资工作领导小组，组建"9+3"产业专题招商小组，围绕全域旅游、军民融合、现代物流等主导产业，延伸产业链精准招商。年内各产业招商小组共组织外出开展招商引资活动128次，走访企业253家，邀请客商到中卫市考察183批次。三是狠抓宣传推介，开展节会招商。借力各类经济会展，积极推介中卫，打造城市名片。组团先后参加宁夏代表团赴山东天津河北经贸洽谈活动、上海国际进口博览会、第三届宁商大会等15个经贸洽谈会。举办"云天大会"、中卫市军民融合产业研讨暨招商推介会、云天中卫（北京）招商推介会、云计算产业（杭州）推介会、2018环球旅游小姐世界总决赛、中宁枸杞文化节等10个节会。组织82家企业参加德国科隆、海峡两岸食品展等16个国际展会。编印1.7万余册宣传材料，建立中卫招商微信公众平台，更新招商引资PPT，电视台、网站、云端中卫等媒体滚动报道招商动态，全方位推介中卫、对外宣传招商。四是狠抓督查协调，推进任务落实。加强督查调度。实行"一月一调度、一月一督查"，紧盯目标任务，先后5次督查县（区）和市直各部门招商引资目标任务完成及重大项目推进情况，8次向市委、市政府领导专题汇报项目建设推进情况，市委、市政府领导先后7次召开专题办公会议，研究协调项目选址、规划设计等问题。组织专人对宁夏森沃农业科技有限公司等8家企业认定招商引资企业，使企业享受招商引资优惠政策。
（李　芳）

对外经济贸易

【企业对外投资】　一是宁夏香岩产业集团澳大利亚养殖基地项目。香岩集团于2016年在澳大利亚昆士兰州投资成立澳大利亚润泽农牧业发展公司，购买占地11万亩的两个天然牧场，作为肉牛繁殖、育肥、引进良种基地。二是宁夏红枸杞产业集团法国酒庄项目。宁夏红集团于2013年，收购法国波尔多地区最大、最古老大幕爱酒庄，实现走出国门、跨国经营之路，并以此搭建起与国际顶级市场信息交流和资源共享桥梁。一方面通过引进法国先进的酿造技术和管理经验提升宁夏红枸杞果酒的品位，另一方面借此平台打开欧洲市场，把宁夏枸杞产品源源不断地销往欧洲。三是中卫市银阳新能源有限公司伊朗光伏电站项目。2018年2月25日，中卫市银阳新能源有限公司与伊朗海陆能源重工有限公司签订1000兆瓦光伏项目合作协议。中卫市银阳新能源公司与伊朗海陆能源重工公司达成战略合作关系，在伊朗投资建设1000兆瓦光伏发电站及光伏组件生产厂，先期在伊朗赞江省建设500兆瓦。四是宁夏天元锰业集团收购澳大利亚联合矿业股权和资产项目。2016年，天元锰业与澳大利亚联合矿业CML公司正式签约，收购CML所有股权和资产。澳大利亚联合矿业CML公司是一家主流锰矿生产商，在澳大利亚和加纳拥有锰含量较高的高品位矿山。
（李　芳）

【外贸企业】　全市共有自主经营权进出口企业36家。年内，实现外贸进出口额21.3亿元，其中，进口额8.42亿元，出口额12.8亿元。宁夏天元锰业集团有限公司、宁夏紫光天化蛋氨酸有限责任公司、宁夏顺元堂汉方生物科技有限公司3家企业为中卫市重点进出口企业。3家企业进口产品主要为锰矿、铬矿等，进口产品主要来自南非、加纳、巴基斯坦等国家。出口产品主要为电解金属锰、蛋氨酸、枸杞、中药材等，主要出口欧洲、日本、韩国、澳大利亚等国家以及中国台湾。

（李 芳）

【外商投资企业】 外商企业投资领域主要包含云计算数据中心、旅游、新材料、农业、能源、基础设施等。年内，中卫市外商投资企业投资总额25.02亿美元，注册资本18.79亿美元，2018年实际利用外资1.01亿美元。全市共有外商投资企业20家。以企业类型划分：独资企业12家（亚马逊宁云技术服务（宁夏）有限公司、中卫易高清洁能源有限公司、中卫北控水务有限公司、宁夏顺元堂汉方生物科技有限公司、宁夏杞都枸杞制品有限公司、宁夏北方生物科技有限公司、宁夏隆腾农业高科有限公司、中卫海兴易高清洁能源有限公司、宁夏怀德实业发展有限公司、宁夏华夏环保资源综合利用有限公司、宁夏天元发电有限公司、华润风电（海原）有限公司）；中外合资企业8家（港中旅（宁夏）沙坡头索道游乐有限公司、港中旅（宁夏）沙坡头旅游景区有限责任公司、北控城市服务（中宁）有限公司、新世纪（中卫市）云丰宾馆有限公司、宁夏中煤沃德新能源有限责任公司、宁夏源自然生物科技有限公司、宁夏华夏特钢有限公司、宁夏宝瑞新能源发展有限公司）。以产业区划分：第一产业2家（宁夏隆腾农业高科有限公司、宁夏源自然生物科技有限公司），第二产业12家（中卫易高清洁能源有限公司、宁夏顺元堂汉方生物科技有限公司、宁夏杞都枸杞制品有限公司、宁夏北方生物科技有限公司、中卫海兴易高清洁能源有限公司、宁夏怀德实业发展有限公司、宁夏华夏环保资源综合利用有限公司、宁夏天元发电有限公司、华润风电（海原）有限公司、宁夏中煤沃德新能源有限责任公司、宁夏华夏特钢有限公司、宁夏宝瑞新能源发展有限公司），第三产业6家（亚马逊宁云技术服务（宁夏）有限公司、中卫北控水务有限公司、港中旅（宁夏）沙坡头索道游乐有限公司、港中旅（宁夏）沙坡头旅游景区有限责任公司、北控城市服务（中宁）有限公司、新世纪（中卫市）云丰宾馆有限公司）。以投资总额划分：1亿美元以上企业3家（亚马逊宁云技术服务（宁夏）有限公司、宁夏华夏特钢有限公司、华润风电（海原）有限公司），5000万美元至1亿美元之间2家（宁夏北方生物科技有限公司、港中旅（宁夏）沙坡头旅游景区有限责任公司），5000万美元以下15家。以投资者国别划分：美国1家（亚马逊宁云技术服务（宁夏）有限公司），萨摩亚1家（宁夏顺元堂汉方生物科技有限公司），英属维尔京群岛2家（宁夏杞都枸杞制品有限公司、新世纪（中卫市）云丰宾馆有限公司），开曼群岛1家（宁夏北方生物科技有限公司），台湾1家（宁夏源自然生物科技有限公司），香港14家。

（李 芳）

供销合作

【概况】 市供销合作社2017年4月13日按事业法人单位注册登记，单位人员无编制。市社机关内设办公室、资产管理科两个职能科室，在岗人员9人（其中两名公务员，其余自收自支）；离退休职工172人，其中离休两人，退休职工170人。有1个全资公司（中卫市供销社资产经营管理有限公司），3个参股企业（中卫市香山硒砂瓜批发市场、宁夏兴拓现代农业发展有限公司、宁夏中卫四季鲜市场建设开发有限公司），3个出租酒店（卓越酒店、西部酒店、安泰酒店），6个基层供销社（西园、柔远、镇罗、永康、宣和、兴仁）。社有账面资产总额3580.48万元，所有者权益3115.28万元。2018年，全年完成商品销售46899.73万元，同比增长0.74%；实现利润47.21万元，同比增长4%；资产总额3580.48万元，所有者权益3115.28万元；争取财政项目资金924万元。2018年中卫市供销合作社在全区供销系统效能目标考核中获得二等奖。

（施江波）

【供销社综合改革】 按照市委、市政府《关于深化市供销合作社综合改革的实施方案》文件精神，完成市社机关按事业法人单位登记注册；制定社有资产监督管理委员会工作规则，组建社有资产经营管理公司；新建和改造3个基层供销合作社并按企业法人登记注册；建设1个市级现代农业综合服务中心和2个乡（镇）级现代农业服务中心。 （施江波）

【农业社会化服务】 一是发展农资连锁配送经营网络。建成市、乡（镇）级农资配送中心5家，村级服务网点103个，基本形成市（区）、乡（镇）、村三级贯通的农资服务网络体系。2018年销售各类化肥5.5万吨。二是推动"三位一体"综合业务发展。在沙坡头区组织现代农业服务中心、基层供销社、专业合作社开展土地托管、测土配肥、农机作业、粮食银行、农产品加工销售、冷链物流、技术培训等生产、供销、信用服务，2018年实现土地托管面积1.1万亩。三是提升农产品流通能力。指导入股的中卫四季鲜市场开发有限公司,联合农民专业合作社、农产品经纪人参与农产品流通工作。2018年,销售大宗农副产品20余万吨,交易额达18.9亿元以上。以中卫四季鲜市场为抓手,在市区托管5个公益性便民市场,为丰富群众菜篮子、米袋子、果盘子作出贡献。以创建文明卫生城市为契机,为改善、优化经营服务环境,改造建设特色商业街区。四是积极参与农村电子商务工作。在柔远现代农业综合服务中心搭建电商平台,开展枸杞、大枣、大米、玉米等农产品和农资商品网上销售工作。五是加强农产品经纪人培训工作。选拔一批优秀农产品经纪人参加自治区供销合作社举办的高级农产品经纪人培训班。并组织社属企业、基层供销社、专业合作社培训农产品经纪人及农民1200余人次。 （施江波）

【"两个体系"建设】 一是加快基层社改造提升。促进开放办社与新型农业经营主体融合发展,采取"联合式""嫁接式"的方式,吸纳专业合作社、涉农企业入社,组建柔远供销合作社;联合中卫市兴拓公司、宁夏荣盛商业连锁股份有限公司投资1000余万元对宣和、永康供销合作社进行改造升级。新建的5000平方米的仓储设施、3000余平方米的商业网点和1800平方米的商场建成并投入使用,为群众提供物美价廉、质量安全日用消费品,并开展收购当地农产品服务。二是加强现代农业服务中心建设力度。按照"产业型、区域型、综合型"标准,在柔远镇建设市级现代农业综合服务中心和农资配送中心,将宣和、永康供销合作社改造成乡(镇)级现代农业服务中心,通过建设综合服务平台,为农民提供系列化服务。 （施江波）

【遗留问题化解】 化解农商行与华融公司债务;在自治区供销合作社协调下,争取解决地方政策性财务挂账资金216万元,与长城公司商洽,通过竞标方式妥善解决银行债务。 （施江波）

【项目争取】 争取中央及自治区农发项目资金924万元,实施2018年宁夏中卫市沙坡头区8000亩水稻土地托管新建项目,其中建设加工厂房、成品库等8800平方米,购置加工设备500余万元,购置大型农用机械4台,托管土地8000亩,种植水稻近1000亩。扶持社属企业、专业合作社发展,有效发挥项目支撑作用。 （施江波）

粮 食

【概况】 中卫市粮食局为自治区粮食局直属正处级机构,内设办公室、综合业务科、监督检查科3个科级机构。下设中卫市粮油产品质量监督检验站,为全额拨款事业单位。2018年,围绕全市粮食流通工作要点和市委、市政府中心工作,以全面落实粮食安全省长责任制为抓手,以"抓调控、促产业、提品质、惠民生、强党建、助发展"为目标,科学谋划,真抓实干,在落实粮食安全省长责任制、加快国有企业改革与发展、推进粮食产业经济发展、加强和完善粮食宏观调控、强化执法监管和质检能力建设、提升社会化服务水平、全面加强从严治党等方面呈现新亮点,取得新成绩。 （刘 艳）

【粮食安全省长责任制】 坚持目标导向和问题导向,突出粮食播种面积与产量、耕地保护与管理、地方粮油储备、应急保障体系建设等影响中卫市粮食安全的"短板",梳理责任清单,强化问题整改。通过自查评分、部门评审、现场考核3个环节,着力抓好全市11个成员单位和县区粮食安全省长责任制的落实与考核工作,考核名次连续两年保持全区第三。 （刘 艳）

【粮食企业改革与发展】 完成市正达粮油购销有限公司与银丰米业混合所有制改革。市正达粮油购销有限公司与银丰米业联合投资100多万元,采取国有企业锁定利润、民营企业自主经营的合作模式,新上日产30吨石磨面粉加工成套设备项目。9月份安装调试,12月份投入生产。推进军供企业整合发展。采取"以合代撤"资源重组的形式,平稳推进中卫市、中宁县军供站业务、人员的整合,完成军供企业整合发展。 （刘 艳）

【粮食产业经济转型升级】 联营建成石磨面粉生产线和大米生产线各一条。申报粮食产后服务中心6家,争取总投资2047万元。极推进粮食产业经济发展,指导万齐等企业推进"公司+基地+合作社+农户""企业+基地+农户托管""企业+加工厨房+商超销售"等形式多样的发展模式。为万齐年产5万吨优质大米品质提升项目争取自治区粮食产业化项目资金16.5万元,并完成项目验收工作。"万齐"牌大米和"大夏雪"牌面粉荣获2017年度宁夏名牌产品。 （刘 艳）

【粮食信息预警监测】 制定《中卫市粮食流通统计工作制度》,举办全市粮食流通统计工作培训班,完成全市50家粮食经营企业基础信息修改、2017年社会粮油供需平衡调查和乡村居民存粮专项调查工作;完成各类统计分析报告及调查报告6篇,并对10家

获中卫市2017年度粮食流通统计工作优秀单位予以表彰。　　　　　　　　　　　　　　（刘　艳）

【"危仓老库"维修改造】　投资2100万元,对市辖区、中宁、海原8个粮库5.3万吨仓容进行维修改造。提升中卫市粮食流通基础设施水平,为市级储备粮的建立和全市粮食流通产业发展奠定了良好基础条件。
　　　　　　　　　　　　　　　　（刘　艳）

【应急保供体系】　按照"平时自营、急时应急"的方式,采取"政府委托、部门监管、企业运作"经营模式,加大对粮食应急供应网点的监督管理。建立57家应急供应网点,覆盖全市各乡镇社区。确定应急粮油加工企业11家,运输企业12家,备案运输车辆35辆。设立14个粮油价格采集点,监测品种9个,及时对全市粮油价格信息和供求动态进行收集汇总上报,为领导宏观研判中卫市供需状况提供科学参考。
　　　　　　　　　　　　　　　　（刘　艳）

【依法管监】　建立健全《粮食流通执法监督工作电子日志》,积极开展节假日粮食流通市场检查,定期对承储区、市应急成品粮的承储企业进行检查考评。2018年,被国家粮食和物资储备局确定为首批全国粮食流通执法督查创新示范单位。注销10家粮食经营户收购资格,评定7家诚信守法经营企业。完成710份重金属样品检验检测任务、729份粮油样品扦样和检验检测任务。完成十三五粮食质检体系项目编制申报工作。　　　　　　　　　（刘　艳）

【安全生产】　年初和辖区储备、直属企业签订安全生产责任书,坚持每季度召开一次安全生产会议。举办安全生产和消防安全培训班,检查企业安全储粮和安全生产4次。开展春季粮油安全普查,检查企业22家、仓房88栋,普查粮食52000吨。开展安全专项整治行动,检查企业38个,下发责令整改通知书3份,监督整改隐患6项。　　　　　　　（刘　艳）

【社会化服务】　开展"粮食科技活动周"宣传活动和放心粮油展销,现场宣传爱粮节粮知识。在中卫市九晟农牧科技发展有限公司召开大农户科学储粮仓现场观摩会,落实381立方米储粮仓4套,83立方米储粮仓1套。全年落实粮食订单8.4万吨,订单面积11.8万亩,订单履约率达100%。　　　（刘　艳）

【全面严管治党责任严格落实】　坚持认真学习贯彻习近平新时代中国特色社会主义思想和党的十九大精神,树牢"四个意识",提高政治站位,自觉做到"两个坚决维护",扎实推进"两学一做"学习教育常态化制度化。年初,各级党组织层层签订党建目标责任书19份,建立党组、总支、支部书记责任、任务、问题清单台账。全年召开党组会议12次、总支会议12次专题研究全面从严治党工作。全年对基层支部党建工作督查5次,下发整改通知书5份,整改问题35个,完成督查倒逼责任落实。以"三强九严"内容为抓手,以做好《党支部规范化工作纪实》、党员活动阵地建设、党建工作规范化档案,规范化党组织创建等活动为基础,切实落实好全面从严治党各项要求。制定企业支部创建星级基层服务型党组织、"规范化党支部"考核标准。投入1万元经费,规范建设党员活动室、打造会议室"不忘初心 牢记使命"党建文化墙。成立以党组书记为组长的意识形态工作领导小组,建立局党组、总支、支部意识形态工作责任清单,把意识形态工作纳入2018年对企业效能目标考核中,与党建及党风廉政建设和业务工作紧密结合,同部署、同落实、同检查、同考核。全年局党组3次专题研究意识形态工作,党组中心组先后2次学习习近平总书记关于意识形态工作的重要论述、专题研讨如何做好民族宗教工作,各支部对党员干部及离退休干部信仰宗教、参与宗教活动情况进行专项排查。
　　　　　　　　　　　　　　　　（刘　艳）

烟　草

【概况】　中卫市烟草专卖局、宁夏回族自治区烟草公司中卫市公司成立于2004年8月,隶属于宁夏回族自治区烟草专卖局(公司)管理,负责中卫市辖区卷烟零售许可、卷烟市场监管和卷烟批发经营。机关内设办公室(政策法规与体制改革科)、专卖监督管理科(专卖稽查支队)、内部专卖管理监督派驻办公室、财务管理科、审计派驻办公室(规范管理办公室)、人事政工科、纪检监察科、企业管理科(督察考评中心)、安全管理科9个职能科室和卷烟营销中心、物流配送中心两个专业部门,下辖中宁县烟草专卖局(分公司)、海原县烟草专卖局(分公司)和沙坡头区烟草专卖局(分公司)。年内,全市烟草共有在岗职工158人,其中男职工101人,女职工57人。
　　　　　　　　　　　　　　　　（安希顺）

【经济运行】　坚持"强基固本,稳中求进"工作基调,以提高经济运行质量和效益为中心,围绕"141"营销网建工作重点,精心实施市场化取向改革,注重从"品牌培育、终端建设"两侧发力,编制年度品牌布局规划,不断优化各类别卷烟销售结构,持续加大重点品牌培育力度,建立目标客户动态调整机制,科学调控客户库存,扎实推进现代终端和零售客户自律互助小组建设,持续提升客户满意度,卷烟销售完成年度计划的100%,实现税利同比增长1.95%,零售客户毛利率达14.2%;建设现代终端1067户,组建零售客户自律互助小组186个,覆盖零售户3727户,覆盖面达到84.09%。 （安希顺）

【专卖管理】 认真落实《关于严厉打击物流寄递环节涉烟违法行为工作规定》,与市公安、邮政、商务、交通部门召开执法联席会议,构建起相互协作、信息互通、共同防范、联合打击的良好卷烟市场监管格局,贯彻落实"雷霆2018—I号"专项行动部署,全力开展物流寄递环节涉烟违法行为查处,严厉打击各类涉烟违法犯罪活动,市场净化率始终保持在98.5%以上。全年查获各类涉烟案件583起,查获非法卷烟91.23万支,同比下降48.53%。开展零售许可证规范使用和无证经营"两清"工作,强化零售许可证申请、变更、注销管理,全年新办卷烟零售许可证686套,年末全市持证零售户共4589户。不断强化执法过程监督,严格执法人员资格管理,定期开展执法案卷评查,切实履行依法行政职责。 （安希顺）

【企业管理】 遵循"规范、实干、创新、发展"的企业方针,聚焦"消除浪费、节约成本、提质增效、节能降耗"目标,不断强化国有资产管理,积极推进定额标准体系建设,围绕营业房出租、卷烟配送线路优化和包装箱循环利用等精益降本挖潜点,广泛开展精益课题、QC小组活动及科技创新项目实施及推广应用,圆满完成年度降本增效目标任务。严格落实"应招尽招、真招实招"要求,大力实施集中采购,强化采购过程监督,完成卷烟分拣车间及分拣设备的升级改造。大力推广"烟草易付"结算方式,不断提高电子结算比重和结算成功率,全市卷烟货款电子结算率80.48%,结算成功率90.1%,同比提高13.15%。深入推进办事公开,坚持"以公开为常态、不公开为例外"原则,建立涵盖三重一大、生产经营、专卖管理和涉及职工切身利益的4个类别81项公开目录。严格落实各级各岗位安全生产主体责任清单,狠抓危险源管理和事故隐患排查治理,强化应急管理,扎实开展各类安全警示教育,时刻做到警钟长鸣,全年未发生任何生产安全责任事故。 （安希顺）

【法治建设】 严格贯彻"谁执法谁普法"普法责任制,切实推进"七五"普法规划落实,紧扣"法治卫烟"建设目标,坚持围绕中心、服务大局,紧扣企业改革发展和干部职工现实需求,以完善制度、突出重点、学用结合为主线,扎实开展党组理论学习中心组学法、干部职工季度定期学法、年度普法测试和专题法治讲座,不断增强干部职工办事依法、遇事找法、解决问题用法、化解矛盾靠法意识,"三个依法"水平持续提升。深入推进规范性文件管理,严格合同备案审查,扎实推进"放管服"改革,不断强化决策程序控制,切实发挥职工代表监督作用,确保重大决策依法、民主、科学和规范。坚持将普法宣传与法制教育相结合,突出普法对象的广泛性、载体的多样性、内容的针对性和目标的实效性,充分利用"3·15""12·4"等重要宣传节点,广泛开展以宪法为核心的中国特色社会主义法律体系学习宣传实践活动,通过市场检查、送法进零售户、以案说法等形式,将法制宣传教育渗透到执法全过程,有效提升消费者的自我维权意识和零售客户守法经营意识,切实营造和谐稳定的卷烟经营环境和消费市场。 （安希顺）

【文化建设】 扎实开展社会主义核心价值观教育,突出以"敬业"为主题的职业道德教育,开展"学习贯彻党的十九大,我为卫烟发展献良策"主题读书月、"学习十九大、建功新时代、劳动展风采"主题职工趣味运动会、"三员"岗位大练兵和机关"四个一"练兵、"弘扬劳模精神、建功新时代"倡议、"践行十九大·文明绿色行·阔步跟党走"健步行等活动,教育引导广大干部职工热爱党、热爱祖国、热爱社会主义的崇高理想和坚定信念。充分发挥工会桥梁纽带作用,定期召开职工代表大会,不断健全完善以职代会为基本形式的民主管理制度,开展合理化建议征集评选表彰、职工诉求调研反馈会,切实发挥职工民主参与、民主管理、民主监督作用。组织开展全员健康体检、生日问候、文化礼仪培训等系列活动,切实保障职工利益,不断增强干部职工归属感。 （安希顺）

【公益活动】 始终秉持国家利益至上、消费者利益至上的行业共同价值观,践行"责任于心,感恩于行"的社会服务理念,积极响应中卫市委、市政府号召,扎实开展精准定点扶贫,切实履行国有企业政治任务和社会责任,以实际行动践行党的十九大精神,先后向沙坡头区永康镇校育川村、海原县李俊乡蔡祥行政村、中宁县太阳梁乡隆原村捐赠帮扶资金4万元,用于基础设施建设及困难群众精准帮扶;持续资助教育事业,向希望工程捐款2.7万元;积极投身城市建设和社会文化公共事业,出资支持地方农田水利、植树绿化活动1.5万元;在"春节""八一"建军节等节日,慰问辖区消防官兵、困难卷烟零售客户及离退休干部职工;积极参加中卫市文化广场公益演出、第八届元宵灯展等活动,责任烟草良好社会形象进一步树立。

（安希顺）

盐　业

【概况】　坚持以"稳中求进"应对"稳中有变",分公司在中卫盐业市场继续发挥主渠道作,完成区公司下达食盐销售主要指标。2018年,实现营业收入717万元,完成年度预算805万元的89%,销售各类盐4313吨,比2017年5170吨减少857吨,下降16.6%。其中,销售食盐3030吨,完成年度预算3000吨101%。按照区盐业公司通知要求2018年3月公司名称由原"宁夏回族自治区盐业公司中卫分公司"变更为"中盐宁夏盐业有限公司中卫分公司"。分公司办公地点由中卫市沙坡头区鼓楼东街搬至中宁县城市场街。

（陈宁安）

【非盐业务】　按照"创新、变革、竞争、共赢"的新八字方针,公司按照"以盐为主、集约经营、多元发展"工作思路,坚定信心、创新变革、奋发图强、实现可持续发展和健康发展的理念,继续加大闲置资产的改造利用工作和欠款清收工作。深挖企业内部潜力,寻找新利润增长点,先后对中宁配送中心闲置房屋、库房以及空地进行招租,全年增加收入8.4万元,对外欠近23年的盐款予以清收,年内到账10万元。在做好以盐为主经营工作同时,开展非盐业务,在政策允许范围内经营纯碱、小苏打业务,全年销售非盐商品31.79万元。

（陈宁安）

【社会责任】　在自治区工信委明确盐业分局没有执法权以后,分公司认真组织相关人员认真学习吃透盐改方案,领会文件精神。年初分公司抓住中卫市碘盐合格率下降时机,向中卫市政府汇报中卫食盐市场、公司经营、食盐配送、库房设施改造等情况,得到市委、市政府的高度重视,分管副市长多次召开专题会议研究部署食盐市场整治方案,并指示相关部门形成以市经信委牵头的食盐市场整治例会制度并成立以市场监督管理局为执法主体,盐业公司配合的联合执法工作组。此外分公司还制作食盐批发企业材料样板目录,对政府相关部门管理食盐市场起到一定引导作用。全年市经信委召开专题会议20次,同盐业公司联合执法35天,出动人员165人次,有效规范食盐市场秩序,提高合格碘盐市场占有率,尽到央企应尽社会责任。

（陈宁安）

【党建工作】　一是深入学习贯彻习近平中国特色社会主义思想和党的十九大精神。2018年,中卫分公司党支部坚持把深入学习宣传贯彻习近平新时代中国特色社会主义思想和党的十九大精神作为首要政治任务。订购十九大报告、新党章及辅导材料和学习笔记本,组织员工利用工作例会、学习日、工作闲暇,采取集中与自学、重点与专题、"线下+线上""三结合"方式进行全方位学习。请中卫市党校老师开展十九大精神宣讲,第一时间让全体党员及员工听得懂、能领会、可落实。始终坚持在学深弄懂上下工夫,坚持用党的最新理论成果武装广大党员的头脑,指导行动,使党员"四个意识"更加牢固,"四个自信"更加坚定。二是履行党建责任制和推进"两学一做"学习教育常态化制度化。中卫分公司党支部严格履行党建工作职责,班子成员严格履行"一岗双责"。2018年,召开支部及扩大会议12次,研究重大事项7项,签订《履行党风廉政建设监督责任书》。强化对房屋租赁、采购、薪资发放等重点环节全过程监督,有效预防和消除管理漏洞。扎实做好文明创建活动,先后组织开展春游、体育比赛、微信读书等活动,营造和谐发展氛围。学是基础,做是关键。发挥支部定盘星作用,积极推行"一线工作法",督促中宁、中卫、海原配送中心管理人员每月对各自辖区食盐销售网点进行全覆盖检查,领导班子成员也不定期下市场督导。引导党员做到"四个合格",融入中心工作务实拼搏。三是围绕中心工作,服务经营大局,使党建工作落到实处。结合年度各项工作任务,应对盐改带来影响,坚定信心,攻坚克难,围绕转思想、转机制,主动适应市场,确保市场份额稳定;领导班子成员率先垂范沉下身子抓市场、抓管理、抓销售;作风建设延伸到各配送站,科室负责人和班组,通过作风建设,改变以往执行力较弱状况;提升企业管理水平,努力规范全体员工的工作行为,班子成员以上率下,不定期深入到各配送站参加销售活动,现场办公解决问题,通过落实严、细、实的工作要求,切实扭转不良工作作风,确保各项工作取得实效。

（陈宁安）

旅游业

综述

【概况】 2018年,全市旅游工作在市委、市政府的坚强领导下,在自治区旅发委的大力支持和指导下,认真贯彻落实自治区党委、政府推进全域旅游创建工作的部署,紧紧围绕"全域旅游示范市"创建目标,以项目建设、招商引资、宣传营销、产业融合、机制创新等为突破口,抢抓机遇,狠抓落实,全力推进,全市旅游业呈现出快速、健康发展良好态势。全年全市接待游客760万人次,实现旅游收入62亿元,同比分别增长11.4%和15.7%。截至2018年年底,全市共有旅游景区22家(其中,5A级景区1家,4A级景区1家,3A级景区6家;沙坡头区10家,中宁县6家,海原县6家)。共有旅行社44家(其中,沙坡头区设立社9家,分社12家,营业网点9家,共计30家。中宁县设立社1家,分社2家,营业网点6家,共计13家。海原县营业网点1家)。各类住宿酒店宾馆526家(其中,沙坡头区318家,中宁县124家,海原县83家),拥有客房11903间,床位25327个。全市星级酒店16家,四星级酒店6家,三星级酒店10家,中宁县3家,海原县1家,拥有客房1832间,床位3227张。餐饮单位3583家(其中:沙坡头区1505家,中宁县1447家,海原县631家)。全市共有农家乐269家,其中星级农家乐21家(其中,四星级农家乐8家,3星级农家乐13家)。注册导游182人,旅游从业人数3.8万人,旅游要素基本配套齐全。 (吴 鹏)

【旅游规划编制】 编制完成《沙坡头区休闲农业与乡村旅游发展规划》《中卫市精品景区提升规划》。充分发挥专家咨询委员会和旅游规划委员会的作用,凡重大规划和重点旅游项目必须通过专家咨询,专家咨询委员会未通过的项目,旅游规划委员会和产业领导小组一律不予研究,确保项目的科学性和前瞻性。
 (吴 鹏)

【旅游项目建设】 全年续建旅游项目10个,全部顺利开工;计划开工的旅游项目18个,开工10个,完成投资5.5亿元。重点实施中卫游客咨询服务中心、沙坡头南岸半岛民宿、中宁县市民休闲公园周边道路绿化工程、玺赞生态枸杞庄园、南山公园、海原非遗传承基地、盘路山公园、天都山景区基础设施等项目,新建旅游厕所11座,全年争取旅游专项资金2700余万元。 (吴 鹏)

【旅游招商】 先后多次赴北京、广东、江苏、山东等地开展招商工作,与西部控股集团、山东红帆轨道交通试验工程有限公司、中卫市优派莱斯旅游养老产业有限公司达成建设旅游空轨、黄河生态康养旅游产业带、栖息谷游养项目合作协议,协议资金300余亿元。年内,山东红帆轨道交通试验工程有限公司投资40亿元的沙坡头旅游观光设施工程项目完成前期筹备工作,其他企业在中卫设立办事机构,开展项目前期备案、土地报批等工作。 (吴 鹏)

【旅游宣传促销】 发挥传统媒体的宣传优势,在中央电视台和北京T3航站楼投放中卫旅游宣传广告。利用天猫旗舰店、智慧旅游网、同程网等网络销售平台,整合中卫旅游产品和线路进行持续推广。同时,利用微信、微博、网红直播、抖音等自媒体实时宣传优势,加大对重大节事活动宣传力度。以重点客源市场为目标,强化重点宣传。根据自治区旅发委营销计划安排,结合中卫旅游市场实际,先后在甘肃、陕西、四川等重点客源市场开展旅游宣传推介活动,在湖南、福建、贵州、深圳等潜在客源地开展差异化旅游宣传推介活动,不断扩大宣传覆盖面。组织企业参展西北旅游营销大会、东南亚推介会、西安丝绸之路国际旅游博览会、北京国际旅旅游商品及旅游装备博览会等活动。以旅游节事活动为载体,深入宣传。先后成功举办第十二届南北长滩梨花节、2018第九届丝绸之路大漠黄河国际旅游节、宁夏沙坡头沙漠国际牵手节等活动。首次举办的2018环球旅游小姐世界总决赛,吸引55家媒体对活动进行宣传,网易新闻、兰州交通音乐广播、融界直播等5家媒体进行现场直播,CCTV-4、郑州、深圳、海口、宁夏电视台、证券资讯频道等16家电视台,国外421家媒体对活动进行后续报道,进一步强化中卫和宁夏在国内外旅游市场的影响力。紧贴中卫旅游"半年闲"现状,策划举办黄河宫冰雪嘉年华、黄河宫灯会元宵美食节等系列节事活动,外出开展冬游中卫旅游宣传推介活动,进一步激发冬季旅游市场活力,推动冬季旅游产业发展。 (吴 鹏)

【产业融合发展】 文化与旅游的融合打开新局面,投资9000万元建设的国内首台大型魔幻情景体验剧《沙坡头盛典》常态化演出,演出230余场次,填补区内没有大型室内旅游商业演艺空白。加大旅游商品研发的培育和宣传力度。支持沙坡头产业集团组建宁夏丝路艺达文化创意有限公司,扶持宁夏微元素文化传播公司、江南好枸杞产业集团公司等企业成功申报自治区旅游商品研发基地。策划举办第二届文创旅游商品大赛,组织和动员50多家商品企业85组商品进行参赛和评选,300件商品参展,22件商品荣获优秀旅游商品。选送商品参加中国特色旅游商品大赛,其中江南好宁夏礼物尊礼雅礼系列、丝路艺达骆驼毛绒玩具、微元素大漠风情中国风桌灯系列获银奖;江南好枸杞奶茶咖啡、沙陀国赤霞珠干红葡萄酒获铜奖。乡村旅游发展焕发活力,顺利完成童家园子提质改造工程,驼铃声声客栈项目投入运营。指导中宁县策划举办中宁石空镇杞菊红田园综合体观光旅游节,指导海原县策划举办首届海原县乡村文化旅游节,深度宣传和展示乡村旅游资源特色,吸引区内外游客13万人次,农家乐和各类小摊点累计收入110余万元。旅游研学产品发展势头良好,宁夏微元素文化有限公司、沙坡头娱岛、宁夏森沃农业科技有限公司结合自身特色和市场需求,相继推出伟大探险夏令营、沙漠徒步挑战、沙画体验、西夏瓷制陶等富有特色的研学产品,吸引3000多名青少年参与体验。 (吴 鹏)

【旅游环境治理】 完善旅游市场综合监管联席会议制度,开展旅游市场秩序综合治理专项整治10项行动,开展以打击治理"黑车""黑导"为重点的旅游市场秩序专项整治行动。积极配合公安、交通、市场监管、物价等部门,对"黑车""黑导"等破坏中卫市旅游市场环境的违法行为进行集中、从严、从快打击,全年共出动警力1500余人,警车400余辆次,抓获"黑导"24人,刑事拘留1人,行政拘留9人,警告14人,查扣"黑车"10辆,驱散"黑导游"车辆250余辆,劝返游客98人。及时办理旅游投诉,书记、市长信箱转办件28件,对6家违法经营的旅行社(导游)进行立案调查,对3起违法经营的企业(个人)实施行政处罚,确保旅行社依法依规诚信经营。 (吴 鹏)

【人才队伍建设情况】 会同市委组织部在杭州浙江传媒学院举行首届全市全域旅游建设专题培训班,先后开展全市导游、饭店服务人员培训、安全生产培训等培训班,累计培训从业人员500余人次。举办2018年全市导游(讲解员)大赛、2018年饭店服务职业技能选拔赛,推荐32名选手参加自治区导游大赛和饭店服务职业技能大赛,4名导游分别荣获"2018宁夏十大金牌讲解员"和"2018宁夏十大金牌导游"荣誉称号,酒店参赛选手取得饭店服务技能两个单项奖第一名、1个第二名、1个第三名和团体第三名的优异成绩,沙坡头景区入选中国优质服务景区百强。 (吴 鹏)

【全域旅游创建】 紧盯全域旅游创建基本标准、实施方案和验收细则,坚持以县区创建验收为重点,全面推动县区全域旅游创建工作的开展。发挥全域旅游创建工作领导小组办公室统筹协调作用,与各县区、单位签订全域旅游目标责任书,印发全域旅游重点工作、重大项目"五定"方案,加大对各成员单位在项目建设、乡村旅游发展、基础设施配套等方面的指导力度。抽调人员组建全域旅游验收筹备办公室,按照验收导则开展前期工作,重点对两县一区创建情况进行现场督察,形成督察专报,督促指导做好全域旅游示范市创建验收准备,有效加快县区全域旅游协同发展。 (吴 鹏)

【旅游节事活动】 先后举办第十二届南北长滩梨花节、寺口子登山赏花节、第九届丝绸之路宁夏(沙坡头)大漠黄河旅游节、2018第九届丝绸之路大漠黄河国际旅游节、中宁石空镇杞菊红田园综合体观光旅游节、海原县乡村文化旅游节、宁夏沙坡头沙漠国际牵手节、2018环球旅游小姐世界总决赛等活动。 (吴 鹏)

假日旅游

【"五一"黄金周旅游】 全市共接待游客23.5万人次,同比增长17.5%,实现旅游总收入9312.2万元。其中,沙坡头景区接待游客6.6万人次,门票收入509.1万元,同比分别增长1.8%和1.2%;腾格里·金沙岛景区接待游客1.3万人次,门票收入31.2万元;与2017年相比基本持平;寺口子景区接待游客1.2万人次,门票收入22.3万元,与2017年相比基本持平;高庙接待游客0.5万人次,门票收入10.1万元,与2017年相比基本持平;黄河宫接待游客1万人次,门票收入3.7万元,同比分别增长14.9%和11.2%;腾格里·金沙海景区接待游客0.25万人次,门票收入4.5万元;车门沟国盛生态旅游区接待游客2.1万人次。宾馆酒店平均入住率达88.2%。 （吴 鹏）

【"十一"黄金周旅游】 10月1日至7日,全市共接待游客44.96万人次,实现旅游收入4.25亿元。全市星级宾馆(酒店)平均入住率达85%以上。

（吴 鹏）

景区景点

【沙坡头景区】 沙坡头旅游区位于宁夏中卫市西20公里的腾格里沙漠东南边缘处。这里集大漠、黄河、高山、绿洲于一体,既具西北风光之雄奇,又兼江南景色之秀美。自然景观独特,人文景观丰厚,被中外旅游专家誉为"世界垄断性旅游资源",享有联合国"全球环保500佳"的殊荣。举世瞩目的"沙坡头治沙工程"实现了人进沙退的伟大创举。游玩项目有皮筏漂流、大漠乘驼、激情滑沙、沙海冲浪、飞黄腾达等。

（吴 鹏）

【金沙岛旅游区】 位于腾格里沙漠东南边缘,距宁夏中卫市区仅8公里。占地22平方公里,水域面积1万亩,是一个集生态观光、花卉观赏、特色度假、水产养殖、运动休闲、康体养生于一体旅游景区。先后被评为国家4A级旅游区、国家级水利风景区、2014中国美丽田园、自治区级旅游休闲度假区、中国最美花卉景观、中国最美渔作景观。大漠边塞,鹰飞鱼跃,芳草碧连天。特殊的地理环境孕育丰富的旅游资源,形成花海环湖、湖中有岛、沙中有绿、绿中有水、水中有景、沙水相融、湖景交错的奇特景观。 （吴 鹏）

【寺口风景区】 寺口风景区位于宁夏中卫市香山脚下。国家3A级旅游景区,被评为"宁夏文明风景旅游区""宁夏十佳诚信旅游景区"和"宁夏全民健身攀岩基地",还有"首批中国自驾车旅游活动基地""中国魅力景区"等。景区占地面积18平方公里,有两种地质地貌组成并分为东、西两个景区。东景区属于典型喀斯特地貌,以峡谷怪石著称。"塞上奇峡景区",自然景观独特,有称之为天下奇观的"神仙左右脚印",峡谷内有一线天景观中的绝品,是极佳避暑胜地。峡谷内有怪石"熊猫""宁夏版图""情人石""大象石""榆树""孔雀",栈道云台等自然美妙景观。西景区是红色丹霞地貌,被国家丹霞地貌研究专家称为西部最美最为壮观的丹霞地貌奇观。这里有妇孺皆知的苏武牧羊十九载的动人故事,有"苏武圈羊石窟""苏武栖身石窟""苏武庙""苏武断桥""寺口大睡佛""云汉天度索桥"和宁夏最大天然岩壁攀岩基地。

（吴 鹏）

【腾格里·金沙海景区】 腾格里·金沙海景区位于沙坡头区迎水桥镇迎闫公路以西,中卫兴宁驾校对面,国家3A级旅游景区。景区占地1.16万亩。主要景点有大漠观楼、丝路长街、狂野地带、星辰帐篷酒店、水上世界、沙漠阳光浴场、拓展基地、军事营地、丝路驼队、国内首家火车野奢旅馆、帐篷星空酒店等设施。

（吴 鹏）

【沙坡头水镇】 沙坡头水镇是在原黄河新墩码头上再建的以塞上江南文化、枸杞养生文化、丝路驿站文化、神奇回乡文化为主题的国际商旅文化产业,国家3A级旅游景区。位于中卫市的南大门,地处沙坡头景区以东,与黄河毗邻相望。项目占地800亩,建筑面积11多万平方米,水域面积600亩。再建的沙坡头水镇划分为丝绸之路特色美食街区、文化艺术商业区、枸杞休闲养生度假娱乐区、文化主题酒店、旅游演艺及水上游乐等六大功能区域,形成"寻游沙坡头景区,吃住购娱逛沙坡头水镇"的新旅游消费热点。沙坡头水镇借鉴丝绸之路"开放、博大、包容"的情怀,充分体现丝绸之路的"精、气、神"。并以世界级丝路文化和西夏的历史文化为题材,以多彩的异域文化和风情为主线,打造以丝路文化风情旅游、休闲娱乐购物和县域商贸为主导,以文化主题酒店、旅游演艺和观光夜市为辅助的丝绸之路体验旅游中心、休闲商业中心,让人们"走进历史,感受人文,体验生活"。

（吴 鹏）

【长山头天湖】 位于宁夏中部干旱半干旱地带的长山头农场,海拔1370米,四面群山环抱,总面积4.5

万亩,其中可开发利用的水域达2万亩,是宁夏境内原始湿地保存最完整的自然资源之一。该景区自2002年开发建设,旅游项目有环湖路、游人码头、垂钓中心、农家乐园、接待中心、餐饮中心、野生动植物观赏、狩猎、农业生态考察观光等。国内唯一的一家狩猎场也在这里建成,狩猎场按功能区域划分为接待中心、狩猎区和风景观赏园三块。区域内,万亩红柳林郁郁葱葱,万紫千红,吸引无数的珍禽鸟类、野生兽类栖息。

(吴 鹏)

【南华山景区】 主要景点有灵光寺、菜园遗存、水冲寺遗址。南华山为六盘山余脉,位于海原县城南7.5公里处,南依月亮山,西北与西华山相邻,东南接寺口子南、北山,呈东南—西北走向,长约35公里,宽25公里,总面积42万亩;平均高度2600米,主峰马万山海拔2955米,仅次于贺兰山,名列全区第二。地表土质肥沃,年均降雨量达600毫米,气候凉爽,牧草丰茂,山南是海原县南华山牧场。天然次生林分布于山之西北,层峦叠翠,风光宜人,为本市旅游景点之一,风景区灵光寺也置于其中。山之中部,五峰叠峙,如桥形,古称五桥山;五桥沟内五泉环列,众水流出山门,为县城供水之源;沟中有五桥沟林场。宋夏时期,该山与西华山合称天都山,名震边塞;因山形似莲花,亦名莲花山;又因山高气寒,春秋落雨成雪而称雪山。

(吴 鹏)

【大漠边关景区】 大漠边关旅游区是由宁夏大漠伟业旅游开发有限公司历经5年,投资数亿建设而成。旅游区位于宁夏中卫市中心迎水桥镇,美利工业园区西侧,紧靠香山机场旁,控制面积56平方公里,规划面积23平方公里,旅游区以"龙宫湖""赛马会"为中心,西面腾格里沙漠太阳泉;北面湿地、胡杨林;东南西汉长城、边关兵营遗址。旅游区依托历史古迹遗址,天然湖泊,腾格里沙漠,原生态植物等自然资源,打造以"万里长城第一烽火台""边塞雄关"为核心;以龙宫湖,沙漠太阳泉,小叶胡杨林,赛马会为特色的旅游景区。景区集长城遗址、湖、沙、林融汇为一体,形成最具代表性和吸引力的奇观。

(吴 鹏)

【车门沟旅游区】 车门沟旅游区位于宁夏中宁县恩和镇红梧山幸福一村,距中宁县城10公里,总占地面积33万平方米,国家3A级旅游景区。是宁夏中宁县国盛置业投资有限公司打造集旅游、购物、休闲、乐、度假为一体的综合性旅游景区,总投资1.58亿元。旅游区内餐饮、商业区既紧密结合、相互呼应,又各有分区,有条不紊,各分区内设不同的休闲娱乐项目和服务功能,种类丰富多样,能够满足不同年龄段的人群玩乐,在室外休闲区的中心,建有高档会所、餐厅、酒吧、健身房、住宿等娱乐休憩场所。

(吴 鹏)

【高庙保安寺】 始建于明朝永乐年间。占地6895平方米,殿堂僧房300余间,高29米,国家3A级旅游景区。建筑集中、紧凑、高耸、回曲。重楼叠阁,檐牙相啄,迂回紧凑,小巧玲珑,形似凤凰展翅,凌空欲飞之势,因独特的古建筑群和儒、释、道三教合一的宗教文化而驰名。五百罗汉,形态各异,出神入化,栩栩如生,为艺术奇葩,丛林一绝。十八层地狱,神哭鬼号,阴森恐怖,惊心动魄,发人深省,是全国四大古地狱之一。

(吴 鹏)

【黄河宫】 黄河宫位于中卫"大河之舞"文化主题园内,国家3A级旅游景区。黄河宫及水滴设计创意来自"黄河之水天上来"诗词寓意,以水滴形态对整个建筑形式进行凝练,分为地上水滴建筑主体和地下黄河展示宫。黄河宫展区共分为3个部分:第一部分是黄河流域地理地貌篇,主要介绍黄河的形成、黄河源头、黄河河段、黄河主要支流、黄河湖泊、黄河湿地、黄河流域全貌沙盘、黄河水利等方面的介绍与展示。第二部分是黄河流域人文历史篇,主要介绍黄河沿线九省区代表性的历史文化遗存与文物展示,还有大麦地岩画专题展示。第三部分是黄河生态生物篇,主要展示黄河流域生态概貌、黄河流域各种动物、植物标本模型、黄河奇石及中卫矿产。

(吴 鹏)

【南长滩】 黄河进入宁夏平原的首个原始村落,四面靠山,一河环流,阡陌纵横,鸡犬相闻。山坡100多户的党项后裔拓跋氏依山而居,坡下百亩果园里,百年枣树、梨树随处可见。村落周围的古长城、烽火台、古城堡、岩画,与黄河奇石传说为这里披上更加神秘的面纱。村子虽小却拥有"三个宁夏第一"宁夏黄河第一村、宁夏黄河第一渡、宁夏黄河第一漂。被国家有关部门确定为宁夏首个"全国历史文化名村"。

(吴 鹏)

【北长滩】 北长滩位于国家5A级旅游区沙坡头的上游30公里处,因集历史悠久、北方土木结构的传统建筑、军事防御和原始古朴生态于一体而被评为"宁夏历史文化名村",又是中卫旅游优先发展战略中"一核两带"中滨河旅游带的重要节点之一。北长滩分为黄石漩、榆树台、下滩村和上滩村4个自然村,全村57户人家种田养殖,放羊砍柴,怡然自得。北长滩古村落集中坐落在北山,依山而建,因势不同,房屋高低错落,富有立体感。每户院落布局和房屋结构,保留明清时代当地传统的建筑风格——"四梁八柱式"土木结构建筑,而院墙则用石块堆砌而成。传统民居建筑群,是宁夏境内具有地方特色、保存最为完整、最为集中的房屋。

(吴　鹏)

【双龙山石窟】　坐落于中宁县城西北侧20公里的余丁乡金沙村双龙山麓,开凿于唐代,相传为尉迟敬德监修,20世纪80年代初发掘出土唐、宋、元、明、清各朝代的彩塑像、壁画、地砖、铜镜、铜像等国家珍贵级别的文物100多件。部分壁画和彩塑像具有典型的汉唐风格。1963年,宁夏回族自治区人民政府公布为区(省)级重点文物保护单位,《中国名胜古迹大字典》专条作介绍,《中华佛教两千年》大型画册将其收录,在全球发行。

(吴　鹏)

【中宁枸杞博物馆】　中宁枸杞博物馆是中宁县委、县政府加快沿黄城市带建设,发展中宁枸杞文化产业的一项重点工程,也是弘扬枸杞文化,宣传"六个中宁"建设,打造"中华杞乡"的窗口。枸杞博物馆共有7层,其中地上5层,地下2层。于2011年7月18日正式开馆,该馆现已布展6层,每层主题鲜明,各具特色,展示杞乡文化渊源及发展历程,发展成就。实行全天免费开放,共接待党政代表团、企业考察团、观光游客20万余人。

(吴　鹏)

【老君台】　老君台位于中卫常乐镇境内的兴隆山上,三面环山,一台独立,峦旷台幽,是朔方最大的道教圣地。屡遭兵焚火焚地震风侵之灾,殿宇毁坏,文物损失。"文化大革命"期间,庙宇建筑连同观外古塔更是毁于一旦,尽成荒墟。20世纪80年代中后期,经县(原中卫县)宗教部门批准,当地群众自发募资捐物,修补台址,复建观院,至90年代初,主体建筑拔起于山巅平台,再现道观昔日之辉煌。老君台主体建筑以南天门、太白殿、中楼、三清殿(正殿)为中轴线,两相对称,左右逢源,气势雄伟,浑然一体。于1991年被批准为道教活动场所,现已成为中卫"寺庙文化旅游线"的重要景点,年接待游客5万多人次。登台四顾,东有丹霞似火,紫气朝来;西顾铁龙越沙,白马拉缰;南见峰峦起伏,沟壑如削;北有炭山夜照,阡陌如织。

(吴　鹏)

【鼓楼】　鼓楼位居中卫市区正中,清初名曰文昌阁,始建于明崇祯四年(1631年)。清嘉庆二十二年(1817年)七月十四日庙会时不慎失火焚毁,仅存基址。道光十一年(1831年),知县艾椿年率典史沈垣与当地士绅一道捐资重建,翌年建成。鼓楼楼高23米,通高30米,重楼3层,是一座四方台基拱洞形的楼阁建筑,楼型为四面八方一体式,楼之西南角有一小门可通达楼基上部。基座之上正中为三重檐十字形歇山顶的主楼,每面3开间,3层3檐,每层有12翘角,最上层四面有观景回廊。楼基四面建有小型陪楼4座,其内壁分别刻记鼓楼始建、重建的背景、时间、经过及有关事项等。楼顶正中竖垒黑色陶球6颗,四周置蟠龙,组成群龙戏珠画面,但从不同角度看,均为二龙戏珠。

(吴　鹏)

【天都山石窟】　天都山石窟位于海原县西安州古城西10公里处的天都山沟北朝南的山坡上,共有石窟9处。窟室削山筑石凿窟,有蹒跚曲径可登临,洞窟皆为平顶长方形。石窟寺现存历史碑志6通。天都山始名于宋咸平五年(1002年),西夏夺取后泛称天都山,1046年李元昊动用民工在天都山削壁凿窟为避暑宫,即为石窟之始。石窟在明代万历年间、清代和民国年间重修增修。洞内塑像被毁,现存佛像为重塑,洞窟保存较好。

(吴　鹏)

【黄河宿集】　位于中卫市沙坡头区常乐镇,沙坡头景区黄河南岸,是体现宁夏地方文化,展现度假旅游生活、观光田园农业、西北乡村特色的民宿集群。是中卫首个将传统乡村转型为度假生活旅游目的地的项目,民宿区主要打造西北首个民宿集群项目,引进全国民宿行业排名前十的5家知名品牌千里走单骑、墟里、西坡、大乐之野、蕾拉小姐联合入住,共同打造具有地方民俗特色的民宿聚集地,同时在民宿集群周边规划建设书店、美术馆、中餐、法餐、咖啡馆等商业配套,体验自然之旅的同时,享受中卫文化旅游盛宴。

星级酒店

【中卫红宝宾馆】　四星级饭店。位于中卫市新区,彩虹大道以西,滨河大道以北,南靠黄河,东临香山公园,距沙坡头景区15公里,沙坡头机场10公里,汽车站5公里,交通四通八达。建筑面积36000平方米,绿化面积达到50%,设有大型停车场,同时可以泊车100辆以上。宾馆有各类房间310间,会议室12个;餐饮有民族餐厅和汉餐厅,分别设有宴会大厅和大小雅间可同时容纳2000人用餐。新建宴会大厅有LED电子显示屏、高分辨率数字投影机、全自动舞台控制实事画面传输系统等先进配置,宴会大厅建筑面积1400平方米,可同时容纳600人用餐,1000人会议。

(吴　鹏)

【逸兴大酒店】 四星级饭店。地处中卫市鼓楼东北角,建筑面积14800平方米。内设中央空调、垂直电梯、中央天井,外形按以鼓楼为中心形成"内方外圆"的鼓楼商业区的整体思路进行设计,"逸兴"二字出自唐代诗人王勃《滕王阁序》中的"遥襟俯畅,逸兴遄飞"。酒店大楼分为东、北两个服务区,拥有豪华客房114间,会议室2间,可承办120人的会务。酒店有民族餐厅、汉餐厅、小吃中心,拥有餐位500多个。酒店配有康浴中心、娱乐总汇、商务中心、精品屋等娱乐场所。 （吴 鹏）

【中卫隆城酒店】 四星级饭店。隆城酒店是由中卫市华鑫工贸有限责任公司投资兴建的下属企业,位于中卫市鼓楼东街五环广场西侧,中卫市长途汽车站向西200米处,距沙坡头21公里,距中卫香山机场15公里,距中卫火车站2.5公里,交通方便。酒店外观采用别具特色的现代设计建筑,总建筑面积11000平方米,拥有标准双人房、豪华双人房、情趣房、豪华单人房、豪华套房、行政套房、商务套房共计148间。并设有粤、川、湘菜的特色汉餐厅及民族餐厅,富有欧陆浪漫古典情调的咖啡厅、多功能厅、会客厅、各种大中小型会议室,可供商务会议的各种需要。 （吴 鹏）

【黄河金岸花园大酒店】 四星级饭店。黄河金岸花园大酒店位于沙坡头大道中段,按照"西双版纳、海南三亚"的标准和"餐饮航母、酒店龙头"的目标打造,项目总投资8000万元。占地面积26427平方米,建筑面积19676平方米。是中卫首家集住宿、餐饮、休闲为一体的室内园林式生态酒店。酒店室内共有热带珍贵花木60余种,酒店着力打造各式各样的地域性建筑：老北京四合院、傣族民居、白族民居、傣族风情园、徽派风情园、福建土楼、延安窑洞。是全中卫唯一一家以绿色生态、修心养生为主题的大型生态养生美食酒店,以粤菜为主,地方特色菜为辅。 （吴 鹏）

【新华国际饭店】 四星级饭店。新华国际饭店位于中卫市东大街长途汽车站十字路口西南角黄金地带,交通便利、环境优美,建筑面积14552多平方米,总投资约1亿多元,是集住宿、餐饮、康乐为一体的四星级涉外饭店。其中客房部客房类型为5类,总计143套,拥有高华套房4套,豪华商务套房5套,高华单人套房12套,豪华商务标间85套,豪华单人房29套,豪华时尚单人房8套;餐饮部设有大、中型宴会厅,大小豪华雅间31套(中餐17套,火锅14套),一次性可供600余人同时就餐;配置茶艺、洗浴、KTV等康乐设施,适合大中小型团队住宿、就餐、婚宴宴请、商务及会议的接待,特别推出视频会议系统,10兆光纤双回路的接入,可满足顾客网上冲浪和高端会议的服务要求。 （吴 鹏）

【中卫东方酒店】 四星级饭店。中卫市东方酒店(有限公司)是一家集住宿、餐饮、茶艺、会议、商务中心为一体的综合性四星级酒店。位于中卫市鼓楼东街文萃路交汇处,酒店地理位置优越,交通便利、设施齐全,距中卫火车站2公里,距中卫汽车客运总站200米,距中卫沙坡头机场9公里。一楼设有茶艺、咖啡饮品区,商务中心,提供打字、复印、传真接收、代订机票、商务旅游包车等业务。酒店二楼设有多功能宴会大厅,具备婚宴配套设施及先进音响设备;大、中、小包间配有员工操作间、独立卫生间、液晶电视、衣柜等设施,常年接待各种类型宴席,可同时容纳400人就餐;三至六楼客房设计为中西结合;六楼会议室配备先进投影及音响等设备,可容纳100人左右的会议。 （吴 鹏）

【海原宾馆】 三星级饭店。海原县政府招待所成立于1969年,2002年4月改制,为私人独资企业,2003年5月改为海原宾馆,2015年5月客房,大厅全部装修,设备实施全面更换,是一座按三星级标准新建的高档宾馆。投资1225万元,企业占地面积10666平方米,建筑面积8560平方米。拥有商务大床间、商务标准间、行政标准间、商务套房、行政套房、豪华套房等各类客房98间。客房设有独立控制中央空调系统、24小时国际国内电视节目以及高速宽带联网接入、所有客房均提供国际、国内长途、市话等超值服务。拥有可容纳500人同时用餐的豪华包间、普通包间及豪华宴会大厅;提供地方民族特色食谱。宾馆还配备多功能厅、会议室等。 （吴 鹏）

【中宁宾馆】 三星级饭店。中宁宾馆是宁夏红宝集团下设的第一家宾馆,建于1996年,是"枸杞之乡"对外的窗口单位,位于中宁富康广场东侧,集住宿、餐饮、娱乐于一体,设施先进、环境舒适、服务周到的星级宾馆。宾馆总占地面积约3137平方米,其中,汉餐部占地面积为1075平方米,民族餐部占地面积为1081平方米,客房部占地面积为981平方米,员工160人。设有民族餐厅、汉餐厅、客房部、北楼客房。民族餐厅有雅间22个,一楼大厅可同时容纳200人就餐,三楼多功能厅可容纳300人的会议及就餐。汉餐厅有雅间23个,一楼大厅可同时容纳200人就餐,二楼多功能厅可容纳600余人会议,三楼多功能厅可容纳500人的会议。贵宾楼有47间客房,其中,总统套1间,豪套6间,单间6间,标准间34间,会议室有2个,其中,1号会议室能容纳200人,2号会议室能容纳40人。中宁宾馆客房部拥有温馨舒适的各型客房101套,其中,套房7间,单间22间,标间72间,拥有可容纳40~50人开会的中小型会议室2个。商务中心提供打字、复印、传真等服务项目。另外,宾馆设有商品部、休闲大厅。　　　　　　　　　　（吴　鹏）

【恒达酒店】　三星级饭店。是一家按照国家三星级建的旅游酒店,位于中宁县城中心广场,距离中卫市60多公里、中卫香山机场50多公里、石空火车站8公里。地理位置优越,交通便捷,酒店大堂装饰风格简单大方。三、四层经营汉餐厅,环境典雅舒适。有不同档次客房110间,房间免费宽带上网,无线WIFI,并设有国际国内直拨电话,有线电视,中央空调,独立卫生间,24小时热水。2006年4月27日,申报星级成功挂牌。　　　　　　　　　　　　　　（吴　鹏）

旅行社

【宁夏美景国际旅行社】　宁夏美景国际旅行社有限公司(原中卫市民族旅行社有限公司)是具有独立法人资格的专业旅行社,位于中卫市城区文昌南街。成立于2006年,把"诚信文明"作为旅行社的追求目标和宗旨,根据客户的要求设计并量身订作旅游线路,提供全方位的服务。　　　　　（吴　鹏）

【沙坡头旅行社】　宁夏中卫市沙坡头旅行社是经旅游局批准、工商局注册、足额交纳质量保证金20万元、自主经营的法人实体。主要经营线路:"塞上江南"宁夏两日游;宁夏两晚三日游;宁夏、青海回藏风情六日游;宁夏、内蒙古回蒙风情六日游;银川中卫嘉峪关敦煌六日游;沙坡头、通湖、高庙二日游。（吴　鹏）

【世纪长河旅行社】　中卫市世纪长河旅行社(有限公司)成立于2003年,是经旅游局批准、工商局登记注册,并足额缴纳质量保证金的一家旅游企业。经营范围包括会议接待、专业地接、国内旅游、沙漠探险及自驾车等全方位的旅游服务。　　　　（吴　鹏）

【快乐西游旅行社】　宁夏快乐西游旅行社有限公司经旅游局批准、工商局注册成立,成立于2017年4月16日,注册资金30万元,位于宁夏沙坡头中关村科技产业园云中心A座,公司拥有人数6人,专业旅游导游2名。主营业务:国内旅游业务、入境旅游业务、票务服务、会展会务服务、旅游信息咨询、工艺品的销售服务。　　　　　　　　　　　　（吴　鹏）

【金色沙漠旅行社】　宁夏中卫金色沙漠旅行社最早成立于1998年,原名为宁夏沙坡头旅行社。2008年更名宁夏金色沙漠旅行社。经旅游局批准、工商局注册成立,注册资金30000元,足额缴纳20000元旅行社质量保证金。有中文导游4名,英文导游2名,有自己的机票管理系统。　　　　　　　（吴　鹏）

【青年假日旅行社】　宁夏中卫市假日旅行社是经旅游局批准、工商管理局注册的具有独立法人资格的旅游企业,主要承办团队、散客旅游观光、休闲度假、商务考察、学生夏令营及各种会议接待和旅游车辆租赁业务等,是依照国家旅游管理条例规定足额交纳旅游质量保证金和旅行社责任险的国内旅行社。在西安和上海均设有旅游咨询处,与铁路、航空等部门建立良好的关系,为旅游交通提供可靠的保障,并拥有旅游车队。　　　　　　　　　　　　　　（吴　鹏）

【中卫中青旅有限公司】　2013年9月成立,位于宁夏沙坡头文昌南街,是专业从事旅游和酒店管理以及策划的综合性旅游公司。主营业务:入境旅游,国内旅游,旅游投资开发与咨询,旅游汽车租赁,代订机票,景区项目开发与建设,国内外旅游定制,酒店筹备与管理,会议展览承接,商务出行定制安排,家庭旅游全球化服务。　　　　　　　　　（吴　鹏）

【红宝旅行社】　红宝旅行社位于沙坡头区滨河西路。以"品质化""规范化""人性化"为发展目标,以全心服务、悉心策划、注重特色为经营理念。与全国各地旅行社、酒店、车队建立良好的合作关系与业务往来。　　　　　　　　　　　　　　　　（吴　鹏）

【宁夏香山旅行社】　宁夏香山旅行社位于中卫市汽车客运总站楼下,成立于2015年,注册资金500万元,隶属于宁夏天马集团旗下,由自治区旅游局批准,经市工商局登记注册,并足额缴纳质量保证金的一家旅游企业。经营范围包括会务服务,入境旅游,国内旅游及机票,酒店预订等全方位的旅游服务。　　　　　　　　　　　　　　　　（吴　鹏）

【中宁阳光旅行社】　中宁县阳光旅行社,是经旅游管理局批准、工商局正式注册的国内旅游服务企业,已按国家规定足额缴纳旅行社质量保证金和旅行社责任险。主要经营国内旅游服务业务,与全国各地旅行社合作,组织本县旅游爱好者到全国各地观光旅游,接待国内团体及散客来宁旅游度假,代订机票、火车票等服务业务。　　　　　　　（吴　鹏）

农家乐

【北长滩黄河水车山庄】 四星级。北长滩黄河水车山庄位于中卫迎水桥镇西南部，与国家5A级旅游区沙坡头一河相连。沿201省道过沙坡头景区向西6公里至孟家湾高速公路出口东侧柏油路，一直沿黄河边26公里即可到达。山庄内有日夜轮转不息的古老水车；郁郁葱葱的百年梨园；石磊土砌的原始村落；日出而作、日落而息的桃园生活……仿佛回归到遥远的从前。访原始村落，漂黄河峡谷，吃乡村美味，睡农家土炕，远离城市的喧嚣，体验百年前先民的生活。

（吴 鹏）

【固沙生态园】 四星级。固沙生态园地处迎水桥迎闫公路铁路立交桥西北侧，距中卫市区6公里，是中卫市各沙漠景区旅客流动的交汇点，交通便利，旅游环境独具特色。固沙生态园共有果园125亩，植树造林100多亩，开挖鱼池200亩，建成联排别墅1栋24间480平方米、独立别墅4套512平方米、绿色生态餐厅1座1240平方米、日光温室生态大棚3座2160平方米及水电路等附属配套设施，葡萄长廊1处350米。园区内种植苹果树、梨树、枣树、桃树、杏树、李子树、核桃树等果树4350多棵，花草灌木25000平方米，周围栽植松树、柳树、白蜡3000余棵；种植玉米及各种小杂粮50多亩，园区绿化面积达90%以上。是一处为游客提供以农家、农业等生活体验为特色的集观光旅游、餐饮住宿、娱乐垂钓、会议商务、KTV音乐茶吧、休闲运动及特色农产品销售于一体的综合服务场所。

（吴 鹏）

【陶然水岸】 四星级。园区地处中卫市迎水镇"宁夏沙坡头旅游开发试验区"中心地带，共占地208亩（约合138674平方米），其中餐饮区占地3000平方米、生态养殖区占地8000平方米、儿童娱乐区占地620平方米、现代农业观光示范区占地26000平方米。园区设有四季温棚餐饮中心、林间休憩木屋、儿童娱乐沙滩、湖畔垂钓、周末休闲烧烤、林下特禽养殖等特色休闲项目，其中的生态餐饮区以四季常青休闲温棚餐饮为主题；餐饮特色以北方特色家常菜、特色私房菜为主打菜系，所用绿色蔬菜全部自种自摘，野生沙葱、苦苦菜等纯天然野菜系列规模自种，即时采摘；住宿设施以20多个林间休闲木屋为主题，错落有致地分布于林间深处。

（吴 鹏）

【阳光怡然生态园】 阳光怡然生态园是一个集现代农业展示、科普示范推广、绿色蔬菜瓜果种植、休闲观光采摘、餐饮娱乐为一体的三星级全国休闲农业观光园，也是宁夏四星级园林式农家乐。园区占地120亩，建有1000平方米温室型特色餐厅、1000平方米现代农业展厅、100米家庭愿意展厅、24栋日光温室。与生态餐厅相连的平房建有1个书画苑、2个豪华雅间、1个能容纳60人培训的会议室、1个豪华KTV、3个标准间、2个1000平方米的大型停车场。生态园种植草莓、葡萄莲雾等多种瓜果蔬菜供游客采摘，同时种植40余种"新奇特"田园蔬菜供应园区生态餐厅，游客在生态园不但能吃到从田间直接到餐桌的特色美味，还可以享受机器人表演跳舞及送餐的乐趣。生态园常年供应长香瓜、黑色番茄、草莓和多种特色瓜果蔬菜。生态园餐厅分为汉餐和民族餐（含火锅），经营食品全部来自园区自供。安全、健康、绿色、新鲜。餐厅可一次性承接200人就餐。

（吴 鹏）

【陌秀庄园】 陌秀庄园坐落在通往沙坡头方向的中央大道，牛滩村部路口南侧300米处。占地10000多平方米。庄园特色为专业秘制营养丰富具全阿胶驴肉锅菜品。庄园内设豪华包间22间，KTV豪包数个，宴会厅一次性可容纳500余人同时就餐，客房60余间，可接待个人、团队、旅游、婚宴、家庭聚会、商务接待等不同活动就餐，可同时接纳800余人活动。

（吴 鹏）

【功夫驴农家乐休闲生态农庄】 功夫驴农家乐休闲生态农庄筹建于2015年年初，坐落于中宁县宁安镇新胜村二队，占地65亩。北距南二环路三百米，东距中宁高速公路出口一公里，南靠工业园区，距县城2.5公里。有生态餐厅、跑马场、功夫驴养殖场、阳光房、农家小院两院，蔬菜温棚3个、观光湖、鱼池、停车场、驴肉加工厂并逐一运营。有包间7个，KTV房4个，农家小院2院。最大包间可同时容纳20人用餐。

（吴 鹏）

【红景天休闲山庄】 山庄坐落在中宁县物流园区，四星级。北距中宁高速公路出口3公里，临近中太银铁路中宁东站，与陆路口岸相接，南与中宁县森林公园相对，占地面积620亩。主要休闲项目有：以生态山羊肉为主的特色民族餐厅、娱乐棋牌室、室内健身馆、音乐茶室KTV、垂钓中心、观赏水车、古朴风格纳凉亭、曲径长廊、特色蒙古包；有可供游客自主采摘体验农家生活的果园枸杞园、蔬菜园、家禽、家畜养殖园；自助啤酒烧烤、农家土灶炖肉等。

（吴 鹏）

【龙泉山庄】 四星级农家乐。位于中宁县物流园区。有养殖水面120多亩,林果种植150多亩,是集园林绿化、农业观光、休闲娱乐为一体综合性文化休闲旅游区,共计投资2487余万元,栽植各类树木2万株,景点有枸杞园、水果采摘园、垂钓中心、龙泉湖游、龙泉饭庄、停车场等,开展果园采摘、休闲垂钓、划船、烧烤、餐饮、KTV、篝火晚会、田园采摘等服务项目。

(吴　鹏)

【童家山庄】　中卫童家山庄地处中卫市迎水镇沙坡头新村。位于国家5A级沙坡头旅游区东1公里处。是集餐饮、休闲、观光、娱乐的一体化服务的经济实体。主要有黄河特色水产(黄河鲤鱼,鲶鱼,河虾等);野菜(沙葱,苦菜,蒸艾);无公害绿色蔬菜(自摘自采)。

(吴　鹏)

【中卫香山生态农庄】　位于中卫黄河大桥南面山顶,距离中卫市区2公里。农庄备有大功率音响、投影机等设备,可供游客娱乐歌唱。有5处可以容纳10个人之内的KTV包间,1处可以容纳40人的KTV包间,1处可以容纳80人的大型多功能KTV大厅,可以同时接待200人就餐,可以接待70人住宿。

(吴　鹏)

【沙漠人家四合院】　位于距中卫市区12.5公里腾格里沙漠边缘地带。是集观赏仿古四合院、品味地方特色饮食、观光沙漠现代设施农业为一体的旅游体验式餐厅。拥有传统的四合院式建筑风格的中式豪华雅座6间(其中包含2间餐饮、麻将、住宿为一体的豪华套间)、可同时容纳40人现代豪华KTV包厢1间、沙漠有机种植观光大棚、600坪中式山水后花园等。

(吴　鹏)

【国盛生态园】　位于中宁县恩和镇红梧山幸福村,距县城12公里,是中宁县唯一一家集休闲、度假、游乐为一体的大型综合性旅游景区,景区占地面积33万平方米,总投资近1亿元,国家3A级景区和4星级农家乐。设有高档会所、餐厅、酒吧、KTV、健身房、住宿等休闲度假设施;游泳馆、羽毛球馆、蜡像馆、9D影院、摩天轮、大摆锤、飞旋转盘、疯狂老鼠、摇头飞椅、遨游太空、灯光秀、恐龙乐园、魔鬼洞、淘气堡、碰碰车、水上乐园等娱乐项目。

(吴　鹏)

【鱼悦生态休闲农庄】　三星级农家乐,位于海原县西安镇付套行政村付套自然村,距县城约19公里左右。农庄依托中卫市永久性蔬菜基地,基地占地面积280亩,72个大棚,集农家采摘、休闲垂钓为一体。农庄占地面积约0.7公顷,投资300余万元用于建设集鱼塘、餐饮、娱乐、住宿为一体的休闲农庄,其中,鱼塘占地约0.27公顷,餐饮、娱乐、住宿的三层楼一幢,约800平方米,停车场大致面积约500平方米,农庄鱼塘可供约50人同时垂钓,餐饮可同时容纳100人就餐,并有客房6间,二楼娱乐KTV包间共有5间,可供70多人唱歌娱乐。签约采摘大棚共有50座。能采摘小番茄、小西瓜、小香瓜、草莓、各色新鲜蔬菜等,可容纳300多人采摘农产品。

(吴　鹏)

【盛世休闲生态农庄】　三星级农家乐,位于海原县海城镇南华山下山门新村,距县城4公里,2016年2月开业。规划面积30亩,建筑面积900平方米。有餐厅、KTV娱乐,主营生态烤全羊、黄米馓饭、荞麦搅团等特色农家菜及小吃。年接待人数2.5万人次。累计投入250万元。

(吴　鹏)

【百果农庄】　三星级农家乐,位于中宁县大战场镇石喇叭村红宝农林牧产品开发有限公司西北角,建筑面积1080平方米,其中客房18间,餐厅6间,是集餐饮、住宿于一体的农家乐园,园区内是集经果林种植、畜牧养殖、粮油加工、枸杞种植、烘干、加工、销售、健康养老、农家乐园、素食开发、亲子种植、养殖文化旅游于一体的一、二、三产业相融合的现代农业企业,累计投入400万元。

(吴　鹏)

财政税务

财 政

【概况】 2018年全市财政一般公共预算收入完成22.62亿元，为预算的89.3%，同口径增长8.2%，其中，市级一般公共预算收入完成11.06亿元，为预算的100.2%，同口径增长8.5%。一般公共预算支出完成162.61亿元，为变动预算的97.6%，同比增长3.8%，其中，市级一般公共预算支出完成59.88亿元，为变动预算的95.3%，同比增长0.2%。政府性基金预算收入完成7.71亿元，为预算的90.7%；政府性基金预算支出完成15.66亿元，为变动预算的96.4%。

（杨舒婷）

【服务发展】 加大组织收入，落实各项减税降费优惠政策的同时，按照年初预算安排和目标责任要求，定期组织召开财税等部门季度联席工作会议，准确研判收入形势，加强重点行业、重点企业、重点项目和重点税种监控，采取针对性的征缴措施。密切配合税务、水务、环保做好水资源税和环境保护税的改革征收工作，顺利完成人代会确定的目标任务。积极争取资金，早对接、勤汇报、争主动，全年共向上争取各类补助收入44.78亿元。先后争取地方政府新增债券5.93亿元和置换债券9.2亿元，有力保障市委、市政府确定的重大项目建设和到期债务偿还资金需求。盘活存量资金，按照相关规定及"归口统筹、归口使用"原则，全年共清理盘活部门存量资金5287万元，全部用于已建或在建的政府重点项目工程款。

（杨舒婷）

【推进产业转型】 支持工业转型升级，拨付资金9100万元用于企业"双创"示范建设、技改综合奖补、中小企业及非公经济发展。提高特色农业质效，拨付资金6.05亿元用于现代农业发展奖补、富硒及特色产业补助、基本农田水利建设。发展全域旅游产业，拨付资金7394万元用于宣传营销、景区生态修复、专列补助及基础设施项目建设。加快新旧动能转换，拨付资金1.01亿元用于沿黄试验区科技创新、云计算及军民融合产业、"科技兴宁"东西部合作项目。推进城乡一体化发展，拨付资金1.99亿元用于道路基础设施、航线补贴、城市公交和城乡客运一体化项目建设。拨付资金2.31亿元用于城乡环保整治、园区低成本化改造、棚户区改造及高铁商圈项目建设。加大招商引资力度，拨付资金4881万元用于外贸内陆运输费用补贴、外经贸和商务发展、重要产品追溯体系示范项目建设等。

（杨舒婷）

【服务民生】 提高教育发展质量，拨付资金6.36亿元，补助义务教育阶段公用经费、预算内生均公用经费、家庭经济困难寄宿生生活费、普通高中助学金、沙坡头区69所农村中小学冬季采暖等资金需求。完善城乡社保体系，拨付资金3.05亿元，补助沙坡头区被征地农民参加养老保险经费，化解退休人员职工医疗保险历史遗留问题，保障城乡居民养老保险和基础养老金增调、城乡居民医疗保险补助等。提升医疗服务保障，拨付资金3.58亿元，用于市中医院迁建、妇幼保健和计划生育服务中心等项目建设，支持公立医院改革、建档立卡贫困户城乡居民大病保险及医疗救助政府兜底。支持就业创业工作，拨付资金8595万元，用于劳动力技能培训、公益性岗位、灵活就业人员社保、实习大学生生活补助等。支持下岗失业人员和农村妇女创业小额担保贷款，全年发放贷款9.27亿元，财政贴息2203万元。促进民生事业发展，拨付资金4025万元，用于市慈爱康复中心、残疾人康复中心、救灾物资储备仓库等项目建设，拨付资金164万元支持智力精神障碍儿童康复、重度残疾人居家托养、农村残疾人扶持基地建设等公益事业项目。

（杨舒婷）

【财政管理】 一是加强预算管理，配合人大监督工作，协助建立预算联网监督系统，增强预决算审查监督实效。修订完善《中卫市关于进一步加强财政资金管理的意见》，规范财政预算收支。开展财政绩效管理工作，组织第三方中介服务机构资格招标活动。二是加大信息公开，100%公开市直62个部门及下属142个单位预算信息，及时公开71个预算单位的部门决算及财政总决算文字分析说明和报表数据，加大教育、医疗卫生、社保、"三农"、保障性住房等专项资金信息公开力度，涉及资金9.92亿元。三是深化集中支付，全年统发197个单位9326人工资及各项补贴5.66亿元，发送工资单信息7.44万条。代扣代缴各类资金9979万元，审核通过18136笔授权支付资金，变更43个预算印章52枚。及时在财政管理一体化信息系统中调整部分预算单位和人员权限，强制公务卡报销10225笔结算金额4457万元。四是强化债务管控，出台中卫市防范化解政府性债务风险工作实施方案、市本级防范化解政府隐性债务风险实施方案等，按照最新统计口径，对隐性债务进行清理核实，明确隐性债务化解任务目标、分年计划和责任分工。筹集资金14.63亿元，对存量债务进行消化。五是加快国资国企改革，逐步完善法人治理结构，探索国有企业负责人薪酬试点改革。强化国企财务监督和国有股权管理，全面完成"三供一业"分离移交工作。严格产权转让，公开招标确定15家资产评估机构入围服务。规范公车管理，办理保留的73辆公务用车过户手续，规范处置4辆上缴车辆，配合车改办做好事业单位和国有企业公车改革相关工作。六是深化法制财政建设，强化会计信息质量检查、专项抽查、内控制度执行等财政监督工作，出台《关于进一步规范政府采购管理工作的意见》，全年完成采购项目161个，资金节约率为9.9%。组织开展初级会计资格无纸化考试、会计制度培训、《宪法》宣誓及学习考试、法制宣传周等活动，助推"七五"普法纵深开展。 （杨舒婷）

【精准扶贫】 一是强化扶贫资金管理，及时拨付2018年自治区扶贫专项资金16647万元、全市特困家庭三本以上在校大学生2609人"离土"扶持资金1304.5万元。清理出"十二五"生态移民结余资金933.41万元、财政专项扶贫结余资金502.47万元，全部整合用于沙坡头区移民产业发展项目。严把财政扶贫资金安排公开、拨付审核、项目采购和事前事后监督"四个关口"，确保扶贫资金安全高效使用。开发推行"扶贫资金使用单位实有资金账户管理系统"，切实加强扶贫资金监管和事后统计分析。认真落实扶贫领域作风问题专项治理暨"脱贫攻坚作风建设年"要求，深入查摆并整改落实存在的突出问题。二是加大金融扶贫力度，召开全市金融扶贫小额信贷业务督查通报会、培训会及扶贫领域作风问题专项治理推进会等，制发《金融扶贫工作方案》和金融扶贫任务清单，与相关银行签订目标责任书。筹措2.01亿元建立扶贫小额贷款风险补偿金，累计发放扶贫小额贷款14.33亿元，建档立卡贫困户贷款覆盖率达88%，户均贷款4.6万元。三是落实定点帮扶责任，坚持领导干部驻村蹲点调研制度，帮助群众解难纾困。高度重视"廉情诊所""坐诊"活动，倾听群众意见建议。驻村书记和工作队坚决扛起精准帮扶责任，长期扎根海原县关桥乡冯湾村，突出做好党建引领、产业发展、信贷担保、补齐短板、帮贫扶困、文明创建、政策宣传等各项工作。帮扶干部常态化进村入户，密切关注各季度收入，及时分析原因，做到底子清、户情熟。局党总支联合冯湾村党支部开展"支部主题党日"活动，慰问困难老党员10户，发放慰问金5000元，给村部购买GPS土地测量仪及驻村干部冬季采暖煤炭。 （杨舒婷）

【党建工作】 加强党对财政工作的全面领导，严格履行班子及班子成员在抓意识形态、党的建设、党风廉政、扫黑除恶专项斗争等工作的主体责任和"一岗双责"，整改落实中央、区、市党委巡视巡察反馈问题、严格执行八项规定精神自查自纠、民主生活会梳理问题等40余项。一是落实"三会一课"等制度，加强支部规范化建设，巩固四星级基层服务型党组织，发展新党员3名，机关党的建设在中卫市基层党建工作会议上作经验交流。二是强化思想理论武装，采取班子带头学、组织集中学、干部个人学、专题研讨学等方式，深入学习宣传贯彻落实党和国家大政方针政策及区、市党委、市政府重大决策部署，年内中心组集中学习12次，形成学习报告12篇。组织"财政大讲堂"10期、"微课堂"52期，干部人均撰写心得体会6篇。三是深化精神文明建设，组织开展创城志愿服务、爱国卫生日、自治区60大庆成果展览、警示教育、全民健身等活动，继续保持国家和自治区文明单位称号，积极争取自治区巾帼文明岗、中卫市五四红旗团支部，先后在税收增长、财政总决算、预算执行分析、工会目标管理、精神文明建设等工作中获得17项荣誉。

（杨舒婷）

税 收

【概况】 国家税务总局中卫市税务局于2018年7月5日正式挂牌成立。全市税务系统现有在职干部职工542人，平均年龄41岁。市税务局机关内设25个科室，其中，15个内设机构、4个另设机构、3个派出机构、3个事业单位，下辖沙坡头区税务局、中宁县税务局、海原县税务局和海兴开发区税务局。负责增值税、消费税、企业所得税、个人所得税等18个税种，教育费附加、文化事业建设费、企业职工基本养老保险基金等13个费种，39585户纳税人的税费征管工作。

（田 娜）

【组织收入】 2018年，全市税务系统累计完成各项收入70.9亿元，其中，税收收入入库38.9亿元，同口径增长3%（完成地方级税收收入22.6亿元，为年度地方级收入目标的100.1%）；社保费入库29亿元，同口径增长22.4%，完成年度社保费预算任务的175%；其他非税收入入库3.5亿元。全年累计减免各类税款14.9亿元，减免力度达到38.4%。

（田 娜）

【征管改革】 7月5日，中卫市税务局挂牌成立，7月20日下辖4个县（区）税务局，16个基层税务分局（税务所）挂牌成立，10月25日"三定暂行"规定全部落实到位，全市税务系统542名干部职工顺利到岗有序工作，市税务局和各县（区）税务局党组改设党委全面完成，党支部、群团组织相继改选到位，社保费和非税收入征管职责划转工作稳妥有序进行。

（田 娜）

【纳税服务】 推进"放管服"改革，助力优化税收营商环境。简化纳税人设立、迁移、注销手续，精简涉税资料报送，全面推行涉税资料电子化，便利市场主体自由迁移和退出。有效整合办税服务厅资源，持续开展"便民办税春风行动"，共推出5类17项46条便民办税举措。实施"不见面马上办"事项37项，深化自助办税，支持民营企业发展，主动向纳税人问计问需，扎实推进"银税互动"。中卫市纳税人满意度在全区5个地级市中排名第二，纳税人满意度综合得分高于全国平均水平。

（田 娜）

【队伍建设】 坚持用公心管人管事。在干部提拔任用、评先选优上看作风、看实绩、看表现，公平公正地让群众公认的同志脱颖而出。坚持用绩效管人管事。制定并实施组织绩效、个人绩效、班子成员个人绩效等4个办法，强化对考评结果的运用，起到激励先进，鞭策后进的作用。坚持用厚爱带人带队。向中卫市委宣传部、纪委监委输送3名副科级干部，拓展干部成长空间。开展户外拓展、趣味运动会等文体活动，开展"走出去+引进来"干部教育培训，投入大量资金加强基础设施建设，从各个方面关心爱护干部职工，干部的向心力、凝聚力、爆发力得到了极大释放。

（田 娜）

【党的建设】 实施"三强九严"工程，制定党委工作规则和行政工作规则，制定党建工作责任清单、问责清单。成立党建工作领导小组，确定基层党建联系点，配齐配强党建工作人员。加强基层党组织建设，争创三星级以上党支部18个。按照标准化、规范化的要求，建成机关党员活动室。严肃党内政治生活，开展组织生活会和民主生活会，严格"1+4+X"主题党日。创新党建载体，推进"党建+"品牌建设。开展廉政警示教育，营造廉洁从税的浓厚氛围。开展群众评议机关作风和"机关作风在线"活动，坚决落实中央"八项规定"及实施细则精神，纪律和作风建设成果得到持续巩固。

（田 娜）

金融保险

人民银行中卫市中心支行

【概况】 中国人民银行中卫市中心支行成立于2005年8月5日,是中国人民银行的派出机构,肩负着《中国人民银行法》所赋予的贯彻执行货币政策、防范和化解金融风险、维护辖区金融稳定职能。内设14个职能科室:办公室、货币信贷管理科、调查统计科、会计财务科、支付结算科、科技科、货币金银科、国库科、人事科、反洗钱科、外汇管理科、宣传群工部、纪委监察室、保卫科,共有在册职工102人。2018年,中国人民银行中卫市中心支行以贯彻执行稳健的货币政策为主线,坚持"服务实体经济,防控金融风险,深化金融改革"三大任务,积极适应经济金融发展新形势、新任务、新要求,固本强基、锐意进取,较好地完成全年各项工作任务。 （刘晓峰）

【货币政策执行】 加强窗口指导和宏观审慎管理,发挥支农再贷款、扶贫再贷款等货币政策工具的定向调控作用和正向激励机制,引导信贷资金重点支持"三农"、扶贫、小微企业等重点领域和薄弱环节。一是推动"两权"抵押贷款试点工作。督促地方政府加快风险补偿、流转处置等配套制度建设,宣传推广试点经验模式,提高"两权"抵押贷款的覆盖面。截至年末,中卫市累计发放农村承包土地经营权抵押贷款13054笔,余额1.6095亿元,较年初增长0.2632亿元,同比增长19.55%,推动政府设立1500万元农村土地承包经营权抵押贷款风险基金。二是积极破解实体经济融资难题。认真贯彻落实中央关于推动民营企业、小微企业发展的一系列政策措施,认真梳理金融支持民营企业发展的信贷产品,制定《中卫市深化民营企业金融服务工作手册》,组织召开深化民营企业金融服务调研座谈会、推进会,实施应收账款融资创新专项行动,提升重点领域金融服务和保障水平。截至年末,已通过应收账款融资服务平台达成22笔融资业务,金额达35.13亿元,同比增长64.5%,有效缓解小微及民营企业融资难题。三是积极支持金融回归实体经济。围绕重点领域和薄弱环节,建立重点工作"清单制",积极为辖区经济金融发展"求医把脉"。认真落实4次定向降准政策,直接增加非县域农村商业银行可贷资金近2.33亿元。截至年末,中卫市人民币各项存款余额为532.41亿元,同比增长5.03%;人民币各项贷款余额为455.51亿元,同比增长0.05%。其中,涉农贷款余额284.02亿元,占全部贷款余额的62.35%,同比减少0.19%;小微企业贷款余额78.93亿元,占全部贷款余额的17.33%,同比减少12.03%。
（刘晓峰）

【金融运行】 完成《2017年中卫市金融稳定报告》编纂工作,组织实施宏观审慎评估（MPA）,开展辖区金融机构央行评级及保费收缴等工作,加强存款保险评级结果的运用。积极组织各银行业金融机构对辖区铁合金、枸杞以及涉及地方政府项目等重点行业和领域的互担互保信贷风险进行全面排查,督促金融机构做好风险监测和对已发放贷款的贷后管理,摸清辖区内的风险底数,有效维护区域金融稳定。通过以查代训、集中点评、约见谈话等方式,提示外汇银行存在的各类风险隐患,防范外汇业务风险。 （刘晓峰）

【金融服务】 制定《中卫辖区银行账户开户许可证核发服务指南》,实现账户行政许可标准化办理。打造移动支付便民示范工程,实现"云闪付"在中卫大型菜市场、公交车上的运用,完成中卫市中支"云闪付"党费通的场景应用,截至年末,移动支付累计交易笔数39.03万笔,金额10808万元。将助农取款服务点打造成"农村金融综合服务站",改善农村金融服务环境。圆满完成二代TIPS系统上线工作,推动海原县代理支库成功上线TCBS系统,实现国库业务退、更、免全面电子化,国库信息化建设取得新突破。夯实金融精准扶贫贷款和绿色贷款专项统计制度基础,建立有效的绿色信贷考核评价体系。完成辖区社会化清分工作,搭建二维码整袋交接系统、硬币自循环调剂系统。推广反假货币"3+1"金融扶贫模式,构建反假货币工作新机制,确保流通中人民币结构合理、票面整洁。

(刘晓峰)

中卫银监分局

【概况】 2018年,中卫银行业机构资产总额631.84亿元,比年初增加28.99亿元,同比增长4.81%;负债总额599.98亿元,比年初增加29.33亿元,同比增长5.14%;所有者权益31.85亿元,实现净利润8.87亿元。

【风险防控】 通过下发非现场监管提示、现场督导调研、组建债权人委员会等形式督促辖区银行机构处置存量不良贷款8.76亿元。紧盯重点行业、企业经营和授信风险变化情况,年内现场督导调研6次,下发监管提示35份,约谈银行高管23人次。开展深化整治银行业市场乱象工作,召开推进会2次,督察发现问题9个,涉及1650户1685笔、金额6.97亿元,行政处罚机构1家,罚款25万元。

【金融服务】 督导银行机构对全市197户规上民营企业中的56户困难企业制定"一企一策"支持措施,研究部署支持民营、小微企业工作有力措施。督导银行机构支持重大战略和重点工程,持续改进小微企业及三农金融服务,加大精准扶贫力度。年末,辖区银行业金融机构小微企业贷款余额159.76亿元,涉农贷款余额258.29亿元,扶贫贷款余额60.8亿元。

【改革创新】 推动建设银行海原支行筹建,石嘴山银行海原支行完成筹建、开业工作,海原农联社改制农商行工作进入上报筹建资料的阶段。年内共受理审查行政许可事项23项。对辖区法人银行机构开展股东股权乱象专项排查整治工作,组织辖区农商行开展"公司治理年"活动,推动公司治理健全完善。开展调查研究,撰写各类信息180篇,被上级采用91篇,编发《中卫日报》专版11期。

【党建工作】 组织召开党委会、专题会及局长办公会,及时研究解决重大问题及监管疑难问题,推动各项工作拓面提质。配齐、配强党总支、党支部党务干部,严格落实"三会一课"制度,常态化开展主题党日活动,夯实党支部建设。创新提出以"六双"为内容的全年党建中心工作,即双学(学党章党规,学党的十九大精神和习近平新时代中国特色社会主义思想)、双誓(向宪法宣誓、重温入党誓词宣誓)、双建(建设先进基层党组织、建设模范职工之家)、双比(比EAST系统运用,比监管工作业绩)、双助(助推普惠金融暨精准扶贫、助推青年成长成才)、双带(带头服务实体经济、带头严格依法监管),推进党建与监管业务深度融合、良性互动。

农业发展银行中卫支行

【概况】 中国农业发展银行中卫市支行属国有农业政策性银行的分支机构,现有正式职工21人,内设二部一室(即信贷业务部、会计结算部和办公室)。2018年,支行深入学习贯彻党的十九大精神和习近平新时代中国特色社会主义思想,认真贯彻落实总、分行一系列决策部署,真抓实干、砥砺奋进。上一年,支行迁入新营业办公楼办公,成功营销中卫高铁南站大桥PPP项目,"三不七比"支部党建工作法初见成效,干部员工队伍建设精神面貌明显改善,团队执行力、战斗力显著增强。

(白 涛)

【业务经营】 截至2018年年末,支行在中卫地区投入资金总额246554.98万元。其中,贷款余额143724.98万元;粮食收储14400万元;投后管理的农发重点建设基金项目为19个,投资余额88430万元。全年各项存款余额73542万元。

(白 涛)

【粮食收储】 一是完成地方储备粮轮换计划。二是配合区分行营业部做好跨年度收购资金与夏秋粮收购资金的供应与管理工作。三是如期完成地方储备粮油贷款"统贷统还"资金划拨和库存监管工作。四是密切关注市级储备粮承储企业改制进度,切实抓好中卫市市、县两级储备粮贷款营销工作。 (白 涛)

【项目贷款转型】 受地方政府债务清理和财政部规范金融机构融资行为等影响,支行积极转变观念,围绕政府重点建设项目规划,成功营销中卫黄河大桥高铁南站PPP项目,审批金额4.9亿元,当年累计发放贷款5550万元。开展新项目营销。一是实地查看宁夏汇霖农业公司峡门水库建设项目、沐沙牧业、海原长隆公司蔬菜大棚建设项目、海原县中沙绿城公司薯类及小杂粮收购等十余家涉农企业情况,做好贷款营销的储备工作。二是参加中卫市和海原县项目推介会及政银企座谈会,积极宣介支行创新领域相关信贷政策。

(白 涛)

【基金投后管理】 一是做好基金专项审计发现问题整改工作,截至年末,支行已将总分行基金专项审计发现问题全部整改到位,整改率达100%。二是加快农发重点建设基金支付工作,确保基金支付发挥实效,截至年末,累计支付农发重点建设基金88046.17万元,支付比例达99.45%,累计收回基金投资收益2620.40万元,收回率达100%。三是根据基金投后管理信息系统上线运行和贷后检查尽职管理系统上线运行的通知,补录19个项目资料。 （白 涛）

【收贷收息】 2018年,中长期贷款应收回10841.06万元,实际收回31506.06万元（提前收回海原县2017年脱贫攻坚危房改造项目贷款16800万元,中卫市启源房地产开发有限公司提前归还沙坡头区棚户区改造贷款2200万元,中卫市西关村棚户区改造安置住房项目贷款4840万元）,应收回利息7353万元,实际收回7347万元（未收回6万元为中央和地方财政共同贴息新挂账贷款补贴资金未及时到位）,利息收回率达99.92%。 （白 涛）

【资金计划管理】 一是狠抓统计基础工作,大力倡导"零差错"工作目标,实行报表双人复核制度,全面提高统计数据质量。二是根据区分行要求,并按月、按季做好贷款计划编报工作,力求信贷计划编报和执行的准确性。三是加强资金日常调拨管理,以资金头寸管理系统上线为契机,严控资金头寸,努力提高资金使用效益。四是加强沟通与协调,认真履行财政补贴资金代理拨付职责,积极配合中卫市财政部门做好各项补贴资金的管理和拨付工作。五是认真开展资金计划条线业务自查工作,确保条线业务正常开展。 （白 涛）

【会计核算】 加强会计基础管理。一是将会计基础工作目标分岗位、分人员细化,会计主管负责落实责任人并按时督办,主管副行长亲自抽查、过问完成情况。二是规范综合业务系统操作流程,严把录入、审核、授权关,从源头上减少因操作失误而导致的差错。三是严格内部管理。按照IC卡使用、管理有关规定,坚持一人一卡,按照"谁使用、谁管理、谁负责"的原则,严格规范IC卡使用。四是严格按规定的频度、范围做好银企、同业、人行等对账工作,将开户企业按性质划分重点账户与普通账户进行管理。五是按季上报各类报表,准确计提各项税金,及时进行账务处理,确保全年各项税金计提金额准确无误,账务处理规范有效。 （白 涛）

【反洗钱工作】 一是强化制度落实,规范反洗钱管理系统操作,确保大额交易上报和可疑交易排除的有效性和及时性,提升数据报送质量。二是对于新开户的企业及时做好客户风险评级工作,并按时上报各类报表、报告等。三是利用晨会、周五学习等形式,有计划有重点的组织员工学习相关制度、办法、法律法规,并对典型案例进行讨论交流,切实提高全员的反洗钱政策理论水平,目前已有4人取得相关证书。四是全年组织安排反洗钱宣传3次,得到了客户和群众的好评。 （白 涛）

【财务收支管理】 一是严格财务收支审批流程。及时召开当月财审委会议,研究决定当月各项支出的财务事项,加强对会议费、差旅费、培训费、宣传费、业务招待费的列支管理,强化业务管理费均衡列支。二是严格财务费用管理。认真执行中央八项规定,严把各项费用支出关和审批关,严格遵守财经纪律,坚持勤俭办行的思想,推动财务规范化管理;认真落实财务公开和重大财务支出事项集体研究制度,规范财务审批程序,强化财务监督,保证各项财务制度的全面落实;严控财务费用,在年末前对所有的费用开支进行严格测算,坚持讲经营、控成本,严格执行中央及总分行厉行节约、反对浪费的各项规定。三是合理使用经费限额。全年没有超限额情况发生,经费大额支取,必须经过内部审批,做到财务经费核算准确、合规,科目列支准确无误。 （白 涛）

【党的建设】 践行"三不七比"支部工作法。年初,支行党支部成立"2018年党建工作领导小组",发文推行"三不七比"支部工作法,形成"点（360度绩效考核）、片（部门工作考核）、面（企业文化建设）"建设体系,首次提出并修订印发《中卫市支行员工360度绩效考评办法》和《中卫市支行部门管理考评办法》。切实把抓党建工作与业务工作摆在同等重要位置。2018年,共组织支部委员讲党课3次,中心组学习10次,中心组成员发言20人次,党员学习14次。坚持开展"主题党日"系列活动,让"党味"浓起来。 （白 涛）

【存款营销】 一是运用与地方政府和融资企业的良好合作关系,继续作为地方政府2018年棚改重点建设项目工程建设前期工程招标保证金代理行,2018年累计营销4个项目建设招标保证金,汇入金额达5.7亿元,剔除政策调整导致2.1亿元保证金提前支取因素外,目前账面仍结余保证金1.1亿元。二是支行以财政性存款营销为着力点,积极向地方政府主要领导汇报沟通,争取地方政府在财政存款方面的支持,2018年累计营销各项财政存款10.57亿元,其中,财政偿债资金6.75亿元,财政项目基建资金3.82亿元。三是支行存款、贷款"两手抓",在积极推动项目贷款营销的同时,以最大限度吸收企业项目资本金、项目配套自有资金和项目关联客户存款,2018年累计营销项目关联存款0.21亿元。　　　(白　涛)

工商银行中卫支行

【概况】　2018年,中国工商银行股份有限公司中卫支行内设机构3部1室,下辖营业室、东街分理处、北街支行、文昌支行两个二级支行,并设有东道口、南街离行式、西街、创业城和应理南街自助银行5个。全行现有在岗人员85人。各项业务协调推进,继续保持平稳健康发展势头。　　　　　　(王红兵)

【经营效益】　截至年末,实现拨备前利润4547万元;中间业务收入1263万元。　　(王红兵)

【精细化管理】　一是按照分行和银监部门"深化整治银行业市场乱象"工作要求,开展"八大领域+2"案件风险排查、"合规养成　警示教育""学习监管规则　强化制度执行""内控案防巩固提升暨固本强化年""业务运营屡查屡犯风险专项治理""扫黑除恶专项斗争""涉嫌非法集资风险专项排查"等主题和专项活动。二是深入开展行风评议和文明单位复评验收活动。三是强化操作操作风险管控和业务运营风险核查精细化管理。四是通过东街分理处迁址升格和北街支行装修打造、绩效考核办法修订完善、青年人才选拔培养、为员工办十大实事和建立班子成员包扶网点制度等系列举措的推陈出新,提振员工士气,增强队伍的凝聚力。五是高度重视资产质量稳控,坚持管控风险源头和压降不良贷款两手抓。　　(王红兵)

【零售业务】　截至年末,储蓄存款时点、日均均保持正增长,储蓄存款同业竞争实力不断增强。银行卡各项业务均衡发展,网络金融专项金融指标均位居分行前列。　　　　　　　　　　　　　(王红兵)

【国际业务】　全年办理国际业务1119万欧元,折合1357美元国际结算业务,折合人民币约8656万元;累计销售实物贵金属近12公斤,实现中间业务收入30余万元,销量排名全辖第二。　(王红兵)

农业银行中卫分行

【概况】　中国农业银行股份有限公司中卫分行内设5部;下辖11个经营网点(其中,乡镇网点占全行网点45%),是四大国有银行中网点覆盖乡镇最多的金融机构。截至2018年年末,各项存款余额28.6亿元,各项贷款余额23.6亿元。2018年,中卫分行持续增强"三农"金融服务能力,在支持供给侧结构性改革、扶持实体经济、支持"三农"发展、做好金融扶贫、加强生态保护、促进民生改善等方面践行着国有大型商业银行的社会责任。　　　　(夏　锋)

【普惠金融】　在全市农村实施"金穗惠农通"工程。截至2018年年底,已在全市乡镇、农村累计设立34个"惠农通"服务点,覆盖100%的乡镇和50%的行政村,使广大农民足不出户就能办理金融业务,真正建立起金融服务"高速路",打通农村金融服务的"最后一公里";与"惠农通"服务点相辅相成的是"惠农e贷"和"惠农e付"产品,"三足鼎立"的服务优势和产品优势让农民真真切切地感受到互联网金融的魅力。同时,创新开发可循环使用的"微易贷"、针对科技型企业的"科创贷"、支持优秀纳税企业的"税银通"、纯信用方式的"微捷贷"等产品,为小微企业提供多种融资方式。并向小微企业累计投放贷款3亿元,解决小微企业续贷和担保等难题。　　(夏　锋)

【服务"三农"】　中卫分行高度关注当地特色农业产业发展,以农业产业化为主题,围绕菜、果、畜几大商品基地,做好上下游相关产业和实体经济的支持培育。累计投放各类涉农贷款13亿元,其中,投放资金5亿元支持香山、兴仁地区"硒砂瓜"产业集中连片发展;投放资金2亿元支持南山台苹果产业基地建设;向"农业产业化龙头企业"投放资金4亿元,解决畜牧产业不成规模、果农产业流通难的问题。投放资金2亿元支持沙坡头区农民农村生产经营、农村妇女创业、家庭农场及专业大户生产经营和增收致富。同时,创新推出金融服务产品"硒砂瓜e贷""枸杞贷"等新业务,辐射带动各乡镇劳动者就业创业。

(夏　锋)

【精准扶贫】　2018年,中卫分行继续发挥金融扶贫主力军作用,从信贷政策、信贷项目、金融科技、信息等方面给予"金融扶贫"大力支持。累计发放扶贫贷款8851余万元。全力支持中卫地区硒砂瓜、高酸苹果、枸杞产业等天然绿色食品逐渐映入国民眼帘。

(夏　锋)

【助力地方经济】　中卫分行结合地区发展实际,立足自身行业优势、网络优势及产品优势,加大金融服务支持地方经济社会发展力度,以信贷之力点燃经济发展引擎。仅在交通运输、城市基础设施建设、旅游产业、新能源等与民生建设息息相关的行业授信总量就超过10亿元,支持中卫高铁站建设、乌玛高速复线等区内多条铁路建设和中卫市综合交通运输网络国家高速公路网区内路段的建设,助推"三环八射九联"格局的形成。同时,抓住中卫市城镇化建设、工业园区、美丽乡村建设等带来的新机遇,先后向工业、科技企业累计投放贷款2亿元,帮助陶瓷产业龙头、云计算战略新兴行业等关键重点民营企业纾困;向城市基础设施及公益事业累计投放贷款4亿元;支持全市地下排水系统官网的构建、助推"房子是用来住的、不是用来炒的"格局初步形成。 （夏　锋）

【社会责任】 中卫分行多措并举,优化营业网点服务环境,在城区网点设立"文明驿站""学雷锋志愿服务站"和"学雷锋志愿服务柜台",提升服务档次与服务水平,以实际行动为中卫市"双创"工作贡献力量。同时,中卫分行深入定点帮扶贫困村——兴仁镇团结村开展帮扶活动,向其捐赠3万元人居环境整治专项资金,助力村容村貌、户容户貌提升。 （夏　锋）

中国银行中卫分行

【概况】 中国银行股份有限公司中卫分行由综合管理部、公司金融部、个人金融部、内控风险部4个部门组成,全行下辖3个营业网点,分别为营业部、东街支行、中宁支行。共有员工65人,党员25人,占员工总数的38.46%;团员23人,占员工总数的35.38%。在岗员工中男性22人,占比33.85%,女性43人,占比66.15%;大学学历42人,占比64.62%,大专学历14人,占比21.53%;在职员工平均年龄37岁;其中,男性平均年龄44岁,女性平均年龄34岁。截至2018年年末,分行人民币客户存款日均余额109224万元(含理财),较2017年年末新增16640万元,同比增幅17.97%。其中,公司存款较2017年年末新增11821万元,同比增幅21.20%;个人存款较2017年年末新增4819万元,同比增幅13.08%;人民币客户存款时点余额139952万元,较2017年年末时点新增40228万元,其中,公司存款较上年末增加39672万元,个人存款增加556万元。实现营业收入4036.97万元,比2017年同期下降66.65万元,降幅1.62%;实现净利润-6188.52万元,比同期下降7305.30万元,降幅654.14%。 （万　洁）

【业务发展】 2018年年末,各项贷款余额为112356万元,其中,公司贷款73766万元,个人贷款38590万元。涉农贷款4743万元。从公司贷款行业投向看,房地产业22850万元,占比20.34%;制造业23433万元,占比20.86%;建筑业3700万元,占比3.29%;农林牧业3553万元,占比3.16%;电力、燃气及水的生产和供应业4610万元,占比4.10%;医疗卫生业2990万元,占比2.66%;批发零售业6336万元,占比5.64%;住宿和餐饮业4310万元,占比3.84%;水利、环境和公共设施管理业1499万元,占比1.33%;交通运输、仓储和邮政业485万元,占比0.43%。 （万　洁）

【风险内控管理】 认真组织开展员工异常行为排查,重点关注员工行为异常、社交异常、收入异常和家族状况异常等情况。重视对员工的培训教育,将教育培训作为案件防控工作的重要内容,重视员工的"八小时"之外的异常行为排查。加强反洗钱管理,提升反洗钱管控水平。认真落实"谁的客户谁负责""谁的业务谁负责"的原则,督导客户信息治理和尽职调查工作,把好客户准入关口,完善客户退出机制;切实开展客户尽职调查和客户分类管理,提高可疑交易报告工作有效性。进一步加强对重点岗位、重点环节、重点业务的监控检查力度,全面开展轮岗和强制休假工作,严禁员工涉及黄、赌、毒以及民间借贷、非法融资活动等行为,发现问题及时查处,尽最大可能消除风险隐患,确保客户及支行资金安全。 （万　洁）

建设银行中卫分行

【概况】 建行中卫分行原为中卫支行,于2012年11月由区分行报经监管部门审批,升格为中卫分行。现有在职员工127人,平均年龄41.4岁;共有内设部门8个(综合管理部、财务会计部、纪检监察部、公司业务部、个人金融部、风险管理部、个人贷款中心、信用卡中心)。营业网点6家(海原支行、营业部、东关支行、南街支行、鼓楼西街支行、文化广场支行)。轻型银行1个(沙坡头新镇),自助银行14个,自助设备ATM机55台,智慧柜员机34台。2018年,在5个网点布设"劳动者港湾",为环卫工人、交警、外卖小哥等提供休息的场所,全面推进网点服务资源对公众开放,打造服务民生的新品牌。2018年,分行营业部被中银协评为"千佳网点"。截至2018年年末,建行中卫分行一般性存款、对公存款、个人存款时点余额分别为47.66、27.26、20.4亿元,四行占位均为第1位,市场占比分别为46%、50%、42%。各项贷款余额32.64

亿元,四行占位第一,市场占比42%。全年实现中间业务净收入4270万元,同比增长316万元,四行占位第一,市场占比51.6%。公司机构全量客户数3471户,个人全量客户数240647户,信用卡客户数44000户。

(欧阳慧欣)

【对公信贷】 分行在信贷资源配置方面一直对当地的大中型企业及民营企业给予大力倾斜,重点支持中国物流、中冶美利云、国电中卫热电厂、宁夏创业工贸有限公司、中卫市银阳新能源有限公司、中卫市交通运输集团、宁夏紫光天化蛋氨酸有限责任公司、宁夏润夏化工有限公司、宁夏华御化工、宁夏中盛新科技有限公司等一批骨干企业。截至2018年年末,分行对公贷款时点余额为173360万元,占位第二位。对公信贷客户346户,其中民营企业客户340户(占比达98.3%);对公信贷余额26.3亿元,其中民营企业信贷余额18.6亿元(占比达70.7%)。 (欧阳慧欣)

【普惠金融】 截至2018年年末,公司类普惠贷款余额28760万元,其中,小微快贷客户数达到313户,贷款余额2856万元,当年新增651万元。个人普惠贷款余额18271万元。 (欧阳慧欣)

【金融科技】 以大数据、云计算等前沿科技为核心,打造重点平台,发展重点业务。重点平台有公益教育综合服务平台、党群综合服务平台、安心养老综合服务平台、党群综合服务平台、账单云平台等;重点业务有慧泊车业务、慧兜圈业务、龙支付业务、裕农通业务等。 (欧阳慧欣)

【惠民服务】 一是打造"劳动者港湾"。建行贯彻落实以人民为中心的发展思想,以为人民建设美好生活为目标,将建行工作与国家战略、党的大政方针和民生需求紧密结合,主动以金融的力量解决社会痛点难点问题,有序开放网点服务资源,促进资源社会化共享,彰显新时代国有大行的人文关怀、责任意识和担当精神的一大举措。二是启动住房租赁项目。住房租赁"蓝海项目"五大系统已成功上线三个:政府公共住房服务系统、企业租赁服务管理系统和住房租赁监管服务系统,系统上线数量居系统内前列。共享服务系统和监测系统正在进行中。 (欧阳慧欣)

【渠道建设】 以物理网点为主要服务阵地,优化网点整体布局,注重提升网点渠道效能,打造营业网点"产品展示、客户体验、客户交流互动"3个平台。以自助、电子、智慧渠道为补充,全面支持业务发展,加快自助及智慧柜员机渠道创新步伐,大力助推柜面业务分流,有效促进产品销售和客户体验提升,提高自助及智慧柜员机渠道效能。 (欧阳慧欣)

【党建工作】 深入贯彻学习党的十九大精神。采取全面动员"倡学"、以上率下"领学"、层层推动"导学"、深入基层"研学"、按照计划"督学"等多种学习方式,十九大精神学习推进取得了良好的效果。压实"两个责任",全面深化从严治党治行。加强队伍建设,规范选人用人程序。认真开展"四风"问题整治,强化问责和责任追究。落实"两防"责任,严控金融风险。加强党性党风党纪教育,狠抓合规案防,加强员工教育,提升员工合规意识。 (欧阳慧欣)

邮储银行中卫分行

【概况】 邮储银行中卫市分行于2008年3月18日成立,辖沙坡头区、鼓楼南街、中宁县、海原县以及中宁鸣沙5个银行自营网点和15个邮政代理网点。现有在岗职工147人,党员62人,全行大专及以上学历142人,占比96.6%,平均年龄35岁。截至2018年年末,全行资产规模达到31.8亿元,同比增长3.6%。各项存款余额18.4亿元,同比增长4.0%,年新增0.7亿元;各项贷款余额达到10.4亿元,同比增长13.8%,年新增0.99亿元,增速13.8%。 (李 杨)

【涉农金融服务】 开办小企业贷款、个人商务贷款、家庭农场(专业大户)贷款、农民专业合作社贷款、枸杞种植和流通行业小额互助担保贷款、再就业小额担保贷款、扶贫小额信贷(惠农易贷)、硒砂瓜贷款等普惠金融贷款,产品贴近市场,惠及客户群体广泛,有效满足不同层次客户的需求。截至2018年年末,累积发放各类信贷资金47.76亿元,其中发放涉农贷款33.5亿元,占比超过70%,服务各类客户4万余户,户均发放金额11.75万元。 (李 杨)

【金融扶贫】 按照"政银联动、风险共担、多方参与、合作共赢"的原则,不断健全机制,充分推进金融服务与精准扶贫的深度融合,发挥金融撬动作用,有序推进贫困群众稳定增收,为深化金融"造血式"扶贫提供可借鉴经验,金融助推脱贫攻坚取得显著成效。截至2018年年末,累计发放扶贫贷款5010笔2.27亿元(其中建档立卡户5008笔1.89亿元,为3户扶贫龙头企业发放贷款3780万元)。建档立卡户覆盖率为92.30%,户均放款金额4.11万元。 (李 杨)

【妇女创业就业支持】 积极向总行申请贷款政策并得到批准,与政府创业贴息贷款政策成功接轨,搭建服务平台,有效整合人力资源,努力争取做到领导重视、部门配合、支行实施、合力推动,把此项"民心所盼、妇女所需、政策所及"的惠民工程工作做细、做实、做活,为妇女群众"得实惠、普受惠、长受惠"创造良好条件,有力推动中卫市妇女创业就业工作。截至 2018 年年末,累计为 2345 名青年创业者发放创业贷款 2.02 亿元,为 5745 名城乡妇女创业者发放小额担保贷款 3.44 亿元。 （李 杨）

【助力民营企业发展】 坚持零售信贷发展战略不动摇,突出"小微"特色,以小微企业贷款作为长期重要的战略性业务。为落实国务院"确保将小微企业融资成本降下来"的要求,从 2018 年 7 月 1 日起,单户授信金额 1000 万元以下（含 1000 万元）小型企业法人、微型企业法人贷款加权平均利率下降 76BP,有效降低企业融资成本。为满足小微企业合理的资金需求,持续优化小微企业金融服务水平,推出无还本续贷业务,企业在办理续贷时,无须归还本金,申请的贷款可直接用于归还本金,且最快可实现 1 天放款,有效降低企业的转贷成本、缩短转贷时间,实现企业还款申贷的"无缝对接"。2018 年,共发放小微企业贷款 1.5 亿元,确保小微企业贷款同比增速高于各项贷款同比增速,贷款户数高于 2017 年同期水平,贷款综合成本下降。截至 2018 年年末,累积发放小微企业贷款 21 亿元。 （李 杨）

宁夏银行中卫分行

【概况】 截至 2018 年年末,从业人员 162 人,其中正式员工 131 人,劳务派遣 29 人,返聘 2 人。下辖 3 家一级支行（中卫分行营业部、中宁支行、海原支行）、4 家网点支行（中卫鼓楼南街支行、中卫鼓楼东街支行、中卫鼓楼北街支行、中宁宁安东街支行）和 1 家小微支行（中卫鼓楼北街小微支行）。资产总额 56.85 亿元,负债总额 55.15 亿元,各项存款 53.98 亿元,各项贷款 48.39 亿元,有力地支持地方经济建设。 （李悦敏）

【金融扶贫】 一是合理调配辖内人力资源,集中精力发放扶贫贷款。二是配套专属产品,简化贷款投放流程,积极创新金融精准扶贫新模式,推出"宁夏银行+"模式。三是进村入户,为农户现场提供开卡等配套金融服务,加大宣传力度,打通普惠金融最后 1 公里。2018 年共投放扶贫小额贷款 14424 万元;新增产业精准扶贫贷款 9245 万元。 （李悦敏）

【服务民营企业】 持续支持民营企业,为切实帮助困难民营及小微企业渡过难关,有效遏制风险蔓延,分行认真梳理出 36 户有贷款余额且存在资金困难的民营、小微企业,针对企业存在的困难,逐户制定支持化解方案。一是强化内部考核激励,做实对民营及小微企业信贷的尽职免责管理等,提高民营及小微企业信贷投放的积极性与主动性,提升民营及小微企业信贷投放各条线服务效率,加大投放力度。二是落实国务院及监管部门的减费让利及收费减免政策、执行优惠利率、优化民营及小微企业贷款期限管理等,降低民营及小微企业融资成本。三是优化服务措施、丰富贷款品种、缩减审批流程、完善和创新金融服务等,拓宽民营及小微企业融资渠道,提高民营及小微企业贷款发放效率。 （李悦敏）

【党建工作】 2018 年,宁夏银行中卫分行党委认真学习十九大会议精神,以从严治党、从严治行为主线,以服务全行改革发展为根本,加强党建与经营工作的深度融合,全面落实党建和党风廉政建设工作责任。一是加强思想政治建设,坚持用习近平新时代中国特色社会主义思想武装头脑;二是加强组织建设,不断提升分行党建工作水平;三是压实责任,推动党的建设各项任务落到实处;四是加强党风廉政建设工作,提升干部员工队伍素质;五是坚持"党建引领发展"的理念,把党建与业务发展有机结合起来,抓好党建和业务发展的融合点,把握业务发展难点,突破业务发展瓶颈,促进分行各项业务健康稳健发展。六是积极参加党团活动和文明创建活动。 （李悦敏）

中卫农村商业银行

【概况】 宁夏中卫农村商业银行股份有限公司 2011 年 12 月 20 日在原中卫市农村信用合作联社基础上成立的股份制农村商业银行,注册资本12988.47 万元,在职员工 277 人,内设职能部室 15 个,下设营业部 1 家、支行 21 个,遍布沙头区 10 镇 1 乡,是中卫辖区网点最多,服务覆盖面最广的金融机构。服务总人口 36.27 万人,其中农业人口 26.56 万。至 2018 年末,资产总额 90.33 亿元,较年初增加 9.50 亿元,增长 11.75 %;各项贷款余额 57.46 亿元,比年初增加 1.55 亿元,增长 6.22%;贷款户数 29957 户,较年初增加 2890 户,增长 10.68%;负债总额 79.83 亿元,较年初增加 9.08 亿元,增长 12.83 %;各项存款余额 74.43 亿元,较年初增加 10.17 亿元,增长 15.83%,较 2017 年同期多增加 6.93 亿元。存款存量、增量在沙坡

头区金融机构中排名均为第一,在全系统排名均为第二。　　　　　　　　　　　　　　　　（石巍山）

【党的建设】 2018年,按照黄河银行党委的统一部署,坚持党对一切工作的领导,全面落实从严管党治党责任,把严的要求、严的标准、严的举措贯穿于管党治党、从严治行全过程,为打造"三个银行"提供坚强保障。一是党委按照《黄河农村商业银行党委关于进一步加强自身建设的意见》《黄河农村商业银行关于坚持党的领导加强党的建设的实施意见》,对相关部署认真落实到位,充分发挥党委的领导作用。二是通过党风廉政建设专题会议,签订党风廉政建设责任书,明确党风廉政建设责任清单,压实"两个责任"。三是将原有的9个支部调整为5个支部,先后调整任命12名支委成员,使党的垂直管理和一岗双责真正落实到人,落实到阵地。使党建工作融入到业务工作中,以党建抓业务,以党建促业务,以党建带业务,切实发挥党建的核心地位和优势,使党建的统领作用落到实处。四是牢固树立"抓好党风廉政建设是本职,不抓是失职,抓不好是不称职"的观念,对重要工作亲自部署,重大问题亲自过问,重点环节亲自协调,重要案件亲自督办。带头严明党的纪律和规矩,带头深入贯彻落实中央八项规定精神,带头管好亲属和身边工作人员,严格执行民主集中制,自觉践行"从严治党"要求,不搞特殊化,正确对待组织和群众监督。督促领导干部履行"一岗双责"。　　　　　　　　（石巍山）

【支农支小服务】 紧紧围绕"额小、面广、分散"的原则,积极统筹"两个"市场,开展"拓户扩面"活动,打造支农支小特色,坚守农村主阵地,做优县域市场,"三个银行"战略稳步推进。持续开展春耕专项信贷投放,聚焦"1+5"优质特色农业,支持"硒砂瓜之乡""枸杞之乡"和富硒产业品牌建设,推动"三信评定"工程。截至2018年年末,涉农贷款余额37.75亿元,占各项贷款比为72.78%(剔除贴现及信用卡),比年初增加1.14亿元,增速3.12%,高于各项贷款增速0.08个百分点,完成"一个不低于"监管指标;已评定信用户55447户,占辖区农户数82.05%;已授信55447户,授信额度53.5亿元,支农服务主力银行地位更加巩固。深入开展进市场、进企业、进园区、进街道、进协会"五进"活动,全面落实"网格化"管理,精耕社区、广耕商区、细耕园区,回归本源,真正把服务落实在支持实体经济上。普惠小微企业贷款余额31.75亿元,高于各项贷款增速14.86个百分点;"随薪贷"逐步形成拳头产品,随薪贷客户4578户,较年初增加721户,授信总额3.7亿元,用信额1.72亿元;已累计投放妇女小额担保创业贷款2341户、2.06亿元。支农服务的主力银行和县域经济主流银行地位更加凸显。　　　　　　　　　　　　　　　　（石巍山）

【普惠金融】 坚持创新发展理念,修订各条线管理和考核办法,设置针对性强,奖励重点突出,奖励规则明晰的激励机制,充分调动全员营销的主动性。通过开展积分送礼和开户送礼等丰富多彩的营销活动,调动客户办理电子银行业务的积极性,增添客户办理业务的实惠和乐趣,增强客户黏度。按照黄河银行统一安排,集中开展新一代IT系统项目测试和应用上线。不断完善网上银行、电话银行、手机银行、自助银行营销服务网,构建起多渠道、零距离电子金融服务体系。全行电子银行客户数、业务量、交易额均较年初稳步增长,截至2018年年末,电子渠道业务替代率达84%,较年初提高11个百分点。投资88万元对迎水支行进行规范化、标准化网点改造,为推动普惠金融的全面实施,在沙坡头区银行卡发卡量已过53万张(含社保卡),建成3家社区银行,11家离行式自助银行,城乡共布放ATM机65台;POS机、电话终端共1984台,设立遍布164个行政村的助农取款服务点,手机银行开通59391户,实现村级金融服务全覆盖,农村金融服务体系日趋完善。　　　　（石巍山）

【创新产品】 针对不同类型客户,在"富农卡""富民卡"特色授信业务的基础上,借鉴他行和黄河银行经验,结合辖区实际,先后印发《中卫农村商业银行"金融互助贷"业务管理办法》《中卫农村商业银行"政采贷"业务管理办法》《中卫农村商业银行个人住房按揭贷款管理办法》,形成以抵押担保为核心的多种组合担保贷款产品。为各类客户提供融资渠道,以差别化的融资方案,有效整合各类支农资源,助推区域农业产业升级,不断完善林权抵押贷款,盘活现有林业资源、优化动产质押贷款,促使奶牛基地扩大经营、通过"农地贷"盘活农村产权,拓宽农户、个体工商户、新型农业主体融资渠道。　　　　　（石巍山）

【信贷结构调整】 截至2018年年末,单户500万元以上(含500万元)贷款20.14亿元,占全部贷款的38.83%,较年初减少1.7亿元,占比下降4.4个百分点。投向农林牧副渔行业贷款余额17.96亿元,较年初增加1.76亿元,增长10.87%;投向制造业贷款余额5.62亿元,较年初减少71万元,下降0.13%;投向建筑业贷款余额6.68亿元,较年初减少1.08亿元,下降13.92%;投向批发零售业贷款余额9.69亿元,较年初减少1.04亿元,下降9.67%。投向农林牧副渔业贷款增幅明显,制造业、建筑业和批发零售业贷款逐步下降,信贷结构调整成效明显。落实政策,全力支持地方特色产业发展。　　　　　　　　　　　(石巍山)

【风险管控】　围绕突出重点领域治理,坚持不懈抓基础、管风险。一是遏制资产质量劣变势头,充分运用风险缓释、挂牌督办、依法诉讼、以资抵债、核销置换等清收处置手段,2018年,累计清收化转不良贷款2514万元(不含核销贷款);五级不良贷款率控制在2.5%,重点领域风险有效缓释,经营困局得到扭转,坚决守住不发生系统性、区域性风险的底线。二是为强化信用风险、流动性风险、操作风险等防控,从制度入手,按照"一体化"管理要求,截至2018年年末,修订制定各项制度50余项,构建起统一化、标准化、规范化制度体系。持续推进"大核算、大后台、大运行"建设。2018年5月,将柜面业务远程授权上交黄河银行集中管理,有效提升了柜面操作风险控制力和运营效率。全面开展各类小额贷款和扶贫贷款专项治理和专项检查,集中整治突出问题,风险管理水平持续提高。
　　　　　　　　　　　　　　　(石巍山)

【合规管理】　按照"控风险、重合规"工作要求,强化内控和风险管理,确保安全经营。一是加强合规监督力度。以强化内部控制和执行力为保障,推进合规管理体系长效机制建设,加快建立全过程、全方位的风险管理体系。切实增强全员依法、合规经营意识。截至2018年年末,通过审计管理系统共监测预警信息6170条,已核查处理预警信息6170条次,处理率达100%;通过风险交易实时监测预警系统,共监测预警累计规则82类,已核查处理预警信息13712条次,涉及业务操作差错共计15条次,涉及网点14个,责任主体11人次;对账管理系统产生企业对账单9802份,收回对账单9711份,对账率达99.07%,重点对账率达100%。二是先后开展"信贷管理工作全面自查""小额和扶贫贷款风险排查""扶贫领域贷款作风问题专项排查""随薪贷业务专项排查""信用风险专项排查"等活动,不断提高信贷条线员工思想认识和责任意识,强化本行信贷风险管理水平。三是加强离岗审计工作。根据全行人事调整安排,适时完成本行高管、重要岗位人员离任、离岗审计工作,先后对调整的部门经理2名、5名支行行长、5名支行副行长兼客户经理,辞职及调离的11名人员进行离任离岗审计,根据审计情况,出具相应的审计报告,客观、公正地评价被审计人任期内履行职责和各项任务的完成情况。四是结合监管检查,提升风险防控能力。2018年,结合监管部门《关于进一步深化整治银行业市场乱象工作》要求和区域审计组审计意见制定本行工作落实清单,列出责任人,确定整改时限,重点防控金融系统性风险发生,筑牢金融风险"防火墙"。五是根据《黄河农村商业银行系统会计运行一体化管理实施方案》的整体安排,按照"成熟一家,上收一家"的实施方案,5月份将柜面远程授权业务上交黄河银行进行集中管理,全面提升会计运行管理水平。六是积极落实监管部门专项治理市场乱象工作。成立专项小组,把加强党的领导贯穿于工作全过程,提高政治站位,履行好工作职责,加大违规违法查处力度,落实好自查整改,抓好督导检查,严格问责处罚,按时报送报告报表,对合规中存在的问题,按照制度严格执行,责任要明确到人,确保治理市场乱象工作保质保量地完成。七是以《员工违规行为处理办法》为抓手,以集中培训、例会培训、支行学习等形式全面贯彻落实,提高员工的合规意识,为业务合规操作增加强有力保障。(石巍山)

【履行社会责任】　积极履行社会责任。积极承担和履行企业社会责任,用责任担当践行普惠金融,铸就企业品牌。聚焦精准扶贫,贯彻中卫市委、市政府和黄河银行党委脱贫攻坚战略部署,加强财政资源与金融资源融合互动,支持贫困地区产业发展,全面助力脱贫攻坚。截至2018年年末,发放建档立卡贫困户贷款2058户、10189万元,较年初增加168户、1224万元,建档立卡贫困户评级面达100%,完成责任区建档立卡贫困户覆盖面80%的目标,在沙坡头区金融机构中发放额度、户数均居首位。按照沙坡头区统一安排,结队帮扶中卫市迎水镇孟家湾村,进村入户宣传金融知识11次、165人(次),开展帮扶调查4次、60人(次),向孟家湾村捐助现金2万元,为孟家湾村办理贷款46户3500多万元,倾心帮助该村发展生产。积极响应市委、市政府的号召,向中卫市慈善基金会捐款10万元,参与到向海原县树台乡龚湾村"献爱心"活动,向树台乡龚湾村捐助现金2万元。通过开展"送金融知识进校园"活动,为留守儿童捐助价值1.2万余元的学习用品,赢得了良好的社会口碑。　(石巍山)

中卫香山村镇银行

【概况】　中卫香山村镇银行是石嘴山农村商业银行发起设立的新型地方性金融机构,经中国银行保险监督管理委员会中卫监管分局(原中国银行业监督管理委员会中卫监管分局)批准,于2011年10月26日开业运营。截至2018年年末,资产总额128589万元,负债总额121976万元,所有者权益6613万元。其中各项存款余额111122万元,各项贷款余额76741万元。　　　　　　　　　　(张吉昌)

【普惠金融】　　2018年,中卫香山村镇银行积极创新贷款产品,实现信贷服务全覆盖。先后创新开办"如意贷""幸福贷""乐农贷""楷模贷""安居贷""汽车按揭贷款"等分层分行贷款产品,同时,紧跟互联网金融、网络支付新步伐,借助二维码收付款优势,积极开办针对小微商户的信贷产品"e商贷",将存款与贷款业务有机衔接,充分发掘潜在客户,商户在办理"e商贷"产品时需办理POS机或二维码收付业务。加大涉农信贷支持力度,做到坚持优先发放涉农贷款,重点加大对特色产业种植、畜禽养殖等涉农行业在创业、扩大规模、流动资金需求等方面支持,加大对农业专业合作社、农业龙头企业等扶持力度,对从事农产品加工的优质企业客户,特别是对奶牛养殖、苹果和硒砂瓜种植等专业合作社采取联保贷款形式,为其提供资金支持,满足广大农户和农业经营主体金融需求,为乡村振兴战略实施增添力量。　　(张吉昌)

【金融扶贫】　　积极响应国家扶贫政策,充分贯彻和落实中卫市委、市政府、人民银行中卫市中心支行和中卫银保监分局的扶贫工作方针,强化责任担当,明确工作重点,细化责任分工,举全行之力推动扶贫工作,并将宣和支行作为扶贫示范行,专项摸排永康镇贫困户基本情况,逐户分析致贫原因,考察当地特色产业发展的可行性,并向有需求且符合贷款条件的客户发放扶贫贷款,严格按照政策要求"两免一基"扎实推进金融扶贫工作。截至年末,发放扶贫贷款余额1644.45万元329户。与此同时,按照《中卫银监分局办公室关于协助提供"三权"抵押贷款试点材料的通知》精神,充分把握政策优势,大胆探索实践,率先推出农村承包土地经营权抵押贷款(乐农贷)业务,有效丰富业务产品和农户贷款融资担保方式,盘活农村"沉睡"资产,实现多方共赢。　　　　(张吉昌)

石嘴山银行中卫分行

【概况】　　石嘴山银行中卫分行成立于2012年12月26日,自分行建成运营以来,始终秉承"和谐共生 互助双赢"的发展理念,依托地方政府,坚持服务地方经济,服务中小微企业、服务城乡居民的市场定位,为地方经济发展贡献积极力量。截至2018年12月末,分行共有员工56人,分行下设"综合管理部、小微金融部、零售金融部3个部门及分行营业部、中宁支行、海原支行、中卫应理支行、中宁西街支行、中卫鼓楼东街支行、中卫美利社区支行七家营业网点"。截至2018年12月末,分行资产总额195374.63万元,负债总额187443.46万元。　　　　　　(江腾岳)

【区域发展】　　2018年6月26日海原支行开业,完成在中卫市一区两县设立网点的布局,推进扶贫工作开展,为分行在中卫地区的发展锦上添花。
　　　　　　　　　　　　　　　　(江腾岳)

【普惠金融】　　截至2018年12月31日,扶贫贷款余额9891.75万元,户数1333户。其中,龙头企业及基础设施建设贷款余额3150万元4户,占扶贫贷款总额的31.84%,建档立卡户贷款余额4383万元943户,占扶贫贷款总额的44.31%。积极主动对接市、县扶贫办、人民银行、银保监会中卫监管分局,详细听取上级部门的扶贫工作指导意见和工作要求,与各乡镇领导、村干部、农户密切接触、座谈,切实做好政策的宣传和引导工作。同时,分行坚持"双人调查"的要求,走家入户,深入了解农户家庭状况、经营情况等,以此确定其承贷能力,落实贷款用途,确保贷款能及时归还,让农户将贷款用于产业生产中,帮助其脱贫致富。
　　　　　　　　　　　　　　　　(江腾岳)

【回馈社会】　　2018年,在沙坡头区和中宁县开展"践行尊老爱幼,传承助老美德"系列活动。进社区慰问孤寡老人,向老人们带去生活必需品,为孤寡贫困老人解难题。2018年6月,海原支行开业,向当地环卫工人捐赠50辆环卫车。　　　　(江腾岳)

人寿保险

【概况】　　2018年,中国人寿保险股份有限公司中卫分公司以科学发展观为指导,全面贯彻落实总、分公司工作会议精神及安排部署,牢牢把握"稳中求进"的总基调,落实"创新驱动发展"总战略,遵循"重价值、强队伍、优结构、稳增长、防风险"经营方针,团结一心,奋力拼搏,积极转型,防控风险,加快发展,较好完成了年度各项工作。截至2018年年末,公司实现总保费收入1.27亿元。　　　　　　(牛淑英)

【政保业务】　　2018年,公司贯彻金融服务实体经济理念,回归保障本源,砥砺前行,在全市构筑和谐社会、改善民生、热心参与慈善事业等方面作出积极贡献。一是业务领域逐步拓宽,惠及民生。公司推出的"扶贫保""百姓保""爱妮保""夕阳保""信贷保""出行保""客安保""员福保"等业务以其保费低、保障高的特点,为中卫市广大社会民众提供人身意外伤害综合保障,深受群众喜爱;"扶贫保一站式结算"模式的应用,从根本上缓解了"建档立卡"贫困户因意外风险就医的经济压力,体现了保险业服务国家经济社会发展大局的责任担当。二是积极会同有关部门助力精准扶贫工作。公司贯彻落实自治区政府定点帮扶工作,所辖机构完成对重点帮扶单位黄套村的帮扶任务,会同中卫市扶贫办、民政局多次慰问辖区特困户、老年饭桌、老年人日间照料中心等,弘扬中华民族尊老、爱老、敬老、助老的传统美德,营造和谐社会的良好氛围。

(牛淑英)

【运营服务】 在运营管理和客户服务工作中,转变思想观念,加快运营转型,强化服务支持,狠抓管理质量,运营成效明显。E宝推广率达128.74%,保全作业E化率达90%以上,理赔E化率达90%以上,移动调查使用覆盖率达100%。使用"微信"、驻场培训等形式推送各类业务培训达32次,助推业务持续快速发展。综合服务能力逐步加强,上下沟通,左右协调,顺利完成新办公楼报批、装修、搬迁等具体事项,保证公司的正常运营。

(牛淑英)

【风险防控】 2018年是"严监管"之年。公司始终秉承合规促发展,合规出效益的理念,认真贯彻落实保监局、总分公司风险管理工作相关要求。一是牢固树立风险防范意识,加强诚信教育宣传,坚守合规经营底线。二是有效开展风险自查自纠工作,查漏补缺,立行立改。按照区分公司部署,开展"治乱打非"专项自查自纠、洗钱风险排查、非法集资排查整治、互联网业务风险、涉嫌非法商业保险活动等一系列专项自查工作,关键岗位员工认真对照保监局、区分公司风险管理部相关制度规定、工作流程和岗位职责,梳理排查风险点,不留死角,发现问题及时整改,有效提高公司风险防控能力,保证公司持续健康发展。

(牛淑英)

【党建工作】 深入学习贯彻党的十九大精神和习近平新时代中国特色社会主义思想,提升党员领导干部党性修养,提高政治站位;组织召开2018年度贯彻落实中央八项规定精神专题民主生活会;联合区分公司对挂部门第五党支部共同开展"不忘初心 牢记使命"主题党日活动;支部选派青年党员参加区分公司"高质量发展"微党课大赛;与中国联通中卫市分公司联合开展党建共建活动等系列活动,提高了党员政治理论水平,增强领导干部担当意识,切实转变工作作风,发挥先锋模范作用,用党的基本理论武装头脑、指导实践、推动工作。

(牛淑英)

【服务社会】 3月15日,公司开展总经理信访接待日、户外咨询等宣传活动;4月28日,联合市妇联、沙坡头区群团委召开中卫市沙坡头区2018年城乡妇女"爱妮保"健康扶贫保险工作推进会;7月8日,公司组织代表队参加中卫保险业2018年"7·8保险扶贫健步走"活动,开展扶贫保险专项咨询服务,通过"7·8保险扶贫健步走"小程序为宁夏捐步,助力精准扶贫工作;认真贯彻落实"平安中卫建设"工作,为下岗职工提供再就业机会,积极配合市综治委开展"扫黑除恶""风险防控""创卫"等综合治理工作。

(牛淑英)

人保财险

【概况】 中国人民财产保险股份有限公司中卫分公司(简称"人保财险中卫分公司")作为中国人民财产保险股份有限公司在宁夏的分支机构,下辖县支公司4个、营销服务部10个(含三农营销服务部),拥有一支493人的管理、技术、服务和营销员工队伍,公司拥有查勘服务车20余辆,专业理赔人员50人。2018年,全年保费达到4.3个亿,年均保费增速在15%以上,上缴各类税款3290万元,解决并带动人员就业493人。累计承担风险保障责任2396.22亿元。

(陈 龙)

【支农惠农】 2018年,中卫分公司认真贯彻落实国家支农惠农政策,坚持依法合规经营,努力提高农业保险覆盖率,适度增加保险保障程度,提高保险服务水平。2018年,累计承担涉农风险保障16.8亿元,其中种植林果承保面积204万亩,覆盖率达86%。在承保中央政策性农业保险品种的基础上,开办11个地方特色农业保险品种。积极配合相关部门,创新推出的蔬菜价格保险及"扶贫保",共承担风险保障2.3亿元。2018年,农业保险累计赔款共计赔款1.28亿元,受益农户达到84436户,有效减轻农业生产损失,为农户恢复生产提供资金保障。

(陈 龙)

【精准扶贫】 2018年,中卫分公司根据《关于进步一做好"扶贫保"工作的通知》(宁扶贫办发〔2018〕50号)要求,积极对接各县区扶贫办,统筹规划辖区3家支公司扶贫保险工作,充分发挥国企公司在脱贫攻坚战中保驾护航作用,助力脱贫攻坚战事业。全辖共承办"扶贫保"产品8个,提供风险保障1.94亿元。辖区各支公司认真分析属地贫困情况,积极对接主管部门,力争做到精准扶贫、精准施策,助力扶贫工作开展,其中,中宁县"扶贫保"提供风险保障0.04亿元;海原县"扶贫保"提供风险保障1.9亿元,因贫困人口多、占比高,产业类保障基本实现全覆盖。

(陈 龙)

【大病医疗保险】 2018年,中卫分公司成功续签大病医疗保险,再次成为中卫市大病医疗保险承办单位,在经办服务上为患者提供"一站式"即时结算服务。继续为中卫市一区两县99余万参保人员提供服务,实现城乡居民大病保险业务保费收入3840万元,全年支付赔款4156万元,根据区分公司测算结果显示,连续5年亏损。5年的实践证明,大病保险已让中卫市99余万参保人员受益,用实际行动践行"人民保险,服务人民"的宗旨。

(陈 龙)

【规范化经营】 2018年,公司以"促发展、防风险、增效益"9字方针为主基调,狠抓合规经营,在强化合规理念、营建合规文化上下工夫,强化合规经营意识,增强风险抵御能力,为各项业务的合规稳健持续发展提供坚实后盾。教育、引导各级管理人员和全体员工、营销人员牢固树立"合规人人有责""合规创造价值""合规从领导做起"的理念。通过培训教育,培育公司合规文化,并把合规文化建设作为公司文化建设的重要组成部分,营造一种合规文化氛围,使公司员工在心灵上感受合规,在意识上自觉合规,在行动上主动合规。确保公司全年无案件、无安全责任事故、无重大违规违纪,保证各项业务又好又快发展。

(陈 龙)

【服务创新】 为积极履行央企的社会责任,深度参与社会管理和公共服务,践行"人民保险 服务人民"的历史使命,协助交管部门共同提升城市道路交通管理水平,创造安全、畅通、文明、和谐的道路交通环境,2018年8月28日人保财险中卫分公司与中卫市公安局交通巡逻警察局联合启动中卫市"警保联动,服务群众"便民举措。为缓解交管部门警务人员不足的压力和综合交管服务繁杂的工作,中卫分公司已在营业大厅内设立"车驾管社会服务站",推出为6年内家用车办理年审服务,覆盖中卫地区所有家用车客户(不局限人保财险客户),从设置"车驾管社会服务站"以来,已经办理近130笔车辆年审业务,后续为进一步简化流程,便捷服务,将陆续推出违章查询、处理等其他服务项目。

(陈 龙)

【搭建"空中救援线"】 2018年6月,人保财险率先在自治区保险行业内构筑起"空地结合、多方联动"的立体救援网路,以实际行动弥补宁夏保业空中救援的空白,搭建生命危重客户的"空中救援线"。2018年9月14日,启动中卫市首次直升机护航,与当地公安、消防和医疗等地面保障部队配合,打造空地一体化、全方位应急保障体系,切实为世巡赛中卫公开赛保驾护航。2018年12月28日,人保财险中卫分公司紧急启动直升机救援服务,为中卫市人民医院一名重病患者提供紧急转院服务,仅用45分钟就将患者由中卫安全转移到银川接受进一步治疗,避免道路颠簸对患者病情造成不良影响,为抢救患者赢得宝贵的抢救时间。

(陈 龙)

【服务企业】 2018年,中卫分公司继续开展"政府政策支持+保险资金融资+保险风险保障"的业务运行模式,充分调动保险资金支持扶贫事业、企业发展,积极向总公司申请涉农企业贷款额度规模2亿元,截至年底,已为万齐米业和弘兴达果业提供资金支持合计2300万元,已受理但还未放款的涉农企业5家,取得了良好社会效应。针对个人贷款客户,大力发展普惠业务,在全辖与农业银行合作大力开展个人信用贷款保证保险业务,保险公司担保+银行放款新型模式,已向有需求的个体工商户及个人客户发放个人贷款达4500万元,切实解决个人资金短缺的燃眉之急。

(陈 龙)

教 育

综 述

【概况】 全市现有各级各类公办学校374所(沙坡头区101所,中宁县94所,海原县179所),其中,高级中学6所,完全中学1所,职业技术学校(职教中心)3所,初级中学29所,九年制学校28所,小学245所,公办幼儿园59所(沙坡头区16所,中宁县25所,海原县18所),特殊教育学校3所(沙坡头区、中宁、海原各1所),另有教学点175个(沙坡头区7个,中宁县27个,海原县141个)。民办幼儿园67所(沙坡头区35所,中宁县26所,海原县6所)。在校(园)学生223565名(沙坡头区69930名,中宁县67244名,海原县86391名),教职工12432名(沙坡头区4035名,中宁县3620名,海原县4777名)。

(刘 亮)

【党建工作】 一是以习近平新时代中国特色社会主义思想为指导,全面学习宣传贯彻党的十九大精神,牢固树立"四个意识",坚定"四个自信",在思想上和行动上体现对党的绝对忠诚。2018年,局党委坚持每月召开一次党委中心组学习会,按照季度召开教育系统党建、党风廉政建设1次专题会,举办教育系统"不忘初心、牢记使命"微党课大赛活动和"辉煌60年·见证新发展"主题演讲比赛活动,开展教育系统党建、财务审计及党风廉政建设工作专项督查。按照"三强九严"要求扎实推进党的建设,中卫七小党支部被自治区教育工委评定为全区第一批教育系统五星级服务型党组织,培育第二批五星级服务型党组织3个;中卫三中党支部代表市教育局党委代表市教育局党委参加市委宣传部"不忘初心、牢记使命"微党课大赛获得三等奖;中卫二中党支部、中卫三中党支部、宣和学区党总支代表市教育局党委参加全市"党的十九大知识竞赛"分别获得二等奖和三等奖;东台学校党支部代表市教育局党委参加自治区教育工委"深入学习贯彻党的十九大精神"演讲比赛获得三等奖;中卫四中王永霞同志撰写的《学习十九大精神,深入领会习近平新时代中国特色社会主义思想》获得自治区教育工委一等奖。二是坚持党建、党风廉政建设工作与业务工作并重,坚持严字当头,严肃党内政治生活,严格执行民主集中制,用好批评和自我批评武器,始终把纪律和规矩挺在前面,加强党内监督,努力使管党治党严起来、实起来。三是坚持问题导向,围绕党建重点任务,细化工作措施,切实加强对党员的教育管理,充分发挥基层党组织的战斗堡垒作用和党员的先锋模范带头作用。四是切实加强教育系统党风廉政建设及反腐败工作。在认真落实党风廉政建设"两个责任"和"一岗双责"的基础上,层层签订党风廉政建设目标责任书,开展严格执行中央八项规定精神"回头看"专项整治活动,并按照要求及时召开专题民主生活会,有效解决教育系统基层党组织存在的"违反中央八项规定精神"突出问题。五是成立中卫市教育工委、教育局党组,为统筹抓好全市教育系统党建工作,提供坚强的组织保证。

(刘 亮)

【改善办学条件】 争取项目资金3.8亿元,实施农村薄弱学校改造项目、教育现代化推进工程项目、中小学标准化运动场改造项目、普通高中办学条件改善项目、教师周转房项目共计207个,新建、改扩建校舍17.82万平方米,改造中小学运动场11万平方米,建成中卫十一小并投入使用,解决市区学校大班额问题。为中卫十一小、中宁五小、海原三小等135所中小学购置图书、课桌凳、计算机及教学仪器设备等49.6万套,学校装备水平不断提高。以"教育云"建设为目标,全面推进教育信息化"三通两平台"建设,"校校通"达96.3%,"班班通"达85.99%,"人人通"达84.96%,

教育信息化水平实现整体提升。　　　（刘　亮）

【学前教育】　坚持学前教育公益性和普惠性发展方向，认真落实第三期学前教育三年行动计划，新建、改扩建幼儿园15所，新增学位1000个，全市学前三年毛入园率达到84%（沙坡头区93.5%、中宁县88%、海原县73.5%）；出台《市教育局等六部门关于切实减轻中小学课业负担　开展校外培训机构专项整治行动实施方案》，开展对全市240家校外培训机构专项整治活动，有94家（沙坡头区15所，中宁77家，海原2家）不具备办学条件且存在较大安全隐患的培训机构被依法取缔和关停，规范办学行为，切实有效减轻学生课业负担。　　　　　　　　　　　（刘　亮）

【义务教育】　巩固扩大义务教育均衡发展成果，加大教育投入力度，优化教育资源配置，深入推进义务教育优质资源向农村、山区延伸，促进山川协调发展，加强中小学标准化建设，县域、城乡、山川教育发展均衡水平得到进一步提升。　　　　　（刘　亮）

【普通高中教育】　牢固树立以质量求生存，以质量促发展的意识，深入推进课程和教学改革，坚持文理并重，狠抓高三年级复习备考。2018年，全市高考成绩再创辉煌，二本以上一次性上线3648人，较2017年增加69人，上线率37.6%（沙坡头区较2017年增加156人，上线率42.2%）；全市一本（重点）上线1961人，较2017年增加215人，上线率20.2%（沙坡头区较2017年增加170人，上线率25.6%）。全市共有8名学生被北京大学、清华大学录取（均为沙坡头区考生），其中，中卫中学张文虎同学以660分（实分）荣获全区高考文科第一名被清华大学录取，中卫中学景智文、杨承霖、郜思琪，中卫一中刘潇华、于明智、余翔、徐崇志等7名同学被北京大学录取，实现一本、二本上线率和名校录取的新突破。中卫中学代表宁夏参加全国机器人大赛荣获全国金奖，实现近几年宁夏代表团在国赛上金奖零的突破。　　　（刘　亮）

【职业教育】　统筹全市职业教育发展，形成以中卫市职业技术学校为龙头，以两县职教中心为补充的职业教育体系，建立校企相互融通的人才培养模式，实行推荐就业与自主创业相结合，有效落实订单培养、定向输送，中职毕业生就业率达到98.8%，专业对口率达86%。落实中高职贯通机制，引导职校毕业生参加高职分类考试，录取率达到73%。市职业技术学校在全区职业院校技能大赛中6人获得一等奖，16人获得二等奖，40人获得三等奖，技能大赛获奖项目及人数在全区中等职业学校中名列前茅。立足精准扶贫脱贫，积极争取培训项目，完成各类职业技能培训鉴定8879人。　　　　　　　　　　　（刘　亮）

【队伍建设】　重视师德建设，深入落实"三问三亮三评"师德管理常态机制，坚持师德管理跟进督查。深入开展"恪守师德，熔铸师魂"及"四有"好老师主题教育活动，积极与国家教育行政学院合作，先后组织校长、教师分赴宝鸡、嘉兴、大连、济南等地进行培训，举办各类培训班80余期，培训教师5576人次，成立"名师工作室"54个，深化"两考一评"（考课标、考教材、评价课堂教学实效）活动，教师道德素养和专业素养得到不断提升。坚持空编即补的原则，为全市补充教师223名。统筹城乡教育一体化发展，健全完善教师学区内调整、城乡间交流长效机制，深入推广音体美紧缺学科教师"走教、支教、帮教"制度和"1113"小班化教学模式，促进校际间师资强弱、余缺互补，发挥教师资源的最大效益。　　　　　（刘　亮）

【"平安校园"建设】　一是完善安全责任机制。坚持"党政同责、一岗双责、齐抓共管、失职追责"的"定人包校"责任机制和"三个一"安全教育工作机制，完善人防、物防和技防有机结合的防控体系。二是健全通报预警机制。结合时令特点及时发布预警提示信息，开展卫生安全和传染病防治、学生防溺水、防震减灾、消防安全检查，及时消除安全隐患。三是深化风险防范机制。健全校车及时监管和安全运营机制，确保校车运营安全有序；推行明厨亮灶工程，建立食堂食品安全管理责任机制，加强实施营养改善计划学校食堂的规范化管理，确保采购、储存、加工、供应等环节的安全监控。四是创新安全教育机制。开展"安全生产月网络知识竞赛""4D"管理法观摩学习培训、"安全生产月""公共安全警示教育日""夏季学校防溺水安全排查整治"等专项教育活动。联合地震局、人防办等开展食品卫生应急演练、地震应急演练。在全区防震减灾知识竞赛中中卫四中荣获全区初中组第一名，中卫中学荣获全区高中组第三名。加大对校园周边环境整治力度，在高中阶段学校门口设立治安室，在学校附近十字路口设置交通疏散点，确保校园的和谐稳定和学生的交通安全，推进"平安校园"建设。　　　　　　　　　　　（刘　亮）

【教育扶贫】　一是夯实教育基础建设，保障不因学位失学。2018年，在全市贫困村新建幼儿园48所，新建、改扩建54所学校校舍，不断改善贫困地区办学条件。二是落实政策资助到位，确保不因贫失学。贯彻落实学前两年资助政策。对建档立卡家庭幼儿和残疾儿童实行"一免一补"政策。积极落实义务教育"三免一补"、普通高中家庭困难学生"三免一补"和中等职业教育"三免一助"政策。为全市16.6万名中小学生、幼儿学生减免各类费用6027.609万元，为24791名中小学寄宿生发放生活补助1200.58万元，为9928名普通高中和中职学生发放助学金992.3万元，实现家庭经济困难学生资助全覆盖。争取宁夏燕宝慈善基金2080万元，帮助1300名学生圆大学梦。为15516名大学生发放生源地助学贷款9795.93万元，解决广大学生就学压力。积极争取专项资金7000余万元，认真落实营养改善计划，共惠及中小学生7.98万人次。三是拓展职教办学渠道，提高脱贫实用技能。充分利用全市职业教育资源，实施职业教育学生和社会富余劳动力，尤其是建档立卡户学生实用技能培训，共完成培训24期，培训2323人次。四是推进教育结对帮扶，阻断贫困代际传递。充分发挥优质教育资源优势，安排中卫中学与海原回民中学、市职业技术学校与海原职教中心、川区城市优质学校与91所贫困地区薄弱学校结对帮扶，全面提高贫困地区学校管理水平和教学质量。同时，积极开展送教下乡活动，组织各级各类骨干教师定期到贫困地区学校送教、送课，选派贫困地区学校教师到市区、县城学校跟岗培训，加大贫困地区教师的培训投入，不断提高贫困地区学校师资水平，全力助推教育扶贫工作取得实效。五是形成部门工作合力，狠抓控辍保学工作。压紧压实控辍保学工作责任，劝返工作成效显著。截至年末，全市小学辍学率为零，初中辍学率为零。

（刘 亮）

党校教育

【概况】 2018年，市委党校、行政学院在市委、市政府的正确领导下，深入学习贯彻落实习近平新时代中国特色社会主义思想和党的十九大精神，对标市委《关于加强和改进全市党校工作的实施意见》和《全区市县党校行政学院（校）办学质量评估指标体系》，提升政治站位，创新运行机制，规范内部管理，切实加强政治、组织、思想和作风建设，在教学科研、干教培训、理论宣讲、资政服务等方面实现新的提升。

（张巧荣）

【业务拓展】 完善"一指导五统筹"大党校办学体制，县级分校运行正常，教学科研能力明显提升。调整充实市级党校"师资库""专题库"，入库师资212名，专题656个，更新率为32.4%，实现全市优质教学资源共享。对标市委《关于加强和改进全市党校工作的实施意见》，着力提升党校科研能力和智库服务水平，聚焦市委市政府中心工作、重大决策部署、社会热点难点问题开展深入研究，发行《中卫论坛》4期，占下达任务的100%，刊物质量和影响力进一步提升。及时以《调研资政专报》向市委反映重要思想动态、提出有价值的对策建议。本年度共上报4期，均获市委何健书记及相关领导签批，并被相关部门采纳，其中，第一期报送的《宁夏南部山区建档立卡户法治素养调查与研究》，以市委办《领导参阅》印发，并由市依法治市领导小组以此主题组织开展全市"建档立卡户法治素养提升"宣讲活动，于11月30日在海原县关桥乡举行启动仪式；第二期报送的《关于中卫市著述文化的研究报告》，市委宣传部以重要地情研究成果文稿批准在《中卫日报》刊发，并上报自治区社科联参评学术奖项；第三期报送的《关于加强农村基层党组织党风廉政建设的建议》获何健书记批示"要认真总结'村廉通''廉情诊所'的做法，对实际效果进行评估，努力把这两项有创新性的工作做细、做实、做出成效"；第四期报送的《"扶贫先扶志"在鸣沙村的实践与探索》获何健书记批示"请组织部、宣传部、扶贫办认真调研总结，看实际效果。如值得推广，要加大宣传推广力度"。提升市廉政研究教育基地运行水平，开展党风廉政建设调研课题并征文活动1次，提交研究报告15篇，新开发"党性暨廉政教育微课堂"精品课程2个，占下达任务的100%。

（王文红）

【干部培训】 2018年，举办培训班、专题研讨班等主体班次50期，完成下达任务的250%，培训8759人次；开展社会化培训服务16期，完成下达任务的160%，培训3528人次，测评综合满意率达到99.68%。全期培训恪守"五个坚持"，切实提升干部教育培训质量。坚持党校姓党，突出党校理论教育和党性教育培训的主业主课地位，党的理论教育和党性教育课在教学安排中达到总课时的81%，其中，党的理论教育达到总课时的58%，党性教育达到总课时的23%；坚持时政传导，把深入学习习近平新时代中国特色社会主义思想和党的十九大、自治区第十二次党代会、自治区党委十二届二次、三次全会和市第四次党代会及市委四届二次、三次、四次、五次全会精神作为干部教育培训的"第一课""必修课"，立足全覆盖，分级、分类、分批开展集中轮训和专题培训，实现"2018年底前对全市处科级干部轮训一遍"的目标；坚持精准化"靶向培训"，培养干部专业能力专业精神。充分发挥党校教育培训主渠道作用,与组织部联合制定2018年全市干部教育培训计划,分别举办全域旅游、云计算、特色产业、脱贫攻坚、生态立市、舆情处理等专题培训、研讨班;坚持创新引领,注重以培训方式、方法的创新促进培训质量的提升,做到课堂授课与分组讨论相结合、现场教学与学习交流相结合,运用情景模拟式、结构化研讨式、行动学习法等教学活动12次,确保深学精研、融会贯通;坚持规范办学,完善落实干部教育培训管理制度,严格考勤、学习、讨论交流、考核、在校食宿以及教学质量评估等日常管理工作,树立良好的校风、学风和作风。落实"领导干部上党校讲台"等制度,市委政府领导及各部门(单位)负责人上党校讲台授课达到总课时的20%以上。　　　　(雷艳生)

【教学科研】　深化"师资素质提升"工程和"教科研质量提升年"行动,全面实行导师制,依托2个"名师工作室"培养研修骨干教师6名,推出科研成果14项,占下达任务的350%;完善教研管理服务职能,开展教学研讨活动16次,完成下达任务的106%,开发新专题21个,占下达任务的210%;外派教师24人次参加培训进修,占下达任务的240%;举办全市党校系统优质课评比交流活动1次,参赛16人次。
　　　　　　　　　　　　　　　　(李小刚)

【理论成果】　建立科研指导和激励机制,完成调研报告17篇,占下达任务的142%;在市级以上报刊、学术期刊发表理论文章28篇,占下达任务的156%;编发《党校工作信息》16期,媒体刊发通讯信息15篇(条);组织参加理论征文活动4次,获奖14篇。承担宁夏法学会青年课题1项,评定为优秀等级并顺利结项。　　　　　　　　　　　　　(李小刚)

【理论宣讲工作】　紧跟时政,制定理论下基层工作方案,严格落实授课派遣单、宣讲效果测评反馈等制度,组织开展党的十九大精神、十九届二中全会、自治区党委十二届四次全会、市委四届五次全会精神下基层4个轮次理论宣讲64场次,完成下达任务的128%,受众4896人次,满意率达到98.46%。为各级党组织提供党课辅导讲座41场次。　(李小刚)

【干部函授学历教育】　建立专科、本科、研究生3个学历层次大连贯的办学运行机制,巩固宁夏党校中卫函授部、宁夏大学继续教育中卫工作站,完善干部学历教育管理制度,全年无学员举报事件发生。新招开办研究生班1个,占下达任务的100%,招生15名。本年度毕业宁夏大学继续教育学院农村经济管理专业大专班学员16名,毕业率达到100%。　　　(冯元东)

【社会公益事业】　及时制定支部定点帮扶、干部联系帮扶年度工作安排,支持派驻第一书记和工作队员开展工作。立足单位条件和帮扶对象实际,实行联络员制度,全面落实帮扶工作措施,抓好村级班子建设,支持学梁村和鸣沙村阵地建设资金20000元,向联系建档立卡户投入帮扶资金21110元,协助争取项目资金4085万元,劳务输出260人次。　　(王文红)

【机关党的建设】　党支部切实履行教育、管理、监督党员和组织、宣传、凝聚、服务干部职工的职责,协调推进机关党建工作。夯实工作基础,规范阵地建设、组织设置、政治生活,严格落实基层党组织建设"九项"基本制度,开展"三会一课"、民主生活会、组织生活会、主题党日、支部书记工作述评、谈心谈话、民主评议党员、党员教育培训、党务公开等工作,"党性暨廉政教育微课堂"被考核认定为市直机关党建创新性工作。强化人才工作,推荐优秀年轻干部3名,后备干部4名,2名教员入选"自治区青年拔尖人才培养工程"。
　　　　　　　　　　　　　　　　(张巧荣)

【党风廉政建设】　党支部全面履行主体责任,每季度研究部署一次党风廉政建设工作,实行廉政承诺,分层级签订目标管理责任书,落实"一岗双责",建立"三个清单",认真开展落实中央八项规定精神自查整改、"四风问题"清理整顿、"门好进、脸好看、事难办"作风建设整治等主题活动。严格落实监督执纪"四种形态",运用"五谈两会一报告"开展谈心谈话27人次,其中诫勉谈话1人次,批评教育3批5人次。
　　　　　　　　　　　　　　　　(王文红)

【精神文明创建】　全面落实意识形态工作责任制,坚持"三个纳入"(即把意识形态工作纳入党建工作责任制、纳入机关重要议事日程、纳入载体化内涵建设),管好"三个阵地"(即管好宣传阵地、管好课堂阵地、管好科研阵地),正确履行领导权、管理权、话语权。以校园文化、国防教育、志愿服务、道德讲堂、爱心包裹、导师帮扶、选树典型、花儿传唱、悦读党校、创建职工之家等活动为载体,丰富实化"四德"教育内涵,积极支持并安排骨干教员参与市委宣传部等部门主办的"沙坡头大讲堂""书香中卫"等活动,助推"市级文明单位"创建成果的巩固提升。认真参与全市双创"网格化"服务活动,投入宣传氛围营造帮扶资金2万余元。持续推进马克思主义民族观宗教观教育,扎实开展民族团结进步示范单位创建工作,被评为市级民族团结进步示范单位。　　　　　　　(卢大同)

科学技术

综 述

【概况】 中卫市科学技术局(知识产权局)是市政府主管全市科技、信息、专利工作和统筹协调涉外知识产权事宜的工作机构,内设办公室、工业科技科、农村与社会发展科技科、知识产权科4个职能科(室),下属事业单位科技信息服务中心核定编制6人。全局在职职工13人,其中,处级领导4人,科级领导4人。 （王 华）

【科技项目建设】 2018年,全市向上争取科技项目343个,到位资金5591.24万元。宁夏紫光天化蛋氨酸公司"年产1万吨氰醇法制蛋氨酸项目"被列入2018年自治区重大科技项目,利安隆(中卫)有限公司"芳香胺类抗氧化剂THANOX 5057新生产工艺技术研发"等3个项目被列入自治区重点科技项目。国家科技惠民计划"宁夏中卫绿洲边缘植被恢复与生态资源开发技术集成示范"项目通过验收,达到预期效果。 （王 华）

【科技园区建设】 一是推进沿黄科技创新改革试验区建设。将各项目标任务分解至各责任主体,确保责任到人、落实到位。园区内10家企业申报成功12个项目沿黄科技专项,项目实施效果良好,带动作用明显,有力提升试验区科技创新能力。二是宁夏中卫国家农业科技园区建设提档升级。印发《中卫市建设宁夏现代农业科技创新示范区实施方案》,园区企业申报的"奶牛养殖场'物联网+'技术应用与示范项目"等7个国家农业科技园区专项获得资金支持。中卫国家农业科技园区与福建漳州国家农业科技园区签订共建协议,共同提升中卫国家农业科技园区建设与管理水平。 （王 华）

【科技创新平台】 宁夏协鑫晶体科技发展有限公司等3家企业被评为2018年度第一批国家高新技术企业,中卫市恒力电控科技服务有限公司等20家企业获得国家科技型中小企业认定。"宁夏工业废水处理工程技术研究中心""宁夏蛋氨酸工程技术研究中心""宁夏动力与储能锂电池材料工程技术研究中心"通过专家评审论证,获批组建。年内,全市共有国家高新技术企业7家,自治区科技小巨人企业7家,国家级科技型企业20家,自治区科技型中小企业76家,国家级"星创天地"7家,自治区技术创新中心、自治区工程技术研究中心、自治区企业技术中心等各类创新平台44个。 （王 华）

【知识产权】 2018年,全市共申请专利1384件,授权696件,万人有效发明专利拥有量2.34件。天元锰业"锰渣高温脱硫制硫酸锰联产水泥混合材或水泥原料"荣获"中国技术市场金桥奖"。宁夏万齐现代农业发展集团等4家企业被宁夏企业知识产权管理规范贯标工作领导小组确定为2018年企业知识产权管理规范"贯标"推广企业,宁夏天瑞产业集团被评为2018年国家知识产权示范企业,宁夏万齐农业股份有限公司被评为国家知识产权优势企业。年内,全市国家级知识产权保护规范化培育市场1家,国家级知识产权示范企业2家,国家级知识产权优势企业4家;自治区知识产权示范企业3家,自治区知识产权试点企业11家,企业专利专员57人,PCT专利1件。 （王 华）

【科技特派员】 实施科技特派员创业行动专项项目24个,加强科技特派员队伍建设。吸收24名有技术特长、基层工作经验的科技人员充实到科技特派员队伍。至年底,全市科技特派员人数达到466名,引导、鼓励科技特派员企业申报专利20项,提高科技特派员创业水平和服务能力。 （王 华）

【科技政策】 印发《关于加快推进"创新驱动、脱贫富民、生态立市"战略的实施方案》《中卫市建设宁夏现代农业科技创新示范区实施方案》等政策性文件，拿出"真金白银"支持引导企业实施科技创新。召开全市科技创新工作会议，印发《关于下达2018年中卫市科技创新主要指标任务的通知》，对各县（区）全社会R&D经费投入、万人有效发明专利等10项主要科技创新指标予以分解，明确责任主体，强化督查考核。

（王　华）

【科技扶贫】　全市73名科技扶贫指导员围绕肉牛、马铃薯、西甜瓜等特色产业，深入全市22个乡镇的73个深度贫困村开展科技帮扶工作。全市110名"三区"人才积极服务于贫困村的枸杞、硒砂瓜、马铃薯、林果、畜牧等特色产业，实现"三区"人才对深度贫困村科技服务"全覆盖"。通过引导、鼓励科技特派员项目实施地点向贫困村倾斜，培养本土科技人才，发展脱贫致富产业，提高贫困村种养殖水平。

（王　华）

科学普及

【科普服务平台】　一是深入推进《全民科学素质行动计划纲要》实施。履行全民科学素质领导小组办公室职责，组织召开市全民科学素质工作领导小组第十二次会议，总结评估全民科学素质"十三五"中期工作、印发《2018年全民科学素质工作要点》，向自治区纲要办提交《中卫市"十三五"全民科学素质工作中期评估报告》；对两县一区及市直各部门单位全民科学素质年度工作进行考核，积极构建大联合大协作的纲要实施工作格局。二是广泛开展科普宣传活动。组织开展以行业纪念日为主要内容的科普宣传活动40场次，积极参与2018年"文化科技卫生三下乡"活动，组织开展以科普进社区、进集市、进学校、进企业、进军营等为主的"科普七进"活动28场次，反邪教警示教育宣传29场次；开展2018年科技活动周暨科技工作者日宣传活动、全国科普日中卫市活动；积极组织科技专家服务团及科普志愿者开展科技培训活动11场次；针对农村群众、城镇劳动者、青少年印制科普宣传系列丛书8万册，科普宣传手提袋9000个。三是科普信息化水平不断提升。与中卫传媒集团合作，在中卫电视台开设《健康有约》《健康面对面》《健康快乐中国行》等科普栏目，在中卫日报开办《科学普及》专版，并通过《云端中卫》、中卫新闻网微信公众号、中卫科普微信公众号等刊发相关稿件；支持建设科普中国e站10个，申请成立中卫市首个国家级科技工作者调查站点，积极推进全市科普宣传员队伍建设，在朋友圈发布科普知识6万余篇；首次开展"提升全民科学素质，创建全国文明城市"有奖科普知识竞答活动，全市共有8万人次参与此次活动。三是青少年科技活动成果显著。举办第33届中卫市青少年科技创新大赛，组织参加全区、全国大赛，获区级奖项83项；举办第四届中卫市青少年机器人竞赛，组织参加全区、全国竞赛，获区级奖项32个。在全国青少年机器人竞赛中，获1金1银的优异成绩，实现宁夏在全国青少年机器人竞赛中金牌零的突破；组织两县一区30名优秀高中生赴南京参加2018年全国青少年高校科学营活动；组织开展中卫市中小学校科普剧展演活动，在全区展演中获一等奖2个、二等奖1个、三等奖2个的全区最好成绩；组织开展科普进校园、中国流动科技馆巡展、校园科普e站建设、科普示范学校创建等活动；积极做好中卫市科技馆改造项目建设工程。

（丁　军）

【科技助力工程】　一是深入实施创新驱动助力工程。起草中卫市《关于科协系统实施创新驱动助力工程的意见》，兑现2017年度11家企业专家工作站助力创新项目补贴资金7万元；向自治区科协申报《中卫市食品工业园创新服务站建设项目》《中卫市中小企业一线工程师培养项目》和《企业（园区）科协组织建设项目》，签订《企业（园区）科协组织建设项目合同书》；建立企业创新需求项目库和专家智库，征集项目12个、技术难题15项，新入库专家12人；组织开展院士专家宁夏行中卫市活动，开展专家咨询服务活动11场次；举办《专利工程师培训项目》和《一线创新工程师认证培训项目》培训班4期，培训企业创新人才222人；组织参加首届全国创新方法大赛宁夏分赛区决赛，获一等奖1个，二等奖2个，三等奖3个；不断加强企业科协组织建设，2018年新建园区科协1个，企业科协10个。二是深入开展科技专家助力脱贫攻坚和科技助力精准脱贫活动。争取资金30万元，在沙坡头区、中宁县、海原县实施科技助力脱贫攻坚项目。沙坡头区围绕硒砂瓜新品种、新技术推广示范，举办各类技术培训班15场次。中宁县从枸杞品种选择、定植标准、灌水、施肥等生产环节入手，推广压砂地枸杞种植164.6亩，辐射带动周边贫困户种植压砂枸杞4889亩。海原县在关庄乡宋庄村引进马铃薯原种712660粒，打造马铃薯基地1000

亩,开展专题培训 15 场次,带动建档立卡户 140 户 609 人;承办全区科技专家助力脱贫攻坚行动推进会。全区各市、县(区)科协主席及中卫市两县一区乡镇科协负责人、农技协领办人代表共 110 余人参加活动。

（丁 军）

【科技服务】 一是开展"全国科技工作者日"庆祝活动。活动期间,走访看望老科技专家和基层一线科技工作者代表。二是积极培育举荐表彰宣传优秀科技工作者。组织推荐第 16 届宁夏青科奖候选人 1 名、第三批宁夏青年科技人才托举工程人选 2 名;表彰中卫市最美科技工作者 22 名,并对其中 10 名拍摄专题宣传片在中卫电视台进行宣传;组织召开 2018 年中卫市科协工作会议,对在 2017 年科协工作中表现突出的 29 个先进集体、32 名先进个人、3 个优秀农技协、3 个优秀科普示范基地和 3 名科普带头人等进行表彰;组织两县一区科技骨干教师赴重庆观摩第 33 届全国青少年科技创新大赛,参加全区科技骨干教师培训班,组织企业科协秘书长参加宁夏科协企业科协秘书长培训班暨企业科协网推广启动会。三是组织开展 2018 年中卫市科协机关开放日活动,邀请 30 名科技工作者代表就科协 2018 年及未来工作,如何更好地为广大科技工作者服务等问题进行广泛座谈交流。四是不断推进网上科协建设,创办中卫市科协网站、开通中卫科普微信公众号,以部室建立科技工作者 QQ 及微信交流群,及时发布科协工作动态,更好地服务于广大科技工作者。

（丁 军）

【建言献策】 鼓励支持学会协会开展学术交流活动。举办全市现代农业科技创新与发展学术论坛,评选出 8 篇优秀学术论文予以表彰;举办以"谋求新发展,献策兴中卫"为主题的建言献策活动,评选出 10 篇优秀方案予以表彰;组织市老科协围绕市委、市政府重点产业、重大战略,群众关心的热点问题深入考察调研,向市委、市政府上报建言献策 15 期,其中 13 期得到了市委、市政府领导批示;邀请自治区老科技专家与市、县老科技专家及相关部门多次对压砂西瓜、富硒苹果、草畜产业等进行实地调研座谈,为全市经济社会发展积极建言献策。 （丁 军）

【自身建设】 一是基层科协组织不断壮大。在沙坡头区试点成立东园镇新星村、永康镇永丰村等首批 27 个村级科协组织,配备统一科协标志和规章制度;认真组织实施"基层科普行动计划",申报全国基层科普行动计划 11 个,获批 8 个,获奖补资金 87 万元;举办 2018 年中卫市农技协理事长培训班,两县一区及各基层农技协代表等 80 余人参加培训;命名科普示范镇 2 个、科普示范村 6 个和科普示范基地 3 个,创建自治区科普示范学校 3 个,注册科普宣传员 625 人。二是干部综合能力不断提升。深入学习习近平新时代中国特色社会主义思想、党的十九大精神、自治区第十二次党代会、中卫市第四次党代会、市委四届四次、五次全会等中央、自治区、中卫市会议精神,学习党纪党规,抓好党员干部的理想信念教育、党风党纪教育、意识形态教育和业务知识教育,不断提高党员干部的党性修养,树牢"四个意识",争做"四个合格"党员。三是全面从严治党深入推进。按照"三强九严"要求,规范落实"三会一课""组织生活会""主题党日"等各项制度,不断提升机关党建工作水平;扎实开展形式主义官僚主义等"四风"问题集中整治专项行动、违反中央八项规定精神突出问题专项治理、加强"门难进、脸难看、事难办"等突出问题整治工作,全面落实从严治党责任,推动科协工作再上新台阶。四是每月至少到帮扶村开展 1 次帮扶工作,宣传党的各项脱贫、惠农政策,全面掌握帮扶户基本情况;在帮扶村海原县关庄乡宋庄村投资 10 万元,实施科技助力脱贫攻坚项目,帮助贫困群众科技脱贫。

（丁 军）

气 象

【天气概况】 2018 年,中卫市平均气温较常年偏高 1.0℃,气温阶段性特征明显。3 月,气温创 1961 年以来同期极值,5 月,灌区局地高温天气之早历史同期少见;夏季全市平均最低气温接近 1961 年以来同期最高,日较差之小创历史纪录;秋季气温偏低,灌区大部入冬偏早。全市平均降水量 317.7 毫米,较常年偏多 31%,降水时空分布不均,极端性强;4 月,透雨明显偏早;夏季强降水次数多。暴雨洪涝、冰雹、大风、低温冻害等灾害频发。 （徐江华）

【气温】 2018 年,中卫年平均气温为 9.9℃,较常年偏高 1.0℃,是 1997 年以来的第 21 个偏高年。各地平均气温为 8.0℃~11.3℃,较常年偏高 0.1℃~1.8℃。其中,沙坡头区、中宁县偏高 1.0℃以上,海原县偏高 0.3℃。春、夏、秋、冬(冬季指 2017 年 12 月 1 日~2018 年 2 月 28 日)各季节平均气温分别为 13.7℃、22.7℃、8.6℃、-4.6℃,春、夏、秋季较常年同期偏高 3.3℃、1.7℃、1.4℃,冬季气温接近常年值。2018 年 1 月、2

月、10月气温接近常年,12月偏低1.7℃,其他月份偏高0.7℃~5.7℃,尤其3月创历史同期第五极值。

(徐江华)

【降水】 2018年,中卫平均降水量317.7毫米,较常年偏多31%,为2016年以来第3个连续偏多年。各地降水量226.1毫米~494.6毫米,沙坡头区、海原县偏多30%以上,中宁县偏多17%以上。秋季降水量42.3毫米,较常年同期偏少18%,春、夏、冬三季降水量分别为55.5毫米、210.6毫米、8.6毫米,分别偏多25%、49%、56%,其中夏季降水量创历史同期第七高值。1月、4月、5月、7月、8月、11月、12月降水量较常年同期偏多28%~213%,2月、9月接近常年,其他月份偏少47%~90%。

(徐江华)

【日照时数】 2018年,中卫平均日照时数2770小时,较常年偏少119小时。各地日照时数2342~3036小时,与常年相比,沙坡头区偏多67小时,其他地区偏少65~360小时。秋、冬季日照时数分别为630、633小时,接近略低于常年同期值,春、夏季日照时数为627、630小时,较常年同期偏少128、184小时,2月~6月,日照时数较常年同期偏多1~38小时,其他月份偏少17~46小时。

(徐江华)

【气象服务工作】 主要担负地面气象观测、酸雨观测、预报服务、雷达监测、生态与农业气象监测、人工影响天气、气象行政许可等工作。主要开展干旱、暴雨、霜冻、干热风、低温冷害等预报服务,对外发布《气象信息专报》《农用天气预报》《林火监测专报》《气象灾情快报》和《气象生态监测评估》等多类决策服务材料,全年共制作各种气象服务材料846期。市、县局均开通官方气象微博、微信。

(徐江华)

【人工影响天气】 全市共建成固定火箭高炮增雨防雹作业点18个,人影移动作业点21个,布设高炮12门、火箭发射架39部,人影作业人员54人。

(徐江华)

文化体育

文 化

【文化惠民】 全年开展文化惠民工程演出840场次,广场文化演出155场次。开展"书香中卫"大讲堂公益讲座10期,"书香中卫·朗读有你"活动10期。开展全国、全区"书香之家"和"书香之乡"评选活动。新建市图书馆分馆1个、流动图书室1个。开展"送书下乡"活动10余次;"民办公助"民族艺术团服务示范项目顺利通过国家文化部验收。 （赵旭东）

【群众文化】 举办中卫市春节军民联欢晚会、"正月正"大型社火展演、舞龙大赛、戏曲专场、元宵花灯展等14项春节系列文化活动。开展"拥抱新时代 开启新征程"广场文化艺术节、"文化惠民工程"演出、"送欢乐·下基层"演出等活动。完成国家文化部春雨工程2018青岛市文化志愿团宁夏中卫行演出及作品联展活动、"欢乐中卫""欢乐宁夏"文艺会演、"颂歌唱中卫·共筑中国梦"全市群众合唱比赛。圆满完成自治区成立60周年群众文艺演出活动。 （赵旭东）

【精品创作】 大型魔幻情景剧《沙坡头盛典》于6月26日公演。全程在中卫拍摄的中国首部防沙治沙题材电视剧《拿什么奉献给你》陆续在江苏、山东、辽宁地面电视台高收视率播出。由海原县民族歌舞团创排的大型情景花儿剧《花香新时代》在当地上演。
 （赵旭东）

【公共图书】 2018年,共采购纸本图书13367册,5360种,征订期刊267种,报纸95种,购买电子图书4万册,电子资源存储达11.7TB。在长安社区、黄河花园社区、中山社区建成3个分馆。成立中卫市图书馆宁夏大学中卫校区分馆、中卫市图书馆职业技术学校分馆。实现总馆分馆统借统还。成立中卫市作家著作馆正式挂牌,共接收社会各界捐赠图书1327册。对电子阅览室设备改造升级,新购置桌面云26台、服务一体机2台,22寸液晶显示器26台、防火墙网关1台。并配备海量教学、影视、数字图书等资源。完成视障阅览室建设。建成数字图书馆,启动图书自助借还系统。完成全馆免费无线网络全覆盖工程及数据库的安装,移动图书馆访问量达280万次,门户网站访问量达到48万人次。 （赵旭东）

【文化遗产保护与传承】 组织开展"文化和自然遗产日"各项活动,组织非遗传承人参加中国深圳文博会和西北五省非遗文化旅游博览会。山花儿传承人马汉东入选国家级第五批非遗代表性传承人,宁夏艺轩古建筑传承基地等3处获批自治区级非遗保护优秀传承基地。举办"中卫市花儿创作与演唱业务骨干培训班"。申报的全国公共文化中心全民艺术普及"花儿"慕课课题年内完成立项,进入录制阶段。组织开展全市花儿传唱大赛暨花儿歌会和花儿进校园活动。结合季度巡查工作,在长城等文保单位周边树立保护界桩,加强对下河沿瓷窑遗址、明长城下河沿段及上滩段进行专人管护。结合已有数据,对北山岩画区内大麦地、枣刺沟等7处区域边界进行确定。
 （赵旭东）

【文化市场监管】 加强市场管理与执法。共组织开展市场巡查4120家次,网吧监控平台巡查626家次,专项行动6次,联合检查4次。立案查处10起,办结案件10件,上报国家文物局参评案件1件,确保全市文化市场健康有序发展。 （赵旭东）

【文化体制改革】 实施文化馆、歌舞团融合发展,体育馆"管办分离"实施双轨式运行管理。全市已建成33个乡镇综合文化站,年内实现"公建民营公助"全覆盖。 （赵旭东）

【文化产业】 起草《中卫市文化创意和设计服务相关产业扶持办法(试行)》。编辑出版《中卫民俗文化》

等知识读物,建立沙坡头羊皮筏、手工地毯、剪纸、刺绣、雕塑等一批非物质文化遗产传承基地,创作生产手工剪纸、刺绣等手工艺品,推动黄河奇石、书画艺术、砖雕泥塑、木雕、沙雕、沙画等一批具有浓郁地方特色的文化旅游产品。 （赵旭东）

【新闻出版物】 召开全市"扫黄打非"工作会议。集中开展扫黄打非专项行动10次。检查文化市场、娱乐市场、出版物市场、快递企业等216家次。抓好全市印刷企业和出版物发行单位监管工作。对28家印刷企业和40家出版物经营商进行年检。开展全市推进使用正版软件工作。投资371万元,为60个市直部门、群团组织的1631套计算机安装正版操作系统和正版办公软件。推行452个农家书屋规范化建设。
（赵旭东）

【广播电视】 进一步加大广播电视安全播出的监控和管理力度,加强广电设施设备网络干线检查和值班工作,市县两级未发生安全播出事故。扎实开展广播影视网络安全播出工作。完成农村电影放映7378场次,实现每个行政村每月不少于1场。
（赵旭东）

体 育

【大型赛事活动】 成功举办第十七届环青海湖国际公路自行车赛中卫赛段比赛、2018全民健身日宁夏分会场沙漠运动示范活动、2018年全民健身节捷安特全国自行车联赛宁夏中卫站、第四届全国大漠健身运动大赛、2018国际沙排世界巡回赛中卫公开赛等国际、国内赛事活动。在北京成功召开宁夏中卫国际排联沙滩排球世界巡回赛研讨会。（赵旭东）

【群众体育活动】 出台《中卫市体育竞技人才培养办法》。圆满完成全民健身季系列活动。成功举办2018年中卫市农民篮球赛、2018年中卫市首届跆拳道比赛、全国毽球比赛、中国西北羽毛球比赛等群众体育活动。 （赵旭东）

文化基础建设

【公共文化阵地建设】 建成2383米的中卫市"五馆一中心"市民健身漫步道;中央广播电视节目无线数字化覆盖发射站项目建成并投入使用,可覆盖方圆18公里约8200户农户,接收12套中央电视节目;按照长城夯筑工艺的要求,完成姚滩段长城修缮保护工程总工程量的80%。;市博物馆布展项目争取到自治区支持资金400万元;政府办公室印发《中卫市沙坡头区北山岩画保护利用方案》,完成北山岩画全方位监控工程20个点的建设;"两县一区"全民健身中心项目沙坡头区完成外包装,年内进行室内装饰。中宁县、海原县年内完成主体工程。 （赵旭东）

【公共文化服务体系建设】 认真落实文化体育场馆免费开放政策。实现市、县图书馆、文化馆、乡镇综合文化站、村文化室全部对外免费开放和体育馆低收入开放。全年,全市共有乡镇标准化综合文化站33个,村级文化室442个,社区文化室26个,数字"农家书屋"452个。有专业体育场馆5个。有各类文艺表演团队432个,专业文艺院团3个200余人,业余文艺团队90个1200余人,艺术培训基地38个,文化中心户95个,各类社火表演队349个,各级体育协会60个。市、县区、乡镇、村(社区)四级公共文化服务网络体系初步形成。 （赵旭东）

广电网络

【概况】 宁夏广播电视网络有限公司中卫分公司于2007年3月正式成立,隶属宁夏广播电视网络有限公司,实行企业化管理、产业化运营模式。公司现有员工30名,下设综合办公室、网络运行维护部、工程建设部、营业部、市场部5个部门。主要从事有线数字电视业务和宽带网络经营,承担着全中卫市沙坡头区有线电视用户和农村"户户通"用户的广播电视安全传输职责,保证党和政府的声音有效覆盖和通达,保证全市城乡居民的文化生活需求,具有较强的政治和公益属性。 （尚淑琴）

【网络规划建设】 伴随着信息技术的不断发展,广电网络经过双向升级改造于2013年开通有线数字电视双向互动业务,城区双向网络全面覆盖。2016年,开始实施宽带乡村及中小城市基础网络完善工程项目建设,将宽带乡村及中小城市基础网络完善工程建设相结合,全面提升广电网络基础设施体系,利用广电网覆盖面广、组网方便、应用灵活特点,全面支撑数字乡村建设,实现全市宽带网络和广播电视服务的全覆盖。至2018年年底,宽带乡村工程完成沙坡头区11个乡镇中心机房和光缆网络建设,完成145个行政村光缆通达工程,乡镇光缆通达率达99%;行政村光缆通达率达85%。建设完善基本覆盖全市高速公路干线网、省道干线光缆网络。宽带乡村工程的建设,形成城区、市、县、乡、村五级贯通、城乡一体、可管可控、安全稳定、实用高效,既能提供广电业务服务,又能承载综合信息服务的全领域、全要素、全产业链的综合文化信息网络。利用广电网络全覆盖优势,参与、发展产业信息化服务,通过积极与公安、教育、卫生等部门对接、沟通,将阳光政务、民生服务、卫生教育、文化旅游、安防监控等应用与互联网构架链接,可随时向市民、政府机构、企业、外来访客和旅游者提供包括民生、政务、行业在内的云端智能综合信息化应用服务。

（尚淑琴）

【业务发展】 有线电视从模拟到数字又到高清双向,具备高清、宽带、点播、回看、时移、3D、互动游戏等更多、更丰富的内容和服务功能,共有150多套节目,其中高清频道50套,是集电视节目+信息+服务+娱乐为一体的综合性数字信息载体。2016年,为贯彻落实党中央、国务院《关于推动传统媒体和新兴媒体融合发展的指导意见》的精神,宁夏广电网络公司建设一套集报纸、书刊、广播、电视等传统媒体和网站、微博、微信、APP等新兴媒体于一体的综合性媒体服务平台——六盘云·智慧家庭云平台。2017年,中卫广电网络公司与中卫新闻传媒集团签订"智慧中卫"合作协议,上载《中卫新闻》等6档栏目;上载服务类栏目有《魅力中卫》《智慧社区》《阳光政务》《文化旅游》《教育园地》《电商购物》《便民服务》7个板块,通过云平台与信息化系统联动,实现电视、手机、电脑和PAD等终端屏上互动、共享和展示功能,实现高清互动电视、视频通讯、远程教育、远程医疗、电视商城等应用业务。

（尚淑琴）

【"户户通"管理】 抓好户户通发展、监管工作,促使城乡数字电视的互补、有序发展。2015年,按照全区"户户通"延保服务工作的整体部署和要求,积极协调,借助市文体广电局与各乡镇政府的协调配合,进一步加强、规范对"户户通"专营店的监督服务工作,让广大农村群众切实感受到"户户通"延保服务的便捷和实惠。

（尚淑琴）

【安全保障】 广电网络的安全传输是一项政治任务,也是产业健康发展"命脉"。公司始终坚持"安全第一,预防为主"的方针,严防死守、常抓不懈,并实行安全责任"一票否决制"。一是建立完善的安全管理制度和流程,从源头上杜绝安全传输和安全生产中的隐患;二是逐级签订安全传输和安全生产责任书,层层抓落实,并将此工作列入年终考核,实行安全事故"一票否决制",严格奖罚;三是加大投入,强化培训,抓员工的安全防范意识和责任意识。

（尚淑琴）

【社会公益】 有线电视集舆论引导、文化娱乐和信息服务于一体,是宣传党的方针政策、传达政府政令的主要载体,具有政治属性和产业属性双重功能。本着服务于中卫经济发展、服从于广大民众宗旨,中卫广电网络公司坚持及时跟进城市化建设步伐,以网络"无缝隙"覆盖服务功能、以高效便捷优质服务标准、以诚实守信经营管理理念,赢得中卫市委政府及广大有线数字电视用户的支持和信赖。同时,为构建和谐社会积极承担社会责任,积极参与市委、市政府倡导的扶贫帮困、助残捐资等社会公益活动。（尚淑琴）

文学艺术

【2018首届中卫文化艺术界迎新晚会】 2017年12月25日晚,由中卫市电影电视家协会、宁夏红沙河文化传媒有限责任公司策划举办,中卫市文联所属8个文艺家协会共同参与,宁夏杞先生食品有限公司冠名的2018首届中卫文化艺术界迎新晚会在宁夏大学中卫校区大礼堂启幕。整场晚会节目精彩纷呈,歌曲、小品、古筝弹奏、旗袍秀、器乐合奏、皮影戏、魔术表演、诗朗诵、书画贺新年等节目让人目不暇接,充分展现出浓厚的文化艺术气息。600余名观众现场观看演出,12万观众通过网易新闻现场直播观看晚会。

（曹小娟）

【"新春走基层 欢乐进万家"文艺惠民活动】 市文联组织中卫市书法家协会开展"新春走基层 欢乐进万家"文艺惠民活动。1月29日,市文联和市书法家协会组织艺术家参加在海原县三河镇举行的中卫市2018年科技卫生"三下乡"活动,现场书写春联500余副、"福"字100余幅。

（曹小娟）

【周芳作品入展首届深圳国际水彩画双年展】 4月15日,首届深圳国际水彩画双年展在深圳罗湖美术馆开幕,中卫市女画家周芳国画作品《彝族女歌手》入展。双年展是经文化和旅游部批准的国际性展览,由中国美术家协会、深圳市文学艺术界联合会、罗湖区人民政府主办,共收到来自英国、法国、俄罗斯、加拿大、澳大利亚等18个国家与地区的艺术家提交的2762件投稿作品。经过严格甄选,共有248件作品入展。

（曹小娟）

【彭家勇散文集《石不语》入围第七届鲁迅文学奖参评名单】 5月16日,中国作家协会发布《第七届鲁奖参评作品公示》,共有1373篇(部)作品符合评奖条例规定的参评条件，中卫籍作家彭家勇创作的文化大散文黄河奇石三部曲之一《石不语》入围提名。散文集《石不语》一书是以宁夏黄河奇石为背景，围绕奇石命名与鉴赏创作而成。作者通过对中国传统文化和古典艺术的勾连纵横，赋予黄河奇石深刻的文化内涵，具有很高的艺术价值和文学价值，使赏石美学上升到文化思考的境界。

（曹小娟）

【电影《山路不再弯》杀青进入后期制作阶段】 由宁夏老茶梗文化传媒公司组织策划、宁夏盛世华章文化传媒网易宁夏团队拍摄制作、中卫市作家协会会员骆少卿编剧、中卫市电视电影家协会主席徐岱导演、中卫市电视电影家协会骨干会员参演的正能量微电影《山路不再弯》于6月20日顺利杀青，进入后期制作阶段。该剧在历史文化名村北长滩村拍摄，主要讲述优秀党员干部赵保民在自身患病、母亲瘫痪在床、女儿即将高考等诸多压力下，坚持驻守山村，一心率领群众脱贫致富奔小康的正能量故事。

（曹小娟）

【中国文联文艺志愿服务团8月8日走进中卫慰问演出】 为庆祝宁夏回族自治区成立60周年，8月8日至9日，中国文联文艺志愿服务中心主任、中国文艺志愿者协会副主席兼秘书长廖恳率领中国文联文艺志愿服务团走进中卫，开展"中国梦 宁夏情"慰问演出和文艺辅导培训活动。慰问演出活动由中国文学艺术界联合会、宁夏回族自治区党委宣传部、中国文艺志愿者协会主办，中国文联文艺志愿服务中心、宁夏回族自治区文学艺术界联合会、中共中卫市委员会、中卫市人民政府承办，中共中卫市委宣传部、中卫市文学艺术界联合会、中卫市文化体育新闻出版广电局、中卫市新闻传媒集团协办。辅导培训于8月8日晚20:30~22:00，在市新闻传媒集团、市文化馆举办，由中国传媒大学教授王志、中国书法家协会副主席刘洪彪、中国舞蹈家协会副主席黄豆豆、国乐艺术家方锦龙，作电视新闻、书法、舞蹈和音乐专题辅导培训。慰问演出于8月9日上午8:30~10:30，在市区文化广场举行。演出由央视综艺频道主持人朱迅、宁夏卫视主持人张磊主持，刘兰芳、殷秀梅、李丹阳、黄豆豆、温玉娟、奇志、魏金栋等30多名艺术家，将通过歌舞、相声、杂技、舞蹈、诗朗诵等多种艺术形式，为中卫市各界群众送上一场精彩的视听艺术盛宴。

（曹小娟）

【《降服沙魔》入围2018第八届全国农民摄影大展】 8月17日，由中国文学艺术界联合会、中国摄影家协会主办的2018第八届全国农民摄影大展开幕式在中国摄影展览馆隆重举行。大展共有120余位作者的150幅作品入选，中卫市农民摄影家马德的摄影作品《降服沙魔》入围。

（曹小娟）

【"双庆"书法美术摄影作品展】 9月29日至10月9日，由市委宣传部、市文联主办，市书法家协会、美术家协会、摄影家协会承办的"庆祝改革开放40周年 自治区成立60周年"中卫市书法美术摄影作品展在市文化馆展出，用艺术形式展现改革开放40年、自治区成立60年中卫市辉煌历程和成就。展览共展出中卫市艺术家书法、美术、摄影作品190余幅，主题鲜明，风格多样，题材广泛，不仅书写、聚焦中卫市独特的自然风光、人文景观，更反映中卫市经济社会繁荣发展巨大变化和广大干部群众奋发有为的精神面貌。

（曹小娟）

【中卫市首届中小学师生书法大赛】 为弘扬中华优秀传统文化，培养中小学师生对书法艺术的学习兴趣，推动"书法艺术进校园"，中共中卫市委宣传部、市教育局、市文联、市新闻传媒集团联合举办中卫市首届中小学师生书法大赛。本届大赛以"翰墨薪传、书香中卫"为主题，面向全市中小学师生征集作品，共收到226名师生的书法作品326幅。经过前期初选，共有118人入围复赛，参加10月25日在中卫市第三中学的比赛。

（曹小娟）

【"友好文联"缔结】 11月26日~30日，中卫市文联与江苏省泰州市文联"友好文联"缔结仪式在中卫市新闻传媒集团大楼会议室举行，标志着两市文联在践行"全国文联一盘棋"发展理念、深化文联改革、促进文艺跨区域融合交流进入实质性阶段。座谈中，两市文联、文艺家协会负责人和部分文艺家、文艺工作者代表，就文艺和文联工作围绕中心服务大局、深化文联改革、文艺精品创作、人才培养、协会服务与管理等进行广泛深入地交流。双方一致认为，中卫与泰州两地都有着深厚的文化底蕴、独特的自然风光，两市文联缔结为"友好文联"后，将通过建立互学互访互助机制、合作实施文艺品牌项目、定期开展异地文艺采风创作展览等方式，打破地域界线，加强两地文艺交流与合作，实现文艺资源共享、优势互补，推动两地文艺事业繁荣发展。在首次的友好交流中，两市文联共同举办"中卫·泰州两地摄影作品联展"，展出两地70多位摄影家200余幅摄影作品，多角度展示中卫和泰州两座历史文化古城的风光景点、历史文明、人文精神和城市风貌。

（曹小娟）

【文艺成果】 一是文艺书籍出版。市文联编撰出版：《走进中卫》《中卫民间故事》地方历史文化书籍。二是艺术作品创作。市文联组织创作"中卫新十景"系列美术作品、《十九大报告》书法作品。市电视电影家协会、作家协会联合拍摄制作反映中卫市干部群众脱贫致富奔小康的微电影《山路不再弯》。三是文艺作品获奖发表。彭家勇的散文集《石不语》入围第七届鲁迅文学奖参评名单；市美术家协会副主席、青年女画家国画作品《彝族女歌手》入展首届深圳国际水彩画双年展；市摄影家协会王恒德、焦兴全、褚晓玲的摄影作品《收获》《笑脸》《快乐老人》被评为"最美中国人"笑脸照片征集展示活动优秀作品；农民摄影家马德的摄影作品《降服沙魔》入围第八届全国农民摄影大展；市音乐家协会郭福平创作的歌曲《寻梦路上》《妈妈的希望》入选"中国优秀原创歌曲百首专辑"并获二等奖。

（曹小娟）

新闻传媒

【概况】 中卫市新闻传媒集团(以下简称传媒集团)为市委直属正处级事业单位，内设15个部室，即办公室、党群工作部、人事财务部、总编室、记者部、新媒体研发部、经营管理部、出版部、专刊部、播出部、新闻部、专题部、广播部、技术保障部、网络运营部。2018年，核定事业编制86名，从业人员192人。有"一端26媒"共27个新闻宣传平台，主要包括《中卫日报》、中卫电视台综合频道、中卫广播综合频率、交通音乐频率、云端中卫客户端、早安中卫微信等，形成集纸质媒体、视频媒体、音频媒体、网络媒体等为一体的宣传架构。

（张海霞）

【新闻宣传】 一是在中心工作宣传上有新亮点。按照市委、市政府2018年中心工作、重点工作，传媒集团紧紧围绕脱贫攻坚、全域旅游、乡村振兴、移风易俗、创建全国文明城市、自治区成立60周年大庆、"五个扎实推进"和市委、市政府"6+8"等重点工作，2018年组织"庆祝改革开放40周年""自治区成立60周年""美丽中卫行——改革开放40年看变化""60年·辉煌与风采""走进中卫""60年巨变看中卫"等10次重大报道，共制订宣传报道方案37个。在报台网等各媒体同步新开设"转型追赶 高质量发展 贯彻落实市委四届四次全会精神""文明城里话新风""贯彻落实市两会精神""崇尚实干 狠抓落实""2018·我们在落实""学习宣传贯彻宪法""中央环保督察回头看""环保进行时 碧水蓝天·绿色家园""塞上风纪曝光台""创城进行时""新起点新征程——致富路上带头人""美丽中卫行——改革开放40年看变化""60年·辉煌与风采"等重点栏目共20多个，组织开展大型宣传报道6次以上。其中，"新春走基层""脱贫攻坚""改革开放40周年""庆祝自治区成立60周年""中央环保督察回头看""创建全国文明城市""云天大会"等大型宣传战役深入实施，取得了良好效果。2018年，《中卫日报》开设栏目26个，中卫综合频道开办自办栏目10个，中卫综合广播和中卫交通音乐广播共开设自办栏目30个，中卫新闻网推出网络专题13个；《中卫日报》刊发本地新闻9360条，中卫电视台和两个广播频率目前各自播出地方新闻6730余条。二是在主题宣传上有新成效。在主题宣传工作上，传媒集团按照市委关于庆祝改革开放40周年和自治区成立60周年的有关安排，在《中卫日报》、中卫广播电视台、中卫新闻网等各媒体平台以《庆祝改革开放40周年》和《自治区成立60周年》为总栏目，以"宁夏记忆、支宁援宁、民生印记"为采写主题，组织开展"美丽中卫行——改革开放40年看变化""60年·辉煌与风采""走进中卫""60年巨变看中卫"等系列采访采风活动，讲好中卫故事，传播中卫声音，展示中卫人的精神风貌。同时，在《中卫日报》、中卫广播电视台、中卫新闻网等各平台开设《美丽中卫行——改革开放40年看变化》《庆祝自治区成立60周年》和《60年·辉煌与风采》专栏，宣传报道全市各行各业及经济社会发展变化，展现中卫发展变迁。《中卫日报》出版1期60个版面庆祝自治区成立60周年特刊典藏本，通过文字、照片、图表、数据等形式，全面展示自治区成立60年来中卫取得的辉煌成就。同时，出版号外1期8个版面，转发《宁夏日报》关于中共中央政治局常委、全国政协主席、中央代表团团长汪洋率中央代表团出席向宁夏回族自治区赠送纪念品仪式、中央代表团向宁夏赠送习近平总书记题词贺匾、《美丽宁夏》珐琅器等纪念品等以及习近平总书记"建设美丽新宁夏 共圆伟大中国梦"的题词，引起社会各界的热烈反响等；传媒集团还大量刊播反映中卫经济社会发展取得巨大成就的重点稿件。同时，传媒集团还联合市委宣传部、市直机关工委、市委党校举办"纪念改革开放40周年"大型主题有奖征文活动、"不忘初心牢记使命"微党课比赛和"辉煌60年 见证新发展"主题演讲比赛。据统计，在庆祝改革开放40周年和自治区成立60周年期间，《中卫日报》、中卫广播电视台、中卫新闻网等各平台共刊播、发布相关专栏新闻稿件500多篇(条)。其中,《中卫日报》共刊发相关专栏稿件200多篇、中卫电视台共播发相关专栏新闻50多条、中卫综合广播共播发相关专栏新闻50多条、中卫新闻网、云端中卫客户端等新媒体共发布相关专栏新闻200多条。三是在专题宣传上有影响。2018年,传媒集团持续深化对习近平新时代中国特色社会主义思想的宣传,着力推动习近平新时代中国特色社会主义思想深入人心。在《中卫日报》、中卫广播电视台、中卫新闻网等各平台同步开设《在习近平新时代中国特色社会主义思想指引下——新时代新气象新作为》专栏,持续报道全市干部群众以习近平新时代中国特色社会主义思想为指导的生动实践和创造,感受新时代的新气象、新作为。2018年,为贯彻落实"三项学习教育"活动,开设《走转改·记者目击》《走转改·中卫故事》栏目。在《中卫日报》推出一批有深度、有影响理论文章,强化理论宣传引导;在中卫新闻网、云端中卫客户端开办"微学习"交流平台,积极推送重要文稿、重要研究成果等,实现习近平新时代中国特色社会主义思想"天天见、天天新、天天深"。据统计,传媒集团各平台共刊播《在习近平新时代中国特色社会主义思想指引下——新时代新气象新作为》专栏稿件120多篇(条)。

(张海霞)

【媒体融合】 传媒集团围绕打造西部最具特色新型主流媒体的目标,在内容建设、传播手段、体制机制、技术支撑、平台建设、经营创收等方面持续发力、加快融合步伐,取得明显成效。一是在外宣工作实现突破。传媒集团成立的云计算产业、全域旅游和乡村振兴战略3支专业化宣传队伍提供的1100多条精品稿件,在媒体联盟成员单位之间被多次推送,彰显媒体融合发展的影响力。二是集团适时成立外宣部,启动宁蒙陕甘毗邻地区及其他媒体战略联盟合作机制,与全国50多家媒体签订《媒体联盟战略合作框架协议》。三是传媒集团强化与宁夏广播电视台的合作,发稿量逐步上升,2018年,在《宁夏新闻联播》和《晚间播报》上共发稿100多条,新闻播发数量居于地市前列,在域外媒体推送稿件(电视新闻)3000多条。四是加强内容建设。实现电视节目高清播出;注册三个手机中文域名(中卫市新闻传媒集团、中卫广播电视台、中卫日报);全力推广《早安中卫》微信公众号,阅读量、转载人数大幅度攀升,获得社会一致好评。

(张海霞)

【部门建设】 一是在媒体平台建设上,对《中卫日报》、中卫电视台、中卫广播电台、中卫新闻网进行全新的改版和升级。对原有栏目、专题、新闻等核心业务全新包装。密集实施"内容为王"战略,成数倍地大幅增加电视、广播、网站的原创节目和内容。自觉适应媒体发展新业态,更加突出民生意识、服务意识,唱响主旋律、传递正能量,讲好中卫故事、传递最美声音。对中卫电视台《中卫新闻联播》进行改版升级,增设《中卫早新闻》《中卫午新闻》《直播中卫》(40分钟电视新闻杂志)和大量专题栏目。新闻资讯由原来每天15分钟增加到每天100分钟。二是在管理体制机制上,探索有利于传媒集团发展的体制改革。在业务管理上,健全完善报纸、电视、广播、网络等媒体平台业务质量考核评价机制,制定报纸质量核心元素规定和主要稿件、主要电视节目运行管理办法等。媒体平台力抓流程再造、主题宣传、编(播)前管理、全面质量管理,促进新闻宣传质量提升;强化内部管理,推进集团管理制度化、规范化。创新用人机制、薪酬机制、管理机制,打破用人身份界限,工资分配界限,深化干部人事制度改革,全面实现单位人员管理上同工同酬,干部管理上能上能下,工资管理上能高能低。三是加强队伍建设,提升服务水平。通过开展岗位培训、传帮互学等方式,让报纸记者和电视记者相互融通。目前,传媒集团的记者,既能拿纸笔、相机,也能扛摄像机;既可采写文字、拍摄图片,也可录制视频,实现根据媒体定位和传播需求,策划采写不同稿件的目标。同时大力推行绩效化、扁平化、全面质量管理等方式,在编人员和聘用人员实行同工同酬;在组织结构、采编流程、考评体系上打破新媒体和传统媒体壁垒,实现一体化发展、同标准考评;全力打造导向正确、管理规范、运行高效的全媒体人才队伍。四是加快产业转型发展。争取城区户外广告位资源交由传媒集团经营,广告位回收工作有序开展;积极筹建传媒集团多功能(绿色环保)印务中心,2018年完成印务中心厂址划定和招标工作,并进入印刷设备采购阶段;多方筹建中卫文化产业园建设,产业园项目相关工作有序开展。五是加大业务培训力度。抽调业务部室有上进心、潜力好的40多名工作人员,分别到自治区党委宣传部、宁夏报业传媒集团、宁夏广播电视台、银川晚报进行长期、短期在职培训、挂职锻炼。六是加强广播电视安全播出管理,落实领导带班值班制度,实现安全播出零事故,完成中央广播电视节目无线数字化覆盖工程。

(张海霞)

【定点帮扶】 在帮扶活动中,传媒集团帮扶队员为海原县关桥乡罗山村的30户贫困户送去价值5000元米、面、油。在做好帮扶工作同时,落实帮扶政策,2018年,为罗山村落实帮扶资金1.5万元,全力推进罗山村脱贫攻坚工作。同时,结合罗山村实际,传媒集团帮扶队员积极落实帮扶机制,建立完善定期走访、帮扶协调等一系列帮扶机制,帮助贫困户发展种植业、养殖业、特色产业等致富产业,建立贫困户长效脱贫机制,助推罗山村整村脱贫。（张海霞）

【重要事项】　一是1月2日,中卫市新闻传媒集团电视节目播出一改过去标清制作播出的节目形式,全部节目实现高清化制作播出,中卫综合频道每天6:30开机,23:55结束,全天播出时长17.25小时,包括《中卫新闻联播》《沙坡头区新闻》《直播中卫》等11个本台自办栏目,已全部实现高清播出。二是3月22日,根据《关于陈玉茂等同志职务任免的通知》文件通知,赵爱民同志任市委巡察组副处级巡察专员,免去市纪委第十二派驻纪检组组长、市新闻传媒集团党委委员职务。三是3月30日,宁夏报业协会召开2018年度常务理事会,中卫市新闻传媒集团党委书记、主任段鹏举当选为宁夏报业协会副会长；中卫市新闻传媒集团党委委员、副主任、副总编辑王勇当选为宁夏报业协会常务理事；中卫市新闻传媒集团经营管理部主任张晓勇当选为理事。四是自7月起,中卫市新闻传媒集团电视栏目《新闻周刊》每月第三周推出《手语新闻》专栏节目,让全市聋哑人更好地"听懂"电视内容,确保"信息交流无障碍"。五是8月31日,宁夏老新闻工作者协会中卫市分会成立大会在中卫市新闻传媒集团召开,会议通过《宁夏老新闻工作者协会中卫市分会章程》,选举产生第一届宁夏老新闻工作者协会中卫市分会主席、秘书长等机构组成成员。六是为庆祝宁夏回族自治区成立60周年,9月20日,中卫市新闻传媒集团出版《中卫日报》特刊"辉煌60年见证新发展"（典藏本）一期。（张海霞）

广播电视热播节目

【直播中卫】　每周一至周五21:00在中卫综合频道首播,时长40分钟。栏目包括《新闻专送》《民情速递》《奇闻趣事》《中卫美咂咧》《这事我帮您》等8大板块。（张海霞）

【中卫新闻联播】　每周一至周五20:00分在中卫电视台综合频道首播,时长20分钟。播报中卫市辖区内时政、民生等新闻。（徐　忠）

【中卫早间新闻】　每周一至周五7:30分在中卫电视台综合频道首播,时长15分钟。栏目包括《要闻速递》《历史上的今天》《健康养生》《经典诵读》《气象服务》5个板块。（梁志江）

【中卫午间新闻】　每周一至周五12:30分中卫电视台综合频道首播,时长15分钟,包括"新闻1+1""民生服务""微视频""图说新闻""天气预报"。（候吉学）

【法治进行时】　每周三19:35分首播,时长20分钟。主要传播公、检、法、司等部门惠民政策法规和典型案件,向社会各界传递法律知识,并曝光存在火灾隐患的企业,以及交通违法车辆和驾驶员。包括《法治播报》《忠诚卫士》《民生与法》《中卫审判》《平安119》《曝光台》《法治360》。（汪鸿鹏）

【健康有约】　每周五18:45首播,时长12分钟。为卫生类专题节目,主要包括《医疗动态》《卫生风采》《养生保健》3部分。（张丽萍）

【经济生活】　每周四19:35分首播,时长15分钟。包括《经济播报》《创业直通车》《潮流风向标》《民生传真》《形象空间》等板块。（毕晓芳）

【田园风】　每周一18:30分首播,时长20分钟。主要传播中卫现代农业发展路径、实绩、创新做法、探索等,以及农民致富增收故事,向社会各界传递农业科普知识。（马永福　张长春）

【小宇来了】　娱乐搞笑类节目,每周一至周五17:30分至18:30播出,时长60分钟。用简短诙谐幽默语言与大家一起分享近期搞笑新闻和热点新闻,并在新闻播报时改编成脱口秀等形式,使听众朋友更容易接受新闻内容,新闻涉及社会民生,同时也涉及部分笑话专题。（闪明强　杨　茹）

【嘚啵嘚啵秀】　日播节目,每日11:30分至12时播出,时长30分钟。节目具备轻松愉快、时尚流行、寓教于乐的风格,节目内容令人愉快、缤纷多彩、乐观向上、健康积极,令听众感到"有意思、有吸引力",是一种机智的快乐,是生活的调味品。《嘚啵嘚啵秀》节目采用大众喜闻乐见的方式,表达人们所熟悉的生活内容和思想情感。语言通俗易懂,风趣诙谐,符合大众的审美情趣。（闪明强　杨　茹）

【百姓Taxi】　日播节目,每天15时至16时播出,时长60分钟。节目主要向大众传播发生在百姓身边的热点新闻,用轻松搞笑的方式说社会奇葩新闻,平时司机朋友用车小常识等,并向大家发布出租、求职、招聘、转让等信息,而且能够紧密结合本地实际,都紧紧围绕积极、向上传播正能量的宗旨,让听友们行驶在路上轻松获取各类信息,最大限度地介入百姓生活。

（闪明强　杨　茹）

【独家记忆】　日播节目,每日20时至21时播出,时长60分钟。这是一档晚间陪伴情感类节目,每期节目一位音乐人物,一个音乐主题。节目内容围绕大众耳熟能详的华语经典流行音乐作品和国内外的经典音乐作品,讲述他们背后的音乐故事。

（闪明强　杨　茹）

【滴滴叭叭·方向盘】　日播节目,每天8:30至9:30播出,时长60分钟。是一档精心打造的早间新闻节目,主要向大众传播发生在百姓身边的热点新闻、时政新闻。

（闪明强　杨　茹）

【如果你夜听】　日播节目,每日22:30分至23时播出,时长30分钟。节目主要以情感故事、音乐为主。

（闪明强　杨　茹）

【一起听世界】　日播节目,每周一至周五下午15时至16时播出,时长60分钟。节目每期分享一个旅行的地点,分享一种心情和人物传记,在人物传记中引出一种情感故事和故事中地点特色,让听众朋友们边听着故事听着歌曲到世界各地用耳朵去旅行。

（闪明强　杨　茹）

【中卫新闻联播】　日播节目,每周一至周五下午18:30至19:00播出,时长30分钟。节目以新闻时效性特点为基础,每天播出当天本地新闻实事,首先是时政新闻,其次是百姓民生、区内消息、国内消息和更多消息等,及时把新闻传达到听众耳中。

（闪明强　杨　茹）

【夜空之城】　日播节目,每日21:00至21:30播出,时长30分钟。是一档晚间情感及欣赏类节目,以主持人在节目中分享情感故事、励志故事及人生感悟的形式播出。　　　　（闪明强　杨　茹）

【音乐早安秀】　日播节目,每日9:10分播出。集生活、娱乐、资讯、互动、服务、音乐为一体的综艺类节目。突出好听、好玩、参与性和趣味性。主持人以脱口秀形式,轻松、幽默、诙谐的语言风格为大家开启快乐的一天。　　　　（闪明强　杨　茹）

档　案

【概况】　中卫市档案局、馆合一,为市委办管理的正处级参公事业单位。内设档案管理科、执法监督指导科和办公室,核定干部编制9名,实有人员7名。馆舍总面积1198平方米。截至2018年年底,馆藏档案217个全宗,60525卷（册）,342079件,照片14702张,实物1872件,资料14680件。馆藏档案年代上限至1925年,下限至2016年;资料上限至明清时代,下限至当代。现存国家重要的档案资料主要有:民国时期国民党卫宁地方法院、中卫县党部、教育科、邮政局、计统局档案,民国时期历史文献《万有文库》、清《乾隆中卫县志》《道光中卫县志》、地情著述资料,国民党在宁夏的活动照片以及中华人民共和国成立后国家领导人来中卫考察、视察照片。（马进虎）

【基础业务】　以全区市级综合档案馆业务建设评估为契机,开展馆库标准化规范化建设。建立健全8项管理流程、完善10项工作制度,更新添置密集架11列33组,对实物档案进行分级分类分区域存放,对馆藏资料进行全面清理登记排架,对部分馆藏档案重新进行整理、装盒、排架,调整库内档案存放区域,制作库房标示和分区图,更新装具磁卡标示,优化馆库结构,改善保管环境。认真贯彻落实国家档案局"8号令"和自治区档案局加强多门类档案管理工作要求,组织机关单位开展文件材料归档范围、档案分类方案和保管期限的修订完善工作,全年完成14个机关单位的编制和审批,为立档单位正确界定文件材料归档范围、准确划分档案保管期限、合理区分档案类别制定执行标准。（马进虎）

【依法治档】　按照包片负责的原则对市直96个立档单位档案收集、整理、归档和保管实行不定期监督指导,指导53个机关单位档案室规范整理2017年档案2861盒。（马进虎）

【资源建设】　强化档案依法征集接收工作,全年共依法接收形成满10年和不具备保管条件的市直机关单位档案871盒12301件,接收2017年政府已公开现行文件222件,政府公报294册。拍摄、收集全市重大活动重要会议电子照片500张。与市新闻传媒集团沟通对接,征集接收新闻栏目视频音像档案1.6TB,293小时,补充完善馆藏音视频档案短板,丰富馆藏资源,优化馆藏结构。（马进虎）

【利用服务】　简化馆藏档案利用程序,继续开通电话查档、信函查档等服务。克服人员少,工作量大的困难,合理安排时间为《中卫市志》编纂和干部人事档案回头看工作提供方便快捷的查阅档服务,全年向社会提供档案查阅服务550人次,利用档案10167卷（件）、照片100张。开展沙坡头区"十二五"生态移民工程建设项目档案专项验收。积极争取自治区档案局给予业务支持,采取边跟班学习边开展工作,督促指导8个市直部门对承建的沙坡头区"十二五"生态移民工程建设项目档案进行收集补缺和规范整理,指导整理档案837盒,沙坡头区"十二五"生态移民工程建设项目全部通过档案专项验收,为项目竣工验收和下步规范全市政府投资建设项目奠定基础,率先在区内实现市本级档案专项验收工作零的突破。

(马进虎)

【安全管理】 严格落实人防、物防、技防安全管理措施,认真执行档案出入库登记和利用流程,实行双人出入库制,坚持执行温湿度监测调控及馆库节假日、周末安全检查等制度,及时发现和排查安全隐患,坚持执行档案信息上传审查制度,抢救保护馆藏国家重点档案,组织对17卷461页破损严重的国民党中卫县党部档案进行裱糊,保证档案收、管、存、用各环节的绝对安全。 (马进虎)

【宣传教育】 定期组织局馆干部进行业务知识学习讨论,相互补足短板,提升业务能力水平。在沙坡头区举办机关、事业单位档案业务培训班,培训专兼职档案人员150人次,有效增强沙坡头区档案人员履职能力。利用"6·9"国际档案日和"12·4"法制宣传日,紧扣"档案见证改革开放"主题,采取设立咨询点、悬挂横幅、张贴挂图、发放宣传资料、展出可移动展板、播放电子滚动屏等多种宣传方式,深入开展档案法律法规"六进"宣传活动,展出展板24块,发放宣传资料1800余张,接待咨询人数2000人。 (马进虎)

党史研究

【概况】 中卫市委党史研究室是市委办公室所属的副处级全额预算参照公务员管理事业单位,核定参公事业编制3名,在编在岗人员3人。2018年,市委党史研究室认真学习习近平新时代中国特色社会主义思想和党的十九大精神,切实贯彻落实上级党史部门和市委办各项工作部署,突出改革开放史研究工作重点,大力开展党史宣传教育活动,不断开创党史工作新局面,取得新成果。 (李艳芳)

【党史资料编撰】 履职尽责,党史资料征集和党史基本著作撰写成效显著。按时征编2018年《中卫市委大事记》《中卫党史大事记》资料35万字;征集中卫市政法、统战、人社、水务四大领域改革开放专题文字资料60余万字,图片资料40余幅;为《中卫市志》涉及党史领域5章9节内容征集资料20余万字。 (李艳芳)

【党史研究】 围绕以史资政职能,党史研究工作取得新成果。制定下发《关于做好中卫市改革开放史征集编撰有关工作的通知》,对做好2018年中卫市改革开放史专题研究工作进行周密安排部署,通过强化培训、精心指导、严格督促落实,高质量完成中卫市政法、统战、人社、水务四大专题资料征集和专题综述撰写工作。 (李艳芳)

【党史宣传教育】 改进方法,拓展党史宣传教育工作新领域。创办内部资料《学习与交流》在市委办传阅,摘录刊登习近平总书记总要讲话精神、党的历史等内容,共刊发15期,内容切中工作实际,短小精悍,实用性强。紧紧围绕宁夏回族自治区成立60周年和改革开放40周年,配合市直机关工委做好"不忘初心·牢记使命"微党课复、决赛的评委工作;配合市委宣传部,认真做好庆祝自治区成立60周年理论征文的评审工作。组织全市广大干部群众和青少年观看爱国影片《红旗漫卷西风》。通过开展系列党史宣传教育活动,进一步教育引导全市广大党员干部和青少年学史讲史、爱党爱国,进一步坚定"建设美丽新宁夏 共圆伟大中国梦"的信心和决心。 (李艳芳)

方志编纂

【市志编修】 一是全面动员部署。3月28日,市委、市政府召开《中卫市志》编修工作启动大会,全面动员部署《中卫市志》编修的工作,提出具体工作要求。二是成立市志编纂专家库。聘请11名同志为《中卫市志》编纂专家库成员,并制定《中卫市志》编纂专家库管理办法(试行)》。三是培训指导及时跟进。在《中卫市志》编修工作启动大会暨修志业务专题培训会基础上,邀请自治区地方志专家,再次举办市志编纂实际操作培训会。市地方志办公室先后到市场监督管理局、水务局、环保局、卫生和计划生育局、人社局等20多家单位开展修志业务培训,培训市志编修相关人员550人次。此外,编印《中卫市志编纂手册》600册,分别在培训会上进行发放。四是加大督查工作力度。在平时督促的基础上,于6月11日~14日,由市政府副秘书长任组长,市政府督查室会同市地方志办公室,利用四天时间,分组集中对承担市志编修任务的县(区)、部门(单位)及驻卫单位进行督查,并将督查情况在全市进行通报,督查结果与年终考核直接挂钩。国庆后,以市政府督查室向修志进度缓慢的单位下发督办通知,向市委部门发函,确保市志资料编写提供工作顺利进展。五是同步开展部门志编修。在启动《中卫市志》编修工作的同时,规划了66部部门志(行业志)的编修工作。《中卫市水务志》《中卫市军事志》完成初稿编写。六是市志资料报送情况良好。各承编部门(单位)紧扣时间节点要求,积极做好资料搜集、编写工作,至11月底,有54个部门(单位)报送市志资料,其中有20个部门(单位)进行两次以上修改;有12家部门(单位)采用外包形式进行修志工作,总体进展和编写质量良好。　　　　　　　　（李福祥）

【年鉴出版】　综合年鉴编纂出版不断加强。坚持把编辑出版年鉴作为地方志工作的常项和重点,加大督促检查工作力度,力促年鉴逐年编辑、连续出版。《中卫年鉴(2018)》出版发行,共计完成18卷;《中宁年鉴(2018)》全面完成统稿、修改、排版,进入最后印刷的工作;《海原年鉴(2017)》出版发行;《沙坡头区年鉴(2016—2017)》送印刷厂。　　　　　　　（李福祥）

【地方志副产品】　编辑完成近30万字《中卫风物》通俗读本,形成审定稿。为市政府编写《中卫市情》,为《中卫日报》编写自治区成立60周年大事记。中宁县启动《中共中宁县党史》一、二卷的编写工作,《中国共产党中宁历史资料》正在编撰当中,《中宁县改革与发展史系列专题综述》出版发行。海原县启动《海原史话·连环画》《海原县革命老区发展史》的编写工作,《海原红色记忆》出版发行。完成了《中国影像方志·海原篇》拍摄制作,协助拍摄《黄土秘境》专题片。
　　　　　　　　　　　　　　　　（李福祥）

【地方志宣传日活动】　"5·18"活动期间,广泛开展地方志"六进"活动,向各县(区)及市直部门(单位)赠送《中卫县志》《中卫年鉴》《中卫组织史资料》等地情书456册;赠送《中国名镇志》《中国名村志》32册。中宁县充分利用和发挥广播、电视、LED显示屏等媒体及中宁微信平台、杞乡党建网等新兴媒体,制作图文并茂的《盛世修志助力中国梦——庆祝国务院<地方志工作条例>颁布实施十二周年》宣传片及《走进地方志》专栏音频广播等方式,全方位、深层次、多渠道开展宣传活动。海原县开展"地方志文化进乡村"活动,被媒体报道,得到了自治区政府的肯定。
　　　　　　　　　　　　　　　　（李福祥）

【名镇名村志编修】　印发《关于开展中国名镇名村志编修工作的通知》,明确在2020年前完成6个名镇23个名村志书编修工作任务,据此,沙坡头区确定在迎水桥镇、宣和镇及南长滩村、北长滩村、鸣沙村先行开展名镇名村志编纂工作,中宁县、海原县也分别以县政府办公室印发名镇名村志编修工作实施方案,层层落实责任,明确任务和方法步骤,编纂工作有序开展。年内,《中宁县白马湖村志》完成资料征集工作,进入编纂阶段。　　　　　　　　（李福祥）

【方志信息化建设】　以推进地方志信息化建设为目的,主动与市云计算和大数据发展服务局、市网信办、市政府网站等单位对接,探寻方志信息化建设路径,推进中卫数字方志馆建设。依托市政府网站,将《中卫史话》《中卫往事》《古今中卫大事录》《中卫史话连环画》及系列《中卫年鉴》等地方志成果,以电子书形式搬上中卫市政府网站,点击首页《走进中卫》栏目下的《方志书库》即可阅读、打印,方便大众阅读查考利用地方志资料,促进修志用志,扩大方志工作影响力。　　　　　　　　　　　（李福祥）

卫生和计划生育

综 述

【概况】 2018年，全市共有各级各类医疗卫生机构753个。其中，医院32个（国有8个：三级乙等医院1个，三级乙等中医医院1个，二级综合医院4个，二级中医医院2个；民营医院24个）；专业公共卫生机构10个（卫生监督机构3个，疾病预防控制机构3个，妇幼保健计划生育服务机构3个，中心血站1个）；基层医疗卫生机构710个（社区卫生服务站14个，乡镇卫生院42个，村卫生室543个，门诊部3个，诊所108个），社区卫生服务管理中心1个。沙坡头区各级各类医疗卫生机构225个。其中，医院13个（国有4个：三级乙等医院1个，三级乙等中医医院1个，二级综合医院2个；民营医院9个）；专业公共卫生机构4个（卫生监督机构1个，疾病预防控制机构1个，妇幼保健计划生育服务机构1个，中心血站1个）；基层医疗卫生机构208个（社区卫生服务站10个，乡镇卫生院9个，村卫生室138个，门诊部1个，诊所49个），社区卫生服务管理中心1个。

（高敏贤 谢淑慧）

【卫生人员】 全市卫生机构人员数7353人，其中卫生技术人员5845人，执业（助理）医师1985人，注册护士2437人，每千人有卫生技术人员5人、执业（助理）医师1.70人、注册护士2.09人。其中，沙坡头区：卫生机构人员数3439人，其中，卫生技术人员2815人，执业（助理）医师884人，注册护士1249人，每千人有卫生技术人员6.82人、执业（助理）医师2.14人、注册护士3.03人。全市公立医疗卫生机构共有在编人员1895名。其中，卫生技术人员1707名，占在编人员总数的90%。卫生技术人员中，本科及以上学历1097名，专科学历509名，中专学历101名；高级职称527名，中级职称454名，初级及员级职称707名。

（高敏贤 谢淑慧）

【病床设置及诊疗量】 全市各级医疗卫生机构共设置病床5121张，每千人口床位数4.38张；沙坡头区各级医疗卫生机构共设置病床2255张，沙坡头区每千人口床位数5.46张。全市各级医疗机构完成门诊治疗633.39万人次，收治住院病人14.61万人次。

（高敏贤 谢淑慧）

【主要卫生健康指标】 全市出生人口14564人，人口出生率为11.78‰，出生政策符合率为94.96%，出生人口性别比106.20，均控制在区下达指标之内。法定传染病报告发病率475.37/10万。孕产妇系统管理率、孕产妇死亡率、婴儿死亡率、5岁以下儿童死亡率、出生缺陷发生率分别为97.44%、19.14/10万、7.14‰、10.01‰、72.60/万。

（高敏贤）

【重要事项】 2018年9月21日，自治区60大庆中央代表团来中卫到市人民医院、中宁县人民医院慰问医务人员。2018年11月，中卫市创建国家卫生城市工作通过自治区暗访评审。（高敏贤 田桂萍）

疾病预防控制

【概况】 市政府出台《中卫市防治慢性病中长期规划（2018年—2025年）》，政府主导、多部门参与的跨部门慢性病防控机制进一步深化。全市报告乙、丙类传染病26种5795例，报告发病率475.37/10万，与2017年同期相比传染病报告发病率下降5.28%。做好免疫规划和重大疾病防控工作，扩大国家免疫规划疫苗累计实种390411人次、接种率达99.75%；市县联合，及时有效处置皮肤炭疽、流行性乙型脑炎疫情。全面落实预防接种服务管理工作，开展2018年脊灰疫苗和麻疹类疫苗查漏补种，全市补种率分别达94.99%、

89.06%。组织开展市、县（区）预防接种技能竞赛，有效提升医务人员预防接种质量及安全。全力落实中盖结核病项目三期工作，登记初诊病人2480例，发现肺结核病人447例，报告发病率36.67/10万；结核病高危人群耐药筛查率达100%，耐药快速检测率（80%）达96.33%，普通肺结核患者治疗成功率达92.48%。加强基本公共卫生服务技术指导、培训及慢病患者管理，累计确诊严重精神障碍患者4678例（累计死亡患者457例），检出率达3.66‰；高血压患者健康管理78985人，Ⅱ型糖尿病患者健康管理19340人，规范管理率和血压、血糖控制率均超过指标要求；做好全人群死因监测、肿瘤登记，监测报告死亡病例6053例、粗死亡率为5.25‰；顺利组织实施《中国成人慢性病与营养监测》调查工作。全面落实食品、水质、公共场所等监测工作，完成食品污染物监测114份、合格率为86.8%，食源性致病菌监测156份、合格率为98.1%；完成饮用水卫生监测和农村饮水安全工程水质监测任务，共采集水样438份、任务完成率为108.9%、总合格率为78%。切实做好碘盐监测等地方病管理及包虫病防治工作，采集盐样900份，碘盐覆盖率为96.11%、碘盐合格率为96.53%、合格碘盐食用率为92.78%。落实全国艾滋病示范区工作任务，全市共开展各类人群HIV抗体筛查检测122572人次。落实预防性体检免费工作，完成有毒有害作业工人健康监护64家企业12188人次，职业病体检18家6326人次，检出"五病"101人次、报告率达100%。

（高敏贤　刘月华）

【重大疾病预防控制】　2018年4月，海原县发生皮肤炭疽3例；8月份，中宁、海原县分别发生乙脑4例、1例；经市、县积极防控，未造成蔓延。深化闽宁合作，福建省厦门市疾病预防控制中心派遣两名专家，到中卫市疾病预防控制中心挂职进行业务工作指导。市级及中宁县疾病预防控制中心荣获中国农村癫痫防治项目县级集体一等奖。海原县疾病预防控制中心被评为国家级优秀鼠疫监测点、甘宁两省三市五县鼠疫联防先进集体。

（高敏贤）

妇幼保健

【概况】　全市进一步改善妇幼保健服务环境，市本级、海原县妇幼保健计生服务中心综合楼完成主体工程。实施"妇女儿童保健质量提升计划"民生实事。为35~64岁农村妇女免费提供"两癌"筛查，筛查宫颈癌、乳腺癌36968人、13475人，分别完成任务的100.46%、106.94%。开展新生儿多种代谢性疾病筛查14370人，新生儿听力筛查14237人，筛查率分别为99.32%和98.4%。实施免费婚前医学检查、免费孕前优生健康检查等十项妇幼健康行动计划项目，受益174318人。开展高危孕产妇专案管理和妊娠风险评估五色管理，高危孕产妇管理率达100%，孕产妇死亡率为19.14/10万；婴儿死亡率、5岁以下儿童死亡率分别为7.14‰、10.01‰，出生缺陷发生率为72.60/万，出生人口素质进一步提高。实施0~6岁残疾儿童康复训练救助项目，为患脑瘫、孤独症、智力障碍共59名儿童进行免费康复训练。开展青春期健康教育宣传活动，为1600余名中学生普及青春期保健知识。沙坡头区获得自治区级妇幼健康优质服务示范区称号并启动国家级创建活动。"国家卫健委—联合国儿童基金会新生儿安全项目"落户海原县。

（高敏贤）

【妇女儿童保健质量提升计划】　市政府确定"妇女儿童保健质量提升计划"为2018年度10件民生实事之一。为35~64岁农村妇女免费提供"两癌"筛查，筛查宫颈癌36968人、乳腺癌13475人。投资3125万元的市妇幼保健计划生育服务中心综合楼、投资2442万元的海原县妇幼保健计划生育服务中心综合楼均主体完工。在市（县）级人民医院挂牌成立危重孕产妇和新生儿救治"两中心"，救治能力大幅提升。

（高敏贤）

【妇幼保健重要成果】　沙坡头区获得自治区级妇幼健康优质服务示范区称号并启动国家级创建活动。"国家卫健委—联合国儿童基金会新生儿安全项目"落户海原县。自治区科技惠民项目"胎儿神经系统超声筛查技术应用示范"落地中卫，将为每名孕妇减免50元检查费用。

（高敏贤）

药事管理

【概况】　各医疗卫生单位全面落实国家基本药物制度和自治区药品"三统一"政策，辖区公立医疗机构所有药品全部从宁夏药品集中采购网上采购。三级、二级、基层医疗机构基本药物使用率分别达到28.49%、39.84%、67.21%。公立医院药品和招标医用耗材全部实行网上集中采购，统一从中标企业配送，实现采购行为阳光透明，交易过程公平规范。严格落实药品采购"两票制"管理，市药招办实时进行网上监管，每月通报验票情况，全市药品"两票制"验票率平均达95.6%。基层医疗机构非基本药物下沉使用,全市基层医疗机构非基本药物平均使用率为31.02%,卫生院非基本药物平均使用150种,村卫生室平均使用50种以上。加强抗菌药物遴选管理,各医疗机构严格按照文件要求进行抗菌药物供应目录备案,对村卫生室和个体诊所输注抗菌药物进行验收审批,中卫市抗菌药物使用率门诊为19.2%,住院部为59.12%、使用强度39.11DDD、微生物送检率三级为56.54%、二级为52.37%。加强麻醉药品监督管理,市药招办联合市公安局、市场监督管理局对医疗机构麻醉药品使用和管理情况进行两次督导检查,及时查处、整改麻醉药品使用和管理中安全隐患。 （高敏贤　谢慧菊）

【药品药材及医疗器械管理】　自2018年5月1日起,按照自治区卫生和计划生育委员会办公室《关于调整全区基层医疗机构药品配备使用的通知》要求,对《基本医保药品目录》中除限二级以上医疗机构使用的药品,均允许基层医疗机构配备使用,进一步扩大基层医疗机构用药品种。同时,市、县卫生计生行政部门指定专人对社区卫生服务站网上集中采购情况进行适时网络监控,确保临床用药安全。各基层医疗卫生单位供应、使用药品达200种以上（其中非基本药物配备品种达到40种以上）,远远超过自治区卫生和计划生育委员会规定的90个品种要求,基本能满足群众基本医疗需求。 （高敏贤　谢慧菊）

卫生监督

【概况】　全市严格监督执法,共办理卫生行政许可389件,卫生监督覆盖率为99.08%。实施行政处罚180件,警告97件,罚款142件罚款金额507000元。严格落实卫生监督执法公示制度、全过程执法纪录制度、重大执法决定法制审核制度等"三项制度"。全面启用手持执法终端和执法记录仪进行现场监督检查,中卫市争取市财政,统一配备CA电子签章13个、CA签章1个、4G执法记录仪6台、手持视频终端4台、外置摄像机4台、蓝牙打印机4台、扫描仪1台。中宁县对重大案件的监督执法实行全过程纪录,刻录视听资料38盘；海原县配备电子公示机1台,开发卫生计生监督公示软件,配齐执法记录仪,聘请法律顾问全程指导执法,进一步规范卫生计生监督执法行为。完成国家下达的"双随机"监督检查任务。市卫生监督所启动规范化监督机构建设。全市持续开展打击非法行医专项行动、民办医疗机构依法执业专项监督检查及基层医疗机构医务人员依法执业监督检查。对全市1624家（中卫市本级715家、中宁县643家、海原县266家）公共场所进行监督检查和量化分级管理。监督检查放射诊疗单位61家（中卫市本级27家、中宁县20家、海原县14家）,放射工作人员持证率达98%。完成青海湖环湖赛、全国沙漠健身运动会、自治区60大庆等重大活动及会议接待期间卫生安全保障。
（高敏贤　雍彦峰）

【医疗服务监督】　全市持续开展打击非法行医专项行动,其中,市本级查处非法行医8起,罚款9万元,没收违法所得1.02万元,移送司法机关非法行医案件2起；中宁县取缔游医、牙医及无证行医摊点18户次,立案查处8起,累计罚款15万元；海原县取缔无证行医28家,没收非法药械价值10万余万元,移送司法机关非法行医案件3起。深入开展民办医疗机构依法执业专项监督检查,对74家医疗机构实施不良积分综合监督管理。开展基层医疗机构医务人员依法执业监督检查,共监督检查医疗机构371家,对存在问题进行督促、整改。 （高敏贤　雍彦峰）

【公共场所卫生管理】　围绕公共场所卫生监督覆盖率及量化分级管理率两大核心指标,市本级对715家公共场所内外环境、病媒生物防制、清洗消毒等核心环节全面监督检查,完成青海湖环湖赛、全国沙漠健身运动会、自治区60大庆等重大活动及会议接待期间卫生安全保障。中宁县对全县643家公共场所经营单位进行全面监督检查和量化分级管理,监督覆盖率达100%；对涉嫌非法诊疗"灰指甲、甲沟炎"4家修脚堂进行立案查处,罚款3.4万元,没收违法所得23.81万元。海原县对266家公共场所开展日常监督检查,对无证及消毒设施设备不合格20家公共场所给予行政处罚。 （高敏贤　雍彦峰）

【职业病防治】　全市监督检查放射诊疗单位61家（其中市本级27家、中宁县20家、海原县14家）,各单位均持有放射诊疗许可证,建立放射规章制度和应急预案,配置放射工作人员防护用品。卫生监督机构邀请自治区疾控中心、第三方放射技术服务机构对设备性能、机房防护进行检测,检测结果全部符合相关规定,放射工作人员持证率达98%。
（高敏贤　雍彦峰）

中医药发展

【概况】　全市贯彻落实中医药法和中医药发展战

略规划纲要,组织开展《中医药法》暨中医药健康文化广场大型宣传、集中培训、基层巡讲12场次。在沙坡头区宣和镇、永康镇、柔远镇等5所卫生院,建设"中卫名医"工作站5个。沙坡头区全国基层中医药工作先进单位通过国家复审。市中医医院通过三级乙等中医医院复审。持续推进重点专科建设,海原县中医医院糖尿病科被确定为"区级重点专科"。（高敏贤）

【中回医药发展和科研】 沙坡头区人民医院开展了自治区卫计委重点科研计划课题——非药物"五联"综合疗法治疗颈椎病临床研究,课题编码为2018-NW-091。（高敏贤）

【名中医学术研究工作室建设】 市中医医院继续巩固"郭维琴名医传承工作站"。在沙坡头区宣和、永康、柔远镇卫生院、中宁县鸣沙镇中心卫生院、海原县三河镇卫生院共设立5所"中卫名医"工作站,带动提升基层中医服务水平。中卫市中医医院建成"治未病"分中心,中宁县、海原县中医医院建成"治未病"站。
（高敏贤）

【中医重点项目建设】 海原县概算投资11539.2万元(其中,中央预算内资金为5000万元,其余建设资金自筹),迁建海原县中医医院。该项目总建筑面积19550平方米,2018年年底完成主体工程,累计完成固定资产投资6200万元,其中,中央预算内投资5000万元。市中医医院迁建项目主体完工,进行内部装饰。（高敏贤）

医疗服务与监管

【概况】 推进公立医院改革,全市公立医院全面取消药品加成并实行"两票制"管理,推行全成本预算管理,实行人员总量管理并同工同酬,医疗性服务价格改革稳步推进,全区领先,群众得实惠,医院得发展。"互联网+医疗"成效明显,在全区率先建设智能家庭医生签约服务和医德医风电子监管系统。开工建设海原县人民医院妇儿综合楼项目,医疗环境进一步改善。开展临床重点专科建设,中宁县人民医院儿科、海原县人民医院骨科被确定为自治区第三批县级医院临床重点专科建设单位。成立临床检验、医学影像、药事管理、血液管理4个医疗质量控制中心。持续开展新一轮"进一步改善医疗服务行动"三年计划,全市获评区级改善医疗服务示范医院3家、示范科室4个。逐级开展护理人员业务练兵,中卫市代表队获得全区护理竞赛"二等奖"。实行血液集中化检测,采集血液11207.5个单位5750人次。成功申报立项自治区级重点科研项目5项。高效完成自治区60大庆中央代表团来中卫等46次医疗保障任务。加大"平安医院"创建力度,无恶性伤医事件及群体事件发生。中卫市卫计局获得"2013—2017年度全国创建'平安医院'活动表现突出集体"。（高敏贤）

【医药卫生改革发展】 市政府办公室印发《中卫市支持社会力量提供多层西多样化医疗服务实施意见》《中卫市现代医院管理制度实施方案》《中卫市公立医院人事薪酬制度改革实施方案》等城市公立医院综合改革配套文件,进一步激发全市医疗领域改革活力。政府支持力度不断加大,市编办为市人民医院、市中医医院、市第三人民医院3所市属公立医院增加备案人员1370名,实施编制人员和备案人员"双轨"并行的管理机制。市政府利用政府债券6000万元统筹解决市本级医疗机构设备。本着"一院一策"和"总量控制、动态微调、逐步到位"的原则,于2018年5月,在全区率先完成医疗服务价格二次调整,初步建立起科学合理补偿机制和价格动态调整机制。多种措施控制医药费用不合理增长,医疗收入占医院总收入的比例29.5%,全市药占比下降到29.5%,耗占比23.9元,医疗费用增幅1.82%,群众就医负担明显下降,医改获得感明显增强。（高敏贤 虎翼）

【医疗信息化建设】 推进"互联网+医疗健康"建设,搭建基层医疗机构电子处方、电子病历、远程会诊等电子服务管理运行平台,乡镇卫生院远程会诊全面开通,全市完成2927例远程会诊。乡镇卫生院、村卫生室、社区卫生服务站电子健康档案实现全覆盖。推行智能家庭医生签约服务,沙坡头区与浙江微医集团合作,搭建智能家庭医生签约服务集成系统,为乡镇卫生院配备智能云巡诊车,装备车载B超、大生化、血常规、尿常规、心电图等常规体检设备,为村医、社区医生统一配备智能签约一体机,完成14.2万人次的线上签约及体检,群众在"家门口"即可享受医院的健康体检服务。在市级医院建立电子医德档案管理系统,实现医德医风动态在线管理。各级医疗机构不同程度地为患者提供预约挂号、在线门诊缴费、打印导诊单、诊疗报告查询、检验报告单打印、"一站式"结算等便民服务,三级医院预约诊疗率为35%,群众就医体验明显改善。（高敏贤）

【基层医疗服务】 全市持续开展"建设群众满意的基层医疗卫生机构",完成自治区下达的2018年全市54所"群众满意的基层医疗卫生机构"创建、申报任务。推进县乡村卫生一体化管理和社区卫生改革,社区卫生服务机构与城市医联体全覆盖。组织145名二级以上医疗卫生单位骨干人员,开展"百名医师下基层"对口支援活动,带动提升基层医疗服务水平。以辖区40个乡镇卫生院及14个社区卫生服务机构为基础力量,组建家庭医生签约服务团队372个,实现家庭医生签约团队乡村、社区全覆盖。全年开展家庭医生签约服务572716人,签约覆盖率为49.64%,重点人群签约服务274945人,签约覆盖率为78.27%。为全市城乡居民建立电子健康档案1076881份,建档率为93.34%;65岁及以上老年人健康体检61868人,健康管理率54.77%;管理高血压、糖尿病患者76885人、18027人,任务完成率分别达115.33%、105.46%,规范管理率分别达83.97%、83.03%。2018年,沙坡头区新增设福润苑、福兴苑、新墩村3所社区卫生服务站。

（高敏贤）

【医疗管理】 落实区、市政府关于促进社会办医加快发展的政策,审批各类医疗机构11个,其中社会办医疗机构10个（民营医院1个,个体诊所9个）,村卫生室1个。严格医师、护士资格考试,142名执业医师（助理）通过考试;完成583名护士执业资格现场确认工作,135名执业护士通过考试。 （高敏贤）

【医院管理】 各城市公立医院完善医院管理制度,制定管理章程,优化绩效考核,加强医院党的建设,实行编制内外用人总量和薪酬总量统筹管理。加强对各公立医院的综合监督管理,对全市二级以上各类公立医院从依法执业、医疗服务收费、传染病防治、放射防护、计划生育技术服务、中医药法贯彻落实情况、药品供应保障政策执行情况等进行监督检查,促进医院依法规范执业。 （高敏贤）

【卫生计生队伍建设管理】 通过全区事业单位公开招考平台为全市招录专业技术人员94名（中宁县31名、海原县25名、市属38名）。联合市人力资源和社会保障局,对卫生人员高级职称资质进行评审,全市59人获得高级职称任职资格（正高19名、副高40名）,其中基层卫生高级职称任职资格17名（正高5名,副高12名）。狠抓人才队伍建设,落实"凡晋必下"制度。在人员相对较多的市人民医院、市中医医院等两家三级医院成立纪委组织,专抓医护人员的工作作风。市机构编制委员会将市人民医院、市第三人民医院、市中医医院、市妇幼保健计划生育服务中心、沙坡头区人民医院5所市属公立医院人员总量配备标准从1.5人/床调至1.6人/床。调整后核定市人民医院人员总量为1128人,其中备案人员数为732人;核定市中医医院人员总量为640人,其中备案人员数为520人;核定市第三人民医院人员总量为160人,其中备案人员数为118人;核定市妇幼保健计划生育服务中心人员总量为210人,其中备案人员数为147人;核定沙坡头区人民医院人员总量为560人,其中备案人员数为345人。 （高敏贤）

【健康扶贫】 至2018年12月31日,各医疗单位严格落实健康扶贫政策,核准全市建档立卡贫困人口中因病致贫、因病返贫15611人,核准患病的救治对象共11453人,救治11336人,救治率达98.98%。贫困患者共住院3181人次,总费用3426.39万元,兜底保障377.86万元,平均个人自付比例达7.85%,高于自治区要求"实际报销比例不低于90%"的任务指标。30种大病救治2207人,救治率达97.4%。对全市9293名建档立卡贫困户中慢病患者进行签约服务。

（高敏贤）

【医院建设项目】 2018年8月10日,海原县开工建设县人民医院妇儿综合楼项目。该项目位于海原县人民医院院内,总建筑面积7681平方米,概算总投资4149.86万元。设置床位100张。至2018年年底,该项目主体二层完成封顶。累计完成固定资产投资980万元。

（高敏贤）

健康中卫建设

【概况】 市委、市政府召开创建国家卫生城市攻坚大会,启动创卫攻坚"倒计时冲刺模式"。多部门联合推进创建国家卫生城市,加大健康中卫及创卫宣传力度,开展市容环境、居民小区及建筑工地、农贸市场、园林绿化、交通秩序、"七小行业"、城中村及城乡结合部等专项整治。创建国家卫生城市顺利通过自治区的暗访评审。将城区划分为43个卫生责任区,包保到市直各部门（单位）,坚持每月一次全民参与"爱国卫生日"活动,共出动干部群众122080人次,集中清理垃圾死角18177余处,有效清理城市小广告162300处。加大病媒生物防制工作,投入资金40万元,对市区重点公共场所、居民小区等开展蚊、蝇、鼠、蟑的集中消杀工作,共消杀垃圾中转站9个、固定公厕16个、农贸市场8个、居民小区173个,消杀面积12万平方米,烟雾熏杀下水井、暖气沟2653个,垃圾箱（桶）1700个,湖泊水体5959平方米,布设粘鼠板600张,粘蟑纸320张,增设毒饵站1207个,管网井、采暖井设置简易灭蚊器3960个,共整治"四害"孳生地200处。开展乙型脑炎等蚊媒消杀活动,投入资金153.24万元,清运垃圾3984吨,填埋洼地水坑765处,开展消杀次数1355次,使用药品数量6.585吨,消杀面积2303万平方米,其中,消杀养殖场4808个,水域3003个,居民区、庄点1755,开展效果评价839次。落实"厕所革命"专项行动,对全市农村厕所开展专项调查,共普查录入数据25.5016万户,改造卫生厕所3591座。

(高敏贤 田桂萍)

【健康教育与健康促进】 开展多种形式健康教育与健康促进活动。在中卫电视台开设《创卫与健康》栏目,每周三四次定期播放居民健康素养66条、控烟公益广告等健康知识。在中卫日报开辟医疗保健专版,每周两期向读者普及中医养生、疾病防控和健康饮食等方面健康知识。利用"世界卫生日"等主题卫生日,组织开展形式多样宣传、义诊、咨询等活动。开展健康知识进机关、进厂矿、进学校等"七进"卫生科普讲座95场次,受益群众1.2万余人次。在公交站台开辟8个健康宣传阵地,在社区及居民小区农贸市场等设置健康教育宣传栏200块。建成香山公园、五馆一中心两个健康主题公园,建设健身步道10.8公里。组织开展健康单位和健康家庭创建活动,创建健康单位7个、健康家庭4806户,发放健康知识宣传材料5万份,控油壶等健康宣传干预物品1.2万份。结合第31个"世界无烟日"宣传活动,组织开展2018健康中国行——科学健身启动仪式,活动共悬挂宣传条幅35条,展出宣传展板25块,发放各种宣传材料15种8000余份,现场义诊360人次,接受群众健康知识咨询500余人次。开展全市居民健康素养监测,对全市15~69岁城乡常住人口进行健康素养问卷调查,完成调查问卷2628份,城乡居民健康素养水平达9.37%。

(高敏贤 田桂萍)

人口与计划生育

【概况】 全市出生人口14564人,人口自然增长率8.12‰,出生政策符合率为94.96%,出生人口性别比106.20,人口指标均在自治区下达控制指标之内。落实少生快富工程项目户181户99.7万元;落实奖励扶助对象1017人,奖励资金122.04万元;落实特别扶助对象224人,扶助资金191.04万元;发放失独家庭一次性抚慰金56户103万元;少生快富工程独生子女户纯女户提前实施奖励扶助8583人,扶助资金1029.48万元;少生快富工程特殊困难家庭3户1.65万元。确定城乡居民独生子女家庭保健费发放对象5102人,资金269.1525万元,资金配套到位、发放到位。坚持计划生育"一票否决",在市管干部提拔任用、两委员一代表、评先评优等工作前审核计划生育情况87批次、77个单位、2068人次。开展流动人口健康促进活动,推进流动人口基本公共卫生计生服务均等化。

(蔡怀明)

【人口发展】 全市总人口为1239411人(其中少数民族432257人)。出生人数为14564人(少数民族出生7102人),其中全面二孩政策出生1349人。总人口出生率为11.78‰(少数民族出生率为16.49‰),同比下降1.15个千分点;死亡4519人(少数民族为1533人),死亡率为3.66‰(少数民族死亡率为3.56‰),同比上升0.02个千分点;人口自然增长6547人(少数民族3021人),自增率为8.12‰(少数民族为12.93‰),同比下降1.17个千分点。在出生的14564人中,男婴出生7501人,女婴出生7063人,出生人口性别比为106.20,同比下降0.18个百分点,出生人口性别比在正常水平。

(蔡怀明)

【计划生育】 实行计划生育目标管理责任制,市、县(区)各级党委政府、部门(单位)、社会组织坚持倡导基本国策地位、公民权利义务、党政部门职责和一票否决制度"四个不变"的政策基调,坚持实施计划生育目标管理责任制、定期督查通报制、年度考核评估制,确保各项工作稳步落实。规范落实生育登记(审批)服务网上办理等制度,简化服务程序,全面推动二孩生育政策深入落实。各县(区)、乡镇(街道)、村(居、社区),主动开展计划生育集中排查治理和流动人口清理清查、关怀关爱等活动。至9月底,全市常住人口信息完整率为94.63%,已婚育龄妇女逻辑关系准确率为97.53%。县(区)开展的冬季清理清查活动中,走访和慰问计生困难家庭1555户,发放慰问金21.4万元;举办政策知识培训班101期,培训育龄妇女9096人次;生够孩次育龄妇女落实长效节育措施1296人。开展流动人口健康促进活动等,促进流动人口均等化服务。指导县(区)严格实施少生快富工程、农村部分计划生育家庭奖励扶助及计划生育家庭特别扶助制度,促进计划生育家庭发展。组织开展少生快富项目工程专题调研和独生子女保健费发放专项督查,确保全市5102户独生子女家庭按标准享受到独生子女保健费。在干部提拔任用、评先评优、两代表一委员、拔尖人才、食品安全、综合治理、劳动模范、换届选举、科技人才、国家津贴、民族团结、优秀等次、脱贫攻坚典型等各类资格审查工作中坚持计划生育"一票否决"制度,进一步规范计划生育情况审核鉴定工作。健全完善市级126个部门和企事业单位干部职工计划生育个人档案,做到查核资料规范、审核把关严格、结果函复及时。

(蔡怀明)

社会民生

经济社会调查

【概况】 国家统计局中卫调查队是国家统计局的派出机构,实行垂直管理,内设科室6个,在编干部18名,其中,处级干部4名,科级干部6名。2018年,中卫调查队在国家统计局宁夏调查总队领导下,在中卫市委、市政府关心支持下,认真贯彻落实党的十九大会议精神,全国统计工作、全区调查队工作会议精神,按照总队的部署和要求,强化党的建设和党风廉政建设,切实履行国家调查队职能职责,较好完成各项工作任务。 (张文瑾)

【整体调查工作】 严格执行国家统计调查方案,以提高数据质量为中心,细化措施,明确要求,狠抓落实,顺利完成农作物播种面积、粮食产量、居民收支、主要畜禽监测、居民消费价格、工业生产者价格、全国月度劳动力、农产品价格、农产品中间消耗等调查任务,认真采集原始数据,加强数据审核评估,按时完成调查项目报表报送任务,及时为市委、市政府和公众提供各项调查服务。各专业始终坚持不折不扣地执行国家调查方案,牢固树立数据质量是调查工作生命线的意识,不断完善数据的采集、审核、评估、分析、把关制度,数据质量得到进一步提升。一是采集数据做到数出有据。各专业相继建立专业统计台账、坚持直接调查。如畜禽监测调查,对大型养殖场(户)全面建立调查登记台账,将台账登记频次由季度登记改为月度登记,对上年度的主要畜禽监测指标数据进行面对面反馈,不仅提高数据衔接效果,也使调查对象知晓自己在全市、乃至全区的规模和位次。二是审核数据做到痕迹管理。各专业继续加大调查数据审核力度,面对面入户询问核实,通过电话抽查、微信交流等方式做好数据回头看工作,并对核实情况进行详细登记,痕迹化管理确保数据无差错。三是落实跟班采价责任。将分管领导跟班扩大为采价员互相跟班,由月跟班采价不少于1个采价日扩大为不少于2个采价日,安排制定月度跟班采价日程表,详细纪录跟班采价所掌握的调查网点、代表规格品、价格动态、网点更换、采价技能、数据采集器操作等实际情况,及时发现并查找可能存在问题,建立留存《跟班采价纪录台账》,就发现的问题进一步督导整改。 (张文瑾)

【方法制度改革创新】 农业调查方面,遥感技术和无人机引入农作物播种面积和农产量调查是农业调查工作的一项重大创新,也是提高农业调查效率和数据质量的重要手段。随着无人机配备到位和操作人员技能的提高,遥感技术、无人机航拍在年内春播面积调查中得到推广应用。住户调查方面,分批次逐步扩大电子记账范围,用不忘初心、坚定决心、沟通真心、培训耐心、反馈细心的"五心"工作法,确保占80%以上电子记账户的信心倍增,记账过程的可视性和及时性明显增强。价格调查方面,创新CPI数据发布形式,改变以往纯文字表述的调查数据发布方式,利用"动感图表+文字"一体化彩图,从视觉上提高公众对调查数据感知度,生动、直观、简洁展示解读统计调查成果。 (张文瑾)

【统计调查服务】 信息服务方面。结合经济运行中重点难点热点问题,积极开展专题调研,深入田间地头、居民家庭、企业等解农业生产及居民生活情况,企业生产及用工等情况。根据掌握的活情况、活素材,认真查阅资料,撰写统计分析信息。全队共撰写调查信息85篇,调查分析89篇,专题调研40篇,工作动态113篇。其中3篇分析信息被国家统计局内网采用,2篇分析信息获市领导批示。官方微信公众号"国家统计局中卫调查队"年内关注人数4273

人,进一步利用新媒体加强与社会各界沟通,丰富社会公众了解最新月度、季度与年度统计调查数据的渠道。社会服务方面。发挥调查队的特长和优势,注重树立形象打造品牌,受中卫市委委托,与市文明办有效沟通对接,承担中卫市文明城市创建第三方测评工作,于5月底前对中卫市文明城市创建工作进展情况进行全面测评,并提交测评报告。10月,抽调中卫队和中宁队26名业务骨干,分成3个大组,完成吴忠市、利通区、西夏区、青铜峡市的自治区2018年群众评议机关作风第三方测评工作。11月,抽调辖区调查队30人组成调查工作组,顺利完成原州区、隆德县、彭阳县和泾源县33个村654户的精准扶贫成效工作第三方评估调查工作。受中卫市市直机关工委和沙坡头区委组织部委托,顺利完成中卫市、沙坡头区2018年群众评议机关作风活动第三方测评工作。 （张文瑾）

【党的建设】 一是加强理论学习。健全完善以党组中心组学习为龙头、党支部学习、全队集体学习为重点和个人自学相结合的学习教育格局。把统计调查重点工作与十九大确立的各项战略部署精准对接、深度融合,让十九大精神为统计调查工作提供坚强的思想理论保证。通过参加网络微党课、班子成员讲党课、开展学习研讨、党员干部应知应会知识测试、撰写心得体会等方式,真正确保党的十九大精神学深悟透、入脑入心。二是深化"两个责任"落实。年初及时召开党风廉政建设工作会议,总结、部署2017年度和2018年度党风廉政建设工作;认真学习贯彻国家统计局、宁夏调查总队党风廉政建设工作会议精神,领导班子成员、各科室负责人分别签订党风廉政建设承诺书,明确党风廉政建设"一岗双责"职责;讨论制定2018年中卫调查队党风廉政建设工作要点,年中、年末及时召开落实"两个责任"履职汇报会,总结党风廉政建设工作主要做法和取得的成绩,找出存在的问题并提出具体的整改措施。三是强化警示教育。党组坚持把严明党的政治纪律放在首位,把《关于新形势下党内政治生活的若干准则》《党内监督条例》《中国共产党纪律处分条例》等党内法规,作为党员学习培训必修课。传达统计部门警示教育视频大会上通报的近两年来统计部门违规违纪典型案例,按照总队要求,开展警示教育月系列活动,将警示教育贯穿到统计调查工作的始终。四是创新支部活动载体,发挥党支部的堡垒作用。认真贯彻落实自治区党委《关于进一步加强和改进机关党的建设的意见》精神,以落实"三会一课"制度为抓手,增强党内生活的政治性、时代性、原则性、战斗性。全面规范党费收缴使用管理,实行党务公开。定期检查支部工作手册、党员学习笔记、组织生活会记录等工作,推动党支部认真落实宁夏调查总队党组和市直机关工委党建规范化管理要求。根据市直机关工委《关于开展"1+4+X支部主题党日"活动的通知》要求,党支部每月组织开展一次"主题党日活动",比如1月份组织慰问结对帮扶村南长滩贫困户,为党员过政治生日、观看十九大党章公开课专题片;8月,联合武警中卫支队执勤一中队开展"走出机关,走进军营,军民共建"主题党日活动;11月,结合精准扶贫成效评估调查,开展"攻坚克难,彰显轻骑兵本色"主题党日活动,做到季度有计划,月月有安排、有主题。 （张文瑾）

【巡察整改】 总队党组巡察中卫调查队党组及班子成员意见反馈会后,队党组多次召开会议研究,并制定印发整改工作方案,明确整改目标、时间节点和责任人,针对巡察反馈意见指出3个方面11个问题,细化分解为18个具体问题,研究确定45项整改措施。对10项即时能解决的问题,完成立行立改;对8项需要长期坚持的整改项目,建立工作机制,强化制度保障,有效推进落实。《中共国家统计局宁夏调查总队党组关于印发〈中央巡视国家统计局党组反馈问题整改工作实施方案〉的通知》下发后,队党组高度重视,及时召开党组会传达学习文件,对照中央巡视反馈问题和整改意见逐条梳理,针对巡察反馈意见指出的涉及市县调查队5个方面10个问题,研究提出整改措施,形成《中卫调查队党组落实中央巡视反馈意见整改清单》,把整改事项落实到责任领导、责任科室和具体责任人,明确目标和时限,要求不回避立行立改、不敷衍改出成效,确保一件一件落实、一条一条兑现。同时,落实好全国人大统计执法检查反馈问题整改、党建突出问题专项治理、集中整治形式主义官僚主义等专项整改工作,坚持将整改与全队各项工作相结合,以整改促党建、促廉政、促发展。根据《自治区党委关于开展违反中央八项规定精神突出问题专项治理的通知》和宁夏调查总队《关于做好违反中央八项规定精神突出问题专项治理的通知》(以下简称《通知》)要求,队党组立即成立违反中央八项规定精神突出问题专项治理领导小组,严格按照《通知》要求,重点专项治理超标准公务接待、违规公款吃喝、违规公款送礼、外出公款旅游、超标准配备使用公务用房等5个方面的突出问题,对"五个严禁"所列的19个问题逐一进行自查、清理核实，对查出的问题立即整改，把整改要求落到实处。

（张文瑾）

【城镇居民可支配收入】 2018年，中卫市城镇居民人均可支配收入27371.91元，同比增加2027.42元，增长8%，增速较2017年同期下降0.9百分点，增幅低于全区平均增幅0.2个百分点，增幅位居五个地级市第4位。第一，工资性收入仍保持较快增长，是城镇居民增收的主力军。2018年，中卫市城镇居民人均工资性收入达到20718.7元，同比增加1896.2元，增长10.1%，是城镇居民收入的主要支撑，对城镇居民收入增长的贡献率为93.5%。政策性增资是拉动工资性收入增长的主要因素：一是行政事业单位效能奖继续提档，一季度补发上年的差额部分，三季度人均预发本年效能考核奖8000元；二是行政事业单位级别工资晋升，从当年1月1日开始补发；三是年末预发购房补贴，人均3000~5000元。第二，经营净收入平稳增长。2018年，中卫市城镇居民人均经营净收入为2304.6元，同比增加188.5元，增长8.9%，对城镇居民收入增长的贡献率为9.3%。其中二、三产业经营净收入为2243.5元，同比增长8.7%。经济面普遍向好，二、三产业经济运行良好是城镇居民经营净收入增长的主因。主要表现为建筑业以及其他居民服务业等行业经济效益向好，带动居民增收。第三，财产净收入下滑明显。2018年，中卫市城镇居民人均财产净收入为1026.8元，同比减少209.5元，下降16.9%。财产净收入下滑主要是受其他财产性收入减少以及银行存款利息下降所致，财产净收入下降拉低城镇居民可支配收入增速下降0.8个百分点。第四，转移净收入平稳增长，是城镇居民增收的第二大来源。2018年，中卫市城镇居民人均转移净收入3321.9元，同比增加152.1元，增长4.8%，对城镇居民收入增长的贡献率为7.5%。从结构来看，养老金或离退休金人均4012.2元，社会救济和补助、政策性生活补贴、赡养收入和报销医疗费分别为人均153.9元、35.6元和450.2元。

（朱　昊）

【农村居民可支配收入】 2018年，中卫市农村居民可支配收入稳步增长，人均达到10236.3元，增加870.9元，增长9.3%，首次突破万元大关，增速较2017年加快0.7个百分点。从所辖区县来看，沙坡头区农村居民人均可支配收入为12194.1元，增长8.4%；中宁县为12180.2元，增长8.3%；海原县为8510.6元，增长11.1%。从全区排名来看，2018年中卫市农村居民可支配收入增速在五个地级市中居第三位，增速高于全区平均水平0.3个百分点。从收入总量来看，农村居民可支配收入在五个地级市中仅高于固原市，人均低于全区平均水平1471.3元，差距较上年进一步拉大。第一，工资性仍是农村居民收入的主体，占比进一步提高，工资性收入增速达9.8%，位居第二。2018年，中卫市农村居民人均工资性收入达到4633.4元，比2017年同期增加411.7元，增长9.8%，在可支配收入中占比达到45.3%，较2017年提高0.2个百分点。工资性收入稳步增长，一是各类务工人员工资水平提高，调查显示，2018年本地企业工资标准提高，其次是打零工工资标准也有所提高；二是受高铁、城际铁路、棚户区改造、农田水利整治、美丽乡村建设以及自来水、暖气管网改造等工程开工建设影响，吸引大批劳动力就业，务工收入不断增加；三是中卫市特色种植业如温棚蔬菜、枸杞、硒砂瓜、马铃薯等种植规模扩大，用工量增多，吸纳本地无法外出的闲置劳动力就近务工，带动务工收入相应提高。第二，经营净收入增速加快，非农产业发展势头良好。2018年，中卫市农村居民人均来自家庭经营净收入达到3885.3元，较2017年同期增加362.1元，增长10.3%，占可支配收入比重为38.0%，对可支配收入的贡献率为41.6%。分产业来看，第一产业净收入稳中有增，第二、三产业的经营净收入增速加快，非农产业发展势头良好，成为农村居民收入新的增长点。第三，转移净收入持续增长，增速减缓。2018年，中卫市农村居民人均转移净收入为1497.9元，同比增加94.0元，对可支配收入的贡献率为10.8%。转移净收入的增长，主要依靠政策性收入：一是居民基础养老金和离退休金等发放标准逐年提高；二是得益于社会救济和补助、各类政策性生活补贴标准提高，兑现及时；三是报销医疗费和家庭外出从业人员寄回带回收入增多；第四，财产净收入稳中有增，增收作用减弱。2018年，中卫市农村居民来自财产净收入人均219.8元，同比增加3.2元，增长1.5%。财产净收入增速大幅下滑，主要是受利息净收入大幅下降所致，而来自出租房屋、土地经营权及其他资产的收入仍呈小幅增长的态势。

（张　玲）

【粮食面积产量】 2018年，中卫市粮食播种面积、粮食总产量和单产均呈现增长趋势。全年粮食播种面积195.73万亩，比2017年增长3.0%；其中，小麦面积19.63万亩，下降2.3%，水稻面积8.69万亩，下降1.3%，玉米面积86.2万亩，增长2.2%，山区马铃薯面积41万亩,下降1.2%。全市粮食生产抗灾保量,产量平稳增长,全年粮食总产量64.07万吨,增长8.2%。其中,小麦产量3.49万吨,下降3.1%,水稻受气候条件影响,产量下降,全年水稻产量5.35万吨,下降1.8%;玉米产量43.64万吨,增长10.1%;山区马铃薯产量7.6万吨,增长7.6%。从粮食单产能力看,虽小麦、水稻单产分别下降0.7%和0.5%,但受玉米、马铃薯、杂粮提质增效因素影响,全市粮食单产能力稳步上升,粮食亩均产量保持在327公斤,比2017年增长5%。

(雍 正)

【主要畜禽监测】 2018年,中卫市畜牧业生产形势基本稳定,呈现生猪、家禽存栏增长,牛、羊存栏下降;羊出栏增长,生猪、牛、家禽出栏下降;牛、羊肉产量增长,生猪、家禽肉产量下降;奶产量大幅增加,蛋产量下降。牛、羊、禽价格逐步上涨,生猪价格波动较大,畜牧业养殖结构有所改善,总体生产形势稳中向好。第一,生猪存栏、出栏、肉产量全面下降。全年中卫市生猪存栏22.1万头,同比下降8.0%,生猪出栏36.3万头,同比下降3.6%。生猪存出栏数量减少的主要原因一是能繁母猪减少,数据资料显示,2017年年底全市能繁母猪存栏数量达到2.4万头,同比下降12.0%;二是进入2018年后生猪市场开始降温;三是8月份非洲猪瘟的影响波及全市生猪市场,但是由于是局部地区发生,离宁夏较远,所以影响不大。第二,牛存出栏健康稳步发展。据调查,牛存栏18万头,同比增长7.1%,其中奶牛5.8万头,基本持平;出栏9.7万头,同比下降4.9%,奶产量23.3万吨,同比增长4.6%。2018年,中卫市积极落实见犊补母补助、节本增效补助、粮改饲项目补助等各项养殖补助政策和惠民措施,有效促进养殖业的健康有序发展,养殖户生产积极性高涨,存栏有所增加,肉产量进一步增加,奶产量明显提高。第三,羊存栏、出栏、肉产量全面增长。由于前两年羊价低位徘徊,挫伤养殖户的积极性,养羊生产遭受重创,2018年活羊存栏量偏少且价格一路拉高,养羊生产呈现恢复性增长,存栏明显增长,出栏、肉产量呈现小幅上涨趋势。年末羊存栏93万只,同比增长8.7%;全年羊出栏78万只,增长1.0%;全年肉产量1.3万吨,略增1.2%。4.家禽存栏、出栏、肉禽及蛋产量均呈下降态势,产能进一步萎缩。年末家禽存栏298.9万只,同比下降5.1%,出栏327.2万只,同比下降3.3%,肉产量0.6万吨,同比下降2.6%,蛋产量4.6万吨,同比下降9.5%。 (牛金学)

【居民消费价格】 2018年,中卫市居民消费价格总水平同比上涨2.2%,涨幅比2017年高0.4个百分点,涨幅创五年来新高。其中,食品烟酒价格上涨3.1%,非食品烟酒价格上涨1.9%;消费品价格上涨2.9%,服务价格上涨0.9%。八大类商品和服务项目价格全面上涨。2018年,构成中卫市CPI的八大类商品价格延续2017年的全面上涨态势,各大类涨幅0.9~3.1之间波动,食品烟酒类、医疗保健类涨幅位于前两位,均上涨3.1%;交通和通信类、衣着类价格涨幅均有所扩大,分别增大1.0和0.2个百分点;居住类价格涨幅较2017年上升0.2个百分点;生活用品及服务、教育文化和娱乐、其他用品和服务价格涨幅较2017年回落1.0、0.9、1.1个百分点。第一,食品价格涨幅较大。2018年受2017年食品价格基数(上涨0.6%)较低以及主要食品价格上涨,其中,羊肉、鸡蛋、鲜瓜果、鲜菜、薯类、鸡肉、牛肉价格分别上涨19.4%、11.5%、10.5%、9.1%、9.1%、5.0%、2.9%,共同影响CPI上涨1.1个百分点;猪肉价格下降10.1%,对CPI总指数下拉0.14个百分点。第二,工业品价格涨幅微超2017年。2018年,中卫市工业消费品价格上涨2.7%,涨幅较2017年上升0.1个百分点,影响总指数上升1.03个百分点。随着产业结构调整和居民消费升级,加之劳动力等要素成本上升影响,工业品升级换代步伐加快,其价格对居民消费价格的推动作用逐步增强。其中,参考资料、其他燃料、银饰品价格分别上涨15.6%、14.2%和7.1%。受前三季度原油价格影响,2018年,汽、柴油价格分别上涨13%和14.3%。第三,服务项目价格涨势放缓。2018年,中卫市服务项目价格上涨0.9%,涨幅比2017年回落0.9个百分点。一是中卫市开展第二轮公立医院综合医疗改革,医疗服务费上涨5.3%,拉动CPI上涨约0.27个百分点;二是深化资源环境价格改革,加之城市污水处理成本上升,2017年5月中卫市发改委上调用水价格,加之天然气价格上调,带动洗浴、车辆修理与保养、管道燃气、其他车用能源价格陆续分别上涨20.3%、9.3%、4.3%和3.1%;三是根据9月20日自治区物价局《关于降低5A级景区门票价格通知》,沙坡头门票价格由100元/张下调为80元/张,带动景点门票价格下降12.3%;四是随着公租房逐步推开以及棚户区改造项目陆续竣工,多套安置房进入市场出售或者出租,空房市场供大于求,大部分居民的住房需求基本满足,租房需求减弱,带动私房房租价格下降3.9%;五是随着国家提速降费政策开始实施,上网费和移动通信费分别下降3.5%和2.9%。(孙晓玲)

【工业生产者价格】 在国内经济运行稳中向好、产业结构不断优化、质量效益持续提升、供给侧结构性改革稳步推进大背景下，中卫市工业生产者价格总体运行继续处于上行通道。同时，受中美贸易摩擦及基期价格因素影响，2018年中卫市工业生产者价格呈高开低走态势。中卫调查队调查资料显示：2018年，工业生产者出厂价格（PPI）同比上涨2.8%，工业生产者购进价格（IPI）同比上涨5.7%，购销相差2.9个百分点。第一，出厂同比价格涨幅逐月回落。2018年以来，1月PPI与IPI月度涨幅分别为9.2%与7.5%，为2018年以来最高值。11月PPI开始出现负增长，直至12月出现最低值，同比下降6.3%；12月IPI涨幅年内最低，为0.8%。第二，八大类原材料"涨大于跌"。从中卫市被调查的八大类原材料购进价格来看，呈"六涨两跌"态势。其中受成品纸浆产能减少，市场供应小于企业需求，价格大幅上调影响，木材及纸浆类涨幅达24.2%，位居之首；其次是化工原料类和建筑材料及非金属类，与2017年同期相比分别上涨8.9%、7.1%；再次是燃料动力类上涨5.5%。原材料上涨面达75%，表明工业行业购进原材料价格上涨，生产成本增加。第三，工业生产者价格变动因素主要在于一是大宗商品价格传导作用加强，全国大宗商品价格的大幅回升，影响到国内部分工业品如能源、钢材、水泥、有色金属等价格回暖。中卫市制造企业，大多数企业属于"两头在外"，生产的产品附加值较低，没有议价能力，不掌握资源定价和终端谈判的主动权，因此大宗商品"输入性"传导仍是直接或间接影响相关行业产品价格起伏变化的主要因素；二是工业结构调整稳步推进，随着"三去一降一补"政策的深入落实，传统行业"去产能"的力度加大，一些规模小、高污染、高能耗的企业逐渐关闭、停产，引导市场产业分化，工业行业转型升级，结构不断优化，市场秩序更加规范，价格竞争趋于理性，工业产品价格回升得到有力支撑；三是政策因素影响部分产品价格大幅下降，随着国家发展改革委、财政部、国家能源局光伏新政的出台，下游光伏行业的需求大幅下降，导致多晶硅价格持续下降，拉动电子半导体材料价格震荡式下降。

（刘晓东）

就业创业

【政策落实】 统筹实施职业培训、就业援助、购买公益性岗位、失业保险、援企稳岗、社保补贴、创业补贴等政策措施，全市就业规模持续扩大，就业局势保持总体稳定。全市城镇新增就业9080人，城镇失业人员再就业3938人，就业困难人员就业598人，城镇登记失业率为3.6%；农村劳动力转移就业15.44万人，实现工资收入22.14亿元。 （马琪宸）

【技能培训】 通过劳动力资源和企业用工需求调查，开展就业援助和需求对接"两大配置服务"，着力摸清劳动力技能状况和企业用工需求，在提升技能稳就业上下工夫，全市各类城乡劳动力职业技能培训8336人，有效提高本地劳动力就业能力。向自治区发改委、人社厅沟通协调争取到公共实训基地项目申报机会。 （马琪宸）

【分类帮扶】 加强就业实名制登记和分类帮扶，持续开展"春风行动"常态化招聘和就业"四送"等活动，积极争取购买公益性岗位2063个，安排"4050"、就业困难家庭成员、建档立卡户、就业困难大学生等群体就业。多渠道促进高校毕业生充分就业，实施"就业技能进高校"活动，举办未就业高校毕业生能力提升培训班，2018年，度高校毕业生实名登记3598人，实现就业创业3303人，除57人无就业意愿及101人无法联系外，离校未就业高校毕业生实名登记就业率达96.02%。组织30名戒毒康复人员参加招聘会，先后开展戒毒康复人员就业创业政策培训20人、就业技能培训70人、创业能力培训90人。

（马琪宸）

【创新创业】 完善创业"培训+服务+担保贷款"三位一体工作机制，培育创业实体1765个，创造新岗位4203个，开展创业培训1630人，全民创业带动就业9061人。实施"创业担保贷款+商业贷款"一站式发放模式，创立精准扶贫"3+1"金融扶贫贷款模式，降低担保门槛，扩大贷款范围，进一步提高贷款额度，延长贷款期限，全市发放创业担保贷款1243笔1.6亿元，带动就业3454人。培育自治区级创业孵化示范园区3家，中卫市大学生创业孵化园正积极争创国家级创业孵化示范园区，11月底，人社部组织专家实地评审。持续开展"创业梦·中卫行创业指导专家下基层"活动。开展"中国创翼"创业创新大赛宁夏赛区中卫分赛区选拔赛，中卫市创业组选手吴晓华在自治区复赛中获得一等奖，代表自治区参加全国总决赛荣获"创翼之星"称号，沙坡头·娱岛项目获得全国优秀项目创业创新奖。

（马琪宸）

社会保险

【概况】 全市养老、医疗、工伤、失业、生育保险参保分别达到59.11万人、111.39万人、9.11万人、6.41万人和8.72万人,分别完成自治区目标任务的103.72%、102.63%、100.17%、103.47%、140.6%;建档立卡贫困人口养老、医疗保险参保率分别达到99.83%和100%。实施阶段性降低社会保险缴费费率政策,累计为企业减负1.37亿元。 （马琪宸）

【养老金调整】 企业退休人员和机关事业单位退休人员月人均调增基本养老金135元和183.65元,分别达到1818元和4419元。调整城乡居民基础养老金标准,调整后沙坡头区、中宁县、海原县分别达到每人每月185元、220元、165元。 （马琪宸）

【社会保险区级调剂金争取】 针对中卫市社会保险基金存在的收支缺口,积极向自治区财政争取调剂金,确保各项基金的正常支出。近两年,共争取调剂金2.6267亿元,其中,城镇职工基本养老保险2.1907亿元,工伤保险1836万元,失业保险2524万元。 （马琪宸）

【医保支付制度改革】 制订进一步深化基本医疗保险支付方式改革实施方案,全面推行医疗费用总额预付下的住院费用总额包干,普通门诊费用按人头包干、门诊大病按病种付费、精神病按床日付费的多元复合式付费方式,有效控制医疗费用不合理增长势头。探索按病种收付费支付制度,在全市公立医院推行102种病种收付费改革,逐步实现以按病种付费为主、多种付费方式并存的支付方式。 （马琪宸）

【社保经办服务方式优化】 在全市46家医疗机构推行城乡居民基本医疗保险、大病保险、民政救助"一站式"结算服务,全年即时结算累计3241人次,贫困患者大病报销896.27万元,其中,大病保险报销445.15万元,政策倾斜报销451.12万元。做好跨省异地就医结算工作,累计备案3056人次,直接结算913人次1477.16万元。认真落实"放管服"各项改革措施,通过宁夏行政审批与公共服务平台,将城乡居民社会保险参保登记等6项业务下沉到基层民生服务中心统一申报和受理,社保审批服务真正实现"不见面"办理。推行网上人社经办工作,全市1374家企业单位开通网上申报业务,累计办理6.3万件。人社服务事项实体大厅进驻率达72.9%,人社服务事项网上可办率达83%。 （马琪宸）

人事人才

【人才培养】 申报实施人才高级研修班培训项目6个,急需紧缺人才培训项目14个,岗位骨干培训项目26个,专家服务行活动项目5个。新申报人才小高地2个,博士后工作站1个,院士工作站1个,专家服务基地3个。对401名贫困地区专业技术人员组织开展培训,进一步提升精准扶贫服务能力。 （马琪宸）

【人才引进】 积极组织实施赴外"招硕引博"活动,26家事业单位引进聘用硕士研究生33名;15家企业与127名高校毕业生达成就业意向,其中博士研究生1名、硕士研究生19名。 （马琪宸）

【人才选拔】 向自治区推荐"国内引才312计划"人员5名、自治区青年拔尖人才培养工程人选18名、享受国务院津贴人员11名,提请市委、市政府拟命名"中卫名匠"人选10人。 （马琪宸）

【人才服务】 落实非公企业引进和培养人才激励措施,简化职称申报评审流程,引导优秀人才向非公企业流动,推进宁夏非公企业人才发展服务试验区建设落地见效。组织全市企事业单位开展人才补贴奖励申报工作,落实全市新引进高层次人才的各项优厚待遇。 （马琪宸）

劳动维权

【工资支付源头治理】 进一步完善农民工工资支付制度保障体系,建立健全"1116"源头性治欠机制、行政司法协调机制和"五子联动"清欠机制,落实农民工工资保证金制度和应急周转金制度,及时消除和遏制拖欠工资隐患。通过市县领导包案、定期督办、通报约谈、纳入黑名单等方式,及时有效化解欠薪案件,实现农民工工资政府类项目全部清零、非政府类投资项目基本清零的工作目标。年内,全市劳动保障监察机构共受理各类劳动纠纷投诉332件,办结327件,其中涉及拖欠农民工工资181件,共为2644名农民工（职工）追回工资3088.67万元;收缴农民工工资保证金1.1亿元,账户累计余额3.7亿元。 （马琪宸）

【劳动用工执法检查】 开展建筑领域农民工工资支付、清理整顿人力资源市场秩序、高温期间职工劳动保护等专项检查，共检查各类用工单位584家、建设项目24个，及时下发法律文书33份，督促签订劳动合同1520份，为1531名职工补缴社会保险414.8万元。积极推进劳动保障监察"网络化、网格化"建设，按照管辖范围进行网格划分，配备115名协管员，对网格内用工情况实施常态监管。全市规模以上企业劳动合同签订率达97.46%，集体合同签订率达96.3%，农民工合同签订率达95.03%。（马琪宸）

【劳动关系矛盾预防化解】 落实协调劳动关系三方联席会议制度，按季度组织对全市和谐劳动关系构建情况及发展趋势等进行分析研判。开展"理性维权、拒绝拖欠"主题政策宣传咨询、企业用工培训、企业职工薪酬调查、企业信用等级评价等活动，对部分企业用工变化等情况予以分析、研判和防控。建立健全劳动争议"调、裁、审"联动机制，加强基层劳动争议调解组织建设，高效办结劳动争议案件595件。

（马琪宸）

民　政

【概况】 中卫市民政局内设救灾救济科、社会事务科、基层政权科、优抚安置科、综合办公室5个职能科室和中卫市社会福利院、中卫市救助管理中心、中卫市儿童福利院、中卫市军队离退休老干部休养所4个下属单位及中卫市双拥工作领导小组办公室和中卫市老龄工作办公室2个附设机构。

（常佳慧）

【低保救助】 利用多部门信息核对机制，加强社会救助家庭经济核对，提高救助对象确定的精准度和救助水平，对全市4.5万户、4.9万人申请社会救助家庭开展家庭经济状况核对，通过信息比对和调查，筛查出1658户、2367人不符合低保条件。组织开展农村低保集中整治专项行动，集中治理"人情保""关系保""错保""漏保"，共清理退出低保14507人。其中，城市1741人、农村12766人，进一步规范经办服务程序，确保救助政策落实到位，及时提高保障标准，确保困难群众生活。全市共有城乡低保对象71192户、89766人，累计发放低保金33858.44万元，特困对象2113户、2349人，发放资金1459万元，医疗救助26万人次，救助资金7436.47万元，临时救助7.07万人次，资金5206.02万元。 （常佳慧）

【残疾人专向救助】 采取针对性措施，帮助缓解残疾人存在实际困难，全面落实困难残疾人生活补贴和重度残疾人护理补贴制度，将符合条件残疾人全部纳入补贴发放范围，累计发放残疾人两项补贴14.57万人次，累计支出资金4490.55万元（其中生活补贴2841.39万元、护理补贴1649.16万元），切实缓解残疾人家庭生活困难。 （常佳慧）

【减灾救灾】 修订完善县（区）、镇（乡）救灾应急预案，重新审定核报市、县、乡、村四级灾情信息员561名。全年发生灾害8次，共造成全市24个镇（乡）9.9万人受灾，受灾农经作物22587公顷、成灾17153公顷、绝产6106公顷，倒塌房屋64户160间，严重损坏房屋202户427间，直接经济损失8810.8万元。及时下拨救灾资金3965.58万元，救助灾民29.93万人。加强救灾资金监督，对2018年县区及镇乡救灾资金结余情况进行专项核查。组织开展5·12防灾减灾日集中宣传，共发放应急救助指南5200份、宣传手册5600册、宣传单73000份、防灾减灾纪念品2500份，参加应急演练人数达40余万。做好"全国减灾示范社区"创建工作，沙坡头区向阳社区、中宁县宁新社区被评为2018年全国综合减灾示范社区。组织开展"千场防灾减灾教育宣传进社区"活动，全市100个社区同步完成培训活动，近5000余名群众接受培训。开展"社会福利机构防灾救灾知识培训和应急演练活动"，全市18家社会福利机构按照"五个一"要求完成培训。加强救灾物资储备，做好应急救灾准备。 （常佳慧）

【社保兜底】 印发《关于进一步加强农村低保制度与扶贫制度有效衔接实施方案》，争取社会救助资金61817万元，从1月份起，将农村低保标准由3150元/人/年提高到3800元/人/年，城市低保由每月440元提高到560元。对全市从事民政低保救助和扶贫工作的500余名干部进行专门业务培训，进一步提高低保兜底工作能力。开展民政扶贫领域作风专项整治，严肃查处民政低保兜底工作中的违纪问题，促使民政干部依法依规全面落实社会救助政策，全面完成兜底保障任务。自2016年至2018年，全市建档立卡户中共计纳入民政社保兜底35189人，其中，中宁县6850人，海原县24605人，沙坡头区3734人，完成社保兜底总任务30120人的116%。全市2018年社保兜底任务6271人，年内纳入7643人（其中，沙坡头区2459人、中宁2795人、海原2389人），完成2018年社保兜底任务的121%。人性化救助流浪乞讨人员。落实《生活无着的流浪乞讨人员救助管理办法》，从临时生活用品、医疗、返乡等方面，努力为生活困难的流浪乞讨人员分类提供人性化的帮助，年内共出动救助车辆173次，发放救助物资61件（套），发放饮用水412人次、方便面504人次、面包等食品158人次，共救助261人次（包括未成年人5人次），救助金支出280561.03元。为查找不到家庭户籍的19名长期滞留人员，发布寻亲公告，帮助4人查找到家庭户籍并护送返乡，剩余15名查找不到户籍人员办理沙坡头区集体户口、身份证和医保卡，享受特困供养待遇。　　　　　　　　（常佳慧）

【社会组织发展】　严格审核把关提高登记质量，全市共登记社会组织640个。协同市公安局开展打击整治非法社会组织专项行动，督促社会组织履行"依法行政、加强管理、严格自律、规范发展"的要求。加强社会组织年检，2017年度应检社会组织236家，实际参检199家，参检率为87.9%，年检合格176家，免检的13家，未检的37家，注销登记10家，撤销登记14家。要求社会组织登记时提交《社会组织党建工作承诺书》和《社会组织党员情况调查表》，指导督促其同步建立党组织，全市社会组织建立党组织397个，覆盖社会组织545个，党组织覆盖率达85.1%。支持社会组织参与政府购买服务，争取财政资金64万元，由社会组织负责实施7个针对老年人、"三留守"人员、社区矫正、禁毒戒毒、精准扶贫等服务项目，促进社会组织发展壮大。　　　　　　　（常佳慧）

【困境儿童保障】　进一步摸清困境儿童底数，打好关爱保护基础。经核查，全市共有困境儿童9100人，其中，沙坡头区1432人，中宁县1268人，海原县6400人。积极完善保护设施，2018年新建儿童之家114个，其中，沙坡头区38个，中宁县30个，海原县46个，全部建成并投入使用。认真落实提高标准政策，自2018年1月起，对机构养育孤儿、父母双亡孤儿和事实无人抚养孤儿养育津贴标准由每人每月1000元、700元、500元调整为每人每月1049元、737元、531元，提高标准资金全部发放到儿童手中。
　　　　　　　　　　　　　　　　（常佳慧）

【志愿慈善事业】　开展社工志愿服务。组织中卫市社会工作服务站、中卫市博慧社工服务中心、中卫市温馨一家托养院等20多个社会组织近400余人参加3·5学雷锋和3·17宣传活动。各社工机构深入福利机构、社区，开展"关爱留守儿童""爱心温暖包"等志愿服务30多场。争取自治区购买社工服务项目资金140万元，实施7个社工服务项目，支持社会工作者发挥专长。登记志愿服务组织711家，注册志愿者人数13.5万人。开展志愿服务网上纪录4320项，服务项目总时长225万小时。发动社会力量回报社会，共接收41家社会企业爱心捐赠款物价值51.9万元，其中，14家企业向社会福利机构捐赠物品价值15.9万元，改善机构内服务对象生活。27家企业向大战场乡宽口井移民村捐赠养殖场建设资金36万元，助力扶贫攻坚。按照第三届中国城市公益慈善事业发展情况调查要求，对全市慈善工作从城市基本数据、政府支持、社会捐赠、志愿服务等方面进行考评统计，上报民政部中民慈善组织参与评选。培树慈善典型，沙坡头区一碗水协会刘在环被评为"第二届宁夏慈善榜——慈善人物奖"。　　（常佳慧）

【文明殡葬】　清明节期间，开展以"文明祭祀、生态安葬"为主题集中宣传活动，与市委宣传部等单位联合发出《清明节文明祭祀倡议书》，发放宣传单30000份。全面贯彻全国殡葬领域突出问题专项整治行动电视电话会议精神，协同物价局深入沙坡头区各公墓进行调研，联合市物价局下发《关于中卫市殡葬基本服务收费和公墓价格的批复》，规范殡仪服务收费标准。补助资金15万元，在中卫市鹤岗陵园建成花葬区、树葬区，栽种树木1000棵；在中卫市殡仪馆建成树葬穴位548位，完成花坛葬区一处，安葬骨灰逝者4位；在中宁享泰生公墓建成骨灰花园1处，安葬骨灰逝者122位。　　　（常佳慧）

【婚姻登记】　进一步规范婚姻登记和收养工作程序，严把婚姻登记关，2018年，共办理结婚登记6720对，离婚登记1849对，补办结婚登记4715条，补办离婚登记192条，婚检率达95%，登记合格率达100%。办理收养手续2件。　　　　（常佳慧）

【地名管理】　按照2018年度第二次全国地名普查工作任务，及时组织专家评委对沙坡头区、中宁县、海原县普查信息进行评审验收，输入地名数据库。按照要求做好普查资料的收集、整理和归档，实现档案数字化管理。完成《图》《录》《典》《志》的编辑工作，初步实现地名成果转化。制订《甘肃庆阳市-宁夏中卫市行政区域界线第四轮联检实施方案》和《甘肃白银市—宁夏中卫市行政区域界线第四轮联检实施方案》协调两市各县区，实施联检，确保边界地区社会稳定和经济发展。　　　　　（常佳慧）

【双拥优抚】　一是深入推进双拥共建。市委政府积极组织慰问活动，帮助解决驻军困难。组织驻卫部队官兵、重点优抚对象400余人观看《沙坡头盛典》，开展领导干部过"军事日"活动。走访慰问驻宁、驻卫部队35个,发放慰问款物价值97.5余万元。协调落实2017年市委议军会提出的驻军问题15项。驻卫部队积极参与地方建设。部队官兵230人次献血8万毫升,极大地缓解了市医疗机构用血紧张。投入78.9万元开展捐资助学等活动,与9所学校300名贫困学生结成帮扶对子。600余人参加植树,植树10余万棵。1000余人,扎麦草方格10公顷。出动车辆1206台次,抢救疏散被困人员232人,挽救群众财产损失287.1万元。二是认真做好退役士兵服务工作。全市共有退役士兵14296名,其中,重点优抚对象3453人,全年发放重点优抚对象补助3914.4894万元,定期抚恤补助金1715.16万元,医疗补助181.84万元,现役军人家属优待金726.01万元,安置补助金1148万元,职业技能培训资金27.2万元,组织17名重点对象外出疗养,对160名退役士兵进行职业技能培训,65人拿到驾驶证,组织140名退伍士兵参加自治区专场招聘会,达成初步就业意向36名,接收退役士兵289人,为287人发放一次性补助1148万元,2人安置工作。对过去安置后下岗失业的114退役士兵进行二次安置。对退役士兵进行数据采集,共采集14248人。

(常佳慧)

【基层民主管理】 一是加强农村社区建设。印发《关于深入推进全市农村社区建设试点工作实施方案》,督促县(区)认真贯彻落实;加强社区服务站项目建设,2018年全市新建(改扩建)城乡社区服务站30个。健全村务监督委员会、完善村务公开内容。印发《关于进一步加强村务监督委员会规范化建设的实施意见》《关于进一步统筹推进城乡社区治理的实施方案》《中卫市关于进一步加强村务公开和民主管理工作推进方案》和《中卫市村务公开事项指导目录》。对全市38个乡镇,102个行政村的村务公开和民主管理工作进行督察,组织召开全市村务公开工作推进会,进一步规范村务公开的内容、形式、程序和时间。配合市委巡查组对50个重点贫困村民主决策及公开情况进行巡查,查处各村民主决策及村务公开方面存在的突出问题,督促各县(区)进行整改逐步建立长效机制。二是开展城乡社区协商工作。印发《关于加强城乡社区协商的实施方案》《中卫市加强城乡社区协商工作考核办法》,指导县(区)进一步规范城乡社区民主议事程序、会议纪录以及民主协商的形式,推动城乡社区协商工作顺利开展。进一步健全完善居(村)民会议或居(村)民代表会议制度、居(村)民自治章程、村规民约、居民公约、居(村)务公开等制度,为城乡共建共治提供制度保障。三是深化星级和谐社区创建工作。指导县(区)对2017年和谐社区创评存在问题,进行整改。印发《社区服务管理职责事项指导清单》和《社区印章使用范围清单》,指导各县区全面推进社区事项准入制度,认真落实社区减负增效,开展服务事项协商,提高服务水平。以星级考评促进和谐社区规范化建设,严格按照自治区考评标准,做好2018年星级和谐社区考评工作,共创建二星级社区2个,三星级社区7个,四星级社区17个,五星社区9个。四是推动乡镇政府服务能力建设。印发《关于加强乡镇政府服务能力建设的实施方案》《加强乡镇政府服务能力建设推进表》,督促指导县(区)扎实推进乡镇政府服务能力建设。五是规范村代会制度运行。指导县(区)统一制作"五步工作法流程图和民主议定事项指导清单",进一步规范"五联表"会议程序和记录,配合市委巡查组对村民代表会议制度落实情况进行巡查,对发现问题进行严肃批评,要求认真整改,促使各村严格落实村民代表会议制度。

(常佳慧)

【养老服务体系建设】 制订印发《中卫市"十三五"老龄事业发展和养老体系建设规划》,为中卫市养老事业长远发展打好基础。建设3个日间照料中心和6个老饭桌,全市共有68个老饭桌、11个日间照料中心,养老床位数达4643张。筹集资金31.92万元对沙坡头区60岁以上的10640余名老人购买意外伤害保险。提请市政府研究通过《中卫市康养中心运营方案》,推动中卫市康养中心运营,积极开展公建民营。加快医养结合设施建设。协同市卫计局促使10家养老机构和二级以上综合医疗机构建立协议关系,协调有200张以上养老床位的中宁太阳城养老院、中卫市老年公寓建设老年病医院、办理医疗卫生许可证。督促各社区卫生服务站对65周岁以上老人进行健康体检和家庭医生签约服务,公立医院建设为老服务绿色通道和窗口。筹集资金10万余元对18家养老服务机构进行慰问,16家社会组织为老人进行志愿服务,对7名孝亲敬老模范颁发荣誉证书。落实高龄老人津贴制度,切实维护老年人权益。

(常佳慧)

扶贫开发

【概况】 中卫市扶贫开发办公室为中卫市政府正处级直属事业单位,核定全额预算事业编制21名,后勤服务事业编制1名,设主任1名,副主任2名;科级领导职数6正4副。设综合科、项目管理科、社会扶贫科、资金与工程监督科、规划建设科、监测评估科6个内设机构。年内在编在职干部职工21人,其中,研究生学历1人、硕士研究生1人、本科13人、大专6人;技术职务:高级1人、中级3人、助理级4人。2018年,中卫市扶贫办荣获全区民族团结进步模范集体,被自治区扶贫办评为"全区扶贫系统先进单位"。

(柳 鹏)

【减贫出列】 2018年,中卫市共减少贫困人口28787人,41个重点贫困村脱贫出列,贫困发生率由2017年的7.2%下降至3.84%,下降3.4个百分点。其中,沙坡头区减贫1970人,10个重点贫困村脱贫出列,中宁县减贫6471人,11个重点贫困村脱贫出列,海原县减贫20346人,20个重点贫困村脱贫出列。18个深度贫困村脱贫出列,其中海原县10个,中宁县4个,沙坡头区4个,深度贫困地区贫困发生率由2017年的19.23%下降至8.1%,下降11个百分点。

(柳 鹏)

【责任落实】 一是市、县、乡、村层层签定目标责任书,逐级传导压力、落实责任。制订《中卫市脱贫攻坚十三五规划》《中卫市深度贫困地区脱贫攻坚方案》《中卫市脱贫攻坚三年行动实施方案》《中卫市脱贫攻坚任务分工方案》《中卫市脱贫攻坚2018年工作要点》,向市直25个部门下达任务清单,指导全市脱贫攻坚工作。二是召开全市农村暨脱贫攻坚工作会议,将农业农村工作和脱贫攻坚工作同安排、同部署,市委常委会、政府常务会、专题会等先后14次研究脱贫攻坚工作,召开10次市脱贫攻坚工作领导小组会、8次行业扶贫推进会,及时分析研判新情况,解决新问题,推进脱贫攻坚工作。

(柳 鹏)

【干部帮扶】 一是继续开展厅处级领导干部蹲点调研活动,深入贫困村、户开展调研,争取项目43个,筹集资金215.96万元,为群众办实事142件。二是全市34名市级领导干部联系帮扶28个贫困乡镇,从市直机关新选派47名处级干部包村帮扶,全市204名处级干部共包扶205个贫困村,9387名干部包扶42352户贫困群众,实现干部帮扶贫困乡(镇)、村、户全覆盖。三是落实驻村第一书记和驻村工作队待遇保障,调整、充实驻村第一书记和驻村工作队,在下派374名驻村干部的基础上,市、县(区)增派驻村工作队员241名,调整、召回第一书记58名,实现贫困村驻村工作队(第一书记)全覆盖,促进各级各部门将脱贫攻坚的责任牢牢扛在肩上,推动工作落实。

(柳 鹏)

【社会帮扶】 号召全体机关干部、企业职工、广大市民、社会各界爱心人士积极参与脱贫攻坚工作,帮助广大贫困群众发展生产,改善条件,增加收入;号召民营企业开展捐赠,扶持贫困村发展特色产业、贫困户发展家庭手工业等活动,帮助贫困村建设、贫困户提高脱贫致富能力,全年累计捐款捐物1985.3万元,社会帮扶责任和干部帮扶责任进一步夯实。

(柳 鹏)

【动态调整】 全面开展贫困户动态识别,针对漏评、错评、返贫人口进行再核实、再识别,重点关注已脱贫的边缘户、因病因灾等返贫群众,逐村开展"过筛子"式排查,严格执行建档立卡户"申请、两评议、一比对、两公示、一公告"识别程序,确保识别精准度,2018年,全市新识别建档立卡人口490户1938人,自然新增5373人,自然减少4898人,返贫14户55人,清退1622户6198人。

(柳 鹏)

【扶贫培训】 2018年全市共举办培训班31期,培训各级扶贫干部13725人次,其中:市本级举办12期,培训2949人次;沙坡头区举办4期,培训1593人次;中宁县举办8期,培训3238人次;海原县举办7期,培训5945人次。

(柳 鹏)

【"五个一批"脱贫工程】 一是强化产业扶贫,强力推进"1+5"优势特色产业,发展产业带动贫困地区、贫困群众的增收脱贫,形成主业突出、多业并举、特色明显的产业扶贫发展格局,海原县的草畜、马铃薯产业,中宁县的枸杞、生猪产业,沙坡头区的硒砂瓜和经果林产业,成为群众增收的主导产业。二是扩大就业扶贫,打造31个就业扶贫基地,经自治区评定为"省级就业扶贫示范基地",吸纳贫困劳动力就业。不断巩固扩大新疆、内蒙古、福建、浙江、深圳5个劳务基地,2018年农村劳动力转移就业15.4万人,实现劳务收入18.67亿元,建档立卡贫困劳动力转移就业10554人,开发998个公益性岗位安置建档立卡贫困劳动力。三是推进易地搬迁,2018年完成3280户13661人搬迁工作,其中,海原县搬迁3190户13357人,完成率为88%;沙坡头区搬迁49户140人,完成率为100%;中宁县搬迁41户164人,完成率为100%。全市解决移民区"多人多代"住房困难665户。四是深化教育扶贫,基本建立对各学龄段学生的"奖、助、补、免、贷"资助体系,为全市19070名大学生发放助学贷款12007.49万元,建档立卡户义务教育阶段辍学学生全部劝返,杜绝因贫辍学现象发生。五是推进兜底扶贫,将农村低保标准由2017年的3150元每人每年提高到3800元每人每年,3.58万建档立卡贫困人口纳入农村最低生活保障,完成计划社保兜底总任务的119%。将贫困家庭全部纳入重大疾病救助范围,全市建档立卡贫困人员应参加养老保险88485人,实际参保84921人,参保率达96%;参加城乡居民医疗保险应参保人数163902人,参保人数达到全覆盖。

(柳 鹏)

【金融扶贫】 全市发放扶贫小额贷款15.33亿元,完成率达131%,贷款覆盖率达88%,超目标任务8个百分点。大病补充医疗保险和家庭成员意外伤害保险实现全覆盖;完成种植业保险、借款人意外伤害保险、农房保险、爱妮保保险,达到应保尽保。

(柳 鹏)

【健康扶贫】 全市共有因病致(返)贫人口16597人,核准患病人口11103人,救治11029人,救治率达99.3%;慢病签约服务管理率达100%,重病兜底保障救治率达100%。"先诊疗、后付费"一站式结算等便民措施全面落实。全市建档立卡贫困人员参加养老保险参保率达到96%;城乡居民医疗保险达到全覆盖,各类保障补贴发放全部到位。

(柳 鹏)

【闽宁协作】 7次组团赴漳州市考察学习,漳州市医院与中卫市医院、漳州中医院与中卫中医院分别签订合作协议,漳州市科技与知识产权局和中卫市科技局签订共建协议,在漳州市开办中卫好物扶贫特产馆。海原县编制完成2018年闽宁协作项目库,投入资金4026万元。在漳浦县建立劳务服务就业创业基地,3家海原籍中介组织向福建企业转移就业366人,其中建档立卡户109人。闽宁纺织工业园一期入驻企业6家,招收员工386人,其中建档立卡户77人。闽宁菌菇种植园流转三河镇黑城村日光温室141座,带动当地群众发展菌菇种植业。海原县17个乡镇37个村与漳浦县相关乡镇和村签订"一对一,点对点"对口扶贫协作框架协议。推广"华润基础母牛银行"产业扶贫模式,累计赊销基础母牛7378户23068头,2018年新赊销2703户9668头。加大社会帮扶力度,全市各级各行业捐款捐物2626.8万元,协调项目资金34710.3万元。

(柳 鹏)

【扶贫扶志】 出台《中卫市推进移风易俗促进脱贫攻坚奖励扶助办法(试行)》,全市所有行政村开办"新时代农民(市民)讲习所",开设《推动移风易俗树立文明乡风》《文明城里话新风》《致富路上带头人》等专栏,印发政策宣传资料2万余份,提高群众政策知晓率,选树宣传脱贫攻坚先进典型44例,市县两级表彰2017年度脱贫攻坚工作先进集体105个,脱贫攻坚先进个人、脱贫致富典型示范户、移风易俗示范户352人。

(柳 鹏)

【基础设施完善】 6个美丽小城镇项目有序建设,完成20个美丽村庄建设,完成危房改造9813户(建档立卡5907户),完成任务的186%;海同高速全面建成通车,年内实施农村公路、通村路硬化、巷道硬化、沙砾路共计580.8公里。建档立卡贫困户自来水入户率达到94.6%,"新四通"固定宽带家庭普及率达90.8%,贫困村电子政务外网,接入率达98%以上。

(柳 鹏)

残疾人事业

【概况】 市残联是政府全额拨款事业单位。内设办公室和业务科2个科室。全市共有持证残疾人48795人(其中沙坡头区14115人,占28.9%;中宁县11588人,占23.7%;海原县23092人,占47.3%)。视力残疾5908人,占12.1%;听力残疾5201人,占10.6%;言语残疾962人,占1.98%;肢体残疾28620人,占58.7%;智力残疾4126人,占8.5%;精神残疾2010人,占4.1%;多重残疾1968人,占4.0%。

(徐玉忠)

【精准脱贫】 聚焦兜底脱贫这个重点,全力帮助贫困残疾人应享尽享惠民政策。一是兑现残疾人政策待遇。对全市因残致贫数据进行动态更新,及时落实相关待遇,为3016人发放农村低保,为2329人发放困难残疾人生活补贴,为690人发放重度残疾人护理补贴,协调189人参加城乡居民基本医疗保险,119名适龄残疾儿童入学,使2337名16周岁以上重度精神、智力和肢体残疾人得到相关服务。二是发放残疾人"两项补贴"。为24438名(其中,沙坡头区6098人,中宁县6346人,海原县11994人)生活困难残疾人发放困难残疾人生活补贴1464.84万元,为17862名(其中,沙坡头区5702人,中宁县4679人,海原县7481人)重度残疾人发放护理补贴855.84万元,覆盖率达100%。三是打造农村残疾人扶贫基地。打造的"自然美残疾人扶贫基地"为自治区级残疾人扶贫基地,"绿爽果蔬流通残疾人扶贫基地"和"宁夏荣盛商业连锁股份有限公司扶贫基地"为县(区)级扶贫基地,辐射带动残疾人增收致富。四是开展送温暖活动。春节前,争取资金12.8万元,对5个残疾人康复托养机构和沙坡头区110名残疾人进行慰问。五是开展帮扶贫困户活动。按照市委、市政府安排,深入海原县甘城乡三台村开展帮扶活动,通过深入调研、制订脱贫方案、举办培训班、宣传惠民政策等方式鼓励34户建档立卡户脱贫致富。争取资金1.4万元,慰问甘城乡三台村14户困难群众,每户发放慰问金1000元。为有辅具需求的残疾人发放轮椅、助行器、坐便椅、坡道等辅助器具,解决残疾人实际生活困难和需求。 (徐玉忠)

【康复托养】 一是落实贫困重度残疾人参加医疗保险政府补贴政策,并适时提高补贴标准。重度残疾人医疗保险标准由2013年的每人每年300元提高到2018年的502元。中卫市残疾人参保人数2.37万人,各级财政补贴参保资金2408万元,实现全覆盖。二是扩大残疾人医保支付范围,提高残疾人基本医疗保障水平。将康复评定、吞咽功能障碍评定等16个医疗康复项目纳入基本医疗保险支付范围,减轻残疾人家庭负担。三是实施残疾儿童抢救性康复项目。加强残疾儿童康复服务机构的管理,优先对贫困建档立卡户家庭、城乡最低生活保障家庭和儿童福利机构收留抚养的残疾孤儿、纳入特困人员供养范围的残疾儿以及其他经济困难家庭的残疾儿童进行免费训练。四是开展残疾人家庭医生签约服务。将残疾人作为家庭医生签约服务的重点对象,为残疾人提供家庭健康康复管理服务、基本医疗服务、基本公共卫生服务、健康康复咨询及康复指导、健康康复服务、家庭病床服务,对建档立卡残疾人重点做好精准康复服务。五是为肢体残疾人免费安装假肢。自治区残联下达任务50人,实际完成66人,占任务的132%。六是建设标准化康复站。新增建设乡(镇)标准化康复站10个,构建起市、县、乡镇(街道)、村(社区)四级残疾人康复服务网络和服务平台。七是托养服务稳步推进。建成1个市级、2个县(区)级公办和1个民办残疾人托养服务中心。为305名智力、精神和重度肢体残疾人提供政府购买"阳光家园"居家托养服务,确定服务机构,签订服务协议,各项服务全面展开。八是开展残疾人基本服务状况和需求信息数据动态更新工作。市委、市政府领导主持召开动员会,两县一区培训调查员568人,入户登记43167人,入户调查率达到96.29%,中卫市被自治区残工委评为优秀等次,通报表彰。全市康复服务率达到86.53%,辅具配备率达到86.58%,均名列全区第一。 (徐玉忠)

【教育培训】 一是提升残疾人特殊教育。认真贯彻落实《残疾人教育条例》和自治区第二期特殊教育提升计划,加大对贫困残疾学生的资助力度,确保每一名家庭困难的残疾儿童少年都能入学。实施彩票公益金和交通银行扶残助学项目,对52名学前教育、44名考入大中专院校残疾学生给予助学资金救助。实施残疾青壮年文盲扫盲行动,进一步降低残疾青壮年文盲率。中宁县特殊教育学校"关爱残疾儿童 放飞梦想"的做法和经验在中央电视台得到宣传推广。二是实施技能提升项目。举办各类残疾人技能培训班7期,完成职业技能培训440人。举办实用技术培训班32期,培训1010人。 (徐玉忠)

【创业就业】 一是扶持有劳动能力残疾人就业创业。扶持沙坡头区有劳动能力138名残疾人实现就业。二是开展就业援助月活动。组织开展以"就业帮扶、真情相助、不能让一个困难群众掉队"为主题残疾人就业援助月专项活动,登记失业和未就业残疾人员460人。对新增85名残疾人自主创业和个体就业人员,按照政策给予3000元至5000元的资金补助。三是组织残疾人参加自治区创业大赛,市残联获"第六届全区残疾人职业技能竞赛团体二等奖"和"全区首届残疾人创业大赛道德风尚奖"。 (徐玉忠)

【无障碍设施改造】 指导建设银行中卫支行营业厅改善无障碍设施。安排专人入户摸底、制订方案,经区残联审核,公开招标,对438户残疾人家庭进行无障碍设施改造,经自治区专家组验收全部达标。为2100名符合条件的残疾人发放机动轮椅车燃油补贴。中宁县、海原县分别在图书馆开设盲人阅览室。 (徐玉忠)

【宣传文化】 采取多种形式开展习近平总书记关于残疾人事业的系列重要讲话、中残联、区残联残代会精神学习宣传活动。在中残联、区残联网,《宁夏日报》《中卫日报》等媒体宣传中卫市残疾人事业发展取得的成就、残疾人获得的实惠、优秀残疾人的典型事迹,进一步激励广大残疾人自尊、自信、自强、自立,在全社会营造理解、尊重、关心、帮助残疾人的良好社会风尚。加强残疾人文化建设。协助中残联、自治区残联成功开展"共享芬芳"中国残疾人艺术团走进中卫演出,让中卫残疾人欣赏国家级的演出。围绕

"全国助残日"等主题开展系列宣传活动,营造扶残助残良好社会氛围。组织开展以残疾人文化进家庭"五个一"活动为主要内容的残疾人文化活动。全市组织76名贫困、重度残疾人通过读一本书、看一次电影、游一次园、参观一次展览及参加一次文化活动,引导和鼓励残疾人更多地参与文化活动,共享经济社会发展成果。中卫市推荐上报的"中卫市艺轩古建筑彩绘艺术挖掘与推介项目"被列入中国残联2017年残疾人特殊文化艺术挖掘与推介项目目录。海原县打造"残疾人文化就业创业培训基地",带动周边的残疾人开展形式多样的文化活动。在中卫市电视台开办电视手语节目,中卫电视台《新闻周刊》每月第三周准时播出《手语新闻》专栏节目,让全市聋哑人更好地"听懂"电视节目,实现"信息交流无障碍"。

(徐玉忠)

人 物

新任领导

李晓波 男,汉族,1968年11月出生,宁夏同心县人,1993年3月加入中国共产党,1989年12月参加工作,宁夏大学中文系汉语言文学专业毕业,中央党校研究生学历。历任宁夏青少年发展基金会副秘书长,自治区团委学校部副部长、宣传部副部长、部长,自治区团委党组成员、办公室主任;石嘴山区委常委、副区长(正处级),大武口区委副书记(正处级)、纪委书记;石嘴山市政府副秘书长、办公室党组成员、督查室主任兼市国家保密局局长,市教育局党委副书记、局长、党委书记;宁夏理工学院党委书记,自治区政府派驻宁夏理工学院督导员(副厅级);自治区科学技术协会党组成员、副主席,自治区科技厅副厅长、党组成员,自治区科学技术协会党组书记、副主席,自治区科学技术协会主席、党组书记等职务。2018年10月任中卫市委副书记、市长。

位 亮 女,汉族,1972年11月出生,山东平度人,1995年8月参加工作,2002年8月加入中国共产党,对外经济贸易大学国际交流学院外国语言学及应用语言学专业毕业,研究生学历,文学硕士。1999年7月至2016年12月,历任中国妇女外文期刊社编辑、英文月刊编辑部主任、总编室主任、《中国妇女》(英文)杂志主编、英文编辑部主任、副总编辑、副总编辑兼副社长,2016年12月至2008年4月,任全国妇联网络信息传播中心副主任(中国妇女外文期刊社副总编辑兼副社长),2018年4月,任全国妇联网络信息传播中心副主任(中国妇女外文期刊社副总编辑兼副社长),中卫市委常委,副市长(挂职)。

曾申平 男,汉族,1973年12月出生,安徽合肥人,1994年6月加入中国共产党,1994年7月参加工作,安徽机电学院管理工程系管理工程专业毕业,中国人民大学高级工商管理专业硕士。1992年9月至1994年7月,在安徽机电学院管理工程系管理工程专业学习;1994年7月至2000年10月,先后任合肥锅炉总厂企管、软件开发、人事管理,圣泉集团啤酒有限公司业务主管、分公司经理、省外部副部长;2000年10月至2018年4月,历任华润雪花啤酒(安徽)区域公司品牌中心经理、信息中心经理、市场部经理、营销中心市场总经理助理、营销中心市场总监,华润雪花啤酒(中国)有限公司产品管理部总经理、营销中心总经理兼市场部、拓展部、媒体公关部总经理、公司助理总经理等职;2018年5月,任华润雪花啤酒(中国)有限公司助理总经理,中卫市委常委,市政府党组成员、副市长(挂职)。

叶 峰 男,汉族,1968年10月出生,江苏张家港人,1990年7月加入中国共产党,1990年8月参加工作,中国人民大学哲学系哲学专业毕业,大学学历。

1993年4月至2018年8月，历任北京博瑞琪电子有限公司部门副经理，苏州工业园区管委会干部，苏州工业园区组织人事局纪检监察处副处长，苏州工业园区组织人事局政法司法处处长，苏州工业园区组织人事局局长助理、政法司法处处长，苏州工业园区组织人事局副局长，苏州独墅湖高等教育区管理办公室常务副主任、苏州工业园区教育发展投资公司董事长，苏州独墅湖高等教育区管理办公室常务副主任、苏州工业园区教育发展投资公司董事长、总经理，苏州独墅湖高等教育区管理办公室主任、苏州工业园区教育发展投资公司董事长、总经理，苏州独墅湖高等教育区管理办公室主任、苏州工业园区教育发展投资公司董事长、总经理，苏州独墅湖科教创新区党工委副书记、管委会常务副主任（兼），苏州工业园区党工委委员、组织人事局局长，苏州工业园区党工委委员，苏州市人社局副局长、党委委员（正处级）。2018年8月，任中卫市委常委，市政府党组成员、副市长，中卫工业园区党工委书记（挂职）。

李 斌 男，汉族，1969年7月出生，宁夏平罗人，民进会员，1991年7月参加工作，天津大学管理工程系基本建设工程管理专业毕业，大学学历。现任中卫市副市长，民进宁夏区委会副主委（不驻会）。1987年9月至1991年7月，在天津大学管理工程系基本建设工程管理专业学习；1991年7月至2007年10月，历任自治区综合投资公司干部，自治区计委基本建设基金管理办公室干部、经济师，自治区以工代赈办公室干部、副主任；2007年10月至2017年2月，历任自治区发展和改革委员会社会发展处副处长、调研员、处长、民进宁夏区委会副主委（不驻会）；2017年2月至2018年9月，任自治区发展和改革委员会副主任兼自治区服务业发展协调小组办公室副主任，民进宁夏区委会副主委（不驻会）（其间，2017年7月至2018年7月，挂职任湖南省发展和改革委员会副主任）；2018年9月，任中卫市副市长、民进宁夏区委会副主委（不驻会）

崔 昆 男，汉族，1967年11月出生，山东胶南人，1988年7月加入中国共产党，1989年7月参加工作，中国人民大学计划经济系国民经济计划专业毕业，大学学历，经济师。1989年7月至1996年8月，先后在银川市计划委员会、银川市政府调研室、银川高新技术产业开发区管委会办公室工作。1996年8月至2009年12月，历任银川高新技术产业开发区党工委办公室副主任，银川高新技术产业开发区政策法制局副局长，银川高新技术产业开发区工会副主席（正处级），银川高新技术产业开发区政策法制局局长，银川经济技术开发区政策法制办公室主任，银川经济技术开发区招商局局长。2009年12月，任银川经济技术开发区管委会副主任（副厅级）。2018年9月，任中卫市委委员、常委，副市长。

赵建新 男，汉族，1968年10月出生，宁夏中卫人，1998年8月加入中国共产党，1990年7月参加工作，兰州商学院计划统计专业毕业，大学学历。现任中卫市政府党组成员、副市长，中卫工业园区党工委副书记、管委会主任，中宁县工业（物流）园区党工委书记。1986年9月至1990年7月，在兰州商学院计划统计专业学习；1990年7月至2000年9月，先后任兰州市公安局行政处民警、计划财务科干部，自治区财政厅预算处干部，自治区财政厅基本建设处干部、副主任科员、主任科员；2000年9月至2012年9月，历任自治区财政厅经济建设处主任科员、副处长（主持工作）、处长；2012年9月至2018年9月，历任中宁县县长候选人，中宁县委副书记、县长候选人，中宁县委副书记、县长，中宁县委书记；2018年9月任中卫市副市长。

董立军 男,汉族,1969年2月出生,宁夏中宁人,2003年7月加入中国共产党,1990年8月参加工作,郑州粮食学院食品工程系食品工程专业毕业,宁夏党校研究生学历,工程师。1990年8月至2004年5月,先后在银川市食品工业协会、银川市情报中心、银川市经济贸易委员会、银川市质量技术监督局工作。2004年5月至2010年8月,历任银川市质量技术监督局质量管理与监督科副科长、科长,贺兰县质量技术监督局党组书记、局长。2010年8月至2018年9月,历任自治区质量技术监督局食品质量监管处副处长,中卫市质量技术监督局局长,中卫市交通运输局党委书记,中卫市交通运输局党委书记、局长,中卫市交通运输局党委书记、局长、市交通战备办公室主任,中卫市发展和改革委员会党组书记、主任。2018年9月,任中卫市副市长,市发展和改革委员会党组书记、主任。11月,任中卫市政府党组成员、副市长,市公安局党委书记、局长兼督察长。

张建国 男,汉族,1971年5月出生,上海人,1992年7月参加工作,2002年12月加入中国共产党,东北财经大学工商管理硕士,高级经济师。现任中国建设银行宁夏区分行高级经理(专业技术三级),中卫市政府党组成员、市长助理(挂职)。

新闻人物

2018年度全国最美家庭——穆志忠

宁夏中卫市沙坡头区建设交通局综合行政执法中队队长,退伍军人。多年来,他一直保持着军人责任感,不苛求个人名利得失,勤勉务实,孝亲敬老,与人为善。更难能可贵的是,他几十年如一日,以孝道为荣、以奉献为荣,在尽心竭力做好工作的同时,恪守"君子入则孝""事父母能竭其力"的格言,将"百善孝为先,尽孝须及时"的家风家训不断发扬光大,用自己的实际行动无怨无悔地践行着为人儿、为人夫、为人父的高贵品质。他是父母、岳父岳母眼中的好儿子,妻子眼中的好丈夫,女儿心中的好父亲。在兄弟姐妹中树立了榜样,在工作生活中赢得了同事和邻居们的一致称赞,在平凡的生活中演绎着点点滴滴的亲情故事,影响和带动着身边的每一个人。谱写了一曲"百善孝为先,尽孝须及时"的新时代赞歌。2018年度荣获"全国最美家庭"称号。

2018年度全国最美家庭——王俊艳

宁夏中卫市中宁县人民检察院检察官。多年前,她的前夫因故去世,但她始终把前夫家的老人当作亲人照顾,以心换心,老人也把她当作自己的亲闺女。再

婚后,她非常珍惜这份来之不易的幸福,不仅孝顺现在的公公,对丈夫带来的孩子更视如己出,得到了丈夫及其家人的认可和肯定。她对自己的父母不仅是尊敬,更多的是由衷感激,是父母在她最困难的时候给予鼓励和支持,陪伴她走出最痛苦的一段时光,重新迎接阳光多彩的生活。多年来,她肩负着照顾3个家庭、5位老人的职责,与老人们和睦相处,相亲相爱,对待家中老人总是主动关心其生活,时刻关注其健康,主动分担其忧愁。她用最平凡的行动诠释了"老吾老以及人之老,幼吾幼以及人之幼"的道德准则,更为倡导良好家风家教传统美德作出了表率。2018年度荣获"全国最美家庭"称号。

2018年度全国五好文明家庭——胡凤娟

她的家庭与千万个家庭一样,是一个普通的家庭,但这普通的背后,却蕴藏着一个鲜为人知的故事,她记录了这个家庭在生活上自立、自强、尊老爱幼的一段不平凡的经历。胡凤娟,宁夏中卫市沙坡头区文

昌镇黄河花园社区居民。她是一个心的善良、勤俭朴实的普通党员，虽经历了生活的艰辛，却始终积极乐观地面对困难和挫折。她是一名普通的家庭主妇，在她身上充分体现了中国妇女的传统美德：作为妻子，她善良朴实，几十年如一日地照顾瘫痪在床的丈夫，对丈夫不离不弃，给丈夫家庭的温暖、生活的信心；作为儿媳，她恪尽孝道，义无反顾地孝敬照顾年迈多病的公公，对老人嘘寒问暖；作为母亲，她慈爱但不溺爱，言传身教，把两个女儿培养成人。大女儿成为一名人民教师，在沙坡头区东台学校用自己的实际行动践行当初许下的诺言，总是拿出自己的工资给孩子们买东西，鼓励学生们好好学习，天冷了还把自己的羽绒服送给他们取暖。在胡凤娟的感染下，丈夫加入了宁夏义工联合会，丈夫的心愿是用自己下半辈子的人生，在公益路上奉献不一样的大爱。他们一家人用实际行动传承着善良、诚实、孝敬的家风。2018年度荣获"全国五好文明家庭"称号。

2018年度全国五好文明家庭——黄元虎

黄元虎是宁夏中卫市海原县西安镇人民调解委员会专职调解员。多年来，他照顾高位截肢的妻子，年

迈的父母和年幼的孩子，用顽强的毅力支撑这个家庭，让家庭温馨和睦。2006年秋，他的妻子景丽因车祸导致一条腿高位截肢，丧失了劳动能力。面对突如其来的意外，他强忍着泪水，将所有的困难看作是生活的动力，微笑面对妻子，坦然面对生活。他曾说："我妻子健康的时候，对我温柔以待，现在她有困难了，我要回报她"，这成为支撑他十几年如一日照顾妻子，不离不弃所坚守的信念。经过他的悉心照料，妻子慢慢走出因创伤造成的心理阴影，树立起生活的信心。他的言传身教，让孩子们耳濡目染，两个孩子成绩优异，孝顺懂事。一家人相互关心，其乐融融。在处理好自家事物之余，他还经常帮助邻里乡亲调解矛盾纠纷，关爱老人，保护弱势群体，在全镇有很高的威望和口碑。2018年度荣获"全国五好文明家庭"称号。

冯志远 男，汉族，1930年1月出生，中共党员，生前系中宁县鸣沙中学退休教师。1958年主动到宁夏支教，42年如一日，耕耘在七尺讲台。双目失明后，他仍坚持当了5年盲人老师，直到60岁退休才离开讲台。退休后，他仍住在学校，只要学生需要，就义务做辅导，直到身患脑血栓、无法自理的那一天。他的事迹被媒体向全国报道后，引起了社会各界的强烈反响。自治区党委、市政府发出通知，号召全区人民向冯志远学习。他曾获得"中国十大老年新闻人物、60位新中国成立以来感动宁夏人物、感动宁夏年度人物"等荣誉称号。2018年荣获"60年感动宁夏人物"称号。

刘在环 男，汉族，1953年6月出生，中卫市常乐中学退休教师。2011年退休后，他坚持用自己的退休金帮助身边生活困难的群众和"留守老人"，先后在沙坡头区常乐镇、永康镇和黄河花园开办3家"爱心饭馆"，解决了30余名"留守老人"的吃饭问题。2016年，他自费购置了一辆便宜电动汽车，每日专门为3家爱心饭馆送粮、油、蔬菜。有人问："'爱心饭馆'打算开多长时间？"他说："生命一日不息，餐馆一日不停。"他曾获得"全国道德模范提名奖、全国敬老爱老助老模范人物、感动宁夏年度人物"等荣誉称号。2018年，荣获"60年感动宁夏人物"称号。

倪　岩 男，汉族，1973年2月出生，中共党员，海原农腾种养殖专业合作社理事长。他幼时因患小儿麻痹症双腿残疾，但坚持以残疾之躯致力公益活动，自强不息。10多年来，他手摇三轮车、挂着双拐，奔波于海

原、同心、原州3县(区)扶困助残。他先后成立"宁夏农业科技服务110""海原县农腾种养殖专业合作社""阳光励志农民科技培训学校""海原县阳光残疾人艺术团"等机构或团体,将扶残助残、扶贫帮困的爱心撒满西海固。他曾获得"全国道德模范提名奖、全国优秀科技特派员、全国残疾人优秀工作者"等荣誉称号。2018年荣获"60年感动宁夏人物"称号。

人物名录

【中卫市"中国好人"】

冯志远	中宁县鸣沙中学退休教师
谭　芬	中宁县第七小学学生
朱彦华	中宁县早康枸杞公司经理
舒俊超	中宁县恩和镇个体户
董桂莲	中卫市镇罗小学教师
李银花	海原县李旺镇餐厅经理
马彦华	沙坡头区香山乡三眼井村农民
杨　飞	中卫市香山瓜果流通有限公司总经理
马海燕	海原县民政局干部
王晓燕	中宁县文广局干部
段权江	中卫市海原县关桥乡段湾村教师
陈国强	中卫市委党校副校长
徐传红	沙坡头区镇罗镇凯歌村打工农民
田彦礼	中宁县徐套完小校长
周学英	沙坡头区常乐镇枣林村农民
李文丰	中宁县宁鲁中学职业技能培训中心校长
曹广江	宁夏钢铁集团总公司董事长
刘光文	沙坡头区柔远镇雍湖村农民
李进智	沙坡头区柔远镇范庙村农民
张红霞	沙坡头区常乐镇水车村农民
蒋鑫垒	中卫市雷锋纪念馆馆长
孟凡举	中宁县大战场镇中心卫生院医务科长
田艳玲	镇罗镇凯歌村1组村民

【2018年宁夏青年拔尖人才人员名录】

国家级学术技术带头人后备人选

黄　磊	中国科学院西北生态环境资源研究院沙坡头沙漠研究试验站副研究员

宁夏回族自治区级学术技术带头人后备人选

王建平	中卫市中医医院副主任医师
胡静菊	中卫市人民医院副主任医师
刘占发	宁夏中卫山羊选育场高级畜牧师
王文红	中卫党校副教授

自治区优秀青年后备骨干人员

冯学洋	中卫市环境监测站工程师
丁国强	中冶美利云产业投资股份有限公司注册会计师
杨云霞	中卫市第一中学一级教师
田仕荣	海原县回民中学一级教师
白　娟	中宁县第四中学一级教师
胡甲龙	中卫市中医医院主治医师
董建方	宁夏红沙坡头酒庄一级品酒师
严海霞	中宁县枸杞产业发展服务局工程师
郭　洁	中宁县枸杞产业发展服务局助理工程师
赵金龙	海原县农业综合执法大队助理工程师
李　虎	海原县水务局助理工程师
周鹏龙	中卫党校讲师

【中卫名师】

丁继忠	男	回族	海原县回民中学高级教师
马霄鹍	男	回族	海原县第一中学高级教师
王雁冰	女	汉族	中宁县第一中学正高级教师
尹学辉	男	汉族	中宁县第九小学一级教师
师宁全	男	汉族	中宁县第一中学高级教师
张红玲	女	汉族	中卫市第三中学高级教师
张晓帆	女	汉族	中卫市第三小学一级教师
陈怀荣	男	汉族	中卫市第一中学高级教师
范春荣	男	汉族	中卫中学高级教师
虎梅丽	女	回族	海原县第四小学中级教师

【中卫名校长】

万玉莲	女	汉族	中卫市第六小学校长、高级教师
卢俊才	男	回族	海原县第二中学校长、高级教师
刘明星	男	汉族	中宁县第九小学校长、高级教师
刘明喜	男	汉族	中宁县渠口九年制学校高级教师
陈少峰	男	汉族	中卫中学校长、高级教师
岳海伟	男	汉族	海原县西安镇中心小学校高级教师

【中卫名医】

马彦江	男	回族	海原县中医医院效能督查室主任、骨科副主任医师
王明林	男	汉族	中宁县鸣沙镇中心卫生院副院长、内科副主任医师
吕学武	男	汉族	中卫市中医医院党委副书记、副院长、中医内科主任医师
刘建国	男	汉族	中卫市人民医院消化内科主任、主任医师
杜延明	男	汉族	海原县三河镇卫生院外科主治医师

辛　军	男	汉族	沙坡头区人民医院中西医结合科主任、中医内科主任医师
张生江	男	汉族	沙坡头区永康镇中心卫生院医疗部主任、中西医结合主治医师
耿生贵	男	汉族	中宁县人民医院骨科主任、骨科主任医师
郭菊珍	女	汉族	中宁县中医医院儿科主任、中医副主任医师
黑占俊	男	回族	海原县人民医院骨一科主任、骨科主任医师

【中卫优秀乡村医生】

司秀芸	女	汉族	沙坡头区兴仁镇王团村卫生室村医
苏风彩	女	回族	海原县郑旗乡郑旗村卫生室村医
杨　荣	男	回族	海原县高崖乡新民村卫生室村医
胡学峰	男	汉族	中宁县恩和镇朱台村卫生室村医
姚　辉	男	汉族	海原县关桥乡方堡村卫生室村医
崔月娟	女	汉族	沙坡头区迎水桥镇何滩村卫生室村医
康学智	男	汉族	沙坡头区宣和镇喜沟村卫生室村医
蒋庆平	男	满族	中宁县新堡镇南湾村卫生室村医
戴永栋	男	汉族	海原县关桥乡麻春村卫生室村医
魏新君	男	汉族	中宁县石空镇黄庄村卫生室村医

【中卫文化名家】

范学灵	男	汉族	中卫市委党校常务副校长
周国霞	女	汉族	中卫市国霞剪纸农民专业合作社经理
解成红	女	汉族	中卫市歌舞团(有限公司)总经理
潘志骞	男	汉族	中卫市书法家协会副主席中卫农业专家
丁吉文	男	汉族	沙坡头区农业技术推广服务中心高级农艺师
王忠明	男	汉族	中卫市畜牧水产技术推广服务中心高级畜牧师
刘定斌	男	汉族	中卫市林业技术推广服务中心林业高级工程师
杨　海	男	汉族	中卫市水利技术服务中心主任、高级水利工程师
邱晓林	女	汉族	中宁县农田用水管理中心主任、高级水利工程师
张永科	男	汉族	中宁县水产技术推广服务中心农技推广研究员
张翠红	女	汉族	沙坡头区林业技术推广服务中心副主任、高级林业工程师
陈学明	男	汉族	海原县水务局高级水利工程师
崔建荣	女	汉族	海原县农业技术推广服务中心高级农艺师
雍长福	男	汉族	沙坡头区动物疾病预防控制中心高级兽医师

【中卫市最美母亲获得者名表】

姓　名	出生日期	民　族	家庭人口	推荐单位
陈建梅	1977.09	汉族	3人	中宁县
姬秀花	1980.10	回族	6人	中宁县
王彩虹	1965.11	汉族	3人	中卫二中
摆彦连	1964.03	回族	4人	海原县妇联
李咪娜	1982.02	回族	4人	海原县妇联
孙保兰	1976.01	汉族	4人	沙坡头区文昌镇
王东玲	1972.11	汉族	4人	沙坡头区柔远镇
李淑霞	1970.12	汉族	4人	中卫市国税局
徐　燕	1980.02	汉族	4人	中卫市卫生系统
郑常丽	1967.10	汉族	4人	中卫市邮储银行

【2018年"中卫名匠"获得者名表】

姓　名	性别	民族	出生年月	政治面貌	学历	工作单位及职务	职业资格等级或专业技术职务
罗秉亮	男	汉	1980.10	中共党员	大专	宁夏红枸杞产业集团有限公司技术员	酿酒师、品酒师一级
任晓亮	男	汉	1977.3	群众	大学本科	宁夏隆基硅材料有限公司技术员	电气、机械工程师
秦新绪	男	汉	1979.10	中共党员	初中	中冶美利云产业投资股份有限公司叉车司机	叉车司机操作工
王建强	男	汉	1981.2	群众	大专	中卫市玉龙水电建筑安装有限公司技术人员兼行政人员	电工三级
邵立清	男	汉	1966.7	群众	大学本科	中卫市新闻传媒集团技术部主任	广播电视工程技术正高职高级工程师
郭建春	男	汉	1977.12	中共党员	大专	中冶美利云产业投资股份有限公司副经理	造纸工二级
李伟	男	汉	1983.9	群众	大专	中卫市职业技术学校教师（外聘）	钳工四级
王玉杰	男	汉	1976.10	群众	大专	宁夏印象餐饮管理有限公司总经理	中式烹调师一级
雍保玲	男	汉	1974.8	群众	大专	中卫市职业技术学校教师（外聘）	焊工二级
刘文新	男	汉	1981.12	民进会员	大学本科	中卫市职业技术学校教师	电工三级

【2018年自治区五一劳动奖状获得者名表】

单位名称	人数	单位类型	法人代表	单位地址	推荐单位	所获荣誉
宁夏回族自治区中卫市人民检察院	75	行政机关	许金军	中卫市行政新区府前路	中卫市总工会	全国、全区"先进基层党组织"

【2018年自治区五一劳动奖章获得者名表】

姓　名	性别	民族	出生日期	政治面貌	学历	工作单位及职务	推荐单位	所获荣誉
杨玉环	女	汉	1964.09	民主党派	大学本科	宁夏中卫中学教师	中卫市总工会	中卫市教学工作先进个人
张旭兰	女	汉	1972.10	群众	大专	中卫市西部宾馆业务主管	中卫市总工会	2012年被评为全国三八红旗手称号
卢惠琴	女	汉	1968.09	中共党员	大专	海原县万绣庄刺绣剪纸专业合作社技术员	中卫市总工会	自治区非物质文化遗产项目刺绣代表性传承人自治区妇女联合会"联系巾帼创业之星"
李天华	男	汉	1981.02	群众	中专	中宁县锦宁铝镁新材料有限公司副主任	中卫市总工会	中宁县电工职业技术能手

【2018年自治区工人先锋号获得者名表】

单位名称	车间/工段/班组（科室）名称	类型	人数	所属行业	负责人	推荐单位	所获荣誉
中宁县中医院	针推科	班组（科室）	19	卫生、社会保障和社会福利业	孙发安	中卫市总工会	自治区"先进科室"中卫市工人先锋号
宁夏蓝丰精细化工有限公司	二车间生产甲班	班组（科室）	10	制造业	孙其运	中卫市总工会	江苏总公司"产品优质优秀班组"
中卫市就业创业与人才服务局	人力资源市场服务大厅	班组（科室）	15	居民服务和其他服务业	詹璞	中卫市总工会	全国优秀服务窗口中卫市工人先锋号
中卫市寺口风景旅游有限公司	接待部	班组（科室）	20	其他	吴耀	中卫市总工会	

先进名录

市级先进

【2017年度全市效能目标管理考核先进单位】

1. 效能目标管理考核一等奖

沙坡头区　市委办　市委宣传部　市委组织部　市纪委(监委)　市人大机关　市政协机关　市编办　市妇联　中卫市新闻传媒集团　市人力资源和社会保障局　市政府办　市公安局　市财政局　市审计局　市统计局　市市场监督管理局　市扶贫办　市规划管理局　市工业和信息化局　市政务服务中心　市公共资源交易中心　市农牧局

2. 效能目标管理考核二等奖

海原县(海兴区)　中宁县　市委政研室　市委政法委　市委统战部　市直机关工委　市委党校　市总工会　市委老干部局　市科协　团市委　市网络安全与信息化办公室　市残疾人联合会　市文学艺术界联合会　市安全生产监督管理局　市接待办(机关事务局)　市民政局　市科技局　市司法局　市卫生和计划生育局　市水务局　市住房公积金管理中心　市发展和改革委员会　市商务和经济技术合作局　市住房和城乡建设局　中卫工业园区管委会　市国土资源局　市文化体育新闻出版广电局　市林业生态建设局　市教育局　市交通运输局

3. 效能目标管理考核三等奖

市红十字会　市工商联　市环境保护局　市旅发委　市城市管理综合执法监督局

【2017年度目标管理考核结果】

项目单位	职能目标	综合目标	满意度测评10分	加　分	减　分	得　分	名　次
县区组							
沙坡头区	69.583	35.053	8.72	2.5	2.11	113.75	1
海原县(海兴区)	69.959	35.248	8.63	3	3.5	113.34	2
中宁县	68.614	35.23	8.72	1	4.1	109.46	3
市直部门一组							
市委办	77	32.884	9.22	1.8		120.904	1
市委宣传部	76.85	32.826	9.16	1.4		120.236	2
市委组织部	76.98	32.888	9.21	0.7		119.778	3
市纪委(监委)	76.9	32.872	9.19	0.7		119.662	4
市人大机关	76.88	32.457	9.15	0.3		118.787	5
市政协机关	77	32.257	9.17	0.3		118.727	6
市编办	76.57	32.069	9.08	1		118.719	7
市妇女联合会	76.76	31.118	9	1.5		118.378	8
中卫新闻传媒集团	76.87	32.174	8.91	0.2		118.154	9
市委政研室	76.9	32.041	9	0		117.941	10
市委政法委	76.9	31.021	9.08	0.9		117.901	11
市委统战部(民宗局)	75.16	32.597	9.08	0.1		116.937	12

续表1

项目单位	职能目标	综合目标	满意度测评10分	加 分	减 分	得 分	名 次
市直机关工委	76.9	31.013	8.84	0.1		116.871	13
市委党校	76.9	30.649	8.85	0.2		116.599	14
市总工会	76.76	30.297	8.83	0.6		116.487	15
市委老干部局	77	29.751	8.73	0.3		115.781	16
市科协	76.74	29.844	8.67	0.6	0.2	115.654	17
团市委	76.76	29.827	8.76	0.3		115.647	18
市网络安全与信息化办公室	76.46	29.743	8.75	0.1		115.053	19
市残疾人联合会	76.9	29.391	8.59	0		114.881	20
市文学艺术界联合会	76.78	29.461	8.6	0		114.841	21
市红十字会	76.9	28.233	8.51	0.1	0.3	113.443	22
市工商联	70.9	29.329	8.8	0	0.1	108.929	23
市直部门二组							
市人力资源和社会保障局	76.672	32.525	8.84	1.57	0	119.607	1
市政府办	76.86	32.518	9.15	0.4	0	118.928	2
市公安局	76.073	32.101	8.99	1.7	0.26	118.604	3
市财政局	75.969	32.101	9.02	1.5	0.2	118.390	4
市审计局	76.94	30.942	9.07	1.2	0	118.152	5
市统计局	76.331	31.761	9.02	1	0	118.112	6
市市场监督管理局	76.589	31.94	8.81	0.6	0.3	117.639	7
市扶贫办	76.72	31.019	8.82	0.18	0.1	116.639	8
市规划管理局(地震局)	76.323	30.695	8.92	0.61	0.7	115.848	9
市工业和信息化局	73.701	31.755	8.98	1.4	0.01	115.826	10
市政务服务中心	76.81	29.968	8.64	0	0	115.418	11
市公共资源交易中心	76.88	30.083	8.41	0	0	115.373	12
市农牧局	73.914	31.591	8.96	0.7	0.1	115.065	13
市安全生产监督管理局	76.135	29.658	8.96	0.3	0	115.053	14
市接待办(机关事务局)	76.74	29.053	8.87	0.3	0	114.963	15
市民政局	75.078	30.902	8.72	0.2	0	114.900	16
市科学技术局	74.329	30.672	8.89	1	0	114.891	17
市司法局	75.508	30.869	8.42	0.3	0.3	114.797	18
市卫生和计划生育局	72.904	31.713	8.93	1.34	0.22	114.667	19
市水务局	75.044	30.857	8.98	0.93	1.16	114.651	20
市住房公积金管理中心	76.79	28.458	8.94	0.4	0	114.588	21
市发展和改革委员会(物价局)	73.589	31.903	8.95	0.1	0	114.542	22
市商务和经济技术合作局	73.74	31.599	8.83	0.47	0.1	114.539	23
市住房和城乡建设局	75.757	30.22	8.74	0.66	0.5	113.877	24
中卫工业园区管委会	73.22	30.843	9.04	1.2	0.5	113.803	25
市国土资源局	74.94	29.471	8.98	0.4	0.07	113.721	26
市文化体育新闻出版广电局	73.681	30.128	8.65	1.2	0.2	113.459	27
市林业生态建设局	72.471	30.145	8.85	1.4	0.1	112.766	28
市教育局	70.19	32.282	8.86	1	0.18	112.152	29
市交通运输局	70.578	30.396	8.94	0.7	0.12	110.494	30
市环境保护局	73.296	29.913	8.73	0.09	2	110.029	31
市旅发委	66.57	30.019	8.89	2.1	1.03	106.639	32
市城市管理综合执法监督局	65.61	28.998	8.82	0.5	0.19	103.738	33

【2017年度支持脱贫攻坚工作先进集体】
国家统计局中卫调查队
宁夏中卫农村商业银行股份有限公司
宁夏银行中卫分行营业部
海原县农村信用合作联社
国网海原县供电公司
中国人民财产保险股份有限公司海原支公司
宁夏银行海原支行　宁夏银行中宁支行
宁夏中宁农村商业银行股份有限公司
中宁县社会经济调查队

【2017年度社会帮扶先进集体】
宁夏中乾农业科技有限公司
宁夏西域金枸农业科技发展有限公司
宁夏利丰民族服饰有限公司
海原华润农业有限公司
宁夏海原四季鲜现代农业发展有限公司
宁夏小公洋畜牧养殖有限公司
宁夏伊品生物科技有限公司
海原县闽宁纺织制品有限公司
宁夏正果农业发展有限公司
宁夏源海生态农业开发有限公司

【2017年度脱贫攻坚工作先进集体】
1. 先进乡镇：
沙坡头区常乐镇　中宁县大战场镇
海原县西安镇　海原县红羊乡
2. 先进村：
沙坡头区迎水桥镇营盘水村
中宁县喊叫水乡贺口子村
中宁县徐套乡田家滩村
海原县贾塘乡后塘村
海原县李旺镇马莲村
海原县西安镇小河村

【2017年度脱贫攻坚工作先进工作者】
闫　林　自治区统计局派驻沙坡头区
　　　　兴仁镇高庄村第一书记
赵永清　宁夏建设职业技术学院派驻中宁
　　　　县喊叫水乡麦垛新村第一书记
吴建国　中宁县司法局派驻中宁县太阳梁
　　　　乡隆源村第一书记
李伟军　自治区农牧厅派驻海原县曹洼乡
　　　　脱烈村第一书记
张天赐　自治区科技厅派驻海原县关庄乡
　　　　高台村第一书记
李　浩　中卫市委组织部派驻海原郑旗乡
　　　　郑旗村第一书记
解苏山　海原县住建局派驻海原县七营镇
　　　　张堡村第一书记
李文霞　海原县妇联派驻海原县贾塘乡
　　　　双河村第一书记
吴忠海　自治区编办派驻海原县曹洼乡
　　　　白崖村第一书记
景生庭　沙坡头区东园镇金沙村党支部书记
田　升　沙坡头区香山乡米粮川村党支部书记
汪俊寿　沙坡头区宣和镇汪园村党支部书记
马汉文　中宁县大战场镇宁原村党支部书记
周占仁　中宁县徐套乡红柳村党支部书记
罗成军　海原县三河镇丘陵村党支部书记
何有玉　海原县甘城乡甘城村党支部书记
张建成　海原县西安镇付套村党支部书记
田士保　海原县海城镇高台村党支部书记
杨正国　海原县李旺镇李果园村村主任
田凤武　海原县关桥乡冯湾村会计
杨彦巧　海原县史店乡史店村会计

【2017年度脱贫致富典型示范户】
陈世海　沙坡头区常乐镇海乐村
段玉旭　沙坡头区常乐镇思乐村
李招成　沙坡头区常乐镇黄套村
杨德国　沙坡头区常乐镇康乐村
张文鹏　沙坡头区迎水桥镇营盘水村
罗永成　沙坡头区迎水桥镇鸣沙村
冯中林　沙坡头区永康镇永乐村
孙健举　沙坡头区永康镇阳沟村
田广祥　沙坡头区香山乡米粮川村
李永华　沙坡头区香山乡梁水村
张学起　沙坡头区东园镇郑口村
周学红　沙坡头区东园镇金沙村
郭　昆　沙坡头区兴仁镇兴仁村
马汉强　沙坡头区兴仁镇泰和村
刘启鹏　沙坡头区兴仁镇兴仁村
马百录　沙坡头区宣和镇兴海村
田文林　沙坡头区宣和镇海和村
刘学兴　沙坡头区宣和镇草台村
马奋成　沙坡头区宣和镇喜沟村
刘建军　沙坡头区宣和镇曹山村
撒继国　中宁县大战场镇宁原村
杨生成　中宁县大战场镇宁原村

田海龙	中宁县大战场镇宁原村	马宗付	海原县西安镇范台村
王永吉	中宁县大战场镇宁原村	宋海军	海原县西安镇付套村
马思彪	中宁县大战场镇宁原村	马得虎	海原县树台乡龚湾村
杨生虎	中宁县大战场镇杞海村	张晓军	海原县树台乡二百户村
马玉库	中宁县大战场镇杞海村	薛正坚	海原县树台乡大嘴村
田卫军	中宁县大战场镇杞海村	李国东	海原县树台乡新庄村
杨生凯	中宁县大战场镇杞海村	吴峰江	海原县树台乡树台村
陈 龙	中宁县大战场镇杞海村	田进忠	海原县红羊乡前进村
康伏爱	中宁县喊叫水乡康湾新村	安思选	海原县红羊乡安堡村
康伏江	中宁县喊叫水乡康湾新村	曹建强	海原县红羊乡术川村
马世福	中宁县喊叫水乡红湾新村	包汉武	海原县关庄乡宋庄村
田伏贵	中宁县喊叫水乡车路新村	田进祥	海原县李俊乡李俊村
马应文	中宁县喊叫水乡车路新村	马进才	海原县李俊乡红星村
陆自元	中宁县喊叫水乡车路新村	杨生堂	海原县九彩乡九彩村
马彦福	中宁县喊叫水乡车路新村	杨生岗	海原县九彩乡新庄村
周 聪	中宁县喊叫水乡高岭村	余学忠	海原县九彩乡新庄村
周 方	中宁县喊叫水乡高岭村	马正军	海原县曹洼乡曹洼村
马 义	中宁县喊叫水乡马塘村	田彦海	海原县史店乡苍湾村
田凤国	中宁县徐套乡李士村	田成仁	海原县史店乡苍湾村
马自平	中宁县徐套乡上流水村	张汉龙	海原县史店乡大川村
马红才	中宁县徐套乡小湾村	田玉虎	海原县贾塘乡堡台村
田光才	中宁县徐套乡红柳村	马古素	海原县贾塘乡后塘村
田彦明	中宁县徐套乡新庄子村	李贵生	海原县贾塘乡黄坪村
洪晓文	中宁县徐套乡白套村	田成合	海原县贾塘乡贾塘村
马 海	中宁县徐套乡大台子村	李成祥	海原县郑旗乡郑旗村
田百录	中宁县徐套乡徐套村	李成虎	海原县郑旗乡郑旗村
马自旭	中宁县徐套乡大滩川村	李成忠	海原县郑旗乡郑旗村
田彦录	中宁县徐套乡原套村	贺彦罗	海原县关桥乡冯湾村
田玉海	海原县海城镇水洼村	李彦奋	海原县关桥乡贺堡村
洪兴成	海原县海城镇堡子村	田 成	海原县关桥乡马湾村
王进虎	海原县海城镇武塬村	马仲江	海原县高崖乡红古村
马有贵	海原县海城镇山门村	李汉仓	海原县高崖乡新民村
柯义贵	海原县三河镇代店村	杨彦强	海原县高崖乡高湾村
马荣福	海原县三河镇代店村	马正奇	海原县甘城乡甘城村
马德成	海原县三河镇学梁村	李思福	海原县甘城乡甘城村

【2018年度支持地方经济发展先进单位】

杨生平	海原县李旺镇二道村
杨德彪	海原县李旺镇李果园村
马金贵	海原县李旺镇李旺村
马占治	海原县李旺镇罗泉村
马继福	海原县七营镇下套村
何生满	海原县七营镇下套村
马志财	海原县七营镇下套村
马凤海	海原县西安镇白吉村

市中级人民法院	市人民检察院
市国家税务局	市地方税务局
市国家安全局	国家电网中卫供电公司
市气象局	国家统计局中卫调查队
市邮政管理局	宁夏邮政公司中卫分公司
市粮食局	人民银行中卫市中心支行
中卫银监分局	农业发展银行中卫支行

工商银行中卫支行	农业银行中卫支行
中国银行中卫支行	建设银行中卫支行
邮储银行中卫分行	宁夏银行中卫支行
中卫农村商业银行	中卫香山村镇银行
中国电信中卫分公司	中国移动中卫分公司
中国联通中卫分公司	中国铁塔中卫分公司
中国人保财险中卫分公司	中国人寿保险中卫分公司
宁夏盐业管理局中卫分局	中油宁夏中卫销售公司
国药控股宁夏中卫分公司	中卫烟草专卖局(公司)
沙坡头国家级自然保护区管理局	
中科院寒旱区研究所沙坡头治沙站	
宁夏广播电视网络公司中卫分公司	
宁夏公路管理局中卫分局	
中国铁路兰州局集团有限公司中卫分工务段	

【2017年度移风易俗示范乡镇】
沙坡头区迎水桥镇　中宁县太阳梁乡
海原县西安镇

【2017年度移风易俗示范村】
沙坡头区永康镇永乐村
中宁县大战场镇宁原村
海原县树台乡树台村
海原县西安镇小河村

【2017年度移风易俗示范户】
张巨翠　常乐镇黄套村
刘青叶　宣和镇兴海村
马如贵　大战场镇杞海村
田忠钏　徐套乡徐套村
张秀兰　喊叫水乡贺家口子村
戴永康　关桥乡麻春村
董兴科　关桥乡麻春村
范有科　树台乡树台村
李成川　三河镇代店村
马兴栋　七营镇马莲村

【党管武装先进单位】
海原县史店乡武装部
海原县关庄乡武装部
中宁县大战场镇武装部
沙坡头区文昌镇武装部

【党管武装先进个人】
赵建新　中宁县县委书记　人武部党委第一书记
杨生礼　海原县史店乡党委书记　武装部教导员
张信繁　海原县关庄乡党委书记　武装部教导员
张俊海　中宁县大战场镇党委书记　武装部教导员
张巨才　沙坡头区文昌镇党委书记　武装部教导员

【优秀专武干部】
朱杰臣　海原县史店乡武装部部长
马正荣　海原县海城镇武装部干事
李　军　海原县关庄乡武装部部长
王学胜　中宁县石空镇武装部部长
闫　伟　中宁县恩和镇武装部部长
刘文祥　沙坡头区文昌镇武装部部长
常广福　沙坡头区滨河镇武装部部长
解振华　沙坡头区东园镇武装部干事

【优秀专武职工】
穆建祖　海原县人武部职工
张晓军　中宁县人武部职工
姬晓伟　沙坡头区人武部职工
马　跃　沙坡头区人武部职工
倪晓军　中卫市民兵武器装备库职工
韩少峰　中卫市民兵武器装备库职工
孙国龙　中卫市民兵武器装备库职工
王平平　中卫市民兵武器装备库职工

【2018年度记二等功人员】
杨艺明　海原县委常委　副县长(挂职)
陈阳升　海原县政府县长助理(挂职)

【2015—2017年度记三等功人员】
市人大常委会办公室副主任:杨金保
市人民政府办公室副调研员:王秀娟
市政协学习和文史委员会副主任:潘志华
市委党校常务副校长:范学灵
市网络安全与信息化办公室副主任:胡立华
市教育局副局长:赵炳东
市教育局副调研员:闫自立
市公安局政治部主任:徐生旌
市公安局指挥部主任:潘玉平
市公安局特警支队政委:赵志栋
市公安局副处级侦察员:何志荣
市公安局副处级侦察员:崔广业
市公安局副处级侦察员:吴建平
市委办公室:马进虎
市委组织部:康晓伟　祁洋
市委统战部:张宁伟
市直机关工委:汪金文
市委老干部局:刘波
市人民检察院:万晓红
市政府办:樊江

市工信局：李兴盛　陶鸿波
市科技局：李红文
市公安局：向　明　郑　华　高怀宝　李治平　李金军
　　　　　吕永忠　王仰科　刘建国　黄志刚
沙坡头区公安分局：张柏奇　陆文学
　　王治中　祁建强　卜立娜　余文亮
市公安局交通警察局：温宁夫　王万虎　左志刚
　　　　　　　　　　蒋洪智
市司法局：吕凤珍
市人社区：刘兴华　鲁志成
市国土资源局：房国元　魏春勇
市环保局：芮小娟
市市场监督管理局：赵　楠　马成宏　刘娟丽
市审计局：闫永玲　丁玲霞
市安监局：王东山
市统计局（含统计普查中心）：刑天华
市规划局：刘占和
市商经局：王洪祥
市就业创业和人才服务局：张宏斌
市政务服务中心（含窗口）：赵文成　孙晓洁

【嘉奖单位】
中卫市国家税务局　中卫市地方税务局

【教育工作先进集体】
宁夏中卫中学　中卫市第一中学
中卫市职业技术学校　中卫市第五中学
中卫市第三中学　中卫市第八中学
中卫市第一小学　中卫市第三小学
中卫市第四小学　中卫市第五小学
中卫市第三幼儿园　郭滩学校
镇罗中学　宣和中学　东月学校
宣和小学　永新燕宝回民小学
康乐燕宝学校　兴仁小学
剑桥幼儿园　中宁中学
中宁县第一中学　中宁县第二中学
中宁县第五中学　中宁县第五小学
中宁县第八小学　中宁县第九小学
大战场镇中心小学　喊叫水乡九年制学校
长山头九年制学校　渠口太阳梁第一小学
舟塔九年制学校　小洪沟完小
上海工投维宗希望小学
中宁县特殊教育学校　海原县第一中学
海原县回民中学　海原县第二中学
海原县第三中学　海原县关桥中学
海原县贾塘中学　海原县第一小学
海原县第二小学　海原县第三小学
史店乡中心小学　红羊乡中心小学
九彩乡九年一贯制学校
甘城乡九年一贯制学校
关庄乡九年一贯制学校
曹洼乡九年一贯制学校

【教学成果突出先进集体】
中宁县教体局　海原县教体局
中卫中学　中卫一中
中卫市职业技术学校

【2018年度优秀教师】

姓　名	单　位	姓　名	单　位	姓　名	单　位
沙坡头区					
龚天宝	中卫中学	范春荣	中卫中学	焦成云	中卫中学
黄振江	中卫中学	樊云龙	中卫一中	房红国	中卫一中
张凤霞	中卫一中	拓淑娟	中卫一中	杨　娜	职业技术学校
艾　珉	职业技术学校	张卫平	职业技术学校	周兆兰	中卫二中
王　鹏	中卫二中	贾秀花	中卫三中	詹军政	中卫三中
田　欣	中卫四中	赵学霞	中卫四中	刘娟芳	中卫五中
冯志英	中卫五中	陈　蓉	中卫六中	李　燕	中卫六中
张宏卫	市幼儿园	冯学峰	市三幼	王翠英	中卫一小
刘　素	中卫三小	张淑霞	中卫五小	宋美丽	中卫六小
俞　帼	中卫七小	陈晓竹	中卫九小	王　芳	中卫四小
肖长文	中卫八小	刘保喜	中卫二小	田兴智	姚滩学校
何如海	铁路小学	田永旭	郭滩学校	刘兴金	中卫十小
王莲英	柔远小学	张文艳	镇罗中学	贾丽丽	镇罗中心幼儿园

续表

姓　名	单　位	姓　名	单　位	姓　名	单　位
冯永忠	观音学校	郑立波	东台学校	戴院霞	张洪学校
张　微	宣和小学	陈　立	汪园小学	蔡　平	赵滩小学
冯福生	草山小学	石红如	丰台小学	曹　欣	永康中学
岳明文	双达小学	俞　琦	西台学校	赵爱娟	常乐小学
冯海英	康乐燕宝学校	薛连勇	兴仁小学	姚发祥	兴仁小学
潘志健	兴仁中学	薛永强	福和希望小学	贺玉芳	新世纪幼儿园
张志强	冯庄小学	焦志明	局机关	侯学尧	局机关
中宁县					
蒋潇瑞	中宁中学	陈立志	中宁中学	李　贤	中宁一中
张来存	中宁一中	孟　萍	职教中心	张　莉	中宁二中
李素芳	中宁二中	李欣然	中宁三中	李淑珍	中宁四中
王新生	中宁五中	张　平	中宁六中	王学霞	鸣沙九年制学校
冯　超	舟塔九年制学校	康　静	东华九年制学校	虎建平	大战场中学
马海英	大战场中学	李少斌	长山头中学	李　赟	长山头九年制学校
刘明喜	渠口九年制学校	赵宝财	宽口井希望学校		
孙祥宗	喊叫水九年制学校	王健康	徐套九年制学校	马　露	下流水中心学校
马自玉	下流水中心学校	白富有	中宁一小	谢玉萍	中宁三小
尹红军	中宁九小	殷　燕	中宁十小	宋淑萍	宁安中心学校
李　琴	宁安中心学校	黄淑萍	新堡中心学校	杨　雪	恩和中心学校
王　芳	石空中心学校	安晓升	渠口中心学校	白　斌	大战场中心学校
毛安军	大战场中心学校	王怀逾	长山头中心学校	罗彦娇	喊叫水中心学校
潘俊毅	中宁特殊教育学校	孙守忠	中宁县教体局		
海原县					
马志燕	海原一中	胡有旭	海原一中	田志强	海原回中
李文琴	海原回中	马旭东	兴海中学	赵海迪	职业中学
李进科	海原二中	田雪梅	海原二中	马玉兰	海原三中
曹秀玲	海原四中	田媛媛	关桥中学	马　林	李旺中学
张慧君	三河中学	张　君	郑旗中学	杨晓波	贾塘中学
哈茂飞	七营中学	黑生平	李俊中学	吴晓光	西安中学
黑秀花	海原一小	马永玲	海原二小	张志娟	海原三小
罗金霞	海原四小	戴永生	海原五小	金德贵	海原六小
李秀红	海原七小	田进兰	海原回小	郭慧文	海兴小学
马金鹏	特教学校	马晓红	海原一幼	杨玉蓉	海原二幼
马莹莹	海原三幼	许海英	文昌幼儿园	田希英	李旺学区
李进花	高崖学区	陈雅琼	三河学区	王正成	七营学区
王　琪	史店学区	杨　静	关桥学区	吴金军	贾塘学区
李俊花	树台学区	陈丽丽	九彩学区	撒　兰	甘城学区
李晓敏	西安学区	姜　娟	郑旗学区	卜　霞	海城学区
包宏烈	关庄学区	田兴智	李俊学区	李　静	曹洼学区
刘　莉	红羊学区	王东国	甘盐池学区		

【2018年度优秀班主任】

姓　名	单　位	姓　名	单　位	姓　名	单　位
沙坡头区					
汪宏旭	中卫中学	岳晓莉	中卫中学	刘　亮	中卫一中
张豫秦	中卫一中	刘婉利	市职业技术学校	张　娜	市职业技术学校
万玉贞	中卫二中	孙兴华	中卫三中	秦永侠	中卫四中
白秀峰	中卫五中	任　慧	中卫六中	蒋文华	市幼儿园
程　辉	中卫三小	马瑞芳	中卫六小	王艳玲	中卫九小
王梦茹	中卫二小	蒋钧保	黑林学校	王　艳	中卫十小
沈　薇	柔远中学	姜　瑞	凯歌学校	赵红静	东台学校
赵　龙	东月学校	林　盛	宣和中学	刘　燕	景台小学
魏　娉	永康中学	黑　姣	常乐中学	马　静	兴仁中学
张　浩	高庄小学	狄天文	三眼井小学	俞　彤	小天使幼儿园
中宁县					
张　印	中宁中学	马　萍	中宁一中	高晓亮	职教中心
杨艳玲	中宁二中	贾　刚	中宁三中	黄立萍	中宁四中
张燕娟	中宁五中	王月霞	中宁六中	田进玉	大战场中学
海启芳	大战场中学	袁　静	长山头九年制学校	杜婷婷	渠口九年制学校
李佳梅	宽口井九年制学校	金晓娟	下流水中心学校	谭青玲	中宁一小
夏金芳	中宁三小	陈建新	中宁九小	黄　思	中宁十小
徐月琴	宁安中心学校	段成芳	宁安中心学校	李　莎	新堡中心学校
万彩霞	恩和中心学校	张淑荣	石空中心学校	海春连	渠口中心学校
张宏岐	大战场中心学校	白优熙	大战场中心学校	黄河清	大战场中心学校
李海霞	大战场中心学校	陈旭燕	长山头中心学校	贺雯娟	喊叫水中心学校
海原县					
马列夫	海原一中	田世斌	海原回中	许斌斌	兴海中学
马志虎	职业中学	杨彩霞	海原二中	李耀林	海原三中
马海东	海原四中	马晓惠	关桥中学	丁良雄	李旺中学
米少奇	三河中学	穆　斌	郑旗中学	杨爱莉	海原一小
莫　菊	海原二小	黑生萍	海原三小	李　强	李旺学区
闫东霞	三河学区	马　娟	高崖学区	顾小凤	七营学区
马彦清	史店学区	张有宝	关桥学区	马晓燕	贾塘学区
贾翠云	树台学区	杨万海	九彩学区	宋晓红	西安学区
冯学虎	郑旗学区	马会燕	海城学区	谭　卓	关庄学区
郭建刚	李俊学区	马红梅	曹洼学区	张桥峰	红羊学区

【2018年度教学工作先进个人】

姓　名	学　校	姓　名	学　校	姓　名	学　校
沙坡头区					
鲍荣山	中卫中学	俞建军	中卫中学	秦发学	中卫中学
李　艳	中卫中学	赵　蕾	中卫中学	孟宪滋	中卫中学
雍海燕	中卫中学	魏学华	中卫中学	王　莹	中卫中学
赵月英	中卫中学	李如喜	中卫中学	王海生	中卫中学
李立华	中卫中学	赵　红	中卫中学	李映霞	中卫中学
王海雯	中卫中学	肖文英	中卫中学	李　琴	中卫中学
李宁芳	中卫中学	张强伟	中卫中学	崔子烽	中卫中学

续表

姬永红	中卫中学	闫彩君	中卫中学	王 慧	中卫中学
刘振荣	中卫中学	虎安有	中卫一中	李文灵	中卫一中
何鹏举	中卫一中	童立强	中卫一中	万银刚	中卫一中
周润玲	中卫一中	白 浩	中卫一中	徐雪彪	中卫一中
温凤霞	中卫一中	田 丽	中卫一中	吴自玉	中卫一中
刘 霞	中卫一中	俞丛英	中卫一中	狄玉虹	中卫一中
马新平	中卫一中	陆贵国	中卫一中	赵 华	中卫一中
刘 阳	中卫一中	鲁红权	中卫一中	仲明国	中卫一中
宋振江	中卫一中	徐志翔	中卫一中	张丽莉	中卫一中
张志刚	中卫一中	杨 明	中卫一中		
中宁县					
陈红光	中宁中学	薛 娟	中宁中学	陈凤红	中宁中学
虎语蓉	中宁中学	荣 涛	中宁中学	万永生	中宁中学
王 荣	中宁中学	李 霞	中宁一中	刘 玲	中宁一中
马军辉	中宁一中	张海宁	中宁一中	张治平	中宁一中
刘 东	中宁一中	康琦锋	中宁一中	韩志祥	中宁一中
海原县					
柳沛峰	海原一中	田治玉	海原一中	马成芳	海原一中
胡生龙	海原一中	韩芳龙	海原一中	杨万龙	海原一中
罗玉鹏	海原回中	李成发	海原回中	田宗杰	海原回中
魏克庆	海原回中	靳宝鹏	海原回中	赵 福	海原回中
常永宁	兴海中学	高 睿	兴海中学	祁小平	兴海中学

自治区先进集体

【2017年度农村工作先进集体】
中宁县　沙坡头区
【2017年度脱贫攻坚先进集体】
海原县　沙坡头区　中宁县

文 献

重要文存

中共中卫市委员会 中卫市人民政府关于大力实施乡村振兴战略加快城乡一体化发展的意见

(2018年7月27日中国共产党中卫市第四届委员会第五次全体会议通过)

为认真学习贯彻习近平新时代中国特色社会主义思想和党的十九大精神,按照党中央、国务院和自治区党委、市政府实施乡村振兴战略的决策部署,现就大力实施乡村振兴战略、加快城乡一体化发展,提出如下意见。

一、重要意义

习近平总书记指出:"推进城乡发展一体化,是工业化、城镇化、农业现代化发展到一定阶段的必然要求,是国家现代化的重要标志""要把工业和农业、城市和乡村作为一个整体统筹谋划,促进城乡在规划布局、要素配置、产业发展、公共服务、生态保护等方面相互融合和共同发展。"党的十九大要求,坚持农业农村优先发展,按照产业兴旺、生态宜居、乡风文明、治理有效、生活富裕的总要求,建立健全城乡融合发展体制机制和政策体系,加快推进农业农村现代化。近年来,市委、市政府高度重视城乡统筹、山川共济、市县融合发展,实施了一大批事关经济社会发展的重大项目,经济快速发展,社会和谐稳定。与此同时,山川并存、城乡发展不平衡不充分等问题仍然突出,市域空间规划滞后,产业布局不清晰,城镇发展方向不明确、定位不准,项目资金投入分散低效等问题制约着全市转型追赶、高质量发展。必须牢固树立全市"一盘棋"思想,打破行政区划壁垒,抢抓实施乡村振兴战略机遇,加快城乡一体化发展,把工业与农业、城市与乡村、川区与山区作为一个整体,纳入全面建成小康社会和现代化建设的全过程统筹谋划,探索建立新时代城乡一体化发展体制机制,加快构建工农互促、城乡互补、山川共济、全面融合、共同繁荣的新型城乡关系,开创城乡一体化发展新局面。

二、指导思想和奋斗目标

(一)指导思想

以习近平新时代中国特色社会主义思想为指导,全面贯彻落实党的十九大精神和《中共中央 国务院关于实施乡村振兴战略的意见》,按照自治区第十二次党代会和自治区党委安排部署,坚决打好"三大攻坚战",大力实施"三大战略"中卫方案,以优化生产力布局为重点,以沿黄生态经济带、扬黄特色产业廊、脱贫富民产业廊(以下简称"一带两廊")空间规划为抓手,加快乡村振兴与新型工业化、城镇化有机结合,推动城乡产业、居民、社会和生态融合,实现城乡居民基本权益平等化、公共服务均等化、居民收入均衡化、要素配置合理化和产业发展融合化,逐步缩小城乡区域差距,实现城乡一体化发展。

(二)奋斗目标

到2020年,城乡一体化发展规划及政策体系初步建立,"一带两廊"空间格局基本形成,产业聚集能力显著增强,形成一批具有较强竞争力的优势产业集聚区,城乡综合承载能力全面提升,生态环境质量总体改善,城乡基本公共服务均等化水平进一步提高。实施农村人居环境整治三年行动计划,建设美丽乡村100个。农村居民收入增速高于同期城镇居民收入增速,确保现行标准下农村贫困人口全部脱贫、海原贫困县摘帽。常住人口城镇化率提高到46%。

到2025年,在"一带两廊"空间格局的引领下,新型工业化、城镇化水平进一步提高，美丽乡村建设取得阶段性成效，农村人居环境不断改善，城乡经济快速发展，工农互促、城乡互补、山川共济、全面融合、共同繁荣的城乡一体化发展格局基本形成。

到2035年，城乡基本公共服务均等化基本实现，城乡融合发展体制机制更加健全，乡风文明达到新高度，乡村治理体系更加完善，乡村主导产业优势明显，城乡发展不平衡不充分问题有效解决，乡村价值与魅力得到提升，田园美、村庄美、生活美和风尚美的美丽乡村全面建成，基本实现城乡一体化发展目标。

三、发展任务

（一）构建"一带两廊"发展空间布局

以《宁夏空间发展战略规划（2014—2030）》为统领，在国民经济和社会发展规划、土地利用总体规划、城乡总体规划"三规合一"的基础上，整合产业、生态、环保等专项规划，进一步完善中卫市城乡空间规划。根据资源禀赋、区位条件、产业基础，科学布局主业突出、特色鲜明、集约高效的发展功能区。按照差异化、产业聚集、可持续发展、整体协调发展的原则，推动产业向"一带两廊"聚集；按照全民招商、统筹布局、利益共享的原则，推动项目向"一带两廊"聚集；按照优化配置、集约利用、管控开发的原则，推动资源向"一带两廊"聚集；按照沿路、亲水、近城的原则，推动人口向"一带两廊"聚集，形成"一带两廊"空间发展格局。

（二）全力打造沿黄生态经济带

沿黄生态经济带以黄河卫宁过境段为轴线，主要涉及沙坡头区迎水桥镇、滨河镇、文昌镇、东园镇、柔远镇、镇罗镇、常乐镇、永康镇、宣和镇，中宁县余丁乡、舟塔乡、石空镇、宁安镇、新堡镇、恩和镇、鸣沙镇、白马乡、太阳梁乡18个乡镇。优先发展新型工业、现代服务业，切实将沿黄生态经济带打造成带动全市经济高质量发展的引擎。精心建设中卫市区（文昌镇、滨河镇）和中宁县城（宁安镇），突出城市建成区的辐射带动作用，将市区打造成中卫城市建设的样板、第三产业发展的龙头和创业就业的示范区。突出枸杞文化特色，将中宁县城打造成宜居宜业、经济活跃的塞上名城。重点建设沙坡头区宣和镇、中宁县石空镇2个中心镇，将宣和镇打造成重要的商贸服务中心镇、石空镇打造成特色产城融合示范镇，建成沿黄生态经济带上的卫星城，人口承载能力达到5万人。积极推进沙坡头区迎水桥镇、常乐镇、永康镇和中宁县舟塔乡、鸣沙镇5个特色小城镇建设，将迎水桥镇打造成全域旅游示范镇、常乐镇打造成休闲度假特色镇、永康镇打造成特色产业休闲小镇、舟塔乡打造成枸杞特色小镇、鸣沙镇打造成现代特色农业示范镇，使特色小镇成为卫宁同城发展链上与城市共生共荣、各美其美的美好家园。特色小镇人口承载能力达到2万人左右。

1. 加快黄河生态文化旅游建设。坚持保护与修复优先，实施以黄河文化为主题的生态连城工程，力争将黄河沙坡头区南长滩村至中宁县白马乡段打造成独具特色的"黄河金岸"。充分发挥"中国枸杞之乡"优势，沿黄河两岸大力发展以生态康养旅游为主的低碳产业、绿色产业。提升南北长滩、沙坡头、黄河宫、大佛寺等景区景点的服务功能，加快沙坡头南岸半岛民宿集群度假村、沙漠沙世界、太阳酒店、星星酒店、沙漠天宫和旅游云轨等重点项目建设，进一步完善旅游基础设施，打造独具特色的黄河生态文化旅游品牌。

2. 加快生态工业园区建设。按照"一区多园"的思路，整合中卫、中宁工业园区，推进产业集群化、高端化、绿色化发展。整合土地资源，集约节约用地，严把工业项目投资强度指标。推进道路、供排水、天然气等基础设施建设。加强园区大气、水环境和土壤综合治理，提高环境保护综合治理水平。实施"生态园区、园林工厂"工程，抓好以主干道路和企业内部绿化、荒山荒坡绿化为重点的园区绿化工程，提升园区生态建设水平，努力打造生态优美、环境友好、绿色发展的产业示范区。

培育发展以云计算为主的信息产业。抢抓"大云西移"机遇，加快西部云基地建设，充分发挥亚马逊AWS"头雁作用"，加快推进西云数据二期、美利云二期、中国移动、中国联通、西部控股、炫我、金融超算等数据中心建成投运。争取国家部委、央企数据灾备中心落户中卫。积极引进云制造、云应用、云服务项目，延长产业链，打造云计算生态系统。到2035年，争取服务器规模达到100万台。

推动发展军民融合产业。加快推进中国西部飞艇产业基地、"火冰"新型环保消防灭火剂（器）生产基地、"宁夏一号"卫星星座、商业卫星地面接收天线组阵、卫星定标和真实性检验基地、空间碎片监测、低空空域综合信息服务保障平台等项目建设。积极创建国家级军民融合创新示范区。

提升发展新材料产业。坚持扩大增量和优化存量并重，加快培育新材料产业链条，重点发展铝镁合金、锰基复合、高端化工、锂电池等新材料产业，支持引导今飞轮毂、锦宁巨科、天元锰业、中化国际、利安隆等企业发展壮大。

提质发展传统产业。围绕冶金、化工、建材、农副产品加工等传统产业,运用新技术、新工艺、新设备实施技术改造,力促企业提质增效,实现高质量发展。提升工业园区高端化发展水平,引进一批国际国内顶尖项目,强化园区产业链配套和各类产品耦合。

3.加快现代物流业发展。以铁路枢纽为依托发展外贸物流。围绕包兰铁路、宝中铁路、吴忠至中卫城际铁路、中卫至兰州客运专线,争取国家批准设立中卫铁路口岸。充分发挥迎水桥编组站优势,吸引国际班列在中卫集结,带动纸浆、木材、矿石等生产资料在中卫聚集。建设迎水桥作业区,为本地生产的蛋氨酸、单晶硅、枸杞等产品提供出口便利。利用天元锰业集团保税仓库、中宁陆路口岸,建设天元锰业作业区,扩大锰矿石进口和金属锰产品出口业务。

以公路枢纽为依托发展内贸物流。扩建中卫综合物流园,引进和培育 8—10 家 3A、4A 级物流企业,与中卫四季鲜农产品批发市场、中博建材城集中连片,使物流产业集群集约发展。推进中卫、中宁物流园区整合发展,构建多层次、全网络的物流节点布局,引领全市现代物流业快速发展。

以中卫支线机场为依托发展航空物流。与顺丰合作,开通航空货运业务,把沙坡头机场建成顺丰西北航空货运分拨中心。扩建沙坡头机场,加密至西安、上海、重庆等地航班,旅游旺季开行至成都、青岛、杭州等地旅游包机业务。在中宁县设置城市候机楼,开通中卫至中宁候机快速通道。

以龙头企业为依托完善物流体系。加强与浙江传化、中国物流、苏州物流园等全国各大物流企业、园区的战略合作,打造全面开放、区域互通和低成本的综合物流网络。

(三)加快发展扬黄特色产业廊

扬黄特色产业廊以 S101 为轴线,主要涉及中宁县大战场镇、喊叫水乡、徐套乡,海原县高崖乡、李旺镇、七营镇、三河镇 7 个乡镇和长山头农场。优先发展枸杞、硒砂瓜、苹果、红枣、马铃薯等富硒产业和旅游服务业。精心建设海兴开发区(三河镇),依托区位优势和产业基础,大力发展新能源装备、农副产品深加工和劳动密集型产业,将海兴开发区打造成为特色工业制造集中区、脱贫富民产业廊上的示范区、扬黄特色产业廊上的创新区。重点建设中宁县大战场镇,打造成区域商贸集散中心镇,建成扬黄特色产业廊上的卫星城,镇区人口承载能力达到 5 万人。积极推进长山头农场、中宁县喊叫水乡、海原县七营镇和李旺镇 4 个特色小城镇建设,将长山头农场打造成文旅小镇、喊叫水乡打造成特色养殖小镇、七营镇打造成商贸物流小镇、李旺镇打造成交通运输小镇。特色小镇人口承载能力达到 1 至 2 万人。

1.完善城乡水利基础设施。以固海、固扩、南山台三个扬水工程和在建的宁夏中部干旱带西线供水工程、拟建的西海固地区脱贫引水工程为主线,推进中部干旱带西线供水中宁喊叫水片区、海原县三塘片区高效节水配套工程及西海固地区脱贫引水等重大水利工程建设,加快发展现代节水农业,因地制宜调整种植结构,增强贫困地区自我发展能力。实施中宁县大战场镇等农村饮水安全巩固提升工程,切实提高农村饮水安全供水保障能力。完善镇村供水配套工程,确保行政村村村通自来水,到 2020 年,农村自来水普及率达 85%以上。

2.推动特色农业提质增效。坚持把培育发展富硒产业作为重中之重,加快推进"一中心三基地"建设,打造"中国塞上硒谷",充分发挥华润、万齐、玺赞等重点龙头企业作用,加大品牌创建保护力度,加快推进富硒农产品品牌研发、品牌培育和农产品"三品一标"认证。建立健全农产品质量监测监管和质量追溯体系,打造中卫硒砂瓜、中宁枸杞、沙坡头苹果、海原马铃薯等一批全国知名的区域公用品牌和夏华、宁夏红等一批企业自主品牌,力争 3—5 年全市硒产业产值突破 200 亿元。

(四)开发建设脱贫富民产业廊

脱贫富民产业廊以 S205、G341 为轴线,主要涉及沙坡头区香山乡、兴仁镇,海原县关桥乡、西安镇、树台乡、海城镇、史店乡、贾塘乡、郑旗乡、曹洼乡、九彩乡、红羊乡、关庄乡、李俊乡、甘城乡 15 个乡镇。优先发展草畜、硒砂瓜、马铃薯、小茴香等特色产业和劳务产业。精心建设海原县城(海城镇),突出地域特色和环境资源承载能力,将海原县城打造成生态宜居的文化旅游商贸中心。重点建设沙坡头区兴仁镇,打造成交通商贸中心镇,建成脱贫富民产业廊上的卫星城,人口承载能力达到 5 万人。积极推进海原县西安镇、贾塘乡 2 个特色小城镇建设,将西安镇打造成文旅古镇、贾塘乡打造成农贸小镇。特色小镇人口承载能力达到 1 至 2 万人。

1.构建快捷通道。升级改造 G341 海原段、S205 沙坡头区至海原三级公路,建设中卫城区与海原县城快速通道,完善乡村路网建设。到 2020 年,规模以上自然村全部通硬化道路,行政村与乡镇之间全面实现等级公路连接,以路网建设带动农村客运、商贸物流、乡村旅游等产业发展。

2. 优化人口布局。积极培育脱贫富民产业,引进优质教育、医疗资源,吸引海原县郑旗乡、曹洼乡、九彩乡、李俊乡、甘城乡等乡镇人口向海兴开发区和集镇集聚,其余乡镇人口向本乡镇或县城集聚,降低海原西部、南部人口密度。统筹解决生态移民迁出区遗留问题。加快南华山外围水源涵养林建设,实施封山育林(草)和移民迁出区生态修复。

3. 壮大脱贫富民产业。重点发展草畜产业,紫花苜蓿留床面积达到60万亩,复种燕麦草、"冬牧70"黑麦等禾草面积稳定在20万亩,青贮饲料玉米达到20万亩,形成"100万亩草+200万只羊单位"的草畜产业带。推广"华润基础母牛银行"模式,提高养殖水平。稳定发展硒砂瓜、马铃薯等主导产业,因地制宜发展小茴香、葱蒜等特色经济作物。加大技能培训力度,打造劳务品牌,有组织开展劳务输出,建设"扶贫车间",千方百计增加农民收入。

4. 发展新能源扶贫产业。积极发展分布式发电,大力推动光伏扶贫富民项目建设,增加农民收入。紧盯新能源发展新业态,鼓励现有新能源装备制造企业加大技术研发投入或引进有资金实力和先进技术的企业,争取在储能、新型发电模式引进及应用、配电网建设等方面取得突破,不断拉长新能源产业链,促进新能源产业链向高端化方向发展。

(五)推进农村一、二、三产业融合发展

1. 做强基地,提升一产业发展支撑力。围绕推进特色农产品提档升级,狠抓现代农业园区建设,倾力打造农产品加工企业的"第一车间"。全市建成120万亩粮食生产、60万亩"原产地"枸杞、40万亩蔬菜、90万亩硒砂瓜、60万亩马铃薯、90万亩经果林、155万头牛(奶牛)羊七大特色农产品生产基地,特色农产品比重达80%以上。

2. 壮大龙头,提升二产业市场竞争力。实施龙头企业带动工程,培育市级以上农业产业化龙头企业150家、示范合作社75个、家庭农场75家。激发产业活力,多措并举推进企业上市。大力发展"互联网+现代农业",引导龙头企业依托电商平台拓展销售渠道,到2020年,特色农产品及加工品年度线上销售额突破20亿元。

3. 促进联合,提升一、二、三产业融合发展能力。发展乡村旅游,有效整合现代农业种植、农产品深加工以及休闲农业、乡村旅游等产业要素,发展休闲农业、观光农业、体验农业,带动乡村旅游发展。创新融合模式,充分发挥农产品加工业纽带作用,推广"特色基地+龙头企业+电子商务"模式,打造从"田园到餐桌"全产业链,实现集聚发展,促进一、二、三产业深度融合。依托现有自治区级农业产业化龙头企业,到2035年,打造产业化联合体5家。

(六)推进城乡文明建设一体化

1. 加强城乡文明建设。牢牢把握中卫自然山水格局和历史文化脉络,塑造独一无二的"沙漠水城、休闲中卫"城市特色。深入开展全国文明城市和国家卫生城市创建活动,推进崇德向善、文化厚重、和谐宜居城市建设。深化农村精神文明创建活动,广泛开展文明村镇、文明校园、文明家庭创建活动,推进乡风文明。积极倡导移风易俗,下大力气改变农村不孝敬父母、重男轻女、天价彩礼等不良风气,切实解决宗教过热、氛围过浓的问题。健全完善农村公共文化服务体系,广泛开展形式多样的群众文化和全民健身活动,丰富农村精神文化生活。

2. 加强美丽城乡建设。建设宜居、休闲、生态城乡,巩固深化城市"以克论净"深度保洁模式,并逐步向农村延伸,营造干净整洁的人居环境。实施"蓝天、碧水、净土"三大行动,加大生态保护力度。推进大气污染防治,加强烟尘管控,对城市建成区各类建筑工地严格落实"六个100%"扬尘防控措施,坚决杜绝秸秆焚烧行为,环境空气质量优良天数比例达80%以上。严格落实"河长制",扎实推进清河专项行动。统筹布局农村垃圾、污水处理设施,实行垃圾、污水处理统一规划、统一建设、统一管理。到2020年,建制镇和中心村污水处理率达70%以上,90%的村庄实现生活垃圾减量化、资源化、无害化处理。加大农村面源污染防治力度,严格控制化肥、农药、农用残膜等施用,加快推广畜禽类粪污资源化利用、农作物秸秆利用和农用残膜回收利用。实施环村林带、巷道绿化、村镇公园等工程,建设绿色廊道和重要道路、河道绿化带,实现农区变景区、田园变公园。

3. 加强平安中卫建设。推进平安城市创建工作,积极推进共建共治共享,促进民事民议、民事民办、民事民管,以法安社会,以德润人心。坚持源头治理、系统治理、综合治理、依法治理,确保人民安居乐业、社会安定有序。大力推进农村社区建设,把城市社区服务管理模式和公共服务内容引入农村社区,构建农村社区建设管理运行新机制。结合"雪亮工程"建设,依托乡镇、村(社区)综治中心,全面推行乡镇、村(社区)

网格化管理,将网格内的人、地、物、事、组织等基础信息和社情民意、全程代办服务等全部纳入网格化服务管理工作范围。积极探索推行"诉求代理、意愿代理、事务代办"群众办事工作机制。以基层党组织建设为引领,加快推进自治、法治、德治的有效融合,加强和创新农村社会治理模式。到2020年基本形成基层党组织领导、各方广泛参与、各级组织共同治理的格局,推动平安建设迈向更高层级。

(七)推进城乡公共服务一体化

1. 推进城乡基本公共服务均等化。加快发展农村教育事业,实施农村薄弱学校改造项目和农村教育信息化全覆盖工程,加强农村寄宿制学校和乡镇中心学校、幼儿园建设,持续改善农村办学条件。全面落实《乡村教师支持计划(2015—2020年)》,持续优化乡村教师资源配置,稳步提升农村教育质量,形成"下得去、留得住、教得好"的局面。到2020年,努力培养一支素质优良、数量充足、结构合理的乡村教师队伍,让农村孩子享受到优质教育。用好网络信息技术,发展远程教育和智慧教育,推动优质教育资源城乡共享。提升农村医疗卫生机构服务能力,推进基层医疗机构标准化建设。加强医疗卫生人才队伍建设,招录聘用特岗全科医生,充实基层医疗机构。持续实施妇幼健康行动计划项目,开展家庭医生签约服务和健康扶贫工程,落实14类54项基本公共卫生服务项目,保障农村人口享受公平可及的基本医疗和基本公共卫生服务。推进城市优质医疗资源下沉,推进医疗联合体建设,开展"互联网+远程诊疗"服务。

2. 统筹城乡社会保障体系。完善城乡居民基本医疗保险制度、大病保险制度和城乡居民门诊、住院费用包干制度,将进城农民纳入社区医疗卫生服务体系。将进城落户农业转移人口全部纳入城镇住房保障体系。加强城乡低保规范化管理,做到应保尽保。逐步提高保障标准,加大临时救助力度,简化程序,提高效率,保障困难家庭不因病、因灾、因祸返贫。

3. 加快推进城乡劳动力创业就业。积极搭建产城融合发展创业平台,鼓励和引导进城农民自主创业。以企业、社会用工需求为导向,积极搭建就业对接平台,引导进城农民有序稳定就业。建立市县(区)之间协商共建创业带动就业机制,引导市县(区)之间推荐本地优秀创业项目入驻"创业孵化园""大学生创业基地"等创业园区,提供多渠道全方位保姆式创业服务,实现创业带动就业的倍增效应。加强劳动执法监察,依法保护劳动者合法权益,引导、鼓励企业和用人单位建立劳动技能提升与薪酬增长挂钩机制。到2020年,有培训意愿的城乡失业人员、农民工、新增劳动力免费接受基本职业技能培训覆盖率达95%以上。

四、保障措施

(一)加强组织领导。强化党委统一领导、党政齐抓共管、部门各负其责的工作机制。成立全市加快城乡一体化发展领导小组,具体负责全市城乡一体化发展各项工作。坚持规划先行,发挥县(区)在城乡一体化发展中的主体作用,科学编制"一带两廊"特色小镇、中心镇总体规划,严格按照规划,安排发展时序和项目,加快形成城乡一体化发展格局。各部门(单位)要牢固树立城乡一体化发展理念,在发展规划、重点项目、资金安排、产业布局、基础设施建设等方面,打破条块分割,整合各种资源,统筹兼顾,重点倾斜,着力引导产业、资源和人口向"一带两廊"集聚。

(二)全面深化改革。全面落实国家和自治区深化改革各项任务,着力推动重点领域和关键环节改革取得新突破。深化"放管服"改革。实施"互联网+政务服务"计划,健全完善"不见面、马上办"的审批机制。鼓励民间资本进入基础设施、公共服务等领域,促进民间投资。深化商事制度改革,降低市场准入门槛和成本,为大众创业、万众创新营造良好生态。培育企业家精神,构建"亲""清"政商关系。深化机构改革。紧扣职能转变,推进市县机构改革,理顺工业园区体制机制,完善公共服务管理体制,强化事中事后监管,合理配置部门职能,努力建设人民满意的服务型政府。深化农村改革。推进农村集体资产股份权能改革、农村产权抵押担保贷款,统筹推进"三权分置",扩大农村产权登记颁证范围,推进农村"两权"抵押贷款试点。深化土地管理使用制度改革,抓好沙坡头区农村产权制度改革试点工作,成立土地股份制合作社。稳妥推进自然资源所有权确权登记,扩大湿地产权确权试点范围。

(三)强化项目人才支撑。以产业发展为重点,对标国家、自治区项目资金投向,加大招商引资力度,精心储备一批项目、积极争取一批项目、组织实施一批项目,加快"一带两廊"建设。鼓励机关、企事业单位优秀干部到县(区)、乡镇、村(居)委会从事管理、技术工作。引进高校、科研院所高级人才参与"一带两廊"建设,为城乡一体化提供技术支撑。扶持大学生回乡创业就业,支持成功人士回乡二次创业,带动人才、技术、资金等要素向"一带两廊"加速流动。

(四)加强基层政权建设。扎实开展星级基层党组织创建活动,深入实施"三大三强"行动和"两个带头人"工程,充分发挥基层党组织战斗堡垒作用。深入实施致富带头人培养计划,建好用好"四化一满意"服务群众工作平台,提升基层党组织服务群众水平。认真落实《关于进一步激励广大干部新时代新担当新作为的意见》,把到农村一线工作锻炼作为培养干部的重要途径,注重提拔使用实绩优秀的干部。真情关爱基层干部,对困难地区干部和一线干部要给予更多理解和支持,在政策、待遇等方面给予倾斜,让他们更好履职奉献。

（五）营造浓厚氛围。各级党委、政府要大力宣传加快城乡一体化发展的好经验、新举措和先进典型,使城乡一体化发展成为全社会高度重视、广泛参与的共同行动,为城乡一体化发展营造良好氛围。市委、市政府每年召开一次工作会议,及时总结推广经验,充分发挥典型示范作用。各县（区）、各部门（单位）要调整工作思路和力量配置,进一步强化服务职能,自觉把各项工作融入到"一带两廊"建设中去,促进城乡一体化不断向纵深发展。

（六）强化督促检查。按照分级负责的原则,建立健全城乡一体化发展工作考核评价机制,采取定性和定量相结合的办法,将城乡一体化发展的重点指标纳入县（区）、部门（单位）考核范围,适当增加考核指标的权重,确保各项工作稳步推进。市委、市政府督查部门定期对城乡一体化发展重大项目工程、重点工作、重大改革事项进行督促检查,考核结果作为评价县（区）、部门（单位）绩效和领导班子、领导干部实绩的重要依据。

中共中卫市委员会
中卫市人民政府
2018年8月3日

中共中卫市委员会　中卫市人民政府关于印发《中卫市创建全国文明城市工作方案》的通知

卫党发〔2018〕9号

沙坡头区委、政府,中宁、海原县委、政府,海兴开发区党工委、管委会,市直各部门（单位）、各人民团体、市属各企业,中央、区属驻卫有关单位:

《中卫市创建全国文明城市工作方案》已经市委、市政府研究同意,现印发给你们,请认真抓好贯彻落实。

中共中卫市委员会
中卫市人民政府
2018年3月22日

中卫市创建全国文明城市工作方案

根据《全国文明城市（地级以上）测评体系（2017版）》《全国文明城市（地级以上）测评体系操作手册》和《全国未成年人思想道德建设工作测评体系》的要求,结合中卫市实际,制订本工作方案。

一、指导思想

坚持以习近平新时代中国特色社会主义思想为指导,认真贯彻落实党的十九大和自治区第十二次党代会、自治区党委十二届二次、三次全会和市第四次党代会、市委四届二次、三次、四次全会精神,牢固树立创新、协调、绿色、开放、共享的发展理念,以培育和践行社会主义核心价值观为主线,以全面提升市民素质和城市文明程度为目标,建立健全创建工作长效机制,动员和组织全社会力量齐抓共建,广泛开展群众性精神文明创建活动,切实加强思想道德和科学文化建设,全面提高城市建设管理水平,努力培育与现代化城市相适应的市民文明意识,为推进中卫市转型追赶、高质量发展,实现经济繁荣、民族团结、环境优美、人民富裕,与全国全区同步建成全面小康社会,营造良好的社会环境。

二、创建目标

紧紧围绕《全国文明城市（地级以上）测评体系（2017版）》明确的创建项目、内容和测评标准,扎实推进"八大环境"各项目标任务,不断健全完善全民创建工作机制,推进崇德向善城市、文化厚重城市、和谐宜居城市建设,大力营造廉洁高效的政务环境、公平正义的法治环境、诚信守法的市场环境、健康向上的人文环境、有利于青少年健康成长的社会文化环境、舒适便利的生活环境、安全稳定的社会环境、可持续发展的生态环境,确保2018年年底顺利通过自治区文明城市届满测评验收,力争2020年实现全国文明城市创建目标。

三、创建原则

1. 坚持以人为本。把服务人民群众、满足人民群众需求、实现人的全面发展作为创建工作的出发点和落脚点,切实解决好人民群众普遍关注的热点、难点问题,不断提高人民群众的幸福感和满意度。

2. 坚持群众主体。始终以人民群众为创建主体,贴近基层、贴近实际、贴近生活、贴近群众,创造更多群众乐于参与、便于参与的新载体,调动、激发群众参与热情,使群众在活动中实现自我教育、自我提高。

3. 坚持注重实效。坚持创建惠民利民为民,在深入调研的基础上,确定目标,部署安排,下达任务,结合实际制定措施,把好事办好、实事办实。

4. 坚持齐抓共管。建立市、县(区)级领导包抓、部门各负其责、社会共同参与的创建工作格局,有效整合各种资源,形成创建工作合力,推动创建工作有序顺利开展。

5. 坚持开拓创新。主动适应新常态下创建工作思路,坚持与时俱进,完善体制机制,借鉴兄弟城市的成功经验和有益做法,探索具有中卫市特色的工作举措、活动载体、管理模式,提升创建工作水平和层次。

四、组织机构及职责分工

中卫市创建全国文明城市指挥部:

总 指 挥:何　健　市委书记、市人大常委会主任
　　　　　万新恒　市委副书记、市长
副总指挥:马和清　市委副书记、党校校长
　　　　　陈加先　市委常委、政法委书记、公安
　　　　　　　　　局局长
　　　　　王　伟　市委常委、常务副市长
　　　　　叶宪静　市委常委、宣传部部长
　　　　　刘启峰　市委常委、副市长
　　　　　苏海涛　市委常委、副市长
　　　　　蔡　菊　副市长
　　　　　张隽华　副市长,中卫工业园区党工
　　　　　　　　　委书记、管委会主任
　　　　　童　刚　沙坡头区委书记

指挥部办公室(简称市创城办):

主　　任:叶宪静　市委常委、宣传部部长
副 主 任:杨照明　市委秘书长、办公室主任
　　　　　戎尽寒　市政府秘书长、办公室主任
　　　　　袁海清　市委宣传部副部长、文明办主
　　　　　　　　　任、市国防教育办公室主任

成员:各县(区)党委、政府,市直各部门(单位)、各人民团体、市属各企业,中央、区属驻卫各单位

主要职责:负责指挥部及办公室的日常工作安排,协调指挥部各工作推进组的工作,审批各项创城计划及方案,传达贯彻指挥部领导的指示及交办的有关工作。负责各工作推进组创建工作任务的督查、考核通报及第三方测评的协调指导。负责指挥部各种文件、领导讲话、总结材料、工作简报和有关典型材料的起草编写印发。负责收集、整理、汇总、存档各类创建资料,准备各种迎检材料。负责中央文明办、中央有关部委及自治区文明办有关领导、专家到中卫市指导检查创城工作的衔接工作。

指挥部下设九个工作推进组:

第一组:思想道德建设工作推进组

组　　长:叶宪静　市委常委、宣传部部长
副组长:杨照明　市委秘书长、办公室主任
　　　　戎尽寒　市政府秘书长、办公室主任
　　　　冯忠铁　市委组织部副部长
　　　　袁海清　市委宣传部副部长、市文明办
　　　　　　　　主任、市国防教育办公室主任
　　　　段鹏举　市新闻传媒集团党委书记、主任

牵头单位:市委宣传部、市文明办

责任单位:市纪委监委、市委办公室、市政府办公室、市委组织部、市委政策研究室、市直机关工委、市委党校、市新闻传媒集团、市网络安全与信息化办公室、市发展和改革委员会、市工业和信息化局、市教育局、市科学技术局、市公安局、市民政局、市司法局、市财政局、市规划管理局、市住房和城乡建设局、市交通运输局、市商务和经济技术合作局、市旅游发展委员会、市文化体育新闻出版广电局、市卫生和计划生育局、市统计局、市市场监督管理局、市城市管理综合执法监督局、市总工会、团市委、市妇联、市科协、市文联、市残联、市工商联、中卫军分区政治工作处,各县(区)党委、政府,沙坡头区人民法院。

主要职责:负责《全国文明城市(地级以上)测评体系(2017版)》第一版块"牢固的思想道德基础"中理想信念教育、社会主义核心价值观建设、培育文明道德风尚三部分(第1项—57项)和第三版块"长效常态的创建工作机制"(第175项—200项)共计83项任务的推进落实及材料的收集、整理、汇总工作。

第一版块　牢固的思想道德基础

第一部分　理想信念教育

1. 把学习贯彻习近平新时代中国特色社会主义思想和党的十九大精神作为市委、市政府一项长期政治任务,制订具体学习计划及实施方案。

责任单位:市委办公室、市政府办公室、市委宣传部

2. 系统全面学习习近平新时代中国特色社会主义思想,抓好《习近平谈治国理政》《习近平总书记系

列重要讲话读本》和党的十九大报告的学习，专题学习习近平总书记关于宣传思想文化工作和精神文明建设的重要论述。

责任部门：市委办公室、市政府办公室、市委宣传部

3. 巩固"学党章党规、学系列讲话，做合格党员"学习教育成果，推进"两学一做"学习教育常态化制度化，深入开展"不忘初心、牢记使命"主题教育，引导党员干部不断坚定理想信念，不断增强政治意识、大局意识、核心意识、看齐意识，自觉在思想上政治上行动上同以习近平同志为核心的党中央保持高度一致。

责任单位：市委组织部

4. 以党委（党组）中心组学习为示范带动，一级抓一级、层层抓学习，完善督查考核办法。

责任单位：市委宣传部

5. 党校、行政学院把学习讲话精神纳入培训教学。

责任单位：市政府办公室、市委组织部、市委党校

6. 宣传统筹推进"五位一体"总体布局和协调推进"四个全面"战略布局的生动实践，宣传以新发展理念引领经济发展新常态、推进供给侧结构性改革的进展成效。

责任单位：市委宣传部、市新闻传媒集团

7. 组织领导干部、专家学者到基层一线宣讲，加强思想政治工作，统一思想，凝聚共识。

责任单位：市委宣传部、市委党校

8. 积极稳妥做好经济社会热点难点问题的舆论引导，抵制各种错误思潮的影响。

责任单位：市委宣传部、市新闻传媒集团、市网络安全与信息化办公室

9. 坚持不懈开展中国特色社会主义理论体系学习教育，坚定中国特色社会主义道路自信、理论自信、制度自信、文化自信。

责任单位：市委宣传部

10. 大力宣传党的十八大以来经济、政治、文化、社会、生态文明建设和党的建设取得的巨大成就，广泛开展党史、国史、社会主义发展史教育，加强中国道路宣传教育，汇聚起同心共筑中国梦的强大力量。

责任单位：市委宣传部、市委政策研究室、市委老干部局、市新闻传媒集团、市教育局

11. 落实意识形态工作责任制，党委切实负起意识形态工作的政治责任和领导责任，经常研究解决重大问题，掌握领导权、话语权。

责任单位：市委办公室、市委宣传部

第二部分　社会主义核心价值观建设

12. 落实中办《关于培育和践行社会主义核心价值观的意见》和中宣部、中央文明办《培育和践行社会主义核心价值观行动方案》，制订年度工作实施方案。

责任单位：市委宣传部、市文明办

13. 完善领导体制和工作机制，明确责任分工，加强督促检查。

责任单位：市委办公室、市政府办公室、市委宣传部、市文明办

14. 主要新闻媒体、都市类媒体、网络媒体持续有效宣传普及12个主题词。

责任单位：市新闻传媒集团、市网络安全与信息化办公室

15. 编写通俗读物，开展宣讲解读。

责任单位：市文明办、市委政策研究室、市委党校、市教育局、市文化体育新闻出版广电局、市文联

16. 运用文艺形式和民族民间文化样式传播核心价值观。

责任单位：市文化体育新闻出版广电局、市文联

17. 依托公共文化设施、宣传文化阵地开展核心价值观教育。

责任单位：市委宣传部、市文明办、市文化体育新闻出版广电局、市文联

18. 开展市民公约、村规民约、学生守则、行业规范等规范守则教育实践活动。

责任单位：市文明办、市直机关工委、市教育局、市民政局

19. 运用升国旗仪式、成人仪式、入党入团入队仪式等礼仪制度传播主流价值。

责任单位：市委组织部、市委宣传部、市文明办、市教育局、团市委

20. 印制发放市民文明手册，普及文明礼仪规范，倡导文明礼仪新风。

责任单位：市委宣传部、市文明办

21. 广泛发现和树立各类先进典型，推动形成群星灿烂和七星共明的先进群体格局。

责任单位：市委宣传部、市文明办

22. 开展各种形式的先进典型宣传学习活动。

责任单位：市委宣传部、市新闻传媒集团

23. 开展文化界、体育界、教育界、科技界人士及企业家重自身修养、重社会责任、树良好形象活动。

责任单位：市委宣传部、市工业和信息化局、市教育局、市科学技术局、市商务和经济技术合作局、市文

化体育新闻出版广电局、市市场监督管理局、市文联、市工商联

24.创新发展乡贤文化,发挥新乡贤引领作用。

责任单位:市文明办、市委政策研究室、市文化体育新闻出版广电局,沙坡头区委、政府

25.倡导注重家庭、注重家教、注重家风,开展传承好家风好家训活动。

责任单位:市文明办、市妇联

26.深化文明家庭创建活动,推进领导干部廉洁家庭建设。

责任单位:市纪委监委、市文明办、市妇联

27.开展倡导绿色生活反对铺张浪费行动,抵制餐桌浪费、包装过度、生活浪费等不良风气。

责任单位:市文明办、市发展和改革委员会、市市场监督管理局

28.开展文明餐桌活动,宣传推广"光盘行动"等经验做法。

责任单位:市文明办、市新闻传媒集团、市市场监督管理局

29.以春节、元宵节、清明节、端午节、七夕节、中秋节、重阳节为重点,广泛开展"我们的节日"主题活动。

责任单位:市文明办、市民政局、市文化体育新闻出版广电局

30.做好文化遗产保护传承和合理利用,加强对古遗址、古建筑、近现代历史建筑的保护。

责任单位:市文化体育新闻出版广电局

31.落实国办《关于支持戏曲传承发展的若干政策》,加大政府购买服务力度,支持戏曲传承发展,推动戏曲进校园。

责任单位:市教育局、市财政局、市文化体育新闻出版广电局、市文联

第三部分　培育文明道德风尚

32.建立完善道德模范评选表彰制度,发动群众选树典型性、先进性、示范性强的道德标杆。

责任单位:市委宣传部、市文明办、市新闻传媒集团、市总工会、团市委、市妇联、中卫军分区政治工作处

33.建立健全道德模范帮扶礼遇制度,加强对道德模范荣誉称号的管理。

责任单位:市文明办

34.在媒体开展道德模范专题宣传。

责任单位:市新闻传媒集团、市网络安全与信息化办公室

35.运用基层宣讲、公益广告、专题展览、故事汇巡演等方式,开展道德模范学习宣传活动。

责任单位:市委宣传部、市文明办、市委党校、市文化体育新闻出版广电局

36.落实中央文明委《关于推进志愿服务制度化的意见》《关于支持和发展志愿服务组织的意见》《关于公共文化设施开展学雷锋志愿服务的实施意见》。

责任单位:市文明办、市民政局、市文化体育新闻出版广电局、团市委、市妇联

37.大力弘扬志愿精神,积极培育志愿服务文化,市民对志愿服务活动认同和支持率大于或等于90%,注册志愿者人数占城市建成区常住人口比例大于或等于13%,注册志愿者参加志愿服务活动的人数占注册志愿者总人数的比例大于或等于70%。

责任单位:市民政局、团市委

38.建立健全登记注册、服务记录、关系转接、兑换服务、褒奖激励等机制。

责任单位:市民政局、团市委

39.以社区、公共文化设施、景区景点、窗口单位为重点,加强志愿服务站点建设。

责任单位:市民政局、市旅游发展委员会、市文化体育新闻出版广电局、市城市管理综合执法监督局

40.落实中央文明办《社区志愿服务方案》,确定社区志愿服务的工作流程和活动项目。

责任单位:市民政局

41.开展关爱空巢老人、留守儿童、困难职工、残疾人志愿服务活动,开展党员志愿服务,开展文明旅游、文明交通、文明上网等志愿服务活动,组织专业志愿服务队开展志愿服务。

责任单位:市直机关工委、市网络安全与信息化办公室、市教育局、市公安局、市民政局、市旅游发展委员会、市文化体育新闻出版广电局、市总工会、团市委、市妇联、市残联

42.建立部门联席会议或工作领导小组,形成统筹协调,各方联动的工作制度。

责任单位:市文明办

43.落实《游客不文明行为记录管理暂行办法》,建立游客不文明信息通报机制。

责任单位:市旅游发展委员会

44.新闻媒体做好文明旅游正面引导与反面曝光,旅游黄金时节有热潮,宣传引导常态化。

责任单位:市新闻传媒集团、市网络安全与信息

化办公室、市旅游发展委员会

45. 机场、车站、码头、旅游集散中心营造文明旅游的浓厚氛围,出入境办证大厅、出境口岸进行文明出境游宣传,主要景点、景区开展文明告知、文明提醒、文明规劝。

责任单位:市公安局、市交通运输局、市旅游发展委员会

46. 落实行前教育、行中引导、行后总结制度,把好护照关、组团关、出境关、交通关、落地关、行程关。

责任单位:市公安局、市交通运输局、市旅游发展委员会

47. 治理规范旅游市场秩序。

责任单位:市发展和改革委员会、市公安局、市司法局、市商务和经济技术合作局、市旅游发展委员会、市市场监督管理局、沙坡头区人民法院

48. 落实《中华人民共和国广告法》《公益广告促进和管理暂行办法》,健全完善文明委统筹协调、相关职能部门各负其责的领导体制和工作机制。

责任单位:市委宣传部、市文明办、市市场监督管理局

49. 出台公益广告扶持激励政策,鼓励、支持、引导单位和个人以提供资金、技术、创意、媒介资源等方式参与公益广告宣传。

责任单位:市委宣传部、市市场监督管理局、市城市管理综合执法监督局

50. 报纸、广播、电视、期刊、互联网等媒体持续刊播公益广告。

责任单位:市委党校、市新闻传媒集团、市网络安全与信息化办公室、市文化体育新闻出版广电局、市文联

51. 设计制作与城市景观相融合、与城市历史文化相承接、与市民欣赏习惯相契合的公益广告,在社会公共场所、公共交通工具、建筑工地围挡等广泛刊播展示,把社会主义核心价值观和文明风尚有机融入各类生活场景。

责任单位:市委宣传部、市文明办、市民政局、市住房和城乡建设局、市交通运输局、市旅游发展委员会、市城市管理综合执法监督局,沙坡头区委、政府

52. 开展网上精神文明创建活动,推动线上线下互动,推动与当地媒体融合互动。

责任单位:市委宣传部、市文明办、市新闻传媒集团、市网络安全与信息化办公室

53. 壮大网络文明传播志愿者队伍,积极发挥作用。

责任单位:市网络安全与信息化办公室、市民政局、团市委

54. 开展创建文明网站活动,加强网络空间治理和网络内容建设,倡导文明办网、文明上网。

责任单位:市网络安全与信息化办公室、市公安局、团市委

55. 开展网络公益活动,吸引网民广泛参与。

责任单位:市网络安全与信息化办公室、市公安局、团市委

56. 落实属地管理原则,依法打击网络谣言和网上淫秽色情信息,查处违法违规网站。

责任单位:市网络安全与信息化办公室、市公安局、市文化体育新闻出版广电局

57. 建好用好地方文明网,运用互联网新技术提高精神文明建设工作水平。

责任单位:市文明办

第三版块　长效常态的创建工作机制

175. 把精神文明建设纳入经济社会发展总体规划。

责任单位:市委办公室、市政府办公室、市文明办、市发展和改革委员会

176. 党政主要负责同志带头履职尽责,加强对精神文明建设工作的领导。

责任单位:市委办公室、市政府办公室

177. 落实中央文明委《关于深化群众性精神文明创建活动的指导意见》和全国创建文明城市工作经验交流会精神,研究制订实施细则和工作方案。

责任单位:市文明办

178. 文明委及其办公室有健全的工作制度和具体的保障措施,负起统筹协调、督促检查职责。

责任单位:市文明办

179. 文明委成员单位落实责任,群团组织积极发挥作用,形成齐抓共管合力。

责任单位:市文明办、文明委各成员单位

180. 主要新闻媒体设有精神文明创建专题专栏,城乡公共场所利用多种形式宣传展示精神文明创建内容。

责任单位:市文明办、市新闻传媒集团,沙坡头区委、政府

181. 创建工作规划、重要举措、所办实事等公开发布宣传,听取群众意见建议。

责任单位:市文明办、市新闻传媒集团,沙坡头区委、政府

182. 为市民群众参与创建工作搭建平台、畅通渠道。

责任单位:市文明办、市新闻传媒集团,沙坡头区委、政府

183. 创建活动的群众参与率大于90%。

责任单位:市文明办,沙坡头区委、政府

184. 建立健全群众监督机制,认真处理群众举报问题。

责任单位:市纪委监委、市政府办公室、市文明办

185. 采取问卷调查、民意测评等方式,查找存在突出问题,及时进行整改。

责任单位:市文明办、市统计局

186. 建立健全群众评价机制,以群众满意为衡量工作成效的最高标准。

责任单位:市文明办、市统计局

187. 群众满意度调查大于80%。

责任单位:沙坡头区委、政府,市文明办

188. 在机关、企业、学校、社区、景区等普遍开展文明单位创建活动,并延伸到新经济组织、新社会组织。

责任单位:市委组织部、市文明办、市民政局

189. 文明委成员单位开展具有行业特色、职业特点的文明创建活动。

责任单位:市文明办、市文明委各成员单位

190. 落实城市支援美丽乡村建设的各项政策。

责任单位:市文明办、市规划管理局

191. 文化、科技、卫生"三下乡"活动经常化,组织城市文明单位与村镇结成对子长期帮建。

责任单位:市委宣传部、市文明办、市科学技术局、市文化体育新闻出版广电局、市卫生和计划生育局、市科协

192. 开展城乡环境卫生整治行动,有效支持农村改路、改水、改厕、旧村改造,推进城乡环卫工作一体化,防止城市污染向农村转移,帮助治理农村面源污染。

责任单位:市规划管理局、市卫生和计划生育局、市城市管理综合执法监督局,沙坡头区委、政府

193. 农村环境干净整洁,管理规范有序,无脏乱差现象。

责任单位:市规划管理局、市城市管理综合执法监督局,沙坡头区委、政府

194. 支持农村开展移风易俗、破除陈规陋习,开展星级文明户、文明村、文明镇(乡)创建。

责任单位:市文明办,各县(区)党委、政府

195. 农村公共场所广泛刊播展示公益广告,无争吵谩骂、乱扔杂物、随地吐痰、损坏花木等不文明行为。

责任单位:市文明办,各县(区)党委、政府

196. 明确本市创建活动的工作标准、长效机制。

责任单位:市文明办

197. 制定文明创建工作负面清单,防止形式主义、弄虚作假、突击迎检和扰民行为等。

责任单位:市文明办

198. 完善考核评价办法,建立文明创建评选表彰的淘汰退出机制。

责任单位:市文明办

199. 创建活动经费列入财政预算,随财政收入增长逐步提高。

责任单位:市财政局

200. 加强基层创建工作力量,切实解决人员配备、工作条件等实际问题,建设一支高素质的工作队伍。

责任单位:市文明办

第二组:政务环境工作推进组

组　长:王　伟　市委常委、常务副市长

副组长:盛建宁　市纪委副书记、监委副主任

　　　　戎尽寒　市人民政府秘书长、办公室主任

　　　　李　斌　市人民政府副秘书长、法制班主任,市政务服务中心主任

牵头单位:市政府办公室

责任单位:市纪委监委、市编办、市发展和改革委员会、市政务服务中心。

主要职责:负责《全国文明城市(地级以上)测评体系(2017版)》第二版块"良好的经济社会发展环境"中第一部分"廉洁高效的政务环境"6项任务(第58项—63项)的推进落实及材料的收集、整理、汇总工作。

第二版块　良好的经济社会发展环境

第一部分　廉洁高效的政务环境

58. 落实《关于新形势下党内政治生活的若干准则》《中国共产党党内监督条例》,强化党委主体责任和纪委监督责任,推进党风廉政和反腐败教育经常化、制度化。

责任单位:市纪委监委

59. 运用监督执纪"四种形态",以严明的纪律推进全面从严治党。

责任单位:市纪委监委

60. 推进政府综合执法,完善行政执法管理。

责任单位:市政府办公室

61. 改革行政审批制度,压缩审批时限,减少审批事项,优化审批程序。

责任单位:市政府办公室、市编办、市发展和改革委员会、市政务服务中心

62. 公布权力清单,建立健全权力清单动态管理机制,积极推进责任清单工作。

责任单位:市政府办公室、市编办、市发展和改革委员会、市政务服务中心

63. 推进政务公开信息化,加强互联网政务信息数据服务平台和便民服务平台建设。

责任单位:市政府办公室、市政务服务中心、市云计算和大数据发展服务局

第三组:法治环境工作推进组
组　　长:苏海涛　市委常委、副市长
副组长:潘　莉　市司法局局长
　　　　杨宏伟　市民政局局长
牵头单位:市司法局
责任单位:市委组织部、市委宣传部、市委党校、市民政局、市人力资源和社会保障局、市住房和城乡建设局、市卫生和计划生育局、市市场监督管理局、市总工会、市妇联、市残联,各县(区)党委、政府。
主要职责:负责《全国文明城市(地级以上)测评体系(2017版)》第二版块"良好的经济社会发展环境"中第二部分"公平正义的法治环境"12项任务(第64项—75项)的推进落实及材料的收集、整理、汇总工作。

第二部分　公平正义的法治环境

64. 落实《关于在公民中开展法治宣传教育的第七个五年规划(2016—2020年)》,增强全社会遵法学法守法用法意识。

责任单位:市司法局

65. 落实《关于完善国家工作人员学法用法制度的意见》,把宪法法律列入党委(党组)理论中心组学习内容,列为党校、行政学院必修课。

责任单位:市委宣传部、市委党校

66. 开展群众性法治文化活动,全民法治宣传教育的普及率大于或等于80%。

责任单位:市司法局

67. 健全公共法律服务体系。

责任单位:市司法局

68. 建立维护劳动者权益的协调机制,执行进城务工人员最低工资保障制度。

责任单位:市司法局、市人力资源和社会保障局、市总工会

69. 建立健全保护消费者权益的机制,设立受理消费者投诉举报的渠道。

责任单位:市市场监督管理局

70. 做好孤残儿童、弃婴救助和收养安置工作,制定落实孤儿供养标准。

责任单位:市民政局、市妇联、市残联

71. 统筹规划残疾人劳动就业,制定优惠政策和扶持保护措施。

责任单位:市民政局、市人力资源和社会保障局、市卫生和计划生育局、市妇联、市残联

72. 将老年医疗卫生服务纳入城乡医疗卫生服务规划,逐步增加对养老服务的投入。

责任单位:市民政局、市人力资源和社会保障局、市卫生和计划生育局

73. 有机构承担婚姻家庭辅导服务和妇女权益保障工作。

责任单位:市民政局、市妇联

74. 加强城市社区、机关、学校、企业和新经济组织、新社会组织等基层党、群组织建设。

责任单位:市委组织部、市民政局

75. 社区居委会、社区党支部、业主委员会、物业公司和居民代表共同商讨社区重大事务,形成社区事务的民主决策、民主管理和民主监督制度。

责任单位:市民政局、市住房和城乡建设局

第四组:市场环境工作推进组
组　　长:苏海涛　市委常委、副市长
副组长:盛建宁　市纪委副书记、监委副主任
　　　　严玉忠　市市场监督管理局局长
牵头单位:市市场监督管理局
责任单位:市纪委监委、市文明办、市新闻传媒集团、市中级人民法院、市发展和改革委员会、市商务和经济技术合作局、人民银行中卫市中心支行。
主要职责:负责《全国文明城市(地级以上)测评体系(2017版)》第二版块"良好的经济社会发展环境"中第三部分"诚信守法的市场环境"10项任务(第76项—85项)的推进落实及材料的收集、整理、汇总工作。

第三部分　诚信守法的市场环境

76. 贯彻国务院《社会信用体系建设规划纲要（2014—2020年）》，推进建立覆盖全社会的征信系统，在重点领域建立起信用记录，建设信用信息互联互通、交换共享的平台。

责任单位：市中级人民法院、市发展和改革委员会、市市场监督管理局

77. 贯彻中央文明委《关于推进诚信建设制度化的意见》，建立统分结合的工作机制。

责任单位：市文明办、市中级人民法院、市发展和改革委员会、市市场监督管理局、人民银行中卫市中心支行

78. 落实国务院《关于建立完善守信联合激励和失信联合惩戒制度加快推进社会诚信建设的指导意见》，建立健全守信联合激励和失信联合惩戒的联动机制。

责任单位：市中级人民法院、市发展和改革委员会、市市场监督管理局

79. 媒体发掘宣传诚信人物、诚信企业、诚信群体，批评鞭挞失信败德行为。

责任单位：市新闻传媒集团

80. 开展诚信行业、诚信单位、诚信示范街区、诚信经营示范店等主题实践活动，开展"3·15"消费者权益日、"食品安全宣传周"等活动。

责任单位：市商务和经济技术合作局、市市场监督管理局

81. 建立和完善打击假冒伪劣的监督、投诉和处置机制。

责任单位：市市场监督管理局

82. 开展整治虚假违法广告专项行动。

责任单位：市市场监督管理局

83. 从业人员文明用语，礼貌待人，规范服务。

责任单位：市文明办、市市场监督管理局

84. 有高效的投诉处理机制。

责任单位：市纪委监委、市市场监督管理局

85. 有效整治门难进、脸难看、事难办等突出问题，无吃拿卡要、慵懒散拖现象。

责任单位：市纪委监委

第五组：人文环境工作推进组

组　长：刘启峰　市委常委、副市长

副组长：王自强　市教育局局长
　　　　冯建军　市交通运输局局长
　　　　田应福　市文化体育新闻出版广电局局长
　　　　田风才　市卫生和计划生育局局长
　　　　赵吉文　市城市管理综合执法监督局局长

牵头单位：市文化体育新闻出版广电局

责任单位：市政府办公室、市委组织部、市委统战部、市委政法委、市直机关工委、市发展和改革委员会、市教育局、市科学技术局、市民族宗教事务局、市公安局、市民政局、市财政局、市环境保护局、市交通运输局、市商务和经济技术合作局、市旅游发展委员会、市卫生和计划生育局、市林业生态建设局、市市场监督管理局、市扶贫办、市城市管理综合执法监督局、市总工会、团市委、市妇联、市科协、市红十字会、市慈善基金会，各县（区）党委、政府。

主要职责：负责《全国文明城市（地级以上）测评体系（2017版）》第二版块"良好的经济社会发展环境"中第四部分"健康向上的人文环境"25项任务（第86项—110项）的推进落实及材料的收集、整理、汇总工作。

第四部分　健康向上的人文环境

86. 生均义务教育公用经费支出大于1000元。

责任单位：市教育局、市财政局

87. 均衡配置公共教育资源，有具体的扶持弱校措施，实行免试就近入学和信息公开制度；市民对义务教育的满意度大于或等于75%。

责任单位：市教育局

88. 推行校务公开和收费公示制度，政府部门定期开展教育收费专项检查，建立学校乱收费责任追究制度。

责任单位：市发展和改革委员会、市教育局

89. 加强科技馆、科技活动中心、青少年科技活动站等阵地和设施建设，利用全民科普日、科技活动周等时间节点，深化拓展科普活动。

责任单位：市科学技术局、市科协

90. 开展民族团结进步宣传教育，推进民族事务服务体系建设。

责任单位：市委统战部（民族宗教事务局）

91. 根据国家基本公共文化服务指导标准，制定与本市经济社会发展水平相适应的地方标准。

责任单位：市文化体育新闻出版广电局

92. 促进城乡公共文化服务均等化。

责任单位：市文化体育新闻出版广电局

93. 公共财政对文化建设投入的增长幅度高于同级财政经常性收入的增长幅度。

责任单位:市财政局、市文化体育新闻出版广电局

94. 市辖区域内有面向社会的二级以上图书馆,建有全国文化信息资源共享工程支中心和免费的公共电子阅览室。

责任单位:市文化体育新闻出版广电局

95. 在街道、社区统筹建设综合文化站和综合文化服务中心,开展宣传文化、党员教育、市民教育、科技普及、普法教育等活动。

责任单位:市文化体育新闻出版广电局,沙坡头区委、政府

96. 从城市住房开发投资中提取1%,用于社区公共文化设施建设,或提供相应面积的综合文化活动场所。

责任单位:市住房和城乡建设局

97. 按照人口规模或服务人群的距离,建设选址适中、与地域条件协调的文体广场,每个街道拥有晨晚练体育活动点5个以上,人均体育场地面积大于1.08平方米,公共体育场地设施状况良好。

责任单位:市规划管理局、市住房和城乡建设局、市文化体育新闻出版广电局

98. 完善公共文化设施免费开放的保障机制,推进公共图书馆、公共博物馆(非文物建筑及遗址类)、公共美术馆、群艺馆、文化馆(站)、科技馆等免费开放工作,健全基本服务项目。

责任单位:市文化体育新闻出版广电局

99. 开展全民阅读活动。

责任单位:市文化体育新闻出版广电局

100. 开展全民健身活动。

责任单位:市文化体育新闻出版广电局

101. 公共场所无争吵谩骂、乱扔杂物、随地吐痰、损坏花木等不文明行为。

责任单位:市交通运输局、市商务和经济技术合作局、市旅游发展委员会、市文化体育新闻出版广电局、市卫生和计划生育局、市林业生态建设局、市市场监督管理局、市城市管理综合执法监督局,沙坡头区委、政府

102. 城市无烟草广告,室内公共场所和工作场所有明显禁烟标识,无烟区没有吸烟现象。

责任单位:市卫生和计划生育局、市城市管理综合执法监督局

103. 影剧院、图书馆、纪念馆、博物馆、会场、赛场、景区、公园、广场、主要街道、机场、车站、码头等场所文明有序。

责任单位:市交通运输局、市旅游发展委员会、市文化体育新闻出版广电局、市城市管理综合执法监督局

104. 开展文明交通行动,普及文明交通常识,增强文明交通意识。

责任单位:市公安局、市交通运输局

105. 车辆、行人各行其道,无闯红灯、乱穿马路现象,乘客排队候车(船)或依次上下车(船)。

责任单位:市公安局、市交通运输局,沙坡头区委、政府

106. 建成区万车死亡率达到国家畅通工程评价标准。

责任单位:市公安局

107. 人行横道上机动车主动礼让行人,公共交通工具上乘客为老、弱、病、残、孕及怀抱婴儿者主动让座。

责任单位:市公安局、市交通运输局

108. 人际关系融洽,友善对待外来人员,耐心热情回答陌生人的询问。

责任单位:市政府办公室、市文明办,各县(区)党委、政府

109. 开展扶贫帮困、慈善捐助、支教助学、义务献血、捐赠器官、义演义诊、环境保护、植绿护绿等活动。

责任单位:市政府办公室、市委组织部、市直机关工委、市教育局、市民政局、市环境保护局、市文化体育新闻出版广电局、市卫生和计划生育局、市林业生态建设局、市扶贫办、市总工会、团市委、市妇联、市红十字会、市慈善基金会

110. 完善见义勇为人员认定机制、补偿救济机制,落实见义勇为人员权益保障和抚恤待遇。

责任单位:市政府办公室、市委政法委

第六组:社会文化环境工作推进组
组　　长:张隽华　副市长,中卫工业园区党工委书记、管委会主任
副组长:张汉强　市委老干部局局长
　　　　王自强　市教育局局长
　　　　杨树春　市财政局局长
　　　　白　杨　团市委书记
牵头单位:市教育局
责任单位:市文明办、市关工委、市新闻传媒集团、市公安局、市民政局、市财政局、市文化体育新闻

出版广电局、市市场监督管理局、团市委、市妇联、市残联,各县(区)党委、政府。

主要职责:负责《全国文明城市(地级以上)测评体系(2017版)》第二版块"良好的经济社会发展环境"中第五部分"有利于青少年健康成长的社会文化环境"14项任务(第111项—124项)的推进落实及材料的收集、整理、汇总工作。

第五部分　有利于青少年健康成长的社会文化环境

111. 说明本地落实全国文明城市、提名城市和未成年人思想道德建设工作先进城市乡村学校少年宫建设三年实现全覆盖要求的情况,包括制订的乡村学校少年宫建设实施方案、进展情况等。

责任单位:市文明办、市教育局、市财政局

112. 提供关于乡村学校少年宫建设的领导小组、任务分工、督促检查等方面的文件材料。

责任单位:市文明办、市教育局、市财政局

113. 提供本地乡村学校少年宫管理制度、活动项目、经费保障、专兼职辅导员等方面的情况说明。

责任单位:市文明办、市教育局、市财政局

114. 提供本地县级青少年活动中心、示范性综合实践基地等青少年校外活动场所的建设、管理、使用情况说明。

责任单位:市教育局、团市委,各县(区)党委、政府

115. 提供优秀童谣征集、推广和传唱活动的安排,如方案或通知等。

责任单位:市文明办、市关工委、市教育局、团市委、市妇联

116. 提供优秀童谣推广、传唱活动情况材料。

责任单位:市文明办、市关工委、市教育局、团市委、市妇联

117. 提供本市(区)加强网吧管理方面的工作安排,如通知或方案等。

责任单位:市文化体育新闻出版广电局

118. 提供本市(区)加强网吧管理方面的情况。

责任单位:市文化体育新闻出版广电局

119. 提供本市(区)整治中小学校周边环境的工作安排,如通知或方案等。

责任单位:市教育局、市公安局、市市场监督管理局

120. 提供本市(区)整治中小学校周边环境的情况。

责任单位:市教育局、市公安局、市规划管理局、市市场监督管理局

121. 提供本市(区)关心关爱留守儿童、困境儿童、流浪儿童等特殊群体未成年人的工作安排。

责任单位:市教育局、市民政局、团市委、市妇联、市残联

122. 提供本市(区)关心关爱特殊群体未成年人的情况。

责任单位:市教育局、市民政局、团市委、市妇联、市残联

123. 提供说明本市(区)在媒体上做好关爱保护未成年人健康成长宣传的情况。

责任单位:市新闻传媒集团、市教育局、团市委

124. 有本市(区)刊播关爱保护未成年人健康成长公益广告的情况说明和相关图片。

责任单位:市新闻传媒集团

第七组:生活环境工作推进组
组　　长:蔡　菊　副市长
副组长:杨　和　市住房和城乡建设局局长
　　　　冯建军　市交通运输局局长
　　　　田凤才　市卫生和计划生育局局长
　　　　陈桂凤　市统计局局长
　　　　赵吉文　市城市管理综合执法监督局局长
牵头单位:市城市管理综合执法监督局
责任单位:市发展和改革委员会、市科学技术局、市公安局、市民政局、市人力资源和社会保障局、市规划管理局、市住房和城乡建设局、市交通运输局、市旅游发展委员会、市卫生和计划生育局、市统计局、市林业生态建设局、市市场监督管理局、市政务服务中心、市云计算和大数据发展服务局、市残联,各县(区)党委、政府。

主要职责任务:负责《全国文明城市(地级以上)测评体系(2017版)》第二版块"良好的经济社会发展环境"中第六部分"舒适便利的生活环境"25项任务(第125项—149项)的推进落实及材料的收集、整理、汇总工作。

第六部分　舒适便利的生活环境

125. 人均GDP高于本省(区)同类城市平均水平。

责任单位:市发展和改革委员会,各县(区)党委、政府

126. 单位GDP能耗低于本省(区)年度控制目标。

责任单位:市工业和信息化局,各县(区)党委、政府

127. 城镇居民人均可支配收入高于自治区同类城市平均水平。

责任单位：市发展和改革委员会，各县(区)党委、政府

128. 突出以人为本、尊重自然、传承历史、绿色低碳的理念，科学制订城市发展规划，加强对城市空间立体性、平面协调性、风貌整体性、文脉延续性的规划和管控，充分发挥规划的战略引导和刚性控制作用，维护规划的严肃性和权威性。

责任单位：市规划管理局

129. 减少城市硬覆盖地面，推进海绵城市建设。

责任单位：市规划管理局、市林业生态建设局

130. 编制专项规划，逐步推进地下综合管廊建设。

责任单位：市规划管理局、市住房和城乡建设局

131. 优化街区路网结构，建成区平均路网密度和道路面积率均逐年提高。

责任单位：市规划管理局、市住房和城乡建设局、市交通运输局

132. 主干机动车道无被侵占、毁坏现象，主干道装灯率100%、亮灯率99%，街巷道路路面硬化、排水设施完善、装灯率100%、亮灯率95%。

责任单位：市公安局、市住房和城乡建设局、市城市管理综合执法监督局

133. 人行道、非机动车道平整通畅、无损坏和被违规占用现象，行人过街、机非分离、人车分离等安全设施配置完整。

责任单位：市公安局、市规划管理局、市住房和城乡建设局、市城市管理综合执法监督局

134. 文化、商业、医疗、学校等公共建筑及设施，新建居住建筑及居住区设有轮椅通道、扶手、缘石坡道等无障碍设施，管理、使用情况良好。

责任单位：市住房和城乡建设局、市城市管理综合执法监督局、市残联

135. 机场、车站、政务大厅、医院、主要旅游景点设有无障碍卫生间，能够正常使用。

责任单位：市交通运输局、市旅游发展委员会、市卫生和计划生育局、市城市管理综合执法监督局、市政务服务中心、市残联

136. 加强智慧城市建设，建设数字化城市管理系统，提高城市精细化、智能化管理水平。

责任单位：市发展和改革委员会、市科学技术局、市城市管理综合执法监督局、市云计算和大数据发展服务局

137. 开展城乡清洁行动，抓好公路、河道沿线和城市背街小巷、城乡结合部等重点部位的集中治理。

责任单位：市规划管理局、市卫生和计划生育局、市城市管理综合执法监督局，各县(区)党委、政府

138. 环境卫生干净整洁，垃圾清运及时、分类处理，无脏乱差现象，公共厕所保洁及时、无明显异味。

责任单位：市规划管理局、市卫生和计划生育局、市城市管理综合执法监督局

139. 依法规范管理，公共秩序良好，无违章停车、占道经营、小广告乱张贴现象。

责任单位：市公安局、市卫生和计划生育局、市市场监督管理局、市城市管理综合执法监督局

140. 城市公共交通分担率大于20%。

责任单位：市交通运输局

141. 环境绿化美化，卫生状况良好，无脏乱差现象。

责任单位：市林业生态建设局、市城市管理综合执法监督局，各县(区)党委、政府

142. 路面硬化、平整，排水设施完善，无明显坑洼积水。

责任单位：市住房和城乡建设局、市城市管理综合执法监督局

143. 倡导"垃圾减量分类"，生活垃圾定点投放、分类收集、定时清运。

责任单位：市城市管理综合执法监督局

144. 楼门内干净整洁，楼道无堵塞，墙面、玻璃无污秽破损，照明灯完好。

责任单位：市住房和城乡建设局，沙坡头区委、政府

145. 社区日常管理服务规范有序。

责任单位：市民政局，沙坡头区委、政府

146. 贯彻《全国医疗卫生服务体系规划纲要(2015—2020年)》，制订本地区具体区域卫生规划和医疗机构设置规划。

责任单位：市卫生和计划生育局

147. 大于或等于95%的社区卫生服务机构纳入城镇医疗保险定点机构，每千名常住人口公共卫生人员数大于或等于0.83人。

责任单位：市卫生和计划生育局

148. 依托本地医疗卫生服务机构，普及公共卫生知识，倡导健康文明的生活方式。

责任单位：市卫生和计划生育局

149. 做好军队转业干部和退役士兵安置工作。

责任单位：市民政局、市人力资源和社会保障局

第八组：社会环境工作推进组

组　　长：陈加先　市委常委、政法委书记，市公安局局长
副组长：龚学义　市公安局副局长
　　　　张　龙　市安全生产监督管理局局长
　　　　严玉忠　市市场监督管理局局长
牵头单位：市公安局
责任单位：市政府办公室、市民政局、市住房和城乡建设局、市卫生和计划生育局、市安全生产监督管理局、市市场监督管理局、应理城乡市政产业（集团）公司。
主要职责：负责《全国文明城市（地级以上）测评体系（2017版）》第二版块"良好的经济社会发展环境"中第七部分"安全稳定的社会环境"12项任务（150项—161项）的推进落实及材料的收集、整理、汇总工作。

第七部分　安全稳定的社会环境

150. 加强社会治安防控体系建设。
责任单位：市公安局
151. 社会面、重点单位及社区物防、技防、人防、消防水平符合安全要求。
责任单位：市公安局
152. 食品经营单位和集贸市场不出售过期、变质、伪劣食品，食品安全事故及时查处，无漏报、瞒报情况。
责任单位：市市场监督管理局
153. 公布举报电话，问题药品得到及时查处。
责任单位：市卫生和计划生育局、市市场监督管理局
154. 定期监测、检测本行政区域内供水厂出水和用户水龙头水质等饮水安全状况，并向社会公布。
责任单位：市住房和城乡建设局、市卫生和计划生育局、应理城乡市政产业（集团）公司
155. 建立减灾、防灾、救灾综合协调机制和灾害应急管理体系，设置明确的城市避难场所，开展社区减灾、防灾宣传教育，建立健全救灾应急预案。
责任单位：市政府办公室、市民政局、市规划管理局、市住房和城乡建设局（人防办）
156. 建立突发公共事件应急指挥系统，严格执行事件报告、通报和信息发布制度。
责任单位：市政府办公室
157. 亿元国内生产总值生产安全事故死亡率控制在政府下达的控制指标以内。
责任单位：市安全生产监督管理局

158. 加强刑满释放人员、吸毒人员等重点人群的服务管理。
责任单位：市公安局、市司法局
159. 预防和打击涉众型经济犯罪、打击"两抢一盗"等犯罪成效明显。
责任单位：市公安局
160. 卖淫嫖娼、聚众赌博、吸毒贩毒制毒等违法犯罪得到有效控制。
责任单位：市公安局
161. 有效预防打击传销活动。
责任单位：市公安局、市市场监督管理局

第九组：生态环境工作推进组
组　　长：蔡　菊　副市长
副组长：张学文　市国土资源局局长
　　　　赵凤山　市环境保护局党组书记
　　　　刘宏阳　市林业生态建设局局长
牵头单位：市环境保护局
责任单位：市国土资源局、市规划管理局、市住房和城乡建设局、市水务局、市林业生态建设局、市城市管理综合执法监督局、应理城乡市政产业（集团）公司，各县（区）党委、政府
主要职责：负责《全国文明城市（地级以上）测评体系（2017版）》第二版块"良好的经济社会发展环境"中第八部分"可持续发展的生态环境"13项任务（第162项—174项）的推进落实及材料的收集、整理、汇总工作。

第八部分　可持续发展的生态环境

162. 建成区绿地率大于或等于36%。
责任单位：市林业生态建设局
163. 人均公园绿地面积大于10平方米。
责任单位：市规划管理局、市林业生态建设局
164. 生活垃圾无害化处理率大于95%。
责任单位：市环境保护局、市城市管理综合执法监督局、应理城乡市政产业（集团）公司，沙坡头区委、政府
165. 城市建成区内未出现黑臭水体。
责任单位：市环境保护局、市住房和城乡建设局、市水务局、市城市管理综合执法监督局
166. 全年优良天数比例大于或等于80%，或《大气污染防治行动计划》年度考核等级为优秀；全年优良天数比例大于或等于70%，或《大气污染防治行动计划》年度考核等级为良好。

责任单位：市环境保护局

167. 集中式饮用水源地按国家规范划分保护区，且水质达到Ⅲ类。

责任单位：市环境保护局、市水务局，各县（区）政府

168. 城市市辖区水质优良（达到或优于Ⅲ类）比例连续三年上升，或达到70%。

责任单位：市环境保护局、市住房和城乡建设局、市水务局

169. 城市市辖区劣于Ⅴ类水体断面比例连续三年下降或无劣于Ⅴ类水体。

责任单位：市环境保护局、市水务局

170. 未被环保部挂牌督办或无区域、流域限批。

责任单位：市环境保护局

171. 无因本市市域内环境污染事件造成本地或其他地区饮用水源地污染并停水事件。

责任单位：市环境保护局、市水务局、应理城乡市政产业（集团）公司

172. 开展环境保护主题活动，大力宣传生态文明理念。

责任单位：市环境保护局、市林业生态建设局

173. 耕地保有量不低于上级下达的规划指标。

责任单位：市国土资源局

174. 新增建设用地不超过上级下达的计划指标。

责任单位：市国土资源局

五、具体要求

（一）高度重视，建立责任明确的组织领导机制。各县（区）、各部门（单位）要高度重视创城工作，要把创建全国文明城市工作作为推动各项工作的"龙头"工程，把完成测评目标任务纳入单位总体工作，制订好年度工作规划，责任到人，确保创城工作有序顺利推进。

（二）周密部署，建立切实有效的工作机制。各县（区）、各责任单位要结合实际制订详细的工作方案，力促创建工作常态化、制度化，认真抓好落实。各工作推进组要定期召开成员单位工作例会，交流创建工作，查找薄弱环节，推广先进经验。要分阶段总结工作，按时报送工作信息，分年度整理档案资料。

（三）完善措施，建立规范的督查考核和激励机制。要把创城工作作为考核各级领导干部工作绩效的重要内容和重要依据，创城办对文明城市创建工作进行暗访和问卷调查，查找创建工作存在的问题，形成通报并在媒体刊发。要实行督办问责制，建立文明城市创建责任追究制，对工作不力、完不成目标任务者，严格追究责任。

（四）加大投入，建立持续稳定的投入保障机制。各县（区）、各部门（单位）要紧紧围绕创城工作要求，统筹协调，加大对精神文明建设的资金投入，对精神文明建设的投入要随财政收入逐步提高。全国文明城市创建工作经费要列入财政预算。

（五）全民动员，建立人人参与的社会动员机制。在市委、市政府的统一领导下，举全市之力，全力推进全国文明城市创建工作。要充分发挥群众团体、社会组织、行业协会等各类组织的重要作用，加强与驻卫单位的联系沟通，构建市区共创、政企共创的工作格局，形成人人参与、人人争创全国文明城市的强大合力。

（六）加强引导，建立常态化的宣传教育机制。各县（区）、各部门（单位）要充分利用各种宣传阵地，采取新闻宣传、社会宣传、文艺宣传、网络宣传等多种途径，开展全方位、广覆盖的创城宣传活动。市属媒体要开办创建文明城市宣传专栏，设立曝光台，加大对不文明行为和社会不良现象的曝光力度，有效发挥舆论监督和引导作用。

中共中卫市委员会办公室 市人民政府办公室 关于印发《进一步理顺沙坡头区管理体制和运行机制》的通知

卫党办发〔2018〕6号

沙坡头区委、政府，中宁、海原县委、政府，海兴开发区党工委、管委会，市直各部门（单位）、各人民团体、市属各企业，中央、区属驻卫各单位：

为进一步健全沙坡头区管理体制，调整下放经济事务权限，优化机构设置和人员编制，完善财政保障机制，促进沙坡头区政治经济社会事业全面健康发展，经2017年度市委第30次常委会议研究同意，现就进一步理顺沙坡头区管理体制和运行机制有关事宜通知如下：

一、调整下放经济事务权限

除法律法规明确规定的事权以及需要市一级统筹协调的总体规划制订、重大基础设施建设、产业项目布局建设外，赋予沙坡头区在发改、工信、统计、商经、安监、环保、交通、住建、旅游等方面一定的经济管

理权限,增强经济发展内生动力。在发展和改革工作方面,负责权限内的政府投资项目核准、中卫工业园区以外的企业投资项目备案及监督管理,加强指导、协调、监督招投标工作,配合做好社会信用体系建设、粮食安全工作。在工业和信息化工作方面,负责中卫工业园区以外的中小微企业的宏观指导、协调服务及工业企业的规划、技术改造、节能降耗、淘汰落后产能、散装水泥推广等工作,抓好乡镇产业基地规划管理和民爆行业安全生产监管工作,做好沙坡头区发改局核准的政府投资项目、备案项目节能评估审查工作。在统计工作方面,负责人口、经济、农业等重大国情国力普查,开展劳动力、人口变动、私营单位工资、能源消费、"四下"企业及投资项目等调查,承担农林牧渔业、县域经济、基本单位、行政区划等统计和生态移民、全面小康、妇女儿童发展规划等统计监测,做好国民经济社会发展、科技进步、环境资源、民生改善等情况的统计分析预测和统计执法工作。在商务和经济技术合作工作方面,负责招商引资、区域经济合作、外经贸工作,抓好城市建成区以外的商贸流通企业监管工作。在安全生产监督管理工作方面,负责中卫工业园区以外的安全生产、职业卫生监督管理和工矿企业(煤矿、非煤矿山、危险化学品除外)建设项目安全设施、职业病防护设施"三同时"工作,抓好烟花爆竹生产、经营企业的安全生产工作,做好沙坡头区发改局核准的政府投资项目和备案项目安全评价工作。在环境保护工作方面,负责中卫工业园区和城市建成区以外的环境保护工作,编制、申报、实施农村环境保护基础设施项目,抓好农村生活源、农业面源污染防治工作,做好沙坡头区发改局核准的政府投资项目、备案项目环境影响评价工作。在交通运输工作方面,负责农村公路建设项目的编制申报、管理实施工作,抓好农村公路养护管理、路政管理、超限超载治理、安全监管等工作。在住房和城乡建设工作方面,负责村镇建设项目申报实施、监督管理工作,抓好小城镇建设、旧村整治、农民新居建设、危房改造工作,做好沙坡头区发改局核准的政府投资项目、备案项目施工许可工作。在旅游工作方面,负责农家乐、观光果园、休闲农业等乡村旅游工作。(市区主要职责边界详见附件)。此外,对于社会保障、文化新闻出版等社会事务工作,沙坡头区主要配合市一级相关部门做好社会保险政策落实、征缴扩面和农村文化、体育相关工作,加强辖区劳动保障监察工作。

二、优化机构设置

为沙坡头区增加2个政府工作机构限额、2个部门所属副科级事业单位机构限额。机构调整后,沙坡头区政府工作机构限额12个、事业单位机构限额31个(直属事业单位机构限额3个;部门所属事业单位机构限额28个,其中科级事业单位机构限额17个)。

(一)新设机构4个。

1. 设立沙坡头区工业和信息化局,挂"沙坡头区商务和经济技术合作局"牌子,为沙坡头区政府工作机构。将沙坡头区发展和改革局承担的工业和信息化职责、商务和经济技术合作职责,整合划入沙坡头区工业和信息化局。

2. 设立沙坡头区水务局,为沙坡头区政府工作机构。将原沙坡头区农业和科技委员会承担的水务管理职责,整合划入沙坡头区水务局。

3. 设立沙坡头区安全生产监督管理局,为沙坡头区政府工作机构,主要承担安全生产监督管理职责。

4. 设立沙坡头区环境保护局,为沙坡头区政府工作机构,主要承担环境保护职责。

(二)撤销机构1个。撤销沙坡头区文化体育和计划生育局,核销该机构原核定的科级领导职数。

(三)变更机构名称2个。

1. 将沙坡头区社会保障局更名为"沙坡头区民政和社会保障局",挂"沙坡头区文化旅游体育和计划生育局"牌子,将原沙坡头区文化体育和计划生育局承担的文化体育和计划生育职责整合划入沙坡头区民政和社会保障局。

2. 将沙坡头区农业和科技委员会更名为"沙坡头区农牧林业科技局"。

(四)挂牌机构2个。

1. 在沙坡头区委组织部增挂"沙坡头区机构编制委员会办公室"牌子,增加负责沙坡头区机构编制管理和事业单位登记管理职责。

2. 将沙坡头区综合行政执法局调整为沙坡头区建设交通局的挂牌机构,核销该机构原核定的科级领导职数。

(五)设立事业机构1个。按照"建一撤一"的原则,设立沙坡头区档案局,挂沙坡头区档案馆牌子,为沙坡头区委办公室所属副科级事业单位,核定全额预算事业编制6名(所需编制从原沙坡头区党政内网服务中心划转),核定局长兼馆长1名(副科级);撤销沙坡头区党政内网服务中心,核销该机构原核定的科级领导职数。

（六）划转事业机构1个。将市公路管理段整建制移交沙坡头区建设交通局管理，机构名称更名为"沙坡头区公路管理段"，人员编制、经费形式和机构规格暂维持不变，同时将市财政每年安排的农村公路养护经费整体下划沙坡头区。

（七）调整隶属关系9个。

1. 将沙坡头区工业和信息化服务中心（挂乡镇产业基地服务中心牌子）调整为沙坡头区工业和信息化局所属。

2. 将沙坡头区文化体育服务中心调整为沙坡头区民政和社会保障局所属。

3. 将沙坡头区水利技术服务和水库沟道管理中心、河北灌溉管理所、河南灌溉管理所、北干渠灌溉管理所、农村人畜饮水管理站、南山台电灌站调整为沙坡头区水务局所属。

4. 将沙坡头区行政综合执法大队调整为沙坡头区建设交通局所属。

三、调整人员编制和领导职数

（一）调整人员编制。随着事权调整下移，为沙坡头区一次性增加行政编制20名，其中按照"编随事走，人随编走"原则，从部分事权下移的市直部门划转10名，从市本级编制总量中调剂解决10名。

1. 行政编制。调整后，沙坡头区核定行政编制494名（司法专项编制44名）。其中，沙坡头区党政机关核定行政编制256名、乡镇核定行政编制238名。

2. 事业编制。调整后，沙坡头区核定事业编制954名。其中，全额预算事业编制806名、定额补助事业编制42名、自收自支事业编制103名、聘用编制3名。

（二）调整领导职数。为新设立的沙坡头区工业和信息化局、水务局、安全生产监督管理局、环境保护局各核定局长1名（正科级）、副局长2名（副科级）；沙坡头区编办主任由区委组织部部长兼任，核增编办专职副主任1名（副科级）。

调整后，沙坡头区区直机关事业单位和乡镇共核定科级领导职数245名（正科68名、副科177名）。其中，党政群机关核定科级领导职数103名（正科31名、副科72名）；事业单位核定科级领导职数33名（正科5名、副科28名）；乡镇核定科级领导职数109名（正科32名、副科77名）。

四、完善机构编制管理体制

沙坡头区机构编制工作实行市统一领导、沙坡头区分级管理体制。在自治区核定的机构限额和市编委核定的编制总量、科级领导职数总量内，沙坡头区可根据实际运行情况做好机构设置、职责配置、编制核定和机构编制监督管理工作，相关办理情况报市编办备案。

五、健全财政保障机制

维持现行财政体制，按6:4的比例固化市、区财政收入分成；将市、区政府性基金收入中土地出让金按区域进行划分，城市规划区、中卫工业园区、沙坡头旅游景区以外的土地出让金纳入沙坡头区财政收入。

六、相关要求

（一）沙坡头区新的行政管理体制和运行机制启动后，沙坡头区委、政府和市直有关部门要按照市委、政府的要求，讲政治、顾大局，认真做好协调配合工作。市编办负责做好市直部门编制划转工作，指导沙坡头区做好新设部门的"三定"和事业单位的"九定"工作；市委组织部会同市人力资源和社会保障局负责做好市直部门人员划转工作；市财政局会同市纪委（监委）、市审计局、市交通运输局按有关规定和程序做好机构调整变动后的资产核算、清理、移交等工作。

（二）沙坡头区委、政府抓紧做好机构设置、职能划转、人员定岗和工作交接等工作，确保新的机构尽快正常运转；要按照所设部门（单位）和相应的职能配置，认真做好新设部门的"三定"和事业单位的"九定"工作，并报市机构编制委员会办公室备案。

（三）市直有关部门（单位）要依据新确定的职责边界主动与沙坡头区各部门（单位）沟通对接，积极作为，相互配合，研究建立良好的协调合作工作机制，确保沙坡头区管理体制机制有序高效运行。

附件：沙坡头区政府工作机构与对应市直部门主要职责边界

沙坡头区政府工作机构与对应市直部门主要职责边界

序号	机构名称	主要职责	对应市直部门职责边界
1	办公室(挂政府法制办、督查室、应急办公室、政务公开办公室牌子)	负责区政府法制、督查、应急管理、政策研究、政务公开和政府日常事务等工作。	**市政府办公室主要职责** 负责市政府法制、督查、应急管理、政策研究、政务公开和政府日常事务等工作。
2	发展和改革局(挂统计局牌子)	1. 负责《宁夏回族自治区政府核准的投资项目目录》规定的县(区)权限内政府投资项目核准及监督管理工作。 2. 负责中卫工业园区以外的企业投资项目的备案及监督管理工作。 3. 负责重大区情区力普查,限下企业及投资项目等调查,农林牧渔业、县域经济、基本单位、行政区域等统计,生态移民、全面小康、妇女儿童发展规划等统计监测,国民经济社会发展等情况的统计分析预测。 4. 负责乡镇统计工作的监督管理,查处统计违法案件。 5. 负责统计信息化系统和数据库系统建设工作。	**一、市发改委主要职责** 1. 负责国家和自治区核准的建设项目的预审、上报工作。 2. 负责煤炭、电力、石油、天然气等能源行业管理。 3. 负责国民经济动员、社会信用体系建设、物价管理工作。 **二、市统计局主要职责** 1. 负责全市统计工作的组织、领导和协调。 2. 负责国情国力方面统计数据的汇总、整理。 3. 负责全市统计执法监督监察,处理重大统计违法案件。 4. 负责全市统计信息化建设工作。
3	司法局(挂信访督办局牌子)	1. 负责社区矫正、安置帮教等基层司法行政工作,管理沙坡头乡镇司法所。 2. 负责律师事务所及律师工作的监督管理,协助上级部门调查处理律师违法违纪行为。 3. 负责来访群众、信访件和投诉的统一受理、收集、分流、转办、督办、调查、处置等工作。	**一、市司法局主要职责** 1. 负责县(区)司法行政工作的监督指导。 2. 负责公证、司法鉴定工作的监督管理和国家司法考试相关工作。 **二、市政府办公室(信访督办局)主要职责** 负责来访群众、信访件和投诉的统一受理、收集、分流、转办、督办、调查、处置等工作。
4	民政和社会保障局(挂文化旅游体育和计划生育局牌子)	1. 负责基层政权和基层群众性自治组织建设工作。 2. 负责各类优抚对象优待抚恤、医疗救助和退役士兵接收、安置、就业、创业、培训等政策落实及城乡特殊困难群体的民政保障和救助工作。 3. 负责区级社会团体、慈善组织和民办非企业单位的登记、监督和管理等工作。 4. 负责婚姻登记管理和殡葬管理工作。 5. 负责社会保障工作,配合做好乡镇养老、失业、医疗、工伤、生育政策落实和乡镇居民养老保险、医疗保险的征缴扩面工作。 6. 负责沙坡头区机关、企事业单位、社会团体以及乡镇产业基地和城市建成区以外劳动保障监察执法工作。 7. 负责农村文化体育工作和农村(社区)文化体育建设项目的组织实施及监督管理,配合市直有关部门做好卫生、新闻出版、广播电视等延伸和衔接工作。 8. 负责农家乐、观光果园、休闲农业等乡村旅游工作。 9. 负责生育服务证管理和再生育审批工作,组织实施孕前优生健康检查、少生快富、奖励扶助和特别扶助等民生计划。 10. 负责社会扶养费的征收和管理。	**一、市民政局主要职责** 1. 监督、指导县(区)做好基层政权和基层群众性组织建设工作。 2. 负责城市"三无"人员集中供养、流浪无着人员救助、孤儿和弃婴收养工作,管理沙坡头区农村敬老院。 3. 负责市级社会团体、慈善组织、民办非企业单位的登记、监督和管理工作。 4. 负责福利彩票发行管理工作。 **二、市人力资源和社会保障局主要职责** 1. 负责市直机关、事业单位人事管理工作。 2. 负责社会保险基金的监督管理和创业就业、社会保障业务经办工作。 3. 负责市属和驻卫机关、企事业单位、社会团体以及中卫工业园区和城市建成区范围内劳动保障监察执法工作,协调跨区域执法和重大案件查处。 **三、市文体广电局主要职责** 1. 负责文化、体育、新闻、出版和广播电视管理工作。 2. 负责非物质文化遗产和"五馆一中心"管理工作。 3. 负责文化市场综合执法工作。 **四、市旅游发展委员会主要职责** 1. 负责全域旅游创建和重点旅游项目的规划、建设、管理等工作。 2. 负责旅游景(区)点、旅行社、古村镇等管理工作。 3. 负责星级酒店、景区评星定级审核上报和旅游市场规范化管理等工作。 **五、市卫生和计划生育局主要职责** 1. 负责卫生、医疗卫生体制改革和医疗卫生单位管理工作。 2. 负责计划生育服务体系建设和技术服务工作。 3. 负责计划生育各类优惠政策的监督和卫生计划生育综合执法工作。

续表1

序号	机构名称	主要职责	对应市直部门职责边界
5	农牧林业科技局	1. 负责农、林、牧、渔业项目的申报、实施和监督管理工作。 2. 负责农业行政执法和农业投入品的质量监督管理工作。 3. 负责农机补贴、农机新技术推广工作。 4. 负责农村生态林业建设管理和经济林产业新品种、新技术的引进、推广工作。 5. 负责农村土地(含耕地、草原、水域、滩涂)承包经营及有关合同管理、流转规范,调解合同及权属纠纷。 6. 负责农村林地、林权管理,配合市直有关部门做好辖区内农村宅基地、房屋和农村集体建设用地确权登记工作。 7. 负责农业科技项目和资金的申报、管理和组织实施工作,配合市直有关部门做好延伸衔接工作。	**一、市农牧局主要职责** 1. 负责定点屠宰的审批和监督管理工作。 2. 负责自治区和市级农村合作经济组织的认证、审核和上报工作。 3. 负责农产品质量安全检验工作。 4. 负责农业机械的证照办理和安全生产监督管理工作。 5. 负责良种繁殖场的管理工作。 **二、市林业生态建设局主要职责** 1. 负责城市园林绿化建设和管理工作。 2. 负责森林防火和林场管理工作。 **三、市科技局主要职责** 1. 负责各类科技计划项目的推荐申报和监督实施工作。 2. 负责各类科技园区建设的审核、指导工作。 3. 负责科技特派员的选拔、考核和管理工作。 4. 负责科技项目经费使用的监督管理。 **四、市国土资源局(不动产登记局)主要职责** 1. 负责土地登记、房屋登记、林地登记、草原登记等不动产登记工作。 2. 负责沙坡头区农村宅基地、房屋和农村集体建设用地确权登记工作。
6	审计局	1. 负责区本级预算执行情况和其他财政收支、乡(镇)人民政府及区直各部门(单位)预决算执行情况和其他财政收支、部门所属事业单位财务收支的审计。 2. 负责区政府投资和以区政府投资为主的建设项目预决算执行情况的审计。 3. 负责区属企业和国有资本占控股或主导地位的企业的资产、负债、损益的审计。 4. 负责区政府部门管理的和受委托管理的社会捐赠资金以及其他有关基金、资金的财务收支审计。 5. 负责区管党政主要负责人、事业单位负责人和其他审计监督对象的经济责任审计。	**市审计局主要职责** 1. 负责市本级各部门(含直属单位)及沙坡头区政府预算的执行情况和决算以及其他财政收支情况的审计监督。 2. 负责市政府投资和以市政府投资为主的建设项目预决算执行情况的审计。 3. 负责市属企业和国有资本占控股或主导地位的企业的资产、负债、损益的审计。 4. 负责市政府部门管理的和受委托管理的社会捐赠资金以及其他有关基金、资金的财务收支审计。 5. 负责市管党政主要负责人、事业单位负责人和其他审计监督对象的经济责任审计。
7	建设交通局 (挂村镇规划办公室、综合行政执法局牌子)	1. 负责村镇建设项目申报、实施、监督管理工作,抓好小城镇建设、旧村庄整治、农民新居建设、危房改造工作。 2. 负责沙坡头区发改局核准的政府投资项目、备案项目施工许可工作。 3. 负责农村公路建设项目的编制、申报、实施和管理工作。 4. 负责农村公路养护管理、路政管理、超限超载治理和安全监督管理工作。 5. 负责村镇规划管理工作。 6、负责城市管理综合行政执法工作。	**一、市住房和城乡建设局主要职责** 1. 市住房和城乡建设管理工作。 2. 负责城镇燃气行业、房地产市场、物业等管理。 3. 负责城镇供水、排水、道路、燃气、热力等市政设施建设工作。 **二、市交通运输局主要职责** 1. 负责公路、铁路、水路和航空等交通运输管理工作。 2. 负责口岸和物流园区的规划、建设、管理等工作。 **三、市规划管理局主要职责** 1. 负责城市规划管理工作。 2. 负责空间规划(多规合一)的编制管理、综合协调和牵头抓总工作。 **四、市城市管理综合执法监督局主要职责** 1. 负责县(区)城市管理综合执法指导、监督工作。 2. 负责公共事业和市政管理工作。 3. 负责城市管理信息化建设工作。

续表 2

序号	机构名称	主要职责	对应市直部门职责边界
8	财政局	1. 负责区政府非税收入、政府性基金管理工作。 2. 负责财政预算内行政机构、事业单位和社会团体的非贸易外汇和财政预算内的其他收支管理。 3. 负责国家、自治区、市和沙坡头区投资项目的财政拨款和财政支出的办理和监督。 4. 负责有关政策性补贴和专项资金管理工作。 5. 负责区国库资金、政府采购、政府性债务监督管理。 6. 负责农业综合开发项目的组织实施工作。	**市财政局主要职责** 1. 负责市财政收支、非税收入和政府性基金管理工作。 2. 负责国库管理和国库集中收付管理。 3. 负责市本级政府集中采购和政府性债务管理。 4. 负责国有资产和市属国有企业监管,指导和监督县(区)财政和国有资产管理工作。 5. 负责金融管理和服务工作。 6. 负责会计管理工作。 7. 负责农业综合开发管理工作。
9	工业和信息化局(挂商务和经济技术合作局牌子)	1. 负责中卫工业园区以外的中小微企业的宏观指导、协调服务和工业企业的规划及技术改造、节能降耗、淘汰落后产能、散装水泥推广等工作。 2. 负责乡镇产业基地产业布局、基础设施建设和运行管理等工作。 3. 负责民用爆炸物品行业安全生产监管工作。 4. 负责沙坡头区发改局核准的政府投资项目、备案项目节能评估审查工作。 5. 负责招商引资、区域经济合作、外经贸工作和城市建成区以外的商贸流通企业的监管工作。	**一、市工业和信息局化主要职责** 1. 负责中卫工业园区以内的工业企业的宏观指导、协调服务和企业规划及技术改造、节能降耗、淘汰落后产能、散装水泥推广等工作。 2. 负责电力行业的监管。 3. 负责煤、电、油、气等生产要素及原材料方面的保障协调和调度工作。 4. 负责市发改委核准的政府投资项目和企业投资项目的节能评估与审查工作。 **二、市商务和经济技术合作局主要职责** 1. 负责拍卖、典当、二手车交易和再生资源回收等特许行业的监管工作。 2. 负责城市建成区内商贸流通企业的监管工作。
10	水务局	1. 负责农田基本建设、灌溉管理和农村饮水工程建设与运行管理等工作;负责农业生产用水水资源费的征收。 2. 负责水库沟道管理。 3. 负责区级权限范围内湖泊、河道、湿地管理和沙坡头区河长制办公室日常工作。	**市水务局主要职责** 1. 负责现代化灌区、生态水利、工业供排水和污水分离、水系连通等重点水利工程项目的组织实施。 2. 负责黄河中卫段管理。 3. 负责水利工程质量监督管理工作。 4. 负责水资源统一管理以及取、排水许可和工业、生活用水水资源费征收管理。 5. 负责市级权限范围内湖泊、河道和湿地管理及市河长制办公室日常工作。
11	安全生产监督管理局	1. 负责中卫工业园区以外的安全生产和职业卫生监督管理。 2. 负责工矿企业(煤矿、非煤矿山、危险化学品除外)建设项目安全设施和职业病防护设施"三同时"监管工作。 3. 负责烟花爆竹生产、经营的安全生产和职业健康监管执法工作。 4. 负责沙坡头区发改局核准的政府投资和备案项目安全评价工作。	**市安全生产监督管理局主要职责** 1. 负责中卫工业园区以内的安全生产和职业卫生监督管理。 2. 负责煤矿、危险化学品、非煤矿山建设项目安全设施和职业病防护设施"三同时"监管工作。 3. 负责市发改委核准的政府投资和备案项目安全评价工作。 4. 负责应急救援指挥协调工作。
12	环境保护局	1. 负责中卫工业园区和城市建成区以外的环境保护工作。 2. 负责农村环境保护基础设施项目的编制、申报和组织实施。 3. 负责农村生活源、农业面源污染等防治工作。 4. 负责沙坡头区发改局核准的政府投资项目、备案项目环境影响评估工作。 5. 负责管理范围内环境保护行政执法工作。	**市环境保护局主要职责** 1. 负责中卫工业园区和城市建成区以内的环境保护工作。 2. 负责危险废物经营许可和监督检查工作。 3. 负责市发改委核准的政府投资项目、备案项目环境影响评估工作。 4. 负责环境监测和管理范围内环境监察工作。 5. 负责指导、协调解决辖区及跨县(区)、跨流域重大环境问题,调查处理重大污染事故和生态破坏事件。

中共中卫市委员会办公室 市人民政府办公室关于全市 2017 年度效能目标管理考核结果的通报

卫党办发〔2018〕11 号

沙坡头区委、政府，中宁、海原县委、政府，海兴开发区党工委、管委会，市直各部门（单位）、各人民团体、市属各企业：

按照《中卫市 2017 年度效能目标管理考核实施方案》的总体要求，各效能目标管理牵头考核单位紧紧围绕市委、政府年初下达的目标任务，实施分类分组考核、采取定性考核与定量考核、专项考核与跟踪考核相结合的方法，实事求是、客观公正地对县（区）及市直部门（单位）2017 年度效能目标管理任务完成情况进行了全面考核，经市效能目标管理考核领导小组审核，并报请市委常委会会议研究审定，现将考核结果予以通报。

附件：全市 2017 年度效能目标管理考核结果

中共中卫市委员会办公室 中卫市人民政府办公室关于印发《加强中卫市新型智库建设的实施办法（试行）》的通知

卫党办发〔2018〕79 号

沙坡头区委、政府，中宁、海原县委、政府，海兴开发区党工委、管委会，市直各部门（单位）、各人民团体、市属各企业，中央、区属驻卫各单位：

《加强中卫市新型智库建设的实施办法（试行）》已经市委研究同意，现印发给你们，请认真抓好落实。

中共中卫市委员会办公室
中卫市人民政府办公室
2018 年 8 月 1 日

加强中卫市新型智库建设的实施办法（试行）

第一章 总 则

第一条 根据中共中央办公厅、国务院办公厅《关于加强中国特色新型智库建设的意见》（中办发〔2014〕65 号）、自治区党委办公厅、人民政府办公厅《关于印发〈加强宁夏新型智库建设的实施办法（试行）〉的通知》（宁党办〔2016〕4 号）、自治区党委办公厅、人民政府办公厅《印发〈关于实施人才强区工程助推创新发展战略的意见〉的通知》（宁党办〔2018〕1 号）、自治区人才工作领导小组办公室、自治区人力资源和社会保障厅《关于开展自治区高层次人才申报认定工作的通知》（宁人社函〔2018〕223 号）精神，结合我市实际，特制定本办法。

第二条 中卫市新型智库（以下简称智库）是以服务市委、市人民政府决策、服务重点产业发展、服务企业生产经营为宗旨，以战略问题、政策问题、具体问题为主要研究对象的非营利性研究咨询机构，其运行载体为中卫创新发展研究院。

第二章 功能和任务

第三条 智库的功能：围绕全市经济社会发展开展调查研究、决策评估，为破解发展难题、推进社会治理建睿智之言、献管用之策，做市委、市人民政府决策的参谋助手。

第四条 智库的任务：围绕市委、市人民政府中心工作和全市经济社会发展中的重大课题、重点项目、发展难题，组织相关人员开展研究分析、咨询服务等；负责智库成果评价、人才培养、对外交流并指导、联络、协调全市行政事业单位、各类企业、社会团体开展自然科学、工程技术、哲学社会科学等领域研究、转化等工作。

第三章 建 设

第五条 成立智库理事会（以下简称理事会），在市委、市人民政府领导下开展工作，召集智库联席会议，指导智库建设工作，制订智库建设发展规划。理事会秘书处设在市委宣传部，由市委宣传部、市委组织部和市发展和改革委员会三部门共同组成，负责智库综合管理、指导服务和平台建设工作。

第六条 全市各级行政事业单位、企业、社会组织等均可申请加入智库，经审查合格成为理事会成员单位。

第七条 智库实行理事会领导下的负责制，理事会实体服务机构为中卫市创新发展服务中心，理事会秘书处负责理事会日常管理和运行工作。

第八条 智库理事会成员单位、专家学者实行动态管理机制，采取市内挖掘培养、市外引进等方式，适时对智库体系进行调整和完善。

第四章 运 行

第九条 建立智库理事会成员单位联席会议制度,定期召开会议,研究智库建设重大事项。

第十条 理事会秘书处牵头,在"中卫创新发展研究"网站建设智库信息平台,定期发布决策需求信息、理论科研成果等内容,做好正面宣传,引导相关单位开展政策研究、决策评估、课题攻关等工作。

第十一条 理事会可采取公开招标、直接委托、成果购买、邀请专家提供咨询服务等方式获取智库成果。

第十二条 智库专家学者每年应至少提交2篇有实际应用价值的研究成果,每年至少开展2次研究咨询活动。

第十三条 建立完善以质量创新和实际贡献为导向,政府评价、同行评价、社会评价相结合的评价机制,对智库成果进行评价。

第十四条 建立智库成果报送制度。各智库成员单位将研究成果报送理事会秘书处,经审核后汇编《中卫创新发展研究》,定期报送市委、市人民政府和自治区有关部门;对不宜公开的智库成果,建立内部报送机制。

第十五条 完善成果推广机制,拓展多层次、多载体成果传播渠道,充分利用新闻媒体、论坛、蓝皮书等形式传播研究成果。

第十六条 建立智库成果应用情况反馈制度。有关部门(单位)应及时反馈智库研究成果采纳应用情况,以书面形式将成果名称、应用效果等报理事会秘书处,由理事会秘书处向智库专家学者反馈。

第五章 经 费

第十七条 市财政局负责筹措智库经费,主要用于:

1. 对本市重大决策、公共政策等选题进行公开招标或直接委托。

2. 对智库主动提供的有价值的战略研究、咨询报告、政策方案、规划设计、调研数据、智库内参等成果进行购买。

3. 按照"谁使用、谁付费"的原则,参考自治区财政厅关于政府采购评审专家费发放标准支付决策咨询服务费。

4. 邀请智库专家来中卫开展调查研究、专题研讨、决策咨询、项目论证时,由中卫市根据专家层次,参考公务接待、差旅费报销标准等有关规定,提供食宿、交通便利。

5. 定期评定一批优秀智库成员单位和智库研究成果,并视其价值大小给予奖励。

6. 开展智库平台建设、成果评价及推广、人才培养、对外交流等活动。

第十八条 将智库提供的研究成果纳入政府采购范围和政府购买服务指导性目录。

第十九条 经费的使用应严格按照相关规定,专款专用,发挥经费使用效益。

第六章 保 障

第二十条 建立健全智库建设组织协调机制。各级党委(党组)、政府要将智库建设作为推进科学执政、依法行政的重要内容列入议事日程,建立健全党委统一领导,组织、宣传、发改部门牵头组织,有关部门积极参与的工作格局。

第二十一条 完善各种经济信息、政务信息公开制度。政府有关部门应定期向智库机构通报全市宏观经济和社会发展情况,提供相关数据资料,为各类智库开展政策研究、决策评估、政策解读等创造条件。

第二十二条 建立本市智库与区内外知名智库、市外各类智库协调沟通、合作交流机制。

第二十三条 研究制订智库人才培养、引进规划,围绕全市产业转型升级及新兴产业发展,以"领军人才+团队+项目"等方式,引进急需智库人才来卫开展服务,并有计划地组织智库研究人员外出考察学习;凡进入智库的人员,在入选本市各类优秀人才评选工程和科研项目立项等方面优先考虑。

第七章 附 则

第二十四条 本实施办法由市委宣传部负责解释。

第二十五条 本实施办法自发布之日起施行。

中共中卫市委员会办公室 中卫市人民政府办公室 关于印发《中卫市开发区(工业园区)整合优化和体制机制改革实施方案》的通知

卫党办发〔2018〕123号

沙坡头区委、政府,中宁、海原县委、政府,海兴开发区党工委、管委会,市直各部门(单位)、各人民团体、市属各企业:

现将《中卫市开发区（工业园区）整合优化和体制机制改革实施方案》印发给你们，请结合实际认真贯彻落实。

中共中卫市委员会办公室
中卫市人民政府办公室
2018年12月11日

中卫市开发区（工业园区）整合优化和体制机制改革实施方案

为全面贯彻落实自治区人民政府办公厅《关于促进开发区改革和创新发展的实施意见》（宁政办发〔2018〕48号）和《自治区党委办公厅人民政府办公厅关于印发〈开发区整合优化和改革创新实施方案〉的通知》（宁党办〔2018〕82号），加快推进全市开发区（工业园区）整合优化和体制机制改革，促进市县（区）工业园区突出管理职能、增强集聚效应、培育新的经济增长点，引领全市工业经济实现转型升级、高质量发展，现根据实际情况制订本方案。

一、总体要求

（一）指导思想。以习近平新时代中国特色社会主义思想为指导，深入学习贯彻党的十九大精神，牢固树立新发展理念，认真落实自治区第十二次党代会和市委四届四次、四届五次会议确定的改革任务，大力实施工业园区整合优化和改革创新，增强工业园区主抓经济工作职能作用，强化园区发展内生动力，提升园区服务经济工作效能，推动工业园区加速转型升级，努力将工业园区建设成为新型工业化发展的引领区、高水平营商环境的示范区、大众创业万众创新的集聚区、开放型经济和体制改革的先行区，成为推动地区经济发展的增长极。

（二）重点任务。统筹市、县工业经济长远发展规划与工业园区整合优化，形成集聚集约的工业园区发展格局。深入推进开发区体制机制改革，增强园区抓经济工作职能作用，提高行政服务效能；以"三新"经济等战略性新兴产业发展为引领，推进工业园区创新发展、转型升级，促进工业经济高质量发展；不断提升工业园区基础设施建设水平，增强开发区综合承载能力；推进中卫、中宁工业园区融合相向发展，最终设立卫宁经济技术开发区，实现整合发展。

（三）发展目标。力争到2020年，工业园区总产值达600亿元以上，占全市工业产值的比重达到80%左右。工业园区主导产业占比达60%以上，亩均产值达到50万元。力争将中卫、中宁工业园区打造成300亿元级的工业园区，将海兴开发区打造成基础设施完备，具备承接优势产业的开发区。

二、推进园区整合优化

按照自治区《关于促进开发区改革和创新发展的实施意见》中关于"一县一区，每个开发区原则上不超过3个区块"的要求，进一步整合优化园区布局，2019年上半年整合到位，实现"一个园区、一套班子、一本规划"。

（四）调整优化符合要求的3家工业园区。中卫工业园区以国家6部委发布的《中国开发区审核公告目录（2018年版）》确定的2195.72公顷面积为基数，调出无法有效利用的美利工业园10平方公里土地面积，等量增加中卫工业园区周边可利用土地。中宁工业园区按照住房城乡建设部审核意见进行整改，对园区规划、土地面积、主导产业发展方向等进行调整优化后，报请自治区政府批复。待整改工作完成后，加快推进卫宁工业园区整合步伐。海兴开发区抓紧协调自治区相关厅局支持，推进优化调整工作取得实效。

责任单位：各县（区）人民政府，各工业园区管委会，市国土资源局、规划管理局

完成时限：2019年6月30日

三、深化园区体制机制改革

（五）完善工业园区管理体制。

优化工业园区管委会机构设置。园区命名以国家公告和宁党办〔2018〕82号文件为准。按照自治区关于"1个县（市、区）行政区域内只设1个园区管理机构"和"一个机构、一块牌子、一套班子"的要求，以及机构编制分级管理有关规定，中宁县人民政府研究提出中宁工业园区机构设置意见，报自治区编办审批。中卫工业园区管委会和海兴开发区党工委、管委会分别研究提出机构设置意见，报市编委会研究。

责任单位：中卫工业园区管委会，海兴开发区党工委、管委会，中宁工业园区管委会

配合单位：市机构编制委员会办公室

完成时限：2018年11月30日

强化工业园区管委会班子配备。按照市、县（区）一体建设发展的思路及分层管理的原则，进一步优化管委会班子配备。中卫工业园区党委工委书记原则上由市委常委或政府分管领导兼任；县（区）工业园区党工委书记原则上由所在地县（区）党委或政府主要负责人兼任。各工业园区管委会主任和班子成员应选配

懂经济、懂工业、懂招商、懂政策的专业干部任职。工业园区管委会班子调整要与工业园区整合优化同步到位。

责任单位：市委组织部，市机构编制委员会办公室，各县（区）人民政府

配合单位：各工业园区管委会

完成时限：2018年12月31日

强化管委会抓园区发展和管理的主体地位。突出工业园区管委会作为管理和开发的主体地位，赋予园区招商引资、企业设立、项目管理（审批）、规划建设、综合执法、土地储备、安全生产、环境保护、设施配套、园区管理等方面职能，大力推进工业园区建设和发展，切实推动工业园区创新发展、绿色发展、转型升级。

责任单位：各县（区）人民政府、各工业园区管委会

配合单位：市机构编制委员会办公室

完成时限：2018年12月31日

（六）提升工业园区行政服务效能。

制定《工业园区经济管理权限赋权指导目录》（见附件1）。职权下放坚持宜放则放和"放得下、接得住"的原则实施。中卫工业园区直接报市人民政府研究审批；中宁工业园区、海兴开发区下放职权事项经本级人民政府审定后报市人民政府审核确认，确保2018年年底前将能够下放的职权全部下放工业园区。建立工业园区下放职权动态调整机制，对下放职权实施效果进行跟踪评估，确保放得下、接得住。突出工业园区集中精力抓好经济管理和投资招商服务的职能，逐步剥离工业园区承担的社会职能。

责任单位：市人民政府法制办公室，各县（区）人民政府，各工业园区管委会

配合单位：市机构编制委员会办公室，市工业和信息化局、规划管理局、环境保护局、人力资源和社会保障局、住房和城乡建设局、市场监督管理局、林业生态建设局、水务局、民政局、城市管理综合执法监督局

完成时限：2018年12月31日

推进项目审批服务代办制。深化"不见面、马上办"改革，2018年年底前全面建立工业园区企业项目审批"一站式"代办服务制度，为企业提供点对点、面对面指导帮办服务和代办服务。推动市、县（区）政务服务中心窗口向工业园区延伸，实行集中受理、并联审批、网上办理、限时办结，最大限度实现"企业的事园区办、园区的事园内办"。

责任单位：市政务服务中心，各县（区）人民政府

配合单位：各工业园区管委会

完成时限：2019年6月30日

推行"区域评、联合审"改革。2019年上半年，完成各工业园区建设项目涉及的文物考古、矿产压覆、水资源论证、地震影响评价、地质灾害危险性评估等具有公共属性的审批事项的评审报告，并上传投资项目在线审批系统，供建设项目免费共享使用；单个项目建设不再进行评估评审，评估费用列入市本级和各相关县（区）财政预算。建立工业园区规划环评与项目环评、规划水资源论证与项目水资源论证衔接机制，工业园区规划环评和规划水资源论证已通过的，可适当简化项目环评内容。

责任单位：市财政局、文化体育新闻出版广电局、国土资源局、水务局、规划管理局、各工业园区管委会

完成时限：2019年6月30日

（七）强化工业园区招商主体作用。

创新招商引资方式。将园区招商与市场化招商有机结合起来，组建专业化招商队伍，围绕产业链精准招商。各园区要建设专业化招商平台，定期组织合作交流对接活动。有条件的园区，可组建投资建设公司，实行公司化招商和第三方招商，实现由大团队粗放式招商向小分队精准招商转变，由大众化推介向个性化推介转变。

责任单位：市商务和经济技术合作局，各工业园区管委会

配合单位：市发展和改革委员会、工业和信息化局，各县（区）人民政府

完成时限：长期

完善招商引资政策。结合实际，制定出台工业园区招商引资优惠政策和招商引资工作绩效考核办法。对重大招商引资项目实行"一企一策""一事一议"，严格兑现招商引资承诺。制定招商引资奖励办法，按照招商引资成果给予招商团队、社会第三方机构资金奖励。

责任单位：市商务和经济技术合作局

配合单位：各县（区）人民政府，各工业园区管委会

完成时限：2018年12月31日

建立跨工业园区招商引资项目和利益分享机制。深化跨市、县（区）域合作与交流，鼓励工业园区采取飞地经济、联合共建、委托管理等形式，建立跨区域合作产业园区。各工业园区在招商引资过程中，对与本园区主导产业不相符的项目推荐至主导产业相符的园区，可按比例统计工业增加值、固定资产投资、招商

引资等经济指标,分成相应财税。2019年6月底前,市商务和经济技术合作局会同市财政局、统计局制定跨园区招商引资项目收益分成管理办法。

责任单位:市商务和经济技术合作局

配合单位:市财政局、统计局,国家税务总局中卫市税务局,各县(区)人民政府,各工业园区管委会

完成时限:2019年6月30日

(八)理顺工业园区财政管理机制。

赋予工业园区财政预算管理、独立核算及投入收益分配制度机制。按照自治区要求,赋予条件成熟的园区一级财政职能;对于条件不成熟的园区,由市县财政设立专户,按税收分成直拨园区专户,以上年度入库税收收入为基数,确定适当比例用于工业园区建设和运营管理,确保工业园区事权与财政支出权力相匹配。海兴开发区财政收入增量部分应以服务园区产业发展为主。充分保障工业园区建设和正常运转。审计部门要加强审计,确保园区财务管理合规合法。

责任单位:市财政局,国家税务总局中卫市税务局,各县(区)人民政府,各工业园区管委会

配合单位:市审计局

完成时限:2018年12月31日

(九)创新工业园区土地收储和供应模式。

进一步协调自治区政府及相关厅局,争取赋予工业园区土地收储职能,简化土地供应流程,缩短园区建设项目用地供应时限。

责任单位:市国土资源局,各县(区)人民政府

配合单位:各工业园区管委会

完成时限:长期

(十)创新工业园区投融资机制。

支持工业园区设立投融资平台。制定强化投融资配套政策,支持中卫、中宁工业园区及海兴开发区设立具有独立法人资格的经济技术投资公司,赋予投融资功能。由同级财政注资,或将财政历年投入工业园区形成的实物资产(包括标准厂房、配套设施等可用于抵押的资产),通过划转和授权经营的方式,依法合规注入经济技术投资公司,进一步盘活实物资产,发挥市场化投资及融资作用。

责任单位:市财政局

配合单位:各工业园区管委会

完成时限:2018年12月31日

鼓励民间资本参与工业园区投资建设。通过贷款贴息、保费补贴等资金,支持撬动民间资本通过参股市建投、科投、经济技术投资公司等国有资产运营公司方式,参与工业园区基础设施、公用设施等建设。建立工业园区、金融机构、企业三方沟通协调机制,引导金融资源向工业园区优化配置。

责任单位:市财政局,各县(区)人民政府

配合单位:各工业园区管委会

完成时限:2018年12月31日

(十一)改革工业园区人事薪酬制度。赋予工业园区一定的人事管理权限,采用招录和聘用相结合的方式加强园区人事管理。建立岗位能上能下、人员能进能出的人事聘用、使用制度,支持和鼓励工业园区根据发展需要,面向社会公开招聘实用型专业技术人才和各类紧缺人才。参照宁东能源化工基地、银川经济技术开发区,以及市级国有企业绩效与薪酬标准,合理确定合同制聘用人员薪酬标准。

责任单位:市委组织部,市人力资源和社会保障局,各县(区)人民政府

配合单位:市机构编制委员会办公室,市财政局,各工业园区管委会

完成时限:2018年12月31日

四、促进工业园区转型升级

(十二)聚力发展主导产业。各工业园区要按照自治区已经明确的工业园区产业定位、主导产业和限制发展产业,结合资源禀赋、产业基础、环境容量,进一步细化、具体化工业园区主导产业,在细分领域、产业链条等方面形成自身优势,加快培育壮大主导产业。要集中力量、集聚资源、集成政策,推动工业园区主导产业发展。要围绕主导产业精准招商,主攻龙头企业、引进配套企业,培育扶持耦合发展的延链补链强链产业,形成产业集群,提升产业竞争力。要突出产业发展成效,到2020年,各开发区按照区块设定的主导产业产值占比要超过60%。

责任单位:市工业和信息化局,各县(区)人民政府

配合单位:市统计局,各工业园区管委会

完成时限:长期

(十三)推动工业园区创新发展。

大力实施创新驱动战略,以高于全区平均水平的标准,扎实开展工业对标提升转型发展"十大行动",争做创新发展排头兵。

提升产业发展水平。深入开展工业园区工业企业对标和新一轮技术改造专项行动。各工业园区要紧盯行业最新标准,健全对标支持政策,3年内实现工业园区规模以上工业企业全部对标;引导企业聚焦产品、装备、工艺、技术、管理、营销等生产经营环节进行

改造升级，5年内完成规上企业整体一轮技术改造。实施工业对外合作对接行动，瞄准新一轮产业转移趋势和特点，加大承接产业转移力度，引进一批能够促进本地区工业高质量发展的优质企业。

责任单位：市工业和信息化局

配合单位：各工业园区管委会

完成时限：长期

加快新旧动能转换。实施智能制造推广专项行动，以推广智能制造和工业机器人为抓手，推动建设一批智能制造和工业机器人示范项目，每年至少培育1—2个自治区智能工厂和数字化车间。实施创新型企业培育和大企业培育专项行动，到2020年全市国家级高新技术企业达到10家以上，国家级制造业行业领先示范企业1家，产值过50亿元和100亿元企业分别达到3家和1家。

责任单位：市工业和信息化局、科学技术局，各县（区）人民政府

配合单位：各工业园区管委会

完成时限：2020年12月31日

激发创业创新活力。鼓励工业园区设立面向科技型中小企业、创业团队和创客的创业创新基地，加强各类"双创"基地、创业孵化基地、科技企业孵化器和企业技术中心建设，努力争创自治区级和国家级创业创新基地；实施创新型企业快速增长行动，实现高新技术、"专精特新"企业快速增长；建立工业园区与高校、科研院所、大型企业创新合作联动机制，加强产学研合作。

责任单位：市发展和改革委员会、科学技术局、人力资源和社会保障局、工业和信息化局

配合单位：各县（区）人民政府，各工业园区管委会

完成时限：长期

（十四）推动工业园区高质量发展。

严控招商引资项目入园门槛。严格执行环境影响评价制度，在工业园区空间布局、总量管控、环境准入等方面运用环境影响评价成果。落实最严格的水资源管理制度，实行水资源用水总量和用水效率双控，严格执行水资源论证制度，严格水土保持监督管理。对于限制发展产业，原则上不允许入园建设。

责任单位：市环境保护局、水务局，各县（区）人民政府，各工业园区管委会

完成时限：长期

推进工业园区循环化改造。进一步配套完善工业园区环保设施，各工业园区已建成的污水集中处理设施必须正常运营，加快建设中宁工业园区西区污水处理厂和海兴开发区污水处理厂。指导重点企业全部纳入污水处理在线监控系统，确保2019年年底前全部建成投用。推进企业清洁化生产、产业循环式组合，争取3年时间形成"企业小循环、园区大循环"的发展格局。

责任单位：市环境保护局，各工业园区管委会

配合单位：市工业和信息化局

完成时限：2020年12月31日

加大淘汰落后产能力度。按照部门职责分工，指导各工业园区于2018年年底前制定淘汰落后产能清单。依法依规运用环保、安全、节能、产品质量等标准，制定范围更宽、标准更高的淘汰目录，下决心、有计划地推动落后产能淘汰。

责任单位：市发展和改革委员会、工业和信息化局

配合单位：市环境保护局、安全生产监督管理局、市场监督管理局，各县（区）人民政府，各工业园区管委会

完成时限：2020年12月31日

加快生态园区和绿色工厂建设。落实国家和自治区污染防治攻坚战要求，各工业园区按生态园区建设标准实施园区规划修编和建设，指导企业加快生态化、绿色化改造。指导企业按国家相关规范建设绿色工厂。市、县财政安排专项资金，给予建设厂房集约化、原料无害化、生产洁净化、废物资源化、能源低碳化等类型的节能环保项目和企业奖励或补助。到2020年力争将中卫工业园区建成生态园区，力争建成5个绿色工厂。

责任单位：市环境保护局、工业和信息化局、林业生态建设局，各县（区）人民政府

配合单位：市发展和改革委员会，各工业园区管委会

完成时限：2020年12月31日

加强安全生产源头管理。严格安全生产许可和"三同时"制度，在招商引资、新上项目时严把安全生产关，实行重大安全风险"一票否决"，严禁工艺、装备、设施落后的项目入园，严禁建设项目设施设计未经审查投入建设。

责任单位：市安全生产监督管理局

配合单位：市工业和信息化局，各县（区）人民政府，各工业园区管委会

完成时限：长期

（十五）实施"散乱污"和"僵尸企业"专项治理。各

县(区)人民政府和各工业园区管委会要以开发区整合优化为契机,全面开展"散乱污"和"僵尸企业"专项治理。2018年年底前完成排查并制订治理方案。按照"列表排队、建档立卡、先停后治、一企一策"的办法,对列入淘汰类的企业,实行"两断三清";对列入搬迁整合类的企业,搬迁至合规工业园区并实施清洁生产技术改造;落实国家关于"僵尸企业"的各项处置政策,推动建立联合执法、兼并重组、股权转让等模式,综合运用法律、环保、安监等手段,加快"僵尸企业"依法有序退出。2020年年底前全面完成专项治理工作,为工业园区产业转型升级腾出发展空间。

责任单位:各县(区)人民政府,各工业园区管委会

配合单位:市国土资源局、工业和信息化局、环境保护局、安全生产监督管理局、市场监督管理局

完成时限:2020年12月31日

(十六)严格工业园区土地集约利用管理。

推动闲置土地处置。2018年年底前,各工业园区完成闲置土地调查工作,建立处置台账,制订盘活方案,通过收取土地闲置费、协商有偿收回、依法无偿收回、依法转让、合作开发等措施,逐宗处理好土地闲置问题。2019年6月底前各工业园区要制订园区存量土地、厂房盘活利用方案,支持企业利用原存量土地建设两层以上标准厂房或将单层厂房改建成两层以上标准厂房。鼓励原工业用地使用权人对土地进行再开发,利用存量工业房产发展生产性服务业和兴办众创空间,用于发展新产业新业态的,使用过渡期政策,5年内保持原用途和使用权类型不变。

责任单位:市国土资源局,各县(区)人民政府

配合单位:各工业园区管委会

完成时限:2019年6月30日

严格工业园区土地使用标准。严格执行国家、自治区工业项目建设用地投资强度、容积率、亩均产值等控制性指标。

责任单位:市国土资源局,各县(区)人民政府

配合单位:市工业和信息化局,各工业园区管委会

完成时限:长期

提高土地利用效益。依据自治区开发区节约集约用地管理办法,制定出台中卫市工业园区节约集约用地管理办法。工业用地出让年限一般控制在20年以内,建立按投资进度分期供地制度,鼓励采取租让结合的方式使用土地。严禁超标准规划建设宽马路、大广场、绿化带,全面推行建设多层标准厂房,防止批多建少和闲置浪费。

责任单位:市国土资源局,各县(区)人民政府

配合单位:各工业园区管委会

完成时限:2019年6月30日

加强工业园区用地评价。严格执行国家、自治区工业园区土地集约利用评价法律法规,重点从建设用地开发强度、土地投资强度、人均用地指标的管控和综合效益等方面加强工业园区土地集约利用评价。自2019年起,工业园区土地集约利用评价每年更新1次,3年全面评价1次,力争在自治区土地利用集约评价中取得较好等级,争取自治区在安排年度新增建设用地指标时给予适当倾斜。对评价较差或未按要求参与评价(更新)的工业园区,不得申请升级、扩区、调位。

责任单位:市国土资源局,各工业园区管委会

完成时限:长期

五、提升工业园区基础设施建设水平

(十七)谋划启动一批基础设施建设项目。以2020年实现工业园区基础设施"九通一平"为目标,大力实施工业园区基础设施建设,补齐基础设施短板。2018年年底前制订完成工业园区基础设施项目建设方案,建立基础设施项目库;2019年起,整合相关项目资金,加大财政支持力度,加快启动实施一批电力、燃气、供热、供水、通信、道路、消防、防汛、治污等基础设施建设项目。同时要根据工业园区发展需要,将公共信息、技术、物流、金融机构等服务平台和医疗、教育等社会事业公共服务设施配套建设项目,纳入城市建设总体规划,优先布点建设、优先落地开工。

责任单位:各县(区)人民政府,各工业园区管委会

配合单位:市发展和改革委员会、工业和信息化局、财政局

完成时限:长期

(十八)加快工业园区低成本化改造。进一步完善工业园区低成本化改造方案,积极争取自治区低成本化改造项目资金,结合各园区实际,重点从供电体制、分布式智能微电网、蒸汽岛、资源循环及梯级利用、"三废"集中处理、检验检测平台、公共服务平台、第三方物流建设等公共服务类项目范围中,规划建设急需的低成本化改造项目,切实降低企业成本。

责任单位:市工业和信息化局,各工业园区管委会

配合单位:市发展和改革委员会、环境保护局、国

网中卫供电公司

完成时限:长期

（十九）推动建设智慧园区。实施"互联网+先进制造业"专项行动,促进企业间互联互通、产业协同、资源共享,集中建成一批工业互联网平台。工业园区管委会要综合运用互联网、物联网、云计算、大数据等技术,建设连通区、市、工业园区三级联动的统一管理平台和连通工业园区内各部门间的应用服务平台,形成集运行监测、用地管理、环境监测、安全监管、协同办公等功能为一体的智慧园区管理和服务平台体系,提高工业园区行政效能和决策能力,降低工业园区行政管理服务成本。

责任单位:市工业和信息化局

配合单位:各工业园区管委会,市云计算和大数据发展服务局

完成时限:2020年6月30日

六、强化保障措施

（二十）加强组织领导。成立由市长任组长,常务副市长、工业园区党工委书记、中宁、海原县委书记为副组长,市委组织部、市机构编制委员会办公室、市发展和改革委员会、工业和信息化局、财政局、国土资源局、规划管理局、环境保护局、住房和城乡建设局、商务和经济技术合作局、安全生产监督管理局、科学技术局、民政局、人力资源和社会保障局、水务局、审计局、统计局、农牧局、林业生态建设局、文化体育新闻出版广电局、市场监督管理局、政务服务中心等市直有关部门主要负责人、各县（区）人民政府主要负责人、各工业园区党工委或管委会主要负责人为成员的中卫市工业园区整合优化和改革创新工作领导小组,办公室设在市工业和信息化局,统筹协调推进园区整合优化和体制机制改革工作。领导小组各成员单位要加强沟通衔接,通力配合,共同解决工作推进过程中出现的矛盾和问题。

（二十一）强化县（区）党委政府领导责任。县（区）党委、政府要切实加强组织领导,强化对工业园区整合优化和改革创新工作的领导责任,健全工作机制,严格按照本实施方案要求尽快研究制定出台有针对性、操作性、实效性的落实措施,确保工业园区整合优化和改革创新工作平稳有序推进。

（二十二）加强工业园区规划引领。县（区）人民政府要加强对所属工业园区总体规划修编工作的指导。中卫、中宁工业园区和海兴开发区要对现有规划进行合规性审核,2018年年底前启动规划修编调整,规划修编要与自治区空间发展战略规划相衔接,将主导产业发展定位、功能布局、土地集约利用、企业及项目入园标准、绿色安全发展等重点内容纳入规划,合理确定分步实施或分步开发的期限及目标,明确生态保护红线、环境质量底线、资源利用上线和环境准入等负面约束,确保工业园区所有建设活动有规可循、有法可依。各工业园区于2019年6月30日前完成总体规划修编工作,为实施卫宁工业园区整合工作打好规划修编基础。

责任单位:各工业园区管委会

配合单位:市规划管理局、发展和改革委员会、工业和信息化局、

国土资源局、环境保护局、林业生态建设局,各县（区）人民政府

完成时限:2019年6月30日

（二十三）按程序开展工业园区扩区调位。重新界定核定工业园区土地面积。凡需要扩区调位的,由县（区）人民政府牵头,按照自治区人民政府办公厅《关于印发开发区(工业园区)扩区调位实施意见的通知》明确的报批程序,于2019年上半年完成报批。

责任单位:各县（区）人民政府,各工业园区管委会

配合单位:市国土资源局、规划管理局、环境保护局

完成时限:2019年6月30日

（二十四）加大开发区政策及资金支持力度。县（区）党委、政府要把开发区整合优化和改革创新作为当前一项重要任务,形成合力,全力支持。市发展和改革委员会、工业和信息化局、财政局、国土资源局、环境保护局、科学技术局、商务和经济技术合作局等相关部门要立足工业园区发展实际,细化政策措施,加大资金支持,制定出台相应的配套措施和办法。县（区）人民政府要抓好政策落实,安排专项资金,确保工业园区整合优化和改革创新各项任务落地落实。

（二十五）强化工业园区考核和动态管理。市工业和信息化局会同市科技、商经等相关部门,区分开发区功能定位,依据自治区考评工业园区实施办法,尽快修订完善工业园区综合考核评价办法。市统计局要加快完善开发区统计指标体系,确保统计指标与考核指标相统一、相衔接。要加强考核结果的运用,对在自治区考核排名靠前的工业园区要加大资金支持;对考核排名靠后的工业园区,要通报批评,责令限期整改;对连续2年考核处于自治区末位的工业园区,自治区限制新增土地指标,给予降级;对连续3年考核处于

自治区末位的工业园区,自治区予以撤销,退出开发区序列。

(二十六)加大督查力度确保重点任务落实。市委、政府督查室要加大对工作进展情况的督查,及时通报进度。对工作进展迟缓的相关部门、县(区)党委政府、工业园区要通报批评,限期整改,对整改不力的相关人员要进行问责。县(区)人民政府、各相关部门、工业园区要严格按照方案确定的重点任务和时限要求,进一步细化工作落实方案,加强沟通协调,研究解决工业园区整合优化和改革创新过程中出现的问题,确保按期完成任务。

附件:
1. 中卫市工业园区名录及主导产业指导目录
2. 中卫市工业园区经济管理权限赋权指导目录

附件1

中卫市工业园区名录及主导产业指导目录

序号	开发区名称	位置	开发区级别	发展定位	主导产业	限制发展产业
1	宁夏中卫工业园区	沙坡头区	自治区级	中东部产业承接地,大数据综合试验区,军民融合产业示范区	大数据储存和应用、精细化工(不含高污染的医药、农药、化工)、钢铁冶金	煤炭、电力、有色、建材、医药、农药、化工
2	宁夏中宁工业园区	中宁县	自治区级	农业加工和新材料循环经济示范园区	农副产品深加工、有色金属冶炼及压延加工、非金属矿物制品业	煤炭、医药、化工
3	中卫市海兴开发区	海原县	自治区级	大力发展新能源、新兴制造业	新能源及制造、农副产品加工、轻纺	煤炭、电力、医药、冶金、建材、化工、有色

附件2

中卫市工业园区经济管理权限赋权指导目录

序号	职权名称	原实施部门	职权类型	职权依据	下放后实施主体
1	企业名称预先核准	市场监督管理部门	行政许可	《中华人民共和国公司登记管理条例》《中华人民共和国企业法人登记管理条例》《中华人民共和国个人独资企业法》《中华人民共和国合伙企业法》《企业名称登记管理规定》《企业名称登记管理实施办法》	各工业园区
2	公司(含分公司)设立、变更、注销登记	市场监督管理部门	行政许可	《中华人民共和国公司登记管理条例》	各工业园区
3	非公司企业法人(含营业单位)设立、变更、注销登记	市场监督管理部门	行政许可	《中华人民共和国企业法人登记管理条例》	各工业园区
4	个人独资企业设立、变更、注销登记	市场监督管理部门	行政许可	《中华人民共和国个人独资企业法》《个人独资企业登记管理办法》	各工业园区
5	合伙企业设立、变更、注销登记	市场监督管理部门	行政许可	《中华人民共和国合伙企业法》《合伙企业登记管理办法》	各工业园区
6	企业投资建设固定资产投资项目备案	备案机关	其他类	《企业投资项目核准和备案管理条例》《国务院对确需保留的行政审批项目设定行政许可的决定》《企业投资项目核准和备案管理办法》	各工业园区
7	工业和信息产业(技术改造)投资项目核准	工业和信息化主管部门	行政许可	《企业投资项目核准和备案管理条例》《国务院对确需保留的行政审批项目设定行政许可的决定》	各工业园区
8	建设项目选址意见书核发	城乡规划主管部门	行政许可	《中华人民共和国城乡规划法》	各工业园区

续表1

序号	职权名称	原实施部门	职权类型	职权依据	下放后实施主体
9	建设工程类别确认	住房城乡建设主管部门	行政确认	《宁夏建设工程类别确认管理办法》	各工业园区
10	建设工程质量监督登记	建筑工程质量监督机构	其他类	《建设工程质量管理条例》	各工业园区
11	建筑起重机械备案、使用登记	住房城乡建设主管部门	其他类	《建设工程安全生产管理条例》《建筑起重机械安全监督管理规定》《宁夏回族自治区建筑起重机械安全监督管理实施细则》	各工业园区
12	占用、挖掘城市道路审批	市政工程主管部门（市、县）或县级以上城市人民政府	行政许可	《中华人民共和国城市道路管理条例》	各工业园区
13	建设项目使用林地审核审批	林业主管部门	行政许可	《行政许可法》	各工业园区
14	建筑工程施工许可证核发	住房城乡建设主管部门	行政许可	《中华人民共和国建筑法》《建筑工程施工许可管理办法》《宁夏建筑工程施工许可管理办法》	各工业园区
15	固定资产投资项目节能评估和审查	工业和信息化主管部门	行政许可	《中华人民共和国节约能源法》《国务院关于加强节能工作的决定》《固定资产投资项目节能评估和审查暂行办法》	各工业园区
16	生产建设项目水土保持方案审批	水行政主管部门	行政许可	《中华人民共和国水土保持法》	各工业园区
17	环境影响评价文件审批（不含辐射项目）	环境保护行政主管部门	行政许可	《中华人民共和国环境影响评价法》《环境保护部审批环境影响评价文件的建设项目目录》《宁夏回族自治区建设项目环境影响评价文件分级审批规定》	各工业园区
18	地名命名、更名审批	民政主管部门	行政许可	《地名管理条例》《宁夏回族自治区地名条例》	各工业园区
19	设立人力资源服务机构及其业务范围审批	人力资源和社会保障行政部门	行政许可	《人力资源市场暂行条例》《宁夏回族自治区人才市场条例》	各工业园区
20	依法必须招标的工程建设项目招标事项的核准	项目审批、核准部门	行政许可	《中华人民共和国招标投标法》《中华人民共和国招投标法实施条例》《宁夏回族自治区招标投标管理办法》	各工业园区

规范性文件

中卫市城市供排水节水管理暂行办法

卫政办规发〔2018〕1号

第一章 总 则

第一条 为了加强供排水、节水管理，确保供排水设施完好和正常运行，保障生产用水、排水、生活饮用水安全的需要，改善生态环境，防止供水水源污染，促进供排水、节水事业发展，根据《中华人民共和国水法》《中华人民共和国水污染防治法》《城市供水条例》《城镇排水与污水处理条例》《城镇污水排入排水管网许可管理办法》《二次供水设施卫生规范》等法律法规规定，制定本办法。

第二条 本办法适用于中卫市行政管理区域。

第三条 县级以上人民政府应当将发展城市供排水节水事业纳入经济和社会发展计划，鼓励和支持城市供排水、节水的科学研究和技术开发，促进城市供排水和节水事业的发展。

住房和城乡建设行政主管部门主管城市供排水节水工作。城市供排水企业负责城市供排水具体工作。

县级以上人民政府其他有关部门依照有关法律法规和本办法的规定,在各自的职责范围内负责城市供排水、节水监督管理的相关工作。

第四条 本办法所称的城市供水包含城市公共供水、二次供水和再生水供水。

城市公共供水,是指城市供排水企业以公共供水管网及其附属设施向单位和居民提供生活、生产和其他各项建设用水。

二次供水,是指将城市公共供水管网的水另行加压、储存,再向水站或者单位和个人提供用水的方式。

再生水供水,是指城市生活污水或雨水,经处理后,可以进行有益使用的水。再生水的水质指标和使用范围,应当按照国家相关法律法规执行。

城市排水,是指对城市的工业废水、建设施工降水井排水、生活污水(以下统称污水)及雨水的排放、接纳、输送、处理、利用。

城市节水,是指在城市供水区域内通过行政、技术、经济等措施加强节约用水管理。

第五条 本办法所称饮用水水源,指城市供排水企业为城市供水提供饮用水水源的井群所在地域。

城市供水设施,是指城市供排水企业的水库、水源深井、水位观察井、自来水厂(中水厂)设施、专用输配电设施、供水管网(管道),以及与供水管网(管道)相关的消火栓、阀门、水表、检查井等设施及设备,以及二次供水及再生水供水设施及设备。

城市排水设施,是指污水处理厂设施、专用输配电设施、雨水管道、污水管道,以及雨水井、排水检查井、排污盖板沟及明沟、泵站等设施及设备。

第六条 城市公共供排水的范围为城市规划区及供排水管网覆盖区。

第七条 凡使用城市公共供排水系统的单位和个人应当自觉保护供排水设施,合理利用水资源,节约用水。

第二章 城市饮用水水源管理

第八条 环境保护行政主管部门负责饮用水水源污染防治的统一监督管理。

县级以上人民政府及其他有关行政主管部门和城市供排水企业,按照各自职责做好饮用水水源的开发利用和污染防治工作。

第九条 县级以上城市人民政府应当组织规划行政主管部门、水务行政主管部门、住房和城乡建设行政主管部门等共同编制城市饮用水水源开发利用规划。

编制城市饮用水水源开发利用规划及城市供排水等设施建设及规划工作,应当坚持以下原则:

(一)从城市发展的需要出发,与水资源统筹规划和饮用水长期供求计划相协调;

(二)根据当地情况,合理安排利用地表水和地下水;

(三)优先保证城市生活用水,统筹兼顾工业用水和其他各项建设用水。

第十条 饮用水水源水质应当符合《生活饮用水卫生标准》(GB 5749-2006)的要求。

第十一条 饮用水水源设置在饮用水水源地一级保护区和二级保护区及准保护区内的,禁止从事下列行为:

(一)设置排污口;

(二)水产养殖、农牧业;

(三)设置餐饮娱乐设施、旅游、垂钓或从事其他污染水体的活动;

(四)新建、改建、扩建与供水设施和保护水源无关的建设项目;

(五)新建、改建、扩建排放污染物的建设项目;

(六)采沙,倾倒、堆放、储存工业废渣、城市垃圾、粪便和其他废弃物;

(七)投放有毒有害物质,运输剧毒物品、危险化学品、有毒有害废弃物经过饮用水水源;

(八)法律、法规规定的其他行为。

第十二条 饮用水水源保护区应当设置明显的警示标牌、界碑、界桩。环境保护、卫生等行政主管部门应当对已划定的饮用水水源进行日常监管。

第十三条 在城市饮用水水源保护区和城市规划区域内,未经市、县(区)水务行政主管部门批准,任何单位及个人不得擅自开采地下水,不得私自建设供水系统。严禁在城市供水水源保护区和城市规划区内打井抽水。

城市规划区内公共供水管网能力达到的范围内,不得擅自开凿自备水源井。本办法实施前已开凿或是违背办法私自开凿的,应由水务、公安、市场监督管理等部门联合限期予以封闭。

第三章 排水许可管理

第十四条 住房和城乡建设行政主管部门负责本行政区域内排水许可证书的颁发和监督管理。

第十五条 从事工业、建筑、餐饮、医疗等活动的企业事业单位、个体工商户实施排放污水前,应当申请领取污水排入排水管网许可证。未取得污水排入排水管网许可证不得向城市排水设施排放污水。

城镇居民排放生活污水不需要申请领取污水排入排水管网许可证。

第十六条 排水必须按照许可范围排入规定的排水设施。

第十七条 排水水质必须符合《污水排入城镇下水道水质标准》(GB/T 31962-2015)和《污水综合排放标准》(GB8978-1996),以及地方有关标准规定。

第十八条 集中管理的建筑或者单位内有多个排水单位的,可以由产权单位或者其委托的物业服务企业统一申请领取证件,并由领证单位对排水单位的排水行为负责。

第十九条 污水排入排水管网许可证的有效期为5年。

因施工作业需要向城市排水设施排水的,污水排入排水管网许可证的有效期,由住房和城乡建设行政主管部门根据排水状况确定,但不得超过施工期限。

第二十条 污水排入排水管网许可证有效期满需要继续排放污水的,应当在有效期届满30日前,向住房和城乡建设行政主管部门提出申请。

第四章 供排水设施经营、建设和管理

第二十一条 城市供排水设施的经营、建设和管理的具体工作由城市供排水企业负责。

第二十二条 城市用水高峰期和城市供水紧缺时,应当优先保证居民生活用水,实行错时用水。

第二十三条 城市供排水企业应当遵守下列规定:

(一)保障城市供水不间断供应,不得擅自停水;

(二)供水水质符合国家生活饮用水卫生标准;

(三)按照国家有关规定科学合理设置管网测压点,定期监测好水压,确保供水管网压力符合城市供水水压标准;

(四)按照市质量技术监督部门的授权,严格执行国家计量规定,对各类立户水表进行定期校验,严禁使用超期服役或计量不准确水表;

(五)设置经营、收费服务网点,公示收费的标准和期限等。

第二十四条 城市供排水设施的建设资金,按照国家有关规定,采取政府投资、集资、贷款、社会捐赠、受益者出资等多种渠道筹集。

供水价格低于合理成本的,可以由政府给予补贴。调整水价的,应当按照法定程序调整,并举行听证。

第二十五条 消防栓由公安消防机关专用,除火灾扑救、应急救援和消防演习外,任何单位和个人不得启用。城市消防栓的维护由城市供排水企业负责维护。

消防用水仅限防火救灾使用,任何单位和个人不得启用。

第二十六条 城市供排水企业应当按照授权范围加强水表的周期校验工作,确保计量准确,水表误差率不得超过国家规定的标准。

机关、企事业单位、学校及社会团体供排水用户的水表周期校验费、维修费由所在单位支付;住宅楼总表、单元总表的周期校验费由城市供排水企业支付;实行分表出户、一户一表的单位和个人的水表周期校验费、维修费自付。

单位和个人对立户水表准确度有异议的,经法定计量检测机构检定,误差率超过国家标准的,校验费由城市供排水企业支付;误差率不超过国家标准的,校验费由单位和个人支付。

第二十七条 单位和个人安装使用锅炉、热水器时,应当在给水管路上安装止回阀门。

第二十八条 单位和个人需要变更用水户名的,应当及时办理有关变更手续。

第二十九条 新建、改建、扩建的城市供水设施应当逐户安装立户水表,实行一户一个立户水表。新建供水设施应使用智能远传水表;改建供水设施应逐步淘汰使用机械水表,使用智能远传水表。

第三十条 城市供排水工程所使用的材料、设备质量必须符合国家有关质量标准,严禁使用假、冒、伪、劣产品和国家明令禁止使用或淘汰产品。

第三十一条 城市新建、扩建、改建工程项目需要增加用水的,其工程项目总概算应当包括供水工程建设投资;需要增加城市公共供水量的,应当将其供水工程建设投资交付住房和城乡建设行政主管部门,由其统一组织城市公共供水工程建设。

第三十二条 城市排水与污水处理规划范围内的城市排水与污水处理设施建设项目,以及需要与城市排水与污水处理设施相连接的新建、改建、扩建建设工程,规划行政主管部门在依法核发建设用地规划许可证时,应当征求住房和城乡建设行政主管部门的意见。住房和城乡建设行政主管部门应当就排水设计方案是否符合城市排水与污水处理规划和相关标准提出意见。

建设单位应当按照排水设计方案建设连接管网

等设施；未建设连接管网等设施的，不得投入使用。住房和城乡建设行政主管部门或者其委托的专门机构应当加强指导和监督。

第三十三条 城市供排水企业、单位和个人应当按下列规定负责供水设施的维修养护：

（一）单位用户的立户水表以前部分由城市供排水企业负责维修养护，立户水表以后部分由单位用户负责维修养护；

（二）住宅小区以住宅楼单元为立户水表的，立户水表以前部分由城市供排水企业维修养护，立户水表以后部分由单元用户（产权人）负责维修养护；

（三）住宅小区及其他建筑，实现一户一表、装表户外、计量收费的，小区总参考表井、碰口接点之前部分由城市供排水企业负责维修养护；接点井、总参考表以后的供水设施（包括进入小区内主管楼群之间的支管、阀门井、用户表井内支管、管架及单元总阀）的维修保养由物业或产权人负责维修养护；用户表前阀（包括表前阀门、水表）之后的用水设备由产权人负责维修养护。

城市供排水企业、单位和个人不得擅自拆卸、换装和启封水表，不得私自停水，不得采取非法手段影响注册水表的正常计量和使用。

第三十四条 排水设施养护、维修责任按下列规定划分：

（一）公共排水设施由城市供排水企业负责；

（二）自建排水设施和其连通公共排水市政设施的支管、检查井、隔油池、化粪池等由产权人负责；

（三）住宅小区内的排水设施，由小区物业或业主委员会负责牵头，组织开发建设单位或小区物业公司养护、维修。

检查井、隔油池、化粪池的定期清理费用由产权人或小区物业公司承担。

第三十五条 公共供排水设施养护、维修责任单位应当按照国家有关供排水管道、泵站等的养护、维修技术标准，定期对供排水设施进行养护、维修，确保供排水设施完好和正常运行。

抢修、修复、疏通供排水设施时，有关单位和个人应当支持、配合。

第三十六条 住房与城乡建设行政主管部门应当对养护、维修责任单位履行养护、维修责任的情况进行监督检查。

第三十七条 城市供排水企业对供排水设施进行施工、抢修、检修、修复、疏通、养护时，应当采取下列安全防护措施：

（一）设置在道路范围内的消防、供水、排水的各类井盖、桩栓设施等应当符合规定；

（二）供排水设施施工、抢修、检修、修复、疏通、养护现场应当设置明显的警示标志，并采取安全防护措施。夜间作业时，应在作业区域周边明显处设置警示灯。作业完毕，应及时清除障碍物；

（三）作业人员应穿戴配有反光标志的安全警示服并正确佩戴和使用劳动防护用品。

第三十八条 抢修供排水设施或者特殊维护作业需要暂停供排水时，应当经住房和城乡建设行政主管部门批准并提前24小时通知供排水用户。

因发生灾害或者紧急事故，不能提前通知的，应当在抢修的同时通知用水单位和个人，尽快恢复正常供水，并报告住房和城乡建设行政主管部门。

可能对排水造成严重影响的，应当事先向住房和城乡建设行政主管部门报告，采取应急处理措施，并向社会公告。

第三十九条 涉及公共供排水设施的建设工程开工前，建设单位应当向住房和城乡建设行政主管部门书面告知查明地下供排水管网等情况。

施工影响公共供排水设施安全的，建设单位应当与施工单位、城市供排水企业共同制订设施保护方案，并采取相应的安全保护措施。

施工不得危及已建成的供排水管道及相关设施的安全。

第四十条 因工程建设需要改动或者迁移城市原有供水设施的，报经规划和住房和城乡建设行政主管部门批准，并采取相应的补救措施。

因工程建设需要拆除、改动城市排水与污水处理设施的，建设单位应当制订拆除、改动方案，报住房与城乡建设行政主管部门审核，并承担重建、改建和采取临时措施的费用。

第四十一条 禁止任何单位或个人有下列危害城市供排水设施的行为：

（一）禁止擅自启动关闭城市公共供水管网阀门；

（二）禁止损害、阻塞、填埋和擅自拆除城市供排水设施；

（三）禁止擅自改动、穿凿、连接、占压城市供排水设施或改变其功能；

（四）禁止在供排水设施及管网覆盖面上取土、植树、埋设电杆等；禁止在供排水的检查井、雨水井、井篦等设施上砌筑路缘石；

(五)禁止在城市供排水设施防护范围内修私自建房屋、构筑物、搭设棚亭、爆破、打桩、设障及堆放物品等;

(六)禁止向城市供排水设施倾倒垃圾、粪便、渣土等废弃物;

(七)禁止向城市供排水设施排放易燃、易爆等物质;

(八)禁止将油污、施工泥浆、工业废水等直接排入城市排水设施;

(九)禁止在已实施雨水、污水分流的区域私自将雨水、污水管混接;

(十)禁止在城市公共供水专用配电线路和设施上搭接其他用电线路;

(十一)禁止其他危害城市供排水设施的行为。

第四十二条 因意外致使含有毒、有害或易燃易爆物质排入城市供排水设施的,责任单位、责任人应当立即报告住房和城乡建设行政主管部门,同时告知城市供排水企业,相关责任单位、责任人和城市供排水企业应当立即采取应急措施。

第四十三条 新建、改建、扩建供水管道的,建设单位应对供水管道进行冲刷和消毒,检验合格后方能使用或与公共供水管网系统连接。

第四十四条 各类新建建筑,接入公共供排水管网前应当安装计量器具(水表),并且经市质量技术监督部门或其授权委托部门进行校验检定,符合供排水入网条件后办理入网手续。

第五章 二次供水管理

第四十五条 住房和城乡建设行政主管部门负责二次供水的监督管理工作,卫生行政主管部门负责二次供水水质的卫生检测和卫生监督工作。

第四十六条 新建、改建、扩建工程,按照国家规定需要配套建设二次供水设施的,应当采用先进供水方式,并与建筑物主体工程同时设计、同时施工、同时验收交付使用。未经验收合格不得投入使用。

建设和施工单位应当按照二次供水设施设计和施工方案进行施工。二次供水设施的设计和施工方案及变更,应当向住房和城乡建设行政主管部门备案。

具备条件的,应当采用无负压直接增压供水方式。

第四十七条 凡移交城市供排水企业二次供水设施时,建设单位或物业单位应将竣工总平面图、结构设备竣工图、地下管网工程竣工图、设备的安装使用及维护保养等设施档案的有效证件及图文资料一并移交。

城市供排水企业承接居民二次供水设施时,住房和城乡建设行政主管部门应会同规划行政主管部门及卫生行政主管部门对二次供水设施、设备进行检查验收。

第四十八条 建设单位必须严格按照相关要求设计二次供水设施和施工方案,不得随意更改已审定的设计和方案。

第四十九条 由城市节水管理机构或物业等部门负责运行管理的,二次供水设施运行维护费用开支计入部门运营成本,二次供水设施运行电价执行居民用电价格。

第五十条 未经住房和城乡建设、规划、卫生行政主管部门检查、审核和批准,二次供水设施不得与市政供水管道直接连接。特殊情况下需要连接时必须设置不承压水箱。

设施管道一般不得与非饮用水管道连接,如必须连接时,应采取防污染措施。

设施管道不得与生活排水口直接连接,须用冲洗水箱或加置空气隔断冲洗阀。

第五十一条 使用二次供水无负压设备造成公共管网泄压,影响周围居民正常用水的,由产权单位负责整改。

第五十二条 设施须有安装消毒器的位置,有条件的单位应设置消毒器。

设施中使用的过滤、软化、净化、消毒设备、防腐涂料,必须有省级以上(含省级)卫生行政主管部门出具的产品卫生安全性评价报告。

第五十三条 供水水箱应设置在建筑物内,水箱顶部与屋顶的距离应大于80厘米,入孔或水箱入口应高出水箱面5厘米以上,水箱的容积设计不得超出用户48小时的用水量。

水箱周围2米内不应有污水管线及污染物。供水蓄水池周围10米以内不得有渗水坑和堆放的垃圾等污染源。水箱、水泵房等设施周围应保持清洁卫生,不得堆置、存放杂物、污染物等。

第五十四条 二次供水设施产权单位负责二次供水的日常运转,定期对二次供水设施进行检测、检修、清洗、消毒。检测结果应报送住房和城乡建设、卫生行政主管部门。检修、清洗、消毒等情况应进行详细纪录。

供水水箱的清洗、消毒,每半年不得少于一次,水质化验每季度一次,检测结果应当向用户公示。

第五十五条 二次供水设施的清洗、消毒、保洁、维修等作业应选择在不影响居民或单位正常生活用水的时段进行。每次清洗、消毒、保洁、维修后，应当进行水质化验，水质化验合格后方可投入使用。

第五十六条　除突发情况外，二次供水设施产权单位不得擅自停止供水。因设备维护检修确需停水的，应提前 24 小时通知用户；停水时间超过 24 小时的，应报住房和城乡建设行政主管部门批准，采取临时供水措施。

第六章　再生水利用

第五十七条　再生水水质应当符合国家规定的卫生标准。城市供排水企业应当按照国家规定的水质检测规范对再生水水质进行检测，确保再生水供水水质符合相关标准。

第五十八条　鼓励使用再生水进行园林绿化灌溉、工业用水、景观水道和湖泊补给、道路保洁、汽车洗刷、厕所冲洗以及冷却设备补充用水等。

第五十九条　再生水管道敷设范围内新建、改建下列工程，应当按照再生水利用规划和建设规范、标准，配套建设再生水利用设施：

（一）日排水量超过二百五十立方米的工业、企业或者小区；

（二）建筑面积超过一万平方米的宾馆、饭店、公寓、综合性服务楼等建筑；

（三）规划建筑面积在三万平方米以上的住宅小区；

（四）建筑面积超过三万平方米的机关、非企业单位和综合性文化体育设施。

按照第一款规定，已有建筑物和小区需要配套建设再生水利用设施的，应逐年进行改造，建设再生水利用设施。

第六十条　新建再生水利用设施应当与主体工程同时设计、同时施工、同时验收交付使用。

第六十一条　明设的再生水管道、水箱等设备外部应当涂成浅绿色，出口应当在显著位置上标明"非饮用水"字样。

禁止将再生水管道、水箱等与自来水管道、水箱等连接。

第六十二条　使用再生水实行计量收费，用户应当按照规定缴纳费用。

第七章　计划用水与节约用水

第六十三条　水务行政主管部门应当对使用公共管网供水的单位核定年度和季度用水定额，并下达季度用水计划。用水单位应当按季度报送用水计划。

第六十四条　鼓励用水单位采用先进节水技术、工艺、设备和器具。鼓励城市供排水企业采用先进制水技术和工艺。

第六十五条　建设工程开工前需要临时使用公共管网供水的，建设单位应当持建筑工程施工设计图向水务行政主管部门办理用水指标，向城市供排水企业办理用水手续。

第六十六条　用水单位根据生产和事业发展需要增加用水计划指标的，水务行政主管部门应予以调整。但有下列情形之一的，不予调整：

（一）水的重复利用率未达到国家有关规定的；

（二）实际用水超过行业综合用水定额或者单位用水定额的；

（三）使用间接冷却水的单位，间接冷却水循环率低于 95% 的；

（四）单位用水设备、卫生洁具设备漏失率高于 2% 的；

（五）未按照规定开展节水评估或者水平衡测试工作的。

第六十七条　用水单位变更或者停止用水的，应当自变更或者停止用水之日起 15 日内到水务行政主管部门办理变更或者注销手续。

第六十八条　新建、改建、扩建建设工程项目，需要配套建设节约用水设施的，应当与建设工程同时设计、同时施工、同时验收交付使用。

第六十九条　工业生产用水应当一水多用，提高水的重复利用率。用水单位的冷却水应当循环使用。新建游泳池（馆）和洗车企业（行）应当建设使用循环用水设施。

第七十条　在节约用水工作中成绩显著的，人民政府应当予以表彰和奖励。

第八章　法律责任

第七十一条　违反本办法第十一条规定，由市、县（区）人民政府行业行政主管部门依法予以处罚；构成犯罪的，依法追究刑事责任。

第七十二条　违反本办法规定，在城市供水管网覆盖范围内凿井取用地下水的，由市、县（区）人民政府水务行政主管部门依据职权责令停止违法行为，限期封闭取水工程，并处五千元以上二万元以下罚款。

第七十三条　违反本办法规定，供水单位供水水质不符合国家规定标准的，由住房和城乡建设行政主管部门依据职权责令改正，处二万元以上二十万元以下的罚款；情节严重的，报经有批准权的人民政府批准，可以责令停业整顿；对直接负责的主管人员和其他责任人员依法给予处分。

第七十四条 违反本办法规定,供水单位有下列情形之一的,由住房和城乡建设行政主管部门责令改正;逾期未改正的,处二千元以上二万元以下罚款:

(一)擅自停止供水或者未履行停水通知义务的;

(二)未按照规定时限检修供水设施或者在供水设施发生故障后未及时组织抢修,致使供水中断的。

第七十五条 二次供水设施管理单位未按规定对其供水设施清洗消毒的,由市、县(区)住房和城乡建设行政主管部门责令限期改正,并处三万元罚款。

第七十六条 违反本办法规定,有下列情形之一的,由住房和城乡建设行政主管部门按照下列规定予以处罚:

(一)阻挠或者干扰抢修供水设施的,责令其改正,可以处二百元以上二千元以下的罚款;

(二)擅自转供用水或者改变用水性质的,责令其改正,可以处三百元以上三千元以下的罚款;

(三)盗用供水的,责令其改正,补交水费,可以处五百元以上五千元以下的罚款;

(四)损坏供水管道等工程建(构)筑物供水设施的,可以处五百元以上五千元以下的罚款,并依法赔偿损失;

(五)擅自在城市供水管道上直接装泵抽水或者修建房屋等违章建筑物的,责令其改正,恢复原状,可以处二千元以上二万元以下罚款;

(六)生产或者使用有毒、有害物质的单位将其生产、使用的用水管网与城市供水管网直接连接的,责令其立即拆除,可以处一万元以上三万元以下罚款;构成犯罪的,依法追究刑事责任。

第七十七条 违反本办法规定,施工单位未在规定期限内将供水工程档案资料移交住房和城乡建设行政主管部门的,由住房和城乡建设行政主管部门责令限期补报;逾期不补报的,按照法律、法规的规定进行处罚。

第七十八条 供水单位未按照规定对供水水质情况进行检测和公布,未对二次供水水质进行监测的,由住房和城乡建设行政主管部门责令改正,并通报批评;对负有直接责任的主管人员和其他直接责任人员构成犯罪的,依法追究刑事责任。

第七十九条 负有监督管理保护饮用水安全职责的市、县(区)人民政府行业行政主管部门工作人员玩忽职守、滥用职权、徇私舞弊的,依法给予处分;构成犯罪的,依法追究刑事责任。

第八十条 违反本办法规定的其他行为,法律、法规已有处罚规定的,从其规定。

第九章 附则

第八十一条 本办法由中卫市人民政府负责解释。

第八十二条 本办法自2018年3月1日起实施,有效期至2020年3月1日。2006年1月9日市人民政府公布的《中卫市城市供排水管理办法》同时废止。

中卫市市属城市公立医院综合改革财政补偿管理办法(试行)

卫政办规发〔2018〕3号

为进一步建立和完善中卫市市属城市公立医院综合改革财政补偿机制,不断深化医药卫生体制改革,根据《国务院办公厅关于城市公立医院综合改革试点的指导意见》(国办发〔2015〕38号)、《自治区党委办公厅 人民政府办公厅关于印发〈宁夏回族自治区综合医改试点工作意见〉及实施方案的通知》(宁党办〔2016〕57号)、《宁夏回族自治区人民政府办公厅关于印发推进家庭医生签约服务的实施意见和城市公立医院改革补偿(暂行)办法的通知》(宁政办发〔2017〕75号)和《中卫市人民政府办公室关于印发中卫市城市公立医院综合改革实施方案的通知》(卫政办发〔2016〕168号)精神,结合中卫市实际,制定本办法。

一、财政补偿适用对象

本办法所指财政补偿的适用对象为中卫市市属城市公立医院,共5家,分别为:中卫市人民医院、中卫市中医医院、中卫市沙坡头区人民医院、中卫市第三人民医院、中卫市妇幼保健计划生育服务中心。

二、财政补偿总体目标

统筹推进市属城市公立医院综合改革,以解决现有实际问题为导向,明确投入的方向和标准,落实政府投入的主体责任,切实加大财政对市属城市公立医院的投入,保障其良性运营,充分体现市属城市公立医院的公益性;着力破除以药补医机制,全面取消药品加成政策(中药饮片除外),对于市属城市公立医院由此减少的合理收入,通过调整医疗服务价格、增加财政投入以及市属城市公立医院加强核算、节约运行成本等方式多方共担；逐步取消耗材加成，对市属城市公立医院的药品和耗材贮藏、保管、损耗等费用列入市属城市公立医院运行成本予以补偿；依据区域卫生规划促进医疗资源的合理配置；加强财务管理，推进全面预算管理，规范市属城市公立医院收支运行，提高公共资源利用效益。

三、财政补偿的总体原则

（一）科学补偿。在补偿标准上，从实际出发，根据中卫市区域卫生规划、卫生资源配置标准、市属城市公立医院的预算收支情况，结合市属城市公立医院发展规划，综合考虑市属城市公立医院功能定位、现有资源状况确定不同等级的市属城市公立医院补助标准和金额。

（二）综合补偿。在补偿方式上，按照定项补助的要求，将基本支出定额补助改为项目支出补助，逐渐从对机构、人员的补助转变为规范化的按项目进行申报补助，加强政府补助与市属城市公立医院提供服务数量和质量的关联。

（三）有效补偿。在补偿效果上，要在坚持市属城市公立医院公益性的基础上，完善和落实市属城市公立医院投入政策，实行以绩效考核为导向的财政补助方式，制定政府补偿与市属城市公立医院投入绩效、政策执行、提供服务的数量与质量相挂钩的方法，提高财政资金使用的规范性和有效性。

（四）预算管理。在补偿资金管理上，加强市属城市公立医院财务和预算管理。实行全面预算管理制度，将包括财政补偿资金在内的市属城市公立医院所有收支纳入预算管理，强化预算约束，加强成本控制，规范支出和结余管理，建立财务报告、财务信息公开制度，落实总会计师制度。

四、财政补偿的额度

财政部门按照"核定收支、定向补助、超支不补、结余按规定使用"的办法确定财政补偿额度。切实加强市属城市公立医院预算和财务管理，科学核定市属城市公立医院的各项收支，根据核定的业务收支缺口，作为运营补贴项目给予补助，确保市属城市公立医院正常运转。运营补贴项目资金可用于医疗业务成本中的人员经费、管理费用等。同时进一步落实政府举办市属城市公立医院的主体责任，将市属城市公立医院原有的经常性补助资金（根据财力状况逐年递增，原则上不低于以前年度增幅）和新增的市属城市公立医院综合改革补助资金（包括取消药品加成补偿资金），在剔除运营补贴项目后，剩余资金用于市属城市公立医院一般设备购置、人才培养、重点学科建设等项目支出。对市属城市公立医院的基本建设和大型设备购置，采取一事一议的方式，由市公立医院管理委员会审核、市政府同意后财政统筹安排。

科学合理确定市属城市公立医院的各项支出，医疗业务成本的增长应与工作量挂钩，其中，人员经费预算额度原则上以上一年度人社部门核定的工资总额为依据，以体现医务人员劳动价值的医疗收入（不含药品、耗材、检查、化验收入）的增加额为依据，并根据市属城市公立医院（院长）年度绩效考核评价结果来核定；药品费和卫生材料费的增长比率原则上不得高于当年医保基金的筹资增长比例。管理费用支出比率要控制在合理范围内，原则上不得超过近三年的平均水平。财政部门要将市属城市公立医院成本控制情况作为安排补助资金的重要依据，支持业务主管部门建立健全市属城市公立医院支出标准体系，逐步完善项目支出定额标准，规范支出预算核定方法，支持市属城市公立医院成本核算信息化建设。

五、补偿的具体内容

根据《宁夏回族自治区人民政府办公厅关于印发推进家庭医生签约服务的实施意见和市属城市公立医院改革补偿（暂行）办法的通知》（宁政办发〔2017〕75号）精神及《医院财务制度》的要求，市属城市公立医院改革财政补偿的内容主要包括：符合规划并经本级政府审定的基本建设和设备购置、重点学科建设和人才培养、符合国家规定的离退休人员经费、政策性亏损、市属城市公立医院基本公共卫生任务和紧急救治、支农、支边公共服务等，对市中医医院、妇幼保健计划生育服务中心的投入给予适当倾斜和照顾。

（一）基本建设和设备购置。根据《宁夏回族自治区医疗卫生服务体系规划（2016年—2020年）》和《中卫市区域卫生规划（2016年—2020年）》，2020年前，中卫市市属城市公立医院应达到相应规划要求的资源配置标准。对符合区域卫生规划的市属城市公立医院的基本建设和设备购置在动用市属城市公立医院事业发展基金的基础上，经市公立医院管理委员会审核、市政府同意后，由市级财政保障，其中，纳入中央、自治区投资范围的基本建设项目，由中央、自治区给予专项资金支持；纳入自治区统一规划的大型设备购置,由自治区给予适当补助。严禁市属城市公立医院举债建设和购置大型医用设备,已形成的历史债务及利息,由审计部门进行债务甄别认定后,结合市属城市公立医院业务收支结余,在每年度的预算安排中统筹考虑,逐年化解。对个别新建市属城市公立医院或当期基本建设支出和大型设备购置支出较大的,可纳入新增政府债券中统筹考虑。

（二）重点学科建设和人才培养。重点学科发展应合理规划、符合市属城市公立医院的功能定位、突出专业特色。财政部门根据市属城市公立医院的需求,支持市属城市公立医院重点学科建设和人才培养,对市属城市公立医院列入国家级、自治区级、市级的各类重点学科,开展科研和学科创建的常规项目,按照建设任务给予项目定额补助;对符合条件的引进和培养医学人才纳入中卫市人才发展规划,统一使用中卫市人才专项资金。

（三）离退休人员经费。市属城市公立医院离休人员符合国家规定的离休费用,由同级财政按规定足额补助并列入年度部门预算;市属城市公立医院退休人员纳入机关事业单位养老保险政策范围。

（四）政策性亏损。市属城市公立医院因执行国家和自治区统一政策,导致的亏损属于政策性亏损,由财政部门根据市属城市公立医院现状和中卫市财力情况给予适当补助。对市属城市公立医院执行取消药品加成政策减少的合理收入,由财政部门按比例给予补助。根据市属城市公立医院上一年度财务决算中的药品进价确定基数,按照国家规定的药品加成率15%给予补偿,其中,30%通过财政定项补偿进行弥补,剩余部分通过调整市属城市公立医院服务价格和控制市属城市公立医院成本进行弥补,确保对市属城市公立医院补偿到位。对市属城市公立医院的药品和耗材进行贮藏、保管、损耗的支出,经财政部门核定后,纳入市属城市公立医院综合改革补助范围。

（五）公共卫生任务。对于市属城市公立医院承担的公共卫生任务和紧急救治、救灾、对口支援、支边、支农等公共服务任务,根据不同项目的设立情况,由财政部门按照需要统筹中央、自治区专项资金,结合本级财力状况,采取"一事一议"方式给予补助。

（六）中医妇儿补助。在区域卫生规划中合理规划和配置中医事业和妇幼（儿童）建设,市本级财政视财力状况逐年加大对中医事业和妇幼（儿童）建设的投入力度。

六、加强财务管理,推行全面预算管理

市属城市公立医院要严格遵守《医院财务制度》及其他相关规定,实行精细化管理,强化成本核算和支出管理控制,通过内部挖潜增效、降低成本费用,消化取消药品加成后的部分减收,承担应尽社会责任。加强专项资金管理,确保财政补助资金专款专用,接受监督。

（一）科学编制预算。市属城市公立医院应将所有收支全部纳入预算统一管理。在预算编制、执行中要以中卫市卫生规划、卫生资源配置标准、市属城市公立医院发展规划和年度计划目标为依据,综合考虑近三年收支情况,按照有关规定科学编制年度预算和中期规划。为控制医疗费用不合理增长,市属城市公立医院收入预算应以市属城市公立医院近三年的业务收入增长比例为基数,增长幅度逐年要有所减缓,最终达到医疗费用控制目标范围。

（二）严格预算执行。财政部门核准批复预算时要明确项目预算数额,包括工资总额、管理费用总额、维修改造项目和政府采购项目等内容。市属城市公立医院要严格执行财政核准批复的预算,项目预算执行中一般不予调整,业务收入超过预算额度后,超收部分转入事业基金。因国家有关政策需要增加或减少支出对预算执行影响较大时,市属城市公立医院应按规定程序提出调整预算建议,说明调整预算的依据和原因,经主管部门审核后报财政部门审批。

（三）规范支出管理。市属城市公立医院要严格落实《医院会计制度》有关规定,对于人员经费、其他费用等参照《政府收支分类科目》中的支出经济分类科目进行核算。实行市属城市公立医院工资总额预算管理制度,在工资总额范围内的市属城市公立医院内部绩效分配不得与药品、耗材、化验、检查等收入挂钩,核定的市属城市公立医院工资总额增量不得与上述各项挂钩。市属城市公立医院行政管理费用支出比率要控制在合理范围内。

（四）加强结余资金管理。市属城市公立医院结余资金应按规定纳入单位预算,在编制年度预算和执行中需要追加预算时,按照财政部门的规定安排使用。财政部门在安排设备购置、重点学科建设等项目资金时,要统筹考虑市属城市公立医院收支结余资金,切实提高资金使用效益。结余分配后的事业基金用于市属城市公立医院事业发展,使用时需报经财政部门审批。市属城市公立医院年度收支出现亏损,须在编制部门决算和下一年度预算时对亏损原因予以说明。市属城市公立医院事业滚存结余达到上年度业务支出20%以及上年度超收转入事业基金的，须在编制年度预算时将事业基金与业务收入和财政补助收入统筹考虑。市属城市公立医院若出现未弥补亏损的，也应在编制年度预算时统筹考虑。

（五）建立财务审计制度。市属城市公立医院年度财务报告应经过财政部门委托的第三方机构审计，确保财务收支状况的真实性和合理性，为财政部门审核市属城市公立医院收支预算，加强结余管理，合理确定政府投入提供依据。

七、完善市属城市公立医院运行考评机制

按照中卫市市属城市公立医院综合改革试点工作总体要求，由市公立医院管理委员会结合《中卫市市属城市公立医院编制人事薪酬制度改革实施意见》（卫政办发〔2016〕62号）和中卫市实际情况，建立健全推动市属城市公立医院综合改革运行新机制。

（一）建立新的市属城市公立医院考评机制。由市公立医院管理委员会根据市属城市公立医院医疗质量、服务评价、资产运营等指标要求，按照中卫市公立医院院长绩效考核办法，明确系统考评指标，进行量化考核，考核结果与核定单位薪酬总额、院长年薪、财政补偿收入相结合。逐步建立总会计师制度，完善市属城市公立医院内部财务制度，加强审计监督，注重发挥第三方机构的评价、审计监督和院内职工、广大患者代表参与考核的作用。

（二）强化绩效目标考核。由市公立医院管理委员会根据绩效评价指标体系，按照对市属城市公立医院功能定位、职责履行、费用控制、运行绩效、财务管理、成本控制和社会满意度等考核指标的要求，定期组织对市属城市公立医院及院长进行年度绩效考核。

（三）绩效评价。对考核结果进行绩效评价。逐步将市属城市公立医院的考核结果向社会公开，并与市属城市公立医院财政补偿、医保支付、工资总额以及院长薪酬、任免、奖惩等挂钩。将考核结果作为对市属城市公立医院预算安排、实行奖惩的重要依据。对挤占、挪用专项资金以及未按照国家有关规定使用资金等，造成损失浪费的市属城市公立医院和相关个人，依法依规予以处理，提高资金使用效益和安全性。

八、其他

（一）本办法由市财政局负责解释。

（二）本办法自2018年4月7日起施行，有效期至2020年4月7日。

中卫市地方储备粮管理办法

卫政办规发〔2018〕5号

第一章 总则

第一条 为了加强和规范地方储备粮管理，确保粮食安全，维护粮食市场稳定，根据《宁夏回族自治区地方储备粮管理条例》等法律法规和粮食安全省长责任制考核要求，结合本市实际，制定本办法。

第二条 本办法所称地方储备粮（以下简称储备粮），是指市、县（区）政府用于调节本行政区域内粮食供求平衡，稳定粮食市场，以及应对重大自然灾害或者其他突发事件的原粮、成品粮和食用植物油。

本办法所称原粮，是指收割、打碾、脱离后尚未碾磨加工的粮食，包括小麦、稻谷。

本办法所称成品粮，是指由原粮加工而成的符合一定标准的粮食，包括面粉、大米。

储备粮分为市本级储备粮和县（区）级储备粮。

第三条 本市行政区域内的储备粮储存、轮换、应急动用、销售和监督管理等活动，均适用本办法。

第四条 储备粮管理实行"分级储备、分级管理、分级负责"的原则和"政府委托、部门监管、企业运作"的经营方式。

第五条 市、县（区）政府对本级原粮储备拥有所有权。未经本级政府批准，任何部门、企业和个人都不得擅自动用或挪用原粮储备。市、县（区）政府对本级应急成品粮油储备拥有应急动用权，未经本级政府批准，任何单位和个人无权擅自动用。

第六条 储备粮的储存、管理和使用应当严格制度、严格管理、严格责任，确保数量真实、质量完好、储存安全、调动顺畅和调节有效。

第七条 市、县（区）政府负责本级储备粮的管理。落实上级政府下达的储备粮计划；落实储备粮管理所需的资金、人员和仓储设施设备等；适时动用储备粮，保障供应，稳定市场。

市粮食管理部门负责拟定全市储备粮规模，负责市本级储备粮品种结构、总体布局和应急动用等，负责对县（区）级储备粮管理工作的指导和监督。

县（区）粮食管理部门负责本级储备粮品种结构、总体布局和应急动用等。对本级储备粮的数量、质量和储存安全实施监督检查。

市、县(区)财政部门负责安排本级储备粮所需的贷款利息、保管费用、轮换费用等财政补贴,并保证及时、足额拨付。同时负责对储备粮有关财政补贴执行情况的监督检查。

市、县(区)农业发展银行或其他商业银行按照国家相关规定,安排储备粮所需贷款,并对信贷资金进行监管。

市、县(区)储备粮承储企业负责储备粮的经营管理,并对储备粮的数量、质量和储存安全负总责。

第二章 储备粮规模和补贴标准

第八条 储备粮的储存规模由市粮食管理部门根据区域内经济社会发展和宏观调控实际需要提出,报市政府批准。各县(区)按市政府批准的储备粮规模合理确定品种及布局方案,报市粮食管理部门备案。

第九条 储备粮规模的确定。

(一)原粮储备规模的确定。按照"确保谷物基本自给、口粮绝对安全"的总体要求和"产销平衡区4.5个月市场供应量"的原则建立原粮储备。考虑到中卫市实际情况,暂按全市城镇人口每人每天0.5公斤3个月的市场供应量确定。全市应建立原粮储备20000吨,其中市本级建立7000吨,沙坡头区建立3000吨,中宁县建立6000吨,海原县建立4000吨。

(二)应急成品粮储备规模的确定。按照自治区粮食安全省长责任制考核工作的要求,应急成品粮油储备应达到当地城镇人口和15%的农村人口10—15天的市场供应量。考虑到中卫市粮食加工企业实际承储能力,暂按10天市场供应量确定,全市应当建立应急成品粮储备2700吨,其中,市本级(含沙坡头区)1200吨;中宁县800吨;海原县700吨。

第十条 市、县(区)根据本地实际,合理确定品种结构,2019年年底前完成储备粮建设任务。其中,2018年年底前市本级(含沙坡头区)完成新增原粮储备5000吨(其中沙坡头区3000吨),新增应急成品粮储备300吨。中宁县完成原粮储备4000吨,新增应急成品粮储备100吨。海原县完成原粮储备2000吨,新增应急成品粮储备200吨。

第十一条 市政府根据自治区对储备粮管理的规定,结合本区域经济社会发展和人口变化情况,适时对储备粮规模和品种进行调整,原则上每3年调整一次。

第十二条 市、县(区)粮食管理部门按照本级储备粮规模,根据市场供求情况下达购销计划,由承储企业按照计划组织实施。并报市粮食管理部门备案。

第十三条 储备粮费用补贴包括保管费、贷款利息和轮换费。补贴标准参照自治区储备粮费用补贴标准执行。县(区)储备粮费用补贴标准可结合本地实际,适当进行调整。

(一)储备粮保管费用补贴。原粮每年每市斤0.05元;应急成品粮每年每市斤0.05元;食用植物油每年每市斤0.18元。

(二)储备粮贷款利息补贴。根据核定的储备粮库存成本,按同期银行利率据实结算储备粮贷款利息补贴。

(三)储备粮轮换费用补贴。储备粮轮换费补贴按实际轮换数量实行总额包干。小麦每市斤0.07元;水稻每市斤0.1元;食用植物油每市斤0.13元。

第十四条 市、县(区)财政部门根据实际储备数量,及时将每年所需的贷款利息、保管费、轮换费等财政补贴纳入本级财政预算,按季足额拨付承储企业。

第十五条 储备粮所需资金由承储企业在市、县(区)农业发展银行或其他商业银行贷款解决,贷款与粮食库存值增减挂钩,专户管理、专款专用。

第十六条 原粮储备的入库成本由财政、粮食管理部门等根据招标采购价或者收购价及相关费用进行核定。入库成本一经核定,承储企业不得擅自更改。

第三章 储备粮轮换

第十七条 储备粮的轮换应当遵循有利于保证储备粮的数量、质量和储存安全,保持粮食市场稳定,防止造成市场粮价剧烈波动,节约成本、提高效率的原则。

第十八条 原粮储备实行先入先出、均衡轮换制度。粮食管理部门应当在储存规模不变、储存费用不增的基础上,积极采取动态储备管理新模式,以利于节约成本、常出常新、提升品质。原则上原粮储备每年轮换数量不超过储存总量的20%至40%。

粮食管理部门应当以储备粮储存品质为依据、以储存年限为参考(小麦4年,水稻2年),根据市场供求情况下达原粮年度轮换计划。承储企业应当按照下达的计划适时组织轮换,新轮换入库的粮食应当达到国家规定的质量标准。

第十九条 原粮储备轮换分为常规轮换和非常规轮换两种。常规轮换由粮食管理部门按照储存年限和轮换比例提出轮换意见,会同有关部门下达轮换通知。非正常轮换由承储企业根据储粮品质、补库粮源以及市场情况提出轮换申请,粮食管理部门会同有关部门核实后下达轮换批复。

第二十条　原粮储备的收购、轮换、销售原则上应当通过规范的粮食批发市场公开进行,也可以通过国家规定的其他方式进行。

第二十一条　应急成品粮油轮换应当采取实物顶替轮出的滚动方式进行,以保持库存常量。粮食管理部门对应急成品粮油存储货位变动情况实行动态与定期监督管理。

第四章　原粮储备管理

第二十二条　市、县(区)粮食管理部门根据《宁夏回族自治区储备粮管理条例》的相关要求选定储备粮承储企业。承储库点一经确定,不得随意变动,如需调整,需办理报批手续。

第二十三条　承储企业应当具备下列条件:

(一)仓库容量达到规定的规模,仓储设施符合国家有关粮食储存标准和技术规范的要求;

(二)具有与粮食储存功能、仓型、进出粮方式、粮食品种、储粮周期等相适应的仓储设备;

(三)具有符合国家标准的储备粮质量等级检测仪器和检测场所,具备检测粮温、水分、害虫密度的条件;

(四)具有经过专业培训,并取得国家认可资格证书的粮食保管、检验和防治等管理技术人员;

(五)具有符合规范化粮库管理要求,经营管理和信誉良好,3年内无违法经营记录。

第二十四条　承储企业必须严格按照下达的计划进行收购、轮换、销售业务。不得将储备业务与其他业务混合经营。

第二十五条　承储企业必须保证入库的原粮储备达到收购、轮换计划规定的质量等级,原则上应是当年产的新粮。

第二十六条　原粮储备入库后、出库时,承储企业要对其质量等级和品质控制指标进行全面化验。储存期间,每半年做一次质量等级和品质控制指标的检测,将所有检测结果报本级粮食管理部门备案。

第二十七条　正常储存期间要始终保持粮食品质良好,损失损耗不得超过国家规定标准。承储企业应及时处理所发生的损失、损耗。

第二十八条　承储企业对于品质指标接近储备粮品质控制指标的,要及时提出处理申请,粮食管理部门在接到申请后会同有关部门研究并作出处理决定,经粮食管理部门、财政部门、贷款银行批准后组织实施。

第二十九条　承储企业要积极采用"三低"(低温、低氧、低药量)、机械通风和粮情电子检测等科学保粮技术,仓储管理要常年达到"一符四无"和"一符三专四落实"标准。

第三十条　承储企业要严格按照《粮油储藏技术规范》的要求,定期检查粮温、水分、害虫等情况,认真做好粮情检测记录,发现问题及时向粮食管理等有关部门反映,并采取有效措施。

第三十一条　承储企业不得虚报、瞒报原粮储备的数量,不得在原粮储备中掺杂掺假、以次充好,不得擅自串换原粮储备的品种、变更原粮储备的储存库点,不得因延误轮换或者管理不善造成原粮储备品质劣变。

第三十二条　承储企业不得用原粮储备对外进行担保或者对外清偿债务。

第三十三条　承储企业应当建立、健全原粮储备的防火、防盗、防洪等安全管理制度,并配备必要的安全防护设施。

第三十四条　粮食管理部门负责组织每年对原粮储备库存清查、春秋两季安全普查和"一符四无"粮仓检查。

第三十五条　承储企业要严格执行《统计法》和《粮食流通统计制度》,定期分析原粮储备的储存管理情况,及时向粮食管理部门上报收购、销售、轮换、储存以及价格信息。

第五章　应急成品粮油储备管理

第三十六条　市、县(区)粮食管理部门应当根据《宁夏回族自治区储备粮管理条例》的相关要求,结合储备规模、品种及总体布局确定承储企业。

第三十七条　承储企业应当具备下列条件:

(一)在当地市场监督管理部门注册;

(二)具备资金筹措能力;

(三)具备相应的仓储设施和保管能力;

(四)储存设备完好,计量设备准确,具备成品粮油常规检化验条件,配备有专业技术化验人员;

(五)交通便利,在应急情况发生时能够做到随时调用,保质、保量供给储备粮油。

第三十八条　市、县(区)粮食管理部门负责辖区内应急成品粮油的管理工作,具体应做到应急成品粮油的储存地点落实、储藏措施得当、储存数量准确、产品质量合格。

第三十九条 市、县(区)粮食管理部门会同财政部门,采取定期或不定期方式,对应急成品粮油的数量、质量、财务和统计管理工作进行全面监督检查,每季度至少一次。

第四十条 承储企业应当采取"先进后出"方式,确保库存数量真实、质量完好,调得动、用得上。发生库存变动应当及时报告本级粮食管理部门。

第四十一条 承储企业应当制定应急成品粮油管理制度,明确责任,履行义务,自觉遵守有关管理办法和规定,不得用应急成品粮油对外进行担保或者对外清偿债务。

第四十二条 应急成品粮油的入库,依照《应急成品粮油储备承储合同书》规定,由承储企业严格按品种、数量、质量标准负责采购,在规定的时间内完成入库任务。入库结束后由粮食管理部门组织验收。

第四十三条 应急成品粮油必须单货位保管并设立保管台账和粮垛卡,保证做到账账相符、账实相符。

第四十四条 承储企业应建立粮情检查制度,按有关储粮规范对所保管的粮油进行定期检查,发现问题及时向本级粮食主管部门汇报并报上级粮食管理部门备案,采取必要措施,保证应急成品粮油储存安全。

第四十五条 应急成品粮油在保管期间需要进行定期质量检测,每次检测必须由有资质的检验部门出据检、化验报告,确保粮食质量合格。

第四十六条 应急成品粮油的存放库房必须达到《粮油储藏技术规范》要求。

第六章 储备粮动用

第四十七条 有下列情形之一的,由粮食管理部门报经同级政府批准,可以动用储备粮:

(一)本辖区内粮食市场明显供不应求或者市场价格异常波动的;

(二)发生重大自然灾害或者其他突发事件需要动用的;

(三)县级及以上政府认为需要动用储备粮的其他情形。

第四十八条 储备粮的动用方案,由市、县(区)粮食管理部门提出,报本级政府批准,并报上级粮食管理部门备案。

储备粮的动用方案应当包括动用的品种、数量、质量、使用安排和运输保障等内容。

第四十九条 市、县(区)粮食管理部门根据本级政府批准的储备粮动用方案组织实施,政府有关部门应当对动用储备粮命令的实施给予支持、配合。

第五十条 任何单位和个人不得拒绝执行或者擅自改变储备粮动用命令、计划及用途。

第七章 监督检查和法律责任

第五十一条 粮食管理、财政等部门应当按照各自职责,依法对储备粮的储存和轮换情况进行监督检查,并对违法行为进行查处。

第五十二条 粮食管理部门对从事粮食收购、加工、销售经营者依法进行监督检查,督促其保持必要的安全库存或合理周转库存。储备粮的数量、质量、储存安全不符合规定的,责令承储企业立即纠正。承储企业丧失储存条件的,粮食管理部门应当取消其储存企业资格。

第五十三条 审计部门应当依法对粮食管理部门和承储企业的财务收支情况实施审计监督,对发现的问题,应当及时予以处理。

第五十四条 农业发展银行或其他商业银行应当按照资金封闭管理的规定,加强对储备粮信贷资金的监督管理。

第五十五条 任何单位和个人对储备粮经营管理中的违法行为,均有权向粮食管理等有关部门举报。粮食管理等有关部门接到举报后,应当及时查处;举报事项属于其他部门职责范围的,应当及时移送有关部门处理。

任何单位和个人不得拒绝、阻挠、干涉粮食管理部门、财政部门等相关监督检查人员依法履行监督检查职责。

第五十六条 粮食管理部门和其他部门及其工作人员违反本办法规定,有下列行为之一的,责令其限期改正,对直接负责的主管人员和其他直接责任人员依法给予行政处分;构成犯罪的,依法追究刑事责任:

(一)不及时下达储备粮购销及年度轮换计划的;

(二)授予不符合法定条件的企业储备粮储存企业资格的;

(三)隐瞒或者包庇储备粮管理违法行为的;

(四)在储备粮管理工作中,收受贿赂和索要财物的;

(五)不履行储备粮监管职责、渎职的;

(六)不及时拨付储备粮储存费用等补贴,给承储企业造成损失的;

(七)接到举报不及时查处的。

第五十七条　承储企业违反本办法规定,有下列行为之一的,由粮食管理部门责令限期改正,依法处以一万元以上五万元以下的罚款:

(一)对储备粮未实行专仓储存、专人保管、专账记载的;

(二)储存的储备粮账账不符、账实不符的;

(三)违反储备粮储存费用等补贴和维修资金使用规定的;

(四)擅自串换储备粮品种或者变更储存地点的;

(五)发现储备粮的数量、质量和储存安全问题不及时处理,或者不及时报告的;

(六)以储备粮进行担保或者清偿债务的。

第五十八条　承储企业违反本办法规定,有下列行为之一的,由粮食管理部门责令限期改正,依法处以一万元以上十万元以下的罚款:

(一)虚报、瞒报储备粮数量的;

(二)在储备粮中新陈混掺、掺杂使假、以次充好的;

(三)入库的储备粮不符合国家和自治区规定的质量等级和标准要求的;

(四)造成储备粮品质劣变、霉变的;

(五)拒不执行或者擅自改变应急动用命令的;

(六)擅自动用储备粮的;

(七)拒不执行或者擅自改变储备粮收购、年度轮换计划的。

第五十九条　承储企业违反本办法规定,有下列行为之一的,由粮食管理部门或者财政部门按照职责责令限期改正,追回被骗取的储备粮贷款和贷款利息、费用等财政补贴,依法处以一万元以上三万元以下的罚款:

(一)低价购进高价入账、高价售出低价入账、以陈粮顶替新粮、虚增入库成本的;

(二)弄虚作假套取差价,骗取储备粮贷款和贷款利息、储存费用等财政补贴的;

(三)挤占、截留、挪用储备粮贷款和贷款利息、管理费用等财政补贴的;

(四)擅自更改储备粮入库成本的。

第六十条　承储企业违反本办法规定,有第五十七条、第五十八条、第五十九条行为之一的,由本级粮食管理部门取消其储存资格,并向上级粮食管理部门进行报备。对国有粮食承储企业直接负责的主管人员和其他直接责任人员依法给予处分;构成犯罪的,依法追究刑事责任。

第六十一条　当事人对行政处罚决定不服的,可以依法申请行政复议或者提起行政诉讼;逾期既不申请行政复议也不提起行政诉讼,又不履行行政处罚决定的,由作出行政处罚决定的机关申请人民法院强制执行。

第八章　附　则

第六十二条　各县(区)可以根据本办法,结合本地实际,制定具体实施细则,并报市粮食管理部门备案。

第六十三条　本办法自2018年4月12日起施行,有效期至2023年4月12日。原《中卫市地方储备粮管理暂行办法》(卫政发〔2011〕73号)同时废止。

中关村中卫园企业管理办法

卫政办规发〔2018〕7号

第一条　为规范中关村中卫园企业入驻管理,充分发挥其在我市产业转型升级、创新发展的引领和支撑作用,特制定本办法。

第二条　中关村中卫园主要为入驻中卫市的云计算、军民融合企业提供办公用房等孵化服务,帮助有意向落户中卫市的项目提供政策支持和服务。

第三条　中卫市云计算和大数据发展服务局(以下简称大数据局)根据有关法律、法规,对进入中关村中卫园的企业进行指导管理,主要职责是:

(一)制定和发布中关村中卫园的具体管理制度,负责中关村中卫园的日常管理工作。

(二)负责云计算和军民融合项目引进、审查和考核,办理入驻手续,为入驻企业提供孵化服务,帮助协调落实各项招商引资扶持政策。

(三)协助工商、税务、审计、网络安全等部门对入驻企业经营活动进行监督管理。

(四)负责入驻企业的其他管理服务工作。

(五)管理和维护中关村中卫园公共财产物资。

(六)负责中关村中卫园的对外宣传与推广工作。

第四条　入驻中关村中卫园的企业原则上以从事云计算和军民融合产业的企业为主,孵化期为5年。孵化期内,免缴办公用房房租、物业费及水、电、暖费用。孵化期满,根据实际情况,可继续安排办公用房,但应当按规定收取相关费用。

第五条　入驻企业应当满足以下条件:

（一）符合中卫市产业政策和中关村中卫园发展方向，优先支持云计算信息技术研发、软件开发、物联网技术开发、电子商务类企业和科研院所、院士工作站、博士后流动站及军民融合等企业入驻。

（二）在中卫市注册，具有独立法人资格，有严格的技术管理和财务管理制度。

（三）入驻企业及项目必须符合国家相关法律、法规及产业政策的规定。

第六条　入驻申请审批按以下程序进行：

（一）申请：申请入驻企业向大数据局提出申请，并提交下列材料：

1. 填写《企业入驻中关村中卫园申请表》。

2. 提供企业在卫工商注册证明材料（营业执照（多证合一）原件及复印件，企业法人身份证原件、复印件等资料）和企业生产经营状况的相关资料（企业相关管理制度、企业章程、专利证书、合作协议、技术团队骨干人员的身份证、学历证书、职称证书、成果证书等）。

3. 项目可行性报告或商业计划书。

（二）考察审核：大数据局受理申请并对项目进行考察、审核，必要时组织专家进行评审。

（三）签订协议：经批准入驻后，大数据局与入驻企业签订入驻协议。

第七条　加强入驻企业管理

（一）办公用房面积和工位数量由入驻企业申请，大数据局根据企业办公人数等进行审核。

（二）大数据局定期、不定期对入驻企业进行考核评估，入驻企业出现办公位空座率高或工位不够使用的情况，根据实际情况进行调整。

（三）孵化期满后，根据项目发展情况，经入驻企业书面申请并报告大数据局审核同意后可适当延期。

（四）入驻企业要遵守国家法律、法规，自觉服从大数据局的管理，合法经营、诚信经营、文明经营。

（五）严禁入驻企业将中关村中卫园办公工位转租他人及企业使用。

（六）入驻企业负责人变更时，必须向中关村中卫园提交申请，经批准后方可变更。

第八条　入驻中关村中卫园企业可享受以下优惠政策：

（一）进入中关村中卫园的企业，享受国家、自治区及中卫市扶持云计算、大数据产业发展的相关优惠政策。

（二）优先为入驻企业争取自治区信息化建设专项建设资金和创新后补助等各类科技项目资金。积极为企业提供研发费用加计扣除、技术合同交易登记、创新研发平台搭建等方面的服务。

（三）加大对入驻企业的金融支持力度，鼓励和引导金融机构在中关村中卫园内增设分支机构。鼓励社会资本在园内成立科技小额贷款公司，支持园内企业上市及开展其他直接融资活动。优先为符合条件的入驻企业给予"宁科贷"、科技金融专项等信贷支持。

第九条　入驻企业在孵化期内或孵化期满，生产经营状况良好，具有稳定的市场占有率和销售网络，具有一定的市场竞争力和抗风险能力，可申请孵化成功退出。在孵化期内，入驻企业因自身生产经营等原因发生变化，可申请提前终止协议，自动退出中关村中卫园。

第十条　在孵化期间，有下列情形之一的企业，大数据局有权终止孵化协议，责令其在规定时间内退出中关村中卫园。

（一）孵化协议签订后持续两个月内没有开展经营运作，企业申请实施的项目未实质性开展的。

（二）未经大数据局同意，擅自改变经营范围的。

（三）孵化期届满，经大数据局书面督促后，未提出延期的。

（四）被市场监督管理部门责令停止营业或吊销营业执照的。

（五）被司法机关裁定破产或执行清算的。

（六）违反国家法律法规和政策规定，从事非法活动的。

（七）严重违反本办法，给中关村中卫园造成经济和名誉损失的。

（八）不服从园区统一管理，情节严重的。

（九）私自将中关村中卫园办公工位转租他人及企业使用的。

（十）其他可对中关村中卫园带来损失的情形。

第十一条　建立入驻企业经营评估机制，入驻企业要按照大数据局的要求，按期提供生产经营相关状况报表。

第十二条　本办法适用所有申请进入中关村中卫园的企业。

第十三条　本办法自2018年6月29日起施行，有效期至2023年6月29日，有效期为五年。

中卫市农村残疾人扶贫基地规范化管理办法

卫政办规发〔2018〕8号

第一章 总 则

第一条 为加强和规范农村残疾人扶贫基地（以下简称基地）建设，到2020年坚决打赢贫困残疾人脱贫攻坚和实现残疾人全面建成小康社会目标，根据《中华人民共和国残疾人保障法》《宁夏回族自治区农村残疾人扶贫基地规范化管理办法》等法律法规，结合中卫市实际，特制定本办法。

第二条 本办法所称的农村残疾人扶贫基地，是指由市、县（区）残联认定的，承担安置、培训、辐射带动农村贫困残疾人脱贫致富的符合有关条件的经济实体。

第三条 基地坚持自主投入为主，政府补助扶持为辅，实行自主经营、自担风险、自负盈亏。

第四条 市、县（区）残联协调发改、财政、科技、人社、扶贫等部门，加大对基地项目、资金、技术、人才等方面的扶持力度，全面提升基地发展管理水平。

第五条 基地需经市、县（区）残联审批和发文认定，分别挂"XX县（区）农村残疾人扶贫基地""中卫市农村残疾人扶贫基地"牌匾。

第二章 建设条件

第六条 基地应具有独立法人资格或经有关部门批准，且有一年以上正常经营活动。

第七条 基地从事的项目应符合当地产业发展规划，有市场前景，适合贫困残疾人就业创业需求。非涉农工业企业、福利企业、集中安置残疾人就业的企业不属基地认定对象。

第八条 基地应具备一定规模和抗风险能力，经营管理良好，能够为残疾人提供技术指导、劳动培训和信息咨询等配套服务。

第九条 基地要与扶持的残疾人签订三年以上扶持协议。扶持的残疾人须持二代《中华人民共和国残疾人证》，具有宁夏户籍，年龄在就业年龄段。

第三章 认定标准

第十条 市级基地要符合以下标准：

（一）涉农工业企业（不含福利企业），年产值不少于500万元，集中安置残疾人不少于20人，残疾人职工年人均收入达到当地职工年平均收入水平。

（二）种植养殖企业（公司），成片种植面积在100亩以上或种植大棚在20个以上；养家禽8000只（羽）以上，养大家畜存栏300头以上，养羊存栏1000只以上，水面养殖面积在200亩以上，安置或辐射带动20户以上残疾人，所吸纳从业残疾人年人均收入达到当地农民年人均纯收入水平。

（三）手工业、加工业、家庭副业，直接安置或辐射带动的农村贫困残疾人不少于20人。

第十一条 县（区）级基地要符合以下标准：

（一）涉农工业企业（不含福利企业），年产值不少于200万元，集中安置残疾人不少于10人，残疾人职工年人均收入达到当地职工年平均收入水平。

（二）种植养殖企业（公司），成片种植50亩或大棚种植15个以上，养殖鱼虾蟹类100亩以上，养家禽5000只（羽）以上，养大家畜存栏100头以上，养羊存栏500只以上，安置或辐射带动10户以上残疾人，所吸纳从业残疾人年人均收入达到当地农民年人均纯收入水平。

（三）手工业、加工业、家庭副业，直接安置或辐射的农村贫困残疾人不少于10人。

第四章 申报和命名

第十二条 申报单位认为符合县级基地建设标准的，于每年3月初向所在地县残联申报，县残联会同县财政局、扶贫办，于同年4月底前对申报的经济实体进行考核验收。沙坡头区的可直接向市残联申报认定。验收合格的以正式文件命名，并报市残联和自治区残联教育就业处备案。

第十三条 申报单位认为符合市级基地建设标准的，于每年5月初向所在地县残联申报。县残联审核通过后，提请市残联认定。市残联会同市财政局、扶贫办，于同年6月底前对申报的经济实体进行考核验收，验收合格的以正式文件命名，并报自治区残联教育就业处备案。

第十四条 申报单位认为符合自治区级基地建设标准的，于每年7月初向所在地县残联申报。沙坡头区符合自治区级基地建设标准的，可直接向市残联申报。经市、县残联审核通过后，提请自治区残联认定。自治区残联会同自治区财政厅、扶贫办，于8月底前对申报的经济实体进行考核验收，验收合格的以正式文件命名。

第十五条 每年定期对基地进行检查考核，重点考核基地实际运转、资金贷款、综合效益、残疾人安置帮扶、扶持服务、协议落实、残疾人权益保护等绩效情况，通过基地建设网络系统录入有关数据、材料和声像资料。市残联对县(区)基地的建设运营情况进行抽查，发现问题及时反馈给当地县残联，由县残联负责督促基地进行整改，市残联负责沙坡头区基地的整改。

第十六条 存在以下行为或问题的，市、县残联将予以警告，责令限期整改，直至撤销摘牌。

(一)违反贷款政策规定，弄虚作假，骗取贷款的；

(二)不能按期还本付息，造成贷款呆滞的；

(三)生产经营活动及其他经济行为违反国家相关规定，损害消费者利益、破坏市场经济正常秩序的；

(四)安置就业的农村残疾人不能够正常参与生产劳动，且工资收入、保险待遇、劳动保护达不到规定要求的；

(五)对残疾人生产劳动、技能、产销等帮扶措施不力，残疾人权益得不到保护或造成损失的；

(六)不能很好地履行扶持残疾人的协议责任的；

(七)不能如实准确记录和反映实际安置带动农村残疾人情况，提供虚假材料，骗取补助的。

第十七条 中宁、海原县残联对自己认定的县级基地每年复审一次，沙坡头区的基地由市残联认定并进行复审。市残联对市级基地两年复审一次。复审合格的，保留基地牌匾；复审不合格的，取消基地牌匾。

第五章 管理扶持

第十八条 对认定挂牌的基地，优先给予康复扶贫贷款贴息支持。

第十九条 对达到自治区级标准的基地由自治区补助资金20万元。经考核认定为市级基地的，享受市扶贫龙头企业扶持政策。认定为县级基地的，由各县(区)根据实际情况自行确定。沙坡头区达到县(区)级基地条件和标准的，由市财政给予5万元的补助。中宁、海原两县基地补助金额由各县参照执行。

第二十条 扶贫基地补助资金经费来源。

基地补助资金坚持谁认定谁负担的原则，中宁、海原两县基地补助资金分别从各县残疾人就业保障金中列支。沙坡头区基地补助资金从市级残疾人就业保障金中列支。

第六章 服务与监督

第二十一条 各县(区)残联要统一思想，提高认识，把残疾人扶贫基地建设作为残疾人工作的重要内容，帮助基地做好规划设计、生产经营、运行管理等服务性工作，使有劳动能力、有就业需求的残疾人得到及时安置。

第二十二条 市、县(区)残联、财政、扶贫要加强对基地补助资金的管理和监督，保障补助资金和贷款贴息资金规范合理有效使用，鼓励基地创新发展，创造效益。

第二十三条 申报单位应当对提供材料的真实性负责，保证资料的完整性、准确性和相互印证性。对弄虚作假骗取基地规范化管理补助资金和贷款贴息资金的，由财政部门如数追回，并永久性取消其基地申报资格。

第二十四条 各有关部门及其工作人员在基地申报、考核验收、资金拨付过程中，玩忽职守、徇私舞弊、假公济私、挪用或扣压基地管理补助资金的，应当追究当事人和直接责任人的责任。构成犯罪的，依法追究相关责任人的刑事责任。

第二十五条 本办法自2018年8月1日起施行，有效期至2023年8月1日。

中卫市城市公共户外广告位管理暂行办法

卫政办规发〔2018〕9号

第一章 总 则

第一条 为加强中卫市城市公共户外广告位资源管理，规范户外广告设施设置，维护市容整洁美观，根据《中华人民共和国城乡规划法》《中华人民共和国广告法》《城市市容和环境卫生管理条例》《公益广告促进和管理暂行办法》《宁夏回族自治区城市市容和环境卫生管理条例》及其他有关法律法规规定，结合中卫市实际，制定本管理办法。

第二条 本市城市公共户外广告位设置及管理活动适用本办法。法律、法规另有规定的，从其规定。

第三条 本办法所称户外广告，是指利用城市公用建(构)筑物，城市道路、桥梁等交通设施，交通运输工具以及其他户外载体，直接或者间接介绍商品、服务或者公益性内容的设施。

第四条 城市公共户外广告位类型包括：

(一)利用公共场地的建筑物、空间设置的广告、霓虹灯、电子显示屏、灯箱、橱窗、信息发布栏、牌匾、店牌、单位指示牌、路铭牌、公交站亭(牌)、擎天柱广告牌等固定广告。

（二）利用公共交通工具设置、绘制、张贴的移动广告。

第二章 管 理

第五条 城市管理部门依据城市特色风貌，编制城市户外广告在各区域的布局以及设置规划，经市人民政府批准后组织实施。公共户外广告设置规划应当随城市发展和建设情况进行修订并及时予以公布。

第六条 城市管理部门为公共户外广告位资源行政主管部门，负责城市公共户外广告位设施质量安全监督管理工作。市场监管部门应加强对广告内容的事中事后监管，发现虚假违法广告，要根据相关法律法规及时予以查处。

第七条 本市行政区域内规划建设的城市公用设施等形成的户外广告位资源由城市管理部门统一管理，全部由指定经营单位统一开发、经营。

第八条 市属企、事业单位和部门已开发建设的户外广告资源须全部移交指定经营单位统一经营。市属企、事业单位和部门已开发建设的户外广告资源移交指定经营单位后对原产权单位的宣传数量、质量不低于移交前。

第九条 对未批先建的户外广告位逐步收回，交由指定经营单位经营；对已经审批建立的户外广告，到期后统一由指定经营单位经营；对在建的户外广告，一律停建，统一收回交由指定经营单位经营。

第十条 新规划、建设的城市道路、桥梁、广场、绿地、空地、公交站亭（牌）、路铭牌等公用设施上的户外广告设置交由指定经营单位统一经营。

第十一条 户外广告使用的设计风格、语言文字、汉语拼音、计量单位等应符合国家规定，画面必须健康、清晰、美观。

第十二条 户外广告设施的设计、制作和安装应当符合相应的设置技术规范、质量标准。

第十三条 利用道路两侧设置户外广告的，不得延伸扩展至道路上方、跨越道路或者违反限高规定，外观不得与交通标志颜色和式样相同或者近似。配置夜景光源的，不得与道路交通信号近似，或者设置强光灯饰。不得在道路建筑控制区内设置广告位。

第十四条 城市公用设施等形成的户外广告资源，在指定经营单位使用期内，任何单位和个人不得非法占用、拆除、迁移、遮盖或者损坏。

第十五条 禁止以下形式的户外广告：

（一）彩旗、道旗广告；

（二）布幅、条幅、横幅广告；

（三）用低劣材料制作的简易广告；

（四）在城市道路上设置固定的跨街广告；

（五）利用临街建筑物的楼顶、窗户、阳台、墙面悬挂、张贴各类广告；

（六）法律、法规禁止的其他形式的广告。

第三章 维 护

第十六条 户外广告设施应当牢固安全、整洁美观、符合相应的国家技术质量标准。

第十七条 指定经营单位负责经营的公共广告位，其应当履行下列职责：

（一）保持户外广告的整洁、完好，并及时进行维护；

（二）保证照明设施的正常运行，并按照本市有关规定开启照明设施。

（三）定期对户外广告进行安全检查，及时排除安全隐患，遇恶劣气候采取相应的安全防范措施；

（四）涉及公共安全的户外广告，指定经营单位每年应委托具有法定资质的质量检测机构进行安全检测，并向审批管理部门提交检测报告；安全检测不合格的，设置者应及时整改，并达到安全要求；

（五）法律、法规、规章规定的其他责任。

第四章 大型户外广告位审批

第十八条 设置大型户外广告位需按下列程序审批：

（一）申请人向城市管理部门提出申请，填写申请表，提交相关资料。

（二）城市管理部门对相关资料进行审查，并进行现场勘察，签署意见。

（三）城市管理部门同意设置后，到环保部门办理环境影响评价审批手续和有关部门的相关手续。

（四）申请人应当在规定时间内按照户外广告设置技术规范和安全生产的有关规定完成户外广告设置。

第十九条 申请设置大型户外广告时，应提交下列文件或资料：

（一）场地、设施使用权证明或场地租赁有效证明；

（二）广告发布白天和夜间的实景效果图；

（三）大型户外广告必须由具有资质的专业设计部门提供结构设计图、施工说明书；

（四）相关部门意见。

第二十条 设置大型户外广告应当按照批准的

位置、内容、期限、规格和设计方案实施,不得擅自变更,确需变更的,应当办理变更手续。

第二十一条 大型户外广告设施应当自审批之日起30日内设置,逾期未设置的,其审批自行失效。

第五章 公益广告

第二十二条 公益广告发布在市委宣传部(市文明办)指导协调下开展。

第二十三条 市委宣传部(市文明办)负责公益广告内容、设计风格等的最终审核。

第二十四条 发挥户外广告社会主义核心价值观等公益宣传的主阵地作用,公益广告发布要占公共广告资源的20%以上。因公益宣传需要发布户外公益广告的,指定经营单位须按下列规定执行。

(一)市委宣传部(市文明办)有明确要求需要发布公益广告的,由指定经营单位根据规划要求统一安排设置,其他任何单位不得以公益宣传的名义擅自设置户外广告位。

(二)公益广告发布时间、地点、内容由市委宣传部(市文明办)统筹安排。

第六章 法律责任

第二十五条 城市管理和市场监管部门在实施户外广告查处时,必须依据国家、自治区有关法律法规规定予以处罚。

第二十六条 违反本办法规定,有下列情形之一的,依据《宁夏回族自治区城市市容和环境卫生管理条例》,由城市管理部门责令限期整改;逾期不改整改,依据相关法律法规进行处罚:

(一)擅自设置户外广告设施的;

(二)户外广告设置许可期满,未拆除户外广告设施的。

第二十七条 违反本办法规定,有下列情形之一的,依据《宁夏回族自治区城市市容和环境卫生管理条例》,由城市管理部门责令限期整改;逾期不整改的,依据相关法律法规进行处罚:

(一)违反户外广告设置技术规范设置的;

(二)户外广告设施存在安全隐患,设置者未在限期内采取措施排除安全隐患的。

第二十八条 因户外广告倒塌、坠落造成他人人身伤害或财产损失的,由户外广告设施设置人依法承担民事责任或刑事责任。

第七章 附则

第二十九条 本办法自2018年8月1日起实施,有效期至2020年7月30日。

市人民政府办公室关于印发中卫市公共交通运营管理考核办法(试行)的通知

卫政办规发〔2018〕10号

第一条 为加强中卫市城市公交行业监督和管理,全面提升中卫市城市公交运营服务质量,科学确定公交运营财政补贴资金额度,促进城市公共交通健康持续发展,根据《国务院关于城市优先发展公共交通的指导意见》《宁夏回族自治区人民政府关于城市优先发展公共交通的实施意见》和《宁夏回族自治区道路运输管理条例》等相关规定,结合中卫市沙坡头区公交运行实际,制定本办法。

第二条 考核对象与内容。公共交通运营管理考核对象为中卫市沙坡头区范围内提供城市公交运营服务的公交企业。考核内容由质量考核和数量考核两部分组成。

第三条 考核机构。

(一)考核领导小组。成立中卫市公共交通运营管理考核领导小组(以下简称"考核领导小组"),全面负责公共交通运营管理考核,监督第三方考核机构,审议考核结论。考核领导小组组长由市人民政府分管交通的副秘书长担任,副组长由市交通运输局局长、市道路运输管理局局长担任,成员由市交通运输局、发改委(物价)、财政局、运管局、交通警察局组成。考核领导小组下设办公室,办公室设在市交通运输局,市交通运输局分管副局长任办公室主任。

(二)第三方考核机构。市交通运输局委托第三方考核机构负责公共交通运营服务质量日常监督考核、乘客满意度考核和年度考核的具体工作。考核机构应具备以下条件:与被考核公交企业无利害关系,与市交通运输局和市财政局无行政隶属关系,能够公平公正地开展考核工作;熟悉公交行业,有社会调查经验;根据具体考核情况,独立、客观、公正地形成考核结论。

第四条 考核方式。采用日常监督考核、乘客满意度考核和年度考核相结合的方式。日常监督考核采取定期考核与随机抽查考核相结合,随机考核每月考核一次;乘客满意度考核,每季度考核一次;年度考核,每年度考核一次。

第五条 考核职责。

（一）日常监督考核。由市交通运输局组织，第三方考核机构按照日常监督考核细则（附件1）进行考核。

1. 每月对公交车客流量及减免票价客流比例、线路月总运营车次及运营里程、燃料消耗量、维修保养、安全例检及违反交通法规情况等资料进行收集整理。

2. 每月对公交企业财务报表中科目余额表和凭证表进行收集，按照二级科目审查公交企业财务记账，其中运营收入包括营运收入、广告收入、政府补贴收入以及其他收入。运营成本主要包括人员工资及工资性附加、燃料费、修理费、轮胎消耗费、固定资产折旧、其他直接运营费用、管理费用、年检费、GPS使用服务费、财务费用等与公交运营成本相关的成本费用。

3. 每月对12345政务服务热线、信访办、新闻媒体及12328举报热线反映的服务质量问题进行收集整理。

4. 每季度对公交车辆安全运行及违反交通法规情况，进行收集整理。

5. 随机考核根据考核频次及时间间隔等考核要求，随机选择考核时间，对公交企业全部运营线路的运营服务数量指标和质量指标进行考核。

6. 分类建立各类考核台账，提交季度考核报告，由考核领导小组审议。

（二）乘客满意度考核。由市交通运输局组织，第三方考核机构按照乘客满意度考核细则（附件3）每季度进行一次考核，并进行公交车客流抽样调查，确定公交车总客流量和减免票价客流比例。

（三）年度考核。由市交通运输局组织，第三方考核机构按照年度考核细则（附件2）进行年度考核。考核领导小组通过听取第三方考核机构工作汇报、实地跟踪测算调查、检查基础设施建设、核算运营收支等方式对年度综合考核报告进行审议，并提交市人民政府研究审定。

第六条 考核结果。公共交通运营管理考核是对公交企业运营服务数量考核和质量考核的综合评价。

（一）公交企业运营服务数量考核评价。根据日常考核、年度考核和乘客满意度考核数量指标成绩，分别按照30%、50%和20%的权重加总计算。

（二）公交企业运营服务质量考核评价。根据日常考核、年度考核和乘客满意度考核质量指标成绩，分别按照35%、45%和20%的权重加总计算。

（三）公交企业运营管理考核综合成绩计算。运营管理考核综合成绩根据公交企业运营服务数量成绩和质量考核成绩，分别按照40%、60%的权重加总计算。

（四）结果公示。考核领导小组对第三方提交的年度公共交通运营管理考核综合评价结果进行审议，市交通运输局将审定结果在相关官方网站上予以公示，同时将综合评价结果抄送至市发改委、市财政局、市交通警察局。

第七条 考核结果应用。市交通运输局根据核定的补贴标准及每季度考核结果，向市人民政府提出拨付补贴资金申请，市财政局根据市人民政府批示意见，将补贴资金拨付市交通运输局，由市交通运输局拨付至公交企业，补贴资金中预留补贴总额的20%作为全年最终考核兑付资金。

（一）90分以上，足额拨付公交运营补贴。

（二）80—89分，拨付公交运营补贴的90%。

（三）70—79分，拨付公交运营补贴的80%。

（四）60—69分，拨付公交运营补贴的70%。

（五）考核结果在59分以下的，取消当年公交运营补贴资格。

第八条 一票否决。公交企业在年度考核中发生下列任一情形，一票否决，不享受公交运营补贴资金：

（一）发生死亡3人（含3人）或重伤10人（含10人）的重大事故。

（二）公交企业擅自暂停、终止、转让城市公交线路，或擅自租赁、挂靠车辆。

（三）由于公交企业管理原因，导致发生10人以上暴力冲突、静坐示威、上访等群体性事件，严重扰乱社会秩序，媒体曝光属实，造成严重社会影响的。

第九条 监督管理。公交企业在考核过程中弄虚作假的，依法依规追究有关责任人责任。第三方考核机构在考核过程中弄虚作假的，应解除委托合同，并根据合同约定及相关规定依法追究第三方考核机构责任。

第十条 运营成本和运营收入持平后，市财政不再拨付公交运营补贴。

第十一条 公交企业应针对考核中被扣分的项目提出具体整改措施，及时将整改措施和整改结果报考核领导小组。

第十二条 公交企业建立以路单、卫星定位数据等为基础的线路运营统计制度，全面纪录每条线路运行的车辆、里程、班次、客流量、减免票价客流比例、营收、燃料消耗量等数据并完整保存。

第十三条 本办法自2018年7月1日起施行，

有效期2年,至2020年7月1日。

市人民政府办公室关于印发中卫市基本农田和耕地违法行为举报奖励办法(试行)的通知

卫政办规发〔2018〕11号

第一条 为实行最严格的基本农田和耕地保护制度,落实《中卫市基本农田和耕地保护地长制实施意见》,发挥单位和个人积极参与耕地和基本农田保护工作的积极性,鼓励社会公众积极举报土地违法行为,及时发现、防止和消除滥占乱用基本农田和耕地,严厉打击违法用地犯罪行为,根据《中华人民共和国土地管理法》等法律法规,制定本办法。

第二条 本办法适用于中卫市辖区内对基本农田和耕地违法行为的举报奖励。

第三条 任何自然人、法人或其他组织均可通过下列方式进行举报:

(一)拨打12336(举报电话)、7026233、7026212、或12345(中卫市市长信箱)进行举报;

(二)通过信函、网络、微信等形式向市(县、区)政府或市(县、区)国土资源管理部门进行举报;

(三)到市(县、区)政府或市(县、区)国土资源管理部门进行举报;

(四)到辖区内的镇(乡)人民政府或村组进行举报。

举报受理部门为市、县(区)国土资源管理部门。

第四条 举报奖励应同时符合以下条件:

(一)有明确的举报对象、具体的举报事实及证据;

(二)举报的内容事先未被市(县、区)政府或市(县、区)土地管理部门掌握;

(三)举报的内容经查证属实并依法作出处理。

第五条 以下情况不属于奖励范围:

(一)举报事实不清,对象不明,举报人不协助调查取证或提供不出举报查处所需真实信息的;

(二)举报的破坏、占用基本农田和耕地等违法行为已被国土资源管理部门立案查处的;

(三)举报的破坏、占用基本农田和耕地等违法行为已被新闻媒体曝光的;

(四)举报的破坏、占用基本农田和耕地等违法行为处于被举报单位或个人限期拆除或限期整改期间的;

(五)本市国土资源管理部门工作人员及其近亲属举报的;

(六)其他不符合法律、法规规定的奖励情形。

第六条 举报奖励的实施遵循以下原则:

(一)鼓励实名举报,对匿名举报并查处的案件,在结案后能核实举报人真实身份,且举报人愿意领取奖励的,应给予奖励。

(二)同一案件有两个以上举报人的,奖励举报在先的举报人,不分别奖励。

(三)两人以上联名举报同一案件的,按同一举报奖励,奖金由举报人协商分配。

(四)同一举报人向市(县、区)政府或市(县、区)国土资源管理部门举报同一案件的,由查处的国土资源管理部门奖励,不重复奖励。

第七条 根据破坏、占用基本农田和耕地举报案件的性质、内容,按以下规定对举报人给予一定数额的奖励:

(一)举报下列破坏基本农田的情况,给予举报人500元—1000元奖励。

1. 占用基本农田进行植树造林、发展林果业和搞林粮间作以及超标准建设农田林网;

2. 以农业结构调整为名,在基本农田内挖塘养鱼、建设用于畜禽养殖的建筑物等严重破坏耕作层的生产经营活动;

3. 非法占用基本农田建窑、建房、建坟、挖沙、采石、采矿、取土、堆放固体废弃物或者从事其他活动破坏基本农田,毁坏种植条件的;

4. 违法占用基本农田进行绿色通道和城市绿化隔离带建设;

5. 以退耕还林为名违反土地利用总体规划,将基本农田纳入退耕范围;

6. 除法律规定的国家重点建设项目以外的非农建设项目占用基本农田的。

(二)举报下列破坏一般耕地的情况,给予举报人200元—500元奖励。

1. 非法占用一般耕地建窑、建房、建坟、挖沙、采石、采矿、取土、堆放固体废弃物或者从事其他活动破坏一般耕地,毁坏种植条件的;

2. 拒不履行土地复垦义务,经责令限期改正,逾期不改正的;

3. 建设项目施工和地质勘察临时占用耕地(含基

本农田)的土地使用者,自临时用地期满之日起1年以上未恢复种植条件的;

4.因开发土地造成土地荒漠化、盐渍化的。

第八条 举报违法占用破坏基本农田和耕地案件被查处后,违法企业或个人再次出现违法行为,可以继续举报,再次获得奖励。

第九条 奖励资金由县、区政府纳入预算安排,加强管理,并接受审计、监察部门的监督。

对县、区内基本农田和耕地违法行为的举报奖励由县、区国土资源管理部门受理审查,报县、区政府同意,财政拨付资金兑付。

第十条 市(县、区)国土资源管理部门应在作出处理决定之日起15个工作日内通知举报人申请举报奖励。

第十一条 举报人应在接到通知之日起30日内向市(县、区)国土资源管理部门提出奖励申请,无正当理由超过30日未提出申请,视为放弃奖励。

第十二条 市(县、区)国土资源管理部门应在收到奖励申请之日起10个工作日内进行审查,符合奖励条件的,作出奖励决定并书面通知举报人。特殊情况可适当延长举报奖励决定期限,但延长期限不得超过30日。

不符合奖励条件的,书面告知举报人。举报人有异议的,可在收到告知书10日内书面向市(县、区)政府提出核查申请。经核查符合奖励条件的,由市(县)国土资源管理部门兑现。

第十三条 举报人应在接到奖励决定之日起30个工作日内,由本人或委托他人凭奖励决定及有效身份证明领取奖金。

无正当理由逾期未领取奖金的,视为举报人放弃奖励。

第十四条 举报人无法现场领奖且无委托人的,应及时说明情况并提供银行账号,由举报奖励部门将奖金汇至指定账户。

第十五条 举报受理部门不按规定受理举报人举报,或不按时限办理的,依法追究单位相关责任人责任。

第十六条 市(县)国土资源管理部门应建立健全举报奖励档案。包括举报记录、立案和查处情况、奖励申请、奖励通知、奖励领取记录、资金发放凭证等。

第十七条 参与举报奖励工作的人员必须严格执行保密制度,未经举报人同意,不得以任何方式透露举报人身份、举报内容和奖励等情况,违者由监察机关予以行政问责。

第十八条 举报人故意捏造事实诬告他人,或者弄虚作假骗取奖励,构成违法犯罪的,依法承担相应责任。

第十九条 市(县)政府及国土资源管理部门工作人员在办理举报奖励过程中有玩忽职守、徇私舞弊、弄虚作假、私分截留等行为的,依法追究其行政责任;构成犯罪的,依法移送司法机关处理。

第二十条 本办法自2018年8月30日施行,有效期至2020年8月30日。

市人民政府办公室关于印发中卫市高污染燃料禁燃区燃煤污染整治工作实施方案和高污染燃料禁燃区餐饮服务单位"煤改气""煤改电"整治资金补贴方案的通知

卫政办规发〔2018〕12号

中卫市高污染燃料禁燃区燃煤污染整治工作实施方案

为认真贯彻落实中央环境保护督察反馈意见,强化散煤整治,控制燃煤污染,改善空气质量,坚决打好污染防治攻坚战,结合中卫市实际,制订本实施方案。

一、总体要求

按照"政府引导、分类施策、用户配合、依法管理"的原则,明确目标任务,集中时间,集中行动,对散煤使用情况进行详细调查,掌握基本情况,全面加强散煤燃烧管控,有序推进"煤改气""煤改电"等工作,降低散煤燃烧对大气环境质量造成的不利影响。

二、组织领导

成立中卫市高污染燃料禁燃区燃煤污染整治工作领导小组。组成人员如下:

组　长:张隽华　副市长
副组长:俞　斌　市政府副秘书长
　　　　严玉忠　市场监督管理局局长
　　　　王中华　市环境保护局副局长
　　　　冯进强　市住房和城乡建设局副局长
　　　　孙家骥　沙坡头区人民政府副区长
成　员:薛　梅　市发展和改革委员会经动办

　　　　　　副主任
雍建军　市公安局治安管理局局长
张海涛　市财政局副局长
刘格祥　市林业生态建设局副局长
高建国　市地震局副局长
万振林　市城市管理综合执法监督局副
　　　　局长
王维民　市消防支队副支队长
蒋建明　应理城乡市政产业(集团)公司
　　　　总经理
梁　俊　国网中卫供电公司副总经理
王爱平　中卫市宏建热力公司经理
汪敬堂　中卫市深中天然气公司经理
　　领导小组办公室设在市市场监督管理局,张学斌同志担任办公室主任,办公室下设3个工作组。
　　(一)餐饮整治组。
组　长:张学斌　市市场监管局副局长
副组长:徐　斌　市城市管理综合执法监督局市
　　　　政管理科科长
　　　　张奇才　市市场监管局市场(网络交易)
　　　　秩序规范科科长
成　员:赵勇山　市公安局治安管理局食药环侦
　　　　察局副局长
　　　　雷亚强　市林业生态建设局林政科科长
　　　　吴元雄　市环境保护局大气污染控制科
　　　　科长
　　　　王永泰　市消防支队防火处处长
　　　　李福华　沙坡头区环境保护局局长
　　　　韩　涛　国网中卫供电公司科长
　　　　成志刚　中卫市深中天然气公司副总经理
　　工作职责:
　　1.对餐饮服务单位燃煤污染整治前期相关政策进行入户宣传,摸清餐饮服务单位底数,逐户建档立卡。
　　2.负责餐饮服务单位"煤改气""煤改电"的申请、登记、验收工作,并上报领导小组办公室。
　　3.做好餐饮服务单位"煤改气""煤改电"工作,协调相关事宜。
　　(二)散煤燃烧取暖整治组。
组　长:冯进强　市住房和城乡建设局副局长
副组长:姬作收　应理城乡市政产业(集团)公司
　　　　副总经理
　　　　张　宏　沙坡头区环境保护局副局长
成　员:韩　勇　市环境保护局环境监察支队支
　　　　队长
　　　　魏学峰　中卫市宏建热力公司副经理
　　　　候小平　中卫市深中天然气公司副总经理
　　　　张奇才　市市场监督管理局市场(网络交
　　　　易)秩序规范科科长
　　工作职责:
　　1.对散煤燃烧取暖整治前期相关政策进行入户宣传,摸清沿街散煤燃烧取暖经营单位底数,逐户建档立卡。
　　2.做好供暖管道铺设到位的沿街个体经营单位散煤燃烧取暖取缔工作;对供暖管道等铺设不到位、没有接通的个体经营单位实施集中供暖改造。
　　(三)协调督办组。
组　长:王中华　市环境保护局副局长
　　　　张学斌　市市场监督管理局副局长
成　员:吴元雄　市环境保护局总量控制科科长
　　　　常崇生　市城市管理综合执法监督局规
　　　　划科科长
　　　　马　辉　市市场监督管理局人事科科长
　　工作职责:协调联络各工作组按照方案要求有序开展工作,督察督办各工作组工作推进情况,对工作推进不力的单位及时通报,并下发催办通知。同时,每半月将工作情况专报工作领导小组组长、副组长审阅。

三、各成员单位责任分工

(一)市发展和改革委员会。积极向自治区发展和改革委员会争取项目资金,支持燃煤污染整治工作。

(二)市公安局。维护燃煤污染整治工作中的社会治安秩序,依法打击行政执法部门在燃煤污染整治过程中遇到的暴力抗法、阻碍执行公务及其他违法犯罪行为。

(三)市财政局。将市发展和改革委员会、市环境保护局争取的环保项目资金,及时向燃煤污染整治各工作组进行划拨。

(四)市环境保护局。落实散煤燃烧污染整治工作的优惠政策,督促有关部门快速组织实施,与市市场监督管理局共同对餐饮单位煤改气煤改电资金补贴表进行审核;协调中卫市电视台、中卫日报等新闻媒体对燃煤污染整治工作进行宣传报道。

(五)市住房和城乡建设局。协调供热公司做好"集中供暖改造"新增入网用户的入网费用和供暖管道施工保障工作;做好燃煤污染整治过程中取暖管道铺设接入问题的协调,协商处理经营单位供暖欠费问题。

(六)市林业生态建设局。做好因开展燃煤污染整治工作铺设管网占用城市绿地、迁移树木等所需手续的审批办理工作,并按照"特事特办"原则,提高办理效率。

(七)市规划局、城市管理综合执法监督局。做好工程建设项目的规划选址、建设用地和建设工程的规划管理;负责城市规划区内道路、公共交通、电力、燃气等市政基础设施及各类管线工程的规划管理和综合协调工作。

(八)市市场监督管理局。制订燃煤污染整治工作实施方案,做好组织、协调和实施相关工作,牵头做好餐饮单位煤改气煤改电工作;加强用气、用电计量器具和高污染燃料禁燃区内煤质监管。做好所辖区域散煤燃烧经营单位的宣传、引导和发放《中卫市人民政府关于整治高污染燃料禁燃区燃煤污染的通告》;负责接待此项工作的来信、来电、来访,确保信访渠道畅通。

(九)市消防支队。做好煤改为清洁能源的验收工作,加强整治过程中各类场所的消防安全检查。

(十)国网中卫供电公司。对申请安装使用电能的用户进行安装并提供电力保障;对因实施燃煤污染整治工作需更改线路或增加电力增容设施的施工单位加强管理,做到文明施工。

(十一)沙坡头区人民政府。组织动员各社区在高污染燃料禁燃区内开展禁煤行动,协调社区、物业公司积极支持、配合煤改气等工作。

(十二)沙坡头区环境保护局。规范整治户外经营散煤燃烧摊点;对冬季继续使用散煤燃烧取暖的经营单位进行管理及处罚。

(十三)中卫市深中天然气公司。对申请安装使用天然气的用户进行安装并输供天然气,做好餐饮服务单位后厨设施设备的安装、调试、验收工作;对因实施燃煤污染整治工作需开挖道路的施工单位加强管理,做到文明施工并及时按规范标准修复;合力预算"煤改气"工程造价,将预算方案及时上报领导小组办公室。

(十四)中卫市宏建热力公司。对申请安装使用集中供暖的用户进行安装并提供冬季供暖;对因实施燃煤染整治工作需开挖道路的施工单位加强管理,做到文明施工并及时按规范标准修复。

四、工作步骤

(一)宣传动员阶段(2018年7月15日至2018年7月31日)。各工作小组根据摸底调查登记情况开展入户宣传动员,采取发放政府通告或者通过新闻媒体等途径进行广泛宣传,为后续工作开展奠定扎实基础;对散煤燃烧经营单位基本情况重新登记并建档立卡,会同相关部门综合分析,科学规划,分类改造。

(二)组织实施阶段(2018年8月1日至2018年12月31日)。

1. 餐饮服务单位改造(2018年8月1日至2018年12月31日)

(1)符合条件的餐饮服务单位向所在辖区市场监管分局提出书面申请并承诺在限期内完成改造;

(2)由辖区市场监管分局网格监管人员现场核实并经分局局长确认签字后,将申请报送至餐饮整治工作组;

(3)餐饮整治工作组根据申请完成再审核,由组长、副组长签字确认后将申请交予燃气公司等有关单位完成对餐饮服务单位的改造及后续工作;

(4)餐饮服务单位后厨改造设备设施等费用自理。

2. 集中供暖改造(2018年8月1日至2018年11月30日)

市住房和城乡建设局牵头组织对采取燃煤取暖的经营单位进行集中供暖改造。

(三)总结验收阶段(2018年12月)。由工作领导小组负责高污染燃料禁燃区燃煤污染整治工作的验收复查、补贴资金管理及拨付、确定兑现补贴政策。同时,针对逾期未申请改造的经营单位进行依法查处取缔。

五、激励补贴政策

(一)补贴对象。对2018年11月30日前已取得营业执照和食品经营许可证,并向市场监管部门提出煤改气申请的餐饮服务单位予以补贴。

(二)补贴区域。补贴区域为中卫市高污染燃料禁燃区。

(三)补贴原则。先改先补、迟改少补、逾期不补。

(四)补贴方式。餐饮服务单位按照灶眼和炉子数量进行补贴(灶眼、炉子数量以实际调查确认的数量为准)。

(五)补贴标准。

1. 餐饮服务单位。燃料种类由煤改天然气的按每个灶眼5000元给予资金补贴(煲仔炉按单眼计算),每个炉子按3000元给予资金补贴;燃料种类由煤改为其他清洁能源的按每个灶眼、每个炉子1000元给予资金补贴。

2. 自2018年8月1日至2018年10月30日前申请并经确认的给予全额补贴；自2018年11月1日至11月30日申请并经确认的给予50%的补贴；逾期未申请改造的依法取缔。

六、工作要求

（一）提高思想认识。沙坡头区和市政府有关部门要高度重视，提高思想认识，将此项工作作为重要的政治任务来抓，牢固树立环保意识、安全意识和责任意识，把环保和安全贯穿于工作全过程。有关企业要文明施工、环保施工、安全施工，严把工程质量关，确保万无一失。

（二）严格把控标准。各职能部门要认真负责、依法行政，免收改造经营单位各项规费，确保工作开展中经营户申请改造数据来源真实可靠；各工作组要严格按照本方案的政策补贴区域和标准执行，准确掌握经营单位改造完成时限，做好及时跟进工作，保证验收过程公开公正；供热公司要对新申请增加集中供暖经营户按照最低标准收取入网费用。

（三）密切协调配合。沙坡头区和市政府有关部门要密切协作，形成工作合力，牢固树立"一盘棋"思想，加强情况沟通，搞好联络衔接，既各司其职、分线作战，又团结协调、合力攻坚，切实把整治工作落到实处。同时，要建立快捷、高效的工作机制和审批流程，开通绿色通道，确保工作顺利实施。

（四）加大督促检查。领导小组协调督办组要充分发挥作用，多到一线、多去现场，加强督察督办，及时反馈情况，妥善协调处置，务求工作进度、质量双达标；对工作拖沓、推诿扯皮、不作为的，及时通报或上报，对全局造成不良影响的，将严肃责任追究。

中卫市高污染燃料禁燃区餐饮服务单位"煤改气""煤改电"整治资金补贴方案

第一条　为了保证在开展燃煤污染整治过程中对涉及由燃煤改造为使用清洁能源的餐饮服务单位予以资金补贴的公平公正，特制订本方案。

第二条　补贴原则。先改先补、迟改少补、逾期不补。自2018年8月1日至2018年10月30日前申请并经确认的给予全额补贴；自2018年11月1日至11月30日申请并经确认的给予50%的补贴；逾期未申请改造的不予补贴。

第三条　补贴区域。补贴区域为高污染燃料禁燃区。高污染燃料禁燃区为沙坡头区实际城建区域，即宁钢大道以西、机场大道以东、滨河路以北、包兰铁路以南区域。

第四条　补贴对象。对2018年11月30日前已取得营业执照和食品经营许可证，并向市场监管部门提出煤改气煤改电申请和按期完成改造的餐饮服务单位予以补贴。

第五条　补贴方式。餐饮服务单位按照灶眼、炉子数量进行补贴（灶眼、炉子数量以前期调查确认的数量为准）。

第六条　补贴标准。餐饮服务单位燃料种类由煤改天然气的按每个灶眼5000元给予资金补贴（煲仔炉按单眼计算），每个炉子按3000元给予资金补贴；燃料种类由煤改为其他清洁能源的按每个灶眼、每个炉子1000元给予资金补贴。餐饮服务单位每户灶眼、炉子补贴不超过7个，政府补贴资金不能高于天然气改造费用（改造费用不包含炉灶等设备设施费用）。

第七条　补贴流程。

（一）符合条件的餐饮服务单位由煤改造为天然气的，到所辖市场监管分局领取填写《餐饮服务单位天然气改造申请表》（一式三联）后，报所辖市场监管分局，所辖市场监管分局网格监管人员现场核实签字报经分局局长确认签字后，将《餐饮服务单位天然气改造申请表》第一联留存，第二联由餐饮服务单位持《餐饮服务单位天然气改造申请表》到天然气公司办理改造手续。第三联由市场监管分局报送中卫市市场监督管理局市场（网络交易）秩序规范科。

（二）符合条件的餐饮服务单位由煤改造为液化石油气的，到所辖市场监管分局领取填写《餐饮服务单位其他清洁能源改造申请表》（一式三联）后，报所辖市场监管分局；所辖市场监管分局网格监管人员现场核实签字报经分局局长确认签字后，由餐饮服务单位持《餐饮服务单位其他清洁能源改造申请表》一式三联到消防部门办理手续，经消防部门现场核查盖章后，将一、三联报送所辖市场监管分局。由市场监管分局将第三联报送中卫市市场监督管理局市场（网络交易）秩序规范科。

（三）符合条件的餐饮服务单位由煤改造为电的，到所辖市场监管分局领取填写《餐饮服务单位其他清洁能源改造申请表》（一式三联）后，报所辖市场监管分局；所辖市场监管分局网格监管人员现场核实签字报经分局局长确认签字后，将《餐饮服务单位其他清洁能源改造申请表》第一联留存，第二联交餐饮服务单位。第三联由市场监管分局报送中卫市市场监督管理局市场(网络交易)秩序规范科。

(四)符合条件的餐饮服务单位由煤改造为天然气的,改造完成后,餐饮服务单位持《餐饮服务单位天然气改造申请表》、天然气公司出具的发票到中卫市市场监督管理局办理补贴相关手续;符合条件的餐饮服务单位由煤改造为液化石油气或电的,改造完成后,餐饮服务单位持《餐饮服务单位其他清洁能源改造申请表》到中卫市市场监督管理局办理补贴相关手续。

第八条 本方案自2018年9月7日起施行,有效期至2018年11月30日。

市人民政府办公室关于印发中卫市旅游市场违法违规经营行为举报奖励暂行办法的通知

卫政办规发〔2018〕13号

第一条 为保障旅游者、旅游经营者及旅游从业人员的合法权益,鼓励社会公众依法举报旅游市场违法违规经营行为,加强旅游市场监督管理,建立健全旅游市场综合整治工作协调机制,根据《中华人民共和国旅游法》和《宁夏回族自治区旅游条例》等法律法规,结合中卫市实际,特制定本暂行办法。

第二条 中卫市旅游发展委员会设立举报中心,举报电话为0955-7012620,负责受理社会公众对中卫市旅游市场违法违规经营问题的举报。

第三条 公民、法人和其他组织(以下简称"举报人")有权向举报中心举报中卫市旅游市场的违法违规经营问题和涉旅执法人员失职渎职问题。

第四条 中卫市旅游发展委员会负责对举报事项处理全过程进行跟踪和监督。各相关部门按照职责权限,对转办的举报案件依法受理和查处。

第五条 鼓励举报人实名举报。举报人员有其他考虑的,也可以实施匿名举报。

第六条 举报人进行举报时,应该提交相关举报要件:

(一)明确举报的违法违规单位或个人名称。

(二)提供举报事项的基本情况,包括违法违规事项及时间、地点等信息,同时,应提供必要文字资料、票据、照片或视频等佐证材料。

(三)不属于匿名举报的,还需要提供举报人的联系方式。

第七条 举报材料可以直接面送,也可以通过挂号邮寄、电子邮箱、网站、电话等方式送达。

第八条 属下列情形之一的,举报受理中心不予受理:

(一)举报事项不属于本市管辖范围内的旅游市场违法违规经营行为;

(二)没有明确的举报对象和具体违法违规事实的;

(三)同一举报事项,其他部门已经受理的;

(四)被举报内容已被有关部门掌握,举报人不能提供新的事实;

(五)其他不符合法律、法规规定的情形的。

第九条 举报受理工作流程

(一)登记记录

对确认举报内容属于举报范围的,要准确、完整地记录举报案件信息,建立工作台账,逐一登记编号落实。

(二)转办处理

各相关职能部门接到举报转办案件后,要组织专门力量进行快速查实,依法依规进行处理,并对调查处理全过程进行记录,便于对举报人进行答复回应。

(三)时限要求

对一般举报案件的调查处理时间原则上为7个工作日,重大事件的调查处理时间最长不得超过3个月。

凡属于实名举报人的举报案件,必须要有完整调查处理结论,并及时向实名举报人反馈结果。

第十条 各相关部门要建立举报保密安全保障制度,按照国家保密规定管理举报材料和记录,专人受理举报,未经举报人同意,不得将举报人相关信息及举报情况公开或泄露给被举报单位和其他无关人员,依法保护举报人的合法权益和身份信息。

第十一条 通过举报人提供的线索,经调查取证后查实并依法作出处理的案件要实行奖励,奖励应当遵循以下原则:

(一)举报奖励原则上限于实名举报。对匿名举报并查处的案件,在定案后能够确定举报人真实身份,且举报人愿意领取奖励的,应参照本暂行办法给予奖励。

(二)同一案件由两个以上举报人分别举报的,奖励第一时间举报人。两人以上(含两人)联名举报同一案件的,按同一举报奖励,奖金由举报人平均分配。

(三)以单位或团体名义举报的,举报奖励给予举报的单位或团体。

(四)同一举报人在不同部门举报同一事项的,由受理主管部门依法处理。

第十二条 根据案件违法严重程度,分四类对举报人给予现金(税前)奖励:

(一)特大案件:处吊销相关证照的,处罚金额达到100万元(含)以上,给予举报人1万元奖励;未吊销相关证照的,处罚金额达到100万元(含)以上,给予举报人8000元奖励。

(二)重大案件:处吊销相关证照的,处罚金额达到50万元(含)以上,100万元以下,给予举报人5000元奖励;未吊销相关证照的,处罚金额达到50万元(含)以上,100万元以下,给予举报人3000元奖励。

(三)较大案件:处罚金额达到10万元(含)以上的,给予举报人1000元奖励。

(四)一般案件:处罚金额小于10万元(不含),或进行了无罚没款的行政处罚的,视情节给予举报人500元奖励。

第十三条 举报人所举报案件归属管理部门有明确举报奖励标准的,按照归属部门标准执行,不进行重复奖励。

第十四条 举报奖励资金由市财政预算支出,专款专用,并接受财政、审计、纪检部门的监督检查。

第十五条 中卫市旅游发展委员会负责举报奖励资金的兑现,每半年组织财政、审计及相关依法受理举报单位的负责人,对举报事项进行核定,核定之日起30日内,由举报中心作出举报奖励方案并通知举报人。

第十六条 举报人应当在接到奖励通知之日起90日内,由本人或委托代理人凭有效身份证件领取。逾期未领取的,视为自动放弃。

第十七条 国家公职人员和各涉旅部门工作人员不得享受举报奖励。

第十八条 举报人应当对所举报内容的真实性负责。对捏造事实、诬告他人或者以举报为名,扰乱旅游市场秩序、弄虚作假骗取举报奖励的举报人,依法移送司法机关处理。

第十九条 国家公职人员和各职能部门工作人员有下列情形之一的,应当提请同级监察部门开展调查,并对责任单位和责任人进行问责,涉嫌犯罪的,移送司法机关处理。

(一)徇私舞弊、故意拖延推诿,严重影响了案件处理工作的;

(二)滥用职权、玩忽职守,查处举报线索超出规定期限,不落实查处结果的;

(三)利用举报线索进行敲诈勒索、索贿受贿的;

(四)泄露举报信息,为压制、迫害、打击报复举报人提供便利的;

(五)其他违法违规的情形。

第二十条 本暂行办法实施范围为中卫市沙坡头区。

第二十一条 本暂行办法自2018年9月20日起施行,有效期至2020年9月20日。

市人民政府办公室关于印发中卫市职工生育保险实施办法的通知

卫政办规发〔2018〕14号

第一章 总 则

第一条 为保障职工生育期间的基本生活和基本医疗需要,维护职工的合法权益,根据《中华人民共和国社会保险法》《宁夏回族自治区职工生育保险办法》和有关法律、法规,结合本市实际,制定本办法。

第二条 本市行政区域内的各类企业、国家机关、事业单位、社会团体、民办非企业单位(以下统称用人单位),应当按照本办法参加生育保险。

第三条 市人力资源和社会保障行政部门负责全市的生育保险管理工作。各县(区)人力资源和社会保障行政部门负责本区域内的生育保险管理工作。

卫生和计划生育、财政、审计等行政部门按照各自职责分工,做好生育保险的有关工作。

市、县(区)人力资源和社会保障行政部门所属的社会保险经办机构,具体办理生育保险业务,其工作经费列入同级财政预算。

第四条 用人单位参加生育保险,按规定缴纳生育保险费,其职工享受生育保险待遇。

社会保险经办机构应当保证及时为参加生育保险的职工兑现生育保险待遇。

第二章 生育保险基金

第五条 生育保险基金由下列各项构成:

(一)用人单位缴纳的生育保险费;

(二)生育保险基金利息;

(三)生育保险费的滞纳金;

(四)依法纳入生育保险基金的其他资金。

第六条 生育保险费根据"以支定收,收支平衡"的原则由市、县(区)筹集。中央驻卫单位和自治区所属单位参加所在市、县(区)的生育保险。生育保险与基本医疗保险统一参保、统一缴费、统一管理,费率分别确定、基金分别列账、保险待遇分别支付。

第七条 生育保险费由用人单位按月全额缴纳,职工个人不缴纳生育保险费。

用人单位以职工基本医疗保险费的缴费基数及时缴纳生育保险费。

由财政全额支付工资的用人单位,生育保险费率为0.6%;企业和自收自支的事业单位,生育保险费率为1%。

第八条 生育保险费缴费标准需要调整时,应根据生育保险基金收支和累计结余情况,由市人力资源和社会保障部门会同市财政部门提出调整方案,报市人民政府批准后公布施行。

第九条 用人单位必须如实申报职工人数、工资总额,按时足额缴纳生育保险费。

用人单位不按照规定缴纳生育保险费,致使参保职工不能享受生育保险待遇的,由用人单位承担职工生育保险待遇的支付责任。

第十条 生育保险基金用于下列支出:

(一)生育津贴;

(二)生育医疗费用;

(三)计划生育手术医疗费用;

(四)生育补助金;

(五)生育护理补助金;

(六)依法纳入生育保险基金支付范围的其他费用。

第三章 生育保险待遇及领取程序

第十一条 用人单位按照本办法参加生育保险并履行缴费义务,其职工按照人口和计划生育法律法规规定生育、终止妊娠或者实施计划生育手术的,有权享受生育保险待遇。

第十二条 女职工有权报销因生育或者终止妊娠发生的符合生育保险基金支付范围的生育医疗费用。生育医疗费包括产前检查费、住院期间接生费、手术费、住院费、药费以及因生育引起并发症的治疗费。职工实施放置(取出)宫内节育器、药物流产、流产术、引产术、绝育、复通手术以及皮下埋植避孕术等计划生育手术的,有权报销计划生育手术费。

生育医疗费、计划生育手术费的结算标准,按照人力资源和社会保障行政部门制定的标准执行。

第十三条 参加生育保险的职工生育前连续缴费满5个月生育的,按照生育保险政策享受生育保险待遇。连续缴费不满5个月的只享受医疗待遇,不享受生育津贴(除终止妊娠外)和生育护理补助金。

第十四条 生育保险基金支付的一切费用实行定额报销的原则。其报销标准为:

(一)职工生育保险在市内住院分娩医疗费用实行按人头包干结算,协议医疗机构不再收取其他医疗费,包干住院分娩医疗费用由协议医疗机构每月与社会保险经办机构直接结算,从生育保险基金中支付。在市外医疗机构(包括未联网结算的)住院分娩的参保职工按照基金支付标准从生育保险基金中支付,实际住院分娩医疗费用低于基金支付费用时,按实际费用全额支付。包干结算标准见下表:

三级综合医疗机构(A类)		市二级综合医疗机构(B类)		县二级综合医疗机构及专科医院(C类)		一级以下医疗机构(C类以下)	
4000元		3000元		2000元		800元	
基金支付	个人负担	基金支付	个人负担	基金支付	个人负担	基金支付	个人负担
3300元	700元	2600元	400元	1600元	400元	800元	-

(二)计划生育手术费按照有关标准报销,中期引产600元、结扎手术140元、上环或取环20元、人工流产手术(包括药物流产)120元。

(三)参保女职工在怀孕及分娩期间同时发生并发症或合并症,生育及治疗发生的医疗费用,按照基本医疗保险待遇核算,由生育保险基金支付。

(四)参保女职工正常分娩的,产前检查费按照400元标准包干。

(五)包干服务不受生育保险药品目录、诊疗目录和服务标准限制。

(六)生育津贴、生育补助金、生育护理补助金按照本《办法》第十四条、第十五条、第十六条的规定从生育保险基金中支付。

第十五条 女职工生育、终止妊娠或者实施计划生育手术的,在下列法定产假期间由领取工资改为享受生育津贴。

(一)参保女职工正常生育的产假为158天(其中国家规定的产假98天,自治区增加的产假60天),并依法给予其配偶25天护理假;难产的增加产假15天;多胞胎生育的每多生育1个婴儿增加产假15天。女职工怀孕满7个月(孕28周)发生引产、死胎、死产、早产未成活等情况的,只享受基础产假98天。

(二)怀孕未满4个月流产的,给予15天产假;怀孕满4个月流产的,给予42天产假。

生育津贴按照女职工本人生育保险月缴费基数除以30再乘以产假天数计算。

由财政支付工资的用人单位在编在岗职工,在产假期间享受原工资待遇,不享受生育津贴。

第十六条 报销生育医疗费用和领取生育津贴、生育补助金、生育护理补助金需提交以下材料:

(一)本人社保卡及复印件;

(二)医疗服务机构出具的《出生医学证明》、计划生育手术证明、节育手术证明等原件及复印件;

(三)医疗费用发票(原件)、费用明细清单、出院小结等有关凭据;

(四)《结婚证》原件及复印件;

(五)生育登记(审批)服务单。

第十七条 参保男职工的配偶无工作单位依法生育的,男职工可以领取一次性生育补助金。生育补助金按照本市、县生育医疗费、计划生育手术费定额补贴的50%,从生育保险基金中支付。

第十八条 参保男职工的配偶依法生育,其配偶也参加了生育保险,男职工可以领取一次性生育护理补助金。生育护理补助金的标准按照自治区上年度在岗职工日平均工资乘以25计算。

第十九条 参保职工依法生育、终止妊娠或者实施计划生育手术后报销有关费用的,由所在单位或者本人持所在市、县(市)卫生和计划生育部门签发的生育证明、婴儿出生(死亡)证明或者计划生育手术证明、定点医疗机构的收费发票等相关资料,到社会保险经办机构办理相关手续。

社会保险经办机构应当对相关证明、票据进行核实。符合有关规定的,社会保险经办机构应当当场办理相关手续;不符合有关规定或者需要补充有关证明材料的,应当书面一次性告知当事人相关理由或者需要补正的全部内容。

第二十条 下列生育、终止妊娠或者实施计划生育手术的医疗费用,生育保险基金不予支付:

(一)违反计划生育规定生育发生的费用;

(二)超过规定标准和范围用药、进行检查的费用;

(三)生育、终止妊娠或者实施计划生育手术期间因医疗事故发生的医疗费用;

(四)女职工怀孕及产假期间治疗合并症和其他疾病的费用;

(五)除急救、急诊外在非生育保险定点医疗机构发生的生育医疗费用;

(六)按照国家和自治区有关规定应当由个人负担的费用。

第四章 生育保险管理与监督

第二十一条 参保职工依法生育、终止妊娠或者实施计划生育手术的,除急救、急诊的以外,应当到生育保险定点医疗机构和生育保险定点计划生育技术服务机构(以下统称生育保险定点医疗服务机构)接受相关医疗服务。

生育保险定点医疗服务机构的确定,由社会保险经办机构按照自治区人力资源和社会保障厅《关于完善基本医疗工伤生育保险医药服务机构协议管理的通知》(宁人社办发〔2016〕23号)文件规定执行,并向社会公布。

第二十二条 社会保险经办机构应当与生育保险定点医疗服务机构签订服务协议。

生育保险定点医疗服务机构应当遵守自治区生育保险用药范围、诊疗项目和医疗服务设施标准等相关规定。

第二十三条 社会保险经办机构应当履行下列职责:

(一)核定生育保险费;

(二)核查用人单位的工资总额和职工人数,办理生育保险登记,并负责保存用人单位缴费和职工享受生育保险待遇情况的记录;

(三)进行生育保险调查和统计;

(四)按照规定核定生育保险待遇;

(五)按照规定管理生育保险基金的支出;

(六)为用人单位和职工提供生育保险查询服务。

第二十四条 社会保险经办机构应当将生育保险的办理事项在其办公场所的公共区域公示。

用人单位及其职工要求社会保险经办机构对公示内容予以说明、解释的,社会保险经办机构应当说明、解释,提供准确、可靠的信息。

第二十五条 人力资源和社会保障行政部门、社会保险经办机构应当定期听取用人单位、职工、生育保险定点医疗服务机构以及社会各界对改进生育保险工作的意见。

第二十六条 社会保险经办机构应当定期将年度生育保险基金的收支情况向社会公告,接受社会监督。

人力资源和社会保障行政部门依法对生育保险费的征收和生育保险基金的支付情况进行监督检查。

财政部门和审计机关依法对生育保险基金的收支、管理情况进行监督。

社会保险基金监督机构依照法律规定,对生育保险基金的收支、管理和运营实施监督。

第二十七条 任何单位和个人对生育保险基金的征收、支出等事项有意见和建议的,可以向有管理权限的人力资源和社会保障行政部门投诉、举报,有关人力资源和社会保障行政部门应当进行核实处理,并将处理情况反馈投诉、举报者。

第五章 基金监督

第二十八条 生育保险坚持"以支定收、收支平衡、略有结余"的原则。生育保险与城镇职工基本医疗保险统一参保、统一缴费、统一管理,费率分别确定、基金分别列账、保险待遇分别支付。

第二十九条 生育保险基金纳入社会保障基金财政专户管理,实行收支两条线,专款专用,任何单位或个人不得挪作他用。

第三十条 监察、审计、财政部门和社会保险基金监督机构依照有关法律、法规的规定,对生育保险基金的收支、管理、运营等实施监督检查。

第六章 法律责任

第三十一条 用人单位违反职工生育保险规定的,依法按照相关法律、法规予以处理。

第三十二条 用人单位、定点医疗服务机构等单位或个人,以欺诈、伪造证明资料或其他不正当手段骗取生育保险待遇的,按照《中华人民共和国社会保险法》的相关规定进行处理。

第三十三条 社会保险行政部门和其他行政部门、社会保险经办机构工作人员违反生育保险规定的,依法按照相关法律、法规予以处理。

第七章 附则

第三十四条 本办法自2018年9月20日之日起施行,有效期至2023年9月20日。

市人民政府办公室关于印发中卫市城市照明管理办法的通知

卫政办规发〔2018〕15号

第一章 总则

第一条 为加强城市照明管理,方便市民生活,美化市容环境,促进能源节约,根据国家住房和城乡建设部《城市照明管理规定》及有关法规,结合中卫市城市照明实际,制定本办法。

第二条 本办法所称城市照明,是指城市道路、桥梁、广场、公园、机场、车站、公共绿地、景区以及其他建(构)筑物等设施的功能照明或景观照明。功能照明是指通过人工光以保障人们出行和户外活动为目的的照明;景观照明是指在户外通过人工光以装饰和造景为目的的照明。

本办法所称城市照明设施,是指用于城市照明的照明器具以及配电、监控、节能等系统的设备和附属设施等。

第三条 城市照明遵循统筹规划、同步建设、同步投入使用、以人为本、经济适用、节能环保、美化环境的原则。

第四条 市规划管理局负责新建、改建建(构)筑物的城市照明规划和审批,会同住建、城管等部门(单位)对城市照明工程进行竣工验收。

市住房和城乡建局负责对新建、改建工程的城市照明建设,并组织规划、城管等部门验收,城市照明工程验收合格后将城市照明设施移交市城市管理综合执法监督局管理。

市城市管理综合执法监督局是城市照明行政主管部门,负责城市照明运行的监督管理。

其他行政部门按照本办法做好城市照明管理相关工作。

第二章 规划与建设

第五条 市城市照明行政主管部门依据城市照明专项规划,制订城市照明项目建设年度计划,报请市人民政府批准后实施。

第六条 城市照明设施的规划、设计、建设及照明效果要符合城市特色风貌和现代化城市标准的相关要求,城市道路的功能照明按照能源节约规定,装灯率达到100%,亮灯率达到95%以上;城市景观照明与功能照明应统筹兼顾,满足使用功能,景观效果良好。

第七条 对符合城市照明设施安装条件的建(构)筑物和支撑物,可以在不影响其功能和周边环境的前提下,安装照明设施。

第八条 城市景观照明设施实行建(构)筑物产权单位负责制,由建(构)筑物产权单位负责本建(构)筑物景观照明的实施、运行、维护,严格控制城市景观照明亮度和耗能密度,及时淘汰低效能照明产品。小区城市照明使用低能耗密度灯光,防止对居民造成光污染。

第三章 节约能源

第九条 城市照明设施在建设与改造中优先安装和使用太阳能等可再生能源利用系统。

第十条 城市照明维护单位应当建立和完善分区、分时、分级的照明节能控制措施，严禁使用高耗能灯具，积极采用高效的光源和照明灯具、节能型的镇流器和控制电器以及先进的灯控方式，优先选择通过认证的高效节能产品。

任何单位不得在城市景观照明中有过度照明等超能耗标准的行为。

第十一条 城市照明可以采取合同能源管理的方式，选择专业能源管理公司管理城市照明设施。

第四章 管理与维护

第十二条 市城市照明行政主管部门根据年度计划制订管理和维护方案，加强对城市功能照明的管理和对景观照明的指导监督；相关行政部门、企（事）业单位、个体和其他组织加强对自主产权、租用的建（构）筑物的景观照明工作的管理。政府投资的城市照明设施维护工作由市城市照明行政主管部门负责，非政府投资的城市照明设施维护工作由产权单位负责。

第十三条 市城市照明行政主管部门制定城市照明管理工作考核细则，负责对相关行政部门、企（事）业单位、个体和其他组织城市照明设施运行、维护以及亮化效果进行考核通报。

第十四条 因特殊原因需要拆除、迁移、改动城市功能照明设施的，应当征得市城市照明行政主管部门同意，并由市城市照明行政主管部门监督实施，费用由拆改实施单位承担。

因应急、抢险、救灾等原因对城市功能照明设施采取紧急迁移、拆除措施的，应急、抢险、救灾工作完成后应当立即恢复，并及时告知市城市照明行政主管部门或者城市功能照明设施所有人、管理维护人。

第十五条 移交市城市照明行政主管部门管理维护的城市照明设施，应符合下列条件：

（一）符合城市照明设施安装、施工质量及安全标准；

（二）符合纳入统一管理的城市照明技术和安全标准；

（三）具备必要的维修、运行条件；

（四）提交完整的技术资料和档案；

（五）其他进行管理和维护的必要条件。

第十六条 城市建设项目影响城市照明设施的，施工单位应当在施工作业开始前，向城市照明行政主管部门报批，施工作业过程应当采取相应的防护措施。如损坏城市照明设施的，应当立即保护现场，防止事故扩大，并通知城市照明行政主管部门处置。

第十七条 树木与城市功能照明设施空架供电线路安全距离不得小于1米；绿化带内功能照明设施周边1米范围内不得种植乔灌木；因自然生长影响照明效果和安全的，树木所有人或者管理维护人应当及时修剪。

第十八条 需要在城市功能照明设施上悬挂宣传品、广告、灯饰或架设线缆、接用电源及安装其他设施的，应当向城市照明行政主管部门提出申请，不予准许的，应当书面说明理由。

从事前款活动的单位和个人，不得损坏城市功能照明设施、妨碍设施运行安全、影响市容整洁和道路交通安全，并应当在城市照明行政主管部门规定的时间内恢复设施原状。

第十九条 城市景观照明设施产权单位对其所负责的照明设施进行定期检查和维护，及时更换影响正常景观照明的设施，并根据季节变化适时调整景观照明设施开闭时间。开闭时间：春、秋季19:00—22:30，夏季20:30—23:30，冬季18:00—22:00，法定节假日和重大活动期间，关闭时间延后2小时。

第五章 法律责任

第二十条 盗窃、故意损毁城市照明设施，构成违反治安管理规定行为的，由公安机关依法予以处罚；构成犯罪的，依法追究刑事责任。

第二十一条 违反本办法规定有下列行为之一的，依据国家住房和城乡建设部《城市照明管理规定》相关规定进行处罚：

（一）在城市照明中有过度照明等能耗标准行为的；

（二）在城市照明设施上刻画、涂污；

（三）在城市照明设施安全距离内，擅自植树、挖坑取土或设置其他物体，倾倒含酸、碱、盐等腐蚀物和具有腐蚀性的废渣、废液；

（四）擅自在城市照明设施上张贴、悬挂、设置宣传品、广告；

（五）擅自在城市照明设施上架设线缆、安置其他设施或接用电源；

（六）擅自迁移、拆除、利用城市照明设施；

（七）其他可能影响城市照明设施正常运行的行为。

第二十二条 市城市照明行政主管部门及其他

相关部门工作人员玩忽职守、滥用职权、徇私舞弊的,依法给予行政处分;构成犯罪的,依法追究刑事责任。

第六章 附 则

第二十三条 本办法适用于沙坡头区城市照明管理,中宁县城区、海原县城区、海兴开发区参照本办法执行。

第二十四条 本办法自2018年11月10日起施行,有效期5年。

市人民政府办公室关于印发中卫市体育竞技人才培养办法的通知

卫政办规发〔2018〕16

第一章 总 则

第一条 为贯彻落实《全民健身计划纲要》和《青少年业余训练体系建设实施办法》,激励我市广大运动员、教练员和有关人员团结协作、刻苦训练、顽强拼搏,促进中卫市体育事业在各类运动会上争创佳绩、勇攀高峰,为中卫市争光添彩,结合中卫市实际,特制定本办法。

第二条 本办法所称体育竞技人才,是指熟练掌握一种或多种体育运动技能的青少年优秀运动员。

第三条 青少年优秀运动员的培养,应当遵循循序渐进的原则,建立中小学校初级训练、业余体校(体育中心)中级训练、自治区体育运动学校、自治区体工大队高级训练的人才梯队,形成完善的体育竞技人才训练和培养机制。

第二章 体育竞技人才的培养

第四条 全市各级业余体校、体育中心是中卫市培养体育竞技人才的主要基地;各中、小学校是中卫市培养体育竞技人才的重要基地。

第五条 市、县体育主管部门应当合理布局体育传统项目学校,建立健全体育传统项目学校管理办法,使学校真正成为业余体育训练的重点基地。

第六条 各级业余体校、体育中心的运动员应按照入选标准在各级中小学校中选拔。未经学校基础训练的运动员不得直接进入业余体校和体育中心运动队。各级业余体校、体育中心运动队运动员的入队标准由各级体育主管部门制定。

第七条 一经选拔进入各级业余体校、体育中心运动队的运动员,应当签定运动员协议书,接受业余体校、体育中心的管理。

第八条 各级业余体校、体育中心运动队对运动员的训练培养,应当遵循"三从一大"(从难、从严、从实际出发,大运动量)的科学训练原则,根据自治区体育局青少年训练文件精神,全年训练日不得少于180天,日平均训练时间不得少于2小时。

第九条 各级业余体校、体育中心运动队对运动员的训练培养,可因地制宜,依托有条件的中小学就地开展业余训练。

第十条 各级业余体校、体育中心应当引入竞争机制,采取多种形式,面向社会、面向基层学校聘用有一定运动经验的体育教师作为专(兼)职体育教练员,不断壮大教练员队伍。

第十一条 市、县体育主管部门应当有计划地对教练员进行业务培训,使其不断补充和更新专业知识,提高教练员的专业理论水平和业务工作能力。

第十二条 建立科学的教练员、运动员考核管理制度。各级业余体校、体育中心应当按周期对教练员下达体育训练任务指标。对不能按时完成体育训练任务的教练员,应当予以解聘。对不认真履行职责或者在工作中造成重大失误的教练员,可以随时解聘。

第三章 体育竞技人才培养机制

第十三条 建立有利于竞技人才脱颖而出的竞赛制度。市教育部门每2年应组织举办一次市级中小学运动会,各县(区)教育部门每年举办一次县(区)级中小学生运动会,不定期举办单项体育赛事,并配合体育主管部门做好青少年体育苗子的选拔工作。

第十四条 健全和完善业余体校、体育中心运动员、教练员有关待遇;

(一)运动员:

1. 凡在各级业余体校、体育中心正式登记注册的运动员,日常训练每人每天给予30元伙食补助。

2. 经选拔参加自治区全运会或自治区青少年年度锦标赛的运动员,赛前集训两个月,集训期间每人每天给予50元伙食补助。

(二)教练员:

1. 凡被正式聘用的专、兼职教练员,按照下达训练任务,每人每天给予80元伙食补助。

2. 在参加自治区全运会或自治区青少年年度锦标赛集训期间,每人每天给予100元伙食补助。

3. 对业绩突出的教练员可优先晋升职称、职务及外出进修学习。

第四章　体育竞技人才奖励机制

第十五条　凡在奥运会、亚运会等各类国际性赛事及全国各类比赛中，代表宁夏参赛的户籍为中卫市的运动员，按照自治区奖励标准，市级再给予同等的奖励，其中，沙坡头区由市财政核拨，中宁县、海原县由两县财政核拨。

第十六条　凡在各级业余体校、体育中心正式登记注册的运动员，参加自治区全运会、自治区青少年年度锦标赛取得名次或在比赛中破记录、达到国家认定等级运动员资格的，给予一定的奖励。

（一）凡在自治区全运会上取得名次的运动员，按照下列标准给予奖励：

1. 金牌10000元。
2. 银牌8000元。
3. 铜牌6000元。
4. 第四名5000元。
5. 第五名4000元。
6. 第六名3000元。
7. 第七名2000元。
8. 第八名2000元。

9. 在自治区全运会比赛中集体项目获奖的运动队，5人以下的项目总奖金按同名次单项奖计算，篮球、排球项目总奖金按同名次单项奖2倍计算，足球项目总奖金按同名次单项奖3倍计算。

（二）凡在自治区体育局组织的青少年年度锦标赛中取得名次的运动员，按照下列标准给予奖励：

1. 第一名5000元。
2. 第二名3000元。
3. 第三名2000元。
4. 第四名1500元。
5. 第五名1000元。
6. 第六名800元。
7. 第七名600元。
8. 第八名600元。

9. 在自治区体育局组织的青少年年度锦标赛比赛中集体项目获奖的运动队，5人以下的项目总奖金按同名次单项奖计算，篮球、排球项目总奖金按同名次单项奖2倍计算，足球项目总奖金按同名次单项奖3倍计算。

（三）凡在自治区体育局组织的比赛中破自治区记录的，一次一项奖励5000元。

（四）凡达到国家认定等级运动员资格的，按下列标准给予奖励：

1. 二级运动员800元。
2. 一级运动员1500元。
3. 健将级运动员5000元。

第十七条　凡在业余体育训练中取得突出成绩的教练员，给予一定的奖励：

（一）教练员所带队员在自治区全运会或年度锦标赛中取得名次，教练员奖金按队员取得名次对应的奖金累计核发。

（二）教练员所带运动员在训一年以上输送到自治区体工大队（正式队员）或自治区体育运动学校达到国家认定级别的，对输送教练员按照下列标准给予奖励：

1. 输送到自治区体工大队达二级奖励500元。
2. 输送到自治区体工大队达一级奖励1000元。
3. 输送到自治区体工大队达健将级奖励3000元。
4. 输送到自治区体育运动学校达二级奖励300元。
5. 输送到自治区体育运动学校达一级奖励800元。
6. 输送到自治区体育运动学校达健将级奖励2000元。

（三）领队、后勤保障人员、科研人员、医务人员奖金按教练员取得名次及国家认定等级对应奖金的40%累计核发。

第十八条　凡在业余体育训练中作出突出贡献的学校，给予一定的奖励：

（一）凡本校运动员参加自治区全运会或年度锦标赛取得名次，对学校按照本校运动员取得名次所对应总奖金的2倍予以奖励。

（二）凡在本校训练一年以上输送到自治区体工大队（正式队员）或自治区体育运动学校达到国家认定级别的，对输送学校按照下列标准给予奖励：

1. 输送到自治区体工大队达二级奖励500元。
2. 输送到自治区体工大队达一级奖励1000元。
3. 输送到自治区体工大队达健将级奖励3000元。
4. 输送到自治区体育运动学校达二级奖励300元。
5. 输送到自治区区体育运动学校达一级奖励800元。
6. 输送到自治区体育运动学校达健将级奖励2000元。

第十九条　训练、奖励经费来源：沙坡头区由中卫市财政核拨，中宁县、海原县由两县财政核拨。

第二十条　根据自治区体育局每年青少年赛事安排，体育部门每年拿出参赛方案，经费由中卫市财政按常规预算每年核拨。

第五章 罚 则

第二十一条 有下列行为的,对相关责任人给予相应处罚:

(一)运动员、教练员因政治思想、赛风赛纪、反兴奋剂和遵纪守法方面表现不良或受到处分的,酌情扣减直至取消奖金,情节严重的取消运动员比赛资格,对教练员予以解聘除名。

(二)由于渎职、失职造成误赛、停赛或影响运动员争创优异成绩的,要从严追究当事人及直接责任人的责任,并视情节依法给予处罚和处分。

(三)对采用弄虚作假、冒名顶替等不正当手段获取奖励名次的,一经发现除取消奖励外,要严肃追究当事人的责任,并视情节依法给予处罚和处分。

(四)认真贯彻执行国家体育总局赛风赛纪和反兴奋剂的有关规定,对被查处的违纪问题所涉及的教练员及相关人员及所在单位主要负责人,将根据国家体育总局有关禁止使用兴奋剂的处罚规定,依法进行严肃查处。

第六章 附 则

第二十二条 本办法自2018年11月15日起施行,有效期至2023年11月15日。

市人民政府办公室关于印发中卫市民生民情信息发布制度(暂行)的通知

卫政办规发〔2018〕17号

为满足广大人民群众对涉及自身利益的停水、停电、停气、天气预报、道路封闭、教育、医疗卫生、劳动就业等方面信息的知情权,发挥民生民情信息对人民群众生产、生活和经济社会活动的服务作用,保障人民群众的合法权益,根据《中华人民共和国政府信息公开条例》等规定,结合中卫实际,特制定本制度。

一、建立民生民情信息发布审查管理长效机制。各民生民情信息发布单位设立民生民情信息员,负责收集、整理、审核本部门、本行业民生民情信息,确保发布信息的合法性、真实性、准确性。市委宣传部负责协调沟通发布各类民生民情信息,确保信息及时高效发布。

二、主要民生民情信息统一在中卫市新闻传媒集团所属市级主要媒体发布。市级主要媒体包括中卫日报、中卫电视台、中卫新闻网、中卫综合广播、中卫交通音乐广播等。

三、在市级主要媒体发布的民生民情信息包括但不限于下列信息:

(一)停水停电停气信息。经市人民政府相关部门批准后,相关企业应在正式停水前24小时,正式停电、停气前48小时予以公告。突发事件在事故发生后30分钟内发布相关信息。

(二)重要民生商品价格信息。重要农副产品等的价格信息实行周发布制,常用药品价格信息实行月发布制。所涉数据由物价部门定期提供。

(三)义务教育信息。市教育部门及时公布义务教育招生入学政策、招生范围及条件等信息。

(四)房地产市场信息。市住建部门定期发布全市保障性安居工程年度建设计划任务量、具体建设项目信息和年度建设计划完成情况信息;房屋拆迁及其补偿、补助费用的发放、使用情况;公开和更新保障性住房的分配对象、分配房源、分配结果和退出情况等信息及保障性住房政策法规、办事指南等。

(五)气象服务信息。遇到重大关键性、灾害性、转折性天气时,气象部门确保预警信息在市级主要媒体滚动播放(刊登)。

(六)交通管制信息。交警、交通部门或公路养护作业单位需要封闭公路或占用公路进行作业时,提前48小时公告封闭路段、封闭时间等信息。如遇突发事故需要临时交通管制,在事故发生后30分钟内发布相关信息。

(七)社会保障信息。人力资源和社会保障部门及时公开发布重要就业招聘信息、就业政策指导、社保信息等。

(八)扶贫信息。扶贫部门确保扶贫政策、扶贫资金、项目安排、贫困退出等方面信息的公开发布。

(九)重要商务信息。商务部门做好大型商场、便民市场、加油站因改扩建等原因需要关停的信息发布。

(十)招投标信息。市公共资源交易中心做好招标项目的资格预审公告、招标公告、中标候选人公示、中标结果公示等信息的公开发布。

(十一)其他需要公开发布的信息。

四、经市级主要媒体发布的带有惠民便民性质的民生民情信息不收费。主要有:义务教育阶段教育信息、社保信息、气象服务信息、扶贫信息、有关残疾人证照挂失等规定不收费的公益性公众信息等。

五、加强民生民情信息发布的约束性。根据相关规定,监察机关对随意发布、不发布、发布范围有限等发布民生民情信息的行为给予问责处罚,确保民生民情信息发布广范围、宽领域,适度有效,逐步走向规范。

六、本制度自2019年2月1日起施行,有效期至2021年2月1日,沙坡头区、中宁县、海原县可参照执行。

中卫市人民政府关于整治高污染燃料禁燃区燃煤污染的通告

卫政规发〔2018〕1号

为加强燃煤污染控制,推进餐饮服务单位"煤改气""煤改电",切实改善空气质量和公众健康环境,根据《中华人民共和国环境保护法》《中华人民共和国大气污染防治法》等法律法规,结合自治区人民政府《蓝天碧水 绿色城乡专项行动方案》(宁政发〔2016〕71号)有关精神,现就高污染燃料禁燃区燃煤污染整治事宜通告如下:

一、根据《中卫市高污染燃料禁燃区划定方案》,以实际城建区域,即机场大道以东、宁钢大道以西、铁路沿线以南、滨河大道以北区域为高污染燃料禁燃区。

二、高污染燃料禁燃区内执行《高污染燃料目录》Ⅲ类要求,即禁止燃用煤炭及其制品,禁止燃用石油焦、油页岩、原油、重油、油渣、煤焦油和不符合规定的生物质燃料。

三、自本通告施行之日起,高污染燃料禁燃区内禁止新建燃用高污染燃料的锅炉、炉窑、炉灶等燃烧设施,禁止销售、燃用不符合规定的燃料。高污染燃料禁燃区内已建成的高污染燃料设施,于2018年12月31日前拆除或改用天然气、液化石油气、人工煤气、轻质柴油、电或其他清洁能源。以政府在餐饮服务单位全面推进"煤改气""煤改电"工程,对在2018年8月1日至2018年11月30日期间提出"煤改气""煤改电"申请,并在2018年12月31日之前完成改造的餐饮服务单位给予一定补助。

四、对违反本通告规定,在规定期满后继续使用燃煤锅炉等高污染设施,或者销售、燃用高污染燃料的,由相关部门依照《中华人民共和国大气污染防治法》有关规定予以处罚。

五、本通告自2018年9月7日起施行,有效期至2020年7月31日。

文献目录

【2018年中共中卫市委发文目录】

序号	文件名称	发文号
1	印发《关于加快推进"创新驱动、脱贫富民、生态立市"战略的实施方案》的通知	卫党发〔2018〕1号
2	关于印发《中共中卫市委员会2018年工作要点》的通知	卫党发〔2018〕2号
3	印发《中共中卫市委常委会关于坚定维护以习近平同志为核心的党中央集中统一领导的若干规定》的通知	卫党发〔2018〕3号
4	印发《关于深入贯彻中央八项规定精神进一步加强和改进市委常委会作风建设的实施意见》的通知	卫党发〔2018〕4号
5	关于表彰2017年度农村工作和脱贫攻坚先进集体先进个人的决定	卫党发〔2018〕5号
6	关于表彰2017年度全市效能目标管理考核先进单位的决定	卫党发〔2018〕6号
7	关于表彰2017年度支持地方经济发展先进单位的决定	卫党发〔2018〕7号
8	关于表彰党管武装先进单位、个人和优秀武干部、职工的决定	卫党发〔2018〕8号
9	关于印发《中卫市创建全国文明城市工作方案》的通知	卫党发〔2018〕9号
10	关于印发《中卫市扫黑除恶专项斗争实施方案》的通知	卫党发〔2018〕10号
11	关于实施乡村振兴战略的意见	卫党发〔2018〕11号
12	关于转发《自治区党委印发〈关于进一步加强和改进机关党的建设的意见〉的通知》的通知	卫党发〔2018〕12号
13	关于转发《自治区党委关于深入开展违反中央八项规定精神突出问题专项治理的通知》的通知	卫党发〔2018〕13号
14	关于解决群众反映强烈突出问题作风不实典型案例的通报	卫党发〔2018〕14号
15	关于开展庆祝改革开放40周年活动的通知	卫党发〔2018〕15号
16	转发《自治区党委关于印发〈中共宁夏回族自治区委员会党务公开实施细则(试行)〉的通知》的通知	卫党发〔2018〕16号

续表

序号	文件名称	发文号
17	关于深入学习宣传和贯彻实施《中华人民共和国宪法》的通知	卫党发〔2018〕17号
18	印发《关于推进安全生产领域改革发展的实施意见》的通知	卫党发〔2018〕18号
19	关于成立中央环境保护督察"回头看"工作领导小组的通知	卫党发〔2018〕19号
20	印发《中卫市关于深入推进农村集体产权制度改革工作方案》的通知	卫党发〔2018〕20号
21	关于印发《中共中卫市四届委员会巡察工作规划》的通知	卫党发〔2018〕21号
22	关于大力实施乡村振兴战略加快城乡一体化发展的意见	卫党发〔2018〕22号
23	关于印发《中央第八巡视组巡视宁夏反馈意见中卫市整改落实工作方案》的通知	卫党发〔2018〕23号
24	关于表彰全市教育工作先进集体和先进个人的决定	卫党发〔2018〕24号
25	关于给杨金保等13名同志记三等功的决定	卫党发〔2018〕25号
26	关于印发《中卫市打赢脱贫攻坚战三年行动实施方案》的通知	卫党发〔2018〕26号
27	关于给杨艺明陈阳升同志记二等功的决定	卫党发〔2018〕27号
28	关于印发《中卫市促进企业家创业发展大力激发市场主体发展活力的实施意见》的通知	卫党发〔2018〕28号
29	印发《关于进一步加强新形势下政法队伍建设的实施意见》的通知	卫党发〔2018〕29号

【2018年中共中卫市委办公室发文目录】

序号	文件名	发文号
1	关于深入学习宣传贯彻市委四届四次全体会议精神的通知	卫党办发〔2018〕1号
2	关于认真组织学习《习近平谈治国理政》第二卷的通知	卫党办发〔2018〕2号
3	关于转发《中卫市厅处级领导干部驻村蹲点调研工作报告》的通知	卫党办发〔2018〕3号
4	关于印发《中卫市推进"6+8"重点工作分工方案》的通知	卫党办发〔2018〕4号
5	关于印发《中卫市政协2018年协商工作计划》的通知	卫党办发〔2018〕5号
6	关于印发《进一步理顺沙坡头区管理体制和运行机制》的通知	卫党办发〔2018〕6号
7	关于抓好市政协委员意见建议采纳办理工作的通知	卫党办发〔2018〕7号
8	关于做好领导干部信访接待日接访工作的通知	卫党办发〔2018〕8号
9	转发《市委宣传部关于全市宣传思想文化战线学习宣传贯彻习近平新时代中国特色社会主义思想和党的十九大精神的实施意见》的通知	卫党办发〔2018〕9号
10	关于印发《落实石泰峰书记在2017年度党组织书记抓基层党建述职评议考核会上对我市点评意见的整改方案》的通知	卫党办发〔2018〕10号
11	关于全市2017年度效能目标管理考核结果的通报	卫党办发〔2018〕11号
12	关于印发《2017年自治区党风廉政建设责任制检查反馈问题整改方案》的通知	卫党办发〔2018〕12号
13	关于进一步做好全市党政机关企事业单位人民团体办公用房清理整治工作的通知	卫党办发〔2018〕13号
14	转发《自治区党委办公厅 人民政府办公厅关于实施涉密领域国产化替代工程的实施意见》的通知	卫党办发〔2018〕14号
15	关于转发自治区党委办公厅《关于防止干部"带病提拔"的实施意见》的通知	卫党办发〔2018〕15号
16	关于进一步规范领导干部请假报告的通知	卫党办发〔2018〕16号
17	关于开展2018年厅处级干部驻村蹲点调研的通知	卫党办发〔2018〕17号
18	印发《关于进一步加强财政资金管理的意见》的通知	卫党办发〔2018〕18号
19	关于印发《中共中卫市委员会2018年工作要点分工方案》的通知	卫党办发〔2018〕19号
20	关于做好2018年向上争取项目资金工作的通知	卫党办发〔2018〕20号
21	关于印发《市县领导包案化解信访事项工作方案》的通知	卫党办发〔2018〕21号
22	关于进一步做好安全生产工作的紧急通知	卫党办发〔2018〕22号
23	关于印发《中卫市2018年度政党协商计划》的通知	卫党办发〔2018〕23号
24	关于印发《中卫市农村集体资产清产核资工作实施方案》的通知	卫党办发〔2018〕24号
25	关于印发《中共中卫市委巡察工作领导小组办公室主要职责和人员编制方案》的通知	卫党办发〔2018〕25号
26	关于认真做好政协中卫市四届二次会议提案办理工作的通知	卫党办发〔2018〕26号
27	关于印发《中卫市开展民族宗教工作"八项行动"工作方案》的通知	卫党办发〔2018〕27号

续表1

序号	文件名	发文号
28	印发《关于集中开展解决群众反映强烈的突出问题活动的实施方案》的通知	卫党办发〔2018〕28号
29	关于2017年群众评议机关作风结果的通报	卫党办发〔2018〕29号
30	关于印发《中卫市全面深化城乡社区警务改革创新治安防控体系建设"5+4"实施方案》的通知	卫党办发〔2018〕30号
31	关于做好近期寒潮、大风沙尘和霜冻天气应对防范工作的紧急通知	卫党办发〔2018〕31号
32	关于印发《中卫市2018年水污染防治工作责任分工方案》的通知	卫党办发〔2018〕32号
33	关于印发《2018年中卫市推进全面从严治党加强党风廉政建设和反腐败工作主要任务分工》的通知	卫党办发〔2018〕33号
34	关于下达2018年全市招商引资目标任务的通知	卫党办发〔2018〕34号
35	关于印发《中卫市2018年深化改革工作要点》的通知	卫党办发〔2018〕35号
36	关于清理规范创建示范活动的通知	卫党办发〔2018〕36号
37	关于印发《中卫市党的建设工作领导小组2018年工作要点》的通知	卫党办发〔2018〕37号
38	关于转发《自治区党委办公厅关于全区机构编制和人员有关事项的通知》的通知	卫党办发〔2018〕38号
39	关于印发《中卫市新任副处级干部担任巡察组副组长制度》和《中卫市优秀年轻干部参加巡察工作制度》的通知	卫党办发〔2018〕39号
40	关于增派处级干部联系帮扶困村的通知	卫党办发〔2018〕40号
41	关于做好"五一"期间有关工作的通知	卫党办发〔2018〕41号
42	转发自治区纪委《关于三起违反中央八项规定精神典型问题的通报》的通知	卫党办发〔2018〕42号
43	关于印发《中卫市县(区)党委意识形态工作责任清单》和《中卫市县(区)党委意识形态工作责任制测评细则(试行)》的通知	卫党办发〔2018〕43号
44	关于印发《中卫市市直部门(单位)党委(党组)意识形态工作责任清单》和《中卫市市直部门(单位)党委(党组)意识形态工作责任制测评细则(试行)》的通知	卫党办发〔2018〕44号
45	转发《自治区党委办公厅 人民政府办公厅关于印发〈中央第八巡视组移交群众信访件办理情况督查复核报告〉的通知》的通知	卫党办发〔2018〕45号
46	印发《关于全面落实普法责任制的实施意见》的通知	卫党办发〔2018〕46号
47	关于印发《2018年依法治市工作要点》的通知	卫党办发〔2018〕47号
48	印发《关于落实食品药品安全党政同责的意见》的通知	卫党办发〔2018〕48号
49	关于印发《2018年度中卫市效能目标管理考核实施方案》的通知	卫党办发〔2018〕49号
50	关于印发《2018年度市直部门(单位)效能目标管理任务及评分标准》的通知	卫党办发〔2018〕50号
51	转发《自治区党委办公厅 人民政府办公厅〈关于禁止生态环境保护问题整改"一刀切"的通知〉》的通知	卫党办发〔2018〕51号
52	关于印发《中卫市委领导班子2017年度民主生活会整改清单》的通知	卫党办发〔2018〕52号
53	关于印发《2017年省级党委和政府扶贫开发工作成效考核反馈问题整改方案》的通知	卫党办发〔2018〕53号
54	关于印发《中卫市驻村扶贫第一书记驻村扶贫工作队员及派出和管理单位问责办法》的通知	卫党办发〔2018〕54号
55	关于开展全市冶金等重点行业领域安全生产百日专项整治行动的通知	卫党办发〔2018〕55号
56	印发《中卫市关于进一步深化文化市场综合执法改革的实施方案》的通知	卫党办发〔2018〕56号
57	关于印发《中卫市预防和减少诉讼案件数量增长试点工作方案》的通知	卫党办发〔2018〕57号
58	印发《深入贯彻落实〈关于支持检察机关全面开展提起公益诉讼工作 进一步推动法治宁夏建设的意见〉的实施方案》的通知	卫党办发〔2018〕58号
59	关于废止、修订和停止执行一批党内文件的通知	卫党办发〔2018〕59号
60	关于印发《2018年度市级领导包抓重点改革任务方案》的通知	卫党办发〔2018〕60号
61	关于市级领导同志包抓中卫工业园区化工企业环境综合整治工作的通知	卫党办发〔2018〕61号
62	关于印发《中卫市贯彻落实党的十九大报告重要改革举措分工方案》的通知	卫党办发〔2018〕62号
63	印发《关于加快推进文化小康助力乡村振兴和脱贫富民战略的实施意见》的通知	卫党办发〔2018〕63号
64	印发《关于加快构建政策体系培育新型农业经营主体的实施意见》的通知	卫党办发〔2018〕64号
65	印发《关于进一步加强工业园区环境保护工作的意见》的通知	卫党办发〔2018〕65号
66	关于印发《中卫市推进移风易俗促进脱贫攻坚奖励扶助办法(试行)》的通知	卫党办发〔2018〕66号
67	关于市级领导同志包抓中央环境保护督察"回头看"反馈问题整改工作的通知	卫党办发〔2018〕67号

续表 2

序号	文件名	发文号
68	关于深入学习贯彻自治区党委第十二届委员会第四次全体会议精神的通知	卫党办发〔2018〕69号
69	关于印发《中卫市开展旅游市场秩序专项整治行动工作方案》的通知	卫党办发〔2018〕70号
70	印发《关于深入推进"三大三强"行动集中整顿农村软弱涣散基层党组织的实施方案》的通知	卫党办发〔2018〕71号
71	关于印发《中卫市文学艺术界联合会深化改革方案》的通知	卫党办发〔2018〕72号
72	关于群众反映强烈的突出问题办理情况的通报	卫党办发〔2018〕73号
73	关于深入学习贯彻落实有关文件精神的通知	卫党办发〔2018〕74号
74	关于成立中卫市庆祝自治区成立60周年活动领导小组的通知	卫党办发〔2018〕75号
75	关于印发《中央第二环境保护督察组中卫专项工作组反馈问题整改方案》的通知	卫党办发〔2018〕76号
76	关于深入学习宣传贯彻市委四届五次全体会议精神的通知	卫党办发〔2018〕77号
77	关于印发《中卫市2018年群众评议机关作风活动工作方案》的通知	卫党办发〔2018〕78号
78	关于印发《加强中卫市新型智库建设的实施办法(试行)》的通知	卫党办发〔2018〕79号
79	关于印发《中卫市实施中华优秀传统文化传承发展工程方案》的通知	卫党办发〔2018〕80号
80	印发《关于进一步加强村务监督委员会规范化建设的实施意见》的通知	卫党办发〔2018〕81号
81	印发《关于进一步统筹推进城乡社区治理的实施方案》的通知	卫党办发〔2018〕82号
82	印发《关于加强乡镇政府服务能力建设的实施方案》的通知	卫党办发〔2018〕83号
83	印发《关于加强文化领域行业组织建设的实施方案》的通知	卫党办发〔2018〕84号
84	关于成立中央第八巡视组巡视宁夏反馈意见中卫市整改工作领导小组的通知	卫党办发〔2018〕85号
85	印发《〈关于大力实施乡村振兴战略加快城乡一体化发展的意见〉任务分工方案》的通知	卫党办发〔2018〕86号
86	关于印发《中央第八巡视组反馈宁夏学习贯彻习近平新时代中国特色社会主义思想和党的十九大精神方面问题中卫市整改落实分工方案》的通知	卫党办发〔2018〕87号
87	关于印发《中卫市落实中央第八巡视组反馈自治区贯彻落实新发展理念和中央重大决策部署问题整改措施》的通知	卫党办发〔2018〕88号
88	关于印发《中央第八巡视组反馈自治区脱贫攻坚突出问题中卫市整改落实工作方案》的通知	卫党办发〔2018〕89号
89	关于印发《中央第八巡视组反馈宁夏宗教领域问题中卫市整改落实工作方案》的通知	卫党办发〔2018〕90号
90	关于印发《中央第八巡视组巡视宁夏反馈组织建设和选人用人方面问题中卫市整改落实工作方案》的通知	卫党办发〔2018〕91号
91	关于印发《中央第八巡视组巡视宁夏反馈纪律作风建设和巡视巡察及十八届中央巡视反馈遗留问题中卫市整改落实分工方案》的通知	卫党办发〔2018〕92号
92	关于印发《中央第八巡视组巡视宁夏落实意识形态工作责任制反馈意见中卫市整改落实工作方案》的通知	卫党办发〔2018〕93号
93	关于印发《中卫市属国有企业公务用车制度改革实施意见》的通知	卫党办发〔2018〕94号
94	印发《关于贯彻实施〈宁夏回族自治区"十三五"时期文化发展改革规划纲要〉的工作方案》的通知	卫党办发〔2018〕95号
95	关于修订一批党内规范性文件的通知	卫党办发〔2018〕96号
96	关于印发《2018年中卫市实施乡村振兴战略重点工作清单》的通知	卫党办发〔2018〕97号
97	关于调整中卫市市级领导干部联系宗教界代表人士和重点宗教活动场所的通知	卫党办发〔2018〕98号
98	关于印发《中卫市深度贫困地区脱贫攻坚实施方案》的通知	卫党办发〔2018〕99号
99	印发《〈关于完善农村土地所有权承包权经营权分置制度的实施意见〉责任分工方案》的通知	卫党办发〔2018〕100号
100	关于认真学习宣传贯彻《中国共产党纪律处分条例》的通知	卫党办发〔2018〕101号
101	关于印发《中卫市意识形态工作责任制考核实施细则(试行)》的通知	卫党办发〔2018〕102号
102	印发《〈关于加强和改进党的新闻舆论工作的实施意见〉任务分工方案》的通知	卫党办发〔2018〕103号
103	关于印发《中卫市"决战100天经济气象新"活动实施方案》的通知	卫党办发〔2018〕104号
104	印发《〈关于牢固树立马克思主义民族观宗教观加强新时代民族宗教工作的决定〉任务分工方案》的通知	卫党办发〔2018〕105号
105	印发《〈全区宗教工作自查督查方案〉的分工方案》的通知	卫党办发〔2018〕106号
106	关于做好秋冬季大气污染防治工作的通知	卫党办发〔2018〕107号
107	关于进一步加强草原禁牧封育工作的通知	卫党办发〔2018〕108号

续表3

序号	文件名	发文号
108	关于做好2019年全市建设项目谋划储备工作的通知	卫党办发〔2018〕109号
109	关于印发《中卫市青年骨干培养行动计划实施方案》的通知	卫党办发〔2018〕110号
110	印发《关于强化女干部、少数民族干部和党外干部培养选拔工作的实施意见》的通知	卫党办发〔2018〕111号
111	关于印发《党员和公职人员涉嫌违纪违法信息通报和及时处理办法(试行)》的通知	卫党办发〔2018〕112号
112	关于市级领导包联退役军人做好服务管理工作的通知	卫党办发〔2018〕113号
113	关于印发《中卫市开展涉黑涉恶治乱线索集中排查专项行动实施方案》的通知	卫党办发〔2018〕114号
114	关于转发《自治区党委办公厅 人民政府办公厅关于统筹规范督查检查考核工作的通知》的通知	卫党办发〔2018〕115号
115	关于印发《中卫市委常委会从严整改中央巡视反馈问题专题民主生活会整改清单》的通知	卫党办发〔2018〕116号
116	印发《关于进一步激励全市干部新时代新担当新作为的实施方案》的通知	卫党办发〔2018〕117号
117	印发《中卫市关于解决政策性移民发展问题的工作方案》的通知	卫党办发〔2018〕118号
118	印发《关于做好习近平总书记对宁夏重要指示批示精神贯彻落实"回头看"自查工作方案》的通知	卫党办发〔2018〕119号
119	关于印发《中卫市工业对标提升转型发展行动实施方案》的通知	卫党办发〔2018〕120号
120	关于组建中卫市退役军人事务局有关事宜的通知	卫党办发〔2018〕121号
121	关于厅处级领导干部到村(居)"廉情诊所""坐诊"的通知	卫党办发〔2018〕122号
122	关于印发《中卫市开发区(工业园区)整合优化和体制机制改革实施方案》的通知	卫党办发〔2018〕123号
123	印发中卫市贯彻落实《党委(党组)网络安全工作责任制实施细则》的意见	卫党办发〔2018〕124号
124	印发《中卫市落实〈网络强区战略实施意见〉责任分工方案》的通知	卫党办发〔2018〕125号
125	关于印发《中卫市党内规范性文件制定程序规定》的通知	卫党办发〔2018〕126号
126	关于印发《中卫市党内规范性文件备案办法》的通知	卫党办发〔2018〕127号
127	关于印发《中卫市党内规范性文件备案工作考评细则》的通知	卫党办发〔2018〕128号
128	印发《关于加强和规范党务公开工作的实施意见》的通知	卫党办发〔2018〕129号
129	关于印发《中卫市贯彻落实中央环境保护督察"回头看"及水环境问题专项督察反馈意见整改方案》的通知	卫党办发〔2018〕130号
130	关于印发《中卫市开展脱贫攻坚自查自纠工作方案》的通知	卫党办发〔2018〕131号
131	印发《关于进一步加强财政资金管理的意见》的通知	卫党办发〔2018〕132号
132	转发《自治区党委办公厅关于印发〈违反民族宗教政治纪律处分规定(试行)〉的通知》的通知	卫党办发〔2018〕133号
133	印发《关于进一步深化"村廉通"监督机制的意见》的通知	卫党办发〔2018〕134号

【2018年中卫市政府发文目录】

序号	文件名称	发文号
1	关于邀请伊朗赞江省政府代表团来宁夏访问的请示	卫政发〔2018〕1号
2	关于审批中卫市市辖区中心城区土地级别与基准地价更新成果的请示	卫政发〔2018〕2号
3	关于核拨宁夏大学中卫校区生均办学补助经费的请示	卫政发〔2018〕3号
4	关于兑现2017年度卫生计生工作综合目标管理责任书的决定	卫政发〔2018〕4号
5	关于申办第四届全国大漠健身运动大赛的请示	卫政发〔2018〕5号
6	关于对市国家税务局的嘉奖令	卫政发〔2018〕6号
7	关于对市地方税务局的嘉奖令	卫政发〔2018〕7号
8	关于2017年消防工作自查自评情况的报告	卫政发〔2018〕8号
9	关于邀请自治区领导参加中卫银阳新能源公司与伊朗赞詹省1000兆瓦光伏项目签约活动的请示	卫政发〔2018〕9号
10	关于印发2018年度市本级财政收支预算的通知	卫政发〔2018〕10号
12	关于宁夏中卫沙坡头国家级自然保护区范围及功能区调整的请示	卫政发〔2018〕12号
13	关于中卫市水污染防治2018年度总体实施方案的批复	卫政发〔2018〕13号
14	关于中卫市沙坡头区2018年第一批次城镇用地的请示	卫政发〔2018〕14号
15	关于中卫市沙坡头区2018年第一批次工业项目建设用地的请示	卫政发〔2018〕15号
16	关于印发《中卫市人民政府工作规则》的通知	卫政发〔2018〕16号

续表1

序号	文件名称	发文号
17	关于自治区党政主要领导同志经济责任审计报告设计问题整改进展情况的报告	卫政发〔2018〕17号
18	关于中卫市万瑞大酒店和日月宾馆重大火灾隐患单位进行摘牌的请示	卫政发〔2018〕18号
19	关于调整宁夏中卫宁清50MWp光伏发电项目建设用地的请示	卫政发〔2018〕19号
20	关于中卫市沙坡头区2018年第二批次工业建设用地的请示	卫政发〔2018〕20号
21	关于中卫市沙坡头区2018年第二批次城镇建设用地的请示	卫政发〔2018〕21号
22	关于中卫市沙漠王宫配套基础设施项目建设用地的请示	卫政发〔2018〕22号
23	关于中电投中卫香山风电场扩建工程建设用地的请示	卫政发〔2018〕23号
24	关于协鑫(集团)光伏发电项目建设用地的请示	卫政发〔2018〕24号
25	关于宁夏佰明100MWp光伏发电项目建设用地的请示	卫政发〔2018〕25号
26	关于沙坡头黄河南岸半岛湿地不划入湿地确权范围的请示	卫政发〔2018〕26号
27	关于进一步加强耕地保护和改进占补平衡的实施意见	卫政发〔2018〕27号
28	关于中卫市幼儿园和汽车客运总站公共安全隐患整改情况的报告	卫政发〔2018〕28号
29	关于印发2018年民兵整组工作实施方案的通知	卫政发〔2018〕29号
30	关于协调临时借用中卫军分区民兵培训中心的请示	卫政发〔2018〕30号
31	关于命名中卫市第十一批农业产业化重点龙头企业的决定	卫政发〔2018〕31号
33	关于在宁夏中卫西部云基地设立公安大数据中心的报告	卫政发〔2018〕33号
34	关于成立宁夏新华实业集团钢铁有限公司"5·22"灼烫事故调查组的通知	卫政发〔2018〕34号
35	关于支持中卫建国国际级军民融合创新示范区的请示	卫政发〔2018〕35号
36	关于举办2018年中国宁夏(沙坡头)第九届丝绸之路大漠黄河国际旅游节有关事宜的请示	卫政发〔2018〕36号
37	关于表彰2017年安全生产工作先进集体和先进个人的决定	卫政发〔2018〕37号
38	关于中卫市沙坡头区2018年第三批次城镇建设用地的请示	卫政发〔2018〕38号
39	关于在市场体系建设中建立公平审查制度的实施意见	卫政发〔2018〕39号
40	关于中国蓝田总公司等联合投资体重组中冶美利公司及林业公司意见的报告	卫政发〔2018〕40号
41	2018年第五次工业项目建设用地的请示	卫政发〔2018〕41号
42	2018年第五批次城镇建设用地的请示	卫政发〔2018〕42号
43	关于西三线中段中卫联络压气站工程建设用地的请示	卫政发〔2018〕43号
44	关于沙坡头区宣和镇有机肥厂用地的请示	卫政发〔2018〕44号
45	关于印发中卫市富硒农产品推介发布研讨会筹备方案的通知	卫政发〔2018〕45号
46	关于举办云天大会相关事宜的请示	卫政发〔2018〕46号
47	沙坡头区2018年第六批次建设用地的请示	卫政发〔2018〕47号
48	沙坡头区2018年第七批次城镇建设用地的请示	卫政发〔2018〕48号
49	关于中卫市沙坡头区2018年第四批次城镇建设用地的请示	卫政发〔2018〕49号
51	关于批准建立宁夏枸杞电子交易中心正式运营的请示	卫政发〔2018〕51号
52	关于2018年征兵的命令	卫政发〔2018〕52号
53	关于申请解决沙坡头国家级自然保护区拆迁补偿资金有效化解政府隐形债务的请示	卫政发〔2018〕53号
54	关于宁夏中卫宁清50兆瓦发电项目建设用地的请示	卫政发〔2018〕54号
55	关于沙坡头区2018年第八批次城镇建设用地的请示	卫政发〔2018〕55号
56	关于2018年上半年耕地保护责任目标履行情况的报告	卫政发〔2018〕56号
57	沙坡头区2018年第九批次城镇建设用地的请示	卫政发〔2018〕57号
58	关于邀请自治区领导出席"沙坡头杯"第四届全国大漠运动大赛开幕式的请示	卫政发〔2018〕58号
59	关于中卫市沙坡头区2018年第十批次城镇建设用地的请示	卫政发〔2018〕59号
60	关于中卫市沙坡头区2018年第十三批次城镇建设用地的请示	卫政发〔2018〕60号
61	关于中卫市沙坡头区2018年第十三批次城镇建设用地有关情况的报告	卫政发〔2018〕61号
62	关于中卫市沙坡头区2018年第十一批次城镇建设用地的请示	卫政发〔2018〕62号

续表2

序号	文件名称	发文号
63	关于将沙坡头区灌区整体交自治区水利厅管理的请示	卫政发〔2018〕63号
64	关于申请撤回6个批次和拟失效2个批次建设用地批准文件的请示	卫政发〔2018〕64号
65	关于审定海原县柳州城址基础设施建设方案的请示	卫政发〔2018〕65号
66	关于海原县七营镇北嘴城址基础设施建设方案的请示	卫政发〔2018〕66号
67	关于审定沙坡头和南华山2个保护区边界和功能区的请示	卫政发〔2018〕67号
68	关于三元中泰330千伏输变电项目建设用地的请示	卫政发〔2018〕68号
69	关于中卫市沙坡头区2018年第十二批次城镇建设用地的请示	卫政发〔2018〕69号
70	关于调配宁夏天元光伏发电有限公司50MWp光伏指标的请示	卫政发〔2018〕70号
71	市人民政府关于划定森林防火区 规定森林防火期的通告	卫政发〔2018〕71号
72	关于新建中卫至兰州铁路项目建设用地的请示	卫政发〔2018〕72号
73	关于审定中卫市开发区（工业园区）整合优化和体制机构改革实施方案的请示	卫政发〔2018〕73号
74	市人民政府关于印发《中卫市人民政府工作规则》的通知	卫政发〔2018〕74号
75	关于中卫市沙坡头区2018年第十四次城镇建设用地的请示	卫政发〔2018〕75号
76	关于印发中卫市推动"互联网+先进制造业"发展工业互联网实施方案的通知	卫政发〔2018〕76号
77	关于申请解决沙坡头国家级自然保护区清理整治资金的请示	卫政发〔2018〕77号
78	关于支持中卫建设国家级军民融合创新示范区（地级市）的请示	卫政发〔2018〕78号
79	关于审定中卫市城市黑臭水体治理攻坚战实施方案的请示	卫政发〔2018〕79号
80	关于国王宁夏电力公司塞上330千伏输变电工程项目建设用地的请示	卫政发〔2018〕80号
81	关于宁夏中部干旱带西线供水沙坡头区兴仁片区项目建设用地的请示	卫政发〔2018〕81号
82	关于宁夏佰明100MWp光伏发电项目建设用地的请示	卫政发〔2018〕82号
83	关于中卫市沙坡头区2018年第十五批次城镇建设用地的请示	卫政发〔2018〕83号
84	关于中卫市沙坡头区2018年第十五批次城镇建设用地有关情况的报告	卫政发〔2018〕84号
85	关于沙坡头区2018年第十六批次城镇建设用地的请示	卫政发〔2018〕85号
86	关于转发《自治区人民政府关于贯彻落实〈残疾预防和残疾人康复条例〉的实施意见》的通知	卫政发〔2018〕86号
87	关于申请撤回1个批次和拟失效5个批次建设用地批准文件的请示	卫政发〔2018〕87号
88	关于发布中卫市矿产资源总体规划（2016—2020年）的通告	卫政发〔2018〕88号
89	关于对振发新能集团进行财务纾困的请示	卫政发〔2018〕89号
90	关于申报华润海原七营100MW风电项目的请示	卫政发〔2018〕90号

【2018年中卫市政府办公室发文目录】

序号	文件名称	发文号
1	关于开展全市第三次土地调查工作的通知	卫政办发〔2018〕1号
2	关于成立沙坡头区国家级自然保护区功能区优化调整工作组的通知	卫政办发〔2018〕2号
3	关于巩固取缔"地条钢"成果严防死灰复燃的通知	卫政办发〔2018〕3号
4	关于印发中卫市突发公共事件总体应急预案的通知	卫政办发〔2018〕4号
5	关于市长副市长市长助理和秘书长工作分工的通知	卫政办发〔2018〕5号
6	关于市政府秘书长副秘书长和办公室主任副主任工作分工的通知	卫政办发〔2018〕6号
7	关于进一步做好冬季大气污染防控工作的通知	卫政办发〔2018〕7号
8	关于印发中卫工业园区建设项目区域性评估评审改革试点工作方案的通知	卫政办发〔2018〕8号
9	关于印发中卫市盐业体制改革实施方案的通知	卫政办发〔2018〕9号
10	关于印发中卫市环境保护"十三五"规划的补充通知	卫政办发〔2018〕10号
11	关于建设全市重点人员管控系统的通知	卫政办发〔2018〕11号
12	关于印发中卫市推进"四好农村路"建设实施方案的通知	卫政办发〔2018〕12号
13	关于印发中卫市第二次全国污染源普查工作实施方案的通知	卫政办发〔2018〕13号

续表1

序号	文件名称	发文号
14	关于聘任张小劲、孟天广两名专家为中卫市特聘专家的通知	卫政办发〔2018〕14号
15	关于印发中卫市较大以上道路交通事故应急处置预案的通知	卫政办发〔2018〕16号
16	关于批转市审计局2018年审计项目计划的通知	卫政办发〔2018〕17号
17	关于印发中卫市特色产品外阜展销窗口建设实施方案的通知	卫政办发〔2018〕18号
18	关于印发中卫市河湖水域岸线划价确权工作方案的通知	卫政办发〔2018〕19号
19	关于2018年及一季度全市固定资产投资计划的通知	卫政办发〔2018〕20号
20	关于印发中卫市富硒产业发展推进方案的通知	卫政办发〔2018〕21号
21	关于印发中卫市强化龙头企业带动加快推进蔬菜产业发展的实施方案等3个实施方案的通知	卫政办发〔2018〕22号
22	关于建立项目建设严督严查严管工作机制的通知	卫政办发〔2018〕23号
23	关于印发《中卫市人民政府常务会议工作规划》的通知	卫政办发〔2018〕25号
24	关于印发中卫市"十三五"脱贫攻坚规划的通知	卫政办发〔2018〕26号
25	关于印发中卫市气象灾害应急预案的通知	卫政办发〔2018〕27号
26	关于印发中卫市2018年政策性农业机械保险实施方案的通知	卫政办发〔2018〕28号
27	关于印发中卫市重要产品追溯体系建设项目实施方案的通知	卫政办发〔2018〕29号
28	关于做好全市政府部门网站整合关停工作的通知	卫政办发〔2018〕30号
29	关于全市道路交通安全隐患限期治理的通知	卫政办发〔2018〕31号
32	关于印发中卫市创建国家卫生城市2018年工作推进方案的通知	卫政办发〔2018〕32号
33	关于印发中卫市妥善处理沙坡头国家级自然保护区整改遗留问题"五定"方案的通知	卫政办发〔2018〕33号
34	关于成立宁夏海王精细化工有限公司"3·14"火灾事故调查组的通知	卫政办发〔2018〕34号
35	关于印发中卫市2018年6万亩富硒硒砂瓜种植师范基地建设实施方案的通知	卫政办发〔2018〕35号
36	关于印发中卫市贯彻落实环保部约谈反馈问题及自治区全面推进河长制重点任务进展情况通报反馈问题整改方案的通知	卫政办发〔2018〕36号
37	关于印发《中卫市2018年法治政府建设重点工作任务安排》的通知	卫政办发〔2018〕37号
38	关于调整中卫市法律顾问室组成人员的通知	卫政办发〔2018〕38号
39	关于下达2008年中卫市科技创新重要指标任务的通知	卫政办发〔2018〕39号
40	关于贯彻石泰峰同志重要批示精神切实做好森林防火和安全生产工作的通知	卫政办发〔2018〕40号
41	关于认真做好市四届人大二次会议代表建议和市政协四届二次会议提案办理工作的通知	卫政办发〔2018〕41号
42	关于认真做好自治区十二届人大一次会议代表建议和自治区政协十一届一次会议提案办理工作的通知	卫政办发〔2018〕42号
43	关于调整中卫市推进宁夏内陆开放型经济试验区建设工作领导小组组成人员的通知	卫政办发〔2018〕43号
44	关于印发中卫市促进市场主体发展若干服务措施的通知	卫政办发〔2018〕44号
45	关于印发中卫市土地例行督察工作方案的通知	卫政办发〔2018〕45号
46	关于深入开展全市城乡结合部和农村地区药品质量安全专项整治的通知	卫政办发〔2018〕46号
47	关于进一步做好保障农民工(职工)工资支付工作的通知	卫政办发〔2018〕47号
48	关于印发中卫市2018年春夏火灾防控工作实施方案的通知	卫政办发〔2018〕48号
49	关于进一步做好全市民生工程和政策梳理评估整改工作的通知	卫政办发〔2018〕49号
50	关于印发中卫市2018年行政执法三项制度试点工作计划的通知	卫政办发〔2018〕50号
51	关于印发中卫市2018年全市全域旅游创建重点工作(项目)推进"五定"方案的通知	卫政办发〔2018〕51号
52	关于印发镇罗金鑫园产业转型升级和环境整改方案的通知	卫政办发〔2018〕52号
53	关于印发中卫市进一步加强义务教育阶段控辍保学工作实施方案的通知	卫政办发〔2018〕53号
54	关于印发中卫市加快发展冷链物流保障食品安全促进消费升级的实施意见的通知	卫政办发〔2018〕54号
55	关于印发2018年中卫市重大项目和民生实事任务分工方案的通知	卫政办发〔2018〕55号
56	关于举办《中卫市志》编纂实际操作业务培训班的通知	卫政办发〔2018〕56号
57	关于调整中卫市耕地破坏鉴定委员会人员的通知	卫政办发〔2018〕57号
58	关于印发市本级闲置土地整改处置"五定"责任方案的通知	卫政办发〔2018〕58号

续表2

序号	文件名称	发文号
59	关于印发中卫市集中式饮用水水源地环境保护专项行动方案的通知	卫政办发〔2018〕59号
60	关于开展政务信息系统清查清理工作的通知	卫政办发〔2018〕60号
61	关于印发中卫市加快推进畜禽养殖废弃物资源化利用工作方案(2018—2020年)的通知	卫政办发〔2018〕61号
62	关于印发2018年防震减灾宣传和科普工作方案的通知	卫政办发〔2018〕62号
63	关于印发2018年地震应急演练工作方案的通知	卫政办发〔2018〕63号
64	关于进一步做好沙坡头国家级自然保护区后续治理恢复工作的通知	卫政办发〔2018〕64号
65	关于印发中卫市支持社会力量提供多层次多样化医疗服务实施意见的通知	卫政办发〔2018〕65号
66	关于印发中卫市现代医院管理制度建设实施方案的通知	卫政办发〔2018〕66号
67	关于印发中卫市水污染防治约谈反馈问题整改方案的通知	卫政办发〔2018〕67号
68	关于印发中卫市2018年大气污染防治重点任务工作方案的通知	卫政办发〔2018〕68号
69	关于印发中卫市2018年水污染防治重点任务工作方案的通知	卫政办发〔2018〕69号
70	关于印发中卫市第三产业"十三五"规划的通知	卫政办发〔2018〕70号
71	关于印发中卫市农业面源污染防治工作实施方案的通知	卫政办发〔2018〕71号
72	关于印发2018年自治区及市政府工作报告重点任务分工方案的通知	卫政办发〔2018〕72号
73	关于印发中卫市防范化解政府性债务风险工作实施方案的通知	卫政办发〔2018〕73号
74	关于进一步做好全市H7N9流感和炭疽病防控工作的通知	卫政办发〔2018〕74号
75	关于征集《中卫市志·人物》资料有关事宜的通知	卫政办发〔2018〕75号
76	关于贯彻落实自治区消防安全责任制实施细则的通知	卫政办发〔2018〕76号
77	关于印发全市集中开展二手车流通行业专项整治工作方案的通知	卫政办发〔2018〕77号
78	关于成立中卫市节水型社会创新试点建设工作领导小组的通知	卫政办发〔2018〕78号
79	关于印发中卫市清水河流域水污染防治工作方案的通知	卫政办发〔2018〕79号
80	关于印发中卫市2018年土壤污染防治重点任务工作方案的通知	卫政办发〔2018〕80号
81	关于市政府秘书长副秘书长和办公室主任副主任工作分工的通知	卫政办发〔2018〕81号
82	关于印发加大公共资源开放力度推进通信基础设施共建共享的通知	卫政办发〔2018〕82号
83	关于印发迎接国家对自治区人民政府2017年度履行教育职责评价中卫市工作方案的通知	卫政办发〔2018〕83号
84	关于印发中卫市基本农田和耕地保护地长制实施意见的通知	卫政办发〔2018〕84号
85	关于印发中卫市直国有林场改革自查验收方案的通知	卫政办发〔2018〕85号
86	关于印发中卫市2018年拖欠职工(农民工)工资突出问题专项整治工作方案的通知	卫政办发〔2018〕86号
87	关于印发中卫市2018年信用体系建设分工方案的通知	卫政办发〔2018〕87号
88	关于印发中卫市乡村振兴战略规划编制工作方案的通知	卫政办发〔2018〕88号
89	关于印发中卫市2018年美丽乡村建设方案的通知	卫政办发〔2018〕89号
90	关于加快推进卫宁工业园区整合发展工作实施方案的通知	卫政办发〔2018〕90号
91	关于印发中卫市富硒食用菌产业推进方案的通知	卫政办发〔2018〕91号
92	关于进一步加强"地沟油"治理工作的实施意见	卫政办发〔2018〕92号
93	关于切实做好城市生态建议"变形走样"问题整改工作的通知	卫政办发〔2018〕93号
94	关于中卫市实施湖长制工作的通知	卫政办发〔2018〕94号
95	关于2017年能耗"双控"目标完成情况及2018年能耗"双控"目标任务的通知	卫政办发〔2018〕95号
96	关于市长副市长市长助理和秘书长工作分工的通知	卫政办发〔2018〕96号
97	关于印发中卫市2018年度环境保护重点目标任务清单及评分标准的通知	卫政办发〔2018〕97号
98	关于印发中卫市普及高中阶段教育实施方案的通知	卫政办发〔2018〕98号
99	关于印发中卫市2018年推进枸杞产业持续健康发展行动方案的通知	卫政办发〔2018〕99号
100	关于建立中卫市公平竞争审查工作联席会议制度的通知	卫政办发〔2018〕100号
101	关于印发《"绿盾2018"沙坡头国家级自然保护区清理整治专项行动方案》的通知	卫政办发〔2018〕101号
102	关于印发中卫市推进大规模国土绿化行动方案的通知	卫政办发〔2018〕102号

续表3

序号	文件名称	发文号
103	关于印发2018年沙坡头区全国基层中医药工作先进单位复审工作方案的通知	卫政办发〔2018〕103号
104	关于印发中卫市旅游厕所革命新三年行动计划(2018—2020)实施方案的通知	卫政办发〔2018〕104号
105	关于印发中卫市第二届休闲农业与乡村旅游文化节暨中宁第三届枸杞采摘节实施方案的通知	卫政办发〔2018〕105号
106	关于印发中卫市沙坡头区北山岩画保护利用方案的通知	卫政办发〔2018〕106号
107	关于中卫市粮食供需应急方案的通知	卫政办发〔2018〕107号
108	关于调整部分市政府领导分工的通知	卫政办发〔2018〕108号
109	关于做好第四次全国经济普查的通知	卫政办发〔2018〕109号
110	关于清理脱贫攻坚文件的通知	卫政办发〔2018〕110号
111	关于印发中卫市区户外公共广告位资源分步收回交由市新闻传媒集团统一规划经营(试点)实施方案的通知	卫政办发〔2018〕111号
112	关于印发2018年中卫市富硒农产品市场营销方案的通知	卫政办发〔2018〕112号
113	关于转发《自治区人民政府办公厅转发国务院办公厅秘书局关于2018年第一季度全国政府网站抽查情况通报并做好有关工作的通知》的通知	卫政办发〔2018〕113号
114	关于印发清水河中卫过境段水污染防治实施方案的通知	卫政办发〔2018〕114号
115	关于印发中卫市2017年粮食安全省长责任制考核存在问题整改方案的通知	卫政办发〔2018〕115号
116	关于印发《中卫市2018年政务公开工作要点》的通知	卫政办发〔2018〕116号
117	关于做好2016—2020年耕地保护责任目标期中检查工作的通知	卫政办发〔2018〕117号
118	关于开展涉及产权保护行政规范性文件清理工作的通知	卫政办发〔2018〕118号
119	关于印发"碧桂园杯"第十七届环青海湖自行车赛实施方案的通知	卫政办发〔2018〕119号
120	关于中卫市参加2018年自治区第十五届运动会方案的通知	卫政办发〔2018〕120号
121	关于印发2018年全市食品安全重点工作安排的通知	卫政办发〔2018〕121号
122	关于印发中卫市进一步加强基层民政服务能力建设实施方案的通知	卫政办发〔2018〕122号
123	关于印发进一步加强基层民政服务能力建设实施方案的通知	卫政办发〔2018〕123号
124	关于印发中卫市加快推进"创新驱动"战略重点任务分工方案的通知	卫政办发〔2018〕124号
125	关于印发中卫市公立医院人事薪酬制度改革实施方案的通知	卫政办发〔2018〕125号
126	关于调整市政府领导工作分工的通知	卫政办发〔2018〕126号
127	关于调整市食品安全委员会组成人员职责的通知	卫政办发〔2018〕127号
128	关于数据中心(IDC)和军民融合产业等新产业项目用地管理的实施意见(试行)	卫政办发〔2018〕128号
129	关于印发中卫市2018年主要污染物总量减排计划的通知	卫政办发〔2018〕129号
130	关于印发中卫市2018年城乡居民医疗保险费用包干付费实施方案的通知	卫政办发〔2018〕130号
131	关于印发中卫市节水型社会创新试点任务及分工方案的通知	卫政办发〔2018〕131号
132	关于印发中卫市创建节水型城市工作实施方案的通知	卫政办发〔2018〕132号
133	关于印发中卫市城市供水突发事故应急预案的通知	卫政办发〔2018〕133号
134	关于印发《中卫市政务服务标准化建设工作行动计划实施方案》的通知	卫政办发〔2018〕134号
135	关于印发中卫市2018—2020年煤炭消费总量控制工作方案的通知	卫政办发〔2018〕135号
136	关于印发中卫市天然气供储销体系建设分工方案的通知	卫政办发〔2018〕136号
137	关于印发中卫市2018—2020年控制温室气体排放实施方案的通知	卫政办发〔2018〕137号
138	关于印发中卫市本级和市辖区政府部门权力清单(第一批)的通知	卫政办发〔2018〕138号
139	关于印发中卫市设施农业项目用地清理专项行动方案的通知	卫政办发〔2018〕139号
140	关于印发中卫市农村人居环境整治三年行动实施方案的通知	卫政办发〔2018〕140号
141	关于成立中卫市改善农村人居环境工作领导小组的通知	卫政办发〔2018〕141号
142	关于调整市政府领导工作分工的通知	卫政办发〔2018〕142号
143	关于中卫市建设宁夏现代农业科技创新示范区实施方案(2018—2022年)的通知	卫政办发〔2018〕143号
144	关于印发《中卫市沙坡头区慢性病综合防控示范区建设工作实施方案》的通知	卫政办发〔2018〕144号
145	关于印发中卫市乡镇综合文化站"公建民营公助"实施方案的通知	卫政办发〔2018〕145号

续表4

序号	文件名称	发文号
146	关于印发中卫市"十三五"老龄事业发展和养老体系建设规划的通知	卫政办发〔2018〕146号
147	关于印发2018年度中卫市粮食安全省长责任制考核工作方案的通知	卫政办发〔2018〕147号
148	关于印发中卫市进一步深化基本医疗保险支付方式改革实施方案的通知	卫政办发〔2018〕148号
149	关于印发中卫市推进"质量强市 品牌兴市"实施方案(2018—2020年)的通知	卫政办发〔2018〕149号
150	关于印发中卫市市直机关事业单位职工住房补贴实施细则的通知	卫政办发〔2018〕150号
151	关于市人民政府班子成员工作分工的通知	卫政办发〔2018〕151号
152	关于预发市直机关职工住房补贴的通知	卫政办发〔2018〕152号
153	关于印发《中卫市2018年政务公开效能目标管理单项考核评分细则》的通知	卫政办发〔2018〕153号
154	关于印发中卫市政府性债务风险应急处置预案的通知	卫政办发〔2018〕154号
155	关于印发中卫市人民政府公报工作实施方案的通知	卫政办发〔2018〕155号
156	关于市政府秘书长副秘书长和办公室主任副主任工作分工的通知	卫政办发〔2018〕156号
157	关于印发中卫市安全生产风险点、危险源电子"一张图"系统建设实施方案的通知	卫政办发〔2018〕157号
158	关于印发中卫市林业有害生物防控工作联席会议制度及中卫市突发林业有害生物灾害应急预案的通知	卫政办发〔2018〕158号
159	关于印发中卫市陆生野生动物突发疫情防控工作联席会议制度及中卫市陆生野生动物突发疫情应急预案的通知	卫政办发〔2018〕159号
160	关于成立中卫市林业有害生物防控工作领导小组的通知	卫政办发〔2018〕160号
161	关于成立中卫市陆生野生动物突发疫情防控工作领导小组的通知	卫政办发〔2018〕161号
162	关于印发中卫市进一步压缩企业开办时间实施方案的通知	卫政办发〔2018〕162号
163	关于印发中卫市2018年万亩富硒枸杞 苹果种植示范基地建设方案的通知	卫政办发〔2018〕163号
164	关于印发中卫市打赢蓝天保卫战三年行动计划(2018—2020年)的通知	卫政办发〔2018〕164号
165	关于成立中卫市非洲猪瘟等重大动物防控工作领导小组的通知	卫政办发〔2018〕165号
166	关于印发中卫市非洲猪瘟防控工作实施方案的通知	卫政办发〔2018〕166号
167	关于成立中卫工业园区"9·14"扬州易枫劳动服务有限公司机械伤害事故调查组的通知	卫政办发〔2018〕167号
168	关于印发中卫市建立完善守信联合激励和失信联合惩戒制度加快推进社会诚信建设实施方案的通知	卫政办发〔2018〕168号
169	关于调整市农民工工资清欠领导小组成人员的通知	卫政办发〔2018〕169号
170	关于印发中卫市关于加强全市农村道路交通安全管理工作的实施方案的通知	卫政办发〔2018〕170号
171	关于成立中卫市道路交通安全委员会的通知	卫政办发〔2018〕171号
172	关于成立中卫市农村留守儿童和困境儿童关爱保障领导小组的通知	卫政办发〔2018〕172号
173	关于切实做好硒砂瓜检疫性病害调查和防控工作的通知	卫政办发〔2018〕173号
174	关于印发《中卫市人民政府常务会议工作规划》的通知	卫政办发〔2018〕174号
175	关于印发中卫市加强政务诚信建设实施方案的通知	卫政办发〔2018〕175号
176	关于印发中卫市清洁取暖实施方案(2018—2021年)的通知	卫政办发〔2018〕176号
177	关于印发2018—2019年中卫市秋冬季大气污染防治攻坚行动方案和2018年10月—12月水污染治理攻坚行动方案的通知	卫政办发〔2018〕177号
178	关于进一步规范全市行政审批时限的通知	卫政办发〔2018〕178号
179	关于启用中卫市退役军人事务局印章的通知	卫政办发〔2018〕179号
180	关于成立乌玛高速中卫段建设协调领导小组的通知	卫政办发〔2018〕180号
181	关于印发中卫市改革完善全科医生培养与使用激励机制实施方案的通知	卫政办发〔2018〕181号
182	关于印发中卫市防治慢性病中长期规划(2018—2025年)的通知	卫政办发〔2018〕182号
183	关于印发中卫市残疾人事业"十三五"发展规划的通知	卫政办发〔2018〕183号
184	关于印发中卫市黄河防凌预案的通知	卫政办发〔2018〕184号
185	关于推进"智慧消防"基础设施建设的通知	卫政办发〔2018〕185号
186	关于印发国家自然资源督察西安局土地例行督察发现问题整改工作实施方案	卫政办发〔2018〕186号
187	关于成立中卫市民营企业领导小组的通知	卫政办发〔2018〕187号

续表 5

序号	文件名称	发文号
188	关于印发中卫市人民政府党组从严整改中央巡视反馈问题专题民主生活会整改清单的通知	卫政办发〔2018〕188号
189	关于印发国务院第五次大督查反馈问题整改方案的通知	卫政办发〔2018〕189号
190	关于印发中卫市全面推开"证照分离"改革工作实施方案的通知	卫政办发〔2018〕190号
191	关于印发加快我市政务服务平台与国家政务服务平台对接实现"一网通办"实施方案的通知	卫政办发〔2018〕191号
192	关于印发中卫市深入推进宁夏内陆开放型经济试验区建设任务分工方案的通知	卫政办发〔2018〕192号
193	关于修订一批文件的通知	卫政办发〔2018〕193号
194	关于2019年部分节假日安排的通知	卫政办发〔2018〕194号
195	关于切实做好就业扶贫工作的实施意见	卫政办发〔2018〕195号

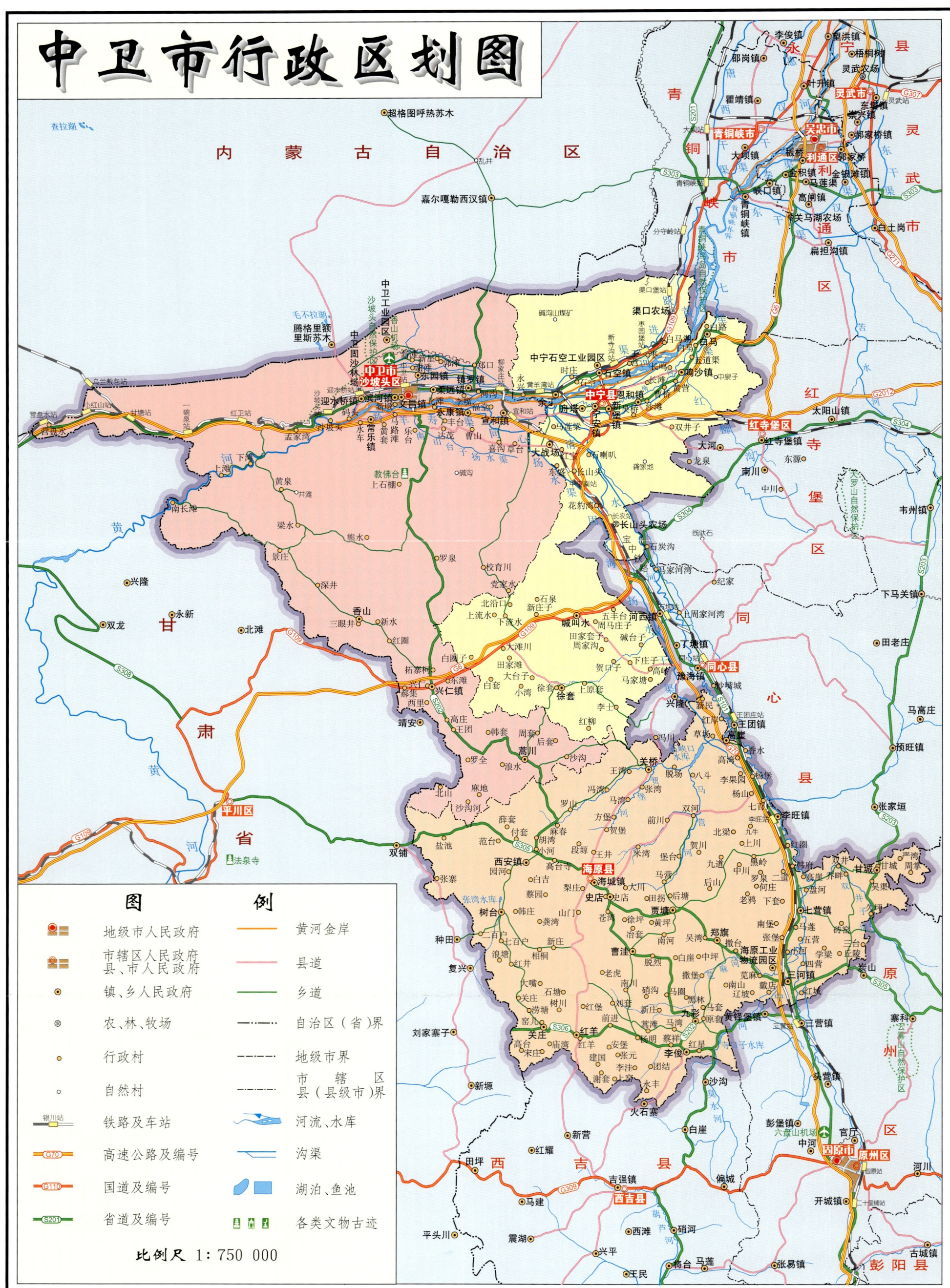